国家出版基金项目
NATIONAL PUBLICATION FOUNDATION

中華博物通考

總主編 張述錚

穀蔬卷

本卷主編
武善雲 張在德

上海交通大學出版社

圖書在版編目（CIP）數據

中華博物通考. 穀蔬卷 / 張述錚總主編；武善雲，張在德本卷主編.—上海：上海交通大學出版社, 2024.1
　ISBN 978-7-313-24690-5

　Ⅰ. ①中… Ⅱ. ①張… ②武… ③張… Ⅲ. ①百科全書—中國—現代②禾穀類作物—中國③蔬菜園藝—中國Ⅳ. ①Z227②S51③S63

　中國國家版本館CIP數據核字(2023)第238201號

特約編審： 李偉國　　胡名正

責任編輯： 王化文

裝幀設計： 姜　明

中華博物通考·穀蔬卷

總　主　編：張述錚
本卷主編：武善雲　　張在德
出版發行：上海交通大學出版社　　　　　地　　址：上海市番禺路951號
郵政編碼：200030　　　　　　　　　　　電　　話：021-64071208
印　　製：蘇州市越洋印刷有限公司　　　經　　銷：全國新華書店
開　　本：890mm×1240mm　1 / 16　　印　　張：26
字　　數：527千字
版　　次：2024年1月第1版　　　　　　　印　　次：2024年1月第1次印刷
書　　號：ISBN 978-7-313-24690-5
定　　價：298.00元

《中華博物通考》學術顧問

（按姓氏筆畫排序）

王　方	王　釗	王子舟	王文章	王志強	仇正偉	孔慶典	石雲里
田藝瓊	白庚勝	朱孟庭	任德山	衣保中	祁德樹	杜澤遜	李　平
李行健	李克讓	李德龍	李樹喜	李曉光	吳海清	佟春燕	余曉艷
邸永君	宋大川	苟天林	郝振省	施克燦	姜　鵬	姜曉敏	祝逸雯
祝壽臣	馬玉梅	馬建勛	桂曉風	夏興有	晁岱雙	晏可佳	徐傳武
高　峰	高莉芬	陳　煜	陳茂仁	孫　機	孫　曉	孫明泉	陶曉華
黃金東	黃群雅	黃壽成	黃燕生	曹宏舉	曹彥生	常光明	常壽德
張志民	張希清	張維慎	張慶捷	張樹相	張聯榮	程方平	鈕衛星
馮　峰	馮維康	楊　凱	楊存昌	楊志明	楊華山	賈秀娟	趙志軍
趙連賞	趙榮光	趙興波	蔡先金	鄭欣淼	寧　強	熊遠明	劉　靜
劉文豐	劉建美	劉建國	劉洪海	劉華傑	劉國威	潛　偉	霍宏偉
魏明孔	聶震寧	蘇子敬	嚴　耕	羅　青	羅雨林	釋界空	釋圓持
鐵付德							

《中華博物通考·穀蔬卷》編纂委員會

主　　編：武善雲　　張在德

副 主 編：張楠平　　張碩秋　　王艷艷　　呂嘉林

撰 稿 人：王艷艷　　呂嘉林　　杜紀群　　杜紀鵬　　武玉峰　　武玉森　　武善雲

　　　　　周德修　　馬兆明　　夏英英　　張在德　　張　成　　張春梅　　張楠平

　　　　　張碩秋　　劉　芳　　劉浩雨

導　論

——縱論中華博物學的沉淪與重建

引　言

在中國當代，西方博物學影響至巨，自鴉片戰争以來，屈指已歷百載。何謂"西方博物學"？"西方博物學"是以研究動植物、礦物等自然物爲主體的學科，但不包含社會領域的社會生活，至19世紀後期已完成學術使命，成爲一種保護大自然的公益活動，但國人却一直承襲至今。中華久有自家的博物學，已久被忘却，無人問津，這一狀況實是令人不安。前日偶見《故宫裏的博物學》問世，精裝三册，喜出望外，以爲我中華博物學終得重生，展卷之後始知，該書是依據清乾隆時期皇室的藏書《清宫獸譜》《清宫鳥譜》《清宫海錯圖》（"海錯"多指海中錯雜的魚鱉蝦蟹之類）繪製而成，其中一些并非實有，乃是神話傳説之物。其内容提要稱"是專爲孩子打造的中華文化通識讀本"，而對博物院内琳琅滿目的海量藏品則隻字未提。這就是説，博物院雖有海量藏品，却與故宫裏的博物學毫不相干，或曰并不屬於博物學的研究範圍。此書的編纂者是我國的著名專家，未料我國這些著名專家所認定的博物學仍是西方的博物學。此書得以《故宫裏的博物學》的名義出版，又證我國的出版界對於此一命題的認同，竟然不知我中華久有自家的博物學。此書如若改稱《故宫裏的皇室動物圖譜》，則名正言順，十分精彩，不失爲一部别具情趣的兒童讀物，但原書名却無意間形成一種誤導，孩子們可能會據此認定：唯有鳥獸蟲魚之類才是中華文化中的大學問，故而稱之爲“博物學”，最終會在其幼小心靈裏留下西方博物學的深深印記。

何以出現這般狀況？因爲許多國人對於傳統的中華博物及中華博物學，實在是太過陌生！那麼，何謂“博物”？本文指稱的“博物”，是指隸屬或關涉我中華文化的一切可見或可感知之物體物品。何謂“中華博物學”？“中華博物學”的研究主體是除却自然界諸物之外，更關涉了中國社會的各個方面各個領域，進而關涉了我中華民族的生息繁衍，關涉了作爲文明古國的盛衰起落，足可爲當代或後世提供必要的藉鑒，是我國獨有、無可替代的學術體系。故而重建中華博物學，具有歷史的、現實的多方面實用價值。我中華博物學起源久遠，至遲已有兩千年歷史，祇是初始没有“博物學”之名而已。時至明代，始見“博物之學”一詞。如明楊士奇《東里續集》卷一八評述宋陸佃《埤雅》曰：“此書於博物之學蓋有助焉。”此一“博物之學”，可視爲“中華博物學”的最早稱謂。又，《四庫全書總目提要》卷一三六評清陳元龍《格致鏡原》曰：“〔此書〕分三十類：曰乾象，曰坤輿，曰身體，曰冠服，曰宮室，曰飲食，曰布帛，曰舟車，曰朝制，曰珍寶，曰文具，曰武備，曰禮器，曰樂器，曰耕織器物，曰日用器物，曰居處器物，曰香奩器物，曰燕賞器物，曰玩戲器物，曰穀，曰蔬，曰木，曰草，曰花，曰果，曰鳥，曰獸，曰水族，曰昆蟲，皆博物之學。”此即古籍述及的“中華博物學”最爲明確、最爲全面的定義。重建的博物學於“身體”之外，另增《函籍》《珍奇》《科技》等，可以更全面地融匯古今。在擴展了傳統博物學天地之外，又致力於探索浩浩博物的淵源、流變，以及同物異名與同名异物的研究，致力於物、名之間的生衍關係的考辨。“博物學”本無須冠以“中華”或“中國”字樣，在當代爲區別於西方的“博物學”，遂定名爲“中華博物學”，或曰“中華古典博物學”。“中華博物學”，國人本當最爲熟悉，事實却是大出所料，近世此學已成了過眼雲烟，少有問津者，西方博物學反而風靡於中國。何以形成如此狀況？何以如此本末倒置？這就不能不從噩夢般的中國近代史談起。

一、喪權辱國尋自保，走投無路求西化

清王朝自鴉片戰争喪權辱國之後，面對列强的進逼，毫無氣節，連連退讓，其後又遭

甲午戰爭之慘敗，走投無路，於是由所謂"師夷之長技"，轉而向日本求取西化的捷徑，以便苟延殘喘。日本自 19 世紀始，城鄉不斷發生市民、農民暴動，國內一片混亂。1854 年 3 月，又在美國鐵艦火炮脅迫之下，簽訂《神奈川條約》。四年後再度被迫與美國簽訂通商條約。繼此以往，荷、俄、英、法，相繼入侵，條約不斷，同百年前的中國一樣，徹底淪爲半封建半殖民地社會，當權的幕府聲威喪盡。1868 年 1 月，天皇睦仁（即明治天皇）下達《王政復古大號令》，廢除幕府制度，但值得注意的是仍然堅守"大和精神"，并未全部廢除自家原有傳統。同年 10 月，改元明治，此後的一系列變革措施，即稱之爲"明治維新"。維新之後，否定了"近習華夏"，衝決了"東亞文化圈"，上自天皇，下至黎民，勠力同心，在"富國强兵、置產興業"的前提之下，遠法泰西，大力引入嶄新的科學技術，從而迅速崛起，廢除了與列强的一切不平等條約，成爲令人矚目的世界强國之一。可見"明治維新"之前，日本內憂外患的遭遇，與當時的中國非常相似。在此民族存亡的關鍵時刻，中國維新派代表人物不失時機，遠渡東洋，以日本爲鏡鑒，在引進其先進科技的同時，也引進了日本人按照英文 natural history 的語意翻譯成的漢語"博物學"，雖并不準確，但因出於頂禮膜拜，已無暇顧及。況且，自甲午戰爭至民國前期，日源語詞已成爲漢語外來語詞庫中的魁首，遠超英法俄諸語，且無任何外來語痕迹，最難識別。如"民主""科學""法律""政府""美感""浪漫""藝術界""思想界""無神論""現代化"等，不勝枚舉。國人曾試圖自創新詞，但敗多勝少，祇能望洋興嘆。究其原因，并非民智的高下，也并非語種的優劣，實則是國力强弱的較量，國强則國威，國威則必擁有强勢文化，而强勢文化勢必涌入弱國，面對强勢文化，弱國豈有話語權？西方的"博物學"進入中國，遒勁而又自然。

那麽，西方博物學源於何時何地？又經歷了怎樣的發展變化？答曰：西方博物學發端於古希臘亞里士多德（公元前 384—前 322）《動物志》之類著述，又經古羅馬老普林尼（公元 23—79）的《自然史》，輾轉傳至歐洲各國。其所謂博物除却動植物外，更有天文、地理、人體諸類。這是西方的文化背景與知識譜系，西人習以爲常，喜聞樂見。在歐洲文藝復興和美洲地理大發現之後，見到別樣的動物、植物以及礦物，博物學得到長足發展。至 19 世紀前半期，博物學形成了動物學、植物學和礦物學三大體系，達於鼎盛。至 19 世紀後期，動物學、植物學獨立出來，成爲生物學，礦物學則擴展爲地質學，博物學已被架空。至 20 世紀，博物學已不再屬於什麽科學研究，而完全變成一種生態與環境探索，以供民衆休閑安居的社會活動。其時，除却發端於亞里士多德的"博物學"之外，也有後起的"文化博物學"（Cultural Museology），這是一門非主流的綜合性學科，旨在研究人類一切文化遺産，試圖展示并解釋歷史的傳承與發展，但在題材視野、表達主旨等方面與中華傳統博物學仍甚有差异。面對此類非主流論説，當年的譯者或視而不見，或有意摒弃，其志在振興我中華。

在尋求救國的路途中，仁人志士們目睹了西方先進文化，身感心受，嚮往久之。"試航東西洋一游，見彼之物質文明，莊嚴燦爛，而回首宗邦，黯然無色，已足明興衰存亡之由，長此以往，何堪設想？"（吴冰心《博物學雜誌》發刊詞，1914 年 1 月，第 1 ~ 4 頁），此時仁人志士們滿腔熱血，一心救國。但如何救國，却茫茫然，如墮五里霧中。這一救國之路從表象上觀察似乎一切皆以日本爲鏡鑒，實則迥别於"明治維新"之路，未能把握"富國强兵、置産興業"之首要方嚮，而當年的執政者却祇顧個人權勢的得失，亦無此遠大志嚮。仁人志士們雖振臂疾呼，含泪吶喊，祇飄摇於上層精英之間，因一度失去民族自信、文化自信，而不知所措，矛頭直指孔子及千載儒學，進而直指傳統文化。五四運動前夜，北京大學著名教授錢玄同即正告國人"欲驅除一般人之幼稚的野蠻的頑固的思想"，就必須要"廢孔學"，必須要"廢漢文"（錢玄同《中國今後的文字問題》，載 1918 年 4 月 15 日《新青年》第 4 卷第 4 號）。翌年，五四運動爆發，仁人志士們高舉"德謨克拉西"（民主）、"賽因斯"（科學）兩面大旗，掀起反帝反封建的狂濤巨瀾，成爲中國近現代史上的偉大里程碑，中國人民自此視野大開。這兩面大旗指明了國家强弱成敗的方嚮。但與此同時，仁人志士們又毫不猶豫，全力以赴，要堅决"打倒孔家店"。於是，孔子及其儒家學説成了國弱民窮的替罪羊！接踵而至的就是對於漢字及其代表的漢文化的徹底否定。偉大革命思想家魯迅也一直抨擊傳統觀念、傳統體制，1936 年 10 月，在他逝世前夕《病中答救亡情報訪員》一文中，竟然斷言："漢字不滅，中國必亡！"而新文化運動的主要人物之一胡適更是語出驚人："我們必須承認我們自己百事不如人，不但物質機械上不如人，不但政治制度不如人，并且道德不如人，知識不如人，文學不如人，音樂不如人，藝術不如人，身體不如人。"中華民族是"又愚又懶的民族"，是"一分像人，九分像鬼的不長進民族"（胡適《介紹我自己的思想》，1930 年 12 月亞東圖書館初版《胡適文選》自序）。這是五四運動前後一代精英們的實見實感，本意在於革故鼎新，但這些通盤否定傳統文化的主張，不啻是在緊要歷史關頭的一次群情失控，是中國文化史中的一次失智！在這樣的歷史背景、這樣的歷史氣勢之下，接受西方“博物學”就成了必然，有誰會顧及古老的傳統博物學？

在引進西方博物學之後，國人紛予效法，試圖建立所謂中華自家的博物學，於是圍繞植物學、動物學兩大方面遍搜古今，窮盡群書，着眼於有關動植物之類典籍的縱橫搜求，但這并非我中華的博物全貌，也并非我中華博物學，況且在中華古典博物學中，也罕見西方礦物學之類著作，可見，試圖以西方的博物學體系，另建中華古典博物學，實在是削足適履、邯鄲學步。自 1902 年始，晚清推行學制改革，先後頒布了“壬寅學制”“癸卯學制”。1905 年，根據《奏定學堂章程》，已將西方博物學納入中學的課程設置。其課程分爲植物、動物、礦物、人體生理學四種，分四年講授。1912 年中華民國成立後，江浙等地出現過博物學會和期刊，稍後武昌高等師範學校設立了博物學系，出版過《博物學雜誌》，主要研究動物學、植物學及人體生理學，隨後又將博物學系改稱生物學系，《博物學雜誌》也相應改稱《生物學雜誌》，重走了西方的老路。北京高等師範學校也有類似經歷，甚爲盲目而混亂。至 30 年代，發現西方博物學自 20 世紀始，已轉型爲生態與環境探索，國人因再無興趣，對西方博物學的大規模推廣、學習在中國遂告停止，但因影响至深，其餘風猶存。

二、中華典籍浩如海，博物古學何處覓？

應當指出，中國古代典籍所載之草木、鳥獸、蟲魚之類，亦有別於西方，除却其自身屬性特徵外，又常常被人格化，或表親近，或加贊賞，體現了另一種精神情懷。如動物龜、鶴，寓意長壽（其後，龜又派生了貶義）；豺、狼、烏鴉、貓頭鷹，或表殘忍，或表不祥；其他如十二生肖，亦各有象徵，各有寓意。而那些無血肉、無情感的植物，同樣也被賦予人文色彩。如漢班固《白虎通·崩薨》載：“《春秋含文嘉》曰：天子墳高三仞，樹以松；諸侯半之，樹以柏；大夫八尺，樹以欒；士四尺，樹以槐；庶人無墳，樹以楊、柳。”足見在我國古老的典制禮俗中，松、柏、欒、槐、楊、柳，已被賦予了不同的屬性，被分爲五等，楊、柳最爲低賤；就連如何埋葬也分爲五等，嚴於區別，從墳高三仞到無墳，成爲天子到庶人的埋葬標志。實則墳墓分爲等級，早在公元前 3300 年至公元前 2300 年的良渚古城遺址已經發現。這些浩浩博物，廣泛涉及了古老民族和古老國度的典制與禮俗，我國學人也難盡知，西方的博物學又當如何表述？

可見西方博物學絕難取代中華古典博物學，中華古典博物學的研究範圍，遠超西方博物學，或可說中華古典博物學大可包容西方博物學。如今，這一命題漸引起國內一些有識之士、專家學者的關注。那麼，中華古典博物學究竟發端於何時何地？有無相對成型的體系？如何重建？答曰：若就人類辨物創器而言，上古即已有之，環宇盡同。若僅就我中華文獻記載而言，有的學者認爲當發端於《周易》，因爲"易道廣大，無所不包"（《四庫全書總目提要》卷九），或認爲發端於《書·禹貢》，因爲此書廣載九州山河、人民與物産。《周易》《禹貢》當然可以視爲中華博物學的源頭。而作爲中華博物學體系的領銜專著，則普遍認爲始於晋代張華《博物志》。而論者則認爲，中華博物學成爲一門相對獨立的學科體系，當始於秦漢間唐蒙的《博物記》，此書南北朝以來屢見引用，張華《博物志》不過是續作而已。對此，前人久有論述。如《四庫全書總目提要》卷一四二曰："劉昭《續漢志》注《律曆志》引《博物記》一條，《輿服志》引《博物記》一条，《五行志》引《博物記》二條，《郡國志》引《博物記》二十九條……今觀裴松之《三國志》注（《魏志·太祖紀》《文帝紀》《吳志·孫賁傳》等）引《博物志》四條，又於《魏志·涼茂傳》中引《博物記》一條，灼然二書，更無疑義。"再如宋周密《齊東野語·野婆》曰："《後漢·郡國志》引《博物記》曰：'日南出野女，群行不見夫，其狀晶且白，裸袒無衣襦。'得非此乎？《博物記》當是秦漢間古書，張茂先（張華，字茂先）蓋取其名而爲《志》也。"再如明楊慎《丹鉛總錄》卷一一："漢有《博物記》，非張華《博物志》也，周公謹云不知誰著。考《後漢書》注，始知《博物記》爲唐蒙作。"如前所述，此書南北朝典籍中多有引用，如僅在南朝梁劉昭《續漢志》注中，《博物記》之名即先後出現了三十三次之多。據有關古籍記載，其内包括了律曆、五行、郡國、山川、人物、輿服、禮俗等，盡皆實有所指，無一虛幻。故在明代有關前代典籍分類中，已將唐蒙《博物記》與三國魏張揖《古今字詁》、晋呂静《韻集》、南朝梁阮孝緒《古今文詁》、唐顔元孫《干禄字書》、宋洪适《隸釋》等字書、韵書并列（見明顧起元《説略》卷一五），足見其學術地位之高，而張華《博物志》則未被録入。

至西晋已還，佛道二教廣泛流傳，神仙方士之説大興，於是張華又衍《博物記》爲《博物志》，其書内容劇增，自卷一至卷六，記載山川地理、歷史人物、草木蟲魚，這些當是紀要考訂之屬，合乎本文指稱的名副其實的博物學系統。此外，又力仿《山海經》的體例，旨在記載异物、妙境、奇人、靈怪，以及殊俗、瑣聞等，諸多素材語式，亦幾與《山海經》盡同，若"羽民國，民有翼，飛不遠……去九嶷四萬三千里"云云，并非"浩博實物"，已近於"志怪"小説。張華自序稱其書旨在"博物之士覽而鑒焉"，張序指稱的"博物之士"，義同前引《左傳》之"博物君子"，其"博物"是指"博通諸種事物"，虛虛實實，紛紛紜紜，無所不包。此類記述，正合世風，因而《博物志》大行其道，《博物記》則漸被冷落，南北朝之後已失傳，其殘章斷簡偶見於他書，可輯佚者甚微。後世輾轉相引，又常與《博物志》混同。《博物志》至宋代亦失傳，今本十卷爲采摭佚文、剽掇他書而成，真僞雜糅，亦非原作。其後又有唐人林登《續博物志》十卷，緊接《博物志》之後，更拓其虛幻内容，以記神异故事爲主，多是叙述性文字，其條目篇幅較長，宋代之後也已亡佚。再後宋人李石又有同名《續博物志》十卷，其自序稱："次第仿華書，一事續一事。"實則并不盡然，華書首設"地理"，李書改增爲"天象"，其他内容，間有與華書重複者，所續多是後世雜籍，宋世逸聞。此書雖有舛亂附會之弊，仍不失爲一部難得的繼補之作。李書之後，又有明人游潛《博物志補》三卷，仍係補張華之《志》，旨趣體例略如李石之《續志》，但頗散漫，時補時闕，猥雜冗濫。李、游一續一補，盡皆因仍張《志》，繼其子遺。以上諸書之所謂"博物"，一脉相承，注重珍稀之物而外，多以臚列奇事异聞爲主旨，同"浩博實物"的考釋頗有差异。游潛稍後，明董斯張之《廣博物志》五十卷問世，始一改舊例，設有二十二類，下列子目一百六十七種，所載博物始於上古，達於隋末，不再因仍張《志》而爲之續補，已是擴而廣之，另闢山林，重在追溯事物起源，其中包括職官、人倫、高逸、方技、典制，等等。其後，清人陳逢衡著有《續博物志疏證》十卷、《續博物志補遺》一卷，對李石《續志》逐條研究探索，并又加入新增條目，成爲最系統、最深入的《續》説。其後，徐壽基又著有《續廣博物志》十六卷，繼董《志》餘緒，於隋代之後，逐一相繼，直至明清，頗似李石之續張華。但《廣志》《續廣志》之類，仍非以專考釋"浩博實物"爲主旨。我國第一部以"博物"命名而研究實物的專著，當爲明末谷應泰之《博物要覽》。該書十六卷，惜所涉亦不過碑版、書畫、銅器、窰器、瑪瑙、珊瑚、珠玉、奇石等玩賞之器物，皆係作者隨所見聞，摭録成帙；所列未廣，其中碑版書畫，尤爲簡陋，難稱浩博，其影響遠不及前述諸《志》，但所創之寫實體例，則非同尋常。而最具權威者，當是明末黄道周所著《博物典彙》，該書共二十卷，所涉博物，始自遠古，達於當朝，上自天文地理，下至草木蟲魚，盡予囊括，并以其所在時代最新的觀點、視野，對歷代博物著述進行了彙總研究。如卷一關於"天文"之考釋，下設"渾天""七曜"，"七曜"下又設"日""月""五星"，再後又有"經星圖""緯星圖""二十八宿"。又如卷七關於"后妃"，下設"宮闈內外之分""宮闈預政之誡"，緊隨其後的即教育"儲貳"之法，等等，甚爲周嚴。

以上諸書就是以"博物"命名的博物學專著。在晚清之前，代代相繼，發展有序，并時有新的建樹。

與這些博物學專著相并行，相匹配，另有以"事"或"事物"命名，旨在探索事物起源的博物學專著。初始之作爲北魏劉懋《物祖》十五卷，稍後有隋謝昊《物始》十卷，是對《物祖》的一次重大補正。《物始》之後，有唐劉孝孫等《事始》三卷，又有五代馮鑑《續事始》十卷，是對《事始》的全面擴展與開拓。《續事始》之後，另有宋高承《事物紀原》十卷，此書分五十五個類目，上自"天地生植"，中經"樂舞聲歌""輿駕羽衛""冠冕首飾""酒醴飲食"，直至"草木花果""蟲魚禽獸"，較《物祖》《物始》尤爲完備，遂成博物學的百代經典。接踵而來者有明王三聘《古今事物考》八卷，效法《紀原》之體，自古至今，上至天文地理，下至昆蟲草木，中有朝制禮儀、民生器用、宮室舟車，力求完備，較之他書尤得要領，類居目列，條理分明，重在古今考釋，一事一物，莫不求源溯始，考核精審。此書載錄服飾資料尤爲豐富，如卷一有上古禮制之種種服式，非常全面，卷六所載後世之巾冠、衣、佩、帶、襪、履舃、僧衣、頭飾、妝飾、軍服等百餘種，考證多引原書原文，確然有據，甚爲難得。就全書而言，略顯單薄。明徐炬又有《古今事物原始》三十卷，此書仿高承《紀原》之體，又參《事物考》之章法，以考釋制度器物爲主，古今上下，盡考其淵源，更有所得，凡日月星辰、山川草木，亦必確究其淵源流變，但此與天地共生之浩浩博物，四百餘年前的一介書生，豈可臆測而妄斷？爲此而輾轉援引，頗顯紛亂。且鳥獸花草之起首，或加偶語一聯，或加律詩二句，而後逐一闡釋，實乃蛇足。其書雖有此瑕疵，却不掩大成。與王、徐同代的還有羅頎《物原》二卷（《四庫》本作一卷），羅氏以《紀原》不能黜妄崇真，故更訂爲十八門，列二百九十三條，條條錘實。如，刻漏、雨傘、鎝子（用於連合破裂器物的兩脚釘）、酒、豆腐之類的由來，多有創見。惜違《紀原》明記出典之體，又背《事物考》之道，凡有考釋，則溷集衆說爲一。如，烏孫公主作琵琶，張華作苔紙，皆茫然不知所本。不過章法雖有差失，未臻完美，但其功業甚巨，《物原》成爲一部研究記述我國先民發明創造的專著。時至清代，陳元龍又撰

《格致鏡原》一百卷。何謂“格致鏡原”？意即格物致知，以求其本原。此書的子目多達一千七百餘種，明代以前天地間萬事萬物盡予羅致，一事一物，必究其原委，詳其名號，廣博而精審，終成中華古典博物學的巔峰之作。

以上兩大系列專著，自秦漢以來，連續兩千載，一脉相承，這并非十三經、二十六史之類的敕編敕修，無人號令，無人支持，完全出自一種無形的力量，出自文化大國、中華文脉自惜自愛的傳承精神，從而構成浩大的博物學體系。在我國學術研究史中，在我國圖書編纂史中，乃至於世界文化史中，當屬大纛獨立，舉世無雙！本當如江河之奔，生生不息，終因清廷喪權辱國、全盤西化而戛然中斷。

三、博物古學歷磨難，科技起落何可悲！

回顧我國漫長的文化史可知，中華博物學是在傳統的“重道輕器”等陳腐觀念桎梏下，以强大的民族自覺精神、民族意志爲推動力，砥礪前行，千載相繼，方成獨立體系，因而愈加難得，愈加可貴。

“重道輕器”觀念是如何出現的？何謂“道器”？兩者究竟是何關係？《周易·繫辭上》曰：“形而上者謂之道，形而下者謂之器。”何謂“道”？所謂道乃“先天地生”，無形無象、無聲無色、無始無終、無可名狀，爲“萬物之所然也，萬理之所稽也”（見《韓非子·解老》），是指形成宇宙萬物之本原，是形成一切事理的依據與根由。何謂“器”？器即宇宙間實有的萬物，包括一切科技發明，至巨至大，至細至微，充斥天地間，而盡皆不虛，或有實物可見，或有形體可指。器即博物，博物即器。“道器關係”本是一種有形無形、可見與不可見的生衍關係，并無高下之分，但在傳統文化中卻另有解釋。如《周禮·考工記序》曰：“坐而論道，謂之王公；作而行之，謂之士大夫；審曲面執，以飭五材，以辨民器，謂之百工。”又曰：“智者創物，巧者述之，守之世，謂之百工。百工之事，皆聖人之作也。”此文突顯了“道”對於“器”的指導與規範地位。“坐而論道”，可以無所不論，民生、朝政、國運、天下事，當然亦在所論之中。“道”實則是指整體人世間的一種法則、一種定律，或説是我古老的中華民族所創造的另一種學説。所謂“論道者”，古代通常理解爲“王公”或“聖人”，實則是代指一代哲人。《考工記序》卻將論道與製器兩者截然分開，明確地予以區別，貶低萬衆的創造力，旨在維護專制統治，從而

確定人們的身份地位。坐而論道者貴爲王公，親身製器者屬末流之百工（"審曲面執，以
飭五材、以辨民器"，謂觀察金、木、皮、玉、土之曲直、性狀，據以製造民人所需之器
物）。《考工記序》所記雖名爲"考工"，實則是周代禮制、官制之反映，對芸芸衆生而言，
這種等級關係之誘惑力超乎尋常，絕難抵禦，先民樂於遵從，樂於接受，故而崇敬王公，
崇敬聖人，百代不休。因而在中國古代，科學技術大受其創。

"重道輕器"的陳腐觀念，在中國古代影響廣遠，"器"必須在"道"的限定之下進
行，不得隨意製作，不得超常發揮，"道"漸演化爲統治者實施專政的得力手段。"坐而論
道"，似乎奧妙無盡。魏晋時期，藉儒入道，張揚"玄之又玄"，乃至於魏晋人不解魏晋文
章，本朝人爲本朝人作注，史稱"玄學"。兩宋由論道轉而談理，一代理學宗師應運而生，
闡理思辨，超乎想象，就連虛幻縹緲的天宮，亦可談得妙理聯翩，後世道家竟繪出著名的
《天宮圖》來。事越千載，五四運動時期，那些新文化運動主將們聯手痛搗"孔家店"，却
不攻玄理，"論道""崇道""樂道""惜道"，滾滾而來，遂成千古"道"統，已經背離《易》
《老》的本義。出於這樣的觀念，如何會看重"形而下"的博物與博物學？

那麼，古代先民又是如何看待與博物學密切相關的科學技術？《書·泰誓下》載，殷
紂王曾作"奇技淫巧，以悦婦人"，爲百代不齒，萬世唾罵。何謂"奇技淫巧"？唐人孔
穎達釋之曰："奇技謂奇異技能，淫巧謂過度工巧……技據人身，巧指器物。"所謂"奇技
淫巧"，今大底可釋爲超常的創造發明，或可直釋爲科學技術。論者認爲，"百代不齒，萬
世唾罵"者并不在於"奇技淫巧"這一超常的創造發明，而在於紂王奢靡無度，用以取悦
婦人的種種罪孽。至於紂王是否奢靡無度，"以悦婦人"，今學界另有考證。紂王當時之所
以能稱雄天下，正是由於其科技的先進，軍事的强大，其失敗在於大拓疆土，窮兵黷武，
導致内外哀怨，決戰之際又遭際叛亂。所謂"以悦婦人"之妲己，祇是戰敗國的一種"貢
品"而已，對於年過半百的老人并無多大"媚力"。關於殷商及妲己的史料，最早見於戰
國時期成書的《國語·晋語一》，前後僅有二十七字，并無"酒池肉林""炮烙之刑"之
類記載，後世史書所謂紂王對妲己的種種寵愛，實是一種演繹，意在宣揚"紅顏禍水"之
説（此説最早亦源於前書。"紅顏禍水"，實當稱之爲"紅顏薄命"）。在中國古代推崇"紅
顏禍水"論，進而排斥"奇技淫巧"，從而否定了科技的力量，否定了科技强弱與國家强
弱的關係。時至周代，對於這種"奇技淫巧"，已有明確的法律限定："作淫聲、異服、
奇技、奇器以疑衆，殺！"（見《禮記·王制》）這也就是說，要杜絕一切新奇的創造發

明，連同歌聲、服飾也不得超乎常規，否則即犯殺罪！此文自漢代始，多有注疏，今擇其一二，以見其要。"淫聲"者，如春秋戰國時鄭、衛常有男女私會，謳歌相引，被斥爲淫靡之聲；"奇技"者，如年輕的公輸班曾"請以機窆"，即以起重機落葬棺木，因違反當時人力牽挽的埋葬禮節，被視爲不恭。一言以蔽之，凡有違禮制的新奇科技、新奇藝術，皆被視爲疑惑民衆，必判以重罪。這就是所謂"維護禮制"，其要害就是維護統治者的統治地位，故而衣食住行所需器物的質材及數量，無不在尊卑貴賤的等級制約之中。如規定平民不得衣錦綉，不得鼎食，商人、藝人不得乘車馬，就連權貴們娛樂時選定舞蹈的行列亦不可違制，違制即意味着不軌，意味着僭越。杜絕"奇技淫巧"，始自商周，直至明清而未衰。我國著名的四大發明，千載流傳，未料却如同國寶大熊猫一樣，竟由後世西方科學家代爲發現，實在可悲！四大發明、大熊猫之類，或因史籍隱冷，疏於查閱，或因地處山野，難以發現，姑可不論，但其他很多非常具體的發明創造，雖有群書連續記載，也常被無視，或竟予扼殺。如漢代即有超常的"女布"，因出自未嫁少女之手而得名（見《後漢書·王符傳》），南北朝時已久負盛名，稱"女子布"（見南朝宋盛弘之《荆州記》）。宋代又稱"女兒布"，被贊爲"布帛之品……其尤細者也"（見宋羅濬《寶慶四明志·郡志四》）。其後歷代製作，不斷創新，及至明清終於出現空前的妙品"女兒葛"。"女兒葛"爲細葛布的一種，其物纖細如蟬翼紗，又如傳説中的"蛟女絹"，僅重三四兩，捲其一端，整匹女兒葛便可出入筆管之中，精美絕倫，明代弘治之後曾發現於四川鄰水縣，但却被斷然禁止。明皇甫録《下陴記談》卷上："女兒葛，出鄰水縣，極纖細，必五越月而後成，不減所謂蟬紗、魚子纈之類，蓋十縑之力也。予以爲淫巧，下令禁止，無敢作者。"對此美妙的"女兒葛"，時任順慶府知府的皇甫録，并沒給予必要的支持、鼓勵，反而謹遵古訓，以杜絕"奇技淫巧"爲己任，堅決下達禁令，并引以爲榮。皇甫録乃弘治九年（1496）進士，爲官清正，面對"奇技淫巧"也如此"果斷"！此後清代康熙年間，"女兒葛"再現於廣東增城縣一帶，其具體情狀，清屈大均《廣東新語·貨語·葛布》中有翔實描述，但其遭遇同樣可悲，今"女兒葛"終於銷聲匿迹。在中國古代，類似的遭遇，又何止"女兒葛"？杜絕"奇技淫巧"之風，一脉相承，何可悲也。

　　但縱觀我華夏全部歷史可知，一些所謂的"奇技淫巧"之類，雖屢遭統治者的禁弃，實則是禁而難止，況統治者自身對禁令也時或難以遵從，歷代帝王皇室之衣食住行，幾乎無一不恣意追求舒適美好，爲了貪圖享樂，就不得不重視科技，就不得不啓用科技。如

"被中香爐"（爐内置有炭火、香料，可隨意旋轉以取暖，香氣縷縷不絕。發明於漢代）、
"長信宫燈"（燈内裝有虹管，可防空氣污染。亦發明於漢代）的誕生，即明證。歷代王朝
所禁絕的多是認定可能危及社稷之類的"奇技淫巧"，并未禁止那些有利於民生的重大發
明，也没有壓抑摧殘黎民百姓的靈智（歷史中偶有以愚民爲國策者，祇是偶或所見的特例
而已）。帝王們爲維護其統治地位，以求長治久安，在"重道輕器"的同時，也極重天文、
曆算、農桑、醫藥等領域的研究，凡善於治國的當權者，爲謀求其國勢得以强盛，則必定
大力倡導科技，《後漢書·和熹鄧皇后紀》所載即爲顯例。和熹皇后鄧綏（公元 81—121），
深諳治國之道，兼通天文、算數。永元十四年（102），漢和帝死後，東漢面臨種種滅頂之
災，鄧綏先後擁立漢殤帝和漢安帝，以"女君"之名親政長達十六年，克服了有史以來最
嚴重的十年天災，剿滅海盗，平定西羌，收服嶺南三十六個民族，將九真郡外的蠻夷夜郎
等納入版圖，恢復東漢對西域的羈縻，征服南匈奴、鮮卑、烏桓等，平息了内憂外患，使
危機四伏的東漢王朝轉危爲安。正是在這期間，鄧綏大力發展科技，勉勵蔡倫改進造紙
術，任用張衡研製渾天儀、地動儀等儀器，并製造了中尚方弩機，這一可以連續發射的弩
機，其射程與命中率令時人驚嘆，成爲當時世界上最具殺傷力的先進武器（此外，鄧綏又
破除男女授受不親的陳腐觀念，創辦了史上最早的男女同校學堂，并通過支持文字校正與
字詞研究，推動了世界第一部字典《説文解字》問世）。這就爲傳統的博物研究提供了巨
大的空間，因而先後出現了今人所謂的"四大發明"之類。實際上何止是"四大發明"？
天文、曆算等領域的發明創造，可略而不論。鄧綏之前，魯班曾"請以機窆"的起重機，
出現於春秋時期，早於西方七百餘年。徐州東洞山西漢墓出土的青銅透光鏡，歐洲和日
本人稱其爲"魔鏡"，當一束光綫照射鏡面而投影在牆壁上時，牆上的光亮圈内就出現了
銅鏡背面的美麗圖案和吉祥銘文。這一"透光鏡"比日本"魔鏡"早出現一千六百餘年，
而歐洲的學者直到 19 世紀纔開始發現，大爲驚奇，經全力研究，得出自由曲面光學效應
理論，將其廣泛運用於宇宙探索中。今日，國人已能够恢復這一失傳兩千餘載的原始工
藝，千古瑰寶終得重放异彩！鄧綏之後，又創造了"噴水魚洗"，亦甚奇妙，令人大開眼
界。東漢已有"雙魚洗"之名（見明梅鼎祚《東漢文紀》卷三二引《雙魚洗銘》），未知當
時是否可以噴水。"噴水魚洗"形似今的臉盆。盆内多刻雙魚或四魚，盆的上沿兩側有
一對提耳，提耳的設置，不祇是爲了便於提動，同時又具有另外一個功用，即當手掌撫摩
時，盆内還能噴射出兩尺高的水柱，水面形成一片浪花，同時會發出樂曲般的聲響，十分

神奇。今可確知，"噴水魚洗"興起於唐宋之間（見宋王明清《揮塵前録》卷三、宋何薳《春渚紀聞》卷九），當是皇家或貴族所用盥洗用具。魚洗能够噴水，其道理何在？美國、日本的物理學家曾用各種現代科學儀器反復檢測查看，試圖找出其導熱、傳感及噴射發音的構造原理，雖經全力研究，但仍難得以完整的解釋，也難以再現其效果。面對中國古代科技創造的這一奇迹，現代科學遭遇了空前挑戰，祇能"望盆興嘆"。

中華民族，中華博物學，就是在這樣複雜多變的背景之下跌宕起伏，生存發展，在晚清之前，兩千餘年來，從未停止前進的步伐，這又成爲中華民族的民族性與中華博物學的一大特點。

四、西化流弊何時休，誰解古老博物學？

自晚清以還，中華博物學沉淪百年之久，本當早已復蘇，時至今日，幸逢盛世，正益修典，又何以總是步履維艱？豈料經由西學東漸之後，在我國國内一些學人認定科學決定一切，無與倫比，日積月纍，漸漸形成了一種偏激觀念——"唯科學主義"，即以所謂是否合於科學，來判定萬事萬物的是非曲直，科學擁有了絕對的話語權。"唯科學主義"通常表現爲三種態度：一、否認物質之外的非物質。凡難以認知的物質，則稱之爲"暗物質"。這一"暗"字用得非常巧妙，"暗"，難見也！於是"暗物質"取代了"非物質"；二、否認科學之外的其他發現。凡是遇到無從解釋的難題，面對别家探索的結論，一律斥爲"僞科學"。三、否認科學範圍以外的其他一切生產力，唯有科學可以帶動社會發展，萬事萬物必須以科學爲推手。

何謂"科學"？中國古代本有一種認識論的命題，稱之爲"格致"，意謂"格物致知"，指深究事物原理以求得知識，從而認識各種客觀現象，掌握其變化規律。這種哲學我國先秦諸子久已有之，雖已歷千載百代，但却未得應有的重視，終被西方科學所取代。自16世紀始，歐洲由於文藝復興，掙脱了天主教會的長期禁錮，轉向於對大自然的實用性的探索，其代表作即哥白尼的"日心說"與伽利略天文望遠鏡的發明，同時出現牛頓的力學，這是西方的第一次科技革命。這一時期已有"科學"其實，尚無後世"科學"之名，起始定名爲英語science一詞，源於拉丁文，本意謂人世間的各種學問，隸屬於古希臘的哲學思想，是一種對於宇宙間萬事萬物的生衍關係的一種想象、一種臆解，原本無甚稀奇，此時已反響於歐洲，得以廣泛流傳。至 18 世紀，新興的資産階級取得政權，爲推行資本主義，又大力發展科學，西方科學已處於世界領先地位。時至 19 世紀 60 年代後期及 20 世紀初，歐洲發生了以電力、化學及鋼鐵爲新興産業的第二次科技革命，英語 science 一詞迅速擴展於北美和亞洲。日本明治維新時期，赴歐留學的日本學者將 science 譯成"科學"，學界認爲是藉用了中國科舉制度中"分科之學"的"科學"一詞，如同將英文 natural history 的語意翻譯成漢語"博物學"一樣，也并不準確，中國的變法派訪日時，對之頂禮膜拜，欣然接受，自家固有的"格致"一詞，如同國學中的其他語詞一樣被弃而不用，"科學"一詞因得以廣泛流傳。"科學"當如何定義？今日之"科學"包括了自然科學、社會科學、思維科學以及交叉科學。除却嚴謹的形式邏輯系統之外，本是一種具體的以實踐爲手段的實證之學。實踐與實證的結果，日積月纍，就形成了人類關於自然、社會和思維的認知體系，成爲人類評斷事物是非真僞的依據。但科學不可能將浩渺無盡的宇宙及宇宙間的萬事萬物盡皆予以實踐、實證，能够實踐、實證者甚微，因而科學總是在不斷地探索，不斷地補正，不斷地自我完善之中，其所能研究的領域與功能實在有限。當代科學可以在指甲似的晶片上，一次性地裝載五百億電晶體，可以將重達六噸以上的太空船射向太空，并按照既定指令進行各種探索，但却不能造出一粒原始的細胞來，因爲這原始細胞結構的複雜神秘，所蘊含的奇妙智慧，人類雖竭盡全力，却至今無法破解。細胞來自何處？是如何形成的？科學完全失去了話語權！造不出一粒原始的細胞，造一片樹葉尤無可能，造一棵大樹更是幻想，遑論萬千物種，足證"科學"并非萬能的唯一學問。況且，"暗物質"之外，至少在中國哲學體系中尚有"非物質"。何謂"非物質"？"非物質"是與"物質"相對而言，區別於"暗物質"的另一種存在，正如前文所述，它"無形無象、無聲無色、無始無終、無可名狀"，在中國古代稱之爲"道"。"道"可以不遵循因果關係，可以無中生有，爲"萬物之所然也，萬理之所稽也"，可以解釋萬物的由來，可以解釋宇宙的形成。今以天體學的的視野略加分析，亦可見"唯科學主義"的是非。人類賴以生存的地球，其直徑約爲 12 742 公里，是太陽系中的第三顆小行星。太陽系的直徑約爲 2 光年，太陽是銀河系中數千億恒星之一，銀河系的直徑約爲 10 萬光年，包括 1 千億至 4 千億顆恒星，而宇宙中有一千至兩千億銀河系，宇宙有 930 億光年。一光年約等於 9.46 萬億公里。地球在宇宙中祇是一粒微塵，如此渺小的地球人能創造出破解一切的偉大科學，那是癡人説夢！中華先賢面對諸多奥妙，面對諸多不可思議的現象，提出這一"無可名狀"之"道"，當然并非憑空想象，自有其觀測與推理的依據，這顯然不同於源自西方的科學，或曰是西方科學所包容不了的。先賢提出的"無可名狀"的"道"，已超越物質的範圍，或曰"道"絕非"暗物質"所能替代的。這一"無可名狀"的"道"，在當今的別樣的時空維度中已得到初步驗證（在這非物質的維度中滿富玄機）。論者提出這一古老學說，旨在證明"唯科學主義"排斥其他一切學說，過分張揚，不足稱道，絕無否定或輕忽科學之意。百年前西學東漸，尤其是西方科學的傳入，乃是我中華民族思維與實踐領域的空前創獲，是實踐與思維領域的一座嶄新的燈塔，如今已是家喻户曉，人人稱贊，任誰也不會否認科學的偉大，但却不能與偏激的"唯科學主義"混同。後世"科學"一詞，又常常與"技術"連稱爲"科學技術"，簡稱"科技"。何謂"技術"？　"技術"一詞來源於希臘文"techs"，通常指個人的技能或技藝，是人類利用現有實物形成新事物，或改變原有事物屬性、功能的方法，或可簡言之曰發明創造。科學技術不同於科學，也不同於技術，也不是科學與技術的簡單相加。科學技術是科學與技術的有機結合體系，既是人類認識世界和改造世界的成果或產物，又是人類認識世界和改造世界最有力的工具或手段，兩者實難分割。某些技術本身可能祇是一種技法，而高深技術的背後則必定是科學。

出於上述"唯科學主義"偏激觀念，重建中華博物學就遭致了質疑或否定，如有學者認爲，中國古代祇有技術而没有科學，哪有什麽中華博物學？中華博物學被看作"前科學時代的粗糙的知識和技能的雜燴"，是一種"非科學性思考"，没有什麽科學價值，當然也就没有重建的必要，因爲西方博物學久已存在，無可替代。中國古代當真"祇有技術而没有科學"麽？前文已論及"科學"與"技術"很難分割，在中國古代不祇有"技術"，同樣也有"科學"。回眸世界之歷史長河，僅就中西方的興替發展脉絡略作比較，就可以看到以下史實：當我中華處於夏禹已劃定九州、建有天下之際，西方社會多處於尚未開化的蠻荒歲月；當我中華已處於春秋戰國鋼鐵文化興起之際，整個西方尚處於引進古羅馬文明的青銅器時代；當我宋代以百萬册的印數印刷書籍之際，中世紀的西方仍然憑藉修士們成年纍月在羊皮卷上抄寫複製；著名的火藥、指南針等其他重大發明姑且不論，單就中國歷朝歷代任何一件發明創造而言，之於西方社會也毫不遜色，直至清代中葉，中國的科技一直處於世界領先地位。英國科學家李約瑟主編的七卷巨著《中國科學技術史》，即認爲西方古代科學技術85%以上皆源於中國。這是西方人自發的没有任何背景、没有任何色彩的論斷，甚爲客觀，迄今未見异議。此外又有學者指出，中華傳統博物學不祇擁有科技，又超越了科技的範疇，它是"關於物象（外部事物）以及人與物的關係的整體認知、研究範式與心智體驗的集合"，"這種傳統根本無法用科學去理解和統攝"，中華古典博物學"給我們提供的'非科學性思考'，恰恰是它的價值所在"（余欣《中國博物學傳統的重建》，載《中國圖書評論》，2013 年第 10 期，第 45～53 頁）。這無疑是對"唯科學主義"最有力的批駁！是的，本書極重"科技"研究，又不拘泥於"科技"，同樣重視"非科學性思考"。

中華古典博物學的研究主體是"博物"，是"博物史"，通過對"博物""博物史"的探索，而展現的是人，是人的生存、生活的具體狀況，是人的直觀發展史。中華傳統博物學構成了物我同類、天人合一的博大的獨立知識體系，是理解和詮釋世界的另一視野，這種視野中的諸多"非科學性思考"的博物，科學無法全面解讀，但却是真真切切的客觀存在。所謂傳統博物學是"前科學時代的粗糙的知識和技能的雜燴"，是"非科學性思考"的評價，甚是武斷，祇不過是一種不自覺的"唯科學主義"觀念而已。另將"科學"與"技術"分割開來，強調什麼"科學"與否，這一提法本身就不太"科學"。對此，本書前文已論及，無須複述。我國作爲一個古老國度，在其漫長的生衍過程中，理所當然地包容了"粗糙的知識和技能"。這一狀況世界所有古國盡有經歷，并非中國獨有。"粗糙的知識"的表述似乎也并不恰當，"知識"可有高下深淺之分，未聞有粗糙細緻之別。這所謂"粗糙"，大約是指"成熟"與否，實際上中華傳統博物學所涉之"知識和技能"，并非那麼"粗糙"，常常是合於"科學"的，有些則是非常的"科學"。英國科學家李約瑟等認定古代中國涌現了諸多"黑科技"。何謂"黑科技"？這是當前國際間盛行的術語，即意想不到的超越科技之科技，可見學界也是將"科學"與"技術"連體而稱，而并非稱"黑科學"。認定中國古代"祇有技術而没有科學"，傳統博物學是"前科學時代的粗糙的知識和技能的雜燴"之說，頗有些"粗糙"，準確地說頗有些膚淺！這位學者將傳統博物學統稱爲"前科學時代"的產物，亦是一種妄斷，也頗有些隨心所欲！何謂"前科學時代"？"前科學時代"是指形成科學之前人們僅憑五官而形成的一種感知，這種感知在原始社會時有所見，但也并非全部如此，如鑽木取火、天氣預測、曆法的訂立、灸砭的運用等，皆超越了一般的感知，已經形成了各自相對獨立的科學。看來這位學者并不怎麼瞭解中國古代科技史，并不太瞭解自家的傳統文化，實屬自誤而誤人。

中華博物學的形成及發展歷程，與西方顯然不同。西方博物學萌生於上古哲人的學説，其後則以自然科學爲研究主體，遍及整個歐洲，全面進入國民的生活領域。在這樣的文化背景之下，西方日益强大，直接影響和推動了社會的發展，因而步入世界前列。我中華悠悠數千載，所涉博物，形形色色，浩浩蕩蕩，逐漸形成了中華獨有的博物學體系，但面臨的背景却非常複雜，與西方比較是另一番天地，那就是貫穿數千載的"重道輕器"觀念與排斥"奇技淫巧"之國風，這一觀念、這一國風，其表現形式就是重文輕理，且愈演愈烈。如中國久遠的科舉制度，應試士子們本可"上談禮樂祖姬孔，下議制度輕雕玄"（見明高啓《送貢士會試京師》詩），縱論古今國事，是非得失，而朝廷則可藉此擇取英才，因而國家得以强盛。時至明代後期，舉國推行的科舉制度竟然定型爲千篇一律的八股文，泯滅了朝廷取才之道，一代宗師顧炎武稱八股之禍勝似"焚書坑儒"（見《日知録·擬題》）。清代後期爲維護其獨裁統治，手段尤爲專橫强硬，又向以"天朝"自居，哪裏會重視什麼西方的"科學技術"？"科學技術"的落伍最終導致文明古國一敗塗地，這也就是"李約瑟難題"的答案！"科學"之所以成爲"科學"，是因爲其出自實踐、實證，實踐、實證是科學的生命。實踐、實證又必須以物質爲基礎，這正與我中華博物學以浩浩博物爲研究主體相合！但中華博物學，或曰博物研究，始終被置於正統的國學之外，這一觀念與國風，極大地制約了中華博物學的發展。制約的結果如何？可以毫不誇張地説，直接阻礙了中國古代社會的歷史進程。

五、中華博物知多少，皓首難解千古謎

中華博物如繁星麗天，難以勝計，其中有諸多別樣博物，可稱之爲"黑科技"者，令人百思不得其解。如八十餘年前四川廣漢西北發現的三星堆古蜀文化遺址，距今約四千八百年至三千年左右，所在範圍非常遼闊，遠超典籍記載的成都平原一帶，此後不斷探索，不斷有新的發現，成爲 20 世紀人類最偉大的考古發現之一。該遺址內三種不同面貌而又連續發展的三期考古學文化，以規模壯闊的商代古城和高度發達的青銅文明爲代表的二期文化最具特點。二期文化中青銅器具占據主導地位，極爲神奇。衆多的青銅人頭象、青銅面具，千姿百態。還有舉世罕見的青銅神樹，該樹有八棵，最高者近 4 米，共分三層，樹枝上栖息有九隻神鳥，應是我國古籍所載"九日居下枝"的體現；斷裂的頂部，當有"一日居上枝"的另一神鳥，寓意九隻之外，另一隻正在高空當班。青銅樹三層

九鳥，與《山海經・海外東經》中所載"扶桑""若木""九日居下枝，一日居上枝"正同。上古時代，先民認爲天上的太陽是由飛鳥所背負，可知九隻神鳥即代表了九個太陽。其《南經》又曰："有木，其狀如牛，引之有皮，若纓、黄蛇。其葉如羅，其實如欒，其木若蓲，其名曰建木。"何謂"建木"？先民認爲"建木"具有通天本能，傳説中伏羲、黄帝等盡皆憑藉"建木"來往神界與人間。由《山海經》的記載可知，這神奇物又來源於傳統文化，大量青銅文化明顯地受到夏商文明、長江中游文明及陝南文明的影響。那些金器、玉器等禮器更鮮明地展現出華夏中土固有的民族色彩。如此浩大盛壯，如此神奇，這一古蜀國究竟是怎樣形成的？又是怎樣突然消失的？詩人李白在《蜀道難》中曾有絶代一問："蠶叢及魚鳬，開國何茫然？"意謂蠶叢與魚鳬兩位先帝，是在什麼時代開創了古蜀國？何以如此茫茫然令人難解？今論者續其問曰："開國何茫然，失國又何年？開失兩難知，千古一謎團。"三星堆的發掘并非全貌，僅占遺址總面積的千分之一左右，只是古蜀文化的小小一角而已，更有浩瀚的未知數，國人面臨的將是另一個陌生的驚人世界。中華民族襟懷如海，廣納百川，中外文化相容并包，故而博大精深。這些百思不得其解的神奇之物，向無答案，確屬於所謂"非科學性思考"，當代專家學者亦爲之拍案。"唯科學主義"面臨這些"黑科技"的挑戰，當然也絶難詮釋。以下再就已見出土，或久已傳世之實物爲例。上世紀 80 年代，臨潼始皇陵西側出土了兩乘銅車馬，其物距今已有兩千二百餘年，造型之豪華精美，被譽爲世界"青銅之冠"，姑且不論。兩輛車的車傘，厚度僅 0.1 ~ 0.4 厘米，一號車古稱"立車"或"戎車"，傘面爲 1.12 平方米，二號車傘面爲 2.23 平方米，而且皆用渾鑄法一次性鑄出，整體呈穹隆形，均勻而輕薄，這一鑄法迄今亦是絶技，無法超越。而更絶的是一號立車的大傘，看似遮風擋雨所用，實則充滿玄機，此傘的傘座和手柄皆爲自鎖式封閉結構，既可以鎖死，又可以打開，同時可以靈活旋轉 180 度，隨太陽的方位變化而變化，亦可取下插入野外，遮烈日，擋風雨，賞心隨意。令人尤爲稱奇的是，打開傘柄處的雙環插銷，傘柄與傘蓋可各獨立，傘柄就成了一把尖鋭的矛，傘蓋就成了盾，可攻可守。這一 0.1 ~ 0.4 厘米厚的盾，其抗擊力又遠勝今人的製造技術，令今人望塵莫及，故國際友人贊之爲罕見的"黑科技"。此外分存於西安與鎮江東西兩方的北宋石刻《禹迹圖》，尤爲奇異。此圖參閲了唐賈耽《海内華夷圖》，并非單純地反映宋代行政區劃及華夷之間的關係，而是上溯至《禹貢》中的山川、河流、州郡分布，下至北宋當世，已將經典與現實融爲一體。此圖長方約 1 平方米，宋朝行政區劃即達三百八十個之多，五個大湖，七十座山峰，更有蜿蜒數千里的長江、黃河等江川八十餘條；不衹是中原的地域，尚有與之接壤的大理、吐蕃、西夏、遼等區域，這些區域的山野江河亦有精準的繪製。作爲北宋時代的製圖人，即使能够遍踏域内、域外，也絕難僅憑一己的目力俯瞰全景。此圖由五千一百一十個小方格組成，每一小方格皆爲一百平方公里，所有城市、山野江河的大小距離，盡包容在這些格子裏，全部可以明確無誤地測算出來，其比例尺與今世幾無差異。如此細密精準，必須具有衛星定位之類的高科技纔能繪製出來，九百年前的宋人是憑藉什麽儀器完成的？此一《禹迹圖》較之秦陵銅車馬，更超乎想象，詭異神奇，故而英國學者李約瑟評之爲“世界上最神秘、最杰出的地圖”，美國國家圖書館將一幅19世紀據西安圖打製的拓本作爲館藏珍品。中國古代“黑科技”，又何止臨潼銅車馬與《禹迹圖》？

除却上述文獻記載與出土及傳世之物外，另一些則是實見於中華大地的奇特自然景觀，這些百思不得其解的神奇之物，散處天南海北，自古迄今，向無答案，亦屬於所謂“非科學性思考”，當代專家學者亦爲之拍案。“唯科學主義”面臨這些“黑科技”的挑戰，當然也絕難詮釋。我中華大地這些神奇之物，在當世尤應引起重視，國人必須迎接“超科技時代”的到來。如“應潮井”，地處南京市東紫金山南麓定林寺前。此井雖遠在深山之間，却與五公里外的長江江潮相應，江水漲則井水升，江水退則井水降，同處其他諸井皆無此現象。唐宋以來，已有典籍記載，如《江南通志·輿地志·江寧府》引唐段成式《酉陽雜俎》：“蔣山有應潮井，在半山之間，俗傳云與江潮相應，嘗有破船朽板自井中出。”《景定建康志·山川志三·井泉》：“應潮井在蔣山頭陁寺山頂第一峰佛殿後。《蔣山塔記》云：‘梁大同元年，後閣舍人石興造山峰佛殿，殿後有一井，其泉與江潮盈縮增减相應。’”何以如此，自發現以來，已歷千載，迄今無解。以上的奇特之物，多有記載，名揚天下，而另一些奇物，却久遭冷落，默默無聞。如“靈通石”，亦稱“神石”“報警石”，俗稱“猪叫石”。該石位於太行大峽谷林縣境内高家臺輝伏巖村。石體方正，紫紅色，裸露於地面約4立方米，高寬各3米，厚2米，象是一頭體積龐大的臥猪，且能發聲如猪叫。傳聞每逢大事（包括自然灾害、重大變革等）來臨之前，常常“鳴叫”不止，大事大叫數十天，小事則小叫數日，聲音忽高忽低，一次可叫百餘聲，百米之内清晰可聞。但其叫聲衹能現場聆聽，不可錄音。何以如此怪異？同樣不得而知！中華博物浩浩洋洋，漫漫無涯，可謂無奇不有，作爲博物之學，亦必全力探究，這也正是中華博物學承担的使命。

六、中華博物學的研究範圍與狀況，新建學科的指嚮與體式如何？

中國當代尚未建立博物學會，也没有相應的報刊，人們熟知的則是博物院館，而博物院館的職責在於收藏、研究并展出傳世的博物，面對日月星辰、萬物繁衍以及先民生息起居等數千年的古籍記載（包括失傳之物），豈能勝任？中華博物全方位研究的歷史使命祇能由新興的博物學承擔。古老中華，悠悠五千載，博物浩茫，疑難連篇，實難解讀，而新興的博物學却不容迴避，必須做出回答。

本書指稱的博物，包括那些自然物，但并不限於對其形體、屬性的研究，體現了博物古學固有的格致觀念，且常常懷有濃厚的人文情結，可謂奧妙無窮，這又迥别於西方博物學。

如"天宇"，當做何解釋？在中國傳統文化中是與"宇宙"并存的稱謂，重在强調可見的天體和所有星際空間。前已述及，天體直徑可達930億光年以上，實際上可能遠超想象。這就出現了絶世難題：究竟何謂天體？天體何來？戰國詩人屈原在其《天問》篇中，曾連連問天："上下未形，何由考之？""馮翼惟象，何以識之？""明明闇闇，惟時何爲？"千古之問，何人何時可以作答？天宇研究在古代即甚冷僻，被稱爲"絶學"。中國是天宇觀測探索最爲細密的文明古國之一，天象觀測歷史也最爲悠遠，殷墟甲骨、《書》《易》諸經，盡有記載，而歷代正史又設有天文、曆律之類專志，皇家設有司天監之類專職機構，憑此"觀天象、測天意"，以決國策。於是，天文之學遂成諸學之首。天宇研究的主體是天空中的各種現象，這些現象又以各種星體的位置、明暗、形狀等的變化爲主，稱之爲星象。星象極其繁複，難以辨識。於是，在天空位置相對穩定的恒星就成爲必要的定位標志。在人們目力所及的範圍内，恒星數以千計，簡單命名仍不便查找和定位，我華夏先民又將天空劃分爲若干層級的區域，將漫天看似雜亂無章的恒星位置相近者予以組合并命名，這些組合的星群稱之爲星宿。古人視天上諸星如人間職官，有大小、尊卑之分，故又稱星官，因而就有了三垣二十八宿，成爲古天宇學最重要理論依據，這一理論西方天文學絶難取代。

再如古代類書中指稱的"蟲豸"，當代辭書亦少有確解。何謂"蟲豸"？舉凡當今動物學中的昆蟲綱、蛛形綱、多足綱，以及爬行動物中的綫形動物、扁形動物、環節動物、軟體動物中形體微小者，皆爲蟲豸之屬。蟲豸形雖微小，然其生存之久、種類之繁、分布之廣、形態之多、數量之巨，從生物、生態、應用、文化等角度，其意義和價值都大异於其他各類動物，或説是其他各類動物所不能比擬的。蟲豸之屬，既能飛於空，亦能游於水，既能潛於土，亦能藏於山，形態萬千，且各具靈性，情趣互异，故古代典籍遍見記叙，不僅常載於詩文，且多見筆記、小説中。先民又常憑藉其築穴或搬遷之類活動，以預測氣象變化或靈异別端，同樣展現了一幅具體生動的蟲文化畫卷，既有學術價值，又充滿趣味性。自《詩》始，就出現了咏蟲詩，其後歷代從蝶舞蟬鳴、蟻行蛇爬中得到靈感者代不乏人，或以蟲言志，或以蟲抒懷，或以蟲爲比，或以蟲爲興，甚至直以蟲名入於詞牌、曲牌，如僅蝴蝶就有"蝴蝶兒""玉蝴蝶""粉蝶兒""蝶戀花""撲蝴蝶""撲粉蝶"等名類。唐歐陽詢《藝文類聚》收集有關蟬、蠅、蚊、蝶、螢、叩頭蟲、蛾、蜂、蟋蟀、尺蠖、螳、蝗等蟲類的詩、賦、贊等數量浩繁，後世仿其體例者甚多，如《事物紀原》《五雜俎》《淵鑑類函》《古今圖書集成·禽蟲典》等，洋洋大觀。不僅詩詞歌賦，在成語、俗語中，言及蟲豸者，亦不可勝數，如莊周夢蝶、螓首蛾眉、金蟬脱殼、螳螂捕蟬、螳臂當車、蚍蜉撼樹、作繭自縛、飛蛾撲火（詞牌名爲"撲燈蛾"）等；不僅見諸歷代詩文，今世辭章以蟲爲喻者，仍沿襲不衰，如以蝸喻居、以蝶喻舞、以蟬翼喻輕薄、以蛇蠍喻狠毒等，比比皆是，不勝枚舉。

　　本博物學所指稱博物又包括了人類社會生活的各方面、領域，自史前達於清末民初，有的則可直達近現代，至巨至微，錯綜複雜。而對於某一具體實物，必須從其初始形態、初始用途的探討入手，而後追逐其發展演變過程，這樣纔能有縱橫全面的認定，從而作出相應的結論，這正是新興博物學的使命之一。今僅就我中華民族時有關涉者予以考釋。今日，國人對於古代社會生活實在太過陌生，現當代權威工具書所收錄的諸多重要的常見詞目，常常不知其由來，遭致誤導。如"祭壇"一詞，《漢語大詞典·示部》釋文曰：

　　　　祭壇：供祭禮或宗教祈禱用的臺。劉大傑《中國文學發展史》第一章三："無論藝術哲學都得屈服於宗教意識之下，在祭壇下面得着其發展生命了。"艾青《吹號者》詩："今日的原野呵，已用展向無限去的暗緑的苗草，給我們布置成莊嚴的祭壇了。"亦指上壇祭祀。侯寶林《改行》："趕上皇上齋戒忌辰，或是皇上出來祭壇，你都得歇工（下略）。"

　　以上引用的三個書證全部是現代漢語，檢索此條的讀者可能會認定"祭壇"乃無淵源的新興詞，與古漢語無關。豈不知《晉書·禮志下》《舊唐書·禮儀志三》《明史·崔亮傳》

諸書皆有"祭壇"一詞，又皆爲正史，并不冷僻。《漢語大詞典》爲證實"祭壇"一詞的存在，廣予網羅，頗費思索，連同侯寶林的相聲也用作重要書證。侯氏雖被贊爲現代語言大師，但此處的"祭壇"，并非"供祭禮或宗教祈禱用的臺"，"祭"與"壇"爲動賓語結構，并非名詞，不足爲據。還應指出，"祭壇"作爲人們祭祀或祈禱所用實體的臺，早在史前即已出現，初始之時不過是壘土爲臺罷了。

此外，直接關涉華夏文化傳播形式的諸多博物更是大異於西方。如"文具"初稱"書具"，其稱漢代大儒鄭玄在《禮記·曲禮上》注中已見行用。千載之後，宋人陶穀《清異録·文用》中始用"文具"一詞。文具泛指用於書寫繪畫的案頭用具及與之相應的輔助用具。國人憑藉這些文具，創造了最具特色的筆墨文化、筆墨藝術，憑藉這些文具得以描述華夏五千載的燦爛歷史。中華傳統文具究有多少？國人最爲熟悉的莫過於"文房四寶"，實際又何止"文房四寶"？另有十八種文房用具，定名爲"十八學士"，宋代林洪曾仿唐韓愈《毛穎傳》作《文房職方圖贊》（簡稱《文房圖贊》，即逐一作圖爲之贊）。實際上遠超十八種，如筆筒、筆插、筆捵、筆洗、墨水匣、墨床、水注、水承、水牌、硯滴、硯屏、印盒、帖架、鎮紙、裁刀、鉛槧、算袋、照袋、書床、筆擱、高閣，等等，已達三十種之多。

"文房四寶""十八學士"之類中華獨具的傳統文化，今國人熟知者已不甚多，西方博物又何從涉及？何可包容？

七、新興博物學的表述特點，其古今考辨的啓迪價值

當代新興博物學所展現的是中華博物本身的生衍變化以及其同物異名、同名異物等，其主旨之一在於探尋我古老的中華民族的真實歷史面貌，温故知新，從而更加熱爱我們偉大的中華文明。

偉大的中華民族，在歷史上產生过許多杰出的思想觀念，比如，我中華民族風行百代的正統觀念是"君爲輕，民爲本，社稷次之"（見《孟子·盡心下》），這就是强調人民高於君王，高於社稷（猶"國家"），人民高於一切！古老的中華正統對人民如此愛護，如此尊崇，在當今世界也堪稱難得。縱觀朝代更迭的全部歷史可知，每朝每代總有其興起及消亡的過程，有盛必有衰。在這部《通考》中，常有實例可證，如有關商代都城"商邑"的

記載，就頗具代表性。試看，《詩·商頌·殷武》："商邑翼翼，四方之極。"鄭玄箋："極，中也。商邑之禮俗翼翼然……乃四方之中正也。"孔穎達疏："言商王之都邑翼翼然，皆能禮讓恭敬，誠可法則，乃爲四方之中正也。"《詩》文謂商都富饒繁華，禮俗興盛，足可爲全國各地的學習楷模。"禮俗"在上古的地位如何？《周禮·天官·大宰》曰："以八則治都鄙：一曰祭祀，以馭其神……六曰禮俗，以馭其民。"這是説周代統治者以禮俗馭其民，如同以祭祀馭鬼神一樣，未敢輕忽怠慢，禮俗之地位絶不可等閑視之。古訓曰："倉廩實而知禮節，衣食足而知榮辱。"（見《史記·管晏列傳》）此處的"禮節"是禮俗的核心内容，可見禮俗源於"倉廩實"。"倉廩實"展現的是國富民强，而國富民强，必重禮俗，禮俗展現了國家的面貌。早在三千年前的商代，已如此重視禮俗。"商邑翼翼"所反映的是上古時期商都全盛時期的繁華昌明，其後歷代亦多有可以稱道的興盛時期，如"漢武盛世""文景盛世"、唐"貞觀盛世""開元盛世"、宋"嘉祐盛世"、明"永宣盛世"、清"康乾盛世"等，其中更有"夜不閉户，路不拾遺"的佳話。盛世總是多於亂世，或曰温飽時代總是多於飢寒歲月。唐代興盛時期，君臣上下已萌生了甚爲隨和的禮儀狀態，不喜三拜九叩之制，宋元還出現了"衣食父母"之類敬詞（見宋祝穆《古今事物類聚別集》卷二〇、元關漢卿《寶娥冤》第二折），這正體現了"王者以民爲天，民以食爲天"（見《漢書·酈食其傳》）的傳統觀念。中國歷史上的黎民百姓并非一直生活在水深火熱之中，在漫長的歲月中也常有温飽寧静的生活，因而涌現了諸多忠心報國的詩詞。如"但使龍城飛將在，不教胡馬度陰山"（唐王昌齡《出塞二首》之一）；"忘身辭鳳闕，報國取龍庭"（王維《送趙都督赴代州得青字》）；"僵卧孤村不自哀，尚思爲國戍輪臺"（宋陸游《十一月四日風雨大作》）；"奇謀報國，可憐無用，塵昏白羽"（宋朱敦儒《水龍吟·放船千里凌波去》）。

　　久已沉淪的傳統博物學今得重建，可藉以知曉我中華兒女擁有的是何樣偉大而可愛的祖國！偉大而可愛的祖國，江山壯麗，蘭心大智，光前裕後，莘莘學子尤當珍惜，尤當自豪！回眸古典博物學的沉淪又可確知，鴉片戰争給中華民族帶來的是空前的傷害，不衹是漢唐氣度蕩然無存，國勢極度衰微，最爲可怕的是傷害了民族自信，爲害甚烈。傷害了民族自信，則必會輕視或否定傳統文化，百代信守的忠義觀念、仁義之道，必消失殆盡，代之而來的則是少廉寡恥，爾虞我詐，以崇洋媚外爲榮，這一狀況久有持續，對青少年的影響尤甚，怎不令人痛心！時至當代，正全力弘揚中華優秀傳統文化，全力推行科技創新，踔厲奮發，重振國風，這又怎不令人慶幸！

　　新興博物學在展現中華博物本身的生衍變化進而展現古代真切的社會生活之外，又展現了一種獨具中華風采的文化體系。如常見語詞“揚州瘦馬”，其來歷如何？祇因元馬致遠《天净沙·秋思》中有“西風古道瘦馬”之句。自2008年山西吕梁市興縣康寧鎮紅峪村發現元代壁畫墓以來，其中的一首《西江月》小令：“瘦藤高樹昏鴉，小橋流水人家，古道西風瘦馬，夕陽西下，已獨不在天涯。”在學界引發了關於《天净沙·秋思》的爭論熱議。由《西江月》小令聯想元代的另一版本：“瘦藤老樹昏鴉，遠山流水人家，古道西風瘦馬，夕陽西下，斷腸人去天涯。”於是有學人又認爲此一“瘦馬”當指“揚州藝妓”，意謂形單影隻的青樓女子思念遠赴天涯的情郎——“斷腸人”，但這小令中的“瘦馬”之前，何以要冠以“古道西風”四字？則不得而知。通行本狀寫天涯游子的冷落淒凉情景，堪稱千古絕唱，無可置疑。那麽何以稱藝妓爲“瘦馬”？“瘦馬”一詞，初見於唐白居易《有感》詩三首之二：“莫養瘦馬駒，莫教小妓女。後事在目前，不信君看取。馬肥快行走，妓長能歌舞。三年五年間，已聞換一主。”金董解元《西廂記諸宫調》中的《仙吕·賞花時》又載：“落日平林噪晚鴉，風袖翩翩吹瘦馬。”此處的“瘦馬”無疑確指藝妓。稱妓女爲人人可騎的馬，後世又稱之爲“馬子”，是一種侮辱性的比擬。何以稱“瘦”？在中國古代常以“瘦”爲美，“瘦”本指腰肢纖細，故漢民歌曰：“楚王好細腰，宫中多餓死。”“細腰”强調的是苗條美麗。“好細腰”之舉，在南方尤甚，揚州的西湖所以稱之爲“瘦西湖”，不祇是因其狹長緊連京杭大運河，實則是因湖邊楊柳依依，芳草萋萋，又有荷花池、釣魚臺、五亭、二十四橋，美不勝收，較之杭州西湖有一種别樣的美麗。國人何以推崇揚州？《禹貢》劃定九州之中就有揚州，今之揚州已有兩千五百餘年的歷史。其主城區位於長江下游北岸，可追溯至公元前486年。春秋時期，吳王夫差在此開鑿了世界最早的運河——邗溝，建立邗城，孕育了唯一與邗溝同齡的運河城；因水網密布，氣候温潤，公元前319年，楚懷王熊槐在此建立廣陵城（今揚州仍沿稱“廣陵”），遂成爲中華歷史名城之一。此後歷經魏晋等朝代多次重修，至隋文帝開皇九年（589），廣陵改稱揚州。揚州除却政治地位顯赫之外，又是美女輩出之地，歷史上曾有漢趙飛燕、唐上官婉兒及南唐風流帝王李煜先後兩任皇后周薔、周薇，號稱“四大美女”。隋煬帝楊廣又在此開鑿大運河，貫通至京都洛陽旁連涿郡，藉此運河三下揚州，尋歡作樂。時至唐代，揚州更是江河交匯，四海通達，成爲全國性的交通要衝，故有“故人西辭黄鶴樓，煙花三月下揚州。孤帆遠影碧空盡，唯見長江天際流”的著名詩篇（唐李白《黃鶴樓送孟浩然之廣陵》，今之揚州已遠離長江）。揚州在唐代是除却長安之外的最爲繁華的大都會，商旅雲聚，青樓大興，成爲文壇才士、豪門公子醉生夢死之地。唐王建《夜看揚州市》詩贊曰：“夜市千燈照碧雲，高樓紅袖客紛紛。”詩人杜牧《遣懷》更有名作：“落魄江湖載酒行，楚腰纖細掌中輕。十年一覺揚州夢，贏得青樓薄幸名。”此“楚腰纖細掌中輕”之用典，即直涉楚靈王好細腰與趙飛燕的所謂“掌中舞”兩事。杜牧憑藉豪放而婉約的詩作，贏得百世贊頌，此詩實是一種自嘲、以書懷才不遇之作，却曾遭致史家“放浪薄情”的訴病。大唐之揚州，確是令人嚮往，令人心醉，故而詩人張祜有“人生只合揚州死”（見其所作《縱游淮南》）之感嘆。元代再度大修的京杭大運河弃洛陽直達北京，揚州之地位愈加顯赫。總之，世界這一最古最長的大運河歷代修建，始終離不開揚州。時至明清，揚州經濟依然十分繁盛，仍是達官貴人喜於擇居之地，兩淮鹽商亦集聚於此，富甲一方，由此振興了園林業、餐飲業，娛樂中的色情業也應運而生，養“瘦馬”就是其中的一種，一些投機者低價買進窮苦人家的美麗苗條幼女，令其學習言行禮儀、歌舞繪畫及其他媚人技能技巧，而後以高價賣至青樓或權貴豪門，大發其財。除却“揚州瘦馬”之外，又催生了著名的“揚州八怪”，文化藝術色彩愈加分明。

“揚州瘦馬”本是一種當被摒弃的陋習，不足爲訓，但這一陋習所反映出的却是關聯揚州的一種別樣的文化，反映了揚州古今社會的經濟發展與變化，這當然也是西方博物學替代不了的。

結　語

綜上所述可知，中華博物學是學術研究中的另一方天地，無可替代，必須重建，且勢在必行。如何重建？如何展現我中華博物獨有的神貌？答曰：中華博物絶非僅指博物館的收藏物，必須是全方位的，無論是宮廷裏，無論是山野間，無論是人工物，無論是天然品，無論是社會中，無論是自然界裏，皆應廣予收錄考釋。考釋的主旨，乃探索我中華浩浩博物的淵源、流變。此一博物學甚重“物”的形體、屬性及其淵源流變，同時又關注其得名由來，重視兩者間的生衍關係。通常而言（非通常情況當作別論），在人類社會中有其物必當有其名，有其名亦必有其物。此外，更有同物異名，或同名异物之別。探究"物"本體的淵源流變并釐清名物關係,這就是中國古典博物學的使命,這也正是最爲嚴密的格物致知,也正是最爲嚴肅的科學體系。但中國古典博物學,又必須體現《博物記》以還的國學傳統,必須體現博大的天人視野及民胞物與情懷,有助於我中華的再度振起,乃至於世界的安寧和諧。而那些神怪虛無之物,則不得納入新的博物學中,祇能作爲附錄以備考。如何具體裁定,如何通盤布局,并非易事,遠超想象。因我中華民族是喜愛并嚮往神話的古老民族,又常常憑藉豐富的想象對某種博物作出判斷與解讀,判斷與解讀的結果,除却導致無稽的荒誕之外,又時或引發別樣的思考,常出乎人們的所料,具有別樣的價值。如水族中的"比目魚",亦稱"王餘魚""兩鮷""拖沙魚""鞋底魚""板魚""箬葉",俗稱"偏口魚",爲鰈形目魚類之古稱。成魚身體扁平而闊,兩眼移於頭的另一端,習慣於側卧,朝上的一面有顏色鮮明的眼睛,朝下一面似無眼睛,先民誤以爲祇有一眼,必須相互比并而行。此一判斷與解讀,始自漢代《爾雅·釋地》:"東方有比目魚焉,不比不行。"郭璞注:"狀似牛脾……一眼,兩片相合乃得行。今水中所在有之,江東又稱爲王餘魚。"事過千載,直至明代李時珍《本草綱目》問世,盡皆認定比目魚僅有一隻眼,出行必須各藉他魚另一眼(見《本草綱目·鱗四·比目魚》)。傳統詩文中用比目魚以比喻形影不離的情侶或好友,先民争相傳頌,百代不休,直至1917年徐珂的《清稗類鈔》問世,始知比目魚兩眼皆可用,不必兩兩并游(《清稗類鈔·動物篇》)。古人憑藉想象,又認爲尚有與比目魚相對應的"比翼鳥",見於《爾雅·釋地》:"南方有比翼鳥焉,不比不飛。"這一"比翼鳥",僅一目一翼,須雌雄并翼飛行,如同比目魚一樣,亦用以比喻形影不離的情侶或好友。"比目魚""比翼鳥"之類虛幻者外,後世又派生了所謂"連理枝",著名詩作有唐白居易《長恨歌》曰:"在天願爲比翼鳥,在地願爲連理枝。"何謂"連理枝"?"連理枝"是指自然界中罕見的偶然形成的枝和幹連爲一體的樹木。"連理枝"之外,又出現了"并蒂蓮"之類。"并蒂蓮"亦稱"并頭蓮""合歡蓮"等,是指一莖生兩花,花各有蒂,蒂在花莖上連在一起的蓮花。這種"連理枝""并蒂蓮",難以納入下述的世界通行的階元系統,也難依照林奈創立的雙名命名法命名,但却又是一種不可忽視的實物,是大自然所形成的另一種奇妙的實物。此一"并蒂蓮"如同"比目魚""連理枝"一樣,亦用以喻情侶或好友,同樣廣見於傳統詩文。歲月悠悠,始於遠古,達於近世,先民對於我中華博物的無限想象以及與之并行的細密觀察探索,令人嘆爲觀止,凡天地生靈、袞袞萬物,無所不及,超乎想象,從而構成了一幅文明古國的壯闊燦爛畫卷。

　　這當是歷經百年沉淪、今得復蘇的我國傳統的博物學，這當是重建的嶄新的全方位的中華博物學。

　　中華博物學除却遵循發揚傳統的名物學、訓詁學、考據學及近世的考古學之外，也廣泛汲取了當代天文、地理、生物、礦物、農學、醫學、藥學諸學的既有成就，其中動植物的本名依照世界通行的階元系統，分爲界、門、綱、目、科、屬、種七類。又依照瑞典卡爾・馮・林奈（瑞文Carl von Linné）創立的雙名命名法命名。“連理枝”“并蒂蓮”“比目魚”“比翼鳥”之屬旁及龍、鳳、麒麟、貔貅等傳説之物，則作爲附録，劃歸相應的動物或植物卷中。這樣的研究章法，這樣的分類與標注，避免了傳統分類及形狀描述的訛誤或不確定性，即可與國際接軌。綜合古今中外，論者認爲《中華博物通考》的研究主體，可劃歸三十六大類，依次排列如下：

　　《天宇》《氣象》《地輿》《木果》《穀蔬》《花卉》《獸畜》《禽鳥》《水族》《蟲豸》《國法》《朝制》《武備》《教育》《禮俗》《宗教》《農耕》《漁獵》《紡織》《醫藥》《科技》《冠服》《香奩》《飲食》《居處》《城關》《交通》《日用》《資産》《珍奇》《貨幣》《巧藝》《雕繪》《樂舞》《文具》《函籍》。

　　存史啓智，以文育人，乃我中華千載國風。新時代習近平總書記甚重民族自信、文化自信，極力倡導“舊邦新命”，明確指出要“盛世修文”，怎不令人振奮，令人鼓舞！今日，我輩老少三代前後聯手、辛苦三十餘載、三千餘萬言的皇皇巨著——《中華博物通考》欣幸面世，并得到國家出版基金资助。這就昭示了沉淪百載的中華傳統博物學終得復蘇，這就是重建的全新中華博物學。“舊邦新命”“盛世修文”，重建博物學，旨在賡續中華文脉，發揚優秀傳統文化，汲取生生不息的精神力量，再現偉大民族的深邃智慧，展我生平志，圓我強國夢！

張述錚

乙丑夾仲首書於山東師範大學映月亭
甲辰南昌增補於歷下龍泉山莊東籬齋

總　説

——漫議重建中華博物學的歷史意義與現實價值

緣　起

　　《中華博物通考》（下稱《通考》）是一部通代史論性的華夏物態文化專著，係"九五""十五""十四五"國家重點出版物專項規劃項目，并得到 2020 年度國家出版基金資助。全書共三十六卷，另有附錄一卷，其中有許多卷又分上下或上中下，計有五十餘册，逾三千萬字。《通考》的編纂，擬稿於 1990 年夏，展開於 1992 年春，迄今已歷三十餘載，初始定名爲《中華博物源流大典》，原分三十二門類（即三十二卷）。此後，歷經斟酌修補，終成今日規模。三十餘載矣，清苦繁難，步履維艱，而大江南北，海峽兩岸，衆多學人，三代相繼，千里聯手，任勞任怨，無一退縮，何也？因本書關涉了古老國度學術發展的重大命題，足可爲當今社會所藉鑒，作者們深知自家承擔的是何樣的重任，未敢輕忽，未敢怠慢。

　　何謂中華物態文化？中華物態文化的研究主體就是中華浩博實物。其歷史若何？就文字記載而言，中華物態文化史應上溯於傳説中的三皇五帝時期，隸屬於原始社會。"三皇五帝"究竟爲何人，我國史家多有不同見解，大抵有三説：一曰"人間君主説"，"三皇"分別指天皇、地皇、人皇，"五帝"分別指炎帝烈山氏、黄帝有熊氏、顓頊高陽氏、帝堯陶唐氏和帝舜有虞氏；二曰"開創天下説"，三皇分別指有巢氏、燧人氏、伏羲氏，"五帝"分別指炎帝烈山氏、黃帝有熊氏、顓頊高陽氏、帝堯陶唐氏和帝舜有虞氏；三曰"道治德化説"，認爲"三皇以道治，五帝以德治"，"三皇"是遠古三位有道的君主，分別指太昊伏羲氏、炎帝神農氏及黃帝軒轅氏，五帝則是少昊金天氏、顓頊高陽氏、帝嚳高辛氏、帝堯陶唐氏和帝舜有虞氏。有關三皇五帝的組合方式，典籍記載亦不盡相同，大抵有四種，在此不予臚列。"三皇五帝"所處時間如何劃定，學界通常認爲有巢、燧人、伏羲屬於舊石器時代，有巢、燧人爲早期，伏羲爲晚期，其餘皆屬新石器時代，炎帝、黃帝、少昊、顓頊等大致同時，屬仰韶文化後期和龍山文化早期。"三皇五帝"後期，已萌生并逐步邁進文明史時代。

　　中華文明史，國際上通常認定爲三千七百年（主要以文字的誕生與城邑的出現等爲標志），國人則認定爲逾五千年，今又有九千年乃至萬年之説。後者可以上溯至新石器時代，如隸屬裴李崗文化的河南省舞陽縣賈湖村出土了上千粒碳化稻米，約有九千年歷史，是世界最早的栽培粳稻種子。經鑒定其中百分之八十以上不同於野生稻，近似現代栽培稻種，可證其時已孕育了農耕文化。其中發現的含有稻米、山楂、葡萄、蜂蜜的古啤酒也有九千年以上的歷史，可證其時已掌握了釀造術。賈湖又先後出土了幾十支骨笛，也有七千八百年至九千年的歷史，其中保存最爲完整者，可奏出六聲音階的樂曲，反映了九千年前，中華民族已具有相當高度的生產力與創造力、具有相當高度的文化藝術水準與審美情趣。有美酒品嘗，有音樂欣賞，彼時已知今人所稱道的"享受生活"，當非原始人所能爲。賈湖遺址的發現并非偶然，近來上山文化晚期浙江義烏橋頭遺址，除却出土了古啤酒之外，又發現諸多彩陶，彩陶上還繪有伏羲氏族所創立的八卦圖紋飾，故而國人認爲這一時期中華文明已開始形成，至少連續了九千載。中華文明的久遠，當爲世界四大文明古國之首，徹底否定了中華文明西來之説。九千載之説雖非定論，却已引起舉世關注。此外，江西省上饒市萬年縣大源鄉仙人洞遺址發現的古陶器則產生於一萬九千至兩萬年前，又遠超前述的出土物的製作時間。雖有部分學界人士認爲仙人洞遺址隸屬於舊石器遺址，并未進入文明時代，但其也足可證中華博物史的久遠。

一、何謂"博物"與《中華博物通考》？《通考》的要義與章法何在？

何謂"博物"？"博物"一詞，首見於《左傳·昭公元年》："晋侯聞子産之言，曰：'博物君子也。'"其他典籍也時有記載，如《漢書·楚元王傳贊》："自孔子後，綴文之士衆也，唯孟軻、孫况、董仲舒、司馬遷、劉向、揚雄此數公者，皆博物洽聞，通達古今。"《周書·蘇綽傳》："太祖與公卿往昆明池觀魚，行至城西漢故倉地，顧問左右莫有知者。或曰：'蘇綽博物多通，請問之。'"以上"博物"指博通諸種事物，一般釋爲"知識淵博"。此外，《三國志·魏書·國淵傳》："《二京賦》博物之書也，世人忽略，少有其師可求。"唐釋玄奘《大唐西域記·摩臘婆國》："昔此邑中有婆邏門，生知博物，學冠時彦，内外典籍，究極幽微，曆數玄文，若視諸掌。"明王禕《司馬相如解客難》："借曰多識博物，賦頌所託，勸百而風一。"這些典籍所載之"博物"，即可釋爲今義之"浩博實物"。這一浩博實物，任一博物館盡皆無法全部收藏。本《通考》指稱的"博物"既可以是天然的，也可以是人工的；既可以是静態的，也可以是動態的；既可以是斷代的，也可以是歷時的，是古今并存，巨細俱備，時空縱横，浩浩蕩蕩，但必須是我中華獨有，或是中土化的。研究這浩蕩博物的淵源流變以及同物異名或同名异物之著述即《博物通考》，而爲與西方博物學相區別，故稱之爲《中華博物通考》。

在中國古代久有《皇覽》《北堂書鈔》等類書、《儒學警語》《四庫全書》等叢書以及《爾雅》《説文》等辭書，所涉甚廣，却皆非傳統博物典籍。本書草創之際，唯有《中國學術百科全書》《中華百科全書》《中國大百科全書》之類風行於世，這類百科全書亦皆非博物學專著。專題博物學著作甚爲罕見，僅有今人印嘉祥《物源百科辭書》，俞松年、毛大倫《生活名物史話》，抒鳴、鋭鏵《世界萬物之由來》等幾種，多者收詞約三千條，少者僅一百八十餘款，或洋洋灑灑，或鳳毛麟角，各有千秋，難能可貴。《物源百科辭書》譽稱"我國第一部物源工具書"（見該書序），此書中外兼蓄，虚實并存，堪稱廣博，惜略顯雜蕪。本《通考》則另闢蹊徑，别有建樹，可稱之爲當代第一部"中華古典博物學"。

《通考》甚重對先賢靈智的追踪與考釋。中華民族是滿富慧心的偉大民族，極善觀察探索，即使一些不足挂齒的微末之物也未忽視，且載於典籍，十分翔實生動。如對常見的鳥類飛行方式即有以下描述：鳥學飛曰翎，頻頻試飛曰習，振翅高飛曰翥，向上直飛曰翀，張翼扶摇上飛曰羿，鳥舒緩而飛、不高不疾曰翺、曰翂，快速飛行曰翏，水上飛行曰㹟，高飛曰翰，輕飛曰翩，振羽飛行曰翻，等等，不一而足。如此細密的觀察探隱，堪稱世界之最，令人嘆服！而關於禽鳥分類學，在中國古代也有獨到見解。明代李時珍所著《本草綱目》已建立了階梯生態分類系統，將禽鳥劃分爲水禽、原禽、林禽、山禽等生態類別，具有劃時代意義。這一生態分類法較瑞典生物學家林奈的《自然系統》（第十版）中的分類要早一百六十餘年，充分展示了我國古代鳥類分類學的輝煌成就，駁正了中國傳統生物學一貫陳腐落後的舊有觀念。此外，那些目力難及、浩瀚的天體，也盡在先民的觀察探索之中，如關於南天極附近的星象，遠在漢代即有記載。漢武帝元鼎六年（公元前 111），滅南越國，置日南九郡事，《漢書》及顏注、酈道元《水經注》有關“日南”的定名中皆有詳述，而西方於 15 世紀始有發現，晚中國一千四百餘年。再如，關於太陽黑子，在我國漢代亦有記載，《漢書·五行志》載：“日黑居厌，大如彈丸。”其後《晋書·天文志中》亦載：“日中有黑子、黑氣、黑雲。”而西方於 17 世紀始有發現，晚於中國一千六百餘年。惜自清朝入關之後，對於中原民族，對於漢民族長期排斥壓抑，致使靈智難展，尤其是中後期以來的專制國策，遭致國弱民窮，導致久有的科技一蹶不振，於是在列强的視野下，中華民族變成了一個愚昧的“劣等”民族。受此影響，一些居留國外或留學國外的學人，亦曾自卑自弃，本書《導論》曾引胡適的評語：中華民族是“又愚又懶的民族”，是“一分像人，九分像鬼的不長進民族”（見胡適《介紹我自己的思想》，1930年 12 月亞東圖書館初版《胡適文選》自序》）。本《通考》有關民族靈智的追踪考索，巨細無遺，成爲另一大特點。

《通考》遵從以下學術體系：宗法樸學，不尚空論，既重典籍記載，亦重實物（包括傳世與出土文物）考察，除却既有博物類專著自身外，今將博物研究所涉文獻歸納爲十大系統：一曰史志系統，即史書中與紀傳體并列，所設相對獨立的諸志。如《禮樂志》《刑法志》《藝文志》《輿服志》等，頗便檢用。二曰政書類書系統。重在掌握典制的沿革，廣求佚書异文。三曰考證系統。如《古今注》《中華古今注》《敬齋古今黈》等，其書數量無多，見重實物，頗重考辨。四曰博古系統。如《刀劍録》《過眼雲煙録》《水雲録》《墨林快事》等，這些可視爲博物研究散在的子書，各有側重，雖常具玩賞性，却足資藉鑒。五曰本草系統。其書草木蟲魚、水土金石，羅致廣博，雖爲藥用，已似百科全書。六曰注疏系統。爲古代典籍的詮釋與發揮。如《易》王弼注、《詩》毛亨傳、《史記》裴駰集解、《老子》魏源本義、《楚辭》王夫之通釋、《三國志》裴松之注、《水經》酈道元注、《世說新語》

劉孝標注等。七曰雅學系統、許學系統，或直稱之爲訓詁系統，其主體就是名物研究，後世稱爲“名物學”。八曰异名辨析系統。已成爲名物學的獨立體系。如《事物异名》《事物异名録》等，旨在同物异名辨析。九曰説部系統。包括了古代筆記、小説、話本、雜劇之類被正統學者輕視的讀物，這是正統文化之外，隱逸文化、民間文化的淵藪，一些世俗的衣、食、住、行之類日常器物，多藉此得見生動描述。十曰文物考古系統，這是博物研究中至爲重要的最具震撼力的另一方天地，因爲這是以歷代實物遺存爲依據的，足可印證文獻的真僞、糾正其失誤，多有創獲。

二、《通考》内容究如何，今世當作何解讀？

《通考》内容極爲豐富，所涉範圍極廣，古今上下，時空縱横，實難詳盡論説，今略予概括，主要可分兩大方面，一爲自然諸物，二爲社科諸物，兹逐一分述如下：

（一）自然諸物：包括了天地生殖及人力之外的一切實體、實物，浩博無涯，可謂應有盡有。

如“太陽”“月亮”，在我中華凡是太空中的發光體（包括反射光體）皆被稱爲“星”，因此漢語在吸納現代天文學時，承襲了這一習慣，將“太陽”這類自身發光的等離子物體命名爲恒星。《天宇卷》研究的主體就是天空中的各種星象。星象就是指各種星體的位置、明暗、形狀等的變化。星象極其繁複，難以辨識。於是，在天空中位置相對穩定的恒星就成爲必要的定位標志。在人們目力所及的範圍内，恒星數以千計，先民將漫天看似雜亂無章的恒星位置相近者予以組合并命名，這些組合的星群稱之爲星宿，因而就有了三垣二十八宿之説。在远古難以對宇宙進行深入探索的時代，先民未能建立起完整的天體概念，也不知彼此的運動關係，僅憑藉直感認知，將所見的最強發光體——“太陽”本能地給予更多的關注，作出不同於西方的別樣解釋。視太陽爲天神，太陽的出没也被演繹成天神駕車巡游，而夸父追日、后羿射日等典故，則承載了諸多遠古信息。先民依據太陽的陰陽屬性、形體形象、光熱情况、時序變化、神話傳説及俗稱俗語等特點，賦予了諸多別名和异稱，其數量達一百九十餘種，如“陽精”“丙火”“赤輪”“扶桑”“東君”“摩泥珠”等，可見先民對太陽是何等的尊崇。對人們習見的“月亮”，《天宇卷》同樣考釋了其异名別稱及其得名由來。今知月亮异名別稱竟達二百二十餘種，較之“太陽”所收尤爲宏富。如

"太陰""玉鏡""嬋娟""姮娥""顧兔""桂影""玉蟾蜍""清凉宮",等等。而關於"月亮"的所見所想,所涉傳聞佳話,連綿不絕,超乎所料。掩卷沉思,無盡感慨!中華民族是一個明潔温婉、追求自由、嚮往和平、極具夢想的偉大民族。愛月、咏月、賞月、拜月,深情綿綿,與月亮别有一番不解之緣!饒有趣味者,爲東君太陽神驅使六龍馭車的羲和,如同爲太陰元君駕車的望舒一樣,竟也是一位女子,可見先民對於女性的信賴與尊崇。何以如此?是母系社會的遺風流韵麼?不得而知!足證《通考》探討"博物"的意義并不祇在"博物"自身,而是關乎"博物"所承載的傳統文化。

再如古代出現的"雪""雹"之類,國人多認定與今世無多大差异,實則不然。《氣象卷》收有"天山雪""陰山雪""燕山雪""嵩山雪""塞北雪""南秦雪""秦淮雪""廬山雪""嶺南雪""犬吠雪"(偏遠的南方之雪。因犬見而驚吠,故稱),等等,這些雪域不祇在長城内外,又達於大江南北,可謂遍及全國各地,令人眼界大開。這些雪域的出現,又并非遠古間事,所見文字記載盡在南北朝之後,而"嶺南雪"竟見於明清時期,致使今人難以置信。若就人們對雪的愛惡而言,有"瑞雪""喜雪""灾雪""惡雪";若就雪的屬性而言,有"乾雪""濕雪""霧雪""雷雪";若就降雪時間長短而言,有"連旬雪""連二旬雪""連三旬雪""連四旬雪";若就雪的危害而言,有"致人凍死雪""致人相食雪"等,不一而足。此外,雪另有色彩之别,本卷收有"紅雪""緑雪""褐雪""黑雪"諸文,何以出現紅、緑、褐、黑等顏色?這是由於大地上各類各色耐寒的藻類植物被捲入高空,與雪片相遇,從而形成不同色彩。對此,先民已有細微觀察,生動描述,但未究其成因。1892年冬,意大利曾有漫天黑雪飄落,經國際氣象學家研究測定,此一現象乃是高空中億萬針尖樣小蟲,在飛翔時與雪片粘連所致。這與藻類植物被捲入高空,導致顏色的變幻同理。或問,今世何以不見彩色之雪?因往昔大地之藻類及針尖樣小蟲,由於生態環境的破壞而消失殆盡。就氣象學而言,古代出現彩雪,是正常中的不正常,現代祇有白雪,則是不正常中的正常。本卷中有關雹的考釋,同樣頗具情趣,十分精彩。依雹的顏色有"白色雹""赤色雹""黑色雹""赤黑色雹",依形狀有"杵狀雹""馬頭狀雹""車輪狀雹""有柄多角雹",依長度有"長徑尺雹""長尺八雹",依重量有"重四五斤雹""重十餘斤雹",依危害則有"傷禾折木雹""擊殺鳥雀雹""擊殺獐鹿雹""擊死牛馬雹""壞屋殺人雹"等,這些記載并非出自戲曲小説,而是全部源於史書或方志,時間地點十分明確,毋庸置疑。古今氣象何以如此不同?何以如此反常?祇嘆中國古代的科研體系多注重對現象的觀察,而不求其成因，衹是將以上現象置於史志之中，予以記載而已。本《通考》對中華"博物"的考辨，不衹是展現了大自然的原貌、大自然的古今變幻，而且也提供了社會的更迭興替和民生的禍福起落等諸多耐人尋味的思考。

另如，《水族卷》中收有棘皮動物"海參"，其物在當代國人心目中，是難得的美味佳餚和滋補珍品。《水族卷》還原其本真面貌，明確指出海參爲海洋動物中的棘皮動物門，海參綱之統稱，而後依據古代典籍，考證其物及得名由來：三國吳沈瑩《臨海水土異物志》："土肉，正黑，如小兒臂大，中有腹，無口目……炙食。"其時貶稱"土肉"，衹是"炙食"而已。既貶稱爲"土"，又止用於燒烤而食，此即其初始的"身份""地位"，實是無足稱道。直至明代謝肇淛《五雜俎·物部一》中，始見較高評價，并稱其爲"海參"："海參，遼東海濱有之，一名海男子。其狀如男子勢然，淡菜之對也。其性温補，足敵人參，故名海參。""男子勢"，舊注曰"男根"，因海參形如男性生殖器，俗名"海男子"，正與形如女性生殖器的淡菜（又稱"海牝""東海夫人"，即厚殼貽貝）相對應。此一形似"男根"之物，何以又被重視起來？國人對食療養生素有"以形補形"的觀念，如"芹菜象筋骼，吃了骨頭硬；核桃象大腦，吃了思維靈"之類，而因海參似男根，故認定其有補腎壯陽的功能，這就是"足敵人參"的主要根據之一。謝氏在贊其"足敵人參"的同時，又特別標示了其不雅的綽號"海男子"，則又從另一側面反映了明代對於海參仍非那麼珍視，故而在其當代權威的醫典《本草綱目》中未予記載。"海參"在清朝的國宴"滿漢全席"中始露頭角，漸得青睞。本卷作者在還其本真面貌的過程中，又十分自然地釐清了海參自三國之後的异名别稱。如，"土肉""海男子"之後，又有"蚨""沙噀""戚車""龜魚""刺參""光參""海鼠""海瓜""海瓜皮""白參""牛腎""水參""春皮""伏皮"諸稱，"蚨"字之外，其他十三個异名别稱，古今辭書無一收録，唯一收録的"蚨"字，又含混不清。而"海參"喻稱"海瓜"，則爲英文 sea cucumber 的中文義譯，較中文之喻稱"海男子"似有异曲同工之妙，又可證西人對海參也并不那麼重視。

全書三十六卷，卷卷不同。本書設有《珍奇卷》，别具研究價值。如"孕子石"，發現於江蘇省溧陽市蘇溧地區。此石呈灰黄色，質地堅硬，其外表平凡無奇，但當人們把石頭敲開時，裏面會滚出許多圓形石彈子，直徑 21 厘米左右，和母石相較，顔色稍淺，但成分一致。因石中另包小石，好似母石生下的子石，故稱"孕子石"。這種"石頭孕子"史志無載，首次發現，地質學家們同樣百思而不得其解，衹能"望石興嘆"。再如"預報天旱井”，位於廣西全州縣內，每年大旱來臨前二十天，水井會流出渾水，長達兩天之久，附近村民見狀，便知大旱將臨，便提前做好抗旱準備。此外，該井每二十四小時漲潮六次，每次約漲五十分鐘，水量約增加兩倍。此井如同“孕子石”一樣，史志無載，首次發現，對此井的奇特現象有關專家同樣百思不得其解，也祇能“望井興嘆”。

（二）社科諸物：自然物外，中華博物中的社科諸物漫布於社會生活之中，其形成發展、古今變化，尤爲多彩，展現了一種別樣的國情特徵和民族靈智。

如《國法卷》，何謂“國法”？國法係指國家之法紀、法規。國法其詞作爲漢語語詞起源甚爲久遠，先秦典籍《周禮·秋官·朝士》中即已出現，“國法”之“法”字作“灋”，其文曰：“凡民同貨財者，令以國灋行之，犯令者刑罰之。”同書《地官·泉府》中又有另詞“國服”，其文曰：“凡民之貸者，與其有司辨而授之，以國服爲之息。”此“國服”言民間貿易必須服從國法，故稱“國服”。作爲語詞，“國法”“國服”互爲匹配。國法爲人而設，國服隨法而施，有其法必有其服，有法無服，則法罔立，有服無法，舉世罔聞。今“國法”一詞存而未改，“國服”則罕見使用。就世界範圍而言，中國的國法自成體系，具有國體特色與民族精神，故西方學者稱之爲“中華法系”或“東方法系”。本《國法卷》即以“中華法系”爲中心論題，全面考釋，以現其固有特色與精神。中華法系如同世界諸文明古國法系一樣，源於宗教，興於禮俗，而最終成爲法律，遂具有指令性、強制性。中華法系一經形成，即迥異於西方，因其從不以“永恒不變的人人平等的行爲準則”自詡，也没有立法依據的總體理論闡釋，而是明確標示法律應維護帝王及權貴的利益。在中國古代，從没出現過如古希臘或古羅馬的所謂絕對公正的“自然法”，毋須在“自然法”指導下制定“實在法”。中國古代的全部法律皆爲正在施行的“實在法”，但卻有不可撼動的權威理論——“君權天授”説支撐。“天”，在先民心目中是無可比擬的最神秘、最巨大的力量。“天”，莊重而仁慈，嚴厲而公正，無所不察，無所不能。上自聖賢哲人，下至黎民百姓，少有不“敬天意”、不“畏天命”者，帝王既稱“天子”，且設有皇皇國法，條文森然，何人敢於反叛？天下黔首，非處垂死之地，絕不揭竿而起，妄與“天”鬥！故而在中國古代，帝王擁有最高立法權與司法權，享有無盡的威嚴與尊貴。今知西周時又強化了宗族關係，即血緣關係。血緣關係又分爲近親、遠親、异姓之親等。血緣關係成爲一切社會關係的核心，由血緣關係擴而廣之，又有師生、朋友及當體恤的其他人等關係。由血緣關係又進而強化了尊卑關係，即君臣關係、臣民關係，這些關係較之血緣關係更爲細密，爲此而設有"八辟"之法，規定帝王之親朋、故舊、近臣等八種人，可以享有減免刑罰之特權。漢代改稱"八議"，三國魏正式載入法典。其後，歷代常有沿襲。這一血緣關係在我國可謂根深蒂固，直至今世而未衰。爲維護這尊卑關係，西周之法典又設有《九刑》，以"不忠"爲首罪。另有《八刑》以"不孝"爲首罪。"忠"，指忠君，"孝"指孝敬父母，兩者難以分割。《九刑》《八刑》雖爲時過境遷之古法，但其倡導的"忠孝"，已成爲中華民族的一種處世觀念，一種道德規範。作爲個人若輕忽"忠孝"，則必極端自私，害及民衆；作爲執政者若輕忽"忠孝"，則必妄行無忌，危及國家。今世早已摒弃愚忠愚孝之舉，但仍然繼承并發揚了"忠孝"的傳統。"忠"不再是"忠君"，而是忠於祖國，忠於人民，或是忠於信守的理想；"孝"謂善事父母，直承百代，迄今不衰。"忠孝"是人們發自心底的感恩之情，唯知感恩，始有報恩，人間纔有真情往還，纔有心靈交融。佛家箴言警語曰"上報四重恩，下濟三途苦"（見《大乘本生心地觀經》），"四重恩"指父母恩、師長恩、國土恩、衆生恩（衆生包括動植物等一切生靈）。我國傳統忠孝文化中又融入了佛家的這一經典旨意，可謂相得益彰。"忠孝"乃我文明古國屹立不敗的根基，絕不可視之爲"封建觀念"。縱觀我中華信史可知，舉凡國家昌盛時代，必是忠孝振興歲月，古今如一，堪稱鐵律。國家可敬又可愛，所激起的正是人們的家國情懷！"忠孝"這一處世觀念，這一道德規範，直涉人際關係，直涉國家命運，成爲我中華獨有、舉世無雙的文化傳統。

　　中國之國法，并非僅靠威懾之力，更有"禮治"之宣導，而關乎禮治的宣導今人常常忽略。前已述及中華法系如同世界諸文明古國法系一樣，源於宗教，興於禮俗，由禮俗演進爲禮治，禮治早於刑法之前已經萌生。自商周始，《湯刑》《呂刑》（按，《湯刑》《呂刑》之"刑"當釋爲"法"）相繼問世，尤重"禮治"，何謂"禮治"？"禮治"指遵守禮儀道德與社會規範，破除"禮不下庶人"的舊制，將仁義禮智信作爲基本的行爲規範，《孟子·公孫丑上》曰："辭讓之心，禮之端也。""辭讓"指謙和之道，尊重他人，由"禮讓"而漸發展爲"禮制"。至西周時，"禮治"已成定制。這一立法思想備受推崇。夏商以來，三千餘載，王朝更替，如同百戲，雖脚色各异，却多高揚禮制之大旗，以期社會和諧，民生安樂。不瞭解中國之禮治，也就難以瞭解中華法制史，就難以瞭解中國文化史。此後"禮治"配以"刑治"，相輔相成，久行不衰。"禮刑相輔"何以行使？答曰：升平之世，統治者無不强調禮制之作用，藉此以示仁政；若逢亂世，則用重典，施酷刑（下將述及），軟硬兩手交替使用。這就組成了一張巨大的不可錯亂、不可逾越的法律之網，這就是中華民族百代信守的國家法制的核心，這就是中華民族有史以來建國治國之道。這一"禮刑相輔"的治國之道，迥別與西方，爲我中華所獨有，在漫長而多樣的世界法制史中居於前沿地位。

在我古老國度中，國家既已形成，於是又具有了不同尋常的歷史意義與價值觀。自先秦以來，"國家"一詞意味着莊嚴與信賴。在國人心目中，"國"與"家"難以分割，直與身家性命連爲一體，故"報效國家"爲中華民族的最高志節，而"國破家亡"則爲全民族的最大不幸。三十年前本人曾是《漢語大詞典》主要執筆者之一，撰寫"國家"條文時，已注意了先民曾把皇帝直稱爲"國家"。如《東觀漢紀・祭遵傳》："國家知將軍不易，亦不遺力。"《晉書・陶侃傳》："國家年小，不出胸懷。"稱皇帝爲"國家"，以皇帝爲國家的代表或國家的象徵，較之稱皇帝爲天子，更具親切感，更具號召力。中國歷史上的一些明君仁主也多以維護國家法制爲最高宗旨，秦皇、漢武皆曾憑藉堅定地立法與執法而國勢強盛，得以稱雄天下，這對始於西周的"八辟"之法，無疑是一大突破。本書《國法卷》第一章概論論及隋唐五代立法思想時，有以下論述：據《隋書・王誼傳》及文帝相關諸子傳載，文帝楊堅少時同王誼爲摯友，長而將第五女嫁王誼之子，相處極歡，後王誼被控"大逆不道，罪當死"，文帝遂下詔"禁暴除惡"，"賜死於家"。《隋書・文四子傳》又載，文帝三子秦王楊俊，少而英武，曾總管四十四州軍事，頗有令名，文帝甚爲愛惜，獎勵有加。後楊俊漸奢侈，違制度，出錢求息，窮治宮室，文帝免其官。左武衛將軍劉升、重臣楊素，先後力諫曰："秦王非有他過，但費官物、營廨舍而已。"文帝答曰："法不可違！"劉、楊又先後諫曰："秦王之過，不應至此，願陛下詳之。"文帝答曰："我是五兒之父，若如公意，何不別制天子兒律？"文帝四子、五子皆因違法，被廢爲庶民，文帝處置毫不猶豫，毫不留情。隋文帝身爲人君，以萬乘之尊，率先力行，實踐了"王子犯法，與民同罪"的古訓。在位期間，創建"開皇之治"，人丁大增，百業昌盛，國人視文帝爲真龍天子，少數民族則尊稱其爲聖人可汗。《國法卷》主編對歷史上身爲人君的這種舉措，有"忍割親朋私情，立法爲公"的簡要評論。這一評論對於中國這種以宗族故交爲關係網的大國而論，正是切中要害。此後，唐太宗李世民、玄宗李隆基、憲宗李純等君王皆有類似之舉，終成輝煌盛世。時至明代，面對一片混亂腐敗的吏治，明太祖朱元璋更設有"炮烙""剝皮"之類酷刑嚴法，懲治的貪官污吏達十五萬之衆，即便自家的親朋故舊，也毫不留情。如進士出身的駙馬，朱元璋的愛婿歐陽倫只因販茶違法，就直接判以死刑，儘管安慶公主及儲君朱允炆苦苦哀求，也絕不饒恕。據《明史·循吏傳序》載：“〔官吏〕一時受令畏法，潔己愛民，以當上指……民人安樂、吏治澄清者百餘年。”其時，士子們甘願謀求他職，而不敢輕率爲官，而諸多官員却學會了種田或捕魚，呈現了古今難得一見的別樣的政治生態。明太祖的這類嚴酷法令雖是過當，却勝於放縱，故而明朝一度成爲世界經濟大國、經濟强國。中國歷史上的諸多建國之名君仁主，執法雖未若隋文帝之果决，未若明太祖之嚴酷，但無一不重視國家安危。這些建國名君仁主“上以社稷爲重，下以蒼生在念”（見《舊唐書·桓彦範傳》），故而贏得臣民的擁戴。今之世人多以爲帝王之所以成爲帝王，盡皆爲皇室一己之私利，祇貪圖自家的享榮華富貴而已，實則并非盡皆如此。歷代君王既已建國，亦必全力保國，并垂範後世，以求長治久安。品讀本書《國法卷》，可藉以瞭解我國固有的國情狀況，瞭解我國歷史中的明君仁主如何治理國家，其方策何在，今世仍有藉鑒價值。縱觀我國漫長的歷史進程，有的連續數代，稱爲盛世；有的衰而復起，稱爲中興；有的則二世而亡，如曇花一現。一切取决於先主與後主是否一脉相繼，一切取决於執法是否穩定。要而言之：嚴守國法，則國家興盛，嚴守國法，則社會祥和，此乃舉世不二之又一鐵律。

　　《國法卷》雖以國法爲研究主體，却力求超越法律研究自身，力求探索法律背後的正反驅動力量，其旨義更加廣遠。因而本卷又區別於常見的法律專著。

　　另如《巧藝卷》，在《通考》全書中未占多大分量，但在日常社會生活中却有無可替代的獨特地位，藉此大可飽覽先民的生活境遇和精神世界。何謂“巧藝”？古代文獻中無此定義。所謂“巧藝”，專指巧智與技藝性的娛樂及各種健身活動，同時展現了與之相應的家國關係。中華民族的“巧藝”別具特色，所涉内容十分廣泛，除却一般游戲活動外，又包涵了棋類、牌類、養生、武術、四季休閑、宴飲娛樂、動物馴化等等。細閱本卷所載，常爲古人之智巧所折服。如西漢東方朔“射覆”之奇妙，今已成千古佳話。據《漢書·東方朔傳》載，漢武帝嘗覆守宫（即壁虎）於杯盂之下，令衆方士百般揣度，各顯其能，并無一言中的者，而東方朔却可輕易解密，有如神算，令滿座驚呼。何謂“射覆”？“射覆”爲古代猜測覆物的游戲。射，揣度；覆，覆蓋。“射覆”之戲，至明清始衰，其間頗多高手。這些高手似乎出於特異功能，是古人勝於今人麽？當作何解釋？學界認爲這些高手多善《易》學，故而超乎常人，但今世精於《易》學者并非罕見，却未見有如東方朔者，何也？難以作答，且可不論，但古代對動物的馴化，又何以特別精彩，令今人嘆服？

著名的唐代象舞、馬舞，久負盛名，這些大動物似通人性，故可不論，而那些似乎笨拙的小動物，如"烏龜疊塔""蛤蟆説法"之類的馴養，也常常勝過今人，足可展現先民的巧智，"'疊塔''説法'，固教習之功，但其質性蠢蠢，非他禽鳥可比，誠難矣哉！"（見明陶宗儀《輟耕録·禽戲》）古人終將蠢蠢之蟲馴化得如此聰明可愛，藉此可見古人之扎實沉着，心智之專一，少有後世浮躁之風。目前，國人甚喜馴養，寵物遍地，却未見馴出如同上述的"疊塔"之烏龜與"説法"之蛤蟆，今之馬戲或雜技團體，爲現代專業機構，也未見絕技面世。

《巧藝卷》的條目詮釋，大有建樹，絕不因襲他人成説，明確關聯了具體事物形成的歷史淵源與社會背景。如"踏青"，《漢語大詞典》引用了唐代的書證，并稱其爲"清明節前後，郊野游覽的習俗"。本卷則明確指出，"踏青"是由遠古的"春戲"演變而來。西周時曾爲禮制。漢代已有"人日郊外踏青"之俗，同時指出"踏青"還有"游春"的別稱。《漢語大詞典》與本卷的釋文内容差异如此之大，實出常人之所料。何謂"春戲"？所有辭書皆未收録。本卷有翔實考證，兹録如下：

> 春戲：古代民間春季娛樂活動。以繁衍後代和期盼農作物豐收爲目的的男女歡會活動。始於原始社會末期，西周時仍很流行。《周禮·地官·司徒》："中春之月，令會男女。於是時也，奔者不禁。若無故而不用令者，罰之。司男女之無夫家者而會之。"《墨子·明鬼篇》："燕之有祖，當齊之社稷。宋之有桑林，楚之雲夢也，此男女之所屬而觀也。"《詩·鄭風·溱洧》："溱與洧，瀏其清矣。士與女，殷其盈矣。女曰：'觀乎？'士曰：'既且。''且往觀乎！洧之外，洵訏且樂。'維士與女，伊其將謔，贈之以芍藥。"《楚辭·九歌·少司命》："秋蘭兮麋蕪，羅生兮堂下。綠葉兮素枝，芳菲菲兮襲予。夫人兮自有美子，蓀何以兮愁苦？"戰國以後逐漸演變爲單純的春游活動"踏青"。

《巧藝卷》精心地援引了以上經典，可證在中國上古時期男女歡會非常自然，而且是具有相當規模的群體性活動。此舉在中國遠古時代已有所見，青海大通縣上孫家寨出土的舞蹈紋彩陶盆，已展現了男女携手共舞的親密生動場景，那是馬家窑文化的代表，距今已有五千年歷史，但必須明確，這并非蒙昧時期的亂性之舉。這是一種男女交往的公開宣示。前述《周禮·地官·司徒》曰："中春之月，令會男女……司男女無夫之家者而會之。"其要點是"男女無夫之家者"。這是明確的法律規定，故而作者的篇首語曰："以繁衍後代和期盼農作物豐收爲目的。"這就撥正了後世對於中國古代奴隸社會或封建社會有關男女關係的一些偏頗見解，可證本卷之"巧藝"非同一般的娱樂，所展現的是中華先民多方位的生活狀態。

三、博物研究遭質疑，古老科技又誰知？

《通考》所涉博物盡有所據，無一虛指，如繁星麗天，構成了浩大的博物學體系，千載一脈，本當生生不息，如瀑布之直下，但却似大河之九曲，時有峽谷，時有險灘，終因清廷喪權辱國、全盤西化而戛然中斷，故而迥異於西方。由於西方科技的巨大影響，致使一些學人缺少文化自信，多認爲中國古老的博物學，無甚價值。豈知我中華民族從不乏才俊、精英，從不乏偉大的發明，很多祇是不知其名而已。如《淮南子·泰族訓》："欲知遠近而不能，教之以金目則快射。"漢代高誘注曰："金目，深目。所以望遠近射準也。"何謂"金目"？據高注可知，就是深目。"深目"之"深"，謂深遠也（又説稱"金目"爲黄金之目，用以喻其貴重，恐非是）。"金目"當是現代望遠鏡或眼鏡之類的始祖。"金目"其物，在古代萬千典籍中僅見於《淮南子》一書，别無他載。因屬古代統治者杜絶的"奇技淫巧"，又甚難製作，故此物宫廷不傳，民間絶踪，遂成奇品。上世紀 80 年代，揚州邗江縣東漢廣陵王劉荆墓中出土一枚凸透鏡，此鏡之鏡片直徑 1.3 厘米，鑲嵌在用黄金精製而成的小圓環内，視物可放大四五倍，此鏡至遲亦有兩千餘年的歷史。廣陵墓之外，安徽亳州曹操宗族墓等處，亦有出土。是否就是"金目"已難考證。作爲眼鏡其物，發展到宋代，始有明確的文字記載，其時稱之爲"靉靆"（見明方以智《通雅·器用·雜用諸器》引宋趙希鵠《洞天清録》）。今日學者皆將眼鏡視爲西方舶來品，一説來自阿拉伯，又説來自英國，如猜謎語，不一而足；西方的眼鏡實則是由中國傳入的，如若説是西方自家發明，也晚於中國千年之久。

"金目"其物的出現絶非偶然，《墨子》中的《經下》《經説下》已有關於光的直綫傳播、反射、折射、小孔成象、凹凸透鏡成象等連續的科學論述，這一原理的提出，必當有各式透體器物，如鏡片之類爲實驗依據，這類器物的名稱曰何今已不得而知，但製造出金目一類望遠物，是情理之中的必然結果。據上述《經下》《經説下》記載可知，早在戰國時期，先賢已有光學研究的成就，與後世西方光學原理盡同。在中國漫長的古代日常生活中，隨時可見新奇的創造發明，這類創造發明所展現的正是中國獨有的科學。《導論》中所述"被中香爐""長信宮燈"之外，更有"博山爐"（一種形似傳說中神山"博山"的香爐，當香料在爐內點燃時，烟霧通過鏤空的山體宛然飄出，形成群山蒙蒙、衆獸浮動的奇妙景象，約發明於漢代）、"走馬燈"（一種竹木扎成的傳統佳節所用風車狀燈具，外貼人馬等圖案，藉燈内點燃蠟燭的熱力引發空氣對流，輪軸上的人馬圖案隨之旋轉，投身於燈屏上，形成人馬不斷追逐、物換景移的壯觀情景，約發明於隋唐時期）之類。古老中華何止是"四大發明"？此外，約七千年前，在天災人禍、形勢多變的時代背景之下，先民爲預測未來，指導行爲方嚮，始創有易學，形成於商周之際，今列爲十三經之首，稱爲《周易》，這是今世的科學不能完全解釋的另一門"科學"，其功用不斷地爲當世諸多領域所驗證，在我華夏、乃至歐美，研究者甚衆，本《通考》對此雖有涉及，而未立專論。

那麼，在近現代，國人又是如何對待古代的"奇技奇器"的呢？著名的古代"四大發明"，今已家喻户曉，婦幼皆知，但却如同可愛的國寶大熊猫一樣，乃是西方學者代爲發現。我仁人志士，爲喚醒"東方睡獅"，藉此"四大發明"，竭力張揚，以振奮民族精神。這"四大發明"影響非凡，但在中國傳統文化中亦無重要地位，其中"火藥"見載於唐孫思邈《丹經》，"指南針""印刷術"同見載於宋沈括《夢溪筆談》，皆非要籍鴻篇，唯造紙術見於正史，全文亦僅七十一字，緊要文字祇有可憐的四十三字（見《後漢書 · 宦者傳 · 蔡倫》）。而這"四人發明"中有兩大發明，不知爲何人所爲。

在古老中國的歷史長河中，更有另一種科學技術，當今學界稱之爲"黑科技"（意謂超越當今之科技，出於人類的想象之外。按，稱之爲"超科技"，似更易理解，更準確），那就是現代科學技術望塵莫及、無法破解的那些千古之謎。如徐州市龜山西漢楚襄王墓北壁的西邊牆上，非常清晰地顯示一真人大小的影子，酷似一位老者，身着漢服，峨冠博帶，面東而立，作揖手迎客之狀。人們稱其爲"楚王迎賓圖"。最初考古人員發掘清理棺室時，并無壁影。自從設立了旅游區正式開放後，壁影纔逐漸地顯現出來，仿佛是楚王的魂魄顯靈，親自出來歡迎來此參觀的游人一樣。楚襄王名劉注，是西漢第六代楚王，死後葬於此。劉注墓還有五謎，今擇其三：一、工程精度之謎。龜山漢墓南甬道長 55.665 米，北甬道長爲 55.784 米，沿中綫開鑿，最大偏差僅爲 5 毫米，精度達 1/10000；兩甬道相距 19 米，夾角 20 秒，誤差爲 1/16000，其平行度誤差之小，大約需要從徐州一直延伸到西安纔能使兩甬道相交。按當時的技術水準，這樣的墓道是何人如何修建的？二、崖洞墓開鑿之謎。龜山漢墓爲典型的崖洞墓，其墓室和墓道總面積達到 700 多平方米，容積達 2600 多立方米，幾乎掏空了整個山體。勘察發現，劉注墓原棺室的室頂正對着龜山的最高處，劉注府庫中的擎天石柱也正位於南北甬道的中軸綫上。龜山漢墓的工程人員是利用什麽樣的勘探技術掌握龜山的山體石質和結構？三、防盜塞石之謎。南甬道由 26 塊塞石堵塞，分上下兩層，每塊重達六至七噸，兩層塞石接縫非常嚴密，一枚硬幣也難以塞入。漢墓的甬道處於龜山的半山腰，當時生産力低下，人們是用什麽方法把這些龐大的塞石運來并嵌進甬道的？今皆不得而知。

斷言“中國古代祇有技術而没有科學”者，對中國歷史的瞭解實在是太過膚淺，并不瞭解在中國古代不祇有科技，而且竟然有超越科學技術的“黑科技”。

四、當世灾難甚可懼，人間正道何處覓？

在《通考》的編纂過程中，常遇到的重要命題，那就是以上論及的“科技”。今之“科技”，在中國上古曾被混稱爲“奇技奇器”，直至清廷覆亡，迄未得到應有的重視，導致國勢衰微，外寇侵略，民不聊生。這正是西方視之爲愚昧落後，敢於長驅直入，爲所欲爲的原因。因而一個國家、一個民族，要立於不敗之地，必須擁有自家的科技！世人當如何評定“科技”？如何面對“科技”？本書《導論》已有“道器論”，今《總説》以此“道器論”爲據，就現代人類面臨的種種危機，論釋如下：

何謂“道器”？所謂“道”是指形成宇宙萬物之原本，是形成一切事理的依據與根由。何謂“器”？“器”即宇宙間實有的萬物，包括一切科技，一切發明，至巨至大，至細至微，充斥天地間，而盡皆不虚。科技衍生於器，驗證於器，多以器爲載體，是推進或毁壞人類社會的一種無窮力量，故而又必須在人間正道的制約之下。此即本書道器并重之緣由，或可視爲天下之通理也。英國自 18 世紀第一次工業革命以來，其科學技術得以高速而全方位地發展，引起西方乃至全世界的密切關注與重視，影響廣遠。這一時期，英帝國統治者睥睨全球，居高臨下，自我膨脹，發表了“生存競争，勝者執政”等一系列宏論；托馬斯·馬爾薩斯的《人口論》亦應時而起，其核心理論是：“貧富强弱，難以避免。承認現實，存在即合理。”甚而提出“必須控制人口的大量增長，而戰争、饑荒、瘟疫是最後抑制人口增長的必要手段”（這一理論在以儒學爲主體的傳統文化中被視爲離經叛道，滅絕人性，而在清廷走投無路全面西化之後，國人亦有崇信者，直至 20 年代初猶見其餘緒）。在這樣的時代背景下，查爾斯·達爾文所著《物種起源》得以衝破基督教的束縛，順利出版，暢行無阻。該書除却大量引用我國典籍《齊民要術》《天工開物》與《本草綱目》之外，還鄭重表明受到馬爾薩斯《人口論》的啓示和影響。《物種起源》的問世，形成了著名的進化理論："物競天擇、優勝劣汰，弱肉强食，適者生存。"（近世對其學説已有諸多評論，此略）進化學説在人們的社會生活中留下了深刻的印迹，在世界範圍內引起巨大反響，當時英國及其他列强利用了自然界"生存法則"的進化理論，將其推行於對外擴張的殖民戰争中，打破了世界原有生態格局，在巨大的聲威之下，暢行無阻，遍及天下。縱觀人類的發展史，尤其是近世以來的發展史可知，科技的高下決定了國家的强弱，以强凌弱，已成定勢，在高科技强國的聲威之下，無盡的搜羅，無盡的采伐，無盡的探測實驗（包括核試驗），自然資源和自然環境漸遭破壞，各種弊端漸次顯露。時至 20 世紀後期，以原子能、電子電腦、信息技術、空間技術等發明和應用爲標志、第三次科技革命的到來，學界稱之爲"科技革命的紅燈時刻"，其勢如風馳電掣，所向披靡，人類社會發生了翻天覆地的變化，時至 21 世紀，又凸顯了另一灾難，即瘟疫肆虐，病毒猖獗，危及整個人類。這一系列禍患緣何而生？天灾之外，罪魁爲人。何也？世間萬種生靈，習性歸一，盡皆順從於大自然，但求自身生息而已，別無他求，而作爲"萬物之靈"的人類，在茹毛飲血，跨越耕獵時代之後，却欲壑難填，毫無節制！爲追求享樂、滿足一己之貪婪，塗炭萬種生靈，任你山中野外，任你江面海底，任你晝藏夜出，任你天飛地走，皆得作我盤中佳餚。閑暇之日，又喜魚竿獵槍，目睹异類掙扎慘死，以爲暢快，以爲樂趣，若爲一己之喜慶，更可"磨刀霍霍向猪羊"，視之爲正常！"萬物之靈"的人類，永無休止，地表搜刮之外，還有地下的搜索挖掘，如世界著名的南非姆波尼格金礦，雖其開采僅起始於百年前，憑藉當代最先進的科技，挖掘深度已超 4000 米（我國的招遠金礦，北宋真宗年間已進行開采，至今深度不過 2000 米左右），現有 370 千米軌道，用以運送巨大的設備與成噸重的礦石，而每次開采都必須用兩千多公斤的炸藥爆破，可謂地動山摇！金礦之外，又有銀礦、鐵礦、銅礦、煤礦、水晶礦（如墨西哥的奈咯水晶洞，俗稱"神仙水晶礦"，其中一根重達 50 噸，挖出者一夜暴富），種種礦藏數以萬計。此外尚有對石油、純净水，乃至無形的天然氣等的無盡索取，山林破壞，大地沙化，水污染、大氣污染、核污染，地球已是百孔千瘡，而挖掘索取，仍未甘休，愈演愈烈，故今之地球信息科學已經發現地球性能的變异以及由此帶來可怕的全球性灾難。今日世界，各國執政者憑仗高科技，多是從一國、一族或一己之私利出發，或結邦，或聯盟，争强鬥勝，互不相顧，國際關係日趨惡化，人類時刻面臨可怕的威脅，面臨毀滅性的核戰争。凡此種種，怎不令人憂慮，令人悲痛？故而有學者宣稱：“科技確實偉大，也確實可怕。一旦失控，後患無窮。”又稱：“人類擁有了科技，必警惕成爲科技的奴隷。”此語并非危言聳聽，應是當世的警鐘，因爲人類面對强大的科技，常常難以自控，這是科技發展必然的結果。而作爲“萬物之靈”的人類，具有高智慧，能够擁有高科技，確乎超越了萬物，居於萬物主宰的地位，而執政者一旦擁有失控的權力，肆意孤行，其最終結局必將是自戕自毀，必將與萬物同歸於盡。一言以蔽之，毀滅世界的罪魁禍首是人類自己，而并非他類。

　　面對這多變的現實與可怕的未來，面對這全球性的灾難，中外科學家作了不懈努力，而收效甚微。1988 年 1 月，七十五位諾貝爾獲獎者及世界著名學者齊聚巴黎，探討了 21 世紀科學的發展與人類面臨的種種難題，提出了應對方略。在隆重的新聞發布會上，瑞典物理學家漢内斯·阿爾文發表了鄭重的演説：“如果人類要在 21 世紀生存下去，必須回頭到兩千五百年前去汲取孔子的智慧。”（見 1988 年 1 月 24 日澳大利亞《堪培拉時報》原文——《諾貝爾獎獲得者説要汲取孔子的智慧》）這是何等驚人的預見，又是何等嚴正的警示！這七十五位諾貝爾獲獎者没有一位是我華夏同胞，他們對孔子的認知與崇敬，非常客觀，非常深刻，超乎我們的想象。這種高屋建瓴式的睿智呼籲，振聾發聵，可惜并没有警醒世人，也没有引起足够多的各國領導人的重視。

　　人類爲了自救，不能不從人類自身發展史中尋求答案。在人類發展史中，不乏偉大的聖人，孔子是少有的没有被神化、起於底層的聖人（今有稱其爲“草根聖人”者），他生於春秋末期，幼年失父，家境貧寒，又正值天下分裂，戰亂不斷，在這樣的不幸世道裏，孔子及其弟子大力宣導“克己復禮”，這是人類歷史上最切實際的空前壯舉。何謂“禮”？《説文·示部》曰：“禮，履也。所以事神致福也。”禮本來是上古祭祀鬼神和先祖的儀式。史稱文、武、成王、周公據禮“以設制度”，此即“周禮”。“周禮”的内容極爲廣泛，舉凡國家的政治、經濟、軍事、行政、法律、宗教、教育、倫理、習俗、行爲規範，以及吉、凶、軍、賓、嘉五類禮儀制度，均被納入禮的範疇。周禮在當時社會中的地位與指導作用，《禮記·曲禮》中有明確記載：“分争辯訟，非禮不決；君臣上下、父子兄弟，非禮不定；宦學事師，非禮不親；班朝治軍、涖官行法，非禮威嚴不行。”當然也維護了"君臣朝廷尊卑貴賤之序，下及黎庶車輿衣服宮室飲食嫁娶喪祭之分"（見《史記・禮書》），這符合於那個時代的階級統治背景。孔子提出"克己復禮"，期望世人克服一己之私欲，以應有的禮儀禮節規範自己的言行，建立一個理想的中庸和諧社會，這已跨越了歷史局限。孔子的核心思想是"敬天愛人"，何謂"敬天"？孔子強調"巍巍乎唯天爲大"（見《論語・泰伯》），又曰："天何言哉？四時行焉，百物生焉，天何言哉！"（見《論語・陽貨》）孔子所言之"天"，并非指主宰人類命運的上蒼或上帝，并非是孔子的迷信，因"子不語怪力亂神"（見《論語・述而》）。孔子認爲四季變化、百物生長，皆有自己的運行規律，人類應謹慎遵從，應當敬畏，不得違背。孔子指稱的"天"，實則指他所認知的宇宙。此即孔子的天人觀、宇宙觀。"巍巍乎唯天爲大"，在此昊天之下，人是何樣的微弱，面臨小小的細菌、病毒，即可淒淒然成片倒下。何謂"愛人"？孔子推行"仁義之道"，何謂"仁"？子曰："仁者，愛人！"（《論語・顏淵》）即人人相親、相愛。又曰："己所不欲，勿施於人。"意即重正義，絕不損人利己。何謂"義"？"義"指公正的道理、正直的行爲。子曰："不義而富且貴，於我如浮雲。"（見《論語・述而》）這就是孔子的道德觀與道德規範，當作爲今世處理人與自然、人與社會的規範與行動指南。其弟子又提出"親親而仁民，仁民而愛物"（見《孟子・盡心上》），漢代大儒又有"天人之際，合而爲一"的主張（董仲舒在《春秋繁露・深察名號》中，爲維護皇權的需要而建立了皇權天授的觀念），這種主張已遠遠超越了維護皇權的需要，成爲了一種可貴的哲理。時至宋代，大儒張載再度發揚孟子"親親而仁民，仁民而愛物"的襟怀，又有"民吾同胞，物吾與也"（見其所著《西銘》）之名言箴語，即將天下所有的人皆當作同胞，世間萬物盡視爲同類，最終形成了著名的另一宏大的儒學系統，其主旨則是"天人合一"論。何謂"天人合一"？"天人合一"有兩層意義：一曰天人一致，天是一大宇宙，人則如同一小宇宙，也就是說人類同天體各有獨立而相似之處；二是天人相應，這是說人與天體在本質上是相通的，是相互相連的。因此，一切人事應順乎自然規律，從而達到人與自然的和諧。達到人與自然的和諧統一，當作爲今世處理人與自然、人與社會的明確規範與行動指南。這是真正的"人間正道"，唯有遵循這一"人間正道"，人際關係纔能融洽，社會纔能和諧，天下纔能太平。

　　古老中國在形成"孔子智慧"之前，早已重視人與自然的關係。約在七千年前，我中華先祖已能够通過對於蟲鳥之類的物候觀察，熟練地確定天氣、季節的變幻，相當完美地適應了生産、生活、繁衍發展的需求，這一遠古的測算應變之舉，處於世界領先地位。約四千年前，夏禹之時，已建有令今人嚮往的廣袤的緑野濕地。如《書・禹貢》即記載了"雷夏""大野""彭蠡""震澤""菏澤""孟豬""豬野""雲夢"諸澤的形成及其利用情况，如其中指出："淮海惟揚州，彭蠡既豬（瀦），陽鳥攸居；三江既入，震澤厎定。篠簜既敷，厥草惟夭，厥木惟喬……厥貢惟金三品，瑶琨篠簜，齒革羽毛，惟木。"這是説揚州有彭蠡、震澤兩方緑野濕地，適合於鴻雁類禽鳥居住，適合於篠竹（箭竹）、簜竹（大竹）生長，青草繁茂，樹木高大，向君主進貢物品有金銀銅等三品，又有瑶琨美玉、箭竹、大竹以及象齒皮革與孔雀、翡翠等禽鳥羽毛。所謂"大禹治水"，并非祇是被動的抗灾自救，實則是大治山川，廣理田野，調整人與大自然的關係，使之相得益彰。《逸周書・大聚解》又載，夏禹之時"且以并農力，執成男女之功，夫然則有生不失其宜，萬物不失其性，人不失其事，天不失其時……放此爲人，此謂正德"，此即所謂夏禹"劃定九州"之功業所在。其中"放此爲人，此謂正德"的論定，已蘊含了後世儒家初始的"天人合一"的觀念。西周初期，已設定掌管國土資源的官職"虞衡"，掌山澤者謂"虞"，掌川林者稱"衡"（見《周禮・天官・太宰》及賈疏）。後世民衆，繼往開來，對於保護生態環境，保護大自然，采取了各種措施，又設有專司觀察氣象、觀察環境的機構，并有方士之類的"巫祝史與望氣者"，多管道、多方位進行探測研究，從而防患於未然。《墨子・號令篇》（一説此篇非墨子所作，乃是研究墨學者取以益其書）曰："巫祝史與望氣者，必以善言告民，以請（讀爲'情'）上報守（一説即太守），上守獨知其請（情）。無［巫］與望氣，妄爲不善言，驚恐民，斷弗赦。"這裏明確地指出，由"巫祝史與望氣者"負責預告各種灾情，但不得驚恐民衆，否則即處以重刑，絶不饒恕。愛惜生態，保護自然，這是何樣的遠見卓識，這又是何樣的撫民情懷！

是的，自夏禹以來，先民對於大自然、對於與蒼生，有一種別樣的愛惜、保護之舉措，防範措施非常細密，非常全面而嚴厲。《逸周書・大聚解》有以下記載：夏禹時期設定禁令，大力保護山林、川澤，春季不准帶斧頭上山砍伐初生的林木；夏季不准用漁網撈取幼小的魚鼈，此即世界最早的環境保護法。《韓非子・内儲説上》又載：殷商時期，在街道上揚弃垃圾，必斬斷其手。西周時又有更爲具體規定：如，何時可以狩獵，何時禁止狩獵，何樣的動物可以獵殺，何樣的動物禁止獵殺；何時可以捕魚，何時禁止捕魚，何樣的魚可以捕取，何樣的魚禁止捕取，皆有明文規定，甚而連網眼的大小也依季節不同而嚴予區别。并特别强調：不准搗毀鳥巢，不准殺死剛學飛的幼鳥和剛出生的幼獸。春耕季節不准大興土木。《禮記·月令》又載:"毋變天之道,毋絕地之理,毋亂人之紀。"這一"毋變""毋絕""毋亂"之結語,更是展現了後世儒家宣導并嚮往的"天人合一"説。至春秋戰國之際,法律法規的範圍更加全面,特別嚴厲。這一時期已經注意到有關礦山的開發利用,若發現了藏有金銀銅鐵的礦山,立即封禁,"有動封山者,罪死而不赦。有犯令者,左足入,左足斷,右足入,右足斷"(見《管子·地數》)。古人認爲輕罪重罰,最易執行,也最見成效,勝過重罪重罰。這些古老的嚴厲法令,雖是殘酷,實際却是一聲斷喝,讓人止步於犯罪之前,因而犯罪者甚微。這就最大限度地保護了大自然,同時也最大限度地保護了人類自己。而早在西周建立前夕,又曾頒布了令人欽敬的《伐崇令》:"文王欲伐崇,先宣言曰……令毋殺人,毋壞室,毋填井,毋伐樹木,毋動六畜,有不如令者,死無赦!崇人聞之,因請降。"(見漢劉向《説苑·指武》)這是指在殘酷的血火較量中,對於敵方人民、財產及生靈的愛惜與保護。我中華上古時期這一《伐崇令》,是世界戰争史中的奇迹,是人類應永恒遵守的法則!當今世界日趨文明,闊步前進,而戰争却日趨野蠻,屠殺對方不擇手段,實是可怖可悲!我華夏先祖所展現的這些大智慧、大慈悲,爲後世留下了賴以繁衍生息的楚山漢水,留下了令人神往的華夏聖地,我國遂成爲幸存至今、世界唯一的文明古國。

五、筆墨革命難預料? 卅載成書又何易?

《通考》選題因國内罕見,無所藉鑒,期望成爲經典性的學術專著,難度之大,出乎想象,初創伊始,即邀前輩學者南京大學老校長匡亞明先生主其事。這期間微信尚未興起,寧濟千里,諸多不便,盛岱仁、康戰燕伉儷滿腔熱情,聯絡於匡老與筆者之間,得到先生的熱情鼓勵與全力支持,每逢疑難,必親予答復,但表示難做具體工作,在經濟方面也難以爲力。因爲先生於擔任國家古籍整理領導小組組長之外,又全面主持南京大學中國思想家研究中心的工作,正在編纂《中國思想家評傳》,百卷書稿須親自逐一審定,難堪重任。筆者初赴南大之日,老人家親自接待,就餐時當場現金付款,沒有讓服務員公款記賬,筆者深受感動,終生難以忘懷。此後在匡老激勵之下,筆者全力以赴,進而邀得數百作者并肩携手,全面合作,并納入國家"九五"重點出版規劃中。1996年12月,匡老驟然病逝,筆者悲痛不已,孤身隻影,砥礪前行,本書再度確定爲國家"十五"重點出版規劃項目，并將初名更爲今名。那時，作者們盡皆恪守傳統著述方式，憑藏書以考釋，藉筆墨以達志。盛暑寒冬，孜孜矻矻，無敢逸豫。爲尋一詞，急切切，一目十行，翻盡千頁而難得；爲求善本，又常千里奔波，因限定手抄，不得複印，纍日難歸！諸君任勞任怨，潛心典籍，閱書，運筆，晝夜伏案，恂恂然若千年古儒。至上世紀末，一些年輕作者已擁有個人電腦，各種信息，數以億計，中文要籍，一覽無餘，天下藏書，“千頃齋”“萬卷樓”之屬，皆可盡納其中，無須跋涉遠求。搜集檢索，祇需“指點”，瞬息可得；形成文章，亦祇需“指點”，頃刻可就。在這世紀之交，面臨書寫載體的轉換，老一輩學人步入了一個陌生的电脑世界，遭遇了空前的挑戰。當代作家余秋雨在其名篇《筆墨祭》中有如下陳述：“五四新文化運動就遇到過一場載體的轉換，即以白話文代替文言文；這場轉換還有一種更本源性的物質基礎，即以‘鋼筆文化’代替‘毛筆文化’。”由“毛筆文化”向“鋼筆文化”的轉換，經歷了漫長的數千載，而今日再由“鋼筆文化”向“電腦文化”轉換，却僅僅是二十年左右，其所彰顯的是科學技術的力量、“奇技奇器”的力量。作家所謂的“筆墨”，係指毛筆與烟膠之墨，《筆墨祭》祇在祭五四運動之前的“毛筆文化”。今日當將毛筆文化與鋼筆文化并祭，乃最徹底的“筆墨祭”。面對這世紀性的“筆耕文化”向“電腦文化”的轉換，面對這徹底的“筆墨祭”，老一輩學人没有觀望，没有退縮，同青年作者一道，毅然決然，全力以赴，終於跟上了時代的步伐！筆者爲我老一輩學人驕傲！回眸曩日，步履維艱，隨同筆墨轉型，書稿也隨之經歷了大修改、大增補，其繁雜艱辛，實難言喻。天地逆旅，百代過客，如夢如幻，三十餘年來，那些老一輩學人全部白了頭，却無暇“含飴弄孫”，又在指導後代參與其事。那些“知天命”之年的碩博生導師們皆已年過花甲，却偏喜“舞文弄墨”，又在尋覓指導下一代弟子同步前進。如此前啓後追，無怨無悔，這是何樣的襟懷？憶昔乾嘉學派，人才輩出，時有“高郵王父子，棲霞郝夫婦”投入之佳話，今《通考》團隊，於父子合作、夫婦合作之外，更有舉家投入者，四方學人，全力以赴。但蒼天無情，繼匡老之後，另有幾位同仁亦撒手人寰。上海那位《天宇卷》主編年富力强，却在貧病交加、孩子的驚呼聲中，英年早逝。筆者的另一位老友爲追求舊稿的完美，於深夜手握鼠標闃然永訣，此前他的夫人曾勸其好好休息，答説“我没有那麼多時間”！可謂鞠躬盡瘁，死而後已，這又是何樣的壯志，思之怎能不令人心酸！這就是我的同仁，令我驕傲的同仁！

　　自 2012 年之後，因面臨多種意外的形勢變化，筆者連同本書回歸原所在單位山東師範大學，于是增加了第一位副總主編——文學院副院長、古籍整理研究所所長韓品玉，解決了編務與財力方面的諸多困難，改變了多年來的孤苦狀況。時至 2017 年春，爲盡快出版、選定新的出版社，又增加了天津人民出版社總編輯、南開大學客座教授陳益民，中國職工教育研究院常務副院長、全國職工教育首席專家俞陽，臺北大學人文學院東西哲學與詮釋學研究中心主任賴賢宗教授三位爲副總主編，於是形成了現今的編纂委員會。

在全書編纂過程中，編纂委員會和學術顧問，以及分卷正副主編、主要作者所在單位計有：中國國家博物館、中國國家圖書館、中央文史研究館、中國佛教圖書文物館、全國總工會、中聯口述歷史研究中心、河北省文物與古建築保護研究院、河北省文物考古研究院、河北閱讀傳媒有限責任公司、北京大學、浙江大學、南京大學、南京師範大學、東北師範大學、鄭州大學、河北大學、河北師範大學、河北醫科大學、廈門大學、佛山大學、山東大學、中國海洋大學、山東師範大學、曲阜師範大學、山東中醫藥大學、濟南大學、山東財經大學、山東體育學院、山東藝術學院、山東工藝美術學院、山東省社會科學院、山東博物館、山東省圖書館、山東省自然資源廳、山東省林業保護和發展服務中心、濟南市園林和林業綠化局、濟南市神通寺、聊城市護國隆興寺、臺北大學、臺灣成功大學、臺灣大同大學、臺北中國文化大學、臺灣中華倫理教育學會，以及澳大利亞國立伊迪斯科文大學等，在此表示由衷的謝忱！

本書出版方——上海交通大學領導以及上海交通大學出版社領導，高瞻遠矚，認定《通考》的編纂出版，不祇是可推動古籍整理、考古研究的成果轉化，在傳承歷史智慧，弘揚中華文明，增強民族凝聚力和認同感，彰顯民族文化自信等各個方面具有重要意義。出版方在組織京滬兩地專家學者審校文字的同時，又付出時間精力，投入了相當的資金，增補了不少插圖，這些插圖多來自古籍，如《考工記解》《考工記圖解》《考工記圖説》《考古圖》《續考古圖》《西清古鑑》《西清續鑑》《毛詩名物圖説》《河工器具圖説》等等，藉此亦可見出版方打造《通考》這一精品工程的決心。而山東師範大學各級領導同樣十分重視，社科處高景海處長一再告知筆者："需要辦什麽事情，儘管吩咐。"諸多問題常迎刃而解，可謂足智善斷。筆者所屬文學院孫書文院長更親行親爲，給予了全面支持，多方關懷，令筆者備感親切，深受鼓舞，壯心未老，必酬千里之志。此前，著名出版家和龔先生早已對本書作出權威鑒定，并建議由三十二卷改爲三十六卷。本書在學術界漂游了三十餘載終得面世，并引起學界的關注。今有國人贊之曰：《通考》是中華優秀傳統文化創造性轉化、創新性發展的優异成果，是一部具有極高人文價值的通代史論性的華夏物態文化專著，凝聚了中華民族的深層記憶，積澱了民族精神和傳統文化的精髓。又有國際友人贊之曰：《通考》如同古老中國一樣，是世界唯一一部記述連續數千載生機盎然的人類生活史。國内外的評論祇是就本書的總體面貌而言，但細予探究，缺憾甚爲明顯，因本書起步於三十餘年前，三十餘年以來，學術界有諸多新的研究成果未得汲取，田野考古又多有新的發現，國内外的各類典藏空前豐富，且檢索方式空前便捷，而本書作者年齡與身體狀況又各自不同，多已是古稀之年，或已作古，或已難執筆，交稿又有先後之别，故而三十六卷未能統一步伐與時俱進，所涉名物，其語源、釋文難能確切，一些舊有地名或相關數據，亦未及修改，而有些同物異名又未及增補。這就不能不有所抱憾，實難稱完美！以上，就是本書編纂團隊的基本面貌，也是本書學術成就的得失狀況。

　　筆者無盡感慨，卅載一瞬渾似夢，襟懷未展，鬢髮盡斑，萬端心緒何曾了？長卷浩浩，古奧繁難，有幾多知音翻閲？何處求慰藉？人道是紅袖祇揾英雄泪！歲月無情，韶光易逝，幾位分卷主編未見班師，已倏而永别，何人知曉老夫悲苦心情？今藉本書的面世，聊以告慰匡老前輩暨謝世的同仁在天之靈！

張述錚

丙子中昌初稿於山東師範大學映月亭
甲辰南昌增補於歷下龍泉山莊東籬齋

凡　例

一、本書係通代史性的中華物態文化學術專著，旨在對構成中華博物的名物進行考釋。全書三十六卷，另有附錄一卷。各卷之基本體例：第一章爲概論，其後據内容設章，章下分節，爲研究考釋文字，其下分列考釋詞目。

二、本書所涉博物，分兩種類型：一曰"同物异名"，二曰"同名异物"。前者如"女墙"，隨從而來者有"女垣""女堞""女陴""城堞""城雉""陴堄"等，盡皆爲"女墙"的同物异名；後者如"衽"，其右上分別角標有阿拉伯數字，分別作"衽¹"（指衣襟）、"衽²"（指衣服胸前交領部分）、"衽³"（指衣服兩旁掩裳際處）、"衽⁴"（指衣袖）、"衽⁵"（指下裳）等，皆爲"衽"的同名异物。

三、各卷詞目分主條、次條、附條三種。次條、附條的詞頭字型較主條小，并用【　】括起。主條對其得名由來、産生年代、形制體貌、歷史演進做全面考釋，然後列舉古代文獻或實物爲證，并對疑難加以考辨，或列舉諸家之説；次條往往僅用作簡要交代，補主條不足，申説相佐；附條一般祇用作説明，格式如即"××"、同"××"、通"××"、"××"之單稱、"××"之省稱，等等。

四、各卷名物，或見諸文獻記載，或見諸傳世實物，循名責實，依物稽名，於其本稱、別稱、單稱、省稱，務求詳備，代稱、雅稱、謔稱、俗稱、譯稱，旁搜博采。因中華博物的形成、演化有自身規律，實難做人爲的斷代分割。如"朝制"之類名物，隨同帝王的興起而興起，隨同帝王的消亡而消亡，因而其下限達於辛亥革命；"禮俗"之類名物起源於上古，其流緒直達今世；而"冠服"之類名物，有的則起源甚晚，如"中山裝"之類。故各卷收詞時限一般上起史前，下迄清末民初，有的則可達現當代。

五、各卷考釋條目中的文獻書證一般以時代先後爲序；關乎名物之最早的書證，或揭示其淵源成因之書證，尤爲本書所重，必多方鈎索羅致；二十五史除却《史記》《漢書》外，其他諸史皆非同朝人編纂，其書證行用時間則以書名所標時代爲準；引書以古籍爲主，探其語源，逐其流變，間或有近現代書證爲後起之語源者，亦予扼要采用。所引典籍文獻名按學術界的傳統標法。如《詩》不作《詩經》，《書》不作《尚書》，《説文》不作《説文解字》等；若作者自家行文爲了强調或區別於他書，亦可稱《詩經》《尚書》《説文解字》等。文獻卷次用中文小寫數字：不用"千""百""十"，如卷三三一，不作卷三百三十一；"十"作〇，如卷四〇，不作卷四十。

六、本書使用繁體字。根據1992年7月7日新聞出版署、國家語言文字工作委員會發布的《出版物漢字使用規定》第七條第三款、2001年1月1日施行的《中華人民共和國通用語言文字法》第二章第十七條第五款之規定，本書作爲大量引徵古籍文獻的考釋性學術專著，既重視博物的源流演變，又重視對同物異名、同名異物的考辨，故所有考釋條目之詞頭及文獻引文，保留典籍原有用字，包括異體字，除明顯錯別字（必要時括注正字訂誤）之外，　仍其舊。其中作者自家釋文，則用正體，不用異體，但關涉次條、附條等異體字詞頭等，仍予保留。繁體字、異體字的確定，以《規範字與繁體字、異體字對照表》（國發〔2013〕23號附件一）及《通用規範漢字字典》爲依據。

七、行文叙述中的數字一律采用漢字小寫，但標示公元紀年及現代度量衡單位時，用阿拉伯數字。如"三十六計"，不作"36計"；"36米"，不作"三十六米"。

八、各卷對所收考釋詞條設音序索引，附於卷末，以便檢索。

目　録

序　言 1

第一章　概　論 1

　　第一節　穀蔬名義考 1

　　第二節　穀蔬發展史 5

　　第三節　穀蔬之經濟地位 15

第二章　穀類説 22

　　第一節　禾穀類作物考 22

　　第二節　豆類作物考 50

　　第三節　薯類作物考 64

　　第四節　雜糧作物考 71

　　第五節　油料作物考 79

　　第六節　糖料作物考 96

　　第七節　纖維作物考 104

第三章　蔬類説（上）..126

　　第一節　根菜類考 126

第二節　薯芋類考 …………………………………………………………………134

第三節　葱蒜類考 …………………………………………………………………143

第四節　白菜類考 …………………………………………………………………155

第五節　芥菜類考 …………………………………………………………………160

第六節　甘藍類考 …………………………………………………………………164

第七節　緑葉類考 …………………………………………………………………168

第八節　瓜類考 ……………………………………………………………………198

第九節　茄果類考 …………………………………………………………………212

第十節　豆類考 ……………………………………………………………………216

第四章　蔬類説（下）……………………………………………………………227

第十一節　水生蔬菜考 ……………………………………………………………227

第十二節　芽類蔬菜考 ……………………………………………………………245

第十三節　海藻類蔬菜考 …………………………………………………………248

第十四節　食用菌類考 ……………………………………………………………250

第十五節　多年生及雜類蔬菜考 …………………………………………………271

第十六節　野生類蔬菜考 …………………………………………………………286

索　引 ………………………………………………………………………………327

序 言

  《中華博物通考》（下稱《通考》）是一部通代史論性的華夏物態文化專著，係
"十四五"國家重點出版物出版專項規劃項目，并得到 2020 年度國家出版基金資助。全書
三十六卷，另有附録一卷，達三千萬字，《穀蔬卷》即其中的一卷。

  何謂"穀蔬"？本卷指稱的"穀蔬"包括了穀類、蔬類、田園纖維類及野外可采食之
物，等等。"穀蔬"之稱實乃以簡概全，爲中華典籍或漢語言學中傳統的命名方式。在中
國古代，穀、蔬、果三大類統稱"百穀"。今依時人習慣，將木本之"果"，歸屬於本書
《木果卷》，以避重複。中國是世界四大文明古國之一。從先祖"嘗草別穀"，至百代耕耘，
推陳出新，逐漸形成了農耕文明，而農耕文明正是人類文明之基礎與先導。其間，穀蔬之
重要，本卷第一章《概論》中即已開宗明義："'王者以民人爲天，而民人以食爲天。'可
供民食者，當首推穀蔬。"對於穀蔬在人類生息繁衍中之重要意義，先人亦曾有諸多論述。
早在公元前 3 世紀，中國古代醫典《素問》中即已提出"五穀爲養，五果爲助，五畜爲
益，五菜爲充"之説，其後歷代醫典皆有論釋。明代醫學家李時珍在其《本草綱目》一書
中，對穀蔬在人類生存中的地位、作用又做了總結性的闡述："五穀爲養，五菜爲充，所
以輔佐穀氣，疏通壅滯也……謹和五味，臟腑以通，氣血以流，骨正筋柔，腠理以密，可
以長久，是以内則有訓，食醫有方，菜之於人補非小也。"（見《本草綱目》卷二六《菜部》
概述）可見，中國自古即重視以穀蔬爲主體的農業生產，并創造了諸多奇迹。直至今日，
被譽爲"雜交水稻之父"的袁隆平先生培育出"東方魔稻"，山東省壽光市開發的塑料薄

膜大棚種植蔬菜等生産工藝，以及近期復有人將塑料薄膜改爲地瓜粉薄膜，從而防止産生環境污染等，這一系列發明創造，皆屬其例。

自春秋戰國時期始，社會制度由奴隸制過渡爲封建制，同時鐵製農具廣爲普及，農業管理經驗與生産技術已相當發達。

先秦典籍《管子·地員》論述了地熱高下，水泉深淺，將土壤分爲上中下三級，每一級列出適宜種植的十二種農作物，指出農作物的生長與土地的密切關係。這是世界上最早的生態植物學著作。同書《治國篇》又記載了"四種而五穫"的輪作復種制，説明當時農業耕種已達到頗高的水準。

秦漢大一統以後，農業生産更得以長足進步，積澱的農業知識已非常豐富。這時已建起諸多農田水利設施。如元于欽《齊乘·古迹》記有"稻城"曰："高密西南濰水……自漢有塘堰，蓄濰水以溉稻，因名其城。"《讀史方輿紀要》卷三六中，亦記山東高密"蓄濰水灌田……旁有稻田萬頃，斷水造樏，歲收億萬"之史實。

西漢末年，杰出的農學家氾勝之總結上古至秦漢時期黃河流域的農業生産科學知識，撰成《氾勝之書》。這是世界上最早的一部農學專著。

又越五百餘載，北魏人賈思勰根據當時農業生産的發展，撰《齊民要術》一書。這是世界文化史中第一部農業百科全書。

丙越七百載，元代東平人王禎總結了南方和北方廣大農民的農業生産經驗，撰成又一部世界農學專題名著《農書》。這位"惠民有爲"的地方官員廣涉十七省區，對全國範圍内的農業進行了深入的調查研究，做出了全面的權威論述。

時至明代，徐光啓又撰《農政全書》，連同前述三部著作，合稱"四大農書"。

以上歷史名著，既是中華祖先農事之記述與總結，亦是中國和世界農業之鏡鑒與圭臬，可謂難得。

世界曾經輝煌燦爛的四大文明古國，多數未能維持，或中斷，或遷徙，唯有中國，從原始部落，進而形成國家，直至現當代，守土定居，連續五千餘載，一脉相承，歷久而彌新。中國文化既有包容性與持久性，又有多地域、多民族、多層次的立體結構。自古至今的農事發展，正是中華民族光輝文化和文明發展歷史的産物與見證。編纂一部以中華農物爲主體的專著，從穀蔬入手，進行物源探索、名實辨析、流變考證、現狀及用途陳述，不論對自然科學的研究與學習，還是對中華燦爛文明的傳播與弘揚，皆具有極其重要的意義。

　　爲使《穀蔬卷》成爲此領域内有所建樹的傳世之作，作者曾借閲了國内多所大學、農業研究院所和北京圖書館以及部分省市圖書館的有關藏書。據統計，僅清代以前的古籍，就查閲引用了一百多種，并參閲了數百種近現代的辭書、專著、文獻和報刊。同時又走訪了中國農業部（今農業農村部）、中國農科院和部分省市農業廳局及有關大專院校、科研院所的領導、教授、專家、學者，從而獲取了大量珍貴的文獻資料。其間最爲繁難者，莫過於中國之古籍。中國古籍，數量浩瀚，號稱世界之最，復因歷史變遷，地域差异，師承注承各有所本，傳抄刊刻又出多手，故同書而不同文者時有所見。古儒生操其本業，嘗有"童蒙入學，皓首窮經"之嘆，今學界常有一生獨治一書而號稱大家者，調用群書又談何容易！本卷正副主編跨學科而横涉文獻學、名物學、訓詁學及至田野考古，今觀所撰《穀蔬卷》之内容，因事涉現代科屬分類、拉丁學名標注，故須遍查古今中外，廣予涵納，若非全才之大手筆難能爲也。

　　本卷之編排，大抵分三級類目。同物异名者，統歸於主條之下，列有多個次條和附條。讀者可根據自己的需要，在相應類目中預先檢索，即可獲悉其形態或物象、性質與用途，得知其淵源及流變，瞭解其諸種名實關係。此實乃現有辭書、專著所難能企及者。現有辭書、專著祇能臨文藉鑒，解決學習、工作中的部分疑難，屬偶然性隨文解惑。迄今爲止，中國尚未有一部物源探索、流變考證、名實辨析、通達古今的中華穀蔬考證之專著。本卷的編纂，無疑填補了這一空白。

　　本卷共收入穀蔬二百七十餘種，不僅涵蓋了中國自有文字記載至 20 世紀末年之間的數千年來常見穀蔬類作物，而且還收入了可供食用、藥用的野生穀物和蔬菜類植物。作者藉鑒了唐代孟詵《食療本草》、明代朱橚《救荒本草》及今人有關營養結構學的論述，其功力所在，已略可窺見。

　　本卷在編纂過程中，内容範圍、體例特色、條目編排、引書格式和字體、文風、注音、學名、釋義、舉證等諸方面，在嚴格遵循《通考》之宗旨及統一要求的同時，力求科學性、理論性、應用性和趣味性；作者十分注意采用淺近文言文和繁體字，以便適於我國港、澳、臺地區和海外華人閱讀。這對傳播弘揚中華民族的悠久文明史和光輝燦爛文化、提高民族自豪感、增强民族凝聚力，無疑具有極爲重要的意義。這也是本書編纂委員會及全體作者的共同願望。

今天中國正處在民族偉大復興的新時代，改革開放使農業同其他各行各業一樣，得到前所未有的高速發展。由於本書編寫較早，所用資料大多截至 2005 年。近些年來，中國穀蔬之產量和品質皆有大幅度提高，一方面滿足了國內市場供應，另一方面又擴大了外貿出口量。市場引導了大生產，科技開拓了新天地。新的穀蔬優良品種和新的栽培管理技術，使中國穀蔬等各項農作物的生產得到了更快的發展。

未來將是大農業的時代，大農業也將爲中華崛起創造新的輝煌！

本卷主編武善雲女士接稿之初，爲濟南大學教授，且正在主編《齊魯巾幗》；副主編張在德先生爲山東科學院某部領導。夫婦二人皆爲業餘執筆，十分繁忙，但爲本書的編纂，或內調研，或外查閱，未得任何資助，而婦唱夫隨，夜以繼日，自"而成"之年，洎乎"古稀"之歲，漫漫乎達三十載，可謂歷盡艱辛。這種治學精神和頑强的毅力，令人欽佩！

萬千感慨，權此一序。

張述錚

太歲屠維赤奮若姑洗朔日於山東師範大學映月亭初稿
太歲上章困敦大呂下浣於歷下區龍泉山莊東籬齋定稿

第一章 概 論

第一節 穀蔬名義考

《史記·酈生陸賈列傳》云："王者以民人爲天，而民人以食爲天。"供民可食者，不外乎糧、油、蔬、果、肉、蛋、乳等，此等皆農事所生。故確保人類生息，維持社會發展，必首重農事。

元王禎《農書·原序》云："農，天下之大本也。'一夫不耕，或授之饑；一女不織，或授之寒。'古先聖哲敬民事也，首重農，其教民耕織、種植、畜養，至纖至悉。"農耕種植活動中，穀蔬之栽培爲首要，古今皆然。

在中國古代，穀、蔬、果合稱百穀。元王禎《農書·百穀序引》云："嘗聞上古之世，人食鳥獸血肉以爲食，至神農氏作，始嘗草別穀，而後生民粒食賴焉。《物理論》曰：百穀者，三穀各二十種，爲六十種；蔬果各二十種，共爲百穀。注云：梁者，黍稷之總名；稻者，溉種之總名；菽者，衆豆之總名；三穀各二十種，爲六十。蔬果之類，所以助穀之不及也。夫蔬菰，平時可以助食，儉歲可以救飢；其果實，熟則可食，乾則可脯，豐歉皆可充飢；古人所謂'木奴千，無凶年'，非虛語也。雖曰種各有二十，殆難枚舉。"百穀，乃舉成數而言之，謂其多也，實則遠超此數，前引晋人楊泉之《物理論》拘於古訓，不足爲憑。

穀、蔬、果在古代雖統稱百穀，却屬不同種類之作物。穀，實乃糧食作物之總稱。在中國古籍中，常以"三種""四穀""四種""五穀""五種""五稼""五粱禾""六穀""八穀""九穀""百稼""百穀"稱之。《説文·禾部》云："穀，續也。百穀之總名也。"《周禮·夏官·職方氏》云："河東曰兗州……其穀宜四種"，又"東北曰幽州……其穀宜三種"。鄭玄注："四種：黍、稷、稻、麥……三種：黍、稷、稻。"《詩·大雅·生民》云："誕降嘉種，維秬維秠，維穈維芑。恒之秬秠，是穫是畝。恒之穈芑，是任是負，以歸肇祀。"鄭玄箋："后稷以天爲己下此四穀之故，則遍種之，成熟則穫而畝計之。"宋王應麟《小學紺珠·動植類·四穀》云："秬、秠、穈、芑。"《周禮·天官·疾醫》云："以五味、五穀、五藥養其病。"鄭玄注："五穀，麻、黍、稷、麥、豆也。"《論語·微子》云："四體不勤，五穀不分，孰謂夫子？"《楚辭·大招》云："五穀六仞，設菰粱只。"王逸注："五穀，稻、稷、麥、豆、麻也。"《荀子·儒效》云："相高下，視墝肥，序五種，君子不如農人。"楊倞注："五種，黍、稷、豆、麥、麻。"晋杜預《論水利疏》云："今者水災，東南特劇，非但五稼不收，居業並損。"唐韓愈《李公墓志銘》云："連八歲，五種俱熟，公私有餘。"清曾國藩《復陳右銘太守書》云："膏腴地畝，舍五稼而種罌粟。"《周禮·天官·膳夫》云："凡王之饋，食用六穀。"鄭玄注引鄭衆曰："六穀，稌、黍、稷、粱、麥、苽。"宋羅願《爾雅翼·釋草一·麻》云："陶隱居（陶弘景）言八穀之中，胡麻最爲良，以《詩》黍、稷、稻、粱、禾、麻、菽、麥爲八穀。"《周禮·天官·太宰》云："以九職任萬民，一曰三農，生九穀。"鄭玄注："鄭司農曰：'三農，平地、山、澤也。九穀，黍、稷、秫、稻、麻、大小豆、大小麥……'玄謂三農，原、隰及平地。九穀無秫、大麥，而有粱、苽。"晋崔豹《古今注·草木》云："九穀：黍、稷、稻、粱、三豆、二麥。"《魏書·肅宗紀》云："灾旱頻歲，嘉雨弗洽，百稼焦萎。"宋司馬光《交趾獻奇獸賦》云："風雨時若，百稼豐茂。"《周易·離》云："日月麗乎天，百穀草木麗乎土。"《詩·豳風·七月》云："亟其乘屋，其始播百穀。"《左傳·襄公十九年》云："小國之仰大國也，如百穀之仰膏雨焉。"

縱觀歷史，博引古籍，可以明確看出穀之名義之衍變，亦可清楚表明在中國歷史上不同時代、不同地域穀類作物構成之差异。

今人亦常有"五穀豐登"之説，其"五穀"即泛指糧食作物。所謂糧食作物，即其收穫物主要供人們作主食之作物，亦稱食用作物。包括以籽實供作糧食之穀類作物，主要是禾本科之禾穀類作物，如水稻、小麥、大麥、燕麥、黑麥、玉米、高粱、粟、黍、穄、珍珠米、食用稗、薏苡等，蓼科之蕎麥亦屬此類；以種子和嫩莢供食用之豆科作物，主要有大豆、小豆、綠豆、飯豆、多花菜豆、利瑪豆、小扁豆、木豆、鷹嘴豆等（蠶豆、豌豆、豇豆、普通菜豆、刀豆、四棱豆等，在《蔬類説》一章介紹），這類作物根部有根瘤菌與之共生，能增强土壤肥力；以塊根或塊莖供食用之薯芋類作物，亦稱根莖類，主要有塊根作物甘薯、塊莖作物馬鈴薯等。

本卷《穀類説》一章除糧食作物外，亦將油料作物、糖料作物、纖維作物收入。這樣不僅符合中國古代"百穀"之概念，亦完全符合現代農業中"大田作物"（以糧、棉、油、糖爲主）之範疇。

蔬，諸種蔬類植物之總稱。蔬在古籍中亦稱"菜""茹""菜茹""疏材""蔬茹""百蔬""蔌"等。《説文·艸部》云："菜，艸之可食者。"《禮記·月令》云："〔仲秋之月〕乃命有司趣民收斂，務畜菜，多積聚。"《國語·楚語下》云："庶人食菜，祀以魚。"《詩·豳風·七月》云："九月築場圃。"鄭玄箋："場圃同地。自物生之時，耕治之以種菜茹。"孔穎達疏："茹者，咀嚼之名，以爲菜之別稱。"漢枚乘《七發》云："秋黄之蔬，白露之茹。"《漢書·食貨志上》云："還盧樹桑，菜茹有畦。"顏師古注："茹，所食之菜也。"《爾雅·釋天》云："蔬不熟爲饉。"郭璞注："凡草菜可食者，通名爲蔬。"《周禮·天官·太宰》云："以九職任萬民……八曰臣妾，聚斂疏材。"鄭玄注："疏材，百草根實可食者。"《國語·魯語上》云："昔烈山氏之有天下也，其子曰柱，能殖百穀百蔬。"韋昭注："草實曰蔬。"唐杜甫《園》詩云："畦蔬繞茅屋，自足媚盤餐。"宋蘇軾《南堂》詩云："山家爲割千房蜜，稚子新畦五畝蔬。"宋孟元老《東京夢華録·大内》云："其歲時果瓜蔬茹新上市，並茄瓠之類新出，每對可直三五十千。"宋黄庭堅《跋奚移文》云："科簡蔬茹，留精黜楠。"宋蘇軾《次烟字韵答黄庭堅》云："比聞蔬茹隨僧供，相見能容醉後顛。"《爾雅·釋器》云："菜謂之蔌。"郭璞注："蔌者，菜茹之總名。"《詩·大雅·韓奕》云："其蔌維何？維筍及蒲。"毛傳云："蔌，菜殽也。"宋歐陽修《醉翁亭記》云："山肴野蔌，雜然而前陳者，太守宴也。"

大量典籍記載了蔬名義之衍變。今人稱蔬爲"蔬菜"或"菜"，一般指可供佐餐、草本蔬類植物之總稱。但蔬菜中亦有少數木本植物可食之嫩莖、嫩芽葉者，如竹笋、香椿、枸杞等；亦有某些真菌和藻類植物可作蔬菜食用。蔬菜之食用部分有根、莖、葉及未成熟之花、果實、幼嫩種子等。其中有許多是變態器官，如肉質根、塊根、根莖、塊莖、球莖、鱗莖、葉球、花球等。我們在《蔬類説》一章中，儘可能多地收入了各類蔬菜。主要包括：根菜類之蘿蔔、蕪菁、蕪菁甘藍、胡蘿蔔、美洲防風、牛蒡、婆羅門參、根甜菜，薯芋類之芋、山藥、薑、豆薯、魔芋、草石蠶、葛、菊芋、菜用土欒兒、蕉芋，葱蒜類之韭、葱、洋葱、蒜、韭葱、薤、分葱、細香葱、胡葱、樓葱，白菜類之大白菜、白菜、烏塌菜、紫菜薹、菜心、薹菜，芥菜類之根芥菜、葉芥菜、莖芥菜、子芥菜，甘藍類之結球甘藍、花椰菜、青花菜、球莖甘藍、芥藍，綠葉菜類之菠菜、葉恭菜、芹菜、芫荽、茴香、萵苣、萵笋、苦苣、茼蒿、小白菜、薺菜、莧菜、蕹菜、冬寒菜、落葵、番杏、金花菜、羅勒、薄荷、紫蘇、紫背天葵、菊花腦、菊苣、榆錢菠菜、蒔蘿、香芹菜、鴨兒芹，瓜類之黃瓜、冬瓜、南瓜、笋瓜、西葫蘆、西瓜、甜瓜、越瓜、絲瓜、苦瓜、瓠瓜、節瓜、佛手瓜，茄果類之番茄、茄子、辣椒、甜椒，豆類之菜豆、豇豆、扁豆、萊豆、鱷豆、豌豆、刀豆、四棱豆、毛豆、藜豆，水生類蔬菜之蓮藕、芡、蒓菜、茭白、慈姑、荸薺、菱、水芹、豆瓣菜、蒲菜，多年生及雜類蔬菜之竹笋、黃花菜、百合、草莓、枸杞、蘆笋、朝鮮薊、蘘荷、甜玉米、食用菊、辣根、黃秋葵、款冬、食用大黃、霸王花，食用菌類之雙孢蘑菇、大肥菇、姬松茸菇、香菇、平菇、口蘑、松蕈、草菇、滑菇、鳳尾菇、金針菇、木耳、毛木耳、銀耳、猴頭、鷄樅、鷄油菌、青頭菌、羊肚菌、牛肝菌、竹蓀、茯苓、蜜環菌、松乳菇、塊菌、玉蕈、灰樹花，芽類之綠豆芽、黃豆芽、蘿蔔芽，海藻類之海帶、紫菜等十五類共一百五十四種蔬菜。另外，我們還收入了乾薹、蕨、蕺菜、馬齒莧、野苣子、假香野豌豆、紫苜蓿等四十七種野生蔬菜。

　　由於農業科技不斷進步，特別自 20 世紀 80 年代以來，中國改革開放使農業也同其他各行各業一樣，得到了前所未有之高速發展。其中蔬菜種植從面積、產量、品質等方面皆有大幅度提高，在改善國內市場供應之同時，也擴大了外貿出口量。市場引導了生產，尤其促進了大量蔬菜新品種之引進和培育，僅山東省在“九五”期間就引進國內外優新品種二千多個，因筆者實難跟上日新月异之發展形勢，使很多蔬菜新品種未能收入本書。

第二節　穀蔬發展史

中國穀蔬栽培，可上溯到遠古時代。原始社會人類賴以生活之食物獲取，一是到山林獵狩野獸，二是入水淵捕捉魚蝦，三是去原野采集植物。年深日久，人口增多，可采集之野生植物，難以滿足人類生活之需要。後來受到種子落地，能再發芽生長現象之啓示，纔逐漸懂得開始栽培植物。1952 年英國 I.H. 伯基爾（I.H.Burkill）認爲，人類選擇栽培作物之順序可能爲穀類、豆類、蔬菜類、油料類、根莖類、莓果類、纖維類、木果類和其他類。穀類作物易種、易收、易貯藏，不僅種子爲良好食物，且秸秆有可作飼料、建築材料、燃料等多種用途，無疑是人類最先重視之作物。考古及歷史典籍亦證明，穀類作物馴化栽培之時間很早。1926 年，蘇聯科學家 H.И. 瓦維洛夫，根據所采集之標本及考察研究結果，提出著名的栽培植物之八大起源中心學説。中國是農作物重要起源中心之一，也是著名農業古國之一。

新石器時期（公元前 8000—前 2000），中國各部落人群已使用木、石、骨、蚌等農具，進行"刀耕火種"。《周易·繫辭下》云："神農氏作，斲木爲耜，揉木爲耒。耒耨之利，以教天下。"當時種植之農作物已種類繁多，計有粟、黍、麥、稻等糧食作物和大麻、苧麻、葛等纖維作物。其中，栽培最早、分布最廣者是粟、稻等。考古出土之材料證明，粟主要分布於黃河流域及其以北地區。河北武安磁山新石器遺址出土之粟，距今已有約八千年之久。對歷史之研究和考證，亦有不斷之新發現。新華社 2002 年 10 月 21 日報道："甘肅秦安大地灣遺址考古獲得一系列重大成果。專家認爲，大地灣刷新了六項中國考古之最。大地灣遺址以及近年國內新發現的十多處上萬年遺址表明，華夏文明起源的時間可能更爲久遠，華夏文明可能不限於傳統所説的'上下五千年'……大地灣一期出土的炭化稷標本，與國外最早發現的希臘阿爾基薩前陶器地層出土的同類標本時代相近，它不僅將我國北方旱作農業的起源時間上推了一千年，而且表明北方最早種植的糧食品種爲稷，然後纔是粟的推廣。"水稻主要分布於長江流域及其以南地區，浙江桐鄉羅家角及餘姚河姆渡兩個新石器遺址出土之稻穀，距今已有七千多年。中國南稻北粟之作物分布，在新石器時期已經自然形成。

夏、商、西周時期（公元前 2070—前 771），中國處在奴隸社會階段。這時，已使用青銅農具，從撂荒耕作發展到"菑、新、畲"之休間耕作，并在栽培上應用壟作（當時稱爲畎）、中耕、灌溉等技術。《周禮》記載，當時主要糧食作物分布大致爲：冀州（今河南北部、山西南部）爲黍、稷、稻，兗州（今河北南部、山東西部和中部）爲黍、稷、稻、麥，青州（今山東南部、江蘇北部、安徽北部）爲稻、麥，豫州（今河南南部、湖北北部、安徽北部）和并州（今山西北部、河北北部）爲黍、稷、菽、麥、稻，雍州（今陝西、甘肅、四川）和幽州（今河北和山東沿海地區）爲黍、稷，揚州（今安徽南部、江蘇南部、浙江、江西）和荊州（今湖南、湖北）爲稻。説明當時主要糧食作物有黍、稷、菽、麥、稻五種，南方主要是水稻，北方主要是旱作物，其中黍、稷又占着重要地位。

春秋戰國（公元前771—前221），是中國從奴隸社會向封建社會轉變之重要時期。在這一時期中，鐵製農具和畜力開始應用於農業生產，其中鐵犁和肥料之使用，爲中國精耕細作之農業技術奠定了基礎。這時形成了“五穀”之概念。所謂“五穀”，從本章“穀蔬名義考”一節中所引古籍可以看出，歷史上對其解釋衆多，實際上包括黍、稷、豆、麥、稻、麻（指大麻，麻籽古代亦作糧食）等六種。上述六種作物，在春秋戰國時代，已成爲中國之主要糧食作物。豆類之發展并被作爲糧食，是這一時期作物栽培之一大特點。如《墨子·尚賢中》云：“耕稼樹藝聚菽粟，是以菽粟多而民足乎食。”《孟子·盡心上》云：“聖人治天下，使有菽粟如水火，菽粟如水火而民焉有不仁者乎？”麥類，特別是冬麥，在此時期亦有較大發展。如《禮記·月令》云“〔仲秋之月〕乃勸種麥，毋或失時，其有失時，行罪無疑”，説明當時對冬麥種植已非常重視。

秦漢至南北朝時期（公元前221—581），在黃河流域中下游地區形成了代田、區田等抗旱栽培法和耕、耙、耱、鋤相結合之抗旱保墒耕作技術體系，加上這一時期之農具改良、興修農田水利等措施，促使了北方農業大發展。在耕作制度方面，此時已出現間作、套作、輪作等種植方法。其中豆科作物和禾本科作物輪作，出現於東漢，這在生產上具有更重要之意義。這一時期之作物結構亦發生了很大變化。漢代豆腐之發明和豆豉之發展，使原作爲糧食之大豆，開始被加工成副食品；石圓磨之出現，麥子被加工成麵粉，使麥類之食用更加方便可口，麵食開始成爲主要食品，從而使麥類種植面積得到進一步擴大；這時高粱、稗也加入了糧食作物之行列。蔗是中國古代主要之糖料作物之一，戰國時期《楚辭》已有記載，時稱爲柘。最初蔗之利用衹限於“取柘汁以爲飲”，東漢時已會用煎曬方法將蔗漿提煉爲糖，稱爲“石蜜”；南北朝時，製糖技術進一步發展，製成了砂糖。《名醫別録》云“蔗出江南爲盛……取汁爲砂糖，甚益人”，蔗種植量不斷增加。芝麻亦是漢代從西域引進的，故稱胡麻，這是中國最早被作爲油料種植之作物。《晋書·王濬傳》中記載有太康元年（280），王濬率軍攻吳，用麻油灌火炬，燒毀鐵鎖之事，説明至晋代，芝麻已被大量作爲油料作物栽培。作爲油料者還有荏（蘇子），這在《説文》中已有記載，但作爲油料種植和利用則見於北魏賈思勰之《齊民要術》。

隋唐宋元時期（581—1368）是中國封建社會之中期，南方農業逐漸興盛。由於農具之改進和耕作栽培技術之提高，加之當時梯田、圩田、架田、塗田之修建，使南方農業生産超過了北方。這一時期，南方糧食作物之結構發生了明顯變化。麥子開始由旱地進入水田，稻麥一年兩熟制最初出現於唐代之雲南地區。到宋代，北方人口大量南移，推動了南方麥子之種植。北宋時，蘇州地區已"刈麥種禾（稻）"，南宋初更擴展到整個江南，形成了"競種春稼（指麥），極目不減淮北"之勢。水稻仍是江南主要糧食作物，其單産和總産皆有較大幅度提高。唐代已出現"嘉（浙江嘉興一帶）禾一穰，江淮（長江淮河之間）爲之康；嘉禾一歉，江淮爲之儉"之説。至宋代，太湖地區更成了全國著名糧倉，當時被稱爲"蘇（蘇州）湖（湖州）熟，天下足"。與此同時，纖維作物之種植結構也發生了重大變化。秦漢以前，中國種植之纖維作物主要有大麻、苧麻、葛等。漢代，中國西南地區之哀牢國（今雲南南部）及珠崖（今海南省）開始種植亞洲棉，時稱吉貝。南北朝時，高昌國（今新疆吐魯番）亦開始種棉，名曰白疊，這是一種非洲草棉。但中原地區，仍主要以絲、麻作衣被原料。宋末元初，棉花開始從南北兩路自邊疆地區傳入中原。由於棉花種植比栽桑養蠶容易，提取纖維又比麻類簡便，輕暖價廉，勝於絲麻，因而發展甚快，成了全國最主要之纖維作物。此外，大豆和油菜籽至宋代已被作爲油料利用，蔗已從江南推廣到長江兩岸，這些亦是唐宋時期農作物栽培發展之標志。

明初至第一次鴉片戰争爆發（1368—1840）是中國封建社會之晚期，該時期人口迅速增長，耕地不足已成爲全國農業生産之主要矛盾。這時複種指數在各地區不斷提高，多熟種植有了很大發展，并且傳統之精耕細作技術也逐漸形成。在太湖、珠江三角洲等地區，創造了糧—畜—桑—魚相結合之綜合經營，形成了農養牧、牧促農之良性迴圈，收到了"兩利俱全，十倍禾稼"之效果。這表明，最早人工生態平衡之"桑基漁塘"農業經營已在此時誕生。明代農作物之種植結構亦有了新的變化。《天工開物》云："今天下育民人者，稻居什七，而來（小麥）、牟（大麥）、黍、稷居什三，麻、菽二者，功用已全入蔬餌膏饌之中。"説明水稻在明代之糧食生産中已占絕對優勢，旱地糧食已退居第二位，大豆和大麻已退出糧食作物範疇。某些原産美洲之作物,這個時期相繼引入國內,對農業生産之發展,起了明顯的推動作用。玉米於明代正德六年(1511)以前傳入中國,到19世紀中葉已傳播到黃河流域、長江流域和東北地區,成爲當時重要之糧食作物。甘薯是明嘉靖四十一年(1563)前經陸路由印度和緬甸傳入我國雲南的,《大理府志》稱紫蕷、白蕷和紅蕷。後又經海路由越南、菲律賓引入到廣東、福建等地;到17世紀中葉,已先後傳到臺灣、江蘇、浙江、廣西、江西、安徽、湖南、四川、貴州、河南、河北等省區,遍及大半個中國。小粒花生於清朝初年引入,19世紀中期大粒花生又從國外傳入浙江和山東,到20世紀初已成爲山東之主要種植品種。上述作物之引進,不但進一步改變了明清時期中國作物之種植結構,而且也爲現代中國農作物之組成奠定了基礎。

中國蔬菜栽培,和穀類作物栽培一樣,亦具有悠久之歷史。"蔬菜"兩字之起源,《説文》解釋,"艸之可食者曰蔬"。"菜"字本來是從"采"字演化而來的,"采"的上半部爲"爪",比喻人之手指,下半部爲"木",比喻植物。"爪"和"木"結合在一起,意指以手指摘取植物。後來又從"采"字分化出"采""菜"兩字,加"扌"者爲動詞,加"艸"者爲名詞。此乃蔬菜二字之來源。從這裏可以説明,以菜作爲食物,已先於中國文字創造之前若干年代了。根據考古學之研究,中國之蔬菜種植至少起源於3000多年前之商代。《説文》注云:"種菜曰圃。""圃"字在甲骨文中已出現。春秋時代孔子的學生樊遲向孔子"請學爲圃",孔子回答曰:"吾不如老圃。"説明當時已有蔬菜栽培專業了。《周書》亦有"神農作陶,冶斧,破木爲耜、鋤、耨以墾草莽,然後五穀興,以助果蓏之食"之説。《詩·唐風·采苓》記載了"采苓采苓,首陽之巔";"采苦采苦,首陽之下";"采葑采葑,首陽之東"。所謂苓,就是現今之菓耳,又名蒼耳;苦,即現今之苦菜;葑,即現今之蕪菁,至今仍爲栽培之蔬菜。

在蔬菜栽培技術方面,秦漢時代即已有了較高水準。如《呂氏春秋·審時》云:"夫稼爲之者人也,生之者地也,養之者天也。"該書作者還謙虛地説蔬菜栽培技術:"齒年未長,不敢爲園囿。"(《上農》)當時已從作畦、播種、施肥、澆水,直至收穫,皆初步形成了一套栽培技術。在整地作畦方面,該書云:"上田棄畝,下田棄甽"(《任地》),"故畝欲廣以平,甽欲小以深。下得陰,上得陽,然後咸生"(《辯土》)。所謂"畝",就是高畦;甽,即兩畦之間的排水溝。"上田棄畝",就是在乾旱少雨之地方,要把莊稼種在平坦之土地上,而不要種在高出地面之高畦上,如現在北方種菜仍皆種在平畦一樣。"下田棄甽",

即在下濕多雨之地區，要把作物種在高出地面之畦上，而不要種在凹下之畎裏，如現在南方種菜仍在高畦一樣。所謂"畝欲廣以平"，即作畦時，畦築得稍寬一些，平一些，纔可更經濟地利用土地；平，可使作物長得均勻。所謂"畎欲小以深"，即畦間溝小而深，既可儘多地利用土地，又有利於排水。在播種技術方面亦有記載，如"慎其種，勿使數，亦勿使疏"（《辯土》），又云："於其施土，無使不足，亦無使有餘。"（同上）即說明，播種量不可過稀或過密，覆土不可太薄或太厚。在土壤水分含量方面，提出"濕者欲燥，燥者欲濕"（《任地》）之標準，即過濕之土壤，要使其乾燥，過乾之土壤，要使它濕潤，纔能有利於作物生長。同時，要注意土壤中不同水分含量，適時進行施肥、中耕等工作，如："地可使肥，又可使棘，人肥必以澤，使苗堅而地隙；人耨必以旱，使地肥而土緩。"（同上）就是說，在土壤濕潤、水分含量較高時去施肥，纔能更好地發揮肥效；在土壤稍乾、水分含量較少時進行中耕，纔能使土壤疏鬆、組織結構良好。爲使苗全、苗壯，中國漢代已會對種子進行種前處理。如漢成帝建始元年至綏和二年（公元前 32—7）成書之《氾勝之書》即對種衣劑之技術進行了記述："取馬骨，剉；一石以水三石煮之。三沸，漉去滓。以汁漬附子五枚。三四日，去附子；以汁和蠶矢、羊矢各等分，撓。令洞洞如稠粥。先種二十日時，以溲，種如麥飯狀。常天旱燥時，溲之，立乾；薄布，數撓令則乾。明日復溲。天陰雨則勿溲。六七溲而止，輒曝，謹藏，勿令復濕。至可種時，以餘汁溲而種之。"意思是，將馬骨砸碎，一份碎骨，用三倍水來煮，煮沸三次後，濾掉骨渣，把五個附子，浸在汁裏，三四天後，再濾掉附子。然後把等分量之蠶糞和羊糞加進去，攪拌勻，要做到像粥一樣稠。下種前 20 天，把種子放在這粥狀糊裏拌和，讓每粒種子都粘上一層糊狀肥料。一般天旱乾燥時拌和，爲了乾得快，再薄薄地扒動鋪開，第二天再拌再晾，陰天下雨不要拌。拌六七遍即停止，立即曬乾，好好保存起來，不要讓它潮濕。到下種時，用剩下的糊糊再拌一遍，然後下種。像這樣在 2000 多年以前就會利用種衣劑技術者，恐怕在世界上亦屬罕見。再如蔬菜嫁接技術，亦起源於這個時期。《氾勝之書·區種瓠法》云："候水盡，即下瓠子十顆，復以前糞覆之。既生，長二尺餘，便總聚十莖一處，以布纏之五寸許，復用泥泥之。不過數日，纏處便合爲一莖。留強者，餘悉掐去，引蔓結子。子外之條，亦掐去之，勿令蔓延。"經這樣嫁接處理後，所結果實就特碩大。漢代還創造出了蔬菜之保護栽培這項了不起的技術。《漢書補遺》之《循吏傳》中已記載："太官園種冬生葱韭菜茹，覆以屋廡，晝夜燃蘊火，待溫氣乃生，信臣以爲此皆不時之物。"這種蔬菜溫室，開創了保護栽培蔬菜之先河，爲人類反季菜的種植開了先河。

魏晋時期，中國的蔬菜栽培有了更大發展。被譽爲中國古代農業百科全書之《齊民要術》，即於此時問世。北魏賈思勰在《齊民要術》一書中，對多種蔬菜之播種、管理、選種以及生物學特性等多方面的知識進行了總結和記載。如在播種期方面，特別強調要適時。《齊民要術・蔓菁》云："七月初種之。一畝用子三升。（從處暑至八月白露節皆得。早者作菹，晚者作乾。）"又云："又多種蕪菁法：近市良田一頃，七月初種之。（六月種者，根雖粗大，葉復蟲食；七月末種者，葉雖膏潤，根復細小；七月初種，根葉俱得。）"這一經驗，直到現在華北地區種植蕪菁、大白菜時仍然遵循。賈氏還記載了蔬菜之近冬播種法："早種者，必秋耕。十月末，地將凍，散子勞之。（一畝三升。正月末散子亦得。）人足踐踏之乃佳。（踐者菜肥。）地釋即生。鋤不厭數。"（《種葵》）土壤結凍以前種者，比開春後種者，顯然提早成熟、收穫。中國北方之"埋頭菠菜"，即沿用此法。在施肥方面，亦總結出了很多經驗。如在《蔓菁》中提出："種不求多，唯須良地，故墟新糞壞墻垣乃佳。（若無故墟糞者，以灰爲糞，令厚一寸，灰多則燥爆不生也。）"《種葱》云："其擬種之地，必須春種綠豆，五月掩殺之。"又於《種葵》云："若糞不可得者，五六月中概種綠豆，至七八月，犁掩殺之，如以糞糞田，則良美與糞不殊，又省功力。"説明這時期綠肥已盛行。中國蔬菜選種，亦起源於魏晋時代。《齊民要術・種諸色瓜》説："收瓜子法：常歲歲先取'本母子'瓜，截去兩頭，止取中央子。'本母子'者，瓜生數葉，便結子，子復早熟。用中輩瓜子者，蔓長二三尺，然後結子。周後輩子者，蔓長足，然後結子，子亦晚熟。種早子，熟速而瓜小；種晚子，熟遲而瓜大。去兩頭者：近蒂子，瓜曲而細；近頭子，瓜短而喝。凡瓜，落疏，青黑者爲美；黃、白及班，雖大而惡。若種苦瓜子，雖爛熟氣香，其味猶苦也。"直至現在，選種時，仍注意植株上的結瓜部位，下層者，謂之根瓜；中層者，謂之腰瓜；上層者，謂之頂瓜。爲了爭取早熟，多選根瓜留種。在一條瓜的部位上，也分上、中、下三段，上段近花蒂部位，與下段近果梗部位所結之種子，皆不如中段之種子飽滿。從果色看，皮色深綠者，其植株營養成分要高於皮色過早變黃者。瓜味苦者，係由瓜之營養物質中的葡萄糖甙所致，這種物質在遺傳學上又是顯性遺傳，早在1000多年前先民就認識到苦之瓜不能留種了。賈氏還述及外界環境條件對於蔬菜習性、品質之影響。如《種蒜》云："今并州無大蒜，朝歌取種，一歲之後，還成百子蒜矣。其瓣粗細，正與條中子同。"又："蕪菁根，其大如椀口，雖種他州子，一年亦變大。蒜瓣變小，蕪菁根變大，二事相反，其理難推。"這些都説明，當時已從生産實踐中發現了環境條件對於生物學特性之影響。《齊民要術》關於蔬菜生物學特性之記載，不僅認識到地上部之形態，還認識到地下部之生長特性。如《種韭》云："治畦，下水，糞覆，悉與葵同。然畦欲極深。韭一剪一加糞，又根性上跳，故須深也。"所謂根性上跳，就是韭菜葉鞘基部與根部之間之莖盤，是韭菜之分生組織，它隨着韭菜的生長不斷上移。等舊的莖盤木質化後，新的莖盤繼續發生新不定根，因此莖盤不斷向上延伸，新根系亦不斷向上移動。這種從實踐中對韭菜生物學特性之觀察，是符合科學的。而且根據這一特性，要年年不斷培土。現在對韭菜之栽培方法，有些地區是采取將韭菜刨出，剪去已木質化之莖盤後再重新栽，菜農稱之爲"變"；亦有些地區，如天津、西安等地菜農，至今仍采用年年培土之方法，能使韭菜旺盛生長維持一二十年之久。在蟲害防治方面，類似生物防治之誘殺法，應始於中國魏晉時代。《齊民要術·種諸色瓜》云："有蟻者，以牛羊骨帶髓者，置瓜科左右，待蟻附，將棄之。棄二三，則無蟻矣。"這説明，用誘殺法防治害蟲，在中國已至少有1500多年之歷史了。

唐宋時期中國蔬菜栽培之技術有了明顯進步，種類也大爲豐富。如對蔬菜育苗之重要性和育苗之措施，南宋陳旉《農書·善其根苗》云："種植先治其苗，以善其本。本不善而末善者鮮矣。欲根苗壯好，在夫種之以時，擇地得宜，用糞得理；三者皆得，又從而勤勤顧省修治，俾無旱乾水潦蟲獸之害，則盡善矣。根苗既善，徙植得宜，終必結實豐阜；若初根苗不善，方且萎悴微弱。譬孩孺胎病，氣血枯瘠、困苦不暇，雖日加拯救，僅延喘息。欲其充實，蓋亦難矣。"文中所述及之經驗和操作要求，園藝工作者至今仍然遵循。現在很受世界各國歡迎之食用菌，中國唐宋時已注重栽培。宋代陳紅玉著有《菌譜》一書（1245），就記載了菌之狀態、生長和采摘時期。元司農司撰《農桑輯要》之《瓜菜》一章中轉載了唐代之《四時纂要》所説："三月種菌子。取爛構木及葉，於地埋之，常以泔澆令濕，三兩日即生。又法：畦中下爛糞，取構木，可長六七寸，截斷錘碎，如種菜法於畦中，匀布、土蓋、水澆，長令潤如初。有小菌子。仰把推之，明旦又出，亦推之。三度後，出者甚大，即收食之。本自構木，食之不損人。"木耳含有豐富之蛋白質、膠質及糖分等，它要求適當之濕度、溫度和適宜木柴，像構木即山毛櫸科之麻櫟樹，直到現在，貴州菜農還以此法栽培木耳。中國特產蔬菜之一者茭白，是利用菰黑粉菌之寄生所栽培之蔬菜，在世界其他各國，均屬罕見。這種植物，遠在春秋戰國時，即已有人發現，作爲糧食作物栽培。《爾雅》中明確定名爲菰，但到晋代郭璞始有這種植物可作蔬菜之記載，并且宋代藥物學家蘇頌記述了茭白栽培方法及如何使其中心潔白而避免變黑之方法。明代《農政全書》對此有較全面綜述："菰（即俗名茭白也），《爾雅》曰：蘧蔬（菰也），又曰苽茭。（郭璞曰：……江南人呼菰爲茭，以其根交結也。）一名蔣草，一名茭笋，一名菰菜，一名茭粑。韓保昇曰：菰根生水田中，葉如蔗荻。久則根盤而厚。三年者，中心生白薹如小兒背（應爲臂——筆者），中有黑脉堪啖者，名菰首也。陳藏器曰：菰首，擘之，内有黑灰如墨者，名烏鬱，人亦食之。晋張翰思蓴菰，即此也。蘇頌曰：茭白，生熟皆可啖。其中心小兒臂者，名菰手，作菰首者謬。其根亦如蘆根。二浙下澤處最多，彼人謂之菰葑，削去其葉，便可耕蒔。又有一種，中有一粒可食，所謂菰米者是也。種法：宜水邊深栽。逐年移動，則心不黑。多用河泥壅根，則色白。"

在保護栽培蔬菜方面，到唐代有了進一步發展，把以前温室之人工加温，有些改爲利用天然熱能；在種植種類上除葱、韭等葉菜類外，又增加了瓜果類蔬菜。《新唐書・百官志三》記載："慶善、石門、温泉湯等監，每監監一人……凡近湯所潤瓜蔬，先時而熟者，以薦陵廟。"唐代詩人王建亦曾對温泉、温室吟詩咏贊："酒幔高樓一百家，宫前楊柳寺前花。内園分得温湯水，二月中旬已進瓜。"唐代所利用之温泉，即長安城外之華清池。直到現在，陝西臨潼驪山下之温泉，還在被利用爲天然熱源進行蔬菜栽培。

豆芽菜起源於戰國時代，當時稱作"黄卷"，是一種營養價值較高之蔬菜。在發芽過程中，經過酶的催化可使豆中蛋白質水解爲氨基酸，澱粉水解爲單糖，脂肪水解爲脂肪酸和甘油，這些内在變化需要適當之温度、濕度、氧氣等條件纔能完成。到宋代，人們已較系統地掌握了生產豆芽之技術，使豆芽菜較多地出現在餐桌上。如北宋蘇頌之《圖經本草》（1061）云："菉豆爲食中美物，生白芽，爲蔬中佳品。"南宋林洪在《山家清供》一書中詳細記述了生豆芽菜之方法："温陵人前中元數日，以水浸黑豆，曝之及芽，以糠秕實盆内，鋪沙植豆，用板壓，及長，則覆以桶，曉則曬之。欲其齊，而不爲風日損也。中元，則陳於祖宗之前。越三日，出之，洗，焯以油、鹽、苦酒、香料，可爲茹。卷以麻餅尤佳，色淺黄，名鵝黄豆生。"

元代蔬菜之保護栽培技術有更進一步發展。像現在北方有些地區栽培韭黄，是從春夏開始，先在露地栽培，養成強壯根株，冬前將根部掘出轉入温室培養，讓根株已積纍之養分供其發芽生長，這是一種最快速、經濟、有效益之辦法。這種栽培技術，已見於元代王禎之《農書》：“至冬，移根藏於地屋陰中，培以馬糞，暖而即長；高可尺許，不見風日，其葉黃嫩，謂之韭黃。比常韭易利數倍，北方甚珍之。”再如，中國北方地區現在冬季普遍采取的利用風障既可擋住寒冷之西北風，又能使陽光形成直射角，造成適宜蔬菜生長之局部小氣候，成爲部分蔬菜冬季露地栽培或提早成熟、收穫之技術，亦早在元王禎《農書》中有記載：“又有就歸畦内，冬月以馬糞覆陽處，隨畦以蜀黍籬障之，用遮北風。至春，其芽早出；長可二三寸，則割而易之，以爲嘗新韭。”於蔬菜播種前對種子進行處理，雖然早在北魏賈思勰所著《齊民要術》中談到了很多内容，但到了元代，在催芽保苗等方面又有新的發展和普及。如元王禎《農書》即介紹了種萵苣之浸種催芽方法：“凡種菜，子難出者，皆水沃令芽生，無不即出矣。”又如元代司農司《農桑輯要》卷六中亦述及蓮藕種植法：“種蓮子法，八月、九月中，取蓮子堅黑者，於瓦上磨蓮子頭，令皮薄。取墐土作熟泥，封之；如三指大，長二寸；使蔕頭平重。磨處尖銳。泥乾時，擲於泥中：重頭沉下，自然周正。皮薄易生，少時即出。其不磨者，皮既堅厚，倉卒不能生也。”對種子的這些處理方法，皆證明我國先民早在元代就已掌握了大量促進蔬菜種子發芽之重要技術。由於外來蔬菜品種的引入和長期栽培選育，元代時中國出現了一些新的蔬菜品種。如萵苣原產於地中海，隋代傳入中國，大都以鮮嫩葉部供食。而現代中國除葉用萵苣外，還有專以其嫩莖作爲食用之萵苣笋，最早即出於元代。《農桑輯要》對萵笋之描述，是現在能看到之最早記錄：“萵苣：作畦下種如前法（指種菠薐法——筆者）。但可生芽：先用水浸種一日，於濕地上鋪襯，置子於上，以盆碗合之。候芽微出，則種。春正月、二月種之，可爲常食；秋社前一二日種者，霜降後可爲腌菜。如欲出種，正月、二月種之，九十日收。”

明清以後，蔬菜種類不斷增加，已打破“草之可食者曰蔬”之界限，出現了一些非草本蔬菜。如竹類屬木本植物，它的嫩芽——竹笋，可供菜肴，既可鮮食，亦可加工。關於竹子之生物學特性，明代鄺璠之《便民圖纂》中有詳細記載：“若有花輒槁死，結實如稗，謂之竹米，一竿如此，滿林皆然。治之之法，於初米時。擇一竿稍大者，截至近根三尺許，通其節，以糞實之則止。”它説明了竹一經開花、結子便會死亡，甚至成片竹林都會同歸於盡。竹子之所以開花，是由於營養成分顯著降低，缺乏氮素而使糖氮比增高。防止之法，於距植株三尺處掘溝，施以糞肥，補充氮素。香椿乃楝科植物之高大喬木，其嫩芽葉爲中國特有之稀珍蔬菜。明代徐光啓著《農政全書》卷三八云：“其葉自發芽及嫩時，皆香甘。生熟鹽腌皆茹。"雖然豆芽菜起源於戰國時代，宋朝時對其生產方法又有詳細介紹，但直到明朝纔見有關於綠豆芽之記載。明王象晉在其《群芳譜》（1621）中記述了生綠豆芽之方法："先取濕沙納瓷器中，以綠豆勻撒其上，如種藝法，深桶覆壓室中，勿令見風日，一次淘水灑透。候其苗長寸許，摘取蟹眼，湯焯過，以料齎供之。赤豆亦可，然不如綠豆之佳。"明清時期從國外引入之蔬菜新品種較多，如球莖甘藍、馬鈴薯等。甘藍原產地中海，傳入中國之途徑、時間在清何秋濤著《北徼方物考》（1690）中有明確記述："老槍菜，俄羅斯菘也。抽薹如萵苣，高二尺餘，葉出層層，刪之其末，層葉相抱如毬，取次而舒，已舒之葉，老不堪食，割毬烹之，略似安肅冬菘。郊圃種不滿二百本。八月移盆，官弁分嘗之，冬月包紙以貢。"該書之《黑龍江外記》亦云："有蔬類萵苣，而葉碧綠，上有紫筋，名老羌白菜，其種自俄羅斯來。"何氏在此除詳細記載了甘藍之當時名稱、生物學性狀、球葉之食用價值，還形象地說明似"安肅冬菘"。所謂"安肅冬菘"，就是它的抱球性狀，近似徐水大白菜。"郊圃種不滿二百本"，說明初引進時栽培數量有限，而且還被認作珍奇，作爲貢品進獻皇帝；更重要者是，說明中國栽培之甘藍引入途徑是來自俄羅斯。關於馬鈴薯傳入中國之途徑和時間，中外學者有不同說法。勞佛氏（Laufer Bepthold）所著《美洲植物的遷徙》一書中表明，1650 年我國臺灣已見有馬鈴薯；中國古籍中最早見有"馬鈴薯"之名是在 1700 年福建省之《松溪縣志》。《中國農業百科全書·馬鈴薯》（1991）云："據考證，中國最早傳入馬鈴薯的途徑可分爲南北兩路。北路首先傳至北京地區。明代萬曆年間，蔣一葵著《長安客話》稱北京的'土豆絕似吳中落花生及番芋'，證明 16 世紀末期北京已有馬鈴薯栽培。清代初年（約 1680 年）康熙《畿輔通志·物產》記載有'土芋一名土豆，蒸食之味如番薯'，說明 17 世紀 80 年代以前，馬鈴薯已由北京地區發展到河北省了。過去有關學者主要注意了馬鈴薯從南路的傳入，即西班牙或荷蘭殖民者在侵略中國臺灣時（1557—1661 年）將馬鈴薯傳入……根據以上史實，北路傳入的馬鈴薯可能早於南路。"筆者通過查閱有關資料，認爲《中國農業百科全書》之說更爲確切。清代已會利用無土栽培方法，在水中栽培蕹菜，以供在水上生活之人們能隨時吃到新鮮蔬菜。如清《授時通考·農餘·蔬》云："蕹菜，幹柔如蔓。中空，葉仰菠薐及鑿頭，開白花，堪茹。南人編葦爲筏，作小孔。浮水上……南方之奇蔬也。"中國穀蔬栽培之悠久歷史，是中華民族光輝燦爛文明史之重要組成部分。它不僅爲中國農業發展積纍了豐富之經驗，亦爲世界農業之發展做出了巨大貢獻。

第三節　穀蔬之經濟地位①

本卷《概論》第一節即説明了穀蔬對於人類生息之重要性："王者以民人爲天，而民人以食爲天。"可供民食者，當首推穀蔬。就中國人民之飲食習慣和食物結構而言，穀蔬之地位尤其重要。穀蔬之營養作用，早在公元前 3 世紀醫書《素問》中即提出"五穀爲養，五果爲助，五畜爲益，五菜爲充"之樸素營養學概念。中國明代李時珍在其《本草綱目》一書中對穀蔬之營養意義又做了進一步闡述："五穀爲養，五菜爲充，所以輔佐穀氣，疏通壅滯也……謹和五味，臟腑以通，氣血以流，骨正筋柔，腠理以密，可以長久，是以内則有訓，食醫有方，菜之於補非小也。"根據現代營養學之觀點，食物中含有維持人體正常生理功能和人體健康所需要之各種物質，這些物質稱爲營養素。營養學家根據營養素之化學本質和生理功能，把它們分成七大類：蛋白質、脂類、糖類（碳水化合物）、維生素、無機鹽（包括微量元素）、膳食纖維素和水。在這七大類營養素中，除水之外，其餘六種皆主要來自穀蔬。穀類爲人之主食，主要供給人體之蛋白質、脂類和糖類物質。這三類營養素除構成人體細胞之組成外，還可在體内氧化産生維持生命活動和從事各種勞動過程中所需之能量，故亦稱三大産能營養素。此爲人體生存之基礎。在爭取生命能量所需食物資源之同時，中國先民在 2500 多年以前，就已懂得用提高穀物品質來改善生活水準，營養保健體質，由以食爲天向美食轉化。經過千百年歷代之努力，中國在各種穀物中培育出了大量優質味美、營養豐富之珍稀品種。如僅稻米即有頗多優良名特香稻：浙江湖州蒸穀米、天津小站米、陝西洋縣黑米、湖北孝感太子米、貴州黑糯米、雲南紫糯米、四川德昌香米、陝西寸米、寧夏銀川香稻、湖北鍾祥香米、廣東齊眉米、廣西玉林香稻、湖南漣源香稻、陝西漢中香稻、江蘇無錫御糯、江蘇常熟香粳米等。湖州蒸穀米是浙江著名香稻，早在吳越時代（公元前 500）湖州地區已經盛産。利用高溫，帶殼蒸穀之後脱殼，使米之表層營養成分滲入米質，米之胚芽不受破損，保存較高之營養價值。蒸穀米成品呈黄色，爲半透明體，手感鬆爽，猶如撫摸珍珠一般。將蒸穀米下鍋煮飯，色澤由黄變白，晶瑩剔透，吃起來清香爽口。湖州蒸穀米歷來作爲皇室貢米和達官貴人享用之珍稀品，現在已暢銷海内外，成爲中國江南名牌稻米。洋縣黑米，亦屬世界名貴之黑色稻。中國種植黑米歷史悠久，其藥用價值在《本草綱目》中已有記載。此種米色澤墨黑，藥味淡醇，有

---

① 本文編寫較早，後雖有補充，但所用資料多截至 2005 年。

"黑珍珠"之稱謂，尤宜煮粥，易消化，有滋陰補腎、明目活血、健脾生津、延年益壽之功能；常食黑米，亦能治療頭昏眼花、貧血、少年白髮、氣血兩虧等病症。據測定，黑米中含蛋白質 9.56% ～ 11.8%，含脂肪 2.37%，16 種氨基酸含量皆較高，其中賴氨酸含量達 0.997%，精氨酸含量達 1.153%，每百克黑米含維生素 B_1 0.21 毫克，維生素 B_2 0.16 毫克。直至現代，黑米亦是世界上"黑色食品"中極受歡迎之滋補保健食品。再如粟中之優良品種"沁州黃"小米，亦是高營養穀物之珍品。"沁州黃"小米，產於山西沁縣，因古代沁縣屬沁州而得名。這種小米色澤深黃，顆粒似圓珠，堅實飽滿，人們稱其爲"金珠子"，當地有"金珠子，金珠玉，'沁州黃'不換真金珠"之說法。相傳自明嘉靖年間至清朝末年，"沁州黃"小米一直作爲貢米。有史料記載，慈禧太后喜食之"八寶粥"中，就有沁州黃小米。測試資料表明，"沁州黃"小米脂肪含量高達 4.2%，比普通小米高 1% ～ 2.5%；可溶性糖類含量達 1.6%，亦遠高於普通小米；且其蛋白質、脂肪含量均高於稻米、小麥，而粗纖維含量却是五穀雜糧中最低者，故不僅營養價值高，且容易消化吸收。各種糧食作物之名優品種，爲人類提供了更豐富之營養素，使人們飲食品質和保健水準得到了提高。蔬菜之營養功能主要在於供給人體所需之多種維生素、無機鹽、纖維素、酶以及芳香物質等。這些成分，對保證人體健康不可缺少。當人體缺乏這些營養素時，物質代謝就會發生障礙，影響正常生理功能進行，勞動能力、對傳染病之抵抗能力皆會下降，甚至導致疾病。如當人體缺乏維生素C時，就會引起出血、骨骼脆弱和血管壁脆性增加，全身乏力，食欲不振，嚴重者易發生骨骼壞死或"壞血病"。而且，維生素C具有增強抗病力和解毒作用，并能阻斷致癌物質亞硝胺之形成。維生素C還可使膽固醇從動脉中轉化到肝臟，進而轉化爲膽汁，起到防止動脉硬化之作用。人體所需之維生素C，其主要來源即新鮮蔬菜。包括微量元素在内之無機鹽，亦是人體之重要組成成分。雖然對它們之需要量很少，却亦是維持正常生理功能不可缺乏之物質。例如鈣在人體內，除却組成骨骼和牙齒之主要成分外，還參與血液凝固、維持心肌之節律性和收縮性以及維持神經肌肉之正常興奮性。人體所需要 20 餘種無機元素，皆主要來源於所食之蔬穀。蔬菜所含之豐富纖維素，雖不能被人體消化吸收，但可增加胃腸中食物與消化液之接觸面，并不斷刺激腸蠕動，能及時將廢物排出體外，減輕有毒物質對人體之侵染，可以降低直腸癌發病率。纖維素在腸道內還可與食物中膽固醇結合成一種複合物，從而減少膽固醇之吸收。同時，纖維素在維持血糖正常平衡方面亦起着重要作用。因此，人們（尤其老年人）在飲食中多食用新鮮蔬菜是一重要保健措施。穀蔬中之礦物質，對於維持人體内酸鹼平衡，避免產生胃病、神經衰弱等多種疾病，亦起着重要作用。總之，穀蔬是人維持生命、保證健康所必需之食物，不能爲其他食物所代替。

穀蔬生產不僅和人之生存、身體健康狀況密切聯繫在一起，而且亦是關係到整個國民經濟發展和社會穩定之重要因素。國家之發展，社會之進步，農業是基礎。自古即有“無糧天下亂”和“倉廩實而知禮節”之説。很簡單之道理，即民衆祇有在得到温飽之後，纔可能安心地去做好其他事情。中國作爲一個有十幾億人口之農業大國，穀蔬生產更是國計民生之根本。改革開放以來，中國在國民經濟建設中所取得之巨大成績，得到了世界之公認和贊揚。中國取得的這些成績，首要原因是農業之長足發展提供了堅實基礎和有力保證。豐厚之穀蔬，爲國民提供了充足之食物，爲農民增加了經濟收入，爲國家創取了稅收和外匯。民富即國安，國泰纔有國家之快速發展。另外，農業產品之銷售、深加工等工作在帶動第二、三產業發展，提高農民收入之同時，在轉移農村勞動力、促進農民素質和農村生活全面提高等方面，亦發揮着巨大作用。由此可見，中國農業的快速發展之偉大意義，絕非祇是“解決了十幾億人口的吃飯”這一問題。

自 20 世紀 80 年代以來，中國農業和農村經濟持續發展，成績輝煌。即使在 2000 年中國種植業經受特大旱灾和農產品價格長期低迷之嚴峻形勢下，各主要農作物產量較 80 年代初仍有大幅度躍升。其中糧食總產量爲 46217 萬噸，豆類爲 2009 萬噸，油料爲 2955 萬噸，棉花爲 442 萬噸，糖料爲 7635 萬噸，分别是 1980 年之 1.5 倍、2.5 倍、3.8 倍、1.6 倍和 2.6 倍；蔬菜總產（含瓜類）亦達到 51257 萬噸，再創歷史最高水準。農產品供求關係已實現了歷史性轉變，絕大多數農產品已經能够從數量上滿足居民生活需求，供給不足之狀況已變爲總量平衡，亦有部分農產品已豐足有餘。自 90 年代始，中國穀蔬生產已逐漸擺脱了傳統農業之束縛，步入現代農業發展軌道，形成大生產、大市場、大流通之產銷格局，開闢了市場農業之嶄新途徑。現僅以山東省爲例，來展現中國市場農業之發展簡要狀況：到 2000 年，全省設有產地農產品批發市場近 500 處，其中注册登記常年交易者達 386 處，全國鮮活農產品定點中心批發市場 14 處，基本構成了國家級、區域級、初級三級配套之市場網絡。全省蔬菜批發交易量占到總產之 85%，達 6200 萬噸，并形成了三大流通模式。一是壽光大集大散型流通模式。這是全國交易規模最大、設施水準最高的產地中心批發市場，集散範圍遍及中國大部分地區，年交易量達 280 多萬噸，并組成了集團化經營管理體制。二是蘭陵運銷型流通模式。該縣瓜菜種植面積近 80 萬畝，總產中之 60% 由當地農民運銷隊伍直接運往定點區銷售，運銷效率高，信息回饋快，應變能力强，并率先成立了運銷聯合會，在主銷城市設立分會，實行了自我約束、自我管理、自我服務，協調了各方面關係，保證了運銷工作順利開展。三是金鄉綜合交易型流通模式。金鄉市場常年以大蒜交易爲主，場地長達 5 公里，市場兩側建有 65 家加工冷藏廠，布滿了代收代貯攤位，集批發交易、企業收購、冷藏加工於一體。2001 年，山東省農村集貿市場發展到 8700 個，其中農副産品專業批發市場 720 處，建成原農業部定點批發市場 23 處。在全國 150 多個大中城市建立了“農産品一條街”“專賣店”“批發中心”“展銷中心”等網點，加强了農業信息網絡體系建設，農業信息網絡之覆蓋面進一步擴大。全省絕大多數農産品批發市場在提高軟、硬件建設水準，完善服務功能之過程中，還集中抓了規模化改造、制度化管理和人才素質提高三個方面，做到了功能區域分明，治安、交易、交通三大秩序良好，收費、計量、勞務三統一。近年來，又成功地推行了電子統一結算、交易代理制、拍賣交易等方式。這些變革，必將反過來對生産、流通産生積極促進作用。在不斷擴大國内市場之同時，中國亦加快了農業經濟國際化進程，農副産品出口量保持較大增長。如從 1984 年開始，中國進入國際玉米市場之貿易量快速增加，從凈進口國一躍成爲出口國，且出口量逐年增大。1984 年至 2000 年這 17 年間，中國玉米凈出口 8893 萬噸。中國小麥亦出口東南亞等地區，至 2002 年已成爲凈出口國。花生是中國傳統農産品出口項目，近幾年出口量一般約占世界國際貿易量（年均約 120 萬噸）的三分之一，2000 年中國出口花生産品 56 萬噸，繼續保持了居世界第一之位置。最近幾年，蔬菜越來越成爲中國出口額最大之農産品。從 1996 年至 2000 年，全國纍計出口蔬菜 1000 多萬噸，創匯約 80 多億美元。中國目前農産品出口主要集中在東南沿海地區，中西部地區農産品出口金額較小。2000 年山東、廣東、福建、浙江出口值分别爲 20.7 億、20.4 億、11.5 億和 10.1 億美元，占全國出口總值之 47%。爲更好地開拓市場、提高增值率，對農産品深加工已越來越受到很多地區的重視。一些大型骨幹企業，主動以國内外市場需求爲導嚮，加大産品開發力度，在强化開發速凍、保鮮、腌漬、罐頭等傳統加工産品之同時，新開發了多類别、系列化之熟製終端産品。由於這些製品符合國内外消費者風味習俗，適應快節奏生活需要，正成爲新興强項産品。

　　在市場經濟引導下，種植業結構調整取得明顯成效。在確保糧食生産能力和口糧安全之前提下，種植業結構調整幅度較大。2000 年繼續調減糧食和糖料種植面積，擴大油料和蔬菜種植面積，恢復棉花種植面積。全國糧食種植面積 108462.68 千公頃，比 1999 年減少 4698.21 千公頃。其中稻穀、小麥、玉米種植面積均有減少，豆類和薯類種植面積皆有擴大。棉花生産開始回升，總種植面積爲 4041.15 千公頃，比上年增加 315.58 千公頃。油料作物種植面積 15400.35 千公頃，比上年擴大 1494.43 千公頃。蔬菜種植面積比 1999 年增加 1889.88 千公頃。糖料生産在調整布局之同時，繼續壓縮種植面積。麻類種植面積有所回升。隨着農區草食畜牧業之發展，飼草作物種植開始呈現大發展之趨勢。在農作物種植種類、數量進行調整之同時，種植業區域布局優化亦取得突破：東部地區糧食種植面積調減幅度最大，主要作物向優勢產區集中。如長江以南冬小麥、東北四省區春小麥種植被大量調減，小麥生産向華北、黃淮、西北等優勢產區集中；東北地區開始實施玉米、大豆輪作計劃，四省區共調減玉米種植面積 1557.47 千公頃，增加大豆種植面積 1099.44 千公頃；油菜籽生産進一步向長江中下游地區集中，湖南、湖北、四川、江蘇、安徽五省擴大油菜籽種植面積 403.14 千公頃，占全國增加總量之 67.69%。繼續壓縮零星分散、低産低效作物生産，區域性特色農業及産業化開發取得較大進展。近些年中國優質專用農產品生産發展迅速。2000 年全國優質稻穀種植面積 15133.33 千公頃，比 1999 年增加 2466.67 千公頃。優質專用小麥種植面積 4666.67 千公頃，比上年增加 1933.33 千公頃。高油、高蛋白、鮮食等優質專用玉米種植面積 5800 千公頃，比上年增加 1133.33 千公頃。優質大豆種植面積 4133.33 千公頃，比上年擴大 1333.33 千公頃。"雙低"（低芥酸、低硫甙）油菜籽種植面積 4000 千公頃，比上年擴大 1266.67 千公頃，占油菜籽總種植面積之 63%。優質脱毒馬鈴薯、無公害蔬菜、綠色食品、有機食品等優質農產品發展步伐亦大大加快。訂單農業成爲結構調整之新增長點。各地采取多種形式積極發展訂單農業，促進了優質農產品開發和産業化進程。據統計，2000 年全國訂單農業種植面積達 13333.33 千公頃，比 1999 年增加 5666.67 千公頃。特別是優質稻穀、專用小麥、特用玉米、名優蔬菜等訂單農業發展迅速。

農業科技進步成效顯著，農業現代化水準進一步提高。全國不斷加大科教興農力度，狠抓農業科技創新。爲了適應農業和農村經濟發展之需要，1987 年農牧漁業部制定了《關於建設縣農業技術推廣中心的若干規定》，明確了加強農技推廣服務體系建設與發展之思路。各地廣泛開展送科技下鄉活動，并結合"豐收工程""種子工程""植保工程""沃土工程""農業標準化工程"和"農業科技示範園工程"等專案之實施，進一步加大了技術推廣力度。2000 年，全國水稻旱育秧推廣種植面積 13666.67 千公頃，比上年增加 266.67 千公頃；水稻抛秧種植面積 6720 千公頃，增加 666.67 千公頃；有些省區農作物良種覆蓋面積達 95% 以上；玉米種子包衣、小麥種子包衣、棉種脱絨包衣、地膜覆蓋、秸秆還田、平衡施肥、病蟲害綜合防治和旱作節水農業等技術之推廣面積均有較大幅度增加。在農作物的育種方面涌現出了纍纍碩果，亦是中國近些年來農業科技創新之突出表現。在衆多育種成果中，當首推杰出科學家袁隆平先生培育的雜交水稻。這種雜交水稻比一般水稻平均增産 20%，從 1976 年開始推廣至今，全國已纍計種植 37 億多畝，增産糧食 3.7 億多萬噸，創經濟效益 3700 多億元（人民幣），年增産之稻穀可以養活 6000 萬人口，被西方人看作解決 21 世紀世界性飢餓問題之法寶，稱爲 "東方魔稻"。正因這一偉大科研成果，袁隆平先生先後榮獲中國第一個特等發明獎和聯合國知識産權組織 "杰出發明家" 金獎、聯合國教科文組織 "科學獎"、聯合國糧農組織 "糧食安全保障榮譽獎" 等多項大獎。原國際水稻研究所所長斯瓦米納森博士曾在 1982 年國際水稻科技界研討盛會上動情地説："我們把袁隆平先生稱爲雜交水稻之父，他是當之無愧的。他的成就不僅是中國的驕傲，也是世界的驕傲。他的成就給世界帶來了福音！" 再如，2002 年 5 月 29 日《科技日報》以 "農大 108：花開神州分外紅" 爲題報道了中國農業大學許啓鳳教授經過 20 年時間選育，研製成功優質高産高效玉米新品種 "農大 108" 及其兩個親本自交系。"農大 108" 在 1994—1996 年的全國區試中，比對照平均增産 24.7%，平均畝産 591.7 公斤，大田生産每畝平均增産 50 公斤以上。它品質好，營養價值高。"農大 108" 籽粒之賴氨酸含量 0.36%（比對照高 71%），居普通玉米之首。籽粒粗蛋白含量 9.43%（≥ 9.0% 爲優質飼料），粗澱粉 72.24%（＞ 70% 爲優質標準）。成熟秸秆粗蛋白含量 6.95%，粗纖維 31.73%，粗脂肪 1.06%，營養價值接近苜蓿或花生秧。這一結果表明，"農大 108" 是理想之優質糧飼兼用型新品種。該品種葉片葉緑素含量高，光合速率高；耐瘠薄，抗乾旱，抗倒伏，成熟前不早衰；穩産性好，適應性廣。"農大 108" 是中國種植面積達 3000 萬畝以上之玉米品種中唯一具有完全知識産權之新品種。報道説："它的誕生，將對我國農業産業結構調整、畜牧業的發展以及種子企業的産業化起到推動作用，同時也爲我國玉米品種的第五次更新换代輸送了一個主要品種，并爲第六次品種更新創造了條件。" 2002 年 3 月 13 日《光明日報》報道的由北京金穀子農業科技有限公司采用基因誘導培育而成之 "金穀子" 粟系列新品種，不僅取得畝産 1000 多公斤之驚人産量，而且具有糧草兼用之優勢。2002 年 5 月 17 日《科技日報》

以"向'超級小麥'衝刺"爲題之報道説："5 月 9 日至 12 日，來自墨西哥、德國、法國、意大利、荷蘭及中國山東、山西、雲南、江蘇等 10 省的 100 餘位專家聚會河南開封，研討'超級小麥'遺傳育種問題。這是國際上第一個關於'超級小麥'的專業學術會議。"報道接着説："在這次研討會上，有兩件振奮人心的事：一是各國專家對中國主要的小麥産區——黃淮海麥區首次進行了具體論證，提出了不同階段'超級小麥'的産量標準。即從現在開始到 2005 年爲第一階段，産量潛力將達到 10.5 噸/公頃（合每畝 750 公斤），較現有品種增産 20% 以上；第二階段到 2020 年産量潛力達到 12.75 噸/公頃，較現有品種增産 40% 以上；第三階段到 2030 年産量潛力達到 13.5 噸/公頃，較現有品種增産 50% 以上。二是對目前已在 10 多個省市試種的'豫麥 66'進行了大田觀摩。正是小麥泛黃時節，在歷史上風沙鹽碱肆虐的蘭考，專家們首先驚訝於麥穗平均有 15 厘米長；再細看，發現它株形緊湊，根系發達，莖秆粗壯硬挺，抗倒伏力强；對造成全國範圍大面積減産的白粉病、條銹病等小麥流行病害，也具有高抗能力；對高温、雨澇、乾旱也有一定的耐性。它穗大粒多，去年畝産達到 720.8 公斤，創造了黃淮海麥區小麥單産的最高紀録，今年如果没有特别惡劣的天氣，很有可能向'超級小麥'衝刺。"報道還説："'豫麥 66'的培育者沈天民，是個地地道道的農民育種專家……'豫麥 66'的出現，在全世界育種家面前亮起了一道曙光！是它把高産、優質那麽完美地結合了起來。權威部門的化驗表明，'豫麥 66'的蛋白質含量高達 17%，比一般小麥高出 3 個百分點；濕麵筋含量高達 43%，比一般小麥高出 8 個百分點；總體品質達到强筋小麥標準，是替代進口小麥生産優質麵包和蛋糕的理想品種……'豫麥 66'，正在向着'超級小麥'的目標衝刺！"此後又有報道，中國科學家順利完成了中國超級雜交水稻基因組工作框架圖和資料庫。這個具有國際領先水準之研究成果，亦有力地説明中國高科技農業已取得驕人成就，并有着更加光輝之未來。

第二章　穀類説

第一節　禾穀類作物考

禾穀類作物是指以籽實供作糧食的禾本科作物，如水稻、小麥、大麥、燕麥、小黑麥、玉米、高粱、粟、黍、穄等。禾穀類作物，是人類主要之糧食作物。此類作物主要有以下幾方面之特點。

一、栽培歷史悠久。如水稻在中國已有超過一萬年之栽培歷史。在長江流域及其以南地區發現新石器時代遺址中有稻穀、稻米或其莖葉遺存者有三十餘處。浙江餘姚河姆渡遺址及浙江桐鄉羅家角遺址，距今皆在七千年左右。在《管子》、陸賈《新語》等古籍中，均有神農時代播種"五穀"之記載，稻被列爲五穀之一。《史記・夏本紀》關於"禹……令益予衆庶稻，可種卑濕"之記載，表明公元前 21 世紀，中國先民即已經開始疏治"九河"，利用"卑濕"之地種植水稻。距今四千二百多年前，水稻栽培已從長江中下游發展到黃河中游。到了戰國時期，由於鐵製農具和犁的應用，開始走向精耕細作，同時爲推廣水稻興修了大型水利工程，如河北漳水渠（公元前 445—前 396）、四川都江堰（公元前 256）、陝西鄭國渠（公元前 246）等。西漢時四川首先出現了梯田。6 世紀 30 年代，北魏賈思勰著《齊民要術》曾專述了水、旱稻栽培技術。晋代《廣志》中已有在稻田中施用緑肥，增加有機肥源，培肥地力之記載。這些歷史典籍皆反映了當時之種稻技術已有一定水準。魏晋南北朝以後，中國經濟重心逐漸南移，唐宋六百多年間，江南成爲全國水稻生產中心地區，太湖流域爲稻米生產基地，京畿軍民所需大米全靠江南漕運。當時由於重視興建水利，江湖海塗圍墾造田、農具改進、土地培肥、稻麥兩熟和品種更新等，江南稻區已初步形成了較爲完整的耕作栽培體系。中國稻種資源豐富，到明末清初《直省志書》中所録十六個省二百二十三個府州縣之水稻品種數，達三千四百多個。另外在育秧、水肥管理等方面，也都有了新的進展。小麥和大麥亦是人類最古老的栽培作物。據考古學研究，小麥是新石器時代人類對野生麥進行馴化之產物，栽培歷史已有一萬年以上。1953 年在中國河南盧氏縣之沿河岸發現許多新石器時期遺址的同時，發現有小麥草，在陝縣（今陝州區）東關帝廟底溝原始社會遺址之紅燒土上有麥印痕，距今約 6000—5000 年。1955 年，在安徽亳縣（今亳州市譙城區）釣魚臺新石器遺址（距今 5000—4000 年）發掘中，發現炭化普通小麥粒數百克，經鑒定，是中國最古老之普通小麥。武丁卜辭之《告麥》記載，在公元前 1238—前 1180 年，小麥已是黃河中下游地區主要作物了；後來大約在公元 1 世紀，江南也有了小麥；《天工開物》記述，到明代，小麥之種植已遍及全國，并記載小麥在北方各省糧食消費中占了一半。世界各地先後發現早在公元前 15000—前 5000 年的栽培大麥之遺物。1979 年在新疆哈密五堡鄉（今五堡鎮）墓葬内，曾出土新石器時代含彩陶文化之青稞穗殼。這是中國迄今出土最早之栽培大麥遺物。遠在公元前 14—前 12 世紀之殷商甲骨文中已有 “麥”“來”“牟” 之記載。公元前 6 世紀的《詩》中有 “貽我來牟” 之句。先秦文獻中統稱大、小麥爲 “麥”，或 “來、牟”。公元前 3 世紀《吕氏春秋·任地》中之 “孟夏之昔，殺三葉而穫大麥”，始正式有 “大麥” 這一名稱。西漢之前全國多地種有大麥，在黃河、長江流域和西北旱漠地區種植更爲廣泛。北魏賈思勰之《齊民要術》和南宋嘉泰年間之《會稽志》等古籍中，已有關於大麥之原始分類、品種、栽培技術和利用經驗之記載。國内外最早研究粟（中國北方通稱穀子）起源之學者，皆認爲粟起源於中國。考古學家證明，粟是黃河流域新石器時代文化中最主要之栽培作物。代表中國新石器時代早期文化之河北武安磁山遺址（公元前 5400）、河南新鄭裴李崗遺址（公元前 5935）分別有粟之種子和米粒出土，經鑒定均有七八千年之歷史。還在多處屬於新石器時代中期、晚期文化遺址中發現大量粟粒，分布範圍很廣，北起陝西、山西、河北，南到雲南劍川，東達臺灣高雄，西至青海樂都。自有文字記載以來，古籍中記述粟者頗多。黍亦起源於中國。在新石器時代初期，耐旱、耐瘠之黍，同粟一樣，已成爲黃河流域之主要農作物。以黃河中游爲中心，西到新疆維吾爾自治區，東到黑龍江省之新石器時代遺址，發現多處黍之遺迹。甘肅東部之秦安大地灣一期文化遺址存有少量黍種子，用C_{14}測定，爲公元前 5200 年之遺物；經樹輪新表校正，距今 7370—8170 年。中國的甲骨文對黍已有記載，商代已用黍釀酒，《詩》（距今約 3000 年）内出現之二十五個農作物名詞中，黍占首位。唐代以後，黍之地位下降，種植面積越來越少，但在乾旱和半乾旱地區，仍然是較重要的糧食作物之一。關於中國高粱起源問題，雖然學術界至今未有明確結論，但是其在中國已有悠久之栽培史，早已被很多事實所證明。1972 年，河南鄭州博物館在鄭州東北郊之大河村仰韶文化遺址中，發現陶罐裝的炭化高粱籽粒。應用 ^{14}C 同位素測定，表明這些籽粒距今已有五千多年之歷史。玉米起源於美洲大陸，人工栽培距今已有四千餘年。中國玉米可能由海路傳入，亦有四百多年之種植歷史。安徽省北部潁州在 1511 年（明代）刊印之《潁州志》上最先記載了玉米。1573 年田藝蘅著《留青日札》中亦有玉米之記述。綜上所述，禾穀類作物在中國已有悠久之栽培歷史。

二、栽培範圍廣泛。禾穀類中之多數作物在中國分布較廣。如稻區在中國即非常遼闊，南至海南，北至黑龍江北部，東到臺灣，西達新疆；低如東海沿岸，高至雲貴高原，皆有栽培。小麥在全國各地之種植，依據各地不同之自然條件和小麥栽培特點，把全國劃分爲東北春麥區、北方春麥區、西北春麥區、新疆冬春麥區、青藏冬春麥區、北方冬麥區、黃淮冬麥區、長江中下游冬麥區、西南冬麥區和華南冬麥區等十個麥區。由此，亦足以看出小麥在中國分布之廣。大麥適應性強，從 50°S 到 70°N 之廣大地區均有栽培，在海拔4750 米之中國青藏高原也有大麥種植，這是世界糧食作物分布之最高點。玉米在中國種植亦極爲廣泛，東至沿海諸省，西至青海、新疆，南至海南省，北至黑龍江省之漠河皆有栽培。高粱、粟在中國東南西北各省區市幾乎都有種植。

三、在國計民生中占有極其重要之地位。例如，水稻是世界上主要的糧食作物之一。中國稻作面積占全國糧食播種面積三分之一，產量近全國糧食總產量之 45%。稻草、稻殼、米糠等副產品，均爲製造多種產品之工業原料。小麥是世界上最重要之糧食作物之一，其總面積、總產量及總貿易額均居糧食作物之第一位。小麥在中國之地位僅次於水稻。大麥籽粒有三種重要用途：製麥芽、作動物飼料和人類食糧。大麥芽是釀製啤酒之重要原料，亦可製麥芽糖、糊精、酵母、酒精、核苷酸、乳酸鈣等。玉米用途非常廣泛，籽粒不僅是主要糧食，還是多種輕工業產品之原料。以玉米爲原料製成的加工產品有五百餘種。如玉米澱粉可加工成各種糖類和酒精、醋酸、丙酮、丁醇等多種化工產品，還可用於紡織、造紙、醫藥、釀酒等工業。玉米之莖、葉、穗和籽粒亦是畜牧業不可缺少的優質飼料。粟粒脫殼成小米供食用。小米含有豐富之營養物質，其中有些氨基酸、維生素和礦物質是在一般穀物中所不含有的。長期食用小米食品有助於營養保健和延緩衰老。同時，穀草和穀糠質地柔軟，有甜味，適口性好，養分豐富，粗蛋白含量高，是發展畜牧業之優良飼料。高粱是光合效應高、雜種優勢強之高產作物，又是抗旱、抗澇、耐瘠薄、耐鹽碱、耐寒、耐高溫等抗逆能力強之作物。高粱可食用、飼用、釀造用、加工用，其用途廣泛，綜合利用價值高。例如，用高粱籽粒釀製白酒，歷史悠久，工藝精湛。很多名酒，如茅臺、瀘州老窖、五糧液、汾酒等均主要由高粱籽粒釀成，享譽海内外。白酒生產不僅是國家稅收主要來源之一，而且可以創取外匯。高粱籽粒亦是發展畜禽養殖很好的精飼料，高粱莖葉可作家畜粗飼料。糖高粱作青飼、青貯料喂飼奶牛，可明顯提高産奶量。高粱莖秆除傳統用途作燒材、建材、架材外，還可以加工成板材，髓質可以提取食用纖維，表面蠟粉可以提取蠟質用作耐高溫材料。高粱殼可提取色素，這種天然色素無嗅、無毒，在食品、化妝品、藥膜和藥用膠囊上均有廣泛之用途。總之，高粱生產對提高中國乾旱、半乾旱、低窪易澇和鹽碱地區糧食生產，保證糧食供應，發展畜牧業，促進農村經濟發展，增加農民收入，有重要意義。

四、隨着科學技術之飛速發展，禾穀類作物在優良品種之培育、栽培技術之改進、單產之提高、產品之綜合利用開發等諸方面，皆有了重大突破。例如在育種方面，中國杰出的科學家、雜交水稻之父袁隆平先生育成的雜交水稻比一般水稻有大幅增產，被西方人稱爲"東方魔稻"。中國專家自 20 世紀 50 年代末以來，培育和推廣了很多單產高、抗逆性強、品質好之小麥優良品種。如"豫麥 33""豫麥 34"等豫麥系列，以及"中育 3 號""中育 4 號""PH82-2-2"及"濟南 17 號"等，皆爲中國小麥在種植面積不斷擴大、總產量迅速提高、改善小麥品質等方面，做出了貢獻。玉米、高粱在育種方面取得的新成就，使它們在單產上大幅度提高，給人們帶來了驚喜。隨着品質育種等技術之發展，玉米、高粱在改善人們生活水準方面，將會發揮更大作用。粟在中國之長期栽培中，一直受單產低之制約。進入 21 世紀，中國在高產育種方面也取得了重大突破。2002 年 3 月 13 日《光明日報》

報道，由北京金穀子農業科技有限公司采用基因誘導對突變進行九年之系統選育、培育而成的“金穀子”系列新品種，創造了社區畝産 1000 多公斤之驚人奇迹。隨着單産之提高，人們飲食中對小米需求量之增加，以及家畜飼養業之發展，粟在中國之種植呈上升趨勢。

　　總之，禾穀類作物，不僅是人類主要之糧食作物，而且在經貿、工業、飼養業等諸多方面有着非常重要之用途，在整個國民經濟發展中，有舉足輕重之作用。正因爲如此，中國歷朝歷代皆非常重視對禾穀類作物之發展。這主要表現在實施鼓勵耕農之政策和重視農業科技之應用推廣等方面。特別是中華人民共和國成立以來，中國農業亦同其他各行各業一樣，取得了令人矚目之成績，得到了世界各國之欽佩和贊譽。

稻

　　《廣韵》從晧切，上晧，定。植物名，一年生草本植物。有水稻、旱稻兩類，通常指水稻。籽實碾製去殼後叫大米，是重要的糧食作物之一。《詩·豳風·七月》：“十月穫稻，爲此春酒，以介眉壽。”《周禮·夏官·職方氏》：“正南曰荆州，其穀宜稻。”《説文·禾部》：“稻，稌也。”朱駿聲通訓：“今蘇俗，凡粘者、不粘者統謂之稻。古則以粘者曰稻，不粘者曰秔。又蘇人凡未離稃去糠曰稻，稻既離稃曰穀。穀既去糠曰米。北人謂之南米、大米。古則穀米亦皆曰稻。”

水稻

　　穀名。其穎果俗稱大米，世界上主要糧食作物之一。禾本科，稻屬（*Oryza* L.）。爲一年生草本植物。鬚根系；莖呈圓筒形，中空，莖上有節；葉互生於莖之兩側，葉片上有平行之葉脉，葉片之長短、大小、彎直和葉色皆與品種、栽培條件有關；複總狀花序，由穗軸、一次枝梗、二次枝梗、小穗梗和小穗組成；穀粒一般内含一粒糙米，即穎果，表面有鈎狀或針狀茸毛；米粒與穀粒形狀相似，有橢圓、闊卵、短圓、直背、新月等形狀，米色有白、乳白、紅、紫等色。世界上之栽培稻有兩種，即亞洲栽培稻，又稱普通栽培稻（*Oryza sativa* L.）和非洲栽培稻（*O. glaberrima* Steud.）。前者分布於世界各地，後者現僅在西非有少量栽培。關於亞洲栽培稻之起源地，國内外文獻有種種不同説法。《中國農業百科全書·水稻》云：“主張起源於印度的，有 Н.И.瓦維洛夫、K.雷米（Ramiah）及 R.L.M.戈斯（Ghose）、松尾孝嶺等。主張起源於中國的有德堪多（de Condolle）、R.J.羅舍維兹（Roscheviez）、T.K.沃爾夫（Wolf）等。主張起源於沿喜馬拉雅山南麓的印度阿薩姆邦、尼泊爾、

穎花
第二次枝梗
第一次枝梗
穗軸
穗節

水稻穗之形態

緬甸北部、老撾和中國西南部的學者日益增多……丁穎認爲中國的普通栽培稻，是由中國的普通野生稻演化而來的。從喜馬拉雅山麓的栽培稻發源地向南傳播，經馬來半島、加里曼丹、菲律賓等島嶼，演化爲秈稻；北路進入中國黃河流域，演化爲粳稻，約在公元前 300 年傳到日本。"又云："中國水稻栽培歷史悠久，在《管子》、陸賈《新語》等古籍中，均有約在公元前 27 世紀的神農時代播種'五穀'的記載，稻被列爲五穀之一。《史記·夏本紀》關於'禹……令益予衆庶稻，可種卑濕'的記載，表明公元前 21 世紀，中國人民就已經開始和自然作鬥爭，疏治'九河'，利用'卑濕'地帶發展水稻。距今約 4200 餘年前，水稻栽培已從長江中下游推進到黃河中游。到了戰國時期，由於鐵製農具和犁的應用，開始走向深耕細作，同時爲發展水稻興修了大型水利工程，如河北漳水渠（公元前 445—前 396 年）、四川都江堰（公元前 256 年）、陝西鄭國渠（公元前 246 年）等。西漢時四川首先出現了梯田。6 世紀 30 年代，北魏賈思勰的《齊民要術》曾專述了水、旱稻栽培技術。晋《廣志》中并有在稻田發展綠肥，增加有機肥源，培肥地力的記載。反映了當時的種稻技術已有一定水準。魏晋南北朝以後，中國經濟重心逐漸南移，唐宋六百多年間，江南成爲全國水稻生產中心地區，太湖流域爲稻米生產基地。"中國不僅是世界上水稻栽培最古老的國家，也是世界上栽培稻起源地之一。浙江餘姚河姆渡新石器時代遺址出土的大量稻穀、稻殼、稻秆和稻葉的堆積物，以及大量的骨耜（翻土工具）表明，中國水稻栽培已有一萬年以上的歷史。該遺址炭化稻穀經鑒

定，屬晚秈型水稻，再聯繫到廣東、廣西、雲南、臺灣等省區廣泛分布野生稻（屬秈稻型），足以證明中國是世界上栽培稻起源地之一。中國典籍中記述水稻者頗多。《詩·周頌·豐年》："豐年多黍多稌。"北魏賈思勰《齊民要術·水稻》云："《爾雅》曰：'稌，稻也。'郭璞注曰：'沛國今呼稻爲稌。'《廣志》云：'有虎掌稻、紫芒稻、赤芒稻（白米）。南方有蟬鳴稻（七月熟）……'《説文》曰：'穤，稻紫莖不粘者。''秔，稻屬。'《風土記》曰：'稻之紫莖，穬稻之青穗，米皆青白也。'《字林》曰：'秜，稻今年死，來年自生曰秜。'……《雜陰陽書》曰：'稻生於柳或楊。八十日秀，秀後七十日成……'《周官》曰：'稻人，掌稼下地……'《禮記·月令》云：'季夏……大雨時行，乃燒、薙、行水，利以殺草，如以熱湯……'《孝經援神契》曰：'汙、泉宜稻。'《淮南子》曰：'蘺，先稻熟，而農夫薅之者，不以小利害大穫。'《氾勝之書》曰：'種稻：春凍解，耕反其土……'崔寔曰：'三月，可種粳稻。稻，美田欲稀，薄田欲稠。五月，可別種及藍，盡夏至後二十日止。'"明李時珍《本草綱目·穀一·稻》："〔釋名〕稌、糯。時珍曰：稻稌者，秔、糯之通稱。《物理論》所謂稻者溉種之總稱，是矣。《本草》則專指糯以爲稻也。稻從舀，音函，象人在臼上治稻之義。稌則方

糯稻（糯米）
（明盧和《食物本草》）

言稻音之轉爾。其性黏軟，故謂之糯。穎曰：糯米緩筋，令人多睡，其性懦也。"明代之後的農藝等書籍中記述水稻之內容者就更多了。稻米中含有碳水化合物、蛋白質、脂肪及多種礦物質、維生素等營養成分，且在穀類作物中稻米所含有之粗纖維最少，各種營養成分之可消化率和吸收率均較高。因而稻米是人們之主要食糧。在中國，稻占糧食總產量的五分之二以上。食用方式因地區習慣、季節而不同。中國南方人喜食秈米，而北方人多喜質地較黏之粳米。有的民族喜食糯米或"軟米"，亦有在米飯或粥中加蔬菜、肉、魚、蛋等。米製之糕點種類很多，如年糕、粳米糕、發糕、打糕等，米粉製成的粉絲、湯圓、煎餅以及粽子在全國各地十分普遍。稻秆（稻草）可用作牲畜的冬季飼料、造肥、編織等，亦可作造紙等工業原料；稻殼和米糠在工業和農業中皆有廣泛用途。水稻在中國分布很廣，南自熱帶之海南省，北至寒溫帶之黑龍江，東起臺灣省，西到新疆，低從河灘海濱，高達海拔數千米之高原，皆有栽培。中國稻作面積約占世界稻作總面積的四分之一，占全國糧食播種面積的三分之一。由於水稻在中國栽培歷史悠久，地域廣闊，故其品種繁多。特別自20世紀50年代以來，中國在水稻新品種選育工作方面，取得了巨

粳稻（粳米）
（明盧和《食物本草》）

大成績。據不完全統計，1949—1979年全國采用各種途徑育成水稻新品種五百多個。如在20世紀50年代後期廣東選育之矮腳南特、廣場矮、珍珠矮等矮秆品種，比國際水稻研究所育成之中矮秆IR系統品種約早十年。又如"雙桂I號""遼寧5號""二九青""長白系統""城特232""南粳15""中花系統""黃金晴""科選1號""新香糯""豫秈3號"等。20世紀80年代以來，全國糧食生產有較大幅度增長，中國水稻之育種目標由高產爲主轉向優質、高產、多抗并重。對許多珍貴米，如雲南之八寶米、紫糯，江蘇之鴨血糯等品種之改良十分重視。在談論水稻育種之時，我們必須要介紹中國一位傑出的科學家、雜交水稻之父——袁隆平先生。他是中國研究雜交水稻之創始人，也是世界上成功利用水稻雜交優勢之第一人；他先後育成雜交水稻"南優2號""威優64""威優49"等優良品種，秈型雜交水稻研究成果榮獲中國首個特等發明獎；他培育出的雜交水稻比一般水稻平均增產20%，被西方人看作解決21世紀世界性飢餓問題之法寶，稱爲"東方魔稻"；他先後獲得聯合國知識產權組織"傑出發明家"金獎、聯合國教科文組織"科學獎"、聯合國糧農組織"糧食安全保障榮譽獎"等國際大獎。原國際水稻研究所所長斯瓦米納森博士曾在1982年國際水稻科技界研討盛會上動情地說："我們把袁隆平先生稱爲雜交水稻之父，他是當之無愧的。他的成就不僅是中國的驕傲，也是世界的驕傲。他的成就給世界帶來了福音！"

【秏】

即水稻。此稱多行於中國古代，始見於先

秦《詩·周頌·豐年》。見該文。

【穤】

　　"水稻"之一種。此稱始見於漢代《説文》。見該文。

【秜】

　　頭年種的稻，來年又自生者。此稱見於漢魏時《字林》。見該文。

【粳稻】

　　栽培稻一亞種。適宜於高緯度和低緯度高海拔地區種植，丁穎於 1957 年將其定名爲粳亞種（*Oryza sativa L.ssp.keng* Ting）。粳稻植株較矮，一般改良品種在 1 米以下，但過去農家品種則往往超過 1 米。莖秆堅韌，葉片較窄，色澤濃綠，葉片茸毛少或無毛。穀粒短圓而厚，不易脫落。較耐寒、耐弱光，但不耐高溫。穀粒直鏈澱粉含量較低，膠稠度軟，故蒸煮之米飯往往較黏。中國北方稻區多種粳稻。南方亦有種植，特別是在雲貴高原、太湖流域和臺灣省等地，粳稻仍占優勢。

【秈稻】

　　栽培稻一亞種。適宜於低緯度、低海拔濕熱地區種植，丁穎於 1957 年將其定名爲秈亞種（*Oryza sativa L.ssp.hsien* Ting）。秈稻植株除推廣的半矮生性品種外，一般株高皆在 1 米以上，莖秆較軟，葉片寬，色澤淡綠，葉片茸毛多。穀粒細長而稍扁平，易脫落。較耐濕、耐熱和耐强光，但不耐寒。米粒直鏈澱粉含量較高，膠稠度硬，故蒸煮之米飯不黏。中國南方稻區種植的多爲秈稻品種。

【粘稻】

　　米粒含有較多直鏈澱粉、黏性不强之水稻類型。大多數粘稻品種米粒的澱粉中含有 20%

左右直鏈澱粉和 80%左右支鏈澱粉。而糯稻米粒中則祇含支鏈澱粉，不含或很少含直鏈澱粉。秈、粳亞種都有粘稻和糯稻之分，但粳型粘稻之直鏈澱粉含量一般低於秈型粘稻。粘稻米粒因含有一定量的直鏈澱粉，煮飯脹性較大，飯粒不易黏結成團。粘稻米粒多半透明，有光澤。在中國稻米生產中，粘稻占總産量的 90%左右。

【糯稻】

　　稻的黏性變種（*Oryza* sativa L.var. *Glutinosa* Matsum）。米粒澱粉中祇含支鏈澱粉，或很少含直鏈澱粉之水稻類型。糯稻是由粘稻經單基因隱性突變而形成的在澱粉組成上的變異型。其米粒乾燥後呈現不透明之乳白色。糯稻比粘稻黏性强，一般又以粳糯（大糯）强於秈糯（小糯）。糯米煮出之飯濕并黏結成團，脹性小。糯米可以食用、釀酒或製作糕點。糯稻種植面積祇占中國稻總面積的 10%左右。

【陸稻】

　　性耐旱，適於旱地栽培之稻，又稱旱稻。是水稻之變异型。陸稻亦有粳型、秈型和粘糯之分。中國的陸稻主要分布於雲南、貴州、海南以及山東、河北和東北等地。

【深水稻】

　　性耐水淹，莖能隨水上漲而伸長之水稻類型。其特性較接近普通水稻，但耐浸性强，有的品種成熟期在水中浸多天，穀粒不會發芽。深水稻主要分布於東南亞和非洲之部分地區。中國之廣東、雲南、湖南、湖北、安徽、河北等省亦有種植。

小麥

　　穀名。禾本科，小麥屬。小麥（*Triticum* L.）爲一年生或越年生草本植物。小麥屬中有二十多個種，栽培最廣泛者是普通小麥（*T. aestivum* L.），其次是硬粒小麥，其他栽培種僅有零星種植。小麥之根屬鬚根系，由初生根和次生根（節根或不定根）組成；植株主莖高度因品種和栽培條件不同而差异很大，一般爲 1 米左右；葉片披針形，葉片之面積大小，葉層分布及葉片角度等與産量的形成有密切關係；複穗狀花序，上部花常不結實。從植物學之角度來看，小麥之籽實不是種子，而是果實，稱爲穎果，在生産上常稱爲種子。穎果外形有卵圓形、橢圓形、長卵形、短圓形等形狀，皮色有白、黃、紅等，頂端有"冠毛"，并有"腹溝"。小麥是世界上最古老的栽培作物之一。一般認爲，栽培小麥起源於野生小麥。早在 10000 年前，野生一粒小麥（*T. monococium*）就開始在土耳其種植。9000—8000 年前，又在巴爾幹種植。亞洲西南部、美索不達米亞種植二粒小麥（*T. dicoccoides*）；叙利亞、伊朗、小亞細亞、希臘、美索不達米亞出現了普通小麥。7000—6000 年前，歐洲中西部、亞洲之局部分布有一粒小麥，埃及和地中海盆地則多爲二粒小麥，普通小麥在這些地區均有分布。5000 年前，普通小麥傳入印度河流域、中國、亞洲中部。4000 年前，經自由混雜交換，不摻雜普通小麥之硬粒小麥分布於印度周圍之大部分地區，至今殘存於伊拉克、埃及、土耳其東部等地區。東南歐、土耳其則殘存有一粒小麥。普通小麥在 300—100 年前也仍分布在墨西哥、澳大利亞、美國等地。根據實地勘探和考古研究結果，中東是小麥之最原始起源中心，是多數小麥屬之種和山羊草屬之種的發源地。普通小麥的另一個原始中心在中亞。一般認爲我國之普通小麥是在遠古時期從原始中心中東引進，傳入之途徑有南北兩條路綫：北路經中亞通過新疆、蒙古傳入；南路從印度經雲南、四川傳入，然後傳播開來。在多樣化之自然條件和耕作栽培條件下，分化成非常豐富的獨特品種類型。因此，中國也是世界上普通小麥最突出之次生基因中心。1953 年在河南盧氏縣之沿河岸發現許多新石器時期遺址之同時，發現有小麥草；在陝縣（今陝州區）東關帝廟底溝原始社會遺址之紅燒土上有麥印痕，距今約 6000—5000 年。1955 年，在安徽亳縣（今亳州市譙城區）釣魚臺新石器遺址（距今 5000—4000 年），發現炭化普通小麥粒 906.3 克。據鑒定，是中國最古老之普通小麥。河南省中牟農業學校主編《作物栽培學》（北方本）云："從甲骨文的記載來看，在公元前 1000 多年前，在河南一帶已盛産小麥。到公元前 6 世紀末（春秋時代），已擴充到現在的黃河中下游的甘肅、陝西、山西、河北和山東等省。到公元前 3 世紀（戰國時代），小麥的栽培除包括現今的黃河、淮河流域各省以外，也包括現今的内蒙古自治區的南部，以及江南部分地區。自公元前 2 世紀到公元 12 世紀（自漢魏以至南宋），小麥繼續向淮南、江南發展，到了 16 世紀（明朝），小麥栽培已遍及全國。"小麥種植，許多古書和歷史文獻都

小麥

（清吴其濬《植物名實圖考》）

有記載。北魏賈思勰《齊民要術·大小麥》云："《氾勝之書》曰：'凡田有六道，麥爲首種。種麥得時，無不善。'"元王禎《農書》卷七云："凡種，須用耬犁下之，又用砘車碾過，日種數畝。蓋成壟易於鋤治。又有'漫種'一法：農人左手挾器盛種，右手握而匀擲於地，既遍，則用耙勞覆之，又頗省力。此北方種麥之法。南方惟用'撮種'，故用種不多；然糞而鋤之，人工既到，所收亦厚。"明李時珍《本草綱目·穀一·小麥》："〔集解〕時珍曰：北人種麥漫撒，南人種麥撮撒。北麥皮薄麵多，南麥反此。"中國古時稱小麥爲秾，至三國始稱小麥。先秦《詩·周頌·思文》："貽我來牟，帝命率育。"北魏賈思勰《齊民要術·大小麥》："《廣雅》曰：'大麥，麰也；小麥，秾也。'"明李時珍《本草綱目·穀一·小麥》："〔釋名〕來。時珍曰：來亦作秾。許氏《説文》云：天降瑞麥，一來二麰，象芒刺之形，天所來也。如足行來，故麥字從來從夊。夊音綏，足行也。《詩》云'貽我來牟'是矣。又云：來象其實，夊象其根。梵書名麥曰迦師錯。"中國先民最早種之小麥爲春麥，古稱旋麥；至春秋時期已開始種植冬小麥，亦稱宿麥。《魏書·世宗紀》記載，北魏宣武帝正始元年（505）九月下詔："秋播麥，春種粟稻，隨其土宜，水陸兼用，必使地無遺利，兵無餘力。比及來稔，令公私俱濟也。"北魏賈思勰《齊民要術·大小麥》亦云："《禮記·月令》曰：'仲秋之月……乃勸人種麥，無或失時；其有失時，行罪無疑。'"張迎祥《作物栽培（麥類）》云："據甲骨文記載，我國殷代的麥子是在八月收穫的，西周時代《詩經》裏記載，麥子是和大麻、黍、粟等一起在秋季登

場的。這些歷史資料説明，三千年前的殷周時代，我國種的是春麥。古代稱它爲旋麥。旋，就是隨即（即當年種，當年收——筆者注）。春秋初年，我國已開始種植冬小麥。《左傳》上記載，魯隱公三年（前720）四月，鄭國的祭足帶兵到溫地（今河南溫縣）搶麥子，搶的正是尚未成熟的冬麥。這説明至少在二千六百多年前，我國已育成了冬麥。由於冬麥是秋播夏收、隔年成熟，所以古代稱它爲宿麥。"小麥是世界上主要糧食作物之一，中國普遍用"南人食米，北人食麥"來形容稻麥在糧食地位中之區域性。小麥籽實中含有蛋白質、脂肪、澱粉等營養成分，它們之組成比例很適於人體生理之需要，其營養價值高於稻米。小麥麵粉可製麵包、饅頭、大餅、麵條和各種糕點，同時還可供釀造、作製維生素等的原料；製粉時之麥麩，亦可食用，是營養豐富之精飼料；小麥秆亦有重要經濟價值，除供作飼料外，又是褥草、編織、造紙之原料。小麥在中國分布很廣，從黑龍江到海南島，從天山脚下到東海之濱，從青藏高原到低窪湖區，皆有種植。小麥適應性廣，抗災能力強，產量高，對增加中國糧食總產量具有舉足輕重之作用。由於小麥種植範圍廣、面積大，加之政府重視、科學技術之發展，使中國小麥品種繁多。僅北方冬麥區旱地小麥品種自中華人民共和國成立以來已進行了五次大的更換。旱地小麥品種之總趨勢是向着株高降低、抗倒能力增強、抗旱、豐產、適應性廣之方嚮發展。例如進入20世紀90年代，以複合雜交、生物技術等育種手段育成的代表品種有"晋麥33號""晋麥45號""晋麥47號""豫麥32""豫麥34""中育3號""中育

4 號”“PH82-2-2”等。

【來】

即小麥。此稱多行用於先秦。見該文。

【秌】

即小麥。“秌”即“來”。此稱多行用於漢魏以前。見該文。

【旋麥】

即春麥。“旋”有隨即之義。旋麥當年種，當年收，故稱。此稱古已有之。見該文。

【宿麥】

即冬麥。“宿”有“隔年”之義，亦即頭年種，經過冬天，到第二年收穫。此稱古已有之。見該文。

大麥

穀名。禾本科，大麥屬。大麥（*Hordeum vulgare* L.）爲一年生或越年生草本植物。鬚根系；莖圓而中空，莖稈較小麥軟弱，高 50 ~ 160 厘米，因品種和栽培條件而异；葉較小麥片寬而短，葉耳特大；穗狀花序；大麥籽粒形狀較小麥扁平，中間寬，兩端稍尖，籽粒之顏色有黃、白、紫、棕黑和綠色等。大麥是帶殼大麥（亦稱皮大麥）和裸大麥之總稱。一般所說之大麥，係指帶殼大麥；而裸大麥則各地名稱不一，江蘇、浙江一帶稱之爲元麥，青海、西藏等地區叫青稞，湖北、湖南則多稱米麥；此外，也有稱之爲裸麥或礦麥者。大麥屬（*Hordeum*）包括三十多種，有野生種和栽培種，但有栽培價值者僅有大麥（*Hordeum sativum* Jess.）一種。根據小穗發育之特性和結實性，栽培種可分爲三個亞種：多棱大麥、中間型大麥和二棱大麥。大麥是人類栽培的遠古作物之一，世界各地先後發現早在公元前 15000—前 5000 年栽培大麥之遺物。遠古時主要栽培在東亞和西南亞之古文明區，後來傳至歐洲。古代大麥以六棱最多，次爲四棱，二棱最少。17 世紀初由英國殖民者引入北美，荷蘭和西班牙殖民者將歐洲和北非之品種引至南美。在東方，大麥由中國傳至印度，4—5 世紀由中國經朝鮮傳到日本。《中國農業百科全書·大麥》云：“根據野生大麥的分布及考古學資料，大麥的起源地有二：一是從小亞細亞經過美索不達米亞到伊朗高原的中東地區和從埃及、北非，到蘇聯的北高加索等地區。這裏存在着二棱和六棱野生大麥，多次發現公元前 6000 年左右的大麥遺物。在埃及阿斯旺地區發現了公元前約 15000 年的大麥遺物。另一起源地是中國的青海、西藏和四川的西部。這裏也廣泛存在二棱、六棱和中間型的野生大麥。其中六棱野生和中間型野生大麥都是以雜草形式存在於田間，未發現野生群落。”又云：“中國大麥栽培歷史悠久，1979 年在新疆哈密縣五堡鄉墓葬內，曾出土新石器時代含彩陶文化的青稞穗殼。這是迄今出土最早的栽培大麥遺物。在新石器時代中期，距今 5000 年前的古羌族時，就在黃河上游栽培大麥，遠在公元前 14—前 12 世紀的殷商甲骨文中已有‘麥’‘來’‘牟’的記載。公元前 6 世紀的《詩經》中記有‘貽我來牟’。先秦文獻中統稱大、小麥爲‘麥’

大　麥
（清吳其濬《植物名實圖考》）

或'來牟'。公元前3世紀《吕氏春秋·任地篇》中的'孟夏之昔,殺三葉而穫大麥',始正式有大麥這一名稱。西漢以前全國各地就種有大麥,在黄河、長江流域和西北旱漠地區更廣爲種植。"華中農學院、湖南農學院合編《作物栽培學·麥類作物·大麥》云:"我國爲六棱大麥的原産地(康藏一帶),古代已有大麥栽培,古農書中早有記載,把小麥稱爲'來',而大麥稱爲'牟'。"中國古籍中記載大麥者頗多。《詩·周頌·思文》云:"貽我來牟,帝命率育。"明李時珍《本草綱目·穀一·大麥》:"〔釋名〕牟麥。時珍曰:麥之苗粒皆大於來,故得大名。牟亦大也。通作'䵖'。〔集解〕弘景曰:今稞麥一名牟麥,似穬麥,惟皮薄爾。恭曰:大麥出關中,即青稞麥,形似小麥而大,皮厚,故謂大麥,不似穬麥也。"由上文可看出,古人對大麥之分類不明確,名稱也混淆不清。實際上青稞、穬麥皆爲不帶殼大麥,即裸大麥。在2000多年前,中國先民就已有了種植大麥之豐富經驗。北魏賈思勰《齊民要術·大小麥》云:"《孟子》曰:'今夫䵖麥,播種而耰之,其地同,樹之時又同;浡然而生,至於日至之時,皆熟矣。雖有不同,則地有肥、磽,雨露之所養,人事之不齊。'……大、小麥,皆需五六月暵地。(不暵地而種者,其收倍薄。崔寔曰:'五月、六月菑麥田

青稞
(清吴其濬《植物名實圖考》)

也。')種大小麥,先矮,逐犁掩種者佳。(再倍省種子而科大。逐犁擲之亦得,然不如作矮耐旱)其山田及剛强之地,則耬下之。(其種子宜加五省於下田)凡耬種者,匪直土淺易生,然於鋒鋤亦便。"對大麥之食用,中國先民亦積累了很多知識。宋羅願《爾雅翼·釋草一·䵖》云:"大麥宜爲飯,又可爲酢,其蘖可爲餳。"清吴其濬《植物名實圖考·穀類大麥》云:"大麥北地爲粥極滑,初熟時用碾半破,和糖食之,曰碾黏子;爲麵、爲餳、爲酢、爲酒,用至廣。"大麥之籽實中含有蛋白質、碳水化合物、脂肪、纖維素等營養成分,除供食用外,亦是家畜之良好飼料;工業上則是釀造啤酒之重要原料,亦可用以製造酒精、醬油、味精、麥芽糖及作爲醫藥原料等。大麥之莖葉柔嫩多汁,富於營養,是良好之青飼料,也可用作緑肥。此外,大麥秆亦可供作各種編製之用。因爲大麥滿身是寶,用途廣泛,加之耐寒、耐旱、早熟、生長期較小麥短等優點,所以大麥在世界各地種植面積皆較大,在中國之穀類作物中占第四位,僅次於水稻、小麥和玉米。中國大麥之栽培有冬大麥和春大麥兩個産區。冬大麥之主要産區在長江流域一帶,以江蘇、湖北、四川、安徽、山東及浙江等省較多;春大麥主要分布在北部冬季寒冷地區,如東北各省、内蒙古、青海、西藏及山西、新疆之北部。由於大麥在中國栽培歷史悠久,加之中國人民之勤勞智慧,培育

穬麥
(清吴其濬《植物名實圖考》)

出了很多優良大麥新品種。其中適合北方省份栽培者有白浪散青稞、白六棱、黑青稞等，適合於南方各地栽培者有白芒六棱、九九元麥、六方大麥等。近些年來又培育出了豫“大麥1號”“豫大麥2號”“西引2號”“冀大麥1號”等優良品種。

【牟】

即大麥。“牟”亦寫作“䅌”。此稱多行用於先秦。見該文。

【皮大麥】

種子帶稃之大麥，亦即帶殼大麥。其籽粒爲內外穎所包，不易分離。平常所説“大麥”，係指皮大麥。見該文。

【裸大麥】

種子不帶稃之大麥。因這種大麥之籽粒易與內外穎分離而裸露，故得此名。見該文。

【元麥】

即裸大麥。此稱多行於江蘇、浙江一帶。見該文。

【青稞】

即裸大麥。此稱多行於青海、西藏等地之山區。見該文。

【米麥】

即裸大麥。此稱多行於湖南、湖北等地區。見該文。

【裸麥】

即裸大麥。此稱流行範圍較小。見該文。

【穬麥】

即裸大麥。此稱古已有之，但從某些古籍中看出，中國古代對麥之分類和名稱存有混亂現象。現在人們所稱穬麥，即裸大麥。見該文。

燕麥

穀名。禾本科，燕麥屬。燕麥（*Avena sativa* L.）爲一年生草本植物。鬚根系；莖圓而中空，外表光滑無毛，高約100厘米；葉由葉鞘、葉舌、葉關節和葉片組成，葉片扁平披針狀；穗爲圓錐花序，由穗軸和各級分枝及小穗組成；果實爲穎果，籽粒表面有許多茸毛，具有腹溝，形狀有筒形、卵形、紡錘形，顏色有白、淺黃、褐色等。燕麥亦名蓧麥、莜麥、玉麥及鈴鐺麥。一般分爲帶稃型和裸粒型兩大類。中國栽培之燕麥以裸粒型爲主，常稱裸燕麥（*Avena nuda* L.）；其他國家栽培之燕麥以帶稃型普通栽培燕麥（*Avena sativa* L.）爲主。裸粒型燕麥起源於中國，有悠久之種植歷史。曹廣才等主編《北方旱地主要糧食作物栽培・燕麥》云：“關於燕麥起源，世界權威學者瓦維洛夫（Н.И.вавилов）認爲：不同的燕麥種染色體數目不同，有各自的不同發源地……在他所著的《世界主要栽培作物八大起源中心》（1935年）中提道：普通栽培燕麥（*A. sativa* L.）起源於中亞，即高加索、伊朗山地、土庫曼與小亞細亞。砂燕麥（*A.strigosa*）和地中海燕麥（*A. byzantina*）起源於地中海。裸粒型燕麥（*A.nuda* L.）起源於中國。斯坦頓（A.R.Stanton）在《燕麥與燕麥改良》（1960年）中也認爲：‘裸粒、大粒食用燕麥遺傳性狀與歐洲栽

燕　麥

（清吳其濬《植物名實圖考》）

培燕麥有關……絕對來源於中國。'茹考夫斯基（П.М.жуковский）在《育種的世界基因資源》（1967年）中提道：'裸粒型燕麥是地理特有類型，是在中國和蒙古的接壤地帶突變產生，因此這個發源地可以認爲是裸麥的初生基因中心。'近年來，我國燕麥工作者通過對農家品種及野生種的染色體和同工酶的表型及其遷移率差異的鑒定，認爲上述結論是可靠的。"又云："我國種植燕麥的歷史悠久，據1950年納凱斯（Nakas）引證《齊民要術》記載，認爲我國燕麥的種植史約在公元386—534年或更早些。1881年英國皇家亞洲協會華北分會布列斯-尼德（Bresch-Neider）《中國植物雜志》記載：'裸燕麥在中國5世紀已有栽培。'從《爾雅·釋草篇》（傳說周公撰著）上'蘥'的記載，'蘥，雀麥'即燕麥。《史記·司馬相如列傳》有'薪'的記載，按孟康（三國廣宗人，魏明帝時爲弘農守）的注釋：'薪'似燕麥。從文字記載證實，燕麥作爲一種農作物在我國種植，至少有2100多年的歷史。而羅馬史學家普林尼（Pliny）記述：在公元1世紀，日耳曼民族纔把燕麥作爲食用作物。因此，中國栽培燕麥早於世界其他國家。"《中國農業百科全書·燕麥》云："燕麥不同的種起源於不同地區，一般認爲普通燕麥、地中海燕麥，起源於地中海地區，均由野紅燕麥（*A.sterilis* L.）演變而來；東方燕麥又叫韃靼燕麥，起源於西亞；大粒裸燕麥則起源於中國。現存最早的燕麥出土物是瑞士湖畔發現的青銅器時期遺址中的砂燕麥（*A.strigosa* Schreb.）。燕麥原爲穀類作物之田間雜草，在2000多年前纔被馴化爲農作物。南歐首先作爲飼草栽培，以後纔作爲穀物種植。公

元前1世紀，羅馬博物學家普林尼記述燕麥是日耳曼民族的一種食物。根據《爾雅》《史記》等古書記載，中國燕麥的栽培始於戰國時期，距今至少已有2100年之久，略早於世界其他國家。"關於燕麥，中國古籍中多有記述。明李時珍《本草綱目·穀一·雀麥》："〔釋名〕燕麥、蘥、杜姥草、牛星草。時珍曰：此野麥也。燕雀所食，故名。《日華本草》謂此爲瞿麥者，非矣。〔集解〕恭曰：雀麥在處有之，生故墟野林下。苗葉似小麥而弱，其實似穬麥而細。宗奭曰：苗與麥同，但穗細長而疏。唐劉夢得所謂'菟葵燕麥，動搖春風'者也。周憲王曰：燕麥穗極細，每穗又分小叉十數個，子亦細小。春去皮，作麵蒸食，及作餅食，皆可救荒。"燕麥之營養價值較高，籽粒蛋白質含量高於其他穀類作物。蛋白質之氨基酸含量均衡，組成比較全面，這種優質蛋白質對提高人體營養、增進智力與促進骨骼發育皆有良好作用。燕麥籽粒中含油量在各類穀物中亦名列前茅，而且非飽和脂類比例大。臨床實驗證明，長期食用燕麥食品對動脉粥樣硬化及冠心病、高血壓等均有很好之療效。燕麥籽粒中還含有較多的維生素E，能保持皮膚彈性及生理機能旺盛，有延緩衰老之作用。燕麥中β-葡聚糖含量也遠高於其他穀物。近年來人們證實，燕麥β-葡聚糖可降低人體膽固醇含

雀　麥
（清吳其濬《植物名實圖考》）

量，對糖尿病亦有治療效果。因此，燕麥加工業發展很快，如燕麥片、燕麥冲劑、燕麥專用茶等加工製品上市銷售，成爲人們生活中上好食物和受歡迎之補品。燕麥莖葉秸秆多汁、柔嫩、適口性好，其蛋白質、脂肪、可消化纖維亦高於其他穀類作物，因而是牧畜之良好飼料。燕麥在中國糧食作物中之比例很小，産區主要集中在内蒙古、山西、河北、甘肅、陝西、四川、雲南、寧夏、貴州、青海等地。中國燕麥生産發生過數次飛躍式發展，由於優良品種之培育、栽培技術之推廣使用，産量得到了大幅度提高，由原來畝産 10 ~ 20 公斤，增至畝産 200 ~ 300 公斤。中國燕麥品種資源極爲豐富，有國内原産者，亦有國外引進者；有裸燕麥，亦有皮燕麥。主要優良品種，如晋燕號、雁紅號、蒙燕號、雲南巧家小燕麥、新疆温泉蘇魯、山西之大日期裸燕麥等。近些年來采用皮、裸燕麥遠緣雜交之技術，培育出更好的燕麥新品種。

【蕎】

即燕麥。此稱多行於先秦。見該文。

【蘄】

即燕麥。此稱多行於漢代。見該文。

【雀麥】

即燕麥。此稱多行於唐代。見該文。

【杜姥草】

即燕麥。此稱多行於明代。見該文。

【牛星草】

即燕麥。此稱多行於明代。見該文。

【蓧麥】

即燕麥。爲燕麥之別名，多行於中國西北部。見該文。

【莜麥】

即燕麥。爲燕麥之別名，多行於中國西北部。見該文。

【玉麥】

即燕麥。多指裸燕麥，此名多行於中國青海等地。見該文。

【鈴鐺麥】

即燕麥。此名多行於中國西北部。見該文。

黑麥

穀名。小麥族黑麥屬中唯一之栽培種。黑麥（*Secale cereale* L.）爲一年生或越年生草本植物。有初生根四條，根群比小麥、大麥、燕麥發達，因此抗旱能力很强；幼苗匍匐地面，莖細長而堅韌，不易倒伏；葉與小麥相似，葉舌短，幼苗葉鞘爲紫褐色，有毛；大多數黑麥莖葉上都披覆蠟粉；爲穗狀花序，較小麥和大麥穗爲長，穗形扁平；籽實瘦長，呈橢圓形或長圓形，胚端較尖，有綠褐、黄褐等色。黑麥又名薔麥、粗麥，由於其麵粉稍呈黑灰色，故通稱黑麥。不論在世界，還是在中國，黑麥之栽培歷史都遠遠晚於小麥和大麥。華中農學院、湖南農學院合編《作物栽培學·麥類作物·黑麥》云："黑麥原産於亞洲西南部，歐洲在紀元前已有栽培，但其栽培起源遠較大、小麥爲遲。"《中國農業百科全書·黑麥》云："Н.И.瓦維洛夫認爲黑麥起源於西南亞的阿富汗、伊朗、土耳其一帶。那裏有多年生野黑麥（*S.montanum* Guss.）。因爲廣泛種植小麥和大麥的西南亞各國并不把黑麥當作一種作物來種植，而衹是作物田裏的一種雜草。在黑麥的發源地，黑麥是野生的。當黑麥作爲冬小麥田裏的雜草隨着小麥向北歐傳播到了自然條件比較嚴酷的冬小麥邊緣地區時，黑麥替代了部分小麥而成爲一種糧食作物。北歐是黑麥的主要產區……黑麥在中國僅零星分布在雲南、貴州、內蒙古、甘肅、新疆等省（自治區）的高寒山區或乾旱地區。在這些地區黑麥的產量往往比普通小麥高而穩定。但由於黑麥品質與口感差，因而其栽培面積仍呈縮減趨勢。”黑麥麵粉中沒有具彈性之麵筋，保持氣體之能力也遠不如小麥麵團，因而其食用品質較差。黑麥植株高大，產草量高，可作家畜之飼料或造紙原料。黑麥品種有冬、春性之分，中國種植之黑麥品種都由國外引入，主要來源於美國和北歐。有些地方稱之爲洋麥，或由於原有品種名稱失傳，則冠以地名，如四川之平武黑麥。

【蕾麥】

即黑麥。此稱多行於中國西北地方。見該文。

【粗麥】

即黑麥。此稱多行於中國西北地方。見該文。

玉米

穀名。禾本科，玉米屬。玉米（*Zea mays* L.）爲一種莖葉繁茂之一年生高秆作物。玉米之根屬於鬚根系；莖高而粗，一般高 1.5 米以上，與品種和栽培條件有關；每節生一葉，相對互生，葉形如劍；雌雄同株異花，雄花序爲圓錐花序，着生於植株頂端，雌花序爲肉穗花序，由葉腋中之腋芽發育而成，受精結實後即成爲果穗；籽實爲穎果，形狀扁或圓形，顏色有黃、白、赤、紫、黑等。玉米又名玉蜀黍、苞蘿、珍珠米、玉榴、苞米、玉茭、棒子、苞穀等。同小麥一樣，玉米亦是一種栽培歷史悠久之作物。曹廣才等主編《北方旱地主要糧食作物栽培·玉米》云：“玉米起源於美洲大陸，至今已有 8000 餘年的歷史，但其起源中心至今仍有幾種不同説法。玉米人工栽培距今已有 4000 餘年，根據近年來的考古資料，在墨西哥城附近大湖底所發現的玉米花粉化石和博物館展出的石磨説明，印第安人在公元前 3500 年左右已種植玉米。不久前，秘魯國立農業大學宣布他們通過大量科學考察證明，秘魯已有 4000 年的玉米種植史。公元 16 世紀以來，隨着世界性航綫的開闢，玉米沿着三條路綫傳播到世界各地……我國玉米已有 400 多年的栽培歷史。玉米在我國的傳播（此句應改爲‘玉米傳播到我國’——筆者注）多認爲是通過陸地傳入的。即由阿拉伯人從西班牙把玉米帶到麥加，由麥加經中亞細亞傳入我國的西北部，再傳到內陸各省；或從麥加傳到印度和我國的雲南、貴州、四川等地，爾後向北傳播到陝西、甘肅、河南、山西等地區，向東傳播到廣西、湖南、湖北、浙江等地區。但不排除玉米從海路傳播到我國的可能。”《中國農業百科全書·玉米》云：“玉米原產墨西哥和中美洲其他國家，美洲的印第安人栽培玉米的歷史約計已有四五千年。1492 年哥倫布發現美洲後，將玉米帶回歐洲，隨即傳遍世界各地。玉米引入中國栽培的歷史僅有 400 多年，據萬國鼎考證，安徽省北部潁州在 1511 年（明代）刊印的《潁州志》上最先

雄穗
葉片
花絲
雌穗

地面
節根
氣生根

玉米植株

記載了玉米。1573年田藝衡著的《留青日札》中也有玉米方面的記載。1578年李時珍著《本草綱目》中有'玉蜀黍種出西土'之句，對玉米作了形態描述。玉米傳入中國的途徑，有兩種說法：一說是由陸路傳入，即從歐洲到非洲，再經印度到西藏，然後進入四川；另外一路是從麥加經中亞而到新疆，再傳進內地。第二種說法是由海路先傳到中國的沿海各省，再逐漸向內地傳開。當時葡萄牙商船在中國沿海活動頻繁，玉米從海路傳入的可能性較大。"從明代典籍中可以查到關於玉米之記載，但也可看出當時種植還很稀少。明李時珍《本草綱目·穀二·玉蜀黍》："〔釋名〕玉高粱。〔集解〕時珍曰：玉蜀黍種出西土，種者亦罕。其苗葉俱似蜀黍而肥矮，亦似薏苡。苗高三四尺。六七月開花成穗如秕麥狀。苗心別出一苞，如椶魚形，苞上出白鬚垂垂。久則苞拆子出，顆顆攢簇。子亦大如椶子，黃白色。可煠炒食之。炒拆白花，如炒拆糯穀之狀。"玉米在世界各地分布很廣，種植面積僅次於小麥和水稻，居栽培作物第三位。中國玉米種植是在20世紀中期開始發展起來的，現在已極爲廣泛。東至沿海諸省，西至青海、新疆，南至海南，北到黑龍江之漠河皆有玉米栽培。栽培條件和品種等諸多原因導致數百年來，玉米單產一直很低，因而也影響了種植面積之擴大。近半個世紀以來，新品種的不斷育出和引進，加之栽培技術、栽培條件之提高改善，使中國玉米單產有了大幅度提升。北方旱農地區之吉林、遼寧、山西、山東、北京等十多個省市，平均單產都早已突破了每公頃5000公斤。尤其是吉林省，從1990年以來，其單產始終保持在每公頃6500公斤以上。

玉米用途很廣泛，籽粒不僅是主要糧食，亦是多種輕工業產品之原料。莖、葉、穗和籽粒皆是畜牧業之優質飼料。玉米含有蛋白質、脂肪、澱粉、多種維生素等營養物質，在中國糧食地位中，僅次於稻米和小麥。可加工成發糕、煎餅等特色食品，尤其是由膨化玉米製作的食品，質地疏鬆柔軟，營養價值和消化率高。以玉米爲原料製成之輕工產品有五百多種，例如可以製成糖類、化工產品、醫藥以及用於造紙、釀酒、提取玉米油等。隨着中國畜禽業之迅速發展，玉米作爲精飼料之地位是不可替代的。特殊類型的玉米，如甜玉米和超甜玉米、糯玉米的鮮食，冷凍貯存或加工成罐頭，爆裂玉米加工成爆花食品等，皆越來越受到歡迎。中國雖然不是玉米之原產地，但地域遼闊，生態環境複雜，加上長時期選擇，已經形成了多種多樣的玉米品種。至20世紀80年代初，就已有七千多個品種。隨着科學技術之發展，中國農業科技工作者利用現代育種手段，已培育出了很多產量高、品質好、抗逆性強之優良玉米品種，例如豫玉11（鄭90-1）、豫玉12（新黃單904）、掖單12（掖單系列）、鄭單14、瀋單7號、白玉109、E28等。

玉蜀黍

（清吳其濬《植物名實圖考》）

【玉蜀黍】

即玉米。此稱始行於明代，多爲中國舊稱。

見該文。

【玉高粱】

即玉米。此稱多行於明代。見該文。

【苞蘿】

即玉米。此稱同珍珠米、玉榴、玉茭等名稱一樣，皆爲玉米之俗稱。多行於中國之邊陲或少數民族地區，各自流行範圍較小。見該文。

【苞米】

即玉米。此稱多行於華北、東北等地。見該文。

【棒子】

即玉米。此稱多行於華北、東北等地區。見該文。

高粱

穀名。禾本科蜀黍族高粱屬中之一個栽培種。高粱〔*Sorghum bicolor*（L.）Moench〕爲一年生草本植物。根屬纖維狀之鬚根系，拔節後地面 1～3 節長出粗壯的支持根，對高大之莖秆起着支持作用。莖秆高大，一般高 2.5～3.0 米，莖由許多節組成，各分蘖節常生有分蘖。葉片狹長，披針形，有淺波狀起伏，葉片中央有粗大之主脉，葉鞘緊緊包裹着莖秆。穗爲圓錐花序，着生於莖秆頂端，多數品種穗柄向上直立，少數彎曲下垂。籽實成熟時，外面由穎片包裹，有的品種籽實完全被穎片包被，有的大部分露出穎外，籽粒形狀有圓形、橢圓形、卵形、長圓形，呈紅、褐、黃、白等色。高粱亦稱蜀黍、蜀秫、蘆穄、蘆粟等。明代以後通稱高粱。多數學者認爲高粱起源於非洲。《中國農業百科全書·高粱》云："1882 年 A. 德堪多（De Candolle）指出，高粱係熱帶非洲原產，史前傳入埃及，以後傳入印度，然後至中國。1935 年 J.D. 斯諾頓（Snouden）采集到 17 種野生高粱，其中有 16 種分布在非洲。他所確定的 31 個栽培種，非洲占 28 種，158 個變種中 154 個在非洲。斯諾頓認爲，都拉、幾内亞、卡佛爾三個族的高粱相近，并可能分別起源於野生的埃塞俄比亞高粱。"關於中國高粱之起源，學者看法不一。曹廣才等主編《北方旱地主要糧食作物栽培·高粱》云："歸納起來，主要有兩種説法：一種説法是由非洲，經印度傳入中國；另一種説法是由中國起源。目前以第一種説法更爲普遍。Condolle（1886 年）認爲，高粱在非洲起源之後傳入印度，通過印度再傳到中國。Hagerty M.J.（1941 年）曾提出，在中國早期的文獻中，高粱和黍以及甘蔗的名稱混淆不清，并缺乏公元 12 世紀之前中國中北部已廣泛種植高粱的記載。據他的看法，高粱是在成吉思汗時代（1206—1228 年）遠征南亞後帶回的，在忽必烈時代（1260—1295 年）纔得到進一步發展……對於中國高粱由非洲經印度傳入的説法，中國學者也提出了類似的看法。齊思和（1953 年）指出，現在在華北和東北種植的高粱是外來的作物。大約在晋朝以後中原始有，而到了宋朝以後種植纔逐漸普遍……關於認爲中國高粱原產中國的人，首推者應是俄國駐華使館醫官、植物學家 Bretschneider E.。他根據中國高粱的獨

矮秆高粱和高秆高粱

特性狀和廣泛用途，指出‘高大之蜀黍爲中國之原產’……由於中國高粱在世界高粱中占有特殊的地位，所以多年來關於它的起源和進化問題一直爲國內外學者所關注。孫醒東（1947年）根據美國 1853 年由中國引進蘆粟的最初記載，日本高粱也是由中國傳入的，以及張華《博物志》的記載，提出我國高粱栽培的開始年代約在公元 3 世紀至 4 世紀之間。自 50 年代以來，我國先後出土了一些重要高粱文物，促使人們重新思考，進一步提出新的看法。1955 年，東北博物館在遼寧省遼陽市三道壕西漢村落遺址中發現了一小堆炭化高粱。同年，山西省文化局在石家莊市市莊村發掘的戰國時代趙國遺址裏也發現了兩堆炭化高粱粒。1957 年，中國考古研究所在陝西省西安市西郊的西漢建築遺址中發現土墻上印有高粱秆扎成的排架的痕迹。1959 年，南京博物院在江蘇省新沂縣三里墩西周文化層遺存中發現一段炭化高粱秆，還有大量高粱葉的痕迹。根據這些出土文物，萬國鼎（1961 年）指出，高粱在西周至西漢這一時期內已經分布很廣，遼寧、河北、陝西和江蘇等地都有栽培。1972 年，河南省鄭州市博物館在鄭州東北郊的大河村仰韶文化遺址中，發現了陶罐裝的炭化高粱籽粒。應用 ^{14}C 同位素測定之後，表明這些籽粒距今已有 5000 多年的歷史。李璠根據他的鑒定證實這些出土的炭化籽粒是高粱。同時他還指出，在我國華北北部和河南一帶有半野生型‘風落高粱’的存在；華南、西南又有擬高粱（S. propinquum）的分布，故可以認定中國也是栽培高粱的原產地之一。”《北方旱地主要糧食作物栽培・高粱》又云：“當然，根據現有的研究文獻，還很難對中

國高粱起源問題作出最終的答案。但是，在距今 3000 年的西周時期以前，可以肯定地説，在黃河、長江流域就有高粱栽培。”據很多出土文物等方面之考證，雖然高粱在中國已有 3000 年以上之種植歷史，但在唐宋以前之史籍中很少有記載。筆者查閱得，晋張華《博物志》卷四：“《莊子》曰：‘地三年種蜀黍，其後七年多蛇。’”王念孫疏證《廣雅・釋草》云：“今之高粱，古之稷也。秦漢以來，誤以粱爲稷，而高粱遂別名木稷矣，又謂之蜀黍。”至宋朝以後之古籍中述及高粱者已很多。元王禎《農書》卷七：“蜀黍春月種，不宜用下地。莖高丈餘，穗大如帚，其粒黑如漆，如蛤眼。熟時收刈成束，攢而立之。其子作米可食，餘及牛馬，又可濟荒。其梢可作洗帚，秸秆可以織箔、夾籬、供爨，無可弃者。亦濟世之一穀，農家不可闕也。”明李時珍《本草綱目・穀二・蜀黍》：“〔釋名〕蜀秫、蘆穄、蘆粟、木稷、荻粱、高粱。時珍曰：蜀黍不甚經見，而今北方最多。按《廣雅》：荻粱，木稷也。蓋此亦黍稷之類，而高大如蘆荻者，故俗有諸名。種始自蜀，故謂之蜀黍。〔集解〕穎曰：蜀黍北地種之，以備缺糧，餘及牛馬。穀之最長者。南人呼爲蘆穄。”清吳其濬《植物名實圖考・穀類・蜀黍》云：“蜀黍，《食用本草》始著錄，北地通呼曰高粱，釋經者或誤爲黍類。《農政全書》備載其功用，然大要以釀酒爲貴。”高粱籽粒含有豐富之營養成分，用作糧食歷史久遠。東北地區習慣將高粱籽粒加工成高粱米食用，或與豆類混合做成高粱米豆乾飯或豆粥。黃河流域則習慣將高粱米加工成麵粉，做成各種風味之麵食。現在已多用作畜禽飼料。用高粱籽粒釀

造白酒，在中國已有悠久歷史。很多名酒，如茅臺、五糧液、汾酒等均主要用高粱籽粒釀造而成，享譽海内外。高粱葉可作青飼料，秸秆可織席箔、作建材等。高粱殼可提取色素。總之，高粱用途廣泛。高粱抗旱，耐澇，耐瘠薄，耐鹽碱，耐寒，耐高溫，是抗逆性強之作物，在中國各地皆有種植。主要分布在黄河、秦嶺以北地區，尤其是東北，向有"滿山遍野大豆高粱"之景觀。山東、河南、山西、湖北、新疆、湖南、雲南、廣東等省區亦有較多種植。對於高粱品種資源，在 20 世紀 50 年代以前大部分散落在農家，很少有人進行搜集、整理、保存、推廣。1956 年全國首次在十五個高粱主産省區進行地方品種之徵集工作，共徵集到一万六千八百四十二份材料。以後，又進行了三次規模較大的高粱品種資源徵集，并進行了登記和整理。分别於 1978 年和 1981 年編成《中國高粱品種志》上、下册，後又編寫成《中國高粱品種資源目録》和《中國高粱品種資源原始目録續編》。至 1989 年，中國高粱已有地方品種九千六百五十二份，育成品種七百六十二份。按用途可分爲：粒用高粱、糖用高粱、飼用高粱、工藝用高粱等；按生育期可分爲：早熟種、中熟種和晚熟種。現在種植較多之品種有鹿邑 7408—11、商雜 2 號、鄭雜 11 等。

【蜀黍】

即高粱。此稱始行於先秦，爲高粱之最早稱謂。至今仍有些地區呼高粱爲蜀黍。見該文。

【木稷】

即高粱。此稱多行於三國。見該文。

【荻粱】

即高粱。此稱多行於三國。見該文。

【蜀秫】

即高粱。此稱始行於明代，現在仍有此稱。見該文。

【蘆稷】[1]

即高粱。此稱多行於明代，爲南人對高粱之稱謂。見該文。

【蘆粟】[1]

即高粱。此稱多行於明代。見該文。

粟

穀名。禾本科，黍族，狗尾草屬。粟〔Setaria italica（L.）Beauv.〕爲一年生草本植物。根爲鬚狀根系，由初生根系和次生根系組成，植株成長後莖基部數節還可長出氣生根；莖比麥類莖秆粗壯，高約 60 ～ 150 厘米，基部幾個節間極短，可由此處生出分蘖，上部節有時能長出分枝；葉無葉耳，長披針形，葉舌密生短而厚之粗毛；穗爲頂生穗狀圓錐花序；籽粒外被穎殼，俗稱穀子，有白、黄、紅、褐、黑等色，去殼之米粒稱小米，圓形或卵圓形，有黄、白、灰等色。粟在中國北方通稱穀子，南方爲了區别於稻穀，常稱爲粟穀、狗尾粟、小米、粟米或黄粟等。中國古代將穗大而下垂、小穗着生稀疏之類型叫作"粱"，把穗短小而直立、小穗着生稠密之類型叫作"粟"。柯爾尼克（Koernicke）根據粱與粟之形態特點，分爲兩個亞種：一爲粱型（或大粟）亞種，另一種爲粟型（或小粟）亞種。國内外最早研究粟起源之學者，皆認爲粟起源於中國。中國學者俞德浚、卜慕華等人發表了不少有關文獻。《中國農業百科全書·粟》云："歷來公認粟是起源於中國或東亞的古老作物。中國學者從考古、農史、野生種及種質資源等方面分别提供了根據。考古學家證明，粟是黄河流域新石器時代文化中最主要的栽培作物。代表中國新石器時代最早期文化的河北武安磁山遺址（公元前 5400 年）、河南新鄭裴李崗遺址（公元前 5935 年）分别有穀子的種子和米粒出土，經鑒定均有七八千年的歷史。屬於新石器時代中期的西安半坡村遺址（公元前 4115—前 3635 年）出土的陶罐内盛有粟粒。還有多處新石器時代晚期文化遺址出現大量穀粒，分布範圍很廣，北起山西、河北，南到雲南劍川，東達臺灣高雄，西至青海樂都。自有文字記載以來，更有實物與文字相印證的文物出土，如漢墓中的陶倉，内裝粟粒，外有文字説明。粟的親緣最近的野生種狗尾草，在中國是分布很廣的雜草……據同工酶分析，兩者的酯酶譜帶也很相似，更進一步表明它們親緣關係相近。中國擁有極豐富的粟種質資源。Н.И.瓦維洛夫和 Г.М.茹科夫斯基（Жуковский）都把中國列爲粟的起源中心……1979 年 J.M.J.大衛特（de Wet）等專文論述粟的起源和演化。從粟的古代遺存到粟粒的儲存蛋白質等方面進行探討，認爲小粟（*S.italica, race moharia*）起源於歐洲，大粟（*S.italica race maxima*）起源於中國，形成各自的多樣性變异。有人從同工酶的研究論證了存在於歐洲和中國兩大基因庫。兩個起源中心的論

粟
（明盧和《食物本草》）

點一方面肯定了中國是粟的起源中心之一，另一方面説明起源中心并非單一。"又云："粟是人類最早栽培應用的作物之一。在中國，公元前 2700 年用作祭祀品的五穀中已包括粟在内。至戰國秦漢時期，粟已成爲種植最多的作物。隨着農業的發展，粟的傳播不斷擴大。漢《鹽鐵論》提到'江南蜀漢之間伐木而樹穀，燔萊而播粟'。唐宋兩朝繼續提倡在南方種粟，以後隨着農業生產技術的提高，稻麥等得到更大的發展，到宋末粟退居第二三位。元王禎《農書》卷七：'古今穀禄，皆以是爲差等，出納之司，皆以是爲準則'，可見仍居重要地位。清代以來又向東北地區發展，直到黑龍江流域。同時，明清兩代甘薯、玉米引入後逐漸擴大，取代部分粟的面積。"曹廣才等主編《北方旱地主要糧食作物栽培·穀子》云："穀子在我國古代原始農業中，就占據着重要地位。據歷史資料記載，在殷商時期穀子已是人民的主要糧食了，如秦代主管農業的官吏稱'治粟内史'，西漢時又叫'搜粟都尉'，春秋戰國時期墨子在《非樂》上篇中寫道'食必粱肉，衣必文綉'，《史記》中寫道'被穀穀，餘粱'。著名的古農書《氾勝之書》和《齊民要術》中都把穀子列爲五穀之首。"中國古籍中記載粟者頗多。郭璞注《爾雅·釋草》

稷
（清吴其濬《植物名實圖考》）

曰："今江東人呼粟爲粢。"孫炎曰："稷，粟也。"漢許慎《説文·卤部》曰："稟（粟），嘉穀實也。"北魏賈思勰《齊民要術·種穀》云："穀，稷也，名粟。穀者，五穀之總名，非指謂粟也。然今人專以稷爲穀，望俗名之耳。"元王禎《農書》卷七云："夫粟者，五穀之長，中原土地平曠，惟宜種粟，古今穀禄，皆以是爲差等，出納之司，皆以是爲準則。《周禮·地官》曰：'倉人掌粟入之藏。'鄭注云：九穀盡藏，以粟爲主，故漢太倉之粟，陳陳相因，充溢露積於外。"清吳其濬《植物名實圖考·穀類·粱》云："粱，種有黃、白、青各色……今北地通呼爲穀子。"在查閱資料時亦發現，古人對作物之名稱界定有些并不是很準確、統一。明代李時珍在其《本草綱目》中將"稷""粟"作爲兩種穀物寫述，而前面所引用典籍中，亦有將粟稱爲"稷""穀""粱"等名者，甚爲混亂。小米中蛋白質含量高，尤其人體所必需氨基酸之含量高於其他糧食作物；脂肪含量亦高於大米、小麥等。小米中維生素、礦物質皆含量豐富，長期食用具有增强體質、延緩衰老、提高抗病能力之功效。粟粒耐儲藏，歷史上即用作儲備糧。隋唐時代之含嘉倉遺址出土大量未完全炭化之粟穀，赤峰出土之遼代粟粒還完好無損。粟之秸秆蛋白質含量較高，是食草牲畜的一種柔軟適口之好飼料。碾米之副產品穀糠，可以用來飼養猪鷄。粟在世界上主要分布在亞洲，中國是世界上粟栽培面積最大、產量最多之國家。聯合國糧農組織統計，中國粟之栽培約占世界之90%。粟對土壤等自然條件要求不高，在我國之東、南、西、北均有種植。以西北、華北和東北爲主要產區，其中以山西、内蒙古、

陝西、河北、河南、遼寧、吉林和黑龍江等省區種植面積較大。自20世紀50年代以來，我國即對提高粟之產量做了很多技術工作。特別從70年代起，粟作爲我國科技攻關的糧食作物之一，其基因定位和抗性基因導入等生物技術育種方法取得了新的突破，高產、優質、多抗新品種選育出了數十個。如黑龍江省農科院培育出的龍穀29、河北省農科院培育的"181"、山東省農科院培育的"魯穀10號"等，皆使粟躍入了高產作物行列，粟之生產登上了新臺階。隨着世界科技之迅速發展，中國科學家在各個領域亦不斷取得新成就。2002年3月13日《光明日報》報道，由北京金穀子農業科技有限公司采用基因誘導對突變系進行九年的系統選育、培育而成的"金穀子"系列新品種，創造了社區畝產突破1000多公斤之驚人奇迹。這種世界領先之穀種新品種，不僅高產，而且具有超常之抗旱、抗鹽碱能力。同日《光明日報》報道："2001年，河南省正陽縣遭遇有記載以來300年不遇的大旱，當地灾情報告稱，三至九月，全縣降雨量不足正常年份的八分之一，155萬畝秋作物旱死絶收。然而到了9月，該縣引種的'噸穀1號'却穫得了畝產467.6公斤的收成。"又云："甜菜是一種相對耐鹽碱的作物。在位於銀川市郊區永寧縣望遠鎮的'寧夏農業科技園'示範點一塊鹽碱填埋生地，示範種植'金穀子'系列'噸穀1號'與同一塊田種植的甜菜相對比，甜菜因土壤中pH值偏高萎死爛近70%，而'金穀子'系列'噸穀1號'依然生長發育正常，長勢强勁。穀子畝產仍然達到創奇迹的750公斤高產。""金穀子"系列新品種，還可以糧草兼用。科技人員現場測定，"金穀子

一號"可畝產優質乾草 2500 公斤，可飼養兩隻羊或近一頭牛。隨着社會的新發展、新需求，粟在中國北方廣大旱區，有廣闊而美好之前景。

【粱】

即粟。此稱先秦《非樂》上篇中已有之。見該文。

【稷】[1]

即粟。此稱始行於先秦。見該文。

【粢】

即粟。此稱晋時已行用。見該文。

【穀子】

即粟。此稱多行於中國北方各省區。見該文。

【粟穀】

即粟。此稱多行於中國南方，以示與稻穀之區分而名。見該文。

【狗尾粟】

即粟。此稱多行於中國南方地區。見該文。

【小米】

即粟。小米本是指粟粒脱殼後之米粒。但此處之"小米"，是粟之别名。此稱多行於中國南方地區。見該文。

【粟米】

即粟。此稱多行於中國南方地區。見該文。

【黄粟】[1]

即粟。此稱多行於中國南方地區。見該文。

黍

穀名。禾本科黍屬中之一個栽培種。黍（ *Panicum miliaceum* L.）爲一年生草本植物。黍之形態特徵同粟很相似，亦有不同之點：黍之根入土比其他禾穀類作物淺。幼苗通常綠色，密生茸毛，第一片真葉較粟短而寬。莖較粟粗，莖之地上部節間被葉鞘包着，其露出部

分生有長而稀之茸毛。圓錐花序，穗軸直立或彎向一側，有細長之分枝。果實爲内外穎包裹，比粟大，呈圓形、橢圓形或長圓形，有白、淡黄、褐或紅色，米粒白、淡黄或褐色。米粒有粳、糯兩類。粳者稱稷、穄、靡或糜；糯類稱黍，優良品種稱秬或秠。黍亦常爲粳、糯兩類通稱。現代中國西北地方稱粳性者爲糜子，東北或南方部分地區稱稷子；糯性類型北方稱黍子或黏糜子、軟糜子，南方稱黍子、夏小米、黄粟或大黍。對於中國古籍中所稱之"稷"究竟是什麼作物，農史界一直存在争論。一説是穄，一説是粟，尚無定論。但在現代作物學中，稷則專指粳性之黍。關於黍之起源與栽培史有不同説法。《中國農業百科全書·黍》云："黍的最早馴化地點及傳播問題，主要有三派學説。蘇聯植物學家 Н.И.瓦維洛夫認爲，中國是栽培黍的古代初生基因中心。有人還引用文獻資料證明，黍從中國廣泛地傳播到歐洲，18 世紀從歐洲引到美洲。黍還從中國傳播到朝鮮，從朝鮮傳播到日本。中國學者的研究，充實了黍起源於中國的論點：①考古發現較印度和北非年代早、遺址多。黄河流域是中國古代文化的中心，在新石器時代的初期農業已初具規模，耐旱耐瘠的粟、黍成爲黄河流域的主要農作物。以黄河中游爲中心，西到新疆維吾爾

黍（清吴其濬《植物名實圖考》）

自治區，東到黑龍江的新石器時代遺址中，發現多處黍的遺迹。甘肅東部的秦安大地灣一期文化遺址發現少量黍種子，用 ¹⁴C 測定，爲公元前 5200 年的遺物。經樹輪新表校正，距今爲 7370 年—8170 年。陝西臨潼姜寨遺址史家層中發現黍的朽粉。山東長島縣北莊遺址發現了黍殼標本。甘肅東鄉馬家窑遺址出土了迄今爲止最完全的黍的植株、花序和種子標本。距今均 5000 年左右。此外，甘肅蘭州青崗岔遺址、新疆新塔拉遺址、黑龍江東康遺址都發現黍的遺迹。值得注意的是中心地區年代較早，邊遠地區年代較晚，説明中國的黍不可能是從外地傳入的。②……以博物學家林奈爲代表的學者，認爲黍原產於印度。以丹麥古植物學家 H.赫爾拜克（Halbatk）爲代表的學者認爲黍原產於北非沿海地區，然後傳至印度，再傳至中國。"又云："黍在中國栽培歷史悠久，中國的甲骨文已有記載。商代用黍釀酒，可見黍在商代種植極爲普遍。《詩經》（距今 2500 年—3000年）中出現的農作物名詞 25 個，黍占首位。根據考古發現和文字記載，黍和粟一樣是中國春秋時代以前黃河流域的最主要農作物之一。《氾勝之書》和《齊民要術》專門記載了黍的栽培法，其重要性僅次於粟。唐代以後，黍的地位下降，栽培面積越來越少，以至没有專門統計資料。但在乾旱和半乾旱地區，仍然是重要的糧食作物之一。"中國歷代典籍中對黍多有記述。《詩·周頌·豐年》："豐年多黍多稌，亦有高廩。"《説文·禾部》："黍，禾屬而黏者也。"北魏賈思勰《齊民要術·黍穄》："（《爾雅》曰：'秬，黑黍。秠，一稃二米。'……孔子曰：'黍可以爲酒。'……）凡黍、穄田，新開荒

爲上，大豆底爲次，穀底爲下。地必欲熟。一畝，用子四升。三月上旬種者爲上時。"元王禎《農書》卷七云："又北地遠處，惟黍可生，所謂當暑而種，當暑而收，其莖穗低小。可以釀酒，又可作餳粥，黏滑而甘，此黍之有補於艱食之地也……凡祭祀以黍爲上盛，古人多以鷄黍爲饌，貴其色味之美也。"明李時珍《本草綱目·穀二·黍》："〔釋名〕赤黍曰虋，曰穈。白黍曰芑。黑黍曰秬。一稃二米曰秠。（時珍曰：黍可爲酒，從禾入水爲意也。）"清吳其濬《植物名實圖考·穀類·黍》："黍至黏，近世亦不甚以爲飯，而糗餌粉餈則資之。"典籍對黍悠久歷史之記載和現代科學家考證之衆多事實皆説明中國是黍之起源中心。黍中蛋白質含量較高，而且品質也較好。膽碱和亞油酸含量亦較高。所以黍可以用來製作營養豐富之多種可口食品。黍是中國北方之主要糯性糧種，可製作油炸糕、黏豆包等多種糕點，爲節日常備食品。稷米做飯，食味較好，亦可加工成粉，製作煎餅等食品。黍可製作糖漿、麥芽糖、酒精、黃酒和啤酒。穗經脱粒後可做成掃帚。黍糠和莖秆都是牲畜之好飼料。黍是具有早熟、耐鹽、耐瘠、耐旱特性之糧食作物，中國各省區皆有栽培。面積較大的產區是内蒙古、陝西、甘肅、山西、黑龍江、寧夏、吉林等省區之半乾旱地區以及河北省之部分地方。黍在全國各地之品種很多，如粳型之内糜 2 號，糯型之伊黍 1 號、晋黍 1 號、大紫秆、大青黍等。

【秬】

"黍"之一種。《詩·大雅·生民》："誕降嘉種，維秬維秠。"唐孔穎達疏："秬是黑黍之大名，秠是黑黍之中有二米者，别名之爲秠。"現

代稱秬者，爲黍之優良品種。見該文。

【秠】

"黍"之一種。此稱始見《詩・大雅・生民》。《爾雅・釋草》云："秠，一稃二米。"現代稱黍之優良品種爲秠。見該文。

【虋】

"黍"之一種。指赤黍。古名。始見於《爾雅・釋草》："虋，赤苗。"晉郭璞注："今之赤粱粟。"明李時珍《本草綱目・穀二・黍》云："赤黍曰虋。"見該文。

【芑】

"黍"之一種。指白黍。古名。明李時珍《本草綱目・穀二・黍》云："白黍曰芑。"（《詩・小雅・采芑》："薄言采芑。"其"芑"爲一種野菜，與本文中之"芑"非一物也。）見該文。

【穄】

"黍"之一種。指粳性型黍。此稱古已有之。明李時珍《本草綱目・穀二・稷》云：〔釋名〕時珍曰"南人承北音，呼稷爲穄，謂其米可供祭也"。李氏之説，甚有道理。見該文。

【稷】[2]

亦稱稷子。"黍"之一種。古時之"稷"，爲五穀之長，被帝王奉祀爲穀神。古時亦稱國家爲社稷，足以看出稷之重要地位。但當時是指黍，還是指粟，至今説法不一。現代所説之"稷"，指粳性型黍。此稱多行於中國東北、南方部分地區。見該文。

【穈】

"黍"之一種。指粳性型黍。穈即糜，亦稱糜子。古時即有此稱，現多行於中國西北地區。見該文。

【黏糜子】

"黍"之一種。指糯性型黍。此稱多行於中國北方地區。見該文。

【軟糜子】

"黍"之一種。指糯性型黍。此稱多行於中國北方地區。見該文。

【夏小米】

"黍"之一種。指糯性型黍。此稱多行於中國南方地區。見該文。

【黄粟】[2]

"黍"之一種。指糯性型黍。此稱多行於中國南方地區。見該文。

【大粟】

"黍"之一種。指糯性型黍。此稱多行於中國南方地區。見該文。

穇子

穀名。禾本科穇屬中之一個栽培種。穇子〔*Eleusine coracana*（L.）Gaertn.〕爲一年生草本植物。穇子之鬚根密集；秆直立叢生，高1米左右，分蘖多，粗壯，無毛；葉鞘較短，葉片寬綫形；穗狀花序，三至五枚呈指狀排列於莖頂，常作弓狀彎曲；果爲囊果，小圓球形，果皮薄，種子呈褐色或深棕色。穇子亦稱龍爪稷、龍爪粟、鴨足稗和鷄爪穀等。起源於非洲，有很長之栽培歷史，主産區在印度，非洲之烏干達、贊比亞、索馬里以及亞洲之尼泊爾等國家皆有種植。穇子在中國亦有悠久歷史。明李時珍《本草綱目・穀二・穇子》："〔釋名〕龍爪粟、鴨爪稗。時珍曰：穇乃不粘之稱也，亦不實之貌也。龍爪、鴨爪，象其穗歧之形。〔集解〕周憲王曰：穇子生水田中及下濕地。葉似稻，但差短。梢頭結穗，仿佛稗子穗。其子如黍粒大，茶褐色。搗米、煮粥、炊飯、磨麵皆宜。時珍曰：穄子，山東、河南亦五月種之。苗如荻黍，八九月抽莖，有三棱，如水中蘺草之莖。開細花，簇簇結穗如粟穗，而分數歧，如鷹爪之

穄　子
（清吳其濬《植物名實圖考》）

狀。内有細子，如黍粒而細，赤色。其稃甚薄，其味粗澀。"清吳其濬《植物名實圖考·穀類·穄子》："黔山多種鷹爪稗，亦呼穄子。雲南曰鴨掌稗。雩婁農曰：'穄子，稗類，於書尟見。其穗駢出，參差如大小指，或以摻摻得名耶？'……《日照縣志》：穄子，粟之賤者，有黑、白兩種，宜濕地，石得米二斗餘，民賴以糊口。"穄子含蛋白質7%左右。籽粒可煮粥，亦可磨粉做餅，是某些地區之主食，南方地區亦用來釀製啤酒，并爲有一定營養價值之耐貯藏穀物。穄子種仁味甘、苦溫，入藥有補中益氣之功效。莖葉可作飼料，稈纖維可編製籃、帽，也可作造紙原料。穄子在中國之種植以西南各省區較多，如西藏東南部、雲南、貴州、四川等，湖北、江西、浙江、福建、廣東以及北方各省區亦有零散分布。全國各地穄子之類型、品種較多。如按穗狀花序分爲直立與拳狀，按籽粒色澤有紅粒種和黃粒種，根據籽粒之質地又可分爲粳性和糯性等不同類型。因拳狀黃粒類型之産量較高、抗病力較强，故栽培面積較大。

【龍爪稷】

即穄子。此稱多行於中國西南地區。見該文。

【龍爪粟】

即穄子。此稱古已有之，現多行於中國西南地區。見該文。

【鴨足稗】

即穄子。明代亦呼鴨爪稗，此稱多行於中國南方地區。見該文。

【鷄爪穀】

即穄子。此稱多行於中國西南及南方地區。見該文。

珍珠粟

穀名。禾本科黍族狼尾草屬中之一個種。珍珠粟〔Cenchrus americanus（L.）Morrone〕，曾用學名P.typhoides Stapf and Hubb.、P. glaucum（L.）R. Br. Sens. Amer. Auct.等，爲一年生草本植物。鬚根系發達，莖之底部節上産生大量次生根，有的入土可深達5米，對植株亦有很强之固着支撐能力。莖實體，圓柱形，粗壯，莖表皮堅硬，有的表面有蠟質。株高因品種而差異很大，矮者1米左右，高者可達5米。葉多爲披針形，葉緣有細小之鋸齒，葉鞘裸露，邊緣布滿白色纖毛，葉之顔色因品種和栽培條件而异，有淺黃、綠、紫紅等色。穗爲較緊密之圓柱形、圓錐形或紡錘形，粗2～5厘米，長約爲15～45厘米，圓錐花序之穗軸周圍密生許多小穗。籽粒形狀近似球形，亦有圓錐形或圓柱形，多爲灰色、紫色或白色。珍珠粟在中國亦稱蠟燭稗、御穀等名。關於珍珠粟之起源及在中國之栽培史，很少有書記載。《中國農業百科全書·珍珠粟》云："在聯

合國糧農組織的《生產年鑒》中，對珍珠粟没有單獨統計的資料……珍珠粟在非洲和近東已有數千年的栽培歷史。大多數植物學家認爲珍珠粟起源於非洲，後經紅海傳入西亞，又經西亞傳入印度。1951 年 N.克瑞斯納沃米（N. Krishnaswamy）利用珍珠粟的品種與大象草的種間雜交種（*P. typhoides* Stapf and Hubb. × *P. purpureum* Schumach）進行分類學和細胞學研究，其結論也是珍珠粟起源於非洲。1937 年 E.沃斯（Werth）根據對栽培工具、農事活動和種子傳播的考察，提出珍珠粟的栽培種是從印度傳到非洲的……中國多年來未大面積種植珍珠粟。60 年代以來，中國農業科學院作物育種栽培研究所和作物品種資源研究所，分別從非洲和印度引入試種。在北京自然條件下，有的品種因光温反應敏感，不能抽穗結實；有的品種雖然生育期有所延長，但大部分植株能夠正常生長，開花結實，産量尚好。有些品種已在河南、山西一些地區零星種植，有可能在生育季節較長、緯度較低的乾旱地區、山區的貧瘠和新開墾的土地上，作爲糧食飼料兼用作物而得到發展。"珍珠粟是耐熱、耐旱、耐瘠、耐鹽鹼之植物，栽培技術與高粱相似。珍珠粟籽粒蛋白質含量，多數品種比小麥、水稻、玉米和高粱皆高。在一些發展中國家，主要用作糧食。可乾磨成粉或濕磨成糊，做餅、麵包或各式糕點。其莖秆可作牲畜飼料、燃料或草房之建築材料等。在一些國家和地區，籽粒主要用作家禽和牲畜飼料或填充劑。

【蠟燭稗】

即珍珠粟。此稱行於現代。見該文。

【御穀】

即珍珠粟。此稱行於現代。見該文。

食用稗

穀名。禾本科稗屬中稗之一個變種。食用稗（*Echinochloa uaelgtacea* L.）爲一年生草本植物。其植株高大，莖秆粗壯直立，株高達 2 米，節上有分枝。葉片闊綫形，無葉舌。圓錐花序，總狀小穗密集於穗軸一側，無芒或具小尖頭。穎果潔白而有光澤。《中國農業百科全書・食用稗》云："食用稗是一古老的穀類作物，在亞洲、非洲、歐洲和世界較温暖的地區均有種植。"稗有水、旱兩種，本是田間雜草，但作爲中國古代重要的救荒作物，栽培歷史已有 2000 年以上。稗的名稱已見於《孟子》和《莊子》。《孟子・告子上》已見記載，與荑并列，似禾而粒小，與今之"食用稗"有異。《中國農業百科全書・食用稗》又云："中國北方各省也有種植，但面積不大，分布比較零散。由於食用稗適應性廣，抗性强，常在環境條件不好或不利於種植其它作物的地塊上種植。古代將其作爲救荒作物。"食用稗亦稱湖南稷子。其穎果富含澱粉、蛋白質、脂肪和維生素 B 等，用以煮粥或磨麵，蒸食尤佳，稗麵煎餅美味可口，亦是多種食品糕點之原料。還可作飴、釀造或榨油。秆、葉均是優良飼料。根據食用稗之植株高矮，花

湖南稷子
（清吴其濬《植物名實圖考》）

序大小、形狀，小穗顏色和穀粒大小，粳性及糯性等性狀，可劃分許多類型。現在，粳性類型栽培較多。

【稗】

食用稗的初稱。此稱先秦已行用。見該文。

【湖南稷子】

即食用稗。此稱行於現代。見該文。

薏苡

穀名。禾本科薏苡屬中之一種。薏苡（*Coix lacryma-jobi* L.）爲單子葉一年生草本植物。鬚根黃白色，粗達 3 毫米。秆直立叢生，高 1～2 米。葉片綫狀披針形。總狀花序腋生成束，雌小穗位於花序下部，外包以殼質總苞，總苞卵形或橢圓形，有白、灰或藍紫色，質硬而有光澤。種仁亦稱苡仁，圓珠形或長圓形，白或黃色，質地堅硬，多爲粉性，味甘淡或微甜。對於“薏苡”一名之含義，夏緯瑛《植物名釋札記·薏苡》云：“‘薏苡’一名頗爲奇特，其義若何？茲爲討論。《爾雅·釋草》於‘荷’下曰：‘其中的。’郭璞《注》云：‘蓮中子也。’又曰：‘的中薏’，郭《注》云：‘中心苦’。陸璣《毛詩草木鳥獸蟲魚疏》曰：‘荷，芙渠……其實蓮；蓮，青皮裏白，子爲的；的中有青，長三分，如鈎爲薏；味甚苦，故俚語曰：苦如薏，是也。’都謂‘薏’是蓮子中的苦心，

薏苡
（清吴其濬《植物名實圖考》）

其實即蓮子中之胚。惟蓮子之胚特有‘薏’名。‘薏苡’一名，當與蓮子中的薏有關。蓮子外有硬殼，剝其硬殼，始爲供用之部分。薏苡的籽實，其外亦有硬殼，頗似蓮子之形狀，不過較蓮子略小，其名稱可以互爲類從，而蓮子中有薏，故此亦從薏爲名而曰‘薏苡’。‘苡’，從艸以聲，以字在文字之演化中與子字有關，‘苡’可能爲‘子’之義。以聲之字，又常與人音相轉，‘苡’亦可能是‘人’之義。‘人’今通作‘仁’，故薏苡之米亦稱‘薏苡仁’。後之一說，似較前者爲長。”薏苡古時亦稱解蠡、起實、薢米、感米、薏珠子、苡米等名。《中國農業百科全書·薏苡》云：“薏苡起源於亞洲東南部的熱帶、亞熱帶地區，主產於中國 33°N 以南的廣大地區。河北、陝西、河南、湖北、湖南、廣西等省（自治區）產量較多。”又云：“薏苡始見於《神農本草經》，并列爲上品。”中國先民食用薏苡具有悠久歷史，《後漢書》中亦有記載。《後漢書·馬援列傳》：“初，援在交阯，常餌薏苡實……南方薏苡實大，援欲以爲種，軍還載之一車。”明李時珍《本草綱目·穀二·薏苡》：“〔釋名〕解蠡、芑實、薢米、回回米、薏珠子。時珍曰：薏苡名義未詳。其葉似蠡實葉而解散，又似芑黍之苗，故有解蠡、芑實之名。薢米乃其堅硬者，有薢強之意。苗名屋菼。《救荒本草》云：回回米又呼西番蜀秫。俗名草珠兒。”清吴其濬《植物名實圖

回回米
（明徐光啓《農政全書》）

考》等古籍對薏苡亦有記述。薏苡穎果含澱粉豐富，米質黏性，白如糯米，是一種經濟價值高之穀類作物和藥用作物，亦是一種很好的保健食品。薏苡性喜溫暖、潮濕之環境，亦能在易受旱澇之河谷、山谷、溪澗、池塘、屋旁等地生長，是一種適應性較強之作物。中國東部地區種植較多者有高秆白殼、高秆花殼、高秆黑殼和矮秆黑殼等品種。

【解蠡】

即薏苡。此稱始見於秦漢《神農本草經》。見該文。

【起實】

即薏苡。筆者認爲即《本草綱目》中之"芑實"，因"芑"與"起"同音，故有人將"芑實"寫爲"起實"。此稱始見於南朝梁代《名醫別録》。

【䕲米】

即薏苡。因䕲音感，故"䕲米"亦有寫爲"感米"者。此稱始見於南朝梁代《名醫別録》。見該文。

【薏珠子】

即薏苡。此稱始見於宋代《圖經本草》。見該文。

【回回米】

即薏苡。此稱始見於明代《救荒本草》。見該文。

【屋菼】

即薏苡苗。此稱始見於明代《本草綱目》。見該文。

【西番蜀秫】

即薏苡。此稱始見於明代《救荒本草》。見該文。

【草珠兒】

即薏苡。此稱始見於明代《救荒本草》。見該文。

【苡米】

即薏苡。此稱亦行於現代。見該文。

第二節　豆類作物考

豆類作物是指以收穫籽實或嫩莢爲主要目的而栽培之草本豆科植物。根據其在人類食物中之地位、用途之不同，而分爲豆類糧食作物和豆類蔬菜作物。本節所說"豆類作物"，僅指豆類糧食作物。豆類蔬菜作物，將在第三章《蔬類說》之"豆類考"中另作介紹。此處豆類作物主要包括大豆屬之大豆，豇豆屬之綠豆、小豆、飯豆，菜豆屬之多花菜豆、利馬豆，木豆屬之木豆，鷹嘴豆屬之鷹嘴豆，小扁豆屬之小扁豆等6個屬9個種。應該說明的是，豆類糧食作物和豆類蔬菜作物在劃分上并無嚴格界限。例如，大豆既可作糧，又可作菜，并且嫩豆粒（尤其是嫩青豆粒）和豆芽，是深受人們歡迎之佳肴。大豆古時稱菽。

漢司馬遷著《史記》中有黄帝種五穀之説，其中菽爲五穀之一。宋羅願《爾雅翼·釋草一·菽》云："菽，豆也。其類最多，九穀之中居其二。"可見，先民自古將豆歸於穀。

　　豆類作物栽培歷史悠久。據考證，大豆在中國已有四五千年之種植歷史。商代甲骨文之"尗"字，即爲菽豆之初文。中國最早詩歌總集《詩》中有"中原有菽，庶民采之""七月烹葵及菽"等詩句，説明大豆在當時已被廣大民衆作爲糧食作物。緑豆在中國有兩千年以上之栽培歷史。中國古籍中記述緑豆者頗多。如北魏賈思勰《齊民要術》、唐代孟詵等《食療本草》、元代王禎《農書》及明代徐光啓《農政全書》、李時珍《本草綱目》等皆有關於緑豆之栽培、用途及其他方面記載。中國栽培小豆之歷史不比大豆晚。三國魏張揖《廣雅釋草》云："大豆，菽也。小豆，荅也。"有關專家考證，在中國古代農書所記載之食用豆類中，小豆之資料出現最早。秦漢《神農本草經》記載了小豆之藥用價值，漢《氾勝之書》較明確地記述了小豆之播種期、播量、田間管理及收穫、產量等。飯豆在中國亦有悠久之栽培歷史。但因種植面積小，在人們食糧中所占比例極小，故自古記載飯豆者寡。多花菜豆、利馬豆、木豆、鷹嘴豆、小扁豆等皆爲從國外傳入。這些豆類作物在世界上均已有數千年種植史，但是由於傳入時間較短，或者因其種植較少等，中國古籍中很少有記載，近現代農業科技書籍中開始有其記述。

　　豆類作物均含有較多之蛋白質、脂肪及多種維生素、礦物質，屬於營養價值較高之糧食作物。如大豆蛋白質含量居植物食品之首，并且品質好，具備各種氨基酸，特別是人體必需之八種氨基酸。現在大豆蛋白製品已步入人類高級蛋白營養食品之列，除可製成豆腐、豆漿、腐竹、醬油等傳統食品外，還可將大豆加工成仿生食品，如人造猪排、牛排、魚蝦肉、火腿等，深受人們青睐。大豆蛋白食品可以顯著降低血液中之膽固醇，具有良好的生理保健效果。緑豆中蛋白質含量是其他穀類的二至三倍，維生素和微量元素含量不僅高於一般穀類作物，也高於猪肉、牛奶、魚類。緑豆不僅營養豐富，而且具有藥用功能，中國古代很多食療專著中有記述。如唐代《食療本草》、明代《本草綱目》、清代《隨息居飲食譜》皆有緑豆味甘性寒，具消熱解毒、消水利腫、明目降壓等功效之描述。小豆不僅營養豐富，而且對金黄色葡萄球菌、福氏痢疾杆菌及傷寒杆菌有明顯之抑制和利尿保健等作用。飯豆、多花菜豆、利馬豆、木豆、鷹嘴豆、小扁豆皆含有較多之蛋白質、脂肪、碳水化合物，亦含有多種維生素、微量元素，比其他穀物營養價值更高，有些是頗受歡迎之健身補品。豆類作物之莖葉，一般含蛋白質 8%~15%，是營養豐富之飼料。隨着農業科技之發展，高產優質品種之培育和栽培技術之改進提高，尤其人們生活品質的改善，對豆類食品之需求量不斷增加，加之食品加工業和畜牧業之發展，豆類作物之種植出現上升趨勢。

大豆

穀名。豆科大豆屬亞屬栽培種。大豆〔*Glycine max*（L.）Merrill〕爲一年生草本植物。根由主根、側根和不定根組成，在主、側根上結有根瘤。莖高 40 ～ 110 厘米，直立或蔓生，每個葉腋中生腋芽，可形成分枝或花簇，幼莖呈綠色或紫色。大豆葉先後出現子葉、單葉、複葉和先出葉。花由苞片、花萼、雄蕊和雌蕊組成，大豆花小，在葉腋中呈總狀花序着生。大豆爲莢果，包括果皮和種子兩部分。莖、葉及莢果均被茸毛，故有毛豆之稱。種子形狀有球形、橢圓形、扁圓形、腎臟形，顏色分爲黃、綠、褐、黑及雙色等。大豆亦稱黃豆，古代稱菽，是中國最古老之栽培作物之一。曹廣才等主編《北方旱地主要糧食作物栽培·大豆》：“在我國至今約有四五千年的種植歷史。大豆起源於中國，已得到國內外的確認。在著名育種家瓦維洛夫的栽培植物種起源中心論中，明確地指出大豆是屬於中國起源中心的栽培作物。據文字記載考證，商代甲骨文的‘聲’字

1.野生大豆；2.3.4.不同進化程度之
栽培大豆；5.高度進化之栽培大豆
大豆進化

即爲菽豆的初文，周朝以後稱大豆爲菽，秦朝以後纔改稱爲豆子。漢初司馬遷的《史記》中有黃帝種五穀，其中菽是五穀之一。我國最早的一部詩書《詩經》中也寫道：‘中原有菽，庶民采之’‘七月烹葵及菽’。這些文字記載説明，大豆在當時已被廣大群衆作爲糧食作物。據出土文物考證，1975 年在湖北江陵鳳凰山發掘的距今 2163 年的漢墓中，有大豆組織粉末；1953 年河南洛陽燒溝漢墓中出土陶倉，距今 2000 多年，上面就寫有‘大豆萬石’的字樣，在出土壺上寫着‘國豆一鍾’四個字。據考查與分析，栽培大豆是由我國的野生大豆（*Glycine soja* Sieb. et Zucc.）進化而來，而且野生大豆至今遍布我國各地，并有進化程度不同的各種類型。此外，據考證，世界其他國家的栽培大豆，幾乎都是直接或間接從我國引去的。”《中國農業百科全書·大豆》云：“大豆起源於中國……公元前 239 年的《吕氏春秋·審時篇》中載有‘得時之菽，長莖而短足，其莢二七以爲族’。漢朝《史記·五帝本紀篇》記載：‘軒轅乃修德振兵，治五

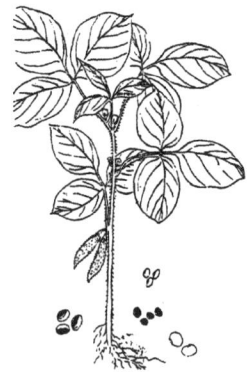

大　豆
（清吴其濬《植物名實圖考》）

氣，蓺五種，撫萬民，度四方，教熊羆貔貅貙虎，以與炎帝戰於阪泉之野。三戰，然後得其志。'鄭玄注《周禮》曰：'五種，黍、稷、菽、麥、稻也。'由此可見在公元前 2560 年的黃帝時期已種菽（大豆）。中國最早的一部詩歌總集《詩經》中多次提到菽。如《詩經·豳風·七月》中記載：'黍稷重穋，禾麻菽麥'……《詩經·小雅·采菽》載有'采菽采菽，筐之筥之'等。從《詩經》來看，中國栽培大豆至少有三千年左右的歷史。1959 年中國山西省侯馬縣發掘出土的大豆種粒多顆……用 ^{14}C 測定，其豆粒為 2300 年前戰國時代的遺物。豆粒黃色，百粒重 18～20 克，是迄今為止世界上發現最早的大豆出土文物……永田忠男（1956、1959）指出，大豆起源於中國東部，大概在中國的北部和東部地區，原因之一是這些地區有野生大豆的分布。由於黃河流域一帶，分布有野生大豆及半野生大豆，大豆的品種類型和變異較多，而且農業歷史悠久，因而多數中外學者認為，中國的黃河中下游地區，應是大豆的起源中心。"又云："從商周到秦漢時期，大豆在黃河流域一帶是人民的重要糧食之一，到了漢武帝時，中原地區連年災荒，大量農民移至東北，大豆隨之引入東北。長江出土的漢墓文物中有大豆製品，說明 2000 年前在中國的南方已有大豆種植。《宋史·食貨志》記載，宋朝時江南一帶曾遇饑荒，從淮北等地調運北方盛產的大豆種子，到江南各地種植。戰國時期在鄰近朝鮮的燕、齊兩地人民和朝鮮有農業技術的交流，把大豆傳入了朝鮮。在西漢時期可能將大豆傳入了日本。1959—1960 年永田忠男認為，中國大豆大約於公元前 200 年的秦朝時代，自華北引至朝鮮，

而後又自朝鮮引至日本。而日本南部地區的大豆，是在 6 世紀直接由商船自華東一帶引去。德國植物學家 E. 凱卜福爾（Kaempfer, 1712）詳細論述了日本人用大豆製成的各種食品。1715 年歐洲藥理學家，已熟悉日本的大豆及其在醫藥方面的用途。1740 年法國傳教士曾將中國大豆引至巴黎試種。1790 年，英國皇家植物園首次試種大豆。1873 年以後，維也納人 F. 哈卜蘭德（Haberlandt）自維也納博覽會上得到 19 個中國與日本的大豆品種，并進行試種，其中四個品種能結實。美國種植大豆最早為 1765 年，係由東印度公司的海員 S. 鮑文（Bowen）將中國大豆帶到佐治亞州。美國駐法大使 B. 佛蘭克林（Franklin）第二個把大豆引入美國，1770 年他將大豆由法國送到費城……第二次世界大戰後，美國大豆生產迅速發展，成為世界產量最多的國家。1882 年大豆被引到巴西試種，20 世紀 70 年代以來產量僅次於美國。現在大豆已在世界各地廣為栽培。"中國古籍中記載大豆及其異名頗多。如《詩·大雅·生民》曰："蓺之荏菽，荏菽旆旆。"毛傳："荏菽，戎菽也。"鄭玄箋："大豆也。"北魏賈思勰《齊民要術·大豆》："（《爾雅》曰：'戎菽謂之荏菽。'孫炎注曰：'戎菽，大菽也。'張揖《廣雅》曰：'大豆，菽也。小豆，荅也。'……）春大豆，次植穀之後……葉落盡，然後刈。"元王禎《農書》卷七云："大豆有白、黑、黃三種……崔寔曰，正月可種蜱豆，二月可種大豆。又曰，三月桑椹赤，可種大豆，又曰，四月時雨降，可種大小豆。大概美田欲稀，薄田欲稠也。種豆之法貴晚，蓋早則零落而損實也。其大豆之黑者，食而充飢，可備凶年；豐年可供牛馬料食。黃

豆可做豆腐，可作醬料。白豆，粥飯，皆可拌食。三豆色异而用別，皆濟世之穀也。"明李時珍《本草綱目・穀三・大豆》："〔釋名〕尗。俗作菽。時珍曰：豆、尗皆莢穀之總稱也。篆文尗，象莢生附莖下垂之形。豆象子在莢中之形。《廣雅》云：'大豆，菽也。小豆，荅也。'角曰莢，葉曰藿，莖曰萁。……〔集解〕……時珍曰：大豆有黑、白、黃、褐、青、斑數色：黑者名烏豆，可入藥及充食，作豉；黃者可作腐，榨油，造醬；餘但可作腐及炒食而已。皆以夏至前後下種，苗高三四尺，葉團有尖，秋開小白花成叢，結莢長寸餘，經霜乃枯。"清吳其濬《植物名實圖考・穀類・白大豆》云："黃豆今俗呼毛豆；種植極繁，始則爲蔬，繼則爲糧，民間不可一日缺者。其花極小，豆色黃，或有黑臍，形微扁，亦有大、小、早、遲各種。"大豆籽粒含40%左右之蛋白質和20%左右之脂肪，遠比水稻、小麥、玉米、高粱、穀子等作物高得多。大豆蛋白質含量居動植物食品之首位，并且品質好，具備各種氨基酸，特別是人體必需之八種氨基酸。大豆油脂中含人體健康所必需之不飽和脂肪酸

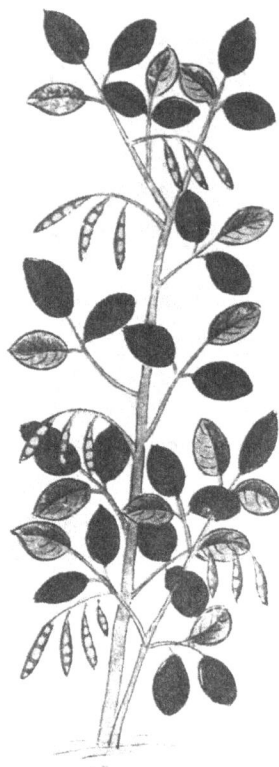

黑大豆
（明盧和《食物本草》）

高達80%以上，爲食用油的主要來源之一。在食用方面，將大豆粉和小麥麵及玉米麵或小米麵等配合成雜合麵，是中國北方長期以來之重要食糧；現在大豆蛋白製品已步入人類高級蛋白營養食品之行列，除用於中國之傳統食品豆腐、豆粉、豆漿、豆腐腦、豆腐乳、豆腐乾、腐竹、醬油、豆醬等；還將大豆加工成仿生食品，如人造豬排、牛排、鷄肉、魚肉、大蝦仁肉、香腸、火腿等，幾乎可以仿造任何肉類，深受人們青睞。大豆蛋白食品可以顯著降低血液中之膽固醇，具有良好之生理保健效果，備受推崇。目前世界上大豆食品已有數千種，帶動了食品工業，擴大了對大豆之需求。大豆亦是養殖業中優質蛋白飼料，足够之蛋白飼料對提高畜禽產品數量、品質皆起着十分重要之作用。除此之外，大豆是新興之輕化工業、醫藥等行業之重要原料。大豆在中國一直是五大栽培作物之一，且分布最廣。北起黑龍江，南至海南島，東起山東半島，西至新疆伊犁盆地，凡有農作物生長之地方，幾乎都有大豆種植。種植面積較大之省份有黑龍江、吉林、遼寧、河北、河南、山東、安徽、江蘇，近年來內蒙古、山西、陝西等省區亦有較大發展。由於大豆在中國栽培歷史悠久，分布面積廣闊，全國各地存有大量農家品種。20世紀初，開始采用現代育種方法選育大豆

白大豆（清吳其濬《植物名實圖考》）

品種。尤其自 50 年代以來，全國大豆育種工作全面開展，主要用雜交育種法先後育出數百個大豆優良品種，如“東農 36”“黑河 3 號”“吉林 16”“鐵豐 18”“齊黄 1 號”“晋豆 1 號”“徐豆 1”“矮脚早”“湘豆 3 號”以及“豫豆系列”等。

【菽】[1]

即大豆。此稱始行於周朝。“菽”字原爲豆類之總稱，後專指大豆。見該文。

【尗】

即大豆。同“菽”。《説文·尗部》：“尗，豆也，尗象豆生之形也。”王筠《釋例》：“尗之中一爲地，上爲莖，下爲根。”但據西周彝器銘文發現，“尗”其實爲“卡”，其下三點應釋爲大豆之根瘤，表示多數之意。見該文。

【戎菽】[1]

即大豆。亦稱荏菽。此稱秦漢時已有。見該文。

【國豆】[1]

即大豆。此稱多行於漢代。見該文。

【黄豆】

即大豆。以其種皮黄色而得名。此稱明代已有，沿用至今。見該文。

【黑大豆】

大豆之一種。因其種皮黑而得名。明李時珍《本草綱目·穀三·大豆》：“〔集解〕《別録》曰：大豆生太山平澤，九月采之。頌曰：今處處種之。有黑白兩種，入藥用黑者。”見該文。

【白大豆】

大豆之一種。清吴其濬《植物名實圖考·穀類·白大豆》：“昔人多以爲即黄豆，然自是兩種。”見該文。

【青豆】

大豆之一種。種皮爲緑色，豆粒多爲副食或蔬菜。俗稱茶豆，亦有稱其毛豆者。清吴其濬《植物名實圖考·穀類·白大豆》：“市中以爲烘青豆者是褐者，俗曰茶豆，形長圓，大抵皆炒以爲茶素。種者皆於蜀秫隙地植之，不似黄豆用廣。”《事物異名録·蔬穀·豆》：“〔沙田豆〕《仁和縣志》：‘青豆炒食。嫩者爲烘豆，稱沙田豆。’按俗謂毛豆者是也。”參見第三章《蔬類説》（上）第十節“豆類考”中之“毛豆[2]”文。

【毛豆】[1]

即大豆。此稱古已有之，今人仍沿用之。見該文。

緑豆

穀名。豆科豇豆屬（早期之分類學家將緑豆歸爲菜豆屬）栽培種。緑豆〔*Vigna radiata*（L.）Wilczek〕爲一年生草本植物。緑豆根系分爲兩類，深根系者主根比較發達，入土較深；淺根系者主根不發達，側根細長。植株被細茸毛，有直立、半蔓生和蔓生三種類型，幼莖爲緑色或紫色。初生葉爲寬披針形，無葉柄；真葉爲三出複葉，互生，小葉卵圓形或心臟形，全緣。總狀花序，腋生，花梗頂部簇生對生小花，花黄色或黄帶緑色。莢果多爲細長圓筒形，成熟莢黑色或褐黄色，外被短毛。種子緑色，亦有褐、黑等色。別名菉豆、稙豆、吉豆等。關於緑豆之起源有多種學説。曹廣才等主編《北方旱地主要糧食作物栽培·緑豆》云：“最早 De Candolle（1886 年）在《栽培作物起源》一書中，認爲緑豆起源於‘印度及尼羅河流域’；Н.И.Вавиъыов（1935 年）在《育種的理論基礎》一書中，認爲緑豆起源於‘印度起源中心’和‘中亞起源中心’；E.Bretsch-neider（1898 年）在考證綠豆模式時，認爲起源於中國廣州；我國學者丁振麟（1959 年）也認爲綠豆原産中國。1979 年由中國農業科學院品種資源研究所、雲南大學和雲南省農科院等單位組成的考察組在雲南、廣西、貴州等地海拔 1000 ～ 1800 米的燥熱河谷地區發現有大片野生綠豆分布，并有不同的變异類型。大量豐富的綠豆品種資源遍布全國各地，因此，認爲我國也是綠豆起源地之一。”綠豆在中國有2000 年以上之栽培歷史。北魏賈思勰《齊民要術・大豆》云：“今世大豆，有白、黑二種，及長梢、牛踐之名。小豆有菉、赤、白三種。”元王禎《農書》卷七：“今世小豆有菉豆、赤豆、白豆、豇豆、豍豆，皆小豆類也……北方惟用菉豆最多，農家種之亦廣。人俱作豆粥豆飯，或作餌爲炙，或磨而爲粉，或作麵材；其味甘而不熱，頗解藥毒，乃濟世之良穀也。南方亦間種之。”明徐光啓《農政全書・樹藝・菉豆》：“菉豆，本作綠，以其色名也。粒大而色鮮者爲官綠，皮薄粉多；粒細而色深者爲油綠，皮厚粉少。早種者，呼爲摘綠；遲種，呼爲拔綠。以水浸濕，生白芽，爲菜中佳品。”綠豆營養價值高，它含有豐富之蛋白質、澱粉、各種礦物質、多種維生素

綠　豆
（清吳其濬《植物名實圖考》）

和各種氨基酸。據測定，綠豆中蛋白質含量是其他穀類的二至三倍，維生素和微量元素含量不僅比穀類高，也高於猪肉、牛奶、鷄肉、魚類。綠豆是調劑飲食之佳品，它不僅可與大米、小米混煮作粥飯，還可製成花色多、風味好之綠豆糕、綠豆飴、粉絲、粉皮、綠豆澱粉及綠豆沙等食品。著名之山東“龍口粉絲”享譽國際市場，四川瀘州“綠豆大麯”、安徽之“明綠液”等酒，皆風味獨特，深受消費者歡迎。綠豆芽營養豐富，味道鮮美，在中國已有悠久歷史，亦是被世界各國越來越重視之一種蔬菜。綠豆之藥用價值，在中國古代食療專著中早有記載。唐代《食療本草》中稱“研煮汁飲，治消渴，又去浮風、益氣力、潤皮肉”；明代《本草綱目》中稱“綠豆粥解熱者，止煩渴”；清代《隨息居飲食譜》中有“綠豆甘凉，煮食清膽養胃，消水腫，利小便，止瀉痢”等描述。中醫學認爲，綠豆及其花、葉、種皮、豆芽和澱粉均可入藥，其味甘性寒，入胃、心二經，内服有消熱解毒、消水利腫、明目降壓等功效，對治療動脉粥樣硬化，減少血液中膽固醇以及保肝等亦有明顯作用。外敷對治療瘡癤、燙傷、創傷等症均有療效。綠豆湯是中國家庭傳統清熱消暑劑。

菉　豆
（明盧和《食物本草》）

中國農科院品種資源研究所傅翠真、河南省農科院李安智等人采用中草藥化學成分系統測試法，定性分析了綠豆之藥用有效成分，結果表明綠豆及綠豆湯中含有香豆素、生物鹼、植物甾醇等生理活性物質；綠豆衣中含有單寧，適量之單寧能凝固微生物原生質，有抗菌作用，并且單寧可與重金屬結合成沉澱物，可作爲重金屬中毒之解毒劑。隨着科技之發展和人們生活水準之提高，保健食品備受歡迎，研製出了綠豆系列之營養方便食品和療效很好的保健食品。綠豆加工系列產品填補了中國對綠豆綜合利用之空白，爲開發利用綠豆資源提供了一條新途徑。綠豆較其他豆類作物，具有生育期短、抗旱、耐瘠、適應性廣等特點，在中國種植極爲廣泛，東起沿海一帶及臺灣省，西至雲、貴、川、新疆等地，南到海南島，北達黑龍江、内蒙古等省區都有栽培。主要産區集中在黃河、淮河流域之平原地帶，以河南、山東、河北、安徽最多，陜西、山西、四川、江蘇、貴州等省次之。主要優良品種有山東之"山東綠豆"，河北、吉林之"鸚哥綠豆"，安徽之"明光綠豆"及新育成的"Vc2778A""中綠一號"等。

【菉豆】

即綠豆。古名。"菉"爲"綠"之异體字。此稱南北朝時已行用。見該文。

【稙豆】

即綠豆。此稱爲綠豆之古名。見該文。

【吉豆】

即綠豆。此稱爲綠豆之古名。見該文。

小豆

穀名。豆科，豇豆屬栽培種，小豆〔*Vigna angularis*（Willd）Ohwi & Ohashi〕爲一年生草本植物。小豆原爲菜豆屬小豆種，20 世紀 60 年代以來已劃歸豇豆屬。圓錐根系，根系發達。莖多爲綠色，亦有紫紅色者，蔓生、有纏繞性。初生葉兩片，次生葉爲三出複葉，葉柄長，有近圓、劍頭等形狀。總狀花序，腋生；花梗長，花黃色，花柄短小。莢果長筒形，略彎曲，無毛，幼莢綠色，少爲紫色，成熟莢黃白、淺褐或黑色。種子兩端略圓或呈截狀，粒形有矩圓形、長圓柱和近球形，臍呈白色條狀。種皮有紅、白、綠、黃等色或黑花紋等。小豆古名赤菽、小菽，荅，別名赤豆、赤小豆、紅豆、紅小豆等。曹廣才等主編《北方旱地主要糧食作物栽培·小豆》："小豆起源於中國，蘇聯著名的植物學家瓦維洛夫（Н.И.Вавилов）在《主要栽培植物的世界起源中心》一書中，將小豆的起源地列入中國起源中心，這是他提出的八個栽培植物起源地的第一個最大的獨立的世界農業發源地和栽培植物起源地，包括中國的中部和西部山區及其毗鄰的低地。我國丁振麟教授（1961 年）在《作物栽培學》上册一書中，也提出了小豆原產我國，并且提出我國西藏喜馬拉雅山區一帶尚有野生種和半野生種存在。我國湖南長沙馬王堆漢古墓中發掘出已炭化的小豆種子，這是世界發現年代最早的小豆遺物。1979 年在我國雲南省的考察及近年在山東、湖北、陜西等地的考察，均發現并采集了小豆的野生種及其不同的野生類型，更進一步爲小豆起源於我國提供了新的證據。"又云："小豆在我國栽培的歷史悠久，在我國古代農書所記載的食用豆類中，有關小豆的資料出現最早。西漢《氾勝之書》（前 100 年後期）較明確記載了小豆的播種期、播量、田間管理及其收穫和產量等；西漢《神農本草經》（前202年至公元25年）記載了小豆的藥用價值；南北朝時期的《齊民要術》（公元537—557）已詳細記載了小豆的耕作方法，故我國栽培小豆的歷史至少兩千年以上。小豆在歐美等地栽培較少，是東南亞的重要農作物。因小豆主要分布於亞洲東部地區，故有‘東亞作物’之稱。小豆是公元3—8世紀，由中國經朝鮮傳入日本，在日本形成次生中心，近年引種到世界其他地區。”中國古籍中記載小豆者頗多。北魏賈思勰《齊民要術・大豆》：“張揖《廣雅》曰：‘大豆，菽也。小豆，荅也。’……《廣志》曰：‘重小豆，一歲三熟，檓甘。’”又《小豆》云：“小豆，大率用麥底。然恐小晚，有地者，常須兼留去歲穀下以擬之。夏至後十日種者爲上時（一畝用子八升），初伏斷手爲中時（一畝用子一斗），中伏斷手爲下時（一畝用子一斗二升），中伏以後則晚矣。”宋羅願《爾雅翼・釋草一・菽》云：“然大豆以二月中旬種者爲上時，至三四月則費子；小豆以五月爲上時，上伏中伏次之。”元王禎《農書》卷七：“今世小豆有菉豆、赤豆、白

豆、豇豆、䃭豆，皆小豆類也。”明李時珍《本草綱目・穀三・赤小豆》：“〔釋名〕赤豆、紅豆、荅、葉名藿……〔集解〕……時珍曰：此豆以緊小而赤黯色者入藥，其稍大而鮮紅、淡紅色者，并不治病。俱於夏至後下種，苗科高尺許，枝葉似豇豆，葉微圓峭而小。至秋開花，似豇豆花而小淡，銀褐色，有腐氣。結莢長二三寸，比綠豆莢稍大，皮色微白帶紅。三青二黃時即收之，可煮可炒，可作粥、飯、餛飩餡并良也。”小豆營養豐富，籽粒中蛋白質含量高，并含有VB1、VB2和磷、鈣、鐵、鋅等多種微量元素，蛋白質中含有人體內必需之八種氨基酸。中國人民自古就有食用小豆之習慣。如用小豆煮大米、小米稀飯，與麵粉、玉米麵摻和做主食。小豆對金黃色葡萄球菌、福氏痢疾杆菌及傷寒杆菌有明顯之抑制作用和利尿保健等功效。近年來，隨着人們生活水準的提高和膳食結構之變化，紅小豆製品越來越受消費者喜愛。如豆沙包、豆羹、小豆冷飲，多種中西式小豆糕點應運而生，也帶動了食品加工業之發展。中國是世界上小豆主產國，產區主要分布在華北、東北、黃河流域和長江中下游地區及臺灣省。中國地域遼闊，自然條件十分複雜，在長期之生產中，勤勞智慧之中國人民積累了極爲豐富多樣之農家小豆品種。例如內蒙古之“興安紅小豆”、遼寧之“遼小五號”、黑龍

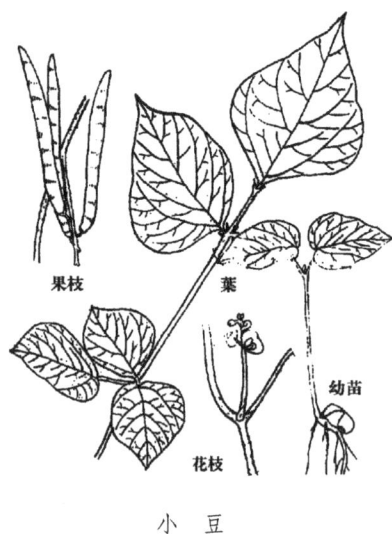

果枝　葉

幼苗

花枝

小　豆

赤小豆

（明盧和《食物本草》）

江之"大紅袍"、北京之"密雲紅小豆"、山東之"牟平紅小豆"、河南之"汲縣紅小豆"和臺灣之紅小豆等。天津市和河北省産之"天津紅小豆"被外商譽爲"紅珍珠"。通過雜交育種，也育出很多好品種，如"豫紅小豆一號"及冀紅小豆系列等。

【赤菽】

即小豆。此爲小豆之古名。因"菽"爲古時對豆類穀物之總稱，小豆種皮紅色，故稱赤菽。見該文。

【小菽】

即小豆。此乃小豆之古稱。宋羅願《爾雅翼·釋草一·菽》云："菽，豆也。"故小菽，即小豆也。見該文。

【荅】

即小豆。此稱三國已行用。見該文。

【赤豆】

即小豆。亦稱紅豆。因其種皮爲紅色而得名。此稱元代已行用。見該文。

【赤小豆】

即小豆。亦稱紅小豆。此稱明代已行用。見該文。

飯豆

穀名。豆科，豇豆屬栽培種。飯豆〔*Vigna unguiculate*（Linn.）Walp.〕爲一年生草本植物。飯豆原定爲菜豆屬，20世紀60年代以來已劃歸豇豆屬。根系強大，上着生小根瘤。莖多綠色，亦有紫紅色，株高100～300厘米。初生葉長橢圓狀披針形，對生，三出複葉，小葉卵狀菱形。腋生總狀花序，花冠鮮黃色，早晨開放，午後凋萎。莢簇生，呈細長圓筒形，光滑或有茸毛，成熟莢色褐或黑。種子長圓形，兩端圓，種臍白色凸出，中部直綫下凹；籽粒顏色有黃白、紅、黑、花斑等。飯豆亦稱米豆、蔓豆、竹豆、精米豆和爬山豆等。飯豆起源有兩種説法。《中國農業百科全書·飯豆》云："一種意見認爲起源於興都斯坦，印度支那—印尼及中國—日本起源中心，從喜馬拉雅山區和中國中部到馬來西亞都有野生飯豆。另一種意見認爲起源於喜馬拉雅山到斯里蘭卡的熱帶地區。1958年到1979年在雲南省采集到野生飯豆和飯豆的近緣植物。"中國作爲飯豆之起源中心，無疑有悠久栽培歷史。但筆者查閲了一些古籍，均未發現有對飯豆之記載。飯豆籽粒中除含有碳水化合物、脂肪等營養成分外，還有較高含量之蛋白質及鈣、鐵等元素。常與大米、小米等同煮做飯或單煮豆粒食用，亦可製豆餡等糕點。幼苗、嫩莢可作蔬菜。莖、葉、籽粒均爲優質飼料。飯豆生長快，枝葉茂盛，是良好之綠肥和覆蓋物；亦可種植在庭院或住宅四周作綠色籬笆。中國東北三省及内蒙古、山西、陝西、貴州、雲南、臺灣等省區是飯豆主産區。中國飯豆資源數量和類型較多，已搜集資源600多份。生産上種植多爲地方品種，如貴州

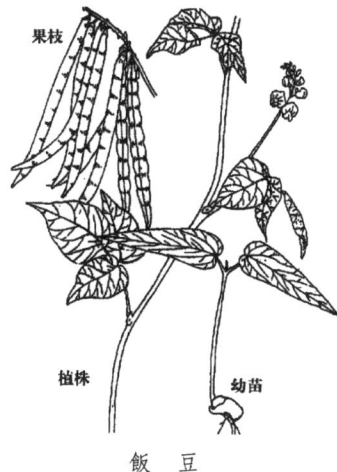

飯　豆

黃平之紅爬山豆、雲南彌渡之大白飯豆、陝西山陽之白蔓豆等。

【米豆】

即飯豆。此稱多行於中國北部省區。見該文。

【蔓豆】

即飯豆。此稱多行於中國陝西等北部地區。見該文。

【竹豆】

即飯豆。此稱多行於中國南部地區。見該文。

【精米豆】

即飯豆。見該文。

【爬山豆】

即飯豆。此稱多行於貴州等地區。見該文。

多花菜豆

穀名。豆科，菜豆屬中之栽培種。多花菜豆（*Phaseolus coccineus* L.）爲一年生或多年生草本植物。圓錐根系，能形成細長之塊根；普遍爲一年生，亦可宿根爲多年生。幼莖有毛，莖略有棱，相互纏繞。三出複葉，互生，葉柄有凹溝，疏生茸毛，葉面色綠，葉背灰白。腋生總狀花序，花梗細長，有棱；小花對生，花冠大，色白、朱紅或鮮紅。莢果略彎，成熟時褐黃色。種子寬腎形，凸扁，種子間有隔膜；粒長圓形，臍大，單色或花色。多花菜豆一個花序上約有小花十至二十對，因其花多而得名。別名紅花菜豆、大白芸豆、大花豆、大黑豆、荷包豆、看花豆等。《中國農業百科全書・多花菜豆》云：“起源於墨西哥或中美洲，或這兩地區。在墨西哥發現公元前 7000—前 5000 年的多花菜豆籽粒殘存物。中美洲是多年生類型的馴化地，至今仍有栽培。危地馬拉和歧亞帕斯（Chiapas）海拔約 1800 米的冷涼濕潤高原上有

很多野生多花菜豆類型。在 2200 年前墨西哥德哈康谷地（Tehuacan valley）已有馴化的多花菜豆。1633 年引入歐洲。中國種植多花菜豆的歷史不詳，雲南、貴州、四川等省早有栽培。”多花菜豆含有蛋白質、脂肪、碳水化合物及磷、鈣、鐵、維生素 B1、維生素 B2、維生素 PP、維生素 C 等多種微量元素和維生素。以食用乾豆籽粒爲主。可煮食、做湯，製糕點、豆餡、罐頭等。嫩莢可作蔬菜。莖葉作牲畜飼料。多花菜豆喜溫涼濕潤氣候，對土壤要求不嚴格。中國以四川、雲南、貴州、陝西、山西等省種植較多。栽培者均爲地方品種，如雲南之南華大白芸豆、祿勸大花豆、陝西省之漢中大白豆、貴州省威寧大花豆及賓川大白芸豆等。

【大白芸豆】

即多花菜豆。此稱多行於雲南等地區。見該文。

【大花豆】

即多花菜豆。此稱多行於雲南、貴州等省區。見該文。

【大黑豆】

即多花菜豆。此稱行於現代。見該文。

【看花豆】

即多花菜豆。此稱行於現代。見該文。

【紅花菜豆】

即多花菜豆。此稱行於現代。見該文。

利馬豆

穀名。豆科，菜豆屬中之栽培種，利馬豆（*Phaseolus lunatus* L.）爲一年生或多年生草本植物。分小粒栽培組群和大粒栽培組群。株形有直立、半蔓生和蔓生三種類型。大粒蔓生類型主根粗壯，小粒類型主根較弱。三出複葉，

小葉爲卵圓形、闊三角或披針形。腋生總狀花序，旗瓣多爲灰綠色，偶有紫色、黃白或紫紅色；翼瓣白色。莢扁平，長方形，有時彎曲。籽粒爲扁腎形，有白、淺黃、紅、紫、黑或帶花紋等色，從臍向外緣有明顯射綫。歐洲人於16世紀在秘魯利馬第一次見到這種豆類，故名爲利馬豆。別名荷包豆、金甲豆、雪豆、玉豆、洋扁豆等。《中國農業百科全書·利馬豆》云：“利馬豆起源於墨西哥至秘魯的廣大地區。小粒型起源於墨西哥沿太平洋沿岸的丘陵地帶，大粒型起源地爲秘魯。在秘魯發現有公元前6000—前5000年的利馬豆殘存物，在墨西哥發現有公元前500—前300年的小利馬豆子遺物。哥倫布發現美洲以前，印第安人已廣泛栽培利馬豆。以後從中美洲傳到美國、西印度群島和亞馬孫盆地。隨後從巴西傳到非洲，由西班牙人傳到菲律賓，再傳到亞洲各地。”利馬豆何時、通過什麼途徑傳到中國，古今典籍未有記載。中國有零星栽培，主要分布在廣西、廣東、雲南、江西、江蘇、臺灣等省區。豆粒中含有蛋白質、脂肪、碳水化合物等營養成分。大粒利馬豆色艷味美；深色小粒品種籽粒含氫氰酸較多，有毒，需煮後用水清洗幾次纔能食用；白粒品種含氫氰酸較少，食用安全。乾籽粒可作主食，亦可製成罐頭食品。其青豆爲優質蔬菜，并可快速冷凍後出售。因其枝葉茂盛，是良好之覆蓋物和綠肥，莖葉亦可作爲飼料。利馬豆要求較溫暖而穩定的氣候，對土壤要求不很嚴格。中國利馬豆種質資源較少，均爲蔓生型。栽培較多之小粒型品種如江西白玉豆、花玉豆、廣西小荷包豆，大粒型品種如雲南荷包豆、海南之麵豆、江西之大花玉豆等。

【荷包豆】[1]

　　即利馬豆。此稱多行於雲南、廣西等地區。見該文。

【玉豆】[1]

　　即利馬豆。此稱多行於江西。見該文。

【金甲豆】

　　即利馬豆。此稱行於南方地區。見該文。

【洋扁豆】

　　即利馬豆。此稱行於南方地區。見該文。

【雪豆】

　　即利馬豆。此稱行於南方地區。見該文。

【麵豆】

　　即利馬豆。此稱多行於廣東、海南等地區。見該文。

木豆

　　穀名。豆科，木豆屬中之栽培種。木豆〔*Cajanus cajan*（L.）Millsp.〕爲一年生或多年生木本植物。爲直立小灌木，株高1～3米。主根可深入土層2米。小枝柔弱，密被灰色短茸毛，上有縱棱。葉互生，三出複葉，葉片長矩圓披針形。總狀花序，腋生，花冠黃色。莢果扁平，有黃色柔毛，莢果在種子間有凹陷斜槽。種子扁圓形，具黃棕色、黃色、灰白色、紫色、黑色或有斑點，在較平一側有小種臍。木豆別名樹豆、柳豆、樹黃豆、鴿豆。《中國農業百科全書·木豆》云：“原產於印度，或埃及與東非之間。公元前2000多年在埃及已有栽培，以後廣泛分布到非洲和亞洲的東南部，16世紀傳入美洲，18世紀傳到太平洋各地。木豆廣泛分布於熱帶和亞熱帶地區，從30ºS到30ºN均有栽培。”栽培木豆大約在1500年前從印度東部傳入中國。1999年，國際半干旱熱帶作物研究所木豆育種專家薩克塞納（K.B.Saxena）博士和木豆資源專家杰雷迪（I.Jreddy）博士在我國考察鑒定認爲，中國有野生和半野生的木豆近緣種分布，中國是否是木豆起源亞中心之一，有待進一步考證。現在華南和西南各省有少量栽培。籽粒含蛋白質、脂肪、碳水化合物和多種微量元素、維生素。籽粒可直接煮熟食用，亦可製成豆粉、豆腐、豆漿、豆芽、豆醬、豆餡等。嫩莢和鮮豆粒常作蔬菜。鮮莖葉是優良之青飼料，蛋白質含量豐富，消化率高。籽粒亦是畜禽之好飼料。種植木豆，還可作覆蓋作物、蜜源植物、綠籬、優質綠肥等。栽培之木豆種可分爲兩個變種：黃花變種（C.cajan var. flavus）和紫紋變種（C.cajan var. bicolor）。黃花變種植株較矮小，一年生，早熟，主要生產籽粒，有許多品質優良之白粒和紅粒品種。紫紋變種，植株較高，多年生灌木，除收籽粒外宜作飼料、綠肥和覆蓋作物。

【樹豆】

即木豆。此稱行於現代。見該文。

【柳豆】

即木豆。此稱行於現代。見該文。

【樹黃豆】

即木豆。此稱行於現代。見該文。

【鴿豆】

即木豆。此稱行於現代。見該文。

小扁豆

穀名。豆科，小扁豆屬中之栽培種。小扁豆（Lens culinaris Medic.）爲一年生或越年生草本植物。其根系分爲三種類型：淺根系，側根多，根瘤亦多；深根系，主根細長；中間類型。莖柔軟，淺綠色，有的爲紫色，有細小茸毛，方形有棱，基部木質化，直立、叢生或半蔓生。互生羽狀複葉，小葉多對生，卵形或綫條形，淺綠色或藍綠色。腋生總狀花序，花梗細長，花小，有白色、淺藍色或粉紅色。莢果長橢圓形，兩側扁，成熟時莢黃色或褐色。種子爲圓凸透鏡形，種皮淺紅、綠、綠帶紅、灰或黑色，有的帶黑斑點，少數表面有皺紋，種臍小。小扁豆亦稱濱豆、鷄眼豆等名。《中國農業百科全書・小扁豆》云："小扁豆起源於亞洲西南部和地中海東部地區。在土耳其和伊拉克都發現有野生小扁豆。公元前 7000—前 6000 年在近東地區和土耳其南部已開始種植，并於史前傳入埃及；在新石器時代由愛琴海經多瑙河谷傳入歐洲中部；到青銅器時代已廣泛傳布到地中海地區、歐洲和亞洲，中國的小扁豆由印度傳入。"小扁豆籽粒含蛋白質、碳水化合物、脂肪及多種維生素、礦物質等營養成分。可與小麥、玉米等一同磨麵作主食或製凉粉。亦可製作罐頭食品、甜食和即溶小扁豆粉。嫩莢、葉、豆芽是優質蔬菜。籽粒澱粉亦用於紡織和印刷工業。豆稈、籽粒皆是良好飼料，新鮮莖葉爲良好綠肥。小扁豆適於冷凉氣候，多種在温帶和亞熱帶地區，在熱帶地區常在最寒冷之季節或在高海拔地區栽培。中國主產區在山西、陝西、甘肅、河北、河南、雲南

小扁豆
（清吳其濬《植物名實圖考》）

等省。小扁豆之栽培種又分爲兩個亞種：大粒亞種和小粒亞種。小扁豆在中國分布地區較廣，種質資源亦較豐富。在生育期、籽粒大小、粒色等方面，各地均有不同類型。

【濱豆】

即小扁豆。此稱行於現代。見該文。

【鷄眼豆】

即小扁豆。此稱行於現代。見該文。

鷹嘴豆

穀名。豆科，鷹嘴豆屬中之栽培種。鷹嘴豆（*Cicer arietinum* L.）爲一年生或越年生草本植物，因其籽實尖如鷹嘴，故名。其主根強大，支根發達，長有許多根瘤。株形直立，叢生，分枝性強。莖葉和莢果均被有疣腺毛，分泌苦辣味之液汁。奇數羽狀複葉，葉色綠、淺藍或淺黃，卵圓或橢圓形，有鋸齒。單花，腋生，花冠爲淺綠、白、粉紅或藍色。莢果膨大，内含一或二粒種子；種子有一尖角，種皮皺縮，有環白、紅或黑色之小臍。鷹嘴豆亦稱桃豆、鷄豌豆。《中國農業百科全書·鷹嘴豆》云："鷹嘴豆起源於亞洲西部和近東地區，或興都斯坦、中亞和近東起源中心，1970 年在土耳其發現了公元前 5400 多年的鷹嘴豆殘存物。在公元前 2000 多年在尼羅河流域已有栽培。在中東、地中海地區、埃塞俄比亞和印度，栽培鷹嘴豆的歷史也很悠久。主要分布在世界温暖而又比較乾旱的地區。1986 年種植鷹嘴豆的國家約 40 個……中國新疆維吾爾自治區、甘肅和雲南省有少量栽培。"鷹嘴豆何時、通過什麼途徑傳入中國，未見文字記載。其籽粒中含有蛋白質、脂肪、碳水化合物、纖維素、微量元素和維生素等營養成分，且净蛋白質含量較高，容易消化和吸收。籽粒可作主食，亦可製成罐頭食品或炒熟食用；青豆、嫩葉可作蔬菜。鷹嘴豆之澱粉是棉、毛、絲紡織原料上漿和抛光及製造工業用膠之優質原料。籽粒、莖葉均爲優質飼料。中國新疆、甘肅於早春播種，夏秋收穫；雲南省播種和收穫時間與蠶豆一樣。鷹嘴豆在我國種植面積很小，種質資源也很少。

種子 果枝

鷹嘴豆

【桃豆】

即鷹嘴豆。此稱行於現代。見該文。

【鷄豌豆】

即鷹嘴豆。此稱行於現代。見該文。

第三節　薯類作物考

薯類作物是指以塊根、塊莖爲主要産品之草本或亞灌木栽培植物。本節祇述及作爲世界三大薯類之甘薯、馬鈴薯和木薯，其餘有關薯類作物將在第三章《蔬類説》（上）之"薯芋類考"中介紹。三大薯類之馬鈴薯，中國不少地區雖作爲蔬菜種植，但在其主産區是以糧食作物或糧菜兼用作物栽培的，所以，我們仍將其放入本章介紹。

甘薯、馬鈴薯、木薯皆起源於熱帶美洲，是中美洲和南美洲之古老作物。20世紀60年代末，從秘魯智爾卡峽谷之洞穴裏發掘出甘薯塊根遺物，經鑒定至今已有8000—10000年之歷史。曹廣才等主編《北方旱地主要糧食作物栽培·馬鈴薯》云："最古老的馬鈴薯遺體化石碳14測定距今一萬年，表明人類在更新世冰河末期就開始馴化馬鈴薯了。"木薯亦約有4000年之栽培歷史。但它們傳入中國之時間不算太長。甘薯經海、陸兩路引入中國，陸路早於海路。陸路主要由印度和緬甸引入雲南省。明嘉靖四十一年（1563）《大理府志》有紫蕷、白蕷和紅蕷之記載。1979年何炳棣據3500多種地方志考證，認爲紫蕷、白蕷和紅蕷即爲甘薯。記載經海路者引入有《東莞縣志》（1911），萬曆庚辰年（1580）陳益自安南（今越南）采甘薯引入廣東，并命名爲番薯。林懷蘭也自越南將甘薯引入廣東。1593年陳振龍又自呂宋（今菲律賓）將甘薯引入福建，後經其後裔及地方官府大力推廣，傳播栽培技術，使甘薯擴種到長江、黄淮流域。馬鈴薯傳入中國之時間略晚於甘薯。據考證，中國最早傳入馬鈴薯之途徑可分爲南北兩路。北路首先傳至北京地區。明代萬曆年間，蔣一葵著《長安客話》稱北京之"土豆絶似吳中落花生及番芋"，證明16世紀末期北京已有馬鈴薯栽培。南路是，西班牙或荷蘭殖民者在侵略中國臺灣時（1557—1661）將馬鈴薯傳入。據荷蘭人約翰·斯特魯斯（John Struys）之報道，1650年在臺灣見到馬鈴薯栽培。後來由臺灣傳至大陸沿海之廣東、福建兩省。至今該地區仍稱馬鈴薯爲"荷蘭薯"。馬鈴薯之名，最早見於1700年福建省之《松溪縣志》。根據史實分析，馬鈴薯由北路傳入較早。中國於19世紀20年代引種木薯，至今有約二百年栽培歷史。薯類作物是中國重要農作物之一。尤其甘薯和馬鈴薯，均屬中國農業五大作物之一。聯合國糧農組織1986年生産年鑒統計，中國甘薯種植面積最大，約占世界總面積之61%。甘薯栽培在中國分布較廣，大部分地區皆有種植，尤以四川、山東、河南、安徽、廣東等省面積最大。馬鈴薯在中國分布比甘薯還要廣泛。北至黑龍江，南到海南省；東起臺灣省，西達天山南麓，一年四季皆有馬鈴薯種植。中國馬鈴薯種植面積居世界第一位，鮮薯總産量列世界第一位。

　　薯類作物其塊根或塊莖均富含澱粉和多種營養成分，過去在中國主要用作糧食；塊根、塊莖可直接蒸煮食用，或製成各種食品。隨着小麥、水稻等糧食作物單産之提高，種植面積之增大，人們之膳食結構已發生了很大變化。被叫作"粗糧"之薯類，在中國許多地區已不再是主糧。但是，薯類在發展農村經濟中之地位并没有降低。現在通常用作飼料和提取澱粉。薯類澱粉是食品工業等輕工業和醫藥製造業之重要原料，可製酒精、果糖、葡萄糖、麥芽糖、味精、啤酒、麵包、餅乾、蝦片、粉絲、醬料以及生産多種化工産品，如塑料纖維、塑料薄膜、樹脂、塗料、膠粘劑等。薯類深加工，前景非常廣闊。例如馬鈴薯可以加工成二千多種産品，使其經濟效益比鮮食提高數倍，甚至幾十倍。作爲飼料，薯類粗粉可以代替所有穀物成分，與大豆粗粉配成禽畜飼料，爲一種高能量飼料成分。用其澱粉作基質，可生産富含蛋白質和賴氨酸之飼料添加劑，或生産單細胞蛋白。甘薯莖葉和木薯葉皆營養豐富，可作青貯飼料，或曬乾磨粉作配合飼料。在談論薯類作物之經濟地位時，必須要注意到它們之生物學特性：適應範圍廣，對土壤要求不嚴格，耐旱耐瘠，抗灾能力强，增産潜力大等。正是薯類作物這些優勢，有力地解决了中國山區面積大、旱作地區多、種植其他作物産量低而不穩等問題，爲自然條件較差地區加快農業發展、脱貧致富，提供了一條有效途徑。如馬鈴薯，在海拔高、氣温低、無霜期短、十年九旱之高寒丘陵山區其經濟意義更爲重要。近幾十年來，中國在薯類作物之栽培、育種等方面采用了一系列新技術，增産效果十分明顯。例如莖尖脱毒組織培養技術之應用、推廣，使馬鈴薯和甘薯一般增産 30% ～ 50%，有的甚至成倍增長。

甘薯

　　穀名。薯蕷科，薯蕷屬中之一個栽培種。甘薯〔*Dioscorea esculenta*（Lour.）Burkill〕爲一年生或多年生草本塊根植物。甘薯爲根淺葉密，莖多匍匐生長，部分根可膨大成塊根之蔓生性作物。根分鬚根、柴根和塊根。塊根形狀有紡錘形、圓筒形、球形等，皮色有白、黄、紅、紫紅等，肉色有白、黄、紅、紫暈等。莖又稱蔓或藤，多匍匐生長，亦有半直立型和纏繞型，有緑、緑帶紫、紫褐色等；莖上有節，節部能生芽、發根。單葉互生，葉形有心臟形、掌狀形、戟形、三角形等，有緑、紫、褐色等。塊根、莖或葉破傷時，分泌出白色乳汁。花冠合瓣，漏斗形，似牽牛花，粉紅色，少數紫色或白色。果褐色。種子球形、扁球形，褐或黑色。甘薯古時稱金薯、朱薯、玉枕薯，又名番薯、紅薯、紅苕、山芋、地瓜、甘薯、白薯、山藥等。根據其植物學特徵、近緣植物之分布和細胞遺傳學之研究，一般認爲起源於美洲之秘魯、厄瓜多爾和墨西哥一帶。《中國農業百科全書·甘薯》云："甘薯起源於墨西哥尤卡坦半島和委內瑞拉奧里諾科河口之間，主要包括中美洲和南美洲的部分國家和大小安的列斯群島。20 世紀 60 年代末，從秘魯智爾卡峽谷的洞穴裏發掘出甘薯塊根遺物，經鑒定已有 8000—10000 年的歷史，同時在秘魯和墨西哥搜集到大量甘薯屬近緣野生種。1492 年哥倫布發現新大陸時，發現甘薯已在上述地區大面積栽培。後來由墨西哥、西印度群島和巴巴多斯傳入北美洲。16 世紀在世界範圍內，甘薯得到迅速傳播，一方面由葡萄牙航海者追隨航海家 V. 大革馬（Da Gama）的航迹自加勒比海地區、巴西和歐洲携帶甘薯向東引入非洲、印度、東南亞和印尼。另一方面，西班牙人自南美洲西部和墨西哥將甘薯傳到關島和菲律賓。16 世紀中葉傳入中國。17 世紀由中國福建省經琉球群島傳入日本。1765 年傳入朝鮮。甘薯經海、陸兩路傳入中國，陸路早於海路。陸路主要由印

度和緬甸引入雲南省。明嘉靖四十一年（1562）《大理府志》有紫蕷、白蕷和紅蕷的記載；1574 年《雲南通志》又有'紅薯'的記載，并指出當時甘薯已被雲南省六個府州地方志列爲當地物産。1979 年何炳棣據 3500 多種地方志考證，認爲'紫蕷、白蕷和紅蕷'，即爲甘薯。經海路的有《東莞縣志》（1911）記載，萬曆庚辰年（1580）陳益自安南（今越南）采甘薯引入廣東，并命名爲番薯。林懷蘭也自越南將甘薯引入廣東，因種植甘薯對救荒起過顯著作用，在廣東省電白縣特設番薯林公廟，以示紀念。1593 年陳振龍又自呂宋（今菲律賓）將甘薯引入福建省，經其子陳經綸上書金學曾巡撫倡議種植，收到顯著效果，隨後經其後裔大力推廣，傳播栽培技術，使甘薯擴種到浙江、山東、河南等省，遍及長江、黃淮流域。爲了紀念首先在福建等地引種甘薯的功績，在福州烏山上建有先薯祠，供奉着陳振龍、陳經綸、陳世元和金學曾的塑像。"甘薯塊根含有澱粉、糖分、蛋白質、脂肪、纖維素以及鈣、磷、鐵等礦物質；含有包括人體必需之八種氨基酸在內的十多種氨基酸和多種維生素，尤其以胡蘿蔔素及抗壞血酸含量較豐富，爲一般穀物所不及。甘薯不

甘薯（甘藷）
（清吴其濬《植物名實圖考》）

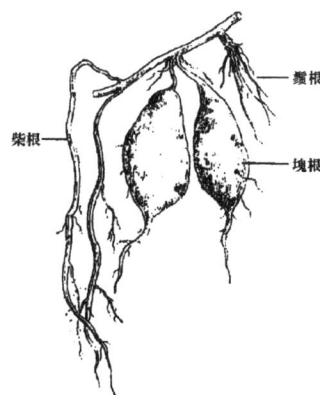

甘薯根之三種形態

僅營養豐富，且有提高人體免疫力、預防動脉硬化、治療糖尿病等功效。20 世紀 70 年代以前，中國不少地區以甘薯作爲主要糧食。農民常用"一季甘薯半年糧"這句話來形容甘薯在人民生活中之地位。除作主食外，甘薯通常還可製成薯乾、薯粉，以及作零食點心等，味美可口。甘薯亦是食品工業等輕工業之重要原料，可製成各種薯脯、薯蝦片、糖果、糕點以及糖漿、酒、工業用酒精、人造橡膠、人造纖維、塑料、農藥、炸藥、醫藥等。甘薯之莖、葉柔軟多汁，營養豐富，嫩莖葉可作菜。薯塊、薯乾及莖葉皆爲上好飼料。中國甘薯栽培分布較廣，絕大部分地區皆有種植。四川、山東、河南、安徽、廣東等省栽培較多。全國至 1963 年種植面積最大，70 年代後隨着稻、麥、玉米等作物面積之增加，甘薯在糧食中之比重逐漸減少。世界各主要甘薯生產國都非常重視甘薯育種工作。中國自 16 世紀中葉引入甘薯後，在長期選擇過程中形成很多具有不同特點之地方品種。1911 年臺灣省開始甘薯育種工作。1922—1945 年有目的地開展品種間有性雜交，培育出 47 個臺農系號之推廣品種。後來華北、華東、西北、西南、中南等地區之農業科研機構、農業院校相繼開展了品種間雜交育種工作，育成了"勝利百號""華北 117""華東 51-93""豐收白""川薯 27""淮薯 3 號""烟薯 3 號"及豫薯系列等優良品種。

【金薯】

即甘薯。此稱多行於中國古代。見該文。

【朱薯】

即甘薯。此稱多行於中國古代。見該文。

【玉枕薯】

即甘薯。此稱多行於中國古代。見該文。

【番薯】

即甘薯。此稱始行於明代，現多行於廣東等地區。見該文。

【紫蕷】

即甘薯。此稱始見於明嘉靖四十一年（1562）《大理府志》。亦稱白蕷、紅蕷。見該文。

【紅薯】

即甘薯。此稱始見於明萬曆《雲南通志》。見該文。

【紅苕】

即甘薯。此稱多行於中國南方地區。見該文。

【山芋】[1]

即甘薯。此稱多行於中國南方地區。見該文。

【地瓜】[1]

即甘薯。此稱多行於中國北方地區。見該文。

【甘藷】

即甘薯。此稱多行於中國南方地區。見該文。

【白薯】

即甘薯。此稱多行於中國南方地區。見該文。

【山藥】[1]

即甘薯。此稱多行於中國北方地區。見該文。

馬鈴薯

穀名。茄科，茄屬中之馬鈴薯栽培種。馬鈴薯（*Solanum tuberosum* L.）爲一年生草本塊莖植物。用種子繁殖之實生苗有細長之主根和側根，爲圓錐根系；用塊莖繁殖者，無主根，僅有强大分枝之鬚根系。馬鈴薯的莖可分爲地上莖和地下莖兩種，地上莖由塊莖芽眼長出，一般直立，亦有散開和傾斜者，多呈綠色，也有紫色或褐色；地下莖由地上莖之地下部分腋芽生出，又稱匍匐莖；塊莖是一短縮肥大之變態莖，當地下莖頂端停止生長時，由皮層髓部和韌皮部之薄壁細胞分生與擴大而成。塊莖有圓形、橢圓形、長筒形等，顏色有白、黃、粉紅、藍紫、紅紫等。初生葉爲單葉，全緣，隨植株成長，漸成參差不齊之奇數羽狀複葉。爲聚傘狀花序，總花梗着生於莖上部葉腋裏，花冠管狀，呈五角形裂開，有白、淡紅、紫紅、藍及紫藍等色。果實爲漿果，呈球形或橢圓形，褐色或紫綠色；種子小而扁平，爲淡黃色，後轉暗灰色，種表皮密生茸毛，可供繁殖用。馬鈴薯又名土豆、洋芋、洋苕、山藥蛋、地蛋、荷蘭薯等。在世界上有悠久栽培歷史，在四百多年前引入中國。很多中外有關著作中均有記載。中國農業科學院蔬菜研究所主編《中國蔬菜栽培學 · 馬鈴薯》云："別名繁多，如荷蘭薯、爪哇薯、番鬼子茄、洋番芋、洋芋、山藥蛋、地蛋、土豆等。原産南美安第斯山區，演化中心在玻利維亞和秘魯，馴化遠在公元前2000—前5000年，是一個古老的栽培作物。傳入我國的時間和地點，根據勞佛氏（Laufer Bepthold）所著《美洲植物的遷徙》一書有關中國的馬鈴薯一節中引文表明，1650年臺灣省已見有馬鈴薯。我國古籍中關於馬鈴薯的最早記載出於福建省《松溪縣志》，時在清康熙三十九年（1700）。稍晚有清代中葉（1848）吳

其濬《植物名實圖考》，指出'黔、滇有之……山西種之爲田，俗呼山藥蛋'。"蔣先明主編《各種蔬菜 · 馬鈴薯》云："馬鈴薯起源於秘魯和玻利維亞的安第斯山區，爲印第安人馴化。據智利利馬發掘的材料證明馬鈴薯的栽培約有8000年的歷史。馬鈴薯亞種ssp.*andigena*分布於南美洲，ssp.*tuberosum*最初在智利南部沿海栽培，哥倫布發現美洲大陸後纔陸續傳播到世界各地。1570年左右傳入西班牙，1590年傳入英格蘭，經過兩個世紀纔遍布歐洲；1621年傳入北美洲；17世紀末傳到印度和日本，1650年傳入中國。1700年福建省《松溪縣志》有關於馬鈴薯栽培的記載。"《中國農業百科全書 · 馬鈴薯》云："馬鈴薯有兩個起源中心，一個是南美洲哥倫比亞、秘魯、玻利維亞安第斯山區以及烏拉圭等地……另一個起源中心在中美洲及墨西哥……據考證，中國最早傳入馬鈴薯的途徑可分爲南北兩路。北路首先傳至北京地區。明代萬曆年間，蔣一葵著《長安客話》稱北京的'土豆絕似吳中落花生及番芋'，證明16世紀末期北京已有馬鈴薯栽培。清代初年康熙《畿輔通志 · 物産》記載有'土芋一名土豆，

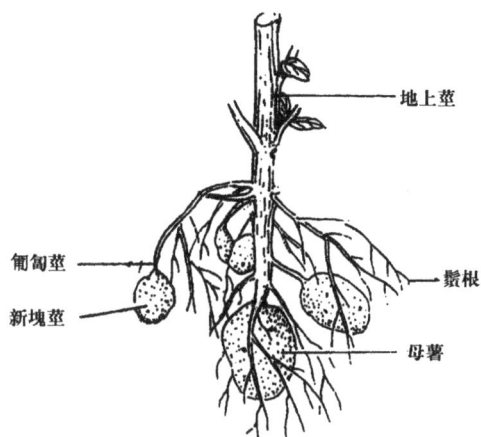

馬鈴薯塊莖繁殖之根系

蒸食之味如番薯’，説明 17 世紀 80 年代以前，馬鈴薯已由北京地區發展到河北省了。過去有關學者主要注意了馬鈴薯從南路的傳入，即西班牙或荷蘭殖民者在侵略中國臺灣時（1557—1661）將馬鈴薯傳入。據荷蘭人約翰·斯特魯斯（John Struys）的報道，1650 年在臺灣見到馬鈴薯栽培。後來又將馬鈴薯傳至中國大陸沿海的廣東及福建兩省。該地區至今仍稱馬鈴薯爲‘荷蘭薯’。根據以上史實，北路傳入的馬鈴薯可能早於南路。馬鈴薯之名，最早見於 1700 年福建省的《松溪縣志》，書中對馬鈴薯的性狀作了概括描述：‘葉依樹生，掘取之，形有大小，略如鈴子，色黑而圓，味苦甘。’1755 年河北省的《祁州志》、1773 年湖北省的《鄖西縣志》等地方志也有記載。1848 年吳其濬在《植物名實圖考》中列有陽芋條，并概括地介紹了當時在滇、黔、晉、陝等省已有種植。19 世紀出版的東北、西北、華北、西南及中南等 10 餘個省（自治區）的 51 種地方志均有關於馬鈴薯的記載。馬鈴薯引入中國 400 多年後已遍及全國。”馬鈴薯塊莖中含有碳水化合物、蛋白質、脂肪、粗纖維、維生素A、維生素B（B1、B2、B5）、維生素C、鈣、鉀、

陽　芋

（清吳其濬《植物名實圖考》）

磷、鐵等營養成分。從單位面積生產量比較，除脂肪含量較少外，蛋白質、碳水化合物、維生素和微量元素之含量均顯著高於小麥、水稻和玉米。我國很多地區不但用馬鈴薯作爲蔬菜，而且當作主要糧食。在工業上可作爲製造澱粉、酒精、葡萄糖、人造橡膠、人造絲、電影膠片等之原料。塊莖加工後之渣滓及青莖葉，皆是良好飼料。2001 年 11 月 26 日《參考消息》登載《馬鈴薯古今談》一文中云：“土豆是人類生活具有巨大潛力的源泉……許多科學家對土豆的各種作用進行了研究。秘魯醫學專家費爾南多·卡維希斯根據秘魯先輩留下的偏方説，喝生土豆汁可以治療胃潰瘍和化解腎結石，土豆可彌合傷口，用熱土豆泥可以減輕風濕疼痛，用土豆植株的葉子煎成藥可以清腫，用生土豆片擦拭可以緩解蚊蟲叮咬，用土豆泥晚間塗於面部可以預防皺紋。”又云：“著名作家聶魯達在其書中稱贊土豆‘……是人民埋藏在地下的取之不盡、用之不竭的寶藏’。國際土豆中心總幹事烏韋爾特·桑德斯特拉認爲，土豆是未來的巨大希望。他説：‘當我在 60 年代飢餓時期第一次到孟加拉時，幾乎沒有看見過土豆，而現在這個國家幾乎成了土豆的生產工廠。在非洲某些最貧困的地區，土豆的種植發展也非常快。’……預計在今後幾十年中，發展中國家的土豆生產增長速度，將大大超過大米、小麥和玉米的增長速度……而且需求將會進一步增加。”中國是世界馬鈴薯主產國之一，其種植面積和總產量均占世界第一位。中國馬鈴薯分布較廣，各省區均有種植。尤以四川、甘肅、内蒙古、黑龍江、陝西、山西等省區栽培最多。馬鈴薯可按其皮色、形狀或成熟期之差异，分

爲不同種類。20 世紀 60 年代以前，古老的農家品種因病毒危害，退化嚴重，逐漸爲新育成之品種所代替。中國栽培之優良品種很多，如"豐收白""鄭薯 2 號（鄭薯系列）""克新 1 號""疫不加（Epoka）""沙雜十五號""高原 4 號""虎頭"等。

【土豆】[1]

即馬鈴薯。此稱始見於明萬曆年間蔣一葵著《長安客話》。現多行於中國山東等北方地區。見該文。

【洋芋】

即馬鈴薯。此稱多行於中國南方地區。見該文。

【洋茗】

即馬鈴薯。此稱多行於中國南方地區。見該文。

【土芋】

即馬鈴薯。此稱始見於清康熙年間《畿輔通志・物産》。見該文。

【陽芋】

即馬鈴薯。此稱始見於清吳其濬《植物名實圖考》。見該文。

【山藥蛋】

即馬鈴薯。此稱始見於清吳其濬《植物名實圖考》。現多行於山西等北方地區。見該文。

【地蛋】

即馬鈴薯。此稱多行於中國北方地區。見該文。

【荷蘭薯】

即馬鈴薯。此稱多行於廣東、福建等地區。見該文。

【爪哇薯】

即馬鈴薯。此稱多行於中國南方地區。見該文。

【番鬼子茄】

即馬鈴薯。此稱多行於中國南方地區。見該文。

【洋番芋】

即馬鈴薯。此稱多行於中國南方地區。見該文。

木薯

穀名。大戟科，木薯屬中之一個種。木薯（*Manihot esculenta* Crantz）爲多年生亞灌木。莖直立，木質，高 2 ~ 5 米，頂端常成三叉式分枝。單葉互生，掌狀深裂，紙質，披針形。圓錐花序，頂生，雌雄同序，雌花淺黃色或帶紫紅色，雄花吊鐘狀。蒴果，矩圓形，種子褐色，光滑有斑紋。根有細根、粗根和塊根。塊根肉質，圓錐形或圓柱形，富含澱粉，爲木薯之經濟產物。木薯塊根結構似甘薯，亦稱樹薯、木番薯，爲世界上三大薯類（甘薯、馬鈴薯、木薯）之一。《中國農業百科全書・木薯》云："木薯起源於熱帶美洲，約有 4000 年的栽培歷史，集中在 20°S ~ 20°N 之間，但在 30°S ~ 30°N 之間的熱帶和亞熱帶地區也有栽培。16 世紀末傳入非洲，18 世紀傳入亞洲。中國於 19 世紀 20 年代引種栽培，已分布到淮河秦嶺一綫以南的長江流域，廣東和廣西的栽培面積最大，福建和臺灣次之，雲南、貴州、四川、湖南、江西等省亦有少量栽培。1982 年中國栽培面積約 40 萬公頃，總產鮮薯 300 多萬噸。"木薯塊根含有澱粉、蛋白質、纖維素、多種維生素、礦物質及少量脂肪等營養成分。木薯植株中各部分都含有毒物質氫氰酸，其含量因品種、氣候、土壤、肥料等條件而異。在同一植株中，塊根中氫氰酸含量最高。經過浸水、切片乾燥、剥皮蒸煮、研磨製粉等加工處理後，即可將其中絶大部分氫氰酸去掉而能安全食用。木薯在中國除用作糧食外，主要用作飼料和提取澱粉。木薯澱粉可製酒精、果糖、葡萄糖、麥芽糖、味精、啤酒、麵包、餅乾、蝦片、粉絲、醬料以及生產多種化工産品，如塑料纖維、塑料薄膜、樹脂、塗料、膠粘劑等。木薯粗粉可以代替所有穀物，與大豆粗粉配成

木薯之形態

高能量之禽畜飼料。其塊根經加工處理，亦可生産富含蛋白質和賴氨酸之飼料添加劑，或生産單細胞蛋白。木薯葉營養豐富，去毒後可作蔬菜，也可作青飼料，或曬乾磨粉製作成配合飼料，亦可用來養魚、養蠶。莖稈可造紙、作燃料或培植食用菌。木薯屬有一百多個種，木薯爲唯一用於經濟栽培的種。根據塊根含氫氰酸之多少，木薯可分爲甜、苦兩個品種類型。中國於 1958 年開始木薯選育種工作，育成和推廣了一些優良品種。如早熟低毒、乾物質和澱粉含量高、適應性强之 "華南 6068"，以及甜品種類型之 "華南 101" "華南 102" "華南 104" 等，苦品種類型有 "華南 201" "華南 205" 等。

【樹薯】

即木薯。此稱行於南方地區。見該文。

【木番薯】

即木薯。此稱行於南方地區。見該文。

第四節 雜糧作物考

本節介紹幾種不宜歸於其他類穀物之糧食作物。其中包括蓼科蕎麥屬之蕎麥、藜科藜屬之藜穀、漆樹科腰果屬之腰果和莧科莧屬之莧等四種作物。

蕎麥起源於中國。考古研究證明，早在三千年以前，中國蕎麥即經朝鮮傳入日本。中國古籍中記述蕎麥者頗多，最早見於春秋時期之《詩》。當時稱其爲 "蓚"，直到南北朝之《玉篇》中始有 "蕎" 之稱。隋唐時，蕎麥種植已比較廣泛。唐代詩人白居易、温庭筠分別有 "獨出門前望田野，月明蕎麥花如雪" "日暮飛鴉集，滿山蕎麥花" 等華美詩句，生動地反映了當時蕎麥生産之興旺景象。宋元時期，蕎麥種植面積最大，在作物布局和人民生活中占有重要地位，這也可以從當時之詩文反映出來。陸游有詩并序云："蕎麥初熟，刈者滿野，喜而有作。城南城北如鋪雪，原野家家種蕎麥。霜晴收斂少在家，餅餌今冬不

憂窄。"楊萬里之詩《憫農》云："稻田不雨不多黃，蕎麥空花早著霜；已分忍飢度殘歲，更堪歲裏閏添長。"元代王禎《農書》載蕎麥"風俗所尚，供爲常食"。這些詩文皆説明了當時蕎麥種植之多和其作爲民衆主糧之地位。明清後，由於玉米、甘薯、馬鈴薯等旱田作物之引進推廣，蕎麥種植面積逐漸減少，但全國各地仍較普遍。莧在中國亦有悠久之種植歷史，農藝史書中多有記載，先秦典籍《爾雅》中已有記述。藜穀、腰果均原產於熱帶美洲。腰果在中國海南省於 20 世紀 30 年代開始試種，1973 年進行生產性種植，1983 年種植面積爲 11330 公頃，現雲南西雙版納地區亦有少量種植。藜穀傳入中國時間不詳，現僅有極少量栽培。

雖然目前這些小作物在中國栽培量比較少，但其經濟價值却比較高。它們共同之特點是蛋白質含量較高，含有人體必需氨基酸，尤其富含禾穀類糧食中較少之賴氨酸；它們還富含多種維生素和無機鹽。因此，均爲高營養值食糧。蕎麥不僅能做出各種營養保健食品，而且對一些疾病具有藥療功效。因爲蕎麥含有黃酮類物質，故常食蕎麥製品有增加毛細血管緻密度，降低其通透性和脆性，有止血作用，并有抗癌能力及抗菌、消炎、止咳、平喘、祛痰等療效。蕎麥中含量較高之鎂、銅，可助人體抗栓塞、降低血清膽固醇和防治出血性諸症以及高血壓、動脉粥樣硬化、冠心病和腦血管疾病等。中醫學認爲，蕎麥味甘平寒無毒，有清熱、解毒、消食、化積之功用。藜穀之蛋白質中十種氨基酸含量，基本達到了聯合國糧農組織等推薦之人類最適氨基酸水準。藜穀粉可做各種糕點或作營養添加劑，莖葉可作禽畜之飼料。腰果果仁是營養豐富之美味食品，亦可製取品質優良之腰果仁油。其副産品油餅、果殼液、果梨等，在飼養業、化工及食品工業等方面有重要用途。粒用莧可製成很多食品，亦可作其他穀物添加劑。莧之籽粒和莖、葉皆是畜禽上好飼料。這四種作物，除腰果耐寒力較差外，它們皆具有耐瘠、耐旱、適應性强等優點，爲中國廣大旱農地區農業結構調整和農業經濟開發拓寬了道路。隨着生活水準之提高，人民對保健食品需求量會不斷增大，高營養值或糧藥兼備之小雜糧開發價值會越來越高。

蕎麥

穀名。蓼科，蕎麥屬作物。蕎麥（*Fagopyrum esculentum* Moench）爲一年生草本雙子葉植物。根爲直根系，有主根和側根。莖中空有棱，節間光滑，初爲綠色，後轉紅色、褐色，主秆能旁生分枝。葉爲心臟形或戟形，葉面光滑，多呈紫色。總狀花序，花朵密集成簇，爲白、淡紅或紅色。果實爲三棱形瘦果，外被革質皮殼，果皮顏色因品種不同而有紅褐、黑、灰色等。果皮之内爲種子，係由胚、胚乳及種皮組成。蕎麥亦稱烏麥、花麥、三角麥，部分少數民族稱爲額，古代叫蓧麥。蕎麥起源於中國。《中國農業百科全書·蕎麥》云："中國學者丁穎認爲蕎麥原產中國之北方邊緣地區。瑞士A.P.德堪多（De Candolle）認爲蕎麥原產於中國東北的黑龍江畔及蘇聯西伯利亞貝加爾湖畔附近。蘇聯H.И.瓦維洛夫也認爲蕎麥起源於中國。"又云："蕎麥在中國栽培歷史比較悠久。中國古代著作記載蕎麥較多。在古書《神農書·八穀生長》篇曾記述蕎麥的生育狀況。賈思勰的《齊民要術》記載了蕎麥的栽培技術。唐代的白居易、北宋的蘇軾，在他們的詩篇中都提到蕎麥。蘇聯的M.茹可夫斯基（Жуко в ск и й）根據頓河羅斯托夫城附近考古材料指出，遠在公元1—2世紀羅斯托夫地區就已栽種蕎麥。并認爲蕎麥是由農民從中國以及西伯利亞帶去的。"曹廣才等主編《北方旱地主要糧食作物栽培·蕎麥》云："我國種植蕎麥的歷史悠久。據考古研究資料，早在3000年以前，我國的蕎麥已經朝鮮傳入日本。《詩經·陳風·東門之枌》有'視爾如荍，貽我握椒'。（清吳其濬《植物名實圖考》）

蕎　麥

《辭源》：荍麥，即蕎麥。説明在西周至春秋時期已有蕎麥的記載，距今至少已有2500餘年。在陝西咸陽楊家灣、馬泉西漢墓葬中發現了蕎麥實物遺存，距今也已有2000年左右。但是，我國晉以前的古文獻中没有'蕎'字。《神農書》雖有'蕎麥……生二十五日秀，五十日熟，凡七十五日成'的記載，但原書久佚，多爲後人所僞托。直到南北朝時，在《玉篇》（1543年）（應爲543年——筆者）中始有記載，説蕎爲大戟，麥也。北魏《齊民要術·大小麥》附有'瞿麥'，説其播種'以伏爲時'，'良田每畝下籽五升，薄田三至四升'。'爲性多穢，一種此物數年不絶。'孟方平從播種期、播種量、精白方法、食用方法、食品風味、落粒性及語音諸方面考證，認爲即蕎麥。可見當時'蕎'字并未普遍使用。這種狀況既和當時的訓詁學家把'荍'釋爲'芘芣'有關，也反映了當時蕎麥的種植範圍不廣，面積不大。隋唐以後，蕎麥面積擴大，在農書、本草書及詩文、雜記中多有蕎麥的記載。唐詩'獨出門前望田野，月明蕎麥花如雪'（白居易）；'日暮飛鴉集，滿山蕎麥花'（溫庭筠）生動地反映了當時蕎麥生產的興旺景象。成書於北魏的《齊民要術·雜説》，記載了有關蕎麥耕作、播期、收穫、脫粒等技術，説'凡蕎麥，五月耕，經二十五日，草爛得轉，并種，耕三遍（轉即轉耕，種前耕一次，共三次）。立秋前後皆十日内種之。假如耕地三遍，即三重着子。下兩重子黑，上頭一重子白，皆是白汁，滿似如濃，即須收刈之。但對梢相答鋪之，其白者日漸盡變爲黑，如此乃爲得所。若待上頭總黑，半已下黑子盡總落矣'。這些技術直到現在也是適用的。宋元時期，蕎麥種植面積最大，在作物布局和人民生活中占有重要地位，這也可以從當時的詩文中反映出來。陸游在記述蕎麥豐收的喜悦心情時，有‘蕎麥初熟，刈者滿野，喜而有作。城南城北如鋪雪，原野家家種蕎麥。霜晴收斂少在家，餅餌今冬不憂窄。胡麻壓油油更香，油新餅美争先嘗。獵歸熾火燎雉兔，相呼置酒喜欲狂’。楊萬里的詩《憫農》有‘稻田不雨多不黄，蕎麥空花早着霜；已分忍飢度殘歲，更堪歲裏閏添長’。把蕎麥遇霜凍看作與水稻遇旱一樣是給農民帶來饑荒的主要原因。王禎《農書》（1313 年）載：蕎麥‘風俗所尚，供爲常食’，并記載了專門收割蕎麥的工具——推鐮，説‘如蕎麥熟時，子易焦落，故製此具，便於收斂’。明清後，由於玉米、甘薯、馬鈴薯等旱田作物的引進和推廣，蕎麥面積逐漸減少，但全國各地仍較普遍。《救荒本草》（1406 年）説‘蕎麥苗處處種之’。《滇南聞見録》（18 世紀）説‘旱地荒地遍種苁（蕎）’。《聞處光陰》（1849 年）説‘平涼以西，蕎麥……彌山漫野’。栽培技術有了進一步提高。《群芳譜·穀譜》（1621 年）記述了蕎麥的分布、特徵特性、播期、密度、食法、藥性等，并説蕎麥‘又名甜麥，以別苦蕎也’。明代以前未見有苦蕎的記載。《天工開物》（1637 年）指出蕎麥在輪作中的地位和需肥特性，提倡蕎麥地施肥，説‘凡蕎麥南方必刈稻，北方必刈菽稷而後種。其性稍吸肥腴，能使地瘦。然計其穫入，業償半穀有餘，勤農之家，何妨再糞也。’《養餘月令》（1640 年）介紹了蕎麥和苜蓿混種的經驗，《農蠶經》（1705 年）介紹了蕎麥與菜子夾種的經驗和識別新舊種子的方法。指出‘種陳，則出見而死，慎勿誤用。其入懷

而黏襟不落者新也’。對引進外地種子，主張慎用，‘恐非土宜’。《馬首農言》（1836 年）詳細介紹了蕎麥的三種播種方法。《救荒簡易書》（1896 年）載有大子蕎麥、小子蕎麥、六十日快蕎麥、五十日快蕎麥、四十日快蕎麥等品種。《農圃便覽》（1755 年）指出：‘六月，陳蜀秫、蕎麥，雖極乾，六月内必曬，若至中伏必蛀。’”蕎麥營養價值很高。中國醫學科學院衛生研究所對中國主要糧食之營養成分分析，蕎麥麵粉中蛋白質、脂肪之含量，均高於大米與小麥麵粉。且蕎麥含有人體必需之八種氨基酸，屬完全蛋白質；富含禾穀類糧食中較少之賴氨酸；脂肪中之油酸和亞油酸含量高；單粒澱粉直徑小，多屬軟質澱粉，使蕎麥食品具有易熟、易消化吸收之優點。蕎麥之最大特點是富含多種維生素。所含維生素B1、維生素B2、維生素PP均高於大米和小麥。還含有其他糧食中沒有之芸香苷（維生素P）；芸香苷是黃酮類物質之一，能增加毛細血管之緻密度，降低其通透性和脆性，有止血作用。黃酮類化合物種類較多，具

長花柱花　　短花柱花

普通蕎麥之形態

有多方面之生理活性。除上述作用外，有些黄酮類成分還有抗菌、消炎、止咳、平喘、祛痰之作用；有些黄酮類成分有一定抗癌活性。維生素PP（尼克酸）能促進細胞新陳代謝，增强機體解毒能力，還具有擴張小血管和降低血液膽固醇之功效。蕎麥中還含有大量無機鹽。除含有鈣、磷、鐵等元素外，銅、鎂之含量均比大米、小麥高得多。鎂能促進人體纖維蛋白溶解，使血管擴張，抑制凝血酶之生成，具有抗栓塞之作用，也有利於降低血清膽固醇。在人體内對非成熟血球之血紅素形成，銅起到促進鐵之吸收作用，缺銅能引起貧血症。銅還能對調節心血管系統之酶（賴氨胱氧化酶、脂蛋白脂肪酶、超氧化歧化酶）起輔酶作用。缺銅會引起膽固醇上升、血壓增高和動脉疾患。現已查清，缺血性心血管疾病與銅之攝取量不足有關。因此，經常食用蕎麥食品，可以防治因毛細血管脆性引起之出血性諸症，如眼底出血、肺出血、急性出血性腎炎、紫癜，由猩紅熱、麻疹等病引起的毛細血管滲透性增高等，也可以用於防治高血壓、動脉粥樣硬化、冠心病和腦血管疾病之輔助治療。中醫學認爲，蕎麥味甘、平寒、無毒，有清熱、解毒、消食、化積之功用。早在唐初，就被當作一種藥用植物列入本草書《備急千金要方》。宋

大　戟
（明王圻等《三才圖會》）

《重修政和證類本草》對其藥效已有較詳細之記載，明代李時珍把它録入《本草綱目》，對其藥效之認識又有新發展。千餘年來，各種中醫書籍對其功效從無异議。陸大彪等人收集了古今蕎麥驗方四十餘條，治療之疾病有偏正頭疼、咳嗽、痢疾、白濁、白帶、崩漏、癰疽、痔瘡等症。隨着人民生活水準之提高，糧、藥兼備之小作物蕎麥已經引起國内外之重視，成爲市場上緊俏商品。在食用方法上，除做成蕎米、蕎餅、餄餎、餺飥等傳統食品外，國内已有蕎麥挂麵、蕎糕、蕎酥、蕎花餅乾、蕎香飴、蕎麥酥心糖、蕎酒等保健食品上市，備受消費者歡迎。此外，蕎麥亦是中國主要蜜源之一；蕎麥之碎粒、皮殼、秸秆或植株青貯都可作畜禽之飼料。由於蕎麥生育期短，耐瘠薄，適應性廣，經濟價值高，在廣大旱農地區和高寒山區，發展蕎麥生産和加工，是脱貧致富之有效途徑。蕎麥在中國分布甚廣。南到海南省，北至黑龍江，西至青藏高原，東抵臺灣省，皆有蕎麥栽培。主要産區在西北、東北、華北以及西南一帶高寒山區，分布零散，播種面積因年度氣候而异，變化較大。有部分少數民族以其作爲主要糧食作物。蕎麥是古老作物，中國資源豐富，由於種植分散，故品種很多。如黑龍江之大粒蕎，内蒙古之大青皮、落花黑，山西小棱蕎，廣西紅花蕎和雲南圓子蕎等都是生産上推廣之良種。

【苃】

即蕎麥。此稱始見於先秦《詩》。見該文。

【瞿麥】

即蕎麥。此稱見於北魏《齊民要術》。見該文。

【大戟】

即蕎麥。此稱多行於南北朝。見該文。

【烏麥】

即蕎麥。此稱行於現代。見該文。

【花麥】

即蕎麥。此稱行於現代。見該文。

【三角麥】

即蕎麥。此稱行於現代。見該文。

【額】

即蕎麥。此稱多行於部分少數民族。見該文。

藜穀

穀名。藜科，藜屬中一個栽培種。藜穀
（ *Chenopodium quinoa* Willd.）爲一年生草本植
物。從形態看，藜穀幼苗與野生灰菜相似，但
子葉較大，背面有白色粉狀物；苗期真葉成對
生長，全緣、卵形。直根系，不發達，土壤水
分較多時主根易爛，植株生長較大時易倒伏。
莖較粗，爲有棱之圓柱狀，有紫紅或綠色溝紋，
實髓，分枝多，莖枝質地硬而脆。單葉互生，
同一株上葉形不同，葉片爲灰綠色、深紫色或
淺紅色。多數花簇互生於花枝上，成聚傘花序
或大圓錐花序。莖、葉和花軸皆覆有綠色或紫
色粉狀物。胞果完全包於花被內或頂端稍外露。
藜穀種子扁圓形，大於野生灰菜，籽粒分爲棕、
白和粉紅三種不同顏色類型。藜穀又名昆諾阿
藜。《中國農業百科全書・藜穀》云：“原產南
美洲安第斯山區，適應性很強，無論在貧瘠的
土地上，還是在海拔 4000 米的山區都能生長。
秘魯和玻利維亞的種植面積都有三四萬公頃，
智利、阿根廷和美國也有栽培。”藜穀種子含有
豐富之蛋白質和人體必需氨基酸。賴氨酸含量
高於小麥一倍多。藜穀之蛋白質中十種氨基酸

含量，基本達到了聯合國糧農組織等單位推薦
的人類最適氨基酸水準。藜穀籽粒磨成粉可做
各種糕點、主食或營養添加劑等，莖、葉可作
禽畜飼料。藜穀是一種有前途之糧食作物。引入
中國之時間和途徑均不詳。現僅有極少栽培。

【昆諾阿藜】

即藜穀。此稱行於現代。見該文。

腰果

穀名。漆樹科，腰果屬之一個種。腰果
（ *Anacardium occidentale* L.）爲常綠喬木或灌
木，因其堅果呈腎形而得名。成年樹高 7 ~ 9
米，高者可達 15 米以上。分枝小而多，冠幅直
徑寬者可達 20 米。單葉，互生，全緣，革質，
長圓或倒卵形。花小雜性，圓錐花序頂生，花
粉有黏性。果實分假果和真果兩部分，假果通
稱果梨，成熟時呈紅、黃或紅黃雜色；真果即
堅果，腎形，暗灰色或淡褐色。種仁白色，種
皮膜質。腰果又名檟如樹、雞腰果。《中國農業
百科全書・腰果》云：“原產熱帶美洲。16 世
紀引入非洲和亞洲，現已廣布東非和南亞各國。
20°S ~ 20°N 之間多有引種栽培，主要分布在南
北緯 15° 以内地區。美洲以巴西種植面積最大，
約 26 萬公頃，產果 6.5 萬噸。非洲以莫桑比克
面積最大，約 63.5 萬公頃，產果 7.1 萬噸；其
次爲坦桑尼亞，約 44 萬公頃。亞洲以印度種植
最多，約 39 萬公頃。中國海南省於 20 世紀 30
年代開始試種，1973 年開始生產性種植，1983
年種植面積 11330 公頃。雲南省西雙版納地區
亦有少量種植。”腰果之果仁是營養豐富之美味
食品，除大量含有脂肪外，蛋白質、澱粉及糖
之含量亦較高，還含有少量礦物質和多種維生
素。腰果多用於製作各種點心、油炸鹽漬食品

和腰果巧克力等。腰果仁油爲上等食用油，榨油餅爲優良飼料。副産品有果殼液、果梨等。果殼液是一種乾性油，可製高級油漆、彩色膠捲着色劑、合成橡膠等。果梨柔軟多汁，含有維生素C、少量礦物質以及碳水化合物、蛋白質、脂肪等營養物質。可作水果食用，亦可釀酒，製果汁、果凍、果醬、蜜餞、泡菜等。

【檟如樹】

即腰果。此稱行於海南等地區。見該文。

【鷄腰果】

即腰果。此稱行於現代。見該文。

莧

穀名。莧科，莧屬（*Amaranthus* L.）作物之總稱，爲糧食、蔬菜、飼料兼用作物。莧屬約有40個種，中國有13個種，按其栽培目的不同，可分爲粒用莧、菜用莧、飼用莧、觀賞莧等。粒用莧又稱籽粒莧、西黏穀、西番穀等名。主要有千穗穀（*A.hypochondriacus* L.）、綠穗莧（*A.hybridus* L.）、紅莧（*A.cruentus* L.）等種。菜用莧主要栽培種爲莧菜（*A.tricolor* L.），飼用莧之主要栽培種是繁穗莧（*A.cruentus* L.），此外還有一種觀賞莧叫尾穗莧（*A.caudatus* L.）。莧主根粗壯，根系發達，莖直立。粒用莧株高2米以上，單莖或分枝；葉片長橢圓形、卵圓形或披針形，有長葉柄，綠色或紫紅色；圓錐花序，頂生成腋生，花小，頂端有短芒；種子小，呈淺黃、橙黃或紫黑色。《中國農業百科全書·莧》云：“莧的栽培歷史悠久，分布廣泛，亞洲、非洲、美洲、歐洲都有種植。中國江南地區主要種植菜用莧；河北、山西、陝西、內蒙古、黑龍江、遼寧、吉林、山東、江蘇、雲南、西藏等省（自治區）有小面積的粒用莧

種植；飼用莧主要在北方地區種植。”古今農書典籍有關莧之記載頗多。夏緯瑛《植物名釋札記·莧菜》云：“《證類本草·菜部上品》載有‘莧實’這一藥物。《神農》曰：‘莧實：味甘，寒；主青盲，明目，除邪，利大小便，去寒熱；久服益氣力，不飢，輕身。一名馬莧。’《別錄》曰：‘一名莫實……生淮陽川澤及田中。’陶弘景《注》引李云：即莧菜也。今馬莧別一種。’是《本草》之‘莧實’即莧菜之子實也。莧實，在《神農本草》中，主要是一種明目之藥。孟詵《食療本草》曰：‘莧，補氣除熱，其子明目。’也説莧菜的子實是明目之藥。《説文》：‘莧，視也。’視，必以目。明目之藥而名之曰‘莧’，從草作‘莧’，這是可以説得通的。‘莧菜’爲名之取義，大概即是如此。”夏氏又在《人莧》一節云：“《證類本草·菜部上品》‘莧實’下，載有《嘉祐本草》掌禹錫等《注》云：‘謹按《蜀本注》云《圖經》説：有赤莧、白莧、人莧、馬莧、紫莧、五色莧凡六種。’可見以‘莧’爲名之植物非一。‘馬莧’，即馬齒莧。這六種莧，不祇有品種之別，當是還有種上的差異。於此，單說‘人莧’……三十年代，我曾在河南西部山區，見過山區農民種植的人莧。農民説，他種的是‘人莧’。這一人莧，實在即是植物學書本上所説的‘老槍

莧
（清吳其濬《植物名實圖考》）

穀'（*Amaranthus caudatus* L.），一名千穗穀。（夏氏在此所說'千穗穀'之學名與前面引《中國農業百科全書》中千穗穀之學名不同。——筆者）據農民說：這人莧的種子可食；他們的糧食

莧　實
（宋王繼先《紹興校定證類備急本草畫圖》）

不足，種這種東西，是預備冬天拌糠吃的。莧屬（*Amaranthus* L.）的種子有些滑潤，拌合在米糠裏吃，大概是易於下咽。《圖經本草》說人莧'亦謂之糠莧'，似乎與其種子可合糠而食，不無關係。這樣看來，所謂'人莧'者，也即老槍穀了。老槍穀是人莧，'人莧'這一名稱也就容易瞭解了。植物的果核或種子之脫去皮殼者，嘗稱之爲'人'，如'桃人''杏人''花生人'都是。古書'桃人''杏人'的'人'字，如今習慣作'仁'。穀類的種實脫皮後，也稱'仁'，如'麥仁''薏仁'是。《證類本草·米穀部中品》'蕎麥'下說：'其飯法：可蒸使氣餾，於

紫　莧
（宋王繼先《紹興校定證類備急本草畫圖》）

烈日中暴令口開，使舂取人，作飯。'這即是在糧食上直接用'人'字的。糧食之言'人'，與'米'同義，猶如'花生人'也該是'花生仁'一樣。老槍穀，莧屬之一種，穗大，穗多，所收的種子的數量也多；種它，專爲取其種子，以代糧米之用，故名之曰'人莧'。這樣是名符其實的。"元王禎《農書》卷八云："莧亦多種。有馬齒莧、鼠齒莧及糠莧，此野莧也。若夫赤莧、白莧、紫莧、紅莧、人莧，又有五色莧，皆可蔬茹。人、白二莧，亦可入藥。"明徐光啓《農政全書》卷二八云："《爾雅》曰：'蕢，赤莧。'莖葉皆高大易見，故從見。"莧的營養價值較高，籽粒中蛋白質、賴氨酸含量比小麥、玉米都高。粒用莧作食品的添加物，可與小麥麵粉共同製成麵包、餅乾等，可提高小麥製品之營養價值。河南民權釀造廠用莧籽粒與大豆釀成莧醬油，其色澤濃，味道美，無須加入其他色素。亦可用莧籽粒粉作成多種糕點、飴糖、杏仁軟糖、蜜餞及各種麵餅等食品。菜用莧是中國南方夏令葉菜，很受歡迎。莧籽及莖葉皆是畜禽飼料，其適口性好，營養豐富。莧耐旱、耐鹽碱、耐瘠薄，是一種適應性較强之作物。

人　莧
（清吳其濬《植物名實圖考》）

【蕢】[1]

　　"莧"之一種，指赤莧。此稱始見於秦漢《爾雅》。見該文。

【莧實】[1]

　　"莧"之籽實也。此稱始見於秦漢《神農本草經》。見該文。

【赤莧】[1]

　　"莧"之一種。此稱宋代已行用。見該文。

【白莧】[1]

　　"莧"之一種。此稱宋代已行用。見該文。

【紫莧】[1]

　　"莧"之一種。此稱宋代已行用。見該文。

【五色莧】[1]

　　"莧"之一種。此稱宋代已行用。見該文。

【西黏穀】

　　"莧"之一種，指粒用莧。見該文。

【西番穀】

　　"莧"之一種，指粒用莧。見該文。

【馬莧】[1]

　　"莧"之一種，指馬齒莧。見該文。

【人莧】[1]

　　"莧"之一種。粒用莧，亦名老槍穀。見該文。

第五節　油料作物考

　　油料作物種類甚多，生長區域極廣，自温帶以至熱帶均盛産。或爲一年生，或爲多年生，有草本，亦有木本。其供采取之油液，大多取自種實，或由秆莖。本節主要介紹以采集種子榨油爲主要用途之栽培草本油料植物，如花生、油菜、芝麻、向日葵、紅花、蓖麻、小葵子、荏等。亦簡要介紹由其塊莖采取油之草本植物油莎草，及常緑木質藤本植物油渣果、熱帶木本植物油棕和常緑喬木椰子等木本油料作物。大豆雖然是最重要之油料作物，但已在本説"豆類作物考"一節中介紹過，此處不再贅述。

　　多數油料作物皆具有悠久之栽培歷史。如花生若從西班牙和葡萄牙探險家將其由南美洲原産地傳播出去時算起，至今已有五六百年之歷史。中國引入栽培花生亦有三百多年時間。中國爲油菜起源中心之一，故栽培油菜之歷史悠久，許多古籍、農書中皆有記載。如漢服虔著《通俗文》、北魏賈思勰著《齊民要術》、宋蘇頌等編著《圖經本草》、明李時珍著《本草綱目》、明朱橚著《救荒本草》、明徐光啓著《農政全書》、清吳其濬著《植物名實圖考》等均有對油菜之記述。據考證，中國油菜在公元前 2 世紀，經朝鮮傳入日本。芝麻是古老之油料作物。世界上的芝麻栽培史可追溯到公元前三千多年，距今已有五千多年歷史。中國的芝麻最初可能是由印度和巴基斯坦等地引入的，其栽培時間至少有兩千餘年。中國種植芝麻之記載最早見於漢《氾勝之書》。紅花、蓖麻、荏和椰子等，在中國皆有悠久之栽培歷史。據多種古農書記載，紅花由漢張騫出使西域時引進。南北朝時期之《玉篇》中即有關於蓖麻之記述，蓖麻在中國已有一千四百多年之栽培歷史。荏原產於中國，在公元 6 世紀之《齊民要術》中已有荏之栽培和利用之記載。中國兩千多年前之《史記》對椰子已有記載。向日葵、小葵子、油莎草、油渣果、油棕等，雖其中有的於世界上已有數千年栽培史，但它們作爲油料作物栽培的時間，或引入中國的時間皆較短。如向日葵在世界上，於 19 世紀中葉纔開始作爲油料作物大面積栽培。雖然中國早在 16 世紀末或 17 世紀初已傳入向日葵，但直到 1956 年纔從蘇聯、匈牙利等國引種油用型向日葵，開始作爲油料作物種植。中國於 20 世紀 70 年代引入小葵子；20 世紀 60 年代初引入油莎草；20 世紀 20 年代末引入油棕，60 年代初纔對其開始正式栽培。近幾十年來，油料作物，特別是油菜、向日葵、大豆生產發展很快，面積和產量都有較大之增長。

從油料作物中提取之油可作食用和工業用。食用植物油有較高營養價值，供給人體所需之不飽和脂肪酸，它們組成成分中之某些脂肪酸（如亞油酸）是動物油脂所不能代替的。植物油富含維生素 A、維生素 D 和維生素 E，易被人體吸收，其中亞油酸有降低血清膽固醇之作用。如芝麻、蓖麻等油料作物，本身就是很好的營養保健品或藥物。植物油脂在國民經濟中亦占有很重要之地位，主要用於食品、紡織、機械、冶煉、製皂、油漆、橡膠、塑料、製革及醫藥等行業。提取油脂後之餅粕，可用作飼料、肥料或工業原料。有些油料作物產品亦是出口創匯之重要資源，如花生即國際貿易中之大宗商品之一。中國花生對外貿易始於 1890 年。出口之花生產品有普通花生米、選粒花生米、花生果、花生油。隨着生產之發展和技術之提高，20 世紀 80 年代以來，中國出口花生產品有中國花生油、中國特級花生油、中國濃香花生油、青島大花生、旭日花生、四川天府花生等 20 多個產品；出口到英國、法國、荷蘭、德國、意大利、加拿大、新西蘭、日本等 70 多個國家和地區。油料作物之莖葉，是飼養家畜之優質飼料。此外，油料作物在輪作複種中有重要作用，可以提高土壤肥力和改善土壤結構。

花生

穀類油料作物名。豆科，落花生屬。花生（*Arachis hypogaea* L.）爲一年生草本植物。根爲圓錐根系，發達且生有根瘤。莖蔓延於地上，横枝甚多；亦有直立性者。花生葉柄細長，葉片形狀常見者有橢圓形、長橢圓形、倒卵形和寬倒卵形等。總狀花序，在序軸每一節上苞葉葉腋中着生一朵花，蝶形花冠，黃色或橙黃色。莢果，由果殼和種仁組成；果殼較硬，莢果有多種形狀。花生種仁外形有三角形、桃圓形、圓錐形和橢圓形，種皮有紫、褐、紫紅、紅、粉紅、黃、白、花皮等顏色。花生因地上開花，地下結實，故名落花生，又名落地松、萬壽果、長生果、番豆、無花果、土豆等。《中國農業百科全書·花生》云："花生屬有 22 個種，原產於南美洲安第斯山麓以東，亞馬遜河南部和拉普拉塔河的北部。其中祇有一個栽培種 *Arachis hypogaea* L. 起源於玻利維亞的安第斯山麓……發現新大陸之後，由西班牙和葡萄牙的探險家逐漸將花生傳播出去。據各方面研究可能同時有幾條途徑：①這個時期有大量植物引入歐洲，最早的報道是西班牙的内科醫生 N. 蒙納德斯（N.Monardes，1374）的描述。由於花生植物形態上的特異性，經過兩個世紀學者的紛爭和研究，一直到 1693 年出版的《美洲植物志》

繞有了明確一致的認識，但由於氣候和生產條件的限制，歐洲并沒有在生產上利用。②由葡萄牙航海家從巴西經過馬來群島傳入非洲東海岸……③中國的花生是經由巴西、秘魯、墨西哥沿太平洋船運航綫，由墨西哥的阿卡普爾科至菲律賓的馬尼拉、馬達加斯加、爪哇而至中國的東南沿海一帶。據研究，這條路綫上所傳播的是秘魯型花生（龍生型）。中國古籍記載最早種植花生的是廣東、福建等省，所種植的'番豆'意指外國來的花生，實際上指的就是龍生型花生。"江少懷《油料作物全書·落花生》云："我國之栽培落花生，不知始於何時，據多數外人之研究，謂 18 世紀時，始傳入中國。又據福建省之《福清縣志》云：'清康熙年間，有僧應元赴扶桑，得種歸，中國始有花生。'初僅栽培於閩粤一帶，一百年前，英國安莫哈司特氏，盛稱花生宜於中國栽培，喚起一般人士之注意，於是山東、河北、河南等省，群相試種，乃知成績之佳，利益之厚，不遜於其他作物；故其種植，增加甚速，逐漸推廣於中部及北部。嗣後美國傳教士，將美國之大粒種相繼輸入，移植於山東一帶，品質優良，產量豐富。歐美各國，先後在天津、青島、漢口、上海等處，設莊收買，迄於晚近，已成我國普及全域之農作物，不僅足供國内之大量消耗，且蔚爲出口貿易之大宗，在

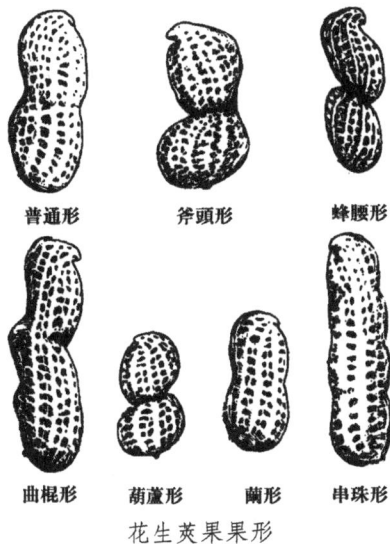

普通形　斧頭形　蜂腰形

曲棍形　葫蘆形　蘭形　串珠形

花生莢果果形

落花生

（清吳其濬《植物名實圖考》）

國際出口貿易之地位，有時竟在生絲之上，實我國重要農產之一也。"花生仁中含脂肪、蛋白質，熱量很高。花生仁蛋白質含有人體所必需之八種氨基酸，且消化率很高。花生仁還含有多種維生素和無機鹽類。此外，還含有鋅、錳、硼、銅等元素。現代醫學研究證明，花生仁、種皮、果殼、葉、莖、油均可入藥。花生種皮能抑制纖維蛋白之溶解，促進骨髓製造血小板，加強毛細管之收縮機能，有止血作用。花生油品質良好，營養豐富，氣味清香，是人們所喜愛之食用油。花生醬含有大量脂肪、蛋白質和糖，易於消化，味香可口，是一種調料佳品。餅粕中蛋白質含量高，亦有少量脂肪，是上好精飼料和肥料。莖、葉亦均爲牲畜良好飼料。花生殼經發酵處理可提煉石蠟、活性炭等多種產品。中國是世界上花生主產國之一。中國花生分布範圍極廣（18°N ～ 47°N），從熱帶至寒溫帶皆有大面積之栽培，因此形成了豐富之種植方式和品種類型。中國除青海、寧夏回族自治區和西藏自治區外，據不完全統計，有 1652 個縣、區、市種有花生。主產區爲山東、廣東、河北、河南、廣西、遼寧、四川、安徽、江蘇等省（自治區）。東北地區和西北黃土高原之花生栽培由於地膜技術之推廣，有了較快的發展。中國栽培花生優良品種很多，如豫花 3 號（開 8034-5）、豫花 4 號（鄭 7888）等豫花系列和魯花 9 號、魯花 10 號等魯花系列，以及魯資 101、8130 等。青島大花生、旭日花生和四川天府花生等在出口中，很受外商青睞。

【落花生】

即花生。因其花謝後，經二三日，花梗逐漸伸長，接於地面，子房伸入土內，結實其中。故有落花生之名。

【落地松】

即花生。此稱行於現代。見該文。

【萬壽果】

即花生。此稱行於現代。見該文。

【長生果】

即花生。此稱行於現代。見該文。

【番豆】

即花生。此稱多行於廣東、福建等南方地區。見該文。

【無花果】

即花生。此稱行於現代。見該文。

【土豆】[2]

即花生。此稱行於現代。見該文。

油菜 [1]

穀類油料作物名。由十字花科中芸薹屬（_Brassica_ L.）植物之若干物種所組成，以采籽榨油爲種植目的之一年生或越年生草本植物。中國目前大面積生產、栽培之油菜，可分爲三大類型：一爲芥菜類型，植株較高大，一般稱爲高油菜；二爲白菜類型，植株較矮小，一般稱爲矮油菜；三爲甘藍類型，從國外傳入時間較短。油菜屬圓錐根系，由主根、支根和細根組成；一般主根上部漸次膨大，而下部細長。莖一般呈綠色或淡紫色，少數爲紫紅色或深紫色，表面薄被或密被蠟粉；由主莖葉腋間抽生腋芽，延伸形成分枝。葉片有基葉和薹葉之分，薹葉之形態特徵，是鑒別三大類型油菜之顯著標志。白菜型油菜之薹葉無葉柄，葉片全抱莖着生；甘藍型油菜薹葉也無葉柄，葉片抱莖着生；芥菜型油菜之薹葉則有短葉柄。油菜花序是總狀花序，呈傘房狀；花瓣四片，盛開時呈十字形，一般黄色，少數乳白色。角果呈圓筒狀，綫上狀果瓣兩側着生兩排種子。種子球形或卵形，種皮一般暗褐或紅褐色，少數淡黄或黄色。種子内部含兩片子葉，子葉内富含油體。《中國農業百科全書·油菜》云：“一般認爲油菜有兩個起源中心。白菜型油菜（*Brassica campestris* L.）和芥菜型油菜（*B.juncea* Czern. et Coss.）的起源中心主要在中國和印度；甘藍型油菜（*B.napus* L.）的起源中心在歐洲。白菜型油菜在中國古稱芸薹，又稱胡菜。公元2世紀，後漢服虔著《通俗文》中載有‘芸薹謂之胡菜’（即今白菜型油菜）。宋代蘇頌等編著《圖經本草》（1061），開始采用‘油菜’之名稱，如‘油菜形微似白菜，葉青有微刺……名胡蔬。始出自隴、氏、胡也’。明代李時珍著《本草綱目》（1578）載：‘芸薹，方藥多用，諸家注亦不明，今人不識爲何菜，珍訪考之，乃今油菜也。’他進一步考證它的來源：‘羌、隴、氏、胡，其地苦寒，冬月多種此菜，能歷霜雪，種自胡來。’并説‘《通俗文》謂之胡菜……或芸，塞外有地名芸薹戍始種此菜，故名亦通’。根據這些文獻考證，中國的青海、甘肅、新疆、内蒙古等省（自治區），可能是最早的油菜栽培地區。據明代朱橚著《救荒本草》

甘藍類型　芥菜類型　白菜類型

1.單花正面；2.單花側面；3.薹葉
各種類型油菜之花序、花及薹葉着生狀態

（1406）、徐光啓著《農政全書》（1628）和清代吳其濬著《植物名實圖考》（1846）等著作中，均有關於野生山白菜的記載和圖譜。從以上事實證明中國是白菜型油菜的起源地之一。在公元前2世紀，經朝鮮半島傳入日本。”又云：“芥菜型油菜在中國栽培歷史悠久，早在北魏賈思勰著《齊民要術》一書中就有‘種蜀芥、芸薹、芥子’的專篇論述：‘種芥子及蜀芥、芸薹取子者，皆二、三月好雨澤時種……五月熟而收子。’此外，在中國古農書中也有關於野生植物山芥菜的記載和圖譜。根據細胞學檢查和胚胎學研究，中國西北地方的野生油菜，可能是野生黑芥（*B.nigra* W.D.J.Koch, n=8 或 9）的一種。黑芥是芥菜型油菜的原始祖先之一，因而認爲中國可能也是芥菜型油菜的起源地之一。蘇聯學者E.И.辛斯卡婭（Синская, 1922）研究表明：亞洲是芥菜型油菜的原產地，其類型分化中心在中國。據印度古代梵文記載：‘Rujika’可能是芥菜型油菜的一種。印度學者D.辛格（Singh,1952）比較分析了阿富汗各種芥菜以後，提出芥菜型油菜係由中國通過印度東北部引入印度，此後經由旁遮普擴展到阿富汗。有的學者認爲非洲也是起源地之一。甘藍型油菜的原始祖先之一甘藍（*B.oleracea* L.），原產於地中海沿岸。甘藍型油菜的葉用原始種可能産於地中海

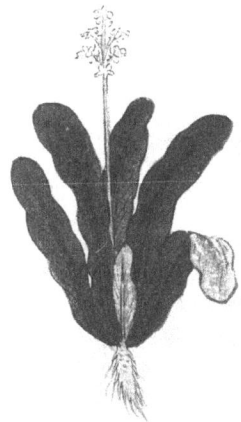

油　菜
（明盧和《食物本草》）

西部地區。據考證，甘藍型油菜的栽培始於 13 世紀，16—17 世紀在歐洲已廣泛栽培。此後，由歐洲引入南美洲，而後由南美洲引入加拿大。日本明治維新以後，纔由德國引入日本。20 世紀 30—40 年代初，中國學者于景讓、孫逢吉等先後從朝鮮、日本和英國引入中國。"油菜是重要之油料作物，綜合利用價值很高。從籽粒中提取的菜籽油是良好之食用油。無芥酸之菜籽油用於製造人造奶油，并可作生菜油（沙拉油）、起酥油和調味用油，在食品工業中占有重要地位。菜籽油中各種脂肪酸組成，與其他食用植物油相比，其主要特點是芥酸含量很高。芥酸爲二十二碳之長鏈脂肪酸，人體不易消化吸收，營養價值低。通過品質改良後，無芥酸之菜籽油中油酸和亞油酸之含量顯著提高，亞油酸是動物油中所不具有者，衹有依賴植物油的供應，易爲人體消化吸收，并有降低人體內血清膽固醇和甘油三酯、軟化血管和阻止血栓形成之功效，對人體脂肪代謝起着特別重要之作用。高芥酸之菜籽油，是重要之工業原料，在鑄鋼工業中作爲潤滑油。一般菜籽油在機械、橡膠、化工、塑料、油漆、紡織、製皂和醫藥等方面皆有廣泛用途。榨油後之菜籽餅，其蛋白質含量高，營養價值與大豆餅相近，是良好之精飼料。但菜籽餅中含有硫代葡萄糖甙，硫甙本身無毒，但遇水後在芥子酶作用下，裂解爲异硫氰酸鹽和噁唑烷硫酮等有毒物質，作爲飼料可使牲畜甲狀腺腫大，導致代謝作用紊亂，以致死亡。通過品質改良，把硫甙含量降低到 0.3% 以下，就不會產生毒害。去掉硫甙後之菜籽餅中富含蛋白質，其含量僅次於大豆餅。據分析，菜籽餅氨基酸中賴氨酸、穀氨酸之含量

接近豆餅，蛋氨酸高於豆餅，是良好之精飼料。精製後之餅粉亦可加工成蛋白質食品。菜籽餅亦是非常好的肥料。油菜是穀類作物之良好前作，在農作物輪作複種中占有重要地位。油菜根系能分泌有機酸，可溶解土壤中難以溶解之磷素，提高磷的有效性。根、莖、葉、花、果殼等含有豐富之氮、磷、鉀，後期大量之落花落葉、收穫後殘根和秸秆還田，皆能顯著提高土壤肥力，并改善土壤結構。此外，油菜花器多，花期長，是良好之蜜源植物。芥菜型油菜種子既可製芥末，亦是芳香料重要來源之一。油菜廣泛分布於世界各大洲。中國各地皆有栽培，自 1978 年以來，油菜生產一直處於上升趨勢。至 1985 年，油菜種植面積和總產量均居世界第一位。歷史上以白菜型油菜爲主，西部山區和西北內陸高原地區則以芥菜型油菜爲主。1940 年前後，由日本、朝鮮和英國引進甘藍型油菜試種。1954 年開始發展甘藍型油菜，通過 50 年代後期和 60 年代之示範推廣，在中國南方冬油菜區逐漸以甘藍型油菜替換白菜型油菜，已占油菜種植面積之 70% 以上，使中國成爲世界上甘藍型油菜三大主產區（中國、歐洲、加拿大）之一。中國油菜按農業區劃和油菜生產特點，以六盤山和太嶽山爲界綫，大致上分爲冬油菜區和春油菜區兩大產區。六盤山以東和延河以南、太嶽山以東爲冬油菜區，六盤山以西和延河以北、太嶽山以西爲春油菜區。其中四川盆地、長江中下游、黃淮中下游平原等地區是冬油菜之主產區，雲貴高原、蒙新內陸區、東北平原等是春油菜主產區。主要優良品種有"豫油 I 號（51 雙低油菜）""豫油 2 號（220 雙低油菜）""秦油 2 號（雜 37）""湘油 11 號（雙

低）"“中油低芥 1 號（2 號）"“川油 9 號"“門油 1 號至 3 號"“新油 1 號至 3 號"等。

【芸薹】[1]

油菜類型之一，白菜型油菜之古稱。漢代即有此稱。見該文。

【胡菜】[1]

油菜類型之一，白菜型油菜之古稱。因“種自胡來"，故名。此稱漢代已有。見該文。

芝麻

穀類油料作物名。胡麻科，胡麻屬中栽培種之一。芝麻（*Sesamum indicum* L.）爲一年生草本植物。根爲直根系，支根較多，屬淺根性作物。莖稈直立，呈方形，有淺縱溝。葉有葉柄和葉片，無托葉，葉片有茸毛。花着生於葉腋間，有一葉一花或一葉多花類型，花冠有白、微紫、紫等色，花冠五瓣相連呈管狀扎形。蒴果，有四、六、八個棱或其他多棱。種子小而扁平，一端稍尖，粒形有卵圓形、橢圓或長橢圓形，種皮有净白、黄、褐、黑等色，亦有極少帶紫、紅、緑等色。芝麻亦稱脂麻、油麻，古稱胡麻、巨勝、藤弦等。《中國農業百科全書·芝麻》云：“由於芝麻種植歷史悠久，分布廣泛，對其起源和傳播途徑的考證的見解不盡相同。1932 年 V.M.希特勃蘭德（Hiltebrandt）認爲栽培種的發源地應接近該屬的野生種所在地，因而他傾嚮芝麻起源於非洲。1950 年 Н.И.瓦維洛夫、1960 年 L.E.華特（Watts）均發表見解，曾主張芝麻起源於埃塞俄比亞和中亞一帶。但不論中亞或是中東，除史前時期就有栽培外，未發現任何野生種，所以這一假説未能被學術界確認。1982 年，A.C.齊文（Zeven）和 A.M.J.德威脱（de Wet），把非洲視爲芝麻的

起源中心。理由是根據多方面的考證和研究，認爲非洲具有芝麻屬所有的野生種并最先栽培芝麻，應是栽培種的起源中心。從非洲北部傳向美索不達米亞地區和印度恒河流域，逐步擴大至地中海沿岸、中近東、中國以至世界各地。芝麻是古老的油料作物。據 N.D.德賽（Desai）和 S.N.高耶爾（Goyal）報導，印度的芝麻栽培史可追溯到公元前 3600—前 1750 年，距今已有 5000 年的歷史。中國種植芝麻的記載最早見於《氾勝之書》（前 35—前 7），書中所述胡麻，即芝麻。宋代沈括（1031—1095）的《夢溪筆談》有‘張騫自大宛得油麻之種。亦謂之麻，故以胡麻别之’的説法。據考證，中國的芝麻最初可能是由印度和巴基斯坦等地引入，其栽培歷史至少有 2000 餘年。"夏緯瑛《植物名釋札記·胡麻》云：“‘胡麻’一名，用於兩種不同植物之上：一種胡麻，即是脂麻（*Sesamum indicum* L.）；另一種胡麻，即是亞麻（*Linum usitatissimum* L.）。這兩種植物在我國內地，都是自外引入的，故皆以‘胡’爲名。古時，原以脂麻爲胡麻。這一‘胡麻’之名最早見於西漢時代的《氾勝之書》。稍後，則見於東漢時代崔寔的《四民月令》，再則見於三國時代的《吳普本草》及張揖《廣雅》。舊説，胡麻爲張騫通西域自大宛傳入，雖無確據，視上

芝　麻

（明盧和《食物本草》）

文獻，亦頗可信。胡麻，未必由張騫親自帶回，總是與其通西域有關。大約，自張騫通使西域後而胡麻傳入內地。氾勝之正是在西漢稍後於張騫之人，其農書始見有種胡麻之記載。至三國之後，則'胡麻'之名，就屢見不鮮了。"又云："我國古時，原有大麻（Cannabis sativa L.），祇稱爲'麻'，其韌皮供纖維之用外，種子又供食用，故'麻'嘗列爲穀類之一。脂麻之種子亦嘗供食用，視爲'麻'之一類，因名'胡麻'，以別於原有之'麻'耳。"關於芝麻，在中國古籍農書中記述頗多，正如夏緯瑛所說"至三國之後，則'胡麻'之名，就屢見不鮮了"。如北魏賈思勰《齊民要術》、元王禎《農書》、明徐光啓《農政全書》、明李時珍《本草綱目》及清吳其濬《植物名實圖考》等著作中，皆有芝麻之記述。芝麻種子中含有豐富之脂肪、蛋白質，所含氨基酸達十七種之多，人體所必需之蛋氨酸、穀氨酸等七種氨基酸含量亦比較高。此外，還含有多種維生素和礦物質，被視爲高能食物。芝麻不僅營養豐富，而且味香可口，除主要用於榨油外，還可製作食品，如芝麻粉、芝麻醬、芝麻糊、芝麻糖、芝麻鹽等。世界不同地區食用芝麻之方式有明顯區別。大多數亞洲國，主要用作食用油，亦有少量作食品；歐美國家，主要用於麵包、糕點和糖果製作業，很少用於榨油；非洲人喜歡直接食用芝麻粒，或在燒湯中

胡　麻
（明王圻等《三才圖會》）

加芝麻作香料；在中東阿拉伯國家中主要用途是製作一種名叫"哈拉瓦"（Halva）之食品。在亞洲和非洲一些種植芝麻歷史悠久之國家，芝麻還是一種傳統藥物。中國最早之藥物詞典《神農本草經》就已提到"胡麻，味甘，主傷中虛羸，補五內。益氣力、長肌肉、填髓腦，久服輕身不老"。據現代醫學研究發現，芝麻油中不皂化物高，大部分是甾醇類，能排除人體中之膽固醇，亦能抑制人體對膽固醇之吸收。因此，芝麻油對膽固醇含量高的病人是一種理想保健食品。芝麻除供食用外，還可作香料、製藥和化學工業之原料。經榨油後的芝麻餅營養十分豐富，其蛋白質含量高，尤其蛋氨酸含量特別高，而且沒有胰蛋白抑制劑，因而易消化吸收。芝麻餅中還富含鈣、磷、鉀等礦物質及尼克酸維生素，所以是一種優質精飼料和上好肥料。芝麻主要分布在40°N至40°S之間。在中國，芝麻種植區可延伸到45°N之地方。據聯合國糧農組織1983年統計，世界生產芝麻之國家有六十六個，中國是世界主要生產國。芝麻在中國各省區皆有種植，主產區在黃淮平原和長江中游，尤以河南、湖北和安徽種植最多。河北和遼寧兩省芝麻種植面積發展迅速，江西、陝西、山東等省亦有一定發展。各地推廣之優良品種有"中芝7號""中芝8號"

油　麻
（宋王繼先《紹興校定證類備急本草畫圖》）

"宜陽白""冀芝 1 號""豫芝 1 號至 9 號"等。

【藤苵】

即芝麻。《廣雅·釋草》云："胡麻，一名藤弘。"

【巨勝】

即芝麻。此稱南北朝時已行用。對其真正含義，亦有不同釋注。明李時珍《本草綱目·穀一·胡麻》〔集解〕梁陶弘景云："純黑者名巨勝，巨者大也。本生大宛，故名胡麻。又以莖方者爲巨勝，圓者爲胡麻。"夏緯瑛析陶氏之注曰："以胡麻之黑色者爲巨勝，又以莖之方圓分巨勝與胡麻；一人之注有二説之不同，當有是有非。"夏緯瑛釋曰："《詩經·大雅·生民》云'維秬維秠'，《毛傳》曰：'秬，黑黍也。'《説文》《爾雅》皆謂'秬'是黑黍。是'巨'聲之字當有黑義；本草書中以巨勝爲黑色之胡麻，亦與'巨'聲之字有黑色之義相同。巨勝，是黑色胡麻（種子），該是正確之説。其他之説當是臆斷，不可聽從。'巨勝'一名，'巨'字之義已明，於下當釋'勝'義。'巨勝'之'勝'，當與麻義有關。與'勝'音近之字有'蒸'。'蒸'，是麻秆，其義可申引而爲麻。疑'巨勝'之'勝'即'蒸'之假借。'巨'，黑色之義；'勝'，爲蒸之假借字，申之義爲麻。然則'巨勝'一名，義即黑麻，亦即今俗語謂之'黑脂麻'耳。"

【脂麻】

即芝麻。中國古時已有此稱。見該文。

【胡麻】[1]

即芝麻。因自外引入，故以"胡"字爲名。自西漢即有此稱。見該文。

【油麻】

即芝麻。見該文。

向日葵

穀類油料作物名。菊科，向日葵屬（*Helianthus* L.），爲一年生草本。其根爲直根系，主根入土深。胚莖呈緑或紫色，成熟轉黄，莖秆高大，表面粗糙。葉片大，多呈心臟形，葉面密生刺毛，葉柄較長。頭狀花序，頂生，習慣稱花盤；邊沿是舌狀花，多呈黄色，向内是管狀兩性花。果實爲瘦果，習慣稱種子。向日葵屬約有六十七個種，主要栽培種 *H.annus* L.。向日葵因花盤有向日性而得名。亦稱轉日蓮、向陽花、葵花等名。《中國農業百科全書·嚮日葵》云："向日葵起源於北美洲。公元前 3000 年左右，在美國的亞利桑那州和新墨西哥州就有人工種植的向日葵。16 世紀初，由西班牙探險者引入歐洲，種植在馬德里植物園，作爲花卉觀賞，植株分枝少，落粒少。1716 年英國人 A.布尼安（Bunyan）首次從種子中提取油脂成功，獲得了英國的《向日葵油提取法》專利權。18 世紀初，由荷蘭傳入俄國。19 世紀中葉，開始作爲油料作物大面積栽培。俄國的栽培面積逐漸增加，此後培育出地方良種，促進其他國家向日葵生產的發展。"又云："向日葵約在 16 世紀末或 17 世紀初傳入中國。早在明朝天啓元年（1621 年）的王象晋著《群芳譜》中已有記載，稱爲西番菊或迎陽花。1688 年清陳扶搖著《花鏡》中，初見向日葵之名。以後又有關於向日葵栽培、榨油、藥用等記述。但長期以來，主要作爲觀賞植物或乾果食用作物而零星種植。1956 年從蘇聯、匈牙利等國引入油用型向日葵以後，開始作爲油料作物栽培。"夏緯瑛著《植物名釋札記・向日葵》云："向日葵（*Helianthus annuus* L.），原産墨西哥，約在明季引入中國。如今所知最早記載嚮日葵的文獻，爲王象晉的《群芳譜》（1621 年）。《群芳譜》中，尚無'向日葵'之名，於《花譜三・菊》條附'丈菊'說：'丈菊，一名西番菊，一名迎陽花。''向日'之名，見於文震亨《長物志》（約 1635 年前後）。清初，陳淏子《秘傳花鏡》曰：'向日葵，一名西番葵，高一二丈；葉大於蜀葵，尖狹，多缺刻；六月開花，每幹頂上祇一花，黃瓣大心，其形如盤，隨太陽迴轉，如日東則花朝東，日中天則花直朝上，日西沉則花朝西；結子最繁，狀如草蓖子而扁。祇堪備員，無大意味，但取其隨日之異耳。'這是陳淏子對'向日葵'的描寫，而又兼解釋了它的名稱。"向日葵經濟價值很高。向日葵油，又名葵籽油，色純味香，是優質食用油。葵籽油還可作調味油，製造人造奶油、乳酪等；工業上可作爲塗飾油料，製造硬化油脂、油漆、印刷油、香料、肥料和蠟燭等；醫藥工業用以提取亞油酸製藥等。葵籽油之主要成分是不飽和脂肪酸，雖其成分和含量與大豆、花生等主要食用油基本相似，但不飽和脂肪酸含量較大豆、花生油高。現代醫學研究表明，不飽和脂肪酸有助於人體發育和生理調節，能將沉積在腸壁上之過多膽固醇脫離下來，對於預防動脉硬化、高血壓、冠心病有一定作用。向日葵除籽實提取油外，副産品亦有廣泛用途。餅粕營養豐富，是飼養畜禽之上好高蛋白飼料，亦可用以製作醬油、味精、乾酪素、糕點等。脫粒後之花盤，含有較高之粗蛋白、粗脂肪和無氮浸出物，可作飼料；亦可提取食用果膠。種皮殼中亦含有粗纖維、粗蛋白等營養成分，可作反芻牲畜飼料；亦可用來生産纖維板，提取糠醛、酒精，製造活性炭。莖秆灰中富含氧化鉀，是良好鉀肥。莖秆也可作紙漿、賽璐璐之原料及壓製隔音板等。向日葵也是很好的蜜源植物。向日葵適應性強，分布廣泛。世界上有 40 多個國家種植。中國向日葵分布在 23ºN ~ 50ºN。全國栽培面積較大者有 20 個省區市。其中吉林省種植面積最大，其次是内蒙古自治區。中國主要栽培品種油用型者有派列多維克、遼葵 1 號、沈葵雜 1 號等，食用型者有長嶺大嗑、三道眉、大馬牙、黑老鴰嘴等。

丈　菊
（清吳其濬《植物名實圖考》）

向 日 葵 種 子 類 型

食用型　　中間型　　油用型

【西番菊】

即向日葵。始見於明王象晉《群芳譜》。見該文。

【迎陽花】

即向日葵。此稱始見於明王象晉《群芳譜》。見該文。

【丈菊】

即向日葵。此稱始見於明王象晉《群芳譜》。見該文。

【轉日蓮】

　　即向日葵。此稱行於現代。見該文。

【向陽花】[1]

　　即向日葵。此稱行於現代。見該文。

【葵花】

　　即向日葵。此稱多行於華北等地區。見該文。

紅花

　　穀類油料作物名。菊科，紅花屬中之栽培種。紅花（Carthamus tinctorius L.）爲一年生或二年生草本植物。其根系發達，主根入土深。莖直立，基部木質化，表面具細綫槽紋，上部有分枝。葉互生，質硬，近於無柄而抱莖，長橢圓形或卵狀披針形，基部漸狹，先端尖鋭，邊緣具尖刺。圍繞頭狀花序，花序大，頂生，總苞片多列，先端尖鋭；花托扁平，管狀花，橘紅色或橙黃色。瘦果橢圓形或倒卵形，基部稍歪斜。種子白色、灰色或暗色條紋等。紅花又名黃藍、紅藍、紅藍花、草紅花、刺紅花及紅花草等。《中國農業百科全書·紅花》云："紅花有多種起源説。Н.И.瓦維洛夫提出，栽培紅花有三個起源中心：①印度，基於紅花的變异性及古老的栽培區；②阿富汗，基於紅花的變异性及其與野生種接近；③埃及。他認爲那個地區是最初出現野生種。而 Hanelt 與 Ashri 和 Knowles 則認爲起源中心置之近東，因爲栽培紅花與二個野生種，即在土耳其、叙利亞和黎巴嫩發現的波斯紅花 C.flavescens 和在伊拉克西部荒蕪地區和以色列南發現的巴勒斯坦紅花 C.palaestinus 有親緣關係。"中國栽培紅花歷史悠久。據多種古農書記述，紅花由西漢張騫出使西域時引進。元王禎《農書》卷一〇云："紅

花一名'黃藍'，葉頗似藍，故有'藍'名。生於西域，張騫所得，今處處有之。"明徐光啓《農政全書》卷四〇云："《博物志》曰：張騫得種於西域。一名紅藍，一名黃藍，以其花似藍也。今處處有之，色紅黃，葉緣有刺，夏開花，花下有梂，花出梂上，梂中結實，大如小豆。"南北朝時對紅花之栽培及用途、加工等都已有豐富經驗。北魏賈思勰《齊民要術·種紅藍花、梔子》云："（花地欲得良熟。二月末三月初種也。）種法：欲雨後速下，或漫散種，或耬下，一如種麻法。亦有鋤掊而掩種者，子料大而易移理。花出，欲日日乘凉摘取。摘必須盡。五月子熟，拔，曝令乾，打取之。五月種晚花。七月中摘，深色鮮明，耐久不黦，勝春種者。"紅花是一種經濟價值較高之作物，種子油、花、餅粕、秸秆皆有廣泛用途。用紅花油可以製造人造奶油、烹調油、蛋黃醬、沙拉油等。紅花油中亞油酸含量高，是一種良好之醫療保健性油。在工業上，紅花油中有大量不飽和脂肪酸和很高之碘值，是一種很好的乾性油；同時不含亞麻酸，具有優良之保色性和不黃性，是高級油漆之重要原料；它還適於生産醇酸樹脂，用以代替製造搪瓷之硬樹脂油漆。花中所含黃、紅色素，可提取用作食品和飲料添加劑，亦可用於食品、化妝品染色及染料等。紅花秸秆及榨油後之餅粕，含有較高蛋白質

紅藍花
（宋王繼先《紹興校定證類備急本草畫圖》）

和其他營養物質，是牲畜和家禽之良好飼料。中國栽培紅花之範圍較廣，全國二十五個省區市有分布，以新疆、河南、四川和浙江等地爲主要產區。

【黄藍】

即紅花。此稱始見於晋張華《博物志》。見該文。

【紅藍】

即紅花。此稱始見於晋張華《博物志》。見該文。

【紅藍花】

即紅花。此稱北魏賈思勰《齊民要術》中已行用。見該文。

【草紅花】

即紅花。因"紅花"爲草本植物，故名。見該文。

【刺紅花】

即紅花。因其葉邊緣有刺而得名。見該文。

【紅花草】

即紅花。此名來源同"草紅花"。見該文。

蓖麻

穀類油料作物名。大戟科，蓖麻屬，普通蓖麻種。蓖麻（*Ricinus communis* L.）在熱帶及亞熱帶地方爲多年生，在溫帶地方爲一年生。其根是由主根、側根、支根組成之圓錐根系。莖圓而中空，與竹略似。葉互生，具盾形之長葉柄，葉面頗大，作掌狀，深裂，每裂片之緣，有粗鋸齒缺刻。秋季自梢上或節間抽出長約尺許之花軸，綴以總狀花序。花單性；雌花在上部，具淡紅色花柱，雄花在下部，呈淡黃色。花落結果，每花軸結實數十顆，上有軟刺如猬毛。種子大如豆，橢圓形而稍扁，有白

黑斑紋，名曰蓖麻子；斑殼内有白色之仁。蓖麻中國古名爲萆麻、蜱麻。《中國農業百科全書・蓖麻》云："蓖麻是世界上古老的油料作物之一。在古希臘、埃及、羅馬和阿拉伯的古文獻中都有記述。蓖麻原產非洲，後傳入亞洲、美洲、歐洲。在非洲通常是在烟草、甘薯地周圍，作籬栅防護植物種植。蓖麻株色多樣，還可作爲觀賞植物種於庭院、宅旁。20世紀航空工業的飛速發展，需要大量不凍結的潤滑油，促進蓖麻生產獲得廣泛發展，一躍成爲大田作物，在世界廣爲栽培。中國南北朝時期的《玉篇》、北宋的《圖經本草》等古文中都有蓖麻記述，已有1400多年栽培歷史。至於從印度何時傳入中國尚待考證。"江少懷著《油類作物全書・蓖麻》云："蓖麻子亦稱大麻子，原產於印度。（筆者認爲江氏對蓖麻子原產地爲印度之說，有誤。但亦可進一步證明中國之蓖麻是從印度引進的。）相傳在埃及四千年前之古冢，曾發現蓖麻，足見其栽培歷史之悠久。今東西印度及歐美南部均有栽植。我國於何時開

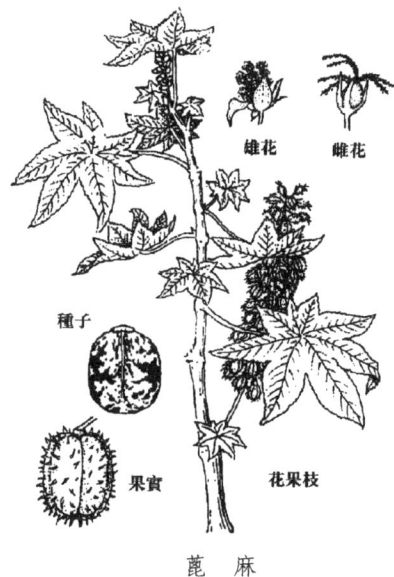

雄花　雌花

種子

果實　花果枝

蓖　麻

始栽培，已無從考查。"蓖麻可謂全身是寶。蓖麻油特性是黏度高、比重大，在 −18℃ 之低温下不凝固，在 500℃ ~ 600℃ 高温下不變質、不燃燒。蓖麻油除可作爲製高級潤滑油之原料外，亦可用作製造染料、油漆等化工原料；中國用之入藥，由來已久，如在中醫藥中，作爲緩性瀉劑。製油後之餅粕含有豐富之蛋白質，是很好的肥料。由於蓖麻子内蛋白質中含有蓖麻碱、蓖麻毒蛋白、血球凝集素等有毒成分，經高温（115℃）蒸製後，可作家畜之飼料。蓖麻莖之皮可製粗纖維，以供作繩索原料。蓖麻葉，爲乳牛最佳之飼料之一，亦可飼養蓖麻蠶。蓖麻在中國各地均有分布，但較爲分散，僅在東北、華北種植面積較爲集中。生產最多者有内蒙古、吉林、遼寧、黑龍江、山西、山東、臺灣等省區。

【茈麻】

即蓖麻。蓖麻之古稱。見該文。

【蜱麻】

即蓖麻。蓖麻之古稱。見該文。

【大麻子】

蓖麻之種子。此稱多行於南方地區。見該文。

小葵子

穀類油料作物名。菊科，小葵子屬中之栽培種。小葵子（*Guizotia abyssinica* Cass.）爲一年生草本植物。其根爲直根系，由主根、側根和不定根組成。莖圓形，直立，中空；整個莖稈和側枝上有稀疏灰白色粗糙毛和紫色斑點，分枝性强。葉對生，披針形或長圓披針形，兩面葉脉均有稀疏短粗毛，葉緣具稀鋸齒，無葉柄，抱莖而生。頭狀花序，呈傘房花序式或聚傘圓錐花序式排列；總苞片葉狀，單輪，五枚，有疏毛，黄色，盤内有管狀花。瘦果，四棱，略似葵花籽，光滑，先端鈍圓，基部漸窄，黑色，有光澤。《中國農業百科全書·小葵子》云："原産於埃塞俄比亞。在印度也可見到野生種的群落，并有大面積栽培。東南亞各國均廣泛引種。中國於 20 世紀 70 年代引入，雲南省在 1972 年從緬甸北部引入少量種子，於 1974—1975 年進行多點種植獲得成功。據試驗結果全生育期需要 ≥10℃ 的積温 1800℃ 以上，月平均温度不低於 15℃，而以 20℃ 爲適宜，在生育期間雨量在 350 毫米以上，生長正常，效果良好。栽培面積已擴大到 650 公頃以上。四川省和廣西壯族自治區也引種成功，栽培面積亦不斷擴大。"小葵子種子含油量高，油脂呈淡黄色，澄明，無沫；油脂中脂肪酸組成以亞油酸爲主，有降低膽固醇之功效。除食用外，還可用來製造肥皂、油漆、潤滑油等。油餅粕富含蛋白質，是牲畜之優質精飼料，亦是很好的有機肥料。秸稈是一種含鉀量較高之綠肥。小葵子亦是一種蜜源植物。

荏 [1]

穀類油料作物名。唇形科，紫蘇屬。荏〔*Perilla frutescens*（L.），Britt.〕爲一年生芳香性之草本植物。通稱白蘇。紫蘇是荏之一個變種，因其香味較荏强烈，故又名桂荏。荏之莖方形有溝，多分枝，基部堅硬，光滑，上部有白色茸毛。葉卵圓形，先端尖，背面有腺點，葉面葉裏皆呈綠色。花序總狀，頂生或側生。小堅果圓形，俗稱蘇子，黄褐色，有龜裂狀網紋。紫蘇其葉裏、葉面皆呈紫紅色，種子較荏小。《中國農業百科全書·荏》云："荏原產於中國，在公元 6 世紀的《齊民要術》中已有關於栽培和利用的記載。”其實，遠在先秦時之《爾雅》中即已有荏、蘇之記述。中國古籍中記載荏、蘇者亦甚多。宋羅願《爾雅翼·釋草七·荏》云：“荏，陶隱居云：‘荏，狀似蘇而高大，白色，不甚香，其子研之，雜米作糜，甚肥美，下氣補益，江東人呼爲蒫。’以其似蘇字，但除禾邊也。笮其子作油煎之，即今油帛及和漆所用者。服食斷穀亦用之，名爲重油。蓋江東以荏子爲油，北土以大麻爲油。又其言名爲蒫，似是蘇中魚蘇耳……蘇荏之屬，宜近人種，以小鳥好食之。”元王禎《農書》卷八云：“《爾雅》云，蘇，桂荏。（蘇，荏類，故名桂荏）薔，虞蓼（虞蓼，澤蓼）。《本草》云，荏，狀如蘇，白色，其子碾之，雜米作糜，甚肥美，下氣補益……《齊民要術》云，三月可種荏蓼。崔寔又云，正月可種。”明徐光啟《農政全書》卷二八云：“《爾雅》曰：蘇，桂荏……王禎曰：蘇，六畜所不犯，類能全身遠害者。於五穀有外護之功，於人有燈油之用。江東人呼爲蒫。以其似蘇字，但除禾旁故也。莖方；葉圓而有尖，四圍有齒。肥地者背面皆紫，瘠地者背紫面青。面背皆白，即白蘇也。荏子：白者良，黃者不美。荏，即今白蘇子也。”荏種子含脂肪油，葉內含揮發油。中國古代用荏油煎食、燃燈、塗器物、製防水布。現代工業亦用此油作塗料。荏之嫩葉、幼花亦可食用。中醫學上稱荏之莖爲蘇梗，可治感冒風寒、食積氣滯；蘇子被用於治咳逆、痰喘等症。種子亦可作爲鳥類飼料。紫蘇除有和荏相同之用途外，紫蘇油可作醬油、果醬之防腐劑等。荏性喜溫暖嚮陽之環境。在中國主要分布於東北各省和河北、山西、江蘇、安徽、湖北、四川、福建、雲南、貴州等省。

【桂荏】[1]

荏[1]之一個變種，亦名紫蘇。此稱秦漢《爾雅》中已行用。見該文。

【白蘇】[1]

即荏[1]。此稱南朝已行用。見該文。

油莎草

穀類油料作物名。莎草科，莎草屬中之一個種。油莎草（*Cyperus esculentus* var. *sativus* Boeckeler）爲多年生草本植物。其稈粗、光滑；葉綫形；穗狀花序；小堅果，矩圓形、灰褐色；塊莖橢圓形，長 1～2 厘米，褐色。油莎草亦名油莎豆、洋地粟。《中國農業百科全書·油莎草》云：“起源於地中海沿岸，埃及早有大面積栽培。19 世紀中葉，美國南部開始種植，隨後歐洲、亞洲西部廣泛栽培。20 世紀 60 年代初引入中國，在廣東、廣西、江西、山東、四川、甘肅等省（自治區）栽培。”油莎草塊莖含油量較高，油淺茶色，味香可食，食品工業通常用以製人造奶油、糖果、杏仁水等。亦可製作潤滑油、肥皂。油粕可釀酒或作精飼料。油莎草適應性廣，耐旱、耐澇、耐瘠、耐鹽，平原、

油莎草

山坡、沿海沙地等均可栽培。20 世紀 60 年代末廣東省湛江地區曾有較大面積種植。但因其塊莖小，且成熟時易脱落土中，在未采用機械收穫情況下，人工收穫很困難，故難以推廣。

【油莎豆】

即油莎草。因其塊莖小，似豆，故名。見該文。

【洋地粟】

即油沙草。因其地下莖像粟，又是從外國引進，故名。見該文。

油渣果

穀類油料作物名。葫蘆科，油渣果屬之一個種。油渣果〔Hodgsonia heteroclita（Koxb.）Hook. f. & Thomson〕爲常緑木質藤本植物。藤長 10 米以上，多分枝，具棱，有捲鬚。單葉互生，革質，闊卵形至近圓形，3 ~ 5 深裂。花單性，雌雄異株，雄花爲傘房狀總狀花序，雌花單生。子房下位，果大，扁球形，内含複合種子，形如鴨蛋，種内含仁，種殻木質堅硬。油渣果亦稱油瓜、猪油果、牛蹄果等名。《中國農業百科全書·油渣果》云："原産緬甸、印度、泰國、老撾、越南、馬來西亞及中國雲南、廣東、廣西南部，多生長在海拔1600 米以下的溝谷兩旁和臺地疏林中。"油渣果之種仁含油率很高，且含較豐富之蛋白質、維生素等。

雌花　種子　果　果橫切面

油渣果

油淡黄色，味清香，可供食用。油渣果喜高温潮濕環境，屬半陰性植物。可利用林間隙地、屋旁、山溝零星地種植。栽培時要搭棚架，成本高，開發利用價值較小。

【油瓜】

即油渣果。此稱行於現代。見該文。

【猪油果】

即油渣果。此稱行於現代。見該文。

【牛蹄果】

即油渣果。此稱行於現代。見該文。

油棕

穀類油料作物名。棕櫚科，油棕屬之一個種。油棕（Elaeis guineensis Jacq.）爲熱帶木本植物。其植株高大，屬單子葉植物。鬚根系，由初生根、次生根、三生根和四生根組成。莖直立，不分枝，圓柱狀，老樹高達 10 米以上。葉片呈螺旋狀着生於莖頂，羽狀全裂，葉柄有刺，衰老後不易脱落。葉腋均有一花芽，肉穗花序，雌雄同株异序；雌花序由許多小穗組成，每穗有果 1000 餘個，穗重可達 50 公斤；雄花

（a）莖和果穗：1.莖；2.殘苗葉莖；3.果穗；4.葉片
（b）花序：雌花序（小穗）

油　棕

由許多指狀小穗組成。果實由外果皮、中果皮、內果皮和核仁組成;成熟之中果皮又稱果肉,內果皮又稱核殼。因其果肉、核仁皆可榨油,單位面積產油量特高,故有"世界油王"之稱。《中國農業百科全書·油棕》云:"原產於熱帶非洲,自然分布於 13°N ~ 12°S 之間的熱帶雨林到熱帶草原的過渡地帶。在扎伊爾、剛果、尼日利亞、貝寧、科特迪瓦、加納、喀麥隆、幾內亞等國較集中。1848 年,引入印尼,作爲一種觀賞植物種植,1911 年起開始栽培。……中國於 1926 年開始由東南亞引入種子,在海南省零星試種,1960 年開始正式栽培,主要種植在海南省的南部和西部,雲南省西雙版納傣族自治州也有少量種植。"油棕主要產品爲棕油和棕仁油。棕油淡黃至棕紅色,是一種半固體油脂,有豐富之胡蘿蔔素、維生素 A 和維生素 E。精煉後油味清淡、不易酸敗,可作食用油、起酥油、人造奶油,亦可製高級肥皂、化妝品、洗滌劑、蠟燭、油漆、防銹劑、潤滑油、內燃機燃料,以及用於鐵皮鍍錫、鋼鐵淬火等。棕仁油白色,主要含飽和脂肪酸。可作烹調油、人造奶油和糖果、點心、餅乾、雪糕、麵包之配料;亦可製高級肥皂、洗滌劑和潤髮酯等。果實加工所得副產品棕仁粕、果渣、核殼皆可利用。棕仁粕和果渣均可配製飼料,核殼可製活性炭。油棕喜高溫、濕潤、強光照和土壤肥沃之環境。溫度是制約油棕分布和產量之主要因素。年平均溫度低於 22℃,并有短期霜凍之地區,果實發育不良,產量極低,不宜栽培。生產上主要使用者有三個變種和一個雜交種。

椰子

　　穀類油料作物名。棕櫚科,椰子屬中之一個種。椰子(*Cocos nucifera* L.)爲單子葉多年生常綠喬木。沒有主根,屬鬚根系,由莖基部產生出數千條不定根及其各級支根不定根基部長出之呼吸根組成。莖通直,主要由維管束組成,質地堅硬,不易風折。葉大,羽狀分裂,叢生於樹幹之頂上。單性花,肉穗花序,由花軸、花柄、花枝組成。果實圓形或橢圓形,由外果皮、中果皮、內果皮、椰肉、胚、椰水組成。椰子中國古稱胥餘。江少懷著《油料作物全書·油椰子》云:"我國知有椰子之時代甚早,《開寶本草》名爲越王頭。李時珍云相如《上林賦》作'胥餘',或作'胥耶'。《植物名實圖考》曰:'椰子瓊州有之,羊城夏飲其汁,云能解暑。度嶺則汁乾味變矣。'椰子爲棕櫚科椰子屬,原產於非洲及東印度。"《中國農業百科全書·椰子》云:"關於起源,衆説不一,迄今尚無定論。1910 年 O.F.庫克(Cook)根據中美洲好幾種語言均有'Coco'一詞,認爲起源於美洲。1917 年 O.比卡里(Beccari)發現東南亞的椰子品種遠遠超過美洲,認爲起源於亞洲……中國二千多年前《史記》對椰子已有記載。"中國古籍中記述椰子者頗多。宋羅願《爾雅翼·釋木四·椰》云:"椰木,似檳榔,無枝條,高十餘尋,葉在其末,如束蒲,實大如瓠,繫在樹頭。實外有皮如胡

椰　子

（清吳其濬《植物名實圖考》）

桃。核裏有膚白如雪，厚半寸，如猪膏，味美如胡桃。膚裏有汁升餘，清如水，美如蜜，飲之可以愈渴。核作飲器。”明徐光啓《農政全書》卷三八云：“《上林賦》曰‘胥餘’。（又名越王頭。相傳林邑王與越王有怨，使刺客乘其醉，取其首懸於樹，化爲椰子，其核猶有兩眼，故俗謂之越王頭。而其漿猶如酒也。《南州異物志》曰：椰樹，大三四圍，長十丈。通身無枝，至百餘年。有葉狀如蕨菜，長丈四五尺，皆直竦指天。其實生葉間，大如升，外皮苞之如蓮狀。皮中核堅過於石。裏肉正白，如鷄子著皮，而腹内空含汁。大者含升餘。實形團團然，或如瓜蔞。橫破之可作爵形，并應器用。故人珍貴之。《廣志》曰：椰出交趾，家家種之。）《交州記》曰：椰子有漿。截花以竹筒承其汁，作酒飲之，亦醉也。”椰子經濟價值頗高，植株各部分均可利用，但主要從椰肉中榨取椰油，爲重要之熱帶木本油料作物。椰油通常無色或淡黄色，主要是工業用油，爲製皂之優質原料，發泡力强，可製高級香皂、牙膏等。製皂之副産品甘油，具有重要商品價值。椰油經過精煉可作食品油，亦可製人造奶油等。椰子油硬脂，是糖果工業之重要原料。20世紀60年代以來，用椰果加工成的椰乾食品日益增多，即將新鮮椰子去皮、去殼，再剥去種皮，在嚴格之衛生條件下加工成椰絲、椰條、椰塊、椰片、椰蓉等食品；還可用鮮椰子製成椰子蛋白、椰子奶粉、無色椰油等。椰乾榨油後之殘渣中富含脂肪、蛋白質、碳水化合物等營養成分，可配製成各種飼料。椰衣纖維可製作繩子、掃把、地毯以及床墊、沙發墊、汽車坐墊等。椰殼可加工成椰雕、樂器或用以製成優質活性炭。椰子水含有多種維生素、激素、糖等成分，是人們喜愛之一種清凉飲料。椰木質地堅硬，花紋美觀，可作傢具和建築材料。未開放之肉質花序，可割取椰花汁釀製椰花酒，或提煉椰汁糖。椰子綜合利用産品可達三四百種，故有“寶樹”之稱。在中國主要分布於海南省東南沿海之文昌、瓊海、萬寧、陵水、三亞等地。椰子爲自然雜交，變種繁多，名稱亦多，分類比較複雜，至今尚未搞清。自20世紀20年代以來，不少國家利用人工雜交和體細胞組織培養等技術，培育出了一些高産優質之椰子新品種。

【胥餘】

　　即椰子。此稱西漢已行用。見該文。

【胥耶】

　　即椰子。此稱西漢已行用。見該文。

【椰木】

　　即椰子。此稱宋代已行用。見該文。

【越王頭】

　　即椰子。此稱宋代已行用。見該文。

第六節　糖料作物考

糖料作物是指可作爲製糖原料（多數是其體液）之草本或木本栽培植物。本節主要介紹禾本科甘蔗屬之甘蔗、藜科甜菜屬之糖用甜菜、菊科甜菊屬之甜葉菊、禾本科高粱屬之糖高粱、山欖科神秘果屬之神秘果、棕櫚科之糖棕及海棗屬之椰棗等五個科七種作物。世界上含糖之植物很多，有栽培者，亦有野生者。現已發現，有些植物中所含糖分甜度相當於蔗糖之數百倍，甚至上千倍。但是，到目前爲止，世界上主要糖料作物祇有甘蔗和甜菜。甘蔗之種植面積約占世界糖料作物之 57%，産糖量占 70% 以上；甜菜種植面積居世界糖料作物第二位，約占總種植面積之 42%。

甘蔗種植歷史悠久。根據文獻記載，中國是最早用文字記述甘蔗之國家。中國甘蔗育種專家彭紹光云："早在公元前 4 世紀（戰國時代）屈原的《招魂》中已有'胹鱉炮羔，有柘漿些'。柘漿即蔗汁的濃縮製品，可直接食用，亦可用於烹調。晋朝葛洪的《西京雜記》提到漢高祖時（前 3 世紀初期前後）南粵出産石蜜。公元 1 世紀（漢朝）楊孚的《異物志》提到'甘蔗……生取汁……煎而爆之，既凝，如冰……時人謂之石蜜'。可見在公元前 4 世紀至 1 世紀後期華南地區對甘蔗加工已有一定的水準，能够粗製成石蜜。"又云："到了公元 5 世紀（南北朝），陶弘景的《名醫別録》提到'蔗出江南爲勝，廬陵亦有好者。廣州一種數年生，皆如大竹，長丈餘，取汁爲砂糖，甚益人'。又有'獲蔗節疏而細，亦可瞰也'。在唐朝時大量糖通過海上和陸上運往波斯、買可、日本。當時糖在國際貿易中是一項重要商品。馬可・波羅 1275 年來中國訪問時，在他的《游記》中寫道：'我們來到烏墾（今福建龍溪），大量的糖在這裏製造，皇宮裏可汗（元朝皇帝）所消費的糖主要來自這個城市。'從明朝起，甘蔗和糖的資料更爲豐富，一直流傳到今日。"甜菜栽培亦有較長之歷史。8—12 世紀，在波斯帝國時代和古阿拉伯强盛時期，甜菜已廣爲栽培。栽培種由起源中心先後傳入高加索和西伯利亞、印度、中國和日本。當時甜菜根和葉主要供食用。1747 年德國化學家 A.S.馬格拉夫第一次發現甜菜根中含有蔗糖。馬格拉夫的弟子 E.F.阿查德於 1786 年通過人工選擇方法，培育出塊根較肥大、根中含糖量較高之世界上第一個糖用甜菜新品種。甜菜作爲製糖原料作物是 18 世紀後半葉開始的，至今已有二百多年之歷史。1802 年在德庫奈恩建立了世界上第一家甜菜製糖廠。1906 年中國從波蘭、俄國等國家引入糖用甜菜種子，在東北地區試種。1908 年建立第一家機製甜菜糖廠。20 世紀 50 年代以來，中國甜菜製糖業有了長足發展。甜葉菊、糖高粱、神秘果、糖棕、椰棗等作爲糖料作物，雖然有的種植面積較少或栽培時間較短，但有一些（包括一些野生含糖植物）開發前景是非常廣闊的。

　　糖是人們生活中不可缺少之食品，也是國際貿易之重要商品。中國是世界蔗糖貿易之先行者。福建泉州可能在唐朝已有蔗糖出口。明朝王世懋《閩部疏》有"泉漳之糖無日不走分水嶺"之記載。明朝陳懋仁之《泉南雜志》載有"甘蔗秆小而長，居民磨以煮糖，泛海售商"。清朝《續文獻通考》卷三八五引吳承洛《實業調查報告》說："十九世紀中葉以前，中國所産蔗糖暢銷國内外，即遠如不列顛三島，亦有華糖踪迹。"彭澤益編《中國近代手工業史資料》也說到"廣東省東莞以糖業爲生的人，十居其四。白糖售於東西二洋。次白者售之四方"。中國在 1840 年（第一次鴉片戰争爆發）前，産糖量（包括甜菜糖）居世界首位，是主要出口國。1895 年中日甲午戰争後，日本侵占了中國臺灣，中國成爲食糖進口國。糖料作物除製糖外，植物體之其餘部分和製糖副産品，皆可進行綜合利用，大大提高其總體經濟效益。如甘蔗除製糖和生吃外，還是很有發展前途之再生綠色新能源材料。其製糖副産品蔗渣、濾泥、糖蜜、蔗梢及蔗葉等，可作造紙、纖維板、醫藥及化工原料，食用菌等培養料，飼料，釀造酒精和飲用酒，提取蔗蠟及氨基酸等。甜菜之製糖副産品莖葉可以作乾貯或青貯飼料，糖蜜、濾泥、甜菜粕等可經發酵提取酒精、甘油、乙醛、丙酮、檸檬酸、味精等，亦可作飼料、肥料等用。甜葉菊之甜菊苷除作甜味添加劑外，還可運用於臨床醫學，作爲强壯劑、醒酒劑、健胃劑等，有提高血糖、促進人體代謝之功能。糖高粱亦可經加工發酵蒸酒、製取酒精，更是良好之青貯飼料。糖棕、椰棗不僅可製糖，其莖秆是優質木材，葉可作編織用。總之，糖料作物渾身是寶，在製取食糖之同時，其副産品綜合利用價值很高。隨着科技進步和人們生活品質的提高，糖料作物栽培將會有更大發展；在更加充分地利用現有糖料作物之同時，新糖料作物亦將得到重視和開發。

甘蔗

　　穀類糖料作物名。禾本科，甘蔗屬作物。甘蔗（*Saccharum offcinarum* L.）爲多年生草本植物。其根爲鬚根系。莖分主莖和分蘖莖，圓柱形或略帶彎曲，由節和節間組成，實心；莖色自淡黄、綠色以至紫黑色，表面有蠟粉。葉由葉片和葉鞘組成，每節一葉互生在莖兩側，葉表面粗糙且有剛毛，葉沿鋸齒狀。花爲複總狀花序，花藥多爲深紫色。籽實爲穎果，成熟時呈棕色，長卵形。對於"甘蔗"名之來源，夏緯瑛著《植物名釋札記・甘蔗》云："以其莖中含糖，故曰'甘'，其曰'蔗'者又有何義？此當於其植物之形狀求之。'甘蔗'之名，著於《名醫別錄》，《證類本草・果部下品》載之；又載陶弘景《本草注》云：'今出江東爲勝，廬陵亦有好者，廣州一種數年生，皆如大竹，長丈餘，取汁以爲沙糖，甚益人。'又載《蜀本草圖經》之言曰：'有竹、荻二蔗；竹蔗莖粗，出江南；荻蔗莖細，出江北。'這些，都是以爲甘蔗之形狀似竹的記載。今察實物，亦都有甘蔗狀似大竹之感。'甘蔗'之爲名，當於其形狀之似竹有關。'甘蔗'，亦作'甘薯'，'薯'與'蔗'是一音之轉，而從諸爲聲之字，又與'竹'音近之，'甘蔗'當即'甘竹'又有何疑！'甘蔗'一名，不過是言其爲具有甘味之竹耳。"甘蔗起源，説法不一。《中國農業百科全書・甘蔗》云："甘蔗起源主要有三種説法：其一，起源於中國。根據文獻記載，中國是最早用文字記述甘蔗的國家。在公元前3世紀初，春秋戰國時代的《楚辭・招魂》裏就有甘蔗製品'柘漿'的記載，'柘'字是'蔗'字的古字；公

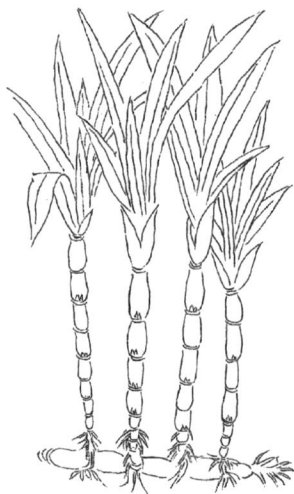

甘　蔗
（宋王繼先《紹興校定證類備急本草畫圖》）

元前1世紀，劉向的《杖銘》中載有'都蔗雖甘，殆不可杖'；公元1世紀，張衡《七辯》注云'沙糖柘蜜乃其等類，閩王遺高祖石蜜十斛……'上述説明早於公元前3世紀，中國已用甘蔗製糖；1935年，Н.И.瓦維洛夫提出，世界栽培植物有八大起源中心，甘蔗的起源中心在中國。根據對有關甘蔗生理和形態構造等研究，證明割手密野生種S.spontaneum L.和中國栽培種S.sinense Roxb.最爲古老。1974年，A.G.亞歷山大（Alexander）發表的蔗屬品種光合活動光譜；1983年，周可涌等學者對甘蔗葉片光合膜面積的比較研究，均給予證明。二，起源於印度。主要是根據公元前327年，亞歷山大東侵印度時，他的隨從執事記錄'看到當地人咬食一種稀奇蘆葦，没有蜂的任何幫助會産生一種蜜'而推論的。但當時當地尚無糖和甘蔗的名稱。印度文稱中國和糖是一個同義字，因爲糖是由中國傳到印度去的。其三，起源於伊里安。20世紀20年代E.W.布朗蒂斯（Brandes）等人到伊里安内地探險，看到當地人栽培熱帶種甘蔗（S.officinarum L.）和自然生長的大量割手密野生蔗，并發現了大莖野生種（S.robustum Brandeset Jeswiet），推論甘蔗起源於伊里安。以後的研究認爲，熱帶栽培種和大莖野生種是雜交和自然變異而來的，還是年輕植物。中國是世界上植蔗製糖最早的國家，公元3世紀，曹丕的《感物賦》中記載'掘中堂而爲圃，植諸蔗於前庭，涉炎夏而既盛，迄凜秋而將衰'，説明了當時黄河流域甘蔗生長和栽培情况。公元5世紀末，陶弘景的《名醫別錄》一書中已有宿根蔗栽培和棉花套種甘蔗的記載。公元6世紀，賈思勰著《齊民要術》一書

中已有關於甘蔗對土壤要求的記述。宋朝王灼的《糖霜譜》是世界上最早的專著，比較系統地記述了甘蔗的輪作、土壤耕作、播種期、播種方法、施肥方法、田間管理及蔗種貯藏等一系列栽培技術。公元 13 世紀，元朝司農司編的《農桑輯要》，也較系統地記述了甘蔗的整畦、行播卧栽等技術。17 世紀（明朝）宋應星的《天工開物》中載有'芽長一二寸，頻以清糞水澆之……澆糞多少，視土地肥磽。長至一二尺，則將胡麻或芸薹枯浸和水灌，灌肥欲施行內。高二三尺，則用牛進行內耕之'。并對甘蔗製糖技術及其工具作了詳細介紹和圖解。"關於種蔗製糖在世界之傳播，《中國農業百科全書》又云："據日本人島倉龍治著《冲繩一千年史》記述，公元 754 年，由唐朝鑒真和尚將製糖法傳入日本；福建省泉州在唐朝時已對外通商，宋代時已成爲世界著名大商港，阿拉伯人來往最多，種蔗製糖技術可能即由福建省泉州傳往中東，再經地中海傳入意大利和西班牙；公元 1490 年哥倫布第二次去美洲時，將甘蔗帶去并植於聖多明哥，以後逐漸傳入美洲各國；南洋種蔗製糖，係由中國僑民傳往；18 世紀，遍及全世界。"甘蔗於中國古籍中記述頗多。北魏賈思勰《齊民要術·甘蔗》云："《説文》曰：'薯蔗也。'按《書傳》曰，或爲'芉蔗'，或'干蔗'，或'邯睹'，或'甘蔗'，或'都蔗'，所在不同……《異物志》曰：'甘蔗，遠近皆有。交趾所産甘蔗特醇好，本末無薄厚，其味至均。圍數寸，長丈餘，頗似竹。斬而食之，既甘；迮取汁爲飴餳，名之曰'糖'，益復珍也。又煎而曝之，既凝，如冰，破如博棋，食之，入口消釋，時人謂之'石蜜'者也。《家政法》曰：

'三月可種甘蔗。'"明徐光啓《農政全書·樹藝》卷三〇云："《説文》曰：薯蔗也。或爲竿蔗，或干蔗，或邯睹，或甘蔗，或都蔗，所在不同。《漢書》《離騷》俱作'柘'……《農桑輯要》曰：種法：用肥壯糞地。每歲春間，耕轉四遍，耕多更好。耙去柴草，使地净熟，蓋下上頭（此處'上'字應爲'土'字——筆者）。宜三月內下種，迤南暄熱，二月內亦得。每栽子一個，截長五寸許，有節者，中須帶三兩節。發芽於節上。畦寬一尺。下種處，微壅上高，兩邊低下。相離五寸，卧栽一根，覆土厚二寸。栽畢，用水遶澆。"甘蔗最主要用途是製糖。蔗糖占世界總糖量之 70% 以上。蔗莖脆嫩多汁、清甜可口之品種，適於作爲新鮮水果，稱爲果蔗。除製糖和生吃外，甘蔗製糖後之副產品蔗渣、濾泥、糖蜜、蔗梢及蔗葉等可進行綜合利用。如蔗渣可作造紙原料，製造纖維板、絶緣板，作製取五碳酐、木糖醇、甜味劑及口香糖等醫藥用品之原料，亦可製樹脂、油漆和膜塑；蔗髓可做脱色炭、炸藥及糠醛，是培養食用菌之重要配製物和反芻類動物之飼料；糖蜜可用以釀造酒精和飲用酒，生產酵母、檸檬酸、丙酮丁酸、核苷酸、核酸等，亦是很好飼料；濾泥可與糖蜜、魚粉調配成奶牛之精飼料，可提取蔗蠟；蔗梢汁可提取 15 種氨基酸，蔗梢養奶牛，奶多質優，亦可用其製造高級飲料；蔗葉除作燃料、飼料、肥料和編織外，處理後亦是食用菌培養劑配製物之一。

中國蔗區主要分布於廣東、臺灣、廣西、福建、四川、雲南、江西、貴州、湖南、浙江、湖北等省區；西藏、安徽、江蘇、河南、陝西、山東、河北、北京等省區市也有少量栽培。現在生産上栽培種爲蔗屬種間雜交種。根據蔗莖大小分爲細莖種、中莖種和大莖種等。

【柘】

即甘蔗。柘爲"蔗"之古字。始見於先秦《楚辭·招魂》。見該文。

【都蔗】

即甘蔗。此稱始見於公元前 1 世紀劉向之《杖銘》。見該文。

【薯蔗】

即甘蔗。此爲甘蔗之古稱。始見於漢代《説文》。見該文。

【芉蔗】

即甘蔗。此稱始見於北魏賈思勰之《齊民要術》。"芉"字可能是"竿"字之誤寫。但考慮到"芉蔗"和"薯蔗""都蔗"字音皆相近，賈氏稱"芉蔗"或許有據，故仍其舊。見該文。

【干蔗】

即甘蔗。此稱見於曹丕《典論》、袁準《正書》等。見該文。

【邯睹】

即甘蔗。睹，同"蔗"。此稱南北朝已行用。見該文。

【竿蔗】

即甘蔗。此爲甘蔗之古稱。明代已行用。見該文。

【果蔗】

專供作水果食用之甘蔗品種。該品種蔗莖脆嫩多汁，清甜可口。中國有關果蔗之明確記載最早見於公元前 2 世紀東方朔著《神異經》:"南方有甘蔗之林。其高百丈，圍三尺八寸，促節多汁，甜如蜜，咋齧其汁，令人潤澤。"果蔗在中國之分布，除主要蔗區外，安徽、江蘇、河南、陝西、山東、河北等省以及青藏高原雅魯藏布江河谷地區亦零星種植。主要品種有廣東省之潭州大蔗和海豐臘蔗，福建省之同安果蔗，浙江省之杭州青皮蔗和溫州陶山蔗，四川省大紅袍脆皮蔗和白膳蔗，以及廣西紅皮果蔗等。

【糖蔗】

甘蔗中以製糖爲栽培目的之品種。用此稱以與"果蔗"區分。實際就栽培甘蔗之總量而言，絶大部分皆爲糖蔗，果蔗祇占很小比例。

甜菜 [1]

穀類糖料作物名。藜科，甜菜屬（Beta）植物。分爲野生種和栽培種。栽培種有四個變種:糖用甜菜、葉用甜菜、根用甜菜和飼用甜菜。糖用甜菜（*B.vulgaris* var. *altissima* Doll.）爲兩年生作物。其根爲肥大肉質根，通稱塊根，形態爲圓錐體。單葉，有葉柄，葉片形狀常見盾形、心臟形、犁鏵形或團扇形等，有的葉面有皺褶，葉色有黄緑、緑、濃緑。花枝俗稱薹，穗狀花序，花簇生。種球屬於聚花果，分多粒型種球和單粒型種球;種仁即爲種子，腎形，種皮紅褐色。《中國農業百科全書·甜菜》云:"糖甜菜起源於地中海沿岸，野生種濱海甜菜 *B.maritima* L.，是栽培甜菜的祖先。公元 8—12 世紀，在波斯帝國時代和古阿拉伯的强盛時期，

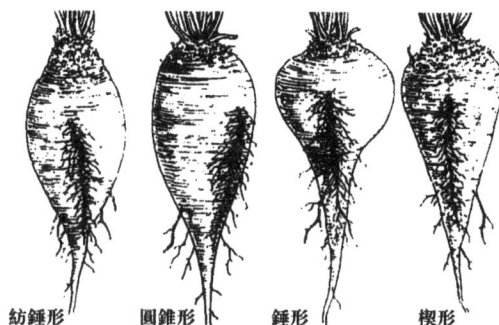

紡錘形　　圓錐形　　錘形　　楔形

甜菜塊根之形狀

甜菜已廣爲栽培。栽培種由起源中心先後傳入蘇聯的高加索和西伯利亞、印度、中國和日本。當時甜菜根和葉主要作爲食用。1747 年，德國化學家 A.S.馬格拉夫（Marggraf）第一次發現甜菜根中含有蔗糖。同年柏林科學院出版了馬格拉夫的著名論文，指出甜菜根中含的糖與蔗糖相同。40 年後，馬格拉夫的弟子 E.F.阿查德（Achard）於 1786 年在柏林近郊又繼續通過人工選擇方法，培育出塊根較肥大，根中含糖分較高的世界上第一個糖用甜菜新品種。甜菜作爲製糖原料作物是 18 世紀後半葉開始的，至今已有 200 多年的歷史。1802 年在德國庫奈恩建立了世界上第一座甜菜製糖工廠。19 世紀初，法國、俄國等國家甜菜製糖工業也有了相當的發展，根中含糖率從 6% ～ 8% 提高到 12% 左右。20 世紀以來，根中含糖率高者達 20% 以上。國際上習慣以 16% 爲收購標準。1985 年，甜菜種植面積居世界製糖作物的第二位。1906 年，中國從波蘭、俄國等國家引入糖用甜菜種子在東北地區試種。1908 年，建立第一座機製甜菜糖廠，即阿城糖廠，以後又在吉林省建立范家屯糖廠，在黑龍江省建立哈爾濱製糖廠。黑龍江省和吉林省是中國最早的糖甜菜產區。30 年代以後在山東省和內蒙古自治區等地也開始試種。"甜菜除塊根爲重要之製糖原料外，其餘部

甜　菜
（明王圻等《三才圖會》）

分皆可作飼料，製糖副產品亦可進行綜合利用。甜菜之莖葉、青頭、尾根和采種後殘留的老母根，均含有蛋白質、脂肪、纖維、多種微量元素等豐富之營養成分。新鮮莖葉除直接利用和乾貯外，也可青貯保存。莖葉經發酵後可增加飼料之可消化部分，使飼料具有芳香味，增進牲畜之食欲；能降低草酸鈣含量，防止牲畜腹瀉；用青貯莖葉喂奶牛，可減少牛奶中甜菜碱含量，提高產奶量。製糖後之副產品有糖蜜、濾泥、甜菜粕等。糖蜜經發酵可提取酒精、甘油、乙醛、丙酮、檸檬酸、味精等，還可直接用作飼料。濾泥主要用作肥料、飼料、甜菜保存防腐劑等。甜菜粕含有豐富營養物質，是良好飼料。自 20 世紀 50 年代以後，中國隨着製糖工業迅速發展，糖用甜菜除在東北地區不斷增加種植量外，又擴大到内蒙古自治區和新疆維吾爾自治區等地，形成了東北、華北和西北三大產區。

【濱海甜菜】

栽培甜菜之祖先。因糖甜菜起源於地中海沿岸，故名。見該文。

甜葉菊

穀類糖料作物名。菊科，甜葉菊屬，甜葉菊種，甜葉菊（*Stevia rebaudiana* Bertoni）爲多年生草本植物。株高一般 70 ～ 80 厘米，老莖半木質化，分枝性較強。葉對生，葉柄短，葉成披針形，邊緣呈鋸齒狀，葉腋有芽，葉片兩面及莖枝上有乳白色短茸毛。花爲白色頭狀花序，呈傘狀排列。果實爲瘦果，種子呈紡錘形，成熟種子爲黑色或黑褐色。《中國農業百科全書·甜葉菊》云："原產南美洲巴拉圭和巴西交界的阿曼拜山脈，是一種很有價值的糖料作

物。"20 世紀 70 年代中期，中國从日本引進甜葉菊種子并栽培成功。中國現已成爲世界上甜葉菊種植、加工生產大國。甜葉菊整株都含有糖分，以葉片含糖量最高，含糖苷 14%，枝梗之糖苷含量相當於葉片中之一半。葉片曬乾粉碎後，即可當糖料；或經熱酒精處理、乙醚浸析可獲得 20% ~ 26% 蛋黄色粗提物，甜度爲白砂糖 100 ~ 150 倍，精製品白色，甜度相當於白砂糖 250 ~ 300 倍，而熱量僅爲白砂糖之 1/300。甜菊苷有六種單體物質，先後已提出白色粉狀雙萜配糖體甜菊苷（Stevioside），甜度爲蔗糖之 300 倍；雙萜醇糖苷、瑞包糖苷 A，甜度最高爲蔗糖之 450 倍；瑞包糖苷 B、甘草苷 A 及甘草苷 B 等，可作爲甜味添加劑。甜菊苷已代替糖精廣泛地應用在食品工業上；作爲腌漬劑加入醬油、醬瓜及其他醬品中，有防腐作用。巴西、巴拉圭及南美洲各地還運用於醫學臨床，作爲强壯劑、醒酒劑、健胃劑，其功能具有提高血糖、促進人體代謝之作用。甜葉菊喜温濕，對土壤要求不嚴格。因原爲野生，又是異花授粉，經多年引進馴化，後代廣泛分離，雙異幅度甚大，混合品系中有大葉、小葉、厚葉、薄葉、遲熟、早熟等類型。生產上應用者以大葉遲花型爲主。

甜葉菊

糖高粱

穀類糖料作物名。禾本科，高粱屬，高粱之一個變種。糖高粱〔*Sorghum bicolar*（L.）Moench〕爲一年生草本植物。其根爲纖維狀鬚根系，莖基部節上長出許多次生不定根。苗期分蘖力强，莖秆粗，汁多，由許多節構成。葉片狹長，披針形，有淺波狀起伏，葉脉有蠟質。穗爲圓錐花序，着生於莖秆頂端。籽實成熟時，外面由穎片包裹着，難脱粒，包被程度因品種而异；籽粒較小。糖高粱亦稱甜高粱、甜秫秆、蘆粟、蘆穄等名。《中國農業百科全書・糖高粱》云："糖高粱在中國栽培歷史悠久，分布廣泛，北起黑龍江，南至四川、貴州、雲南等省；西自新疆維吾爾自治區，東至江蘇、上海等省（市），均有零星種植。特別是長江下游地區，尤爲普遍。崇明島盛產甜高粱，被譽爲'蘆粟之鄉'。過去習慣生食其汁液，南方也有用於榨汁熬製糖稀或製作片糖。20 世紀 70 年代中國育成了一批優良品種，并從國外引進一些良種，在河南、山東、河北、湖北、江西、陝西、山西、寧夏、廣東等省（自治區）種植。"糖高粱用途甚廣。通過機械化或手工操作，可以製出紅糖粉及紅白砂糖。用製糖後之廢糖渣等副產品或用未經榨汁之糖高粱莖秆直接切碎發酵後可蒸酒；製糖渣、廢稀亦可製醋、造紙、製纖維板等。糖高粱還可製取酒精。隨着畜牧業之發展，糖高粱用於青貯飼料日益增加。因其具有產草量大、草質優良等特點，是奶牛等大牲畜之良好飼料。中國糖高粱資源豐富，南方和北方均有與當地氣候、土壤等條件相適應之品種。據不完全統計，全國十七個省區市已收集到七十餘個品種。如比較好的品種有紫花蘆穄、甜雜 1 號、麗歐、蜂蜜、雷伊、崇明蘆穄、黄皮蘆穄、高粱蔗等。

【甜高粱】

即糖高粱。此稱多行於中國北方。見該文。

【甜秫秆】

即糖高粱。此稱多行於中國北方。見該文。

【蘆粟】 [2]

即糖高粱。此稱多行於中國南方。見該文。

【蘆穄】 [2]

即糖高粱。此稱多行於中國南方。見該文。

神秘果

穀類糖料植物名。山欖科，神秘果屬之一種（*Synsepalum dulcificum* Daniell）。一種甜度很高之灌木糖料植物。株高數米，株形呈蓬狀，生長層次分明，每層有三至四個枝，分枝頂端再長蓬狀枝，各分枝均從葉腋中抽出。葉片呈琵琶形，構成美麗之樹冠。花小白色。果實爲核果，單果着生於分枝上，橢球體狀，果皮鮮紅色，内有一層汁少、很薄之含變味成分的黄色果肉，包着一枚橄欖形種子。神秘果亦稱西非山欖。《中國農業百科全書·神秘果》云："原産西非加納至剛果地帶，又作爲果樹進行大量種植。20 世紀 60 年代周恩來總理到西非訪問時，加納共和國把神秘果作爲國禮送給周總理，從此，在我國栽培。中國雲南、廣西、廣東、福建和臺灣等省

神秘果

（自治區）均有引種栽培。"神秘果之果肉含有一種甜味蛋白質，甜度高出蔗糖千倍以上，可作爲甜味劑。這種甜味蛋白質稱爲神秘果素，每千克神秘果能提取 50 ～ 200 毫克神秘果素，一般用 0.1 毫克神秘果素就可産生增甜作用。果肉之糖蛋白本無甜味，但其汁液入口後就被唾液轉變爲甜味。祇要 2 克的這種汁液放在口中，5 分鐘就會變甜，甜味持續 3 小時之久。味覺之變化，把酸味食物變爲類似甜酒風味，不僅可把很酸的檸檬、酸橙、葡萄柚、酸梅湯、草莓、酸菜變甜，甚至連苦味之大黄也可變甜。

【西非山欖】

即神秘果。此稱行於現代。見該文。

糖棕

穀類糖料植物名。一般指能産糖之棕櫚科植物。原産亞熱帶地區和非洲，印度、緬甸、柬埔寨等地有分布；中國華南、東南及西南省區皆有引種。其中桄榔屬（*Arenga*）與糖棕屬（*Borassus*）花穗傷流液含糖量較高。糖棕樹形

幼苗　果實

花序

糖　棕

美觀，高達數十米，木材堅硬，樹齡能超百年，可供觀賞。其花蜜含糖分，花序被砍後能流出大量汁液，雌株之汁液量比雄株多約 50%，汁液可作飲料，發酵可製酒，熬煮濃縮數小時成糖。幼苗之嫩葉可作蔬菜。果肉香甜可食。糖棕葉柄基部之剛毛狀纖維，可編織繩索或製作刷子；葉片可製葵扇、席子、草帽，造紙及覆蓋房屋等。木材可作傢具、工藝品及建築材料。《中國農業百科全書・糖棕》云："中國雲南省及華南地區已引進試種桄榔屬和扇葉糖棕屬的糖料作物，生長頗好。"此作物性喜温熱，成群落生長，以生長在深厚疏鬆沙質土層或海灘之沉積土發育最佳。

椰棗

穀類糖料作物名。棕櫚科，海棗屬栽培種。椰棗（*Phoenix dactylifera*, L.）爲常綠喬木。其樹高可達數十米；葉長 1 米多，爲羽狀複葉；花單性，雌雄異株；果實形狀似棗，其味甜美，果實叢生成串，高懸樹上，棕紅色或棕黃色。椰棗亦稱棗椰子、戰捷術、海棗等。《中國農業百科全書・椰棗》云："在北非、埃及、叙利亞、伊位克、波斯灣及西亞地區已廣泛栽培，美國及墨西哥也大量引種。"中國在唐朝時已將椰棗引進雲南和新疆。成熟果實割下後放置於温熱的地方使其完全成熟成爲糖料食品，鮮果及嫩葉可供食用，切割雄花穗柄時流出之傷流

果實

椰　棗

液可提取糖，種子炒焙後磨粉可作咖啡代用品，也可榨油食用，殘渣可作飼料。椰棗木材堅硬，可作爲建築材料，葉可編織席、籠、籃等。椰棗是一種適應性很強之鹽生植物，能在其他植物幾乎不能生存之環境中旺盛生長，土壤以深厚之冲積黏質土爲宜，含鹽土壤對其生長有利。椰棗可連續産果 60~80 年甚至更長。

【棗椰子】

即椰棗。此稱行於現代。見該文。

【戰捷術】

即椰棗。此稱行於現代。見該文。

【海棗】

即椰棗。此稱行於現代。見該文。

第七節　纖維作物考

纖維作物是指主要用其纖維之草本或木本栽培植物。纖維作物種類很多，按生產纖維之來源可分爲種子纖維作物、韌皮纖維作物、葉纖維作物、莖纖維作物。世界上可以利

用之纖維植物有幾百種，但作爲經濟作物大量生產者，祇有幾十種。本節主要介紹唯一由種子生產纖維的棉花和韌皮纖維作物中之大麻、黃麻、紅麻、苧麻、亞麻、茼麻、玫瑰麻、羅布麻，以及葉纖維作物中之劍麻、灰葉劍麻、馬蓋麻、番麻、假鳳梨麻、蕉麻、龍舌蘭雜種第 11648 號（皆屬龍舌蘭麻）；亦簡要述及其他一些纖維作物，如莖纖維作物之荻、蘆葦、燈芯草，葉纖維作物香蒲和内皮層纖維木本植物枸樹。纖維作物之栽培和利用具有悠久歷史。墨西哥考古證明，約在五千五百年前該地區已存在類似於陸地棉大鈴類型之栽培種；印度河流域古墓中發掘之碎布，證明印度次大陸在公元前三千多年已種植棉花。中國戰國時（公元前 475—前 221）根據古史資料編寫的《禹貢》記載："島夷卉服，厥篚織貝。"文獻中之"織貝"，即棉織品。這就説明，棉花在中國之栽培至少有 2500 年以上之歷史。麻類纖維自古以來就是中國人民衣着之主要原料之一。南京博物院在江蘇蘇州草鞋山遺址曾發現六千多年前之葛纖維織物。母系氏族社會之婦女們剝取野麻纖維，用陶製和石製紡輪捻成細綫，織成麻布。河南三門峽市陝州區廟底溝發現距今五千二百多年之布痕，每平方厘米經緯綫各 10 根，比較疏鬆。浙江吴興錢山漾之新石器時代遺址中，發現平紋麻布，距今已有 4700 餘年，品質比前者好得多。在陝西涇陽高家堡發掘之周初墓中，也有麻布，組織比較緊密。湖南長沙出土之西漢墓中有精細苧麻布，品質已接近現在之府綢，可見當時紡織水準已相當高。湖北荆州鳳凰山漢墓中之苧麻織物，纖維上有鈣離子存在，是用石灰進行脱膠之證。中國歷史上種植開發之麻類作物是韌皮纖維作物。葉纖維作物如劍麻、灰葉劍麻、馬蓋麻等，多爲 20 世紀之後引入中國。本節所述及之其他纖維作物，如燈芯草、香蒲、枸樹，在中國古籍中亦均有記述。

　　纖維作物在國民經濟中占有非常重要之地位。國計民生離不開纖維及其製品，亦可出口創匯。棉纖維是紡織工業之主要原料。棉織品具有化纖織品不能比擬之許多優點：吸濕性、透氣性和保暖性較强，手感柔軟，穿着舒適，染色牢固等。棉籽含油分、蛋白質，是食品工業之原料。棉短絨也是化學工業和國防工業之重要物資。棉秆可加工壓製成纖維膠合板，代替木材製作傢具。棉秆皮可製造牛皮紙和包裝紙。新鮮棉秆皮剥出後，經浸泡發酵脱膠，可代替麻纖維製作麻袋和繩索。棉根和棉籽含有之棉酚亦可提取製作成殺蟲、抗氧化、抗聚合之化學産品和祛寒及鎮咳等藥劑。麻類纖維用途廣泛。苧麻、亞麻單纖維細長而柔軟，可織各種細麻布，供人們衣着或做窗帘、桌布、餐巾、手帕，亦可織製帆布、篷帳布、輪胎襯布、飛機翼布等。紅麻、黃麻單纖維短且粗硬，但吸濕性强，織物不易起毛，主要用於織製麻袋、包裝布，亦可織造地毯、帆布等。用碱處理之黃麻纖維較爲細軟，純紡或與棉花、滌綸混紡，可織成西裝面料、蚊帳布、人造革底布等。茼麻纖維較粗短，強度較黃、紅麻低，但耐腐、耐鹽碱性較強，適宜製作用於漁業和養殖業之繩索，亦可製造麻袋。大麻纖維是中國古代衣着主要原料之一。其單纖維較粗短，抱合力差，現代可用於編製漁網、造捲烟紙。目前中國對大麻脱膠取得成功，脱膠後之大麻纖維可與棉、化纖混紡織布。龍舌蘭麻纖維強度大，耐摩擦、耐鹽、抗腐、膠質少，不易打滑，故可製繩索，供軍艦、輪船、礦業、運輸業使用，亦可織麻袋、地毯等。麻類作物之綜合利用，大大提高了其經濟價值。各種麻類作物纖維和廢麻製品均是良好之造紙和人造纖維之原料。麻纖維還具有絶緣性，可作電綫、電纜之包皮。近年來，有些地方已用黃麻纖維代替玻璃纖維，以聚乙烯作爲黏合劑，製造各種傢具或作房屋建築材料。各種麻之種子都含有較高油分，可製取油料。長果種黃麻葉可作爲蔬菜食用。苧麻和紅麻葉蛋白質和脂肪含量較高，營養豐富，是發展畜牧業之好飼料。苧麻嫩葉經石灰脱濕後，揉入米粉可做糕點。苧麻根和地下莖是安胎、治產後心煩等症之婦科藥，由於含有咖啡鞣酸，有止血和增生白細胞之功能。羅布麻葉可治高血壓、腎炎、失眠、浮腫等病，青麻全草祛風解毒。藥用大麻含有大麻二酚酸等酚類衍生物，有止咳、止痛、鎮静、安眠等療效，又可從其中提取油樹脂製造麻醉劑（也是一種有害的嗜好品）。從劍麻葉汁、麻渣中提取皂素（海柯吉寧、替柯吉寧），可製可的松、強的松、地塞米松、睾丸素，用以避孕或治皮炎；提取的龍舌蘭麻蛋白酶是製革工業之脱毛劑。另外，可用黃麻、紅麻、苧麻之麻骨製成纖維板，代替木材在建築和傢具製造業上使用。更重要的是，現已研究成功可用全秆紅麻漿代替木漿造紙。紅麻漿優於闊葉木漿，與針葉木漿相似，是一種比木材生長期短，單位面積產量高，適應性強，有利於保護生態環境之非木材優質製漿原料。全秆紅麻漿大批量生產後，不僅爲造紙工業創造更多利潤，而且爲國家節省大量木材和外匯，也會有力帶動麻區農民之經濟發展，對整個國民經濟產生顯著之綜合效益。蘆葦、荻、香蒲、燈芯草、枸樹等纖維作物亦能進行綜合開發，如除用於編織外，亦可用於造紙、製人造纖維或製取各種藥物。應該提及的是，這些植物多習性潑辣，對氣候、土壤要求不嚴格，耐旱、耐澇、耐寒、耐鹽碱，在湖洲、河堤或坡地、沼澤、海灘皆能生長，爲我們對河、湖、海邊及庫區之多種開發和經營，提供了廣闊途徑。

　　中國纖維作物產區廣大。南自海南省，北到遼寧南部和新疆維吾爾自治區北部，均有棉花栽培。根據氣候、土壤和栽培條件之不同，劃分爲黃河流域棉區、長江流域棉區、西北內陸棉區、北部特早熟棉區和華南棉區等五個棉區，黃河流域和長江流域爲主要產區。由於科技發展和種植面積增加，自 1982 年以來，中國棉花產量躍居世界首位。中國麻類作物產區之地理條件複雜，氣候跨越熱帶、亞熱帶、北溫帶，在不同自然環境裏，蘊藏着豐富多彩之麻類資源。因此，中國是世界上麻類作物種類最多，分布也最廣之國家。全國麻類作物產區大體上可劃分爲華南區、長江中下游區、雲貴高原區、黃淮海區、東北區、西北區等六個自然區。自 20 世紀中葉以來，各地根據市場之需求、經濟效益之調節，麻類作物生產都有了穩健快速發展。中國苧麻、大麻、青麻栽培面積、單產、總產均居世界前列，在黃麻、紅麻方面是世界三大產麻國之一，亞麻播種面積爲世界第二位，熱帶作物之劍麻已實現自給有餘。隨着社會經濟的發展，中國纖維作物栽培和生產將會有更大增長，包括中國豐富之野生纖維資源，也將會得到更廣泛、更充分的利用開發。

棉花

　　穀類纖維作物名。錦葵科，棉屬（*Gossypium* L.），唯一由種子生產纖維之農作物，簡稱棉。棉屬包括許多棉種，其中有四個栽培種：草棉、亞洲棉、陸地棉和海島棉。栽培最廣泛者是陸地棉。其根爲直根系，主根深達 2 米，加上側根和根毛組成發達之圓錐根系。主莖直立，莖色隨棉株生長由綠轉爲紫紅色；主莖上葉腋間可分化出葉枝和果枝。棉花葉形多爲掌狀分裂，一般陸地棉葉片裂口較淺，海島棉葉片裂口較深。棉株上之幼小花芽稱爲蕾，其外被三片苞葉，呈三角錐形；花瓣五片，陸地棉花瓣一般爲乳白色，海島棉爲黃色。花朵開花受精後，其子房發育成蒴果，稱爲鈴；狀似桃，亦俗稱棉桃。棉花種子顯著特點是它的種殼着生纖維和短絨，總稱爲籽棉。棉花原產於高溫、乾旱、短日照之熱帶和亞熱帶之荒漠草原，是多年生亞灌木或小喬木。經過人類長期栽培馴化，纔逐步成爲栽培的一年生作物。《中國農業百科全書·棉花》云："1953 年和 1956 年 D.U.格斯特爾（Gerstel）、1960 年 J.E.安德雷塞（Eadrizzi）和 L.L.菲里普斯（Phillips）等人對棉花種間雜種細胞學的研究，進一步證明異源四倍體的 A 染色體組來自原產非洲的草棉變種非洲棉 *G.herbaceum* var.*africanum*，其 D 染色體組來自原產美洲的雷蒙德氏棉 *G.raimondii* Ulbr.。至於這兩個棉種如何相遇雜交，是由於大陸漂移，種子或根基的海洋漂流，抑或由於人類携帶，各種假說尚無定論。"又云："棉屬的各個種除歐洲外，在非洲、亞洲、大洋洲和中美洲都有分布，而且各染色體組的棉種在地理分布上大多數互不重疊，因此似可認爲棉花起源是多中心的。根據大陸漂移假說和棉屬起源的研究，一般認爲棉屬的祖先出現在聯合的古大陸，即最早起源於非洲中部。在白堊紀，由於地質變遷，大洋洲、南美洲與古大陸發生了分離和漂移，造成地理隔離，因而形成了棉屬的多元分布。"棉花在世界和在中國均有悠久栽培史。《中國農業百科全書》對此做了較詳細之描述："草棉最先由非洲傳播到阿拉伯一些地區種植，然後傳入伊朗、巴基斯坦和中國，同時傳入地中海沿岸。亞洲棉最先在印度廣泛種植。印度河流域古墓中發掘的碎布，證明印度在公元前3000多年已種植棉花，并進行棉纖維的紡織。亞洲棉後來從印度向西傳播到地中海沿岸和歐洲，向東傳播到東南亞各國以及中國、朝鮮和日本。15世紀歐洲人到達美洲以前，當地印第安人已經普遍種植棉花并從事棉纖維紡織。在秘魯中部曾發現距今4500年的棉鈴和棉纖維，并在古墓中發掘出棉織品，考古證明它們是早期馴化的海島棉遺物。在墨西哥的考古證明，約在5500年前該地區已存在類似於陸地棉大鈴類型的栽培種。這些事實都表明新大陸和舊大陸的棉花種植馴化是分別進行的。自從18世紀軋花機、紡紗機、飛梭、織布機相繼發明後，棉紡工業技術得到顯著改進，從而推動了棉花生產的發展，使陸地棉和海島棉不僅在美國、墨西哥、秘魯、巴西等國

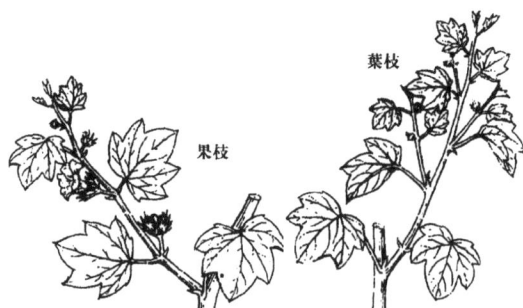

棉花之葉枝和果枝

家廣泛種植，而且還向亞洲、非洲和歐洲等地區大量傳播。由於陸地棉的鈴大、產量高、纖維品質較優，美國最先從墨西哥引入，後向各國廣泛傳播。海島棉從美洲傳入埃及後馴化爲一個新的類型，即埃及棉。埃及棉的纖維細長，品質優良，在尼羅河流域廣泛種植，從而使埃及發展爲世界長絨棉的主要生產國。蘇聯等國種植的一些海島棉品種，也多是利用埃及棉雜交育成的。中國長江以南、西南和西北邊遠地區植棉歷史悠久，并早已進行紡織。戰國（公元前475—前221年）時根據古史資料編寫的《禹貢》記載：'島夷卉服，厥篚織貝。'《後漢書・西南夷傳》記載：'哀牢夷……有梧桐木華，績以爲布。'公元5世紀的《南越志》記載：'桂州出古終藤，結實如鵝毛，核如珠珣，治出其核紡如絲棉，染爲斑布。'公元7世紀的《梁書・西北諸戎傳》記載：'高昌國……多草木，草實如繭。'這些歷史文獻都説明中國的海南島、雲南西部、廣西桂林和新疆吐魯番等地在距今2000多年以前已經廣泛種植棉花。20世紀70年代在福建省崇安縣山區崖洞古墓中發掘出距今3300年、相當於商代的棉織布片；在新疆的巴楚縣和吐魯番的晚唐遺址中多次發掘出距今千年以上的草棉種子和棉織品。中國古代文獻提到的織貝、吉貝、古貝、帛疊、白疊、梧桐木、古終藤等名稱，就是指的棉花或泛指棉織品；它們都是不同地區從梵語、馬來亞語或阿拉伯語音譯而來的。後來，爲了區別於蠶吐絲形成的綿，把由植物開花結實產生的綿，稱爲木綿。以後，逐漸把'綿'字改寫爲'棉'字，普遍稱之爲木棉，或棉花。宋末元初，長江、黃河流域種植棉花已漸普遍。當時

松江府烏泥涇（今上海市華涇鎮）的黃道婆曾在崖州（今海南省三亞一帶）向黎族同胞學習植棉和棉紡技術，返故鄉後，積極進行技術傳播，對推動江南植棉和棉紡業的發展作出了很大的貢獻。元、明、清朝代均提倡植棉，并設官徵稅。清朝皇帝康熙作《木棉賦》，乾隆爲《御題棉花圖》寫詩，這些都表明當時朝廷對棉花生產的重視。中國古代的棉花是從國外分兩路傳入的。北路傳入草棉，由阿拉伯經伊朗、巴基斯坦傳到中國的新疆，再傳入甘肅、陝西一帶。南路傳入亞洲棉，由印度經緬甸、泰國、越南傳入中國的雲南、廣西、廣東、福建等省（自治區），再傳到長江、黃河流域。這就是以往普遍種植的中棉。多年生的海島棉於 1918 年在雲南省開遠縣發現，且開遠、賓川、元謀等縣均早有種植，但究竟於何時何地引入，尚待考證。中國於 1865 年開始從美國引種陸地棉，首先在上海試種……1914 年以後，從美國大量引入陸地棉品種：脫字棉（Trice）、愛字棉（Acala）、金字棉（King）等，在全國主要產棉區試種推廣。1933—1936 年又從美國引入德字棉 531、斯字棉 4 號、珂字棉 100 等品種進行試種……1950 年以後開始有計劃地引入岱字棉 15，經全國棉花區域試驗，明確推廣地區，集中繁殖，逐步推廣，并加強防雜保純工作，使品種利用期大爲延長。自 1958 以後，陸地棉品種基本上取代了廣泛栽培的中棉。60—70 年代又先後從美國引入一些品種，并開展引種聯合比較試驗。其後中國棉花育種工作有顯著進展，育成和推廣了一些適於各棉區種植的優良品種。所以國外引入品種多作爲育種親本，很少在生產上直接推廣應用。這表明中國棉花育種工作已進入一個新的發展階段。此外，在 20 世紀 50 年代曾從蘇聯、埃及、美國引入一年生海島棉品種進行試種。蘇聯的海島棉能適應於新疆南部種植，并已從中育成一些新的優良品種進行推廣。"棉花主要用作紡織工業原料。棉纖維織品具有化學合成纖維不能比擬之許多優點：吸濕性、透氣性和保暖性較強，手感柔軟，穿着舒適，染色牢固等。因此，人們非常喜愛用棉紡製品。棉籽是棉花生產之主要副產品，是食品和飼料工業中油料和蛋白質之重要資源。棉籽上短絨可製作棉毯、絨布、耐磨鋼紙；可經濃硝酸等處理，作軍用無烟火藥或製作賽璐珞；亦可經化學處理作黏膠纖維或醋酸纖維等。棉籽種殼經化工處理，可以生產糠醛、丙酮、丁醇、酒精、甘油等產品，亦可製作活性炭，還可作爲食用菌和藥用菌之天然培養基。棉籽種仁含油率較高（35%左右），具有較多的不飽和脂肪酸，適於食用；精製的棉籽油可製作黃油，或提取亞油酸，作爲藥品；種仁含蛋白質較高，其賴氨酸含量遠高於稻、麥、玉米等，還含有多種維生素，尤以維生素 E 較多。但是棉籽仁中含有棉酚，具有毒性，需經脫毒處理後纔能食用。現已育成不含或少含棉酚之品種。棉秆可加工壓製爲纖維膠合板，代替木材製作傢具；棉秆皮可以製作牛皮紙和包裝紙，亦可代替麻製作麻袋和繩索等。棉根和棉籽含有之棉酚也可以提取製成殺蟲劑、防腐、抗氧化、抗聚合等化學產品，亦可製作爲祛寒及鎮咳等藥劑。此外，花朵內外和葉片背面主脉上具有能分泌蜜汁之蜜腺，是發展養蜂業之一種蜜源作物。在研究提高棉花品質、產量等方面之同時，也需進一步開展對其綜合利用之研究，使之成爲棉、油、糧等多種用途之作物。中國棉花生產大致分布在 18ºN ～ 46ºN，南自海南省，北到遼寧省南部和新疆維吾爾自治區北部，均有棉花栽培。主要分布在黃河流域和長江流域。以棉花之不同種質資源爲材料，通過遺傳改良，選育具有較高生產潛力、優良纖維品質或某些特殊性狀適應於一定地區種植之棉花品種，一直是世界各主要産棉國家都十分重視的工作。中國自 20 世紀 20 年代已開始運用現代育種技術選育亞洲棉品種，後又選育和引進了大量陸地棉品種。自 60 年代開始用雜交育種法，育成了一些豐産、抗病或纖維品質好的新品種。如"鄂沙 28""冀棉 8 號""陝棉1155"及"豫棉 2 號""豫棉 7 號"等豫棉系列，"中棉 16""中棉 17"等中棉系列。

【草棉】

栽培棉種之一。原産於非洲南部，是非洲大陸栽培較早之棉種，故又稱非洲棉。見該文。

【陸地棉】

栽培棉種之一。原産於中美洲墨西哥南部高地及加勒比海諸島，亦稱高原棉。自歐洲人移居美國後，大量種植陸地棉，并形成了多種類型之栽培品種，是世界上分布最廣泛之棉種。見該文。

【海島棉】

栽培棉種之一。原産於南美洲、中美洲和加勒比海諸島。因曾大量分布於美國東南沿海及其附近島嶼，故稱海島棉。最早在南美洲之智利到厄瓜多爾一帶廣泛栽培；歐洲人移居美國後，傳入北美洲，後又傳到非洲之埃及、蘇丹和亞洲一些國家。中國雲南省南部零星分布一些多年生海島棉，當地稱爲木棉。海島棉産量低於陸地棉，但纖維細長，強力高，是品質最優之栽培種。20 世紀 50 年代初，中國新疆維吾爾自治區開始種植埃及棉（海島棉），成爲長絨棉主要産區之一。見該文。

【木棉】

即海島棉。此稱多行於中國雲南省南部地區。見"海島棉"文。

【亞洲棉】

栽培棉種之一。因原産於印度次大陸，由亞洲人最早栽培，故稱亞洲棉。中國引種亞洲棉歷史久遠，種植地區廣泛，從而形成了獨特之中棉種系。所以中國是亞洲棉之次級起源中心之一。見該文。

【吉貝】

即棉花。此爲棉花之古稱。元王禎《農書》卷一〇云："木綿一名'吉貝'，穀雨前後種之，立秋時隨穫所收。其花黃如葵，其根獨而直，其樹不貴乎高長，其枝幹貴乎繁衍。"見該文。

【梧桐木】

即棉花。此稱行於中國古代雲南西部地區。見該文。

【古終藤】

即棉花。此稱行於中國古代廣西桂林一帶。見該文。

【木綿】

即棉花。此爲棉花之古稱。"綿"爲"棉"之古字，後爲區別棉花之綿與蠶絲之綿，將"綿"字寫爲"棉"字，故木綿亦寫爲木棉。此處"木綿"泛指棉花，與"木棉"文中專指海島棉之"木棉"意義不同。見該文。

大麻

穀類纖維作物名。大麻科，大麻屬之普通

大麻種。大麻（*Cannabis sativa* L.）爲一年生草本植物，是一種古老之韌皮纖維作物。大麻爲雌雄异株植物。雄株莖稈細長，分枝少；雌株稈粗而分枝多。根爲直根系。麻莖挺直，有綠色、淡紅或紫色，基部呈圓形，子葉節以上有棱。葉爲掌狀複葉，小葉披針形，葉緣鋸齒形，葉柄長。雄花爲複總狀花序，雌花爲穗狀花序；花藥黃色，有大量花粉。果實爲卵形小堅果，有棱；果皮呈灰綠、灰白或褐色。每果一枚種子。《中國農業百科全書·大麻》云："多數學者認爲中國是世界上種植大麻最早的國家，是大麻的起源中心。在中國、蘇聯、蒙古、阿富汗、巴基斯坦、印度都曾發現野生種，因而有的學者認爲中亞、喜馬拉雅山和西伯利亞中間地帶以及高加索和里海南部等也是原產地。"又云："中國古書對大麻早有記載，《爾雅》中已鑒別出大麻雌雄株，分別取出（'出'字應爲'名'字——筆者）爲'苴'和'枲'。（實際上《詩》《書》中已有"苴""枲"之名——筆者。）河南仰韶文化遺址和西安半坡村遺址的炭化遺物證明，公元前 4000—前 3000 年就已利用大麻纖維結繩織布，比國外記載最早的西西耶人於公元前 2000 年在伏爾加河流域栽培大麻的歷史早 1500—2000 年。"夏緯瑛《植物名釋札記·麻》云："《詩經·豳風·七月》'黍稷重穋，禾麻菽麥'，麻在古時是穀類之一。此麻，即如今的大麻（*Cannabis sativa* L.）。大麻之所以列爲穀類，是因其種子可食之故。然大麻古時亦用其纖維，且早已用其纖維織布，爲一般人民之衣着。如今凡用作纖維之植物，多名某麻。某麻，與大麻之'麻'名相類從。《小爾雅·廣言》云：'靡，細也。'案：靡與麻，一

音之轉，義當相通。'麻'之爲名，當是取義於靡，以其肯有靡細之纖維耳。"從古籍中可看出，早在南北朝以前，中國先民就已有了很成熟之種麻經驗。北魏賈思勰《齊民要術·種麻》云："凡種麻，用白麻子。（白麻子爲雄麻，顏色雖白，翻破焦燥無膏潤者，秕子也，亦不中種。市糴者，口含令少時，顏色如舊者佳；如變黑者，裛。崔寔曰：'牡麻，青白，無實，兩頭銳而輕浮。'）麻欲得良田，不用故墟。（故墟亦良，有破葉夭折之患，不任作布也。）地薄者糞之。（糞宜熟。無熟糞者，用小豆底亦得。崔寔曰：'正月糞疇。疇，麻田也。'）耕不厭熟。（縱橫七遍以上，則麻無葉也。）田欲歲易。（抛子種則節高。）良田一畝，用子三升；薄田二升。夏至前十日爲上時，至日爲中時，至後十日爲下時。（麥黃種麻，麻黃種麥，亦良候也。諺曰：'夏至後，不没狗。'或答曰：'但雨多濕，没橐駝。'又諺曰：'五月及澤，父子不相借。'言及澤急，説非辭也。夏至後者，匪惟淺短，皮亦輕薄。此亦趨時不可失也。父子之間，尚不相假借，而況他人也？）……《氾勝之書》曰：'種枲太早，則剛堅、厚皮、多節；晚則不堅。寧失於早，不失於晚。穫麻之法，穗勃勃如灰，拔之。夏至後二十日漚枲，枲和如絲。'"現代大麻子雖已不再作穀物食

大麻（清吳其濬《植物名實圖考》）

之，但栽種大麻仍有很高之經濟價值。其纖維白色或黃色，有光澤，質地堅韌，耐腐蝕，適宜紡織粗細麻布，製造繩索、麻綫等；亦是製造高級捲烟紙和鈔票紙等之上等原料。種子富含油脂和蛋白質。大麻油可供食用或工業用。油粕是畜禽之優質飼料。種子可入藥，稱火麻仁。花和葉均可提取麻醉劑。中國大麻產區主要在黑龍江、吉林、遼寧、河北、山東、山西、安徽、河南、四川、貴州、雲南、新疆、甘肅和寧夏等省（自治區）。優良品種較多。如山東萊蕪水麻、河北蔚縣白麻、山西長治潞麻、安徽六安寒麻、遼寧凌源大麻等，在國際市場上皆以品質上乘而著稱。

【枲】

大麻雄株。此種麻不結麻子。此稱始見於《書・禹貢》：“厥貢，漆、枲、絺、紵絺。”見該文。

【苴】[1]

大麻雌株，或稱苴麻。亦稱麻子爲“苴”或“蓛”（音字）。此稱始見於《詩・豳風・七月》：“九月叔苴。”見該文。

檾麻

穀類韌皮纖維作物名。錦葵科，檾麻屬中之一個栽培種。檾麻（*Abutilon theophrasti* Medic.）爲一年生草本植物。其根由主根、側根和根毛三部分組成較強大之根系。莖直立，圓形，中空有髓，上部分枝；莖稈有綠、紫或淡紫色。檾麻爲雙子葉植物，葉互生，爲心臟形或略圓形，先端尖銳，葉大色綠，面被有密茸毛。花着生於假軸分枝上，花冠橙黃或黃色，由五片花瓣構成。蒴果爲半磨形，被有短茸毛，成熟時有黃褐、黑或金黃等色。種子深灰色，腎臟形，表面亦密生細毛。檾麻亦稱青麻、茼麻、頃麻、大葉麻、蒖麻等名，古稱檾、檗、穎等。《中國農業百科全書・檾麻》云：“檾麻原產中國，浙江省河姆渡新石器時代（距今約7000年）遺址中發現有檾麻纖維的織物。檾麻在中國分布廣，從長江流域至黑龍江省都有栽種，野生資源豐富，品種類型多，產量居世界之首。”中國農業科學院麻類研究所主編《中國麻類作物栽培學・青麻的起源》云：“關於青麻的原產地問題，其說法不一。日本一些學者認爲原產印度，或印度西部申得及克什米爾地區，後傳至中國、朝鮮、日本。我國多數學者認爲，遠在2000多年前的史書就記載說，青麻爲草類（《周禮》），其纖維可做衣着原料（《詩經》），籽實味苦、性平無毒（《救荒本草》）。原頌周說：‘《爾雅翼》云：檾或作蒖，則此物當爲吾國原產。’再從現實情況分析，我國栽培的青麻分布廣，面積大，品種資源豐富，野生種（類型）多，纖維產量居世界首位。這些都顯示出青麻原產地，理應爲我國的依據。”宋羅願《爾雅翼・麻》云：“又有檾者，亦麻類，有實，音如頃畝之頃。《說文》引《詩》‘衣錦檾衣’，蓋《禮》所謂‘衣錦尚絅考惡其文之著’者。文或作蒖，作檾，又作犬迥切，則通於檗穎，要皆此布之衣也。”元王禎《農書》卷一〇云：“檾種與麻同法，但科行頗稀。其長也，如竹葉，大如扇，上團如蓋。花黃結子，蓬如橡斗然。與黃麻同時熟。刈作小束，池內漚之，爛去青皮，取其麻片，潔白如雪，耐水不爛。可織爲毯被，及作汲綆牛索，或任牛衣、雨衣、草覆等具，農家歲歲不可無者。”檾纖維較黃麻、紅麻等粗硬且脆，不宜作麻紡工業原料，主要用於製作繩索。但是檾麻適應性極強，生長期短，栽培容易，特別在低窪易澇地區，是很好之抗災作物。從生態上看，檾麻亦有栽培價值。中國檾麻之分布以遼寧、河北、安徽、山東、河南爲主産區，吉林、黑龍江、江蘇、湖北等省次之，四川、貴州等省亦有少量栽培。中國檾麻品種多數爲地方品種，科研單位選育者有華北農業科學研究所選育之"華北大青秆"等。

【青麻】

即檾麻。此稱先秦時已行用。見該文。

【檾】

即檾麻。此稱先秦已行用。見該文。

【褧】

即檾麻。褧即絅，此爲檾麻之古稱。許慎《説文·衣部》："褧，檾也。"見該文。

【頴】

即檾麻。此爲檾麻之古稱。見該文。

【蒫麻】

即檾麻。此稱宋代已行用。見該文。

【大葉麻】

即檾麻。此稱行於現代。見該文。

亞麻

穀類韌皮纖維作物名。亞麻科，亞麻屬中之一個種。亞麻（*Linum usitatissimum* L.）爲一年生草本植物。中國栽培之亞麻，分爲纖用亞麻、油纖兩用亞麻和油用亞麻三種類型。油纖

兩用亞麻和油用亞麻也叫胡麻。亞麻根屬直根系，油用亞麻之根系較纖用亞麻發達。莖細長直立，綠色，圓柱形，表面光滑附有蠟質。纖用亞麻莖上部有少數分枝，油用亞麻分枝性很強。葉互生，全緣，無葉柄，被有薄之蠟質；下部葉片匙形，中部紡錘形，上部披針形。花着生於枝頂，聚傘花序；花漏斗狀，有藍、紫、白或粉紅色。果實爲球狀蒴果，頂端稍尖。種子偏卵形，前端稍尖，彎曲，表面平滑，有光澤，黄、褐或白色。《中國農業百科全書·亞麻》云："多數學者認爲亞麻起源於近東、地中海沿岸。早在 5000 多年前的新石器時代，瑞士湖栖居民和古代埃及人，已經栽培亞麻并用其纖維紡織衣料，埃及各地的'木乃伊'也是用亞麻布包蓋的。10 世紀初，亞麻纖維已作爲商品出現在歐洲市場。17 世紀初，亞麻引到美洲。19 世紀末纖維亞麻從歐洲傳入日本。1906 年中國從日本引進纖維亞麻在東北地區試種。1925 年開始大面積生産。"油用亞麻（胡麻）在中國栽培歷史悠久。中國農業科學院麻類研究所主編《中國麻類作物栽培學·緒論·其他麻類》云："我國也有野亞麻（*Linum atelleroides*），分布在東北、華北、西北及西藏等地，多年生或二年生草本。傳說栽培種亞麻，是

檾　麻

亞　麻
（明王圻等《三才圖會》）

公元前 2 世紀張騫出使西域，把種子帶回中國。最初在陝、晋等地作油料作物種植，稱鴉麻或胡麻。可能在西漢以前新疆早有亞麻種植。古農書的亞麻記述不

胡　麻
（明王圻等《三才圖會》）

多，最早記載首見於北宋蘇頌著的《圖經本草》（1061 年）。"亞麻纖維具有拉力强、柔軟、細度好、導電弱、吸水散水快、膨脹率大等特點，可紡高支紗，製高級衣料。亞麻布刺繡，可作高檔裝飾品。亞麻纖維還可織製各種粗細帆布、防水布、傳送帶等。亞麻種子含油量高（35% ~ 45%），亞麻油含有亞麻酸、甘酸、甘烷酸、硬脂酸、軟脂酸等，油質優良，營養價值高，可供食用、醫藥和工業原料用。亞麻子餅是畜禽良好飼料。中國纖維用亞麻主要栽培地有東北黑龍江、吉林等省；油用亞麻和油纖兼用亞麻主要分布在内蒙古、甘肅、河北、山西、寧夏、新疆、青海、陝西等省（自治區）。纖維用類型之代表品種有"華光 1 號""黑亞 3 號""黑亞 4 號"等，油用類型代表品種有"二大桃胡麻""尚義大桃""喀什 7331"等，纖油兩用類型代表品種有"雁雜 10 號""晋亞 2 號""上 499"等。

【胡麻】[2]

即亞麻。一般專指油用和油纖兼用類型之亞麻。此稱漢代已行用。見該文。

【鴉麻】

即亞麻。此稱專指油用和油纖兼用類型之亞麻。此稱漢代已行用。見該文。

苧麻

穀類韌皮纖維作物名。蕁麻科，苧麻屬中之一個種。苧麻〔Boehmeria nivea（L.）Gaudich〕爲多年生宿根性草本植物。由地下莖和根系形成强大之根蔸。地下莖表面有節、鱗片和腋芽，俗稱種根，腋芽生長伸出地面，成爲地上莖。地上莖叢生，直立，圓柱形，表而有毛，一般不分枝，綠色或帶紅色，成熟時皮層木栓化，變褐色。莖之木質部疏鬆或空心，容易折斷。葉互生，葉片卵圓形、橢圓形或近圓形，邊緣有鋸齒。葉片表面粗糙或有皺紋，綠或黄色，背面有銀白色氈毛。雌雄同株异花，由團傘花序排列成的圓錐花序着生在葉腋間。雄花花被四片，黄綠色；雌花花被壺狀，有密毛，蕾期呈紅、黄或綠色，花柱一根，開花時伸出花被外，白色。瘦果很小，扁球形或卵球形，深褐色。種子扁橢圓形，極小，深褐色。苧麻亦稱白葉苧麻，古時稱絺。《中國農業百科全書·苧麻》云："原産中國。中國是苧麻品種變异類型和苧麻屬野生種較多的國家。綠葉苧麻〔B.niuea Var.tenacissima（Gaud）Mig.〕是苧麻的變種，起源於馬來西亞一帶。中國苧麻栽培歷史最悠久，在中國浙江省吴興錢山漾地方新石器時代遺址中發現有用苧麻紡織的平紋細布，距今已 4700 年以上。江西貴溪縣發現的春秋戰國時代印花麻布，距今也有 2700 餘年，中國關於苧麻的文字記載最早見於公元前 6 世紀的《詩經·陳風》中有'東門之池，可以漚

綌'。三國時代（公元 3 世紀）吳國人陸璣著《毛詩草木鳥獸蟲魚疏》中解釋説：'綌亦麻也，科生數十莖，宿根在地中，至春自生，不歲種也。'……苧麻較適應温帶和亞熱帶氣候，由中國向北傳播到朝鮮、日本等國，以後逐漸傳至熱帶各國。綠葉苧麻較適應熱帶氣候，在東南亞各國栽培，中國南方各省也有分布。苧麻於 1733 年傳到荷蘭，種在植物園中。後來傳到法國、德國、英國、美國、比利時。中國的原麻（國際上稱 China grass，中國草）和紡織品於 18 世紀輸入歐洲。到 19 世紀末，苧麻遍及世界 50 多個國家。20 世紀 30 年代以後，巴西、菲律賓和美國的商品苧麻產區從日本引種了一些改良品種，增產顯著。而這些良種的親本，多數引於中國的臺灣省。"中國農業科學院麻類研究所主編《中國麻類作物栽培學·緒論·我國麻類作物的栽培歷史》云："我國是苧麻的原產地，各地普遍分布着苧麻屬野生植物，尤其秦嶺、伏牛山、淮河以南，有的迄今仍被農民利用。苧麻古代稱綌。最早的文獻記載，見於公元前 6 世紀的各種經典著作中。例如，《詩經·陳風》：'東門之池，可以漚綌。'《春秋左傳》：晏子'聘於鄭，見子產，如歸相識，與之縞帶。子產獻綌衣焉。'當時

苧　麻
（宋王繼先《紹興校定證類備急本草畫圖》）

的陳國和鄭國在今河南省南部，正是苧麻栽培適宜地區的北界。又《周禮·天官塚宰下》（戰國後期即公元前 3 世紀）的記載：'典。掌布、緦、縷、綌之麻，草之物。'即政府已設有專門官吏，掌管麻類織物的貢賦。南北朝的宋，偏據江南，據《宋書》（488 年）記載：'凡諸州郡，皆令儘勤地利，勸導播植，蠶桑麻苧，各儘其方。'可想見當時普遍推廣麻苧的情況。到唐朝，據歐陽修著《新唐書·地理志》（1060 年），全國貢賦苧麻的有五道二十九州，絕大部分是長江流域以南地區。至於苧麻繁殖、栽培和加工經驗，有元朝的孟祺等《農桑輯要》（1208 年）和王禎的《農書》（1313 年），都對苧麻的繁殖方法、田間管理、收穫剝製、麻田更新，進行了系統的描述。"元王禎《農書》卷一〇云："《農桑輯要》云，栽種苧麻法：三四月種子者，初用沙薄地爲上，兩和地爲次，園圃内種之。如無園者，瀕河處亦得。先倒斸地一二遍，然後作畦，闊半步，長四步；再斸一遍，用濕潤畦土半升、子粒一合相和匀撒。子一合可種六七畦。撒畢不用土覆，土覆則不出，於畦内用極細稍杖三四根撥刺令平。"苧麻單纖維長，強度最大，吸濕和散濕快，熱傳導性能好，脱膠後潔白有絲光，可以純紡，也可和棉、絲、毛、化纖等混紡，織成各種高檔布料，特別適宜製作夏季衣裝。聞名於世的瀏陽夏布，就是苧麻纖維之手工製品。還可以織製輪胎襯布、飛機翼布及蚊帳、漁網等。苧麻及其廢麻製品都是良好之造紙和人造纖維之原料。種子可以製取油料。葉可作飼料，用苧麻葉喂豬，不但使豬長得快，而且可以提高瘦肉率。嫩葉經石灰脱濕後，揉入米粉可做糕點。苧麻

根和地下莖是安胎、治産後心煩等症之婦科藥。由於含有咖啡鞣酸，有止血和增生白細胞之功效，亦可作澱粉、釀酒之原料。中國苧麻分布在19ºN ~ 35ºN的地區，湖南、湖北、四川、安徽、江西、廣西、浙江、貴州、河南、陝西、江蘇、雲南、福建、廣東和臺灣等省（自治區）均有種植。以湖南、湖北和四川省最多。推廣較多之優良品種如湘苧一號、黔苧一號、大葉青麻、牛耳青、達麻84、圓葉青等。

【紵】

即苧麻。爲苧麻古稱。此稱先秦已行用。見該文。

【白葉苧麻】

即苧麻。此稱行用於現代。見該文。

紅麻

穀類韌皮纖維作物名。錦葵科，木槿屬中之一個種。紅麻（*Hibiscus cannabinus* L.）爲一年生草本植物。根爲圓錐形直根系，由主根和多級側根組成。莖直立，有緑、紅、紫、淡紅等顔色，表皮被蠟質，有刺，莖横斷面爲圓形。葉片有掌狀裂葉和闊卵葉兩種，緑色，葉緣有鋸齒，葉柄有刺；在各個生育期，葉之形狀亦不相同。花爲離瓣花冠，有淡黄色或乳白色；花粉球形有刺，橙黄或淡褐色。蒴果桃形，成熟時爲黄褐色，表皮有銀白色細毛。種子腎形，黑灰色。紅麻亦稱洋麻、槿麻、鐘麻等名。《中國農業百科全書·紅麻》云："紅麻原産地説法不一。有人認爲原産非洲或伊朗。Н.И.瓦維洛夫認爲印度是起源中心。但多數認爲印度、伊朗和非洲都可能是原産地。紅麻分布廣，以中國、蘇聯、印度和孟加拉等國栽培面積較多，泰國、越南、巴西、古巴、印度尼西亞、菲律賓、伊朗等國也有栽種。"又云："紅麻在中東、西南非洲等地以野生狀態分布。俄國於1888年開始引種試種，20世紀初各國作爲栽培種利用，1928年中國東北地區從蘇聯引種，爾後向河北、山東等省推廣。1943年，紅麻從臺灣省傳到江蘇、浙江一帶，20世紀50年代起向廣東、廣西、福建、湖南、湖北、河南、安徽、四川等省（自治區）擴種。"中國農業科學院麻類研究所主編《中國麻類作物栽培學·緒論·我國麻類作物的栽培歷史》云："紅麻的種植歷史不久，1908年臺灣省從印度首先引種印度良種馬達拉斯。據報道，在此之前，我國雲南省的西雙版納一帶已由緬甸引入。1928年東北地區又從蘇聯引種紅麻塔什干品種。不過大面積種植紅麻，是在新中國成立後開始的。由於紅麻適應廣，産量高，現又引進高産抗病的青皮3號優良品種，以及育成一些抗病品種，并推廣'南種北植''短光照製種法'等，紅麻在我國南北方各省發展很快，面積大大超過黄麻。"又云："紅麻爲錦葵科木槿屬植物，中國利用錦葵科木槿屬植物的韌皮纖維很早就有記載。唐朝段成式著《酉陽雜俎》（860年前後）：'蜀葵……可以緝爲布。'元朝魯明善著《農桑撮要》（1314年）：'木芙蓉處

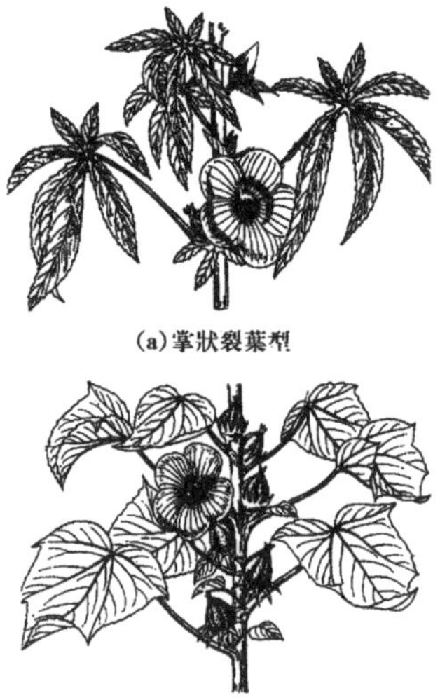
(a)掌狀裂葉型
(b)圓卵葉型
紅麻形態圖

處有之，插條即生……山人取其皮爲索。'明朝李時珍著《本草綱目》(1578年)：'黄蜀葵……剥皮可作繩索。'"紅麻纖維拉力强、耐腐、吸濕、散水快，可紡織包裝用麻袋、麻布，亦可織地毯、製造繩索等。紅麻全秆可造紙，麻骨可製纖維板。紅麻葉是牲畜之好飼料。其種子含油量較高，可製取油料。我國紅麻産區分布較廣，除青海、西藏外，在北緯47º以南各省區市皆有種植。以河南、安徽、廣東、廣西、浙江、江蘇、山東、河北、遼寧等省（自治區）面積較大，其次爲湖北、四川、湖南、福建、江西、陝西、貴州等省，新疆、臺灣、山西、雲南、天津、北京等省區市亦有一定栽培面積。主要優良品種有青皮3號、南選、722、7804、黔紅一號、7435等。

【洋麻】

即紅麻。此稱行於現代。見該文。

【槿麻】

即紅麻。此稱行於現代。見該文。

【鐘麻】

即紅麻。此稱行於現代。見該文。

黄麻

穀類韌皮纖維作物名。椴科，黄麻屬（Corchorus. L.），一年生草本植物。黄麻屬約有40個種，具有栽培價值之兩個種是圓果黄麻（Corchorus capsularis L.）和長果黄麻（C.olitoriust L.）。栽培上統稱黄麻。其根是直根系，有主根和側根。圓果種主根較短，側根較多；長果種主根較長，側根較少。莖直立，圓柱形，帶有深淺不同之綠、紅、紫等色。圓果種之莖上下粗細差異明顯，長果種之莖上下粗細較一致。葉爲完全葉，互生，螺旋形排列。真葉披針形或卵圓形，葉端尖，邊緣有鋸齒，葉片基部兩側各有一個鬚狀物，稱爲葉鬚。花爲聚傘花序，叢生，長果種之花比圓果種之花大一些，雄蕊黄色。圓果種之子房、蒴果爲球形，長果種之子房、蒴果圓柱形。圓果種種子較大，成熟時呈褐色；長果種種子較小，呈墨綠色或灰黑色。黄麻又名絡麻、綠麻。關於黄麻之起源，學者看法不完全一致。中國農業科學院麻類研究所主編《中國麻類作物栽培學·黄麻》云："肯杜（Kundu,B.C.）認爲長果種第一起源中心是非洲，第二起源中心是印度或印度—緬甸地區；圓果種黄麻的起源中心是印度—緬甸地區；瓦維諾夫認爲中國的華南地區也屬於起源中心的範圍；日本人武田、松田都主張黄麻原産中國。盧浩然認爲起源中心不能局限於一個國家，而是指一個較大的區域範圍，并認爲長果種第一起源中心是非洲，第二起源中心是中國南部、緬甸、孟加拉地區；圓果種黄麻原産於中國南部、緬甸、孟加拉地區。中國農業科學院麻類研究所在中國南部和西南一帶，發現有野生狀態的圓果種黄麻和長果種黄麻，同時在中國長江以南各省發現有假黄麻，進一步論證我國是黄麻起源地之一。"中國栽培黄麻的歷史悠

黄　麻
（清吳其濬《植物名實圖考》）

久。《中國農業百科全書·黃麻》云："早在北宋的《圖經本草》（公元 1061 年）中就已有關於黃麻形態特徵的描述。明代《便民圖纂》（公元 1502 年以前）中已有關於黃麻栽培技術之記載：'種絡麻，地宜肥濕。早者四月種，遲者六月種亦可。'"黃麻纖維具有吸濕性能好，散失水分快等特點，主要用於紡織麻袋、粗麻布。在包裝、貯存、運輸工農業產品過程中，能保持乾燥，不易回潮。此外，還可以製繩索、地毯等。纖維經變性處理後，能與羊毛、棉纖維混紡。可織成西服面料、傢具布、人造革等。麻秆可製作活性炭、纖維板、紙漿等。長果種黃麻葉子可作蔬菜食用。黃麻種子可製取油料。中國黃麻主要產區在長江以南，以浙江、廣東、臺灣三省栽培面積較大。福建、江西、安徽、江蘇、湖南、湖北、四川、廣西等省（自治區）都有種植。浙江之蕭山、餘杭、上虞、海寧和杭州郊區，廣東之珠江三角洲和湛江、潮汕地區，臺灣之臺南、臺中、嘉義、高雄等市縣，福建之莆田、南安、漳州等市縣，湖南之南縣都是有名的黃麻產區。主要優良品種有圓果種之粵圓 5 號、梅峰 4 號、179 等，長果種之寬葉長果、閩麻 5 號、401 等。

【絡麻】

即黃麻。此稱明代已行用。見該文。

【綠麻】

即黃麻。此稱行於現代。見該文。

玫瑰麻

穀類韌皮纖維作物名。錦葵科，木槿屬之一個種，玫瑰麻（*Hibiscus sabdariffa* L.）爲一年生草本植物。本種有兩個變種，一爲食用型玫瑰麻（*H.s.*var.*sabdariffa*），一爲纖維型玫瑰麻（*H.s.*var.*altissima*）。玫瑰麻莖秆直立，分枝少而短，莖紅色或綠色，光滑而略帶黏性。基部葉片卵圓形，中部爲掌狀裂葉形，梢部葉爲披針形。花單生於葉腋，花萼環狀，紫色；花冠黃色，較萼大。蒴果卵球形，尖頭，密生柔毛。食用型玫瑰麻比纖維型矮，莖色除紅、綠色外，還有帶紫色斑點類型，葉片也較纖維類型者寬大。《中國農業百科全書·玫瑰麻》云："玫瑰麻原產非洲……後傳入南美洲和亞洲。中國於 20 世紀 70 年代引種食用型玫瑰麻，纖維型玫瑰麻種植極少。"食用型玫瑰麻，萼片肉質，玫瑰色，可製作果汁、果醬、飲料冲劑等。纖維型玫瑰麻，果萼不能食用，其纖維灰白色，有光澤，主要用於製作紡織麻袋、麻布和繩索。種子烘烤後可磨粉食用。芽和嫩葉可作蔬菜。

羅布麻

穀類韌皮纖維作物名。夾竹桃科，羅布麻屬（*Apocynum* L.）。羅布麻屬植物爲多年生野生草本，有紅麻（*Hibicus cannabinus* L.）和白麻（*Abutilon thephrasti* Medikus）不同之種。其根有直生根和橫生根兩種，直生根着生在橫生根上呈垂直狀；兩者都可長出新芽，是無性繁殖之良好材料。莖叢生，多直立，幼莖在空曠處常呈匍匐狀。白麻幼苗爲淺綠色或灰白色，成長後爲濃綠色。紅麻幼苗紫紅色，背陰部分呈綠色，分枝習性強，皮層下部含有大量乳白膠質。紅麻中上部之葉對生或互生，披針形或長橢圓形，綠色，有尖刺，葉背面色淡，具有稀疏短硬毛。白麻葉多橢圓形或披針形，淡綠色，背面灰綠色。花序爲單枝聚傘花序。白麻花較大，呈碗狀、鐘狀、盤狀等，粉紅色。紅麻花較小，呈喇叭形，粉紅色或紫色。果實爲兩個并生之長角狀蓇葖，兩端稍尖，中部略粗，果皮上有突起條紋，其中一條較粗者爲内縫綫。果實成熟時即沿粗橫綫自行開裂，種子隨風飄散。白麻果實成熟時黃褐色，紅麻爲暗紫色。種子長圓柱形，成熟時黃褐色，表面有凸出棱紋，尖端有一叢傘狀白色絨毛。羅布麻别名很多，如茶葉花、茶棵子、漆麻、野麻、野茶等。《中國農業百科全書·羅布麻》云：“羅布麻是在新疆羅布泊發現而得名。”羅布麻主産於中國東北、西北、華北等地。現江蘇、山東、安徽、河北等地有大量栽培。羅布麻之纖維在已發現的野生纖維植物中，品質最優，是紡織、造紙之原料，其根和葉有藥用價值。羅布麻有耐旱、耐鹽碱、抗風和耐嚴寒、耐酷熱等特性，在中國淮河、秦嶺、昆侖山以北各省（自治區）皆有分布。

【茶葉花】

即羅布麻。此稱行用於現代。見該文。

【茶棵子】

即羅布麻。此稱行用於現代。見該文。

【漆麻】

即羅布麻。此稱行用於現代。見該文。

【野麻】

即羅布麻。此稱行用於現代。見該文。

【野茶】

即羅布麻。此稱行用於現代。見該文。

劍麻

穀類葉纖維作物名。龍舌蘭科，龍舌蘭屬中之一個種，劍麻（*Agave sisalana* Perr. ex Engelm）爲多年生草本植物。葉片蓮座排列，挺直，劍狀，青緑至黃緑色，肉質，邊緣無刺，間或有刺，葉面蠟粉少。花軸高大，圓錐花序，花蕾淺黃緑色，花漏斗狀。蒴果（通常不能正常結實）長形。種子扁平，黑色。劍麻别名菠蘿麻，又名西沙爾麻。《中國農業百科全書·劍麻》云：“原産墨西哥尤卡坦（Yucatan）半島，1836 年傳入美國佛羅里達，1845 年傳入西印度群島，1893 年傳入非洲和亞洲，19 世紀末引入巴西。1901 年引入中國臺灣，1928 年傳至海南省。”劍麻主、副産品爲國防、工礦、漁航、農商、醫藥衛生等事業非常重要之物資。主産品長纖維用於製繩、鋼絲繩芯、結網等，亦可製成墙紙、劍麻布、抛光輪、太陽帽、錢包、優質麻袋等物品。纖維軟化後，可製成與化纖混紡衣料，纖維染色後可製成挂毯和蹭鞋墊，亂纖維可作沙發填料或絮墊等。葉汁可提取皂素（Saponin），其中海柯吉寧和替柯吉寧等皂苷，可製甾體激素（Sterial hormone），海柯吉寧可製皮質激素、可的松（Cortisone）等藥物，治皮膚炎、抗休克有效；亦可製培地米松（Betamethasons）等治療風濕病和類風濕關節炎藥物。替柯吉寧可製避孕藥，亦可製性激素黃體酮（Progestin）和睾酮（Testosterol），治習慣性流産、月經疼等婦科病。葉汁可提取龍舌蘭蛋白酶（Agavain），用於脱毛製革和從廢膠捲中回收白銀；又可提取硬蠟製磨光劑，提葉緑素製牙膏及日用品。麻頭莖含己糖，粉碎後可發酵提取酒精和回收纖維。剥麻廠排出之廢液，可發酵生産沼氣。腐熟麻渣可培養草菇，亦可用作麻田優質長效有機肥料。劍麻在中國之分布，除臺灣、海南最早種植外，廣東、廣西、福建、雲南、四川和浙江等省（自治區）也先後進行試種、推廣。

【菠蘿麻】

即劍麻。此稱行於現代。見該文。

【西沙爾麻】

即劍麻。因其纖維首次從墨西哥西沙爾港口出口，故得名。見該文。

灰葉劍麻

穀類葉纖維作物名。龍舌蘭科，龍舌蘭屬中之一個種。灰葉劍麻（*Agave fourcroydes* Lem.）爲多年生草本植物。葉片疏生，灰綠色，狹長，葉面多蠟粉，邊緣有刺。圓錐花序，花軸高大，花灰黃色，有不良氣味。其根系無主根，具有剛硬、分散和鬚狀三個特點。強大而淺生的根系是它們長期適應乾旱環境之結果，這種根系有利於麻株迅速吸收水分、養分和抗風。《中國農業百科全書・灰葉劍麻》云："原產中美洲墨西哥尤卡坦（Yucatan）半島，古巴、哥斯達黎加、危地馬拉、洪都拉斯等國家都有分布。1953 年引入中國海南省。"灰葉劍麻耐寒力較強，耐旱瘠，能在半荒漠地區茁壯生長，抗病蟲能力亦較強。中國廣東、廣西和福建等省區均有小面積種植，主要用作雜交親本和用於品種比較試驗。

馬蓋麻

穀類葉纖維作物名。龍舌蘭科，龍舌蘭屬中之一個種。馬蓋麻（*Agave cantala* Roxb.）爲多年生草本植物。其葉片少，綠至灰綠色，狹長，邊緣有暗褐色鈎刺。圓錐花序，花淡綠色，花蕾較大，花軸高大。蒴果花後不脱落。馬蓋麻又名亞洲馬蓋麻、狹葉龍舌蘭麻等。中國農業科學院麻類研究所主編《中國麻類作物栽培學・馬蓋麻》云："原產於東印度，後傳入菲律賓。1901 年從菲律賓引入福建省。

1902 年從美國引入臺灣省。"馬蓋麻除用其纖維外，葉汁中可提取海柯吉寧、新替柯吉寧（Neotigogenin）、茭脱吉寧（Gitogenin）、綠蓮吉寧（Chlorogenin）、曼諾吉寧（Manogenin）等多種皂苷，可以製造貴重藥品。馬蓋麻除在中國福建、臺灣種植外，廣東、廣西等省區亦有分布。福建省南部濱海地區種植較多。由於馬蓋麻產量較低，葉緣有刺，加工不便，故迄今無大面積推廣。

【亞洲馬蓋麻】

即馬蓋麻。此稱行用於現代。見該文。

【狹葉龍舌蘭麻】

即馬蓋麻。此稱行用於現代。見該文。

番麻

穀類葉纖維作物名。龍舌蘭科，龍舌蘭屬中之一個種。番麻（*Agave americana* L.）爲多年生草本植物。其葉片灰綠色，小而寬，葉面多蠟粉，成齡葉片向外彎曲、下垂。圓錐花序，花朵大，蘋果綠色。蒴果，長圓形，花後長出少量珠芽。番麻亦稱世紀樹、百年蘭、寬葉龍舌蘭等名。《中國農業百科全書・番麻》云："原產中美洲，1890 年傳入中國浙江省平陽縣。"番麻有大刺、小刺、無刺三個變種。因其纖維品質差、強力小和產量低，番麻在熱帶國家多處於野生狀態。有些種類在温帶成爲觀賞植物。現有小規模種植，供雜交親本和品種比較試驗用。沿海漁民和内陸農民種植番麻，多用作圍籬，或用以打繩、結網等。無刺番麻（*Agave amerieana* L.var.*inermis*）含皂素較多，可製可的松、強的松和地塞米松等藥品，爲治風濕、皮膚炎症之良藥。利用番麻開發的產品已有 2000 多種。番麻適應性强，耐旱、瘠、寒、風，抗病蟲害能力亦較强。中國廣東、廣西、浙江、雲南、福建、四川等地均有種植。20 世紀 50 年代，中國曾較大面積推廣，後因產量低而改種劍麻者頗多。

【世紀樹】

即番麻。此稱行用於現代。見該文。

【百年蘭】

即番麻。此稱行用於現代。見該文。

【寬葉龍舌蘭】

即番麻。此稱行用於現代。見該文。

假鳳梨麻

穀類葉纖維作物名。龍舌蘭科，龍舌蘭屬中之一個種。假鳳梨麻（*Agave angustitolia* How.）爲多年生草本植物。其葉片多、短、薄，邊緣有鈎狀小刺，嫩葉表面有蠟粉。圓錐花序，花軸較短，花小。花後結蒴果，同時長出珠芽。假鳳梨麻亦稱短葉龍舌蘭。《中國農業百科全書・假鳳梨麻》云："原產墨西哥，印度野生分布很廣，中國廣東南部和廣西部分地區均有分布，多處於野生狀態。"假鳳梨麻纖維白色至淡黃色，有光澤，强力低於劍麻和馬蓋麻，高於番麻。葉汁中含海柯吉寧、替柯吉寧和綠蓮吉寧等皂甙，可製貴重藥品。由於其葉片短而薄，纖維產量低且强力較差，葉片邊緣有刺，加工不方便，迄今熱帶國家尚無大面積種植。中國南部地區有少量種植，用於圍籬、打繩或結網。

【短葉龍舌蘭】

即假鳳梨麻。此稱行用於現代。見該文。

龍舌蘭雜種第 11648 號

穀類葉纖維作物名。龍舌蘭科，龍舌蘭屬中之種間雜交種。龍舌蘭雜種第 11648 號（簡稱 H.11648 或 11648）爲多年生草本植物。其葉片剛直，密生，藍綠色，邊緣無刺，葉面有蠟粉。纖維潔白，有光澤，强力大。《中國農業百科全書・龍舌蘭雜種第 11648 號》云："是由坦噶尼喀劍麻試驗站用了二十二年的時間（1931—1953 年）雜交、篩選，培育而成……11648 易感斑馬紋病，熱帶國家栽培較少。"中國農業科學院麻類研究所主編《中國麻類作物栽培學・中國栽培的主要龍舌蘭麻》云："H.11648（龍舌蘭雜種第 11648 號，亦簡稱 11648——筆者）是 70 年代以來中國大面積推廣的高產、較耐寒的當家良種。由東非洲坦噶尼喀劍麻研究站育成。"龍舌蘭麻雜種第 11648 號亦稱東一號麻。可作爲雜交親本，其後代可育。葉汁可提取替柯皂苷、海柯皂苷、綠蓮皂苷、曼諾皂苷等甾體皂苷，可製皮質激素和性激素等藥物。

【東一號麻】

即龍舌蘭雜種第 11648 號。見該文。

蕉麻

穀類硬纖維作物名。芭蕉科芭蕉屬中之一個種。蕉麻（*Musa texilis* Née）爲多年生草本植物。株高 5 ～ 9 米，鬚根淺生。真莖細小，叢生，由種子或吸芽萌發而成；假莖由葉鞘互捲組成。葉片全緣，綠色，表面有光澤，葉背有蠟粉。穗狀花序，具佛焰苞，花簇生，雌雄异花。果似芭蕉三棱狀，彎曲，果皮厚，肉不可食。種子黑色，堅硬。《中國農業百科全書・蕉麻》云："又名馬尼拉麻（Manila hemp），原產菲律賓。分布於印度尼西亞、危地馬拉、洪都拉斯等熱帶國家，主產國爲菲律賓。世界栽培的蕉麻品系二十多個，其中

以坦岡岡（Tanggongon）、拉文（Lawaan）鮮
葉較重；吉納斑克（Ginaback）、鮑拉・尤姆
（Baulao Yumo）纖維伸長度較大……中國臺灣
省早有引入試種，1957 年引入廣東省東莞、海
南省儋縣等地試種。因氣候、土壤等生態條件
不適，終被淘汰。"蕉麻纖維最長可達 5 米，强
力居熱帶硬質纖維首位。因現在世界各國種植
量尚少，故蕉麻供不應求。1949 年前，中國所
需蕉麻靠從菲律賓進口，1949 年後，逐步發展
龍舌蘭麻而代蕉麻。

【馬尼拉麻】

即蕉麻。因原産地而得此名。見該文。

蘆葦

穀類草本纖維作物名。禾本科，蘆葦屬。
蘆葦屬（*Phragmites* L.）植物爲多年生草本。
其根爲鬚根，着生在根狀莖節處。莖直立，高
大。葉片較長，葉鞘圓筒形。圓錐花序，小花
下方有柔毛。蘆葦亦稱葦子、泡蘆，或單曰蘆、
葦、葭等名。《中國農業百科全書・蘆葦》云：
"蘆葦多分布在北半球東部温帶地區，以 70°N
爲分布北界。歐洲多瑙河三角洲地區生長最多，
産量也高。中國各省均有分布，以湖北、湖南、
河北、山東、遼寧等省面積較大。蘆葦有五十
多個變種，中國有卡開蘆（*Phragmites karka*
L.）和普通蘆葦（*Phragmites communis* Trin.）
兩個種、四個變種。卡開蘆多分布在湖南以南
沼澤地區，普通蘆葦分布在湖南以北地區。中
國於 19 世紀下半葉開始栽培蘆葦，20 世紀 50
年代後發展面積較大。"蘆葦是造紙工業上好原
料。造紙副產品有黏合劑、飼料酵母、糠醛、
香精等。蘆葦還能編織席、芺；根狀莖可入藥，
有利尿解毒之功效。蘆葦適應性很强，對氣候、

土壤要求不嚴格。一般多生長在潦窪沼澤地帶，
耐鹽鹼力很强。中國生產上主要使用的農家品
種——河北白洋淀、山東博興等地之農家品種
白皮子、黃秧子、藤葦等都是編織蘆席之優良
材料。

【葦子】

即蘆葦。此稱行用於現代。見該文。

【泡蘆】

即蘆葦。此稱行用於現代。見該文。

【葦】

即蘆葦。亦單呼蘆、葭。此名古時皆已有之。
《爾雅・釋草》曰："……葭，蘆。"晋郭璞注曰：
"葦也。"

荻

穀類莖纖維作物名。禾本科，芒屬中之一
個種。荻〔*Miscanthus sachariflorus*（Maxim.）
Benth. & Hook. f. ex Franch〕爲多年生草本植
物。株高 0.6 ~ 5 米，葉條形。圓錐花序，由
纖細之總狀花組成，黃褐色或紫紅色。穎果紫
紅色，外包有茸毛之穎片，熟後隨風飄落。荻
又名崗柴、江荻等名。《中國農業百科全書・荻》
云："中國爲荻的主産國，主要分布在江蘇、江
西、安徽、湖南、
湖北等省。湖南洞
庭湖區的荻最爲有
名。日本、朝鮮也
有栽培。在中國原
爲野生種，1956 年
開 始 人 工 栽 培。"
荻之纖維品質佳，
造紙性能好，同時
亦是製人造纖維之

荻

上好材料。荻多生於湖洲、河堤或山坡草地，對氣候、土壤要求不嚴格，耐旱、耐澇、耐寒。有性繁殖、無性繁殖均可。主要栽培品種有湘荻一號、湘荻二號等。

【崗柴】

即荻。此稱行用於現代。見該文。

【江荻】

即荻。此稱行用於現代。見該文。

香蒲 [1]

穀類纖維用作物名。香蒲科，香蒲屬之一種。香蒲（*Typha orientalis* C. Presl.）爲多年生草本植物。鬚根系。具有地上假莖和地下根狀莖。假莖由各葉鞘分層抱合而成，白色，偏圓柱形，其基部密集節上之腋芽，經萌發長成根狀莖而匍匐於表土層。葉着生在假莖基部，色綠質柔，葉片爲條形。花頂生，圓筒狀肉穗花序，其形狀似蠟燭，又稱蒲槌，花粉黃色。香蒲亦名蒲黃、蒲草等。《中國農業百科全書·香蒲》云："香蒲起源於中國。"關於香蒲，中國先秦古籍中即有記載，且歷代農書中亦多有記述。明徐光啓《農政全書》卷四○云："《爾雅》曰：'莞，苻蘺。其上，薹。'（郭璞注曰：'今西方人呼蒲爲莞蒲。薹，謂其頭薹首也。今江東謂之苻蘺；西方亦名蒲薹，

香　蒲
（清吳其濬《植物名實圖考》）

中莖爲薹，用之爲席。'又名甘蒲，又名醮石。花上黃粉，名蒲黃。）《農桑通訣》曰：四月，揀綿蒲肥旺者，廣帶根泥，移出於水地內栽之。次年即堪用。（其水深者，白長；水淺者，白短。）

蒲　黃
（明王圻等《三才圖會》）

玄扈先生曰：春初生嫩葉，出水時，取其中心入地白蒻，大如匕柄者，生啖之，甘脆。以醋（醋——筆者）浸食，如食笋法，亦美。《周禮》所謂'蒲菹'也。亦可爍食蒸食及曬乾磨粉作餅食。《詩》曰'惟笋及蒲'，是矣。八九月收葉，可作扇，又可作包裹。"香蒲之白嫩假莖和根狀莖可作蔬菜，蒲黃入藥；葉和假莖皆是編織蒲包及席之原料；香蒲亦可用以製人造棉和紙張。香蒲是水生宿根作物，生長過程需水較多。在中國各地湖泊或潦窪地帶，多有野生或栽培者。

【蒲黃】

即香蒲 [1]。因其花粉黃色而得名。見該文。

【蒲草】 [1]

即香蒲 [1]。因其植株爲草狀而得名。見該文。

【莞】 [1]

即香蒲 [1]。始見於《爾雅·釋草》："莞，苻蘺，其上薹。"晋郭璞注："今西方人呼蒲爲莞蒲。"

【苻蘺】[1]

即香蒲[1]。始見於《爾雅·釋草》："莞，苻蘺，其上蒚。"晋郭璞注："今江東謂之苻蘺。"見該文。

【甘蒲】[1]

即香蒲[1]。明代已行用此稱。見該文。

【醮石】[1]

即香蒲[1]。明代已行用此稱。見該文。

燈芯草

穀類莖纖維作物名。燈芯草科，燈芯草屬中之一個栽培種，燈芯草（*Juncus effusus* L.）爲多年生草本植物。鬚根系。地下莖匍匐生於表土層，有節并被鱗片；地上莖秆圓柱狀，高120～150厘米。基部着生鞘葉。花側生莖秆端部，聚傘花序，小花兩性。蒴果，種子紡錘形。燈芯草，因其莖髓部可作燈芯而得名。亦稱席草、藺草等名。《中國農業百科全書·燈心草》云："中國公元9世紀就有人工栽培的記載，16世紀的《農政全書》記述了種植管理的方法。"明徐光啓《農政全書》卷四〇云："玄扈先生曰：種法與蓆草同。最宜肥田，瘦則草細。五月斫起曬乾，以尖刀釘板凳上劃開。其心可點燈及爲燭心，其皮可製雨簑。"燈芯草莖是編織原料，全草入藥治五淋。中國主産區爲浙江、江蘇、福建、湖南、臺灣、安徽等省。

燈芯草

（清吳其濬《植物名實圖考》）

【蓆草】

明人徐光啓在其《農政全書》中有"蓆草"一節，據徐氏所描述其用途和栽培方法來看，很像燈芯草。但是，徐氏又專寫"燈草"一節，顯然徐氏所說"蓆草"與"燈草"非指一物。

【藺草】

即燈芯草。此稱漢代已行用。西漢史游《急就篇》卷三："蒲蒻藺席帳帷幢。"

【燈草】

即燈芯草。此稱明代已行用。《金瓶梅詞話》第二六回："你乾净是個毬子心腸，滾上滾下；燈草拐棒兒，原拄不定。"

枸樹

内皮層纖維用植物名。桑科，枸樹屬中之一個種，枸樹（*Hovenia acerba* Lindl.）爲多年生落葉喬木。枸樹莖幹直立高大，含有乳白液汁。樹皮暗灰色，平滑。葉互生，柄長，葉片闊卵形，邊緣具粗鋸齒，表面爲暗綠色，且被粗毛；葉背灰綠色，密生柔毛。雌雄异株，雄花爲葇荑花序，着生於新生嫩枝葉腋；雌花爲頭狀花序。果爲肉質球形，有長柄，熟時紅色。枸樹古名楮，又名穀漿樹。枸樹在中國種植歷史悠久。《說文·木部》曰："穀，楮也。"北魏賈思勰《齊民要術·種穀楮》云："楮宜澗谷間種之。地欲極良。秋上楮子熟時多收。"明李時珍《本草綱目·木三·楮》："〔釋名〕穀（音媾，亦作構）、穀桑。頌曰：陸璣《詩疏》云：'構，幽州謂之穀桑，或曰楮桑。荆揚交廣謂之穀。'時珍曰：楮本作柠，其皮可績爲紵故也。楚人呼乳爲穀，其木中白汁如乳，故以名之。陸佃《埤雅》作穀米之穀，訓爲善者，誤矣。或以楮、構爲二物者，亦誤矣。"枸樹之内

皮層纖維較長而
柔軟，吸濕性強，
在中國是製造桑
皮紙之上好原料，
遠在隋代就已大
量生產應用。果
稱楮實子，與根
皆可入藥，有補
腎利尿，強筋骨
之功效。嫩葉可
作豬飼料。枸樹
能耐二氧化硫、氟化氫、氯氣等有害氣體，故

楮　（清吳其濬《植物名實圖考》）

適宜在有氣體污染之工礦區作綠化樹栽植。枸
樹在中國黃河、長江和珠江流域均有分布。

【楮】

　　即枸樹。此稱漢代已行用。見該文。

【穀】

　　即枸樹。此稱漢代已行用。見該文。

【穀桑】

　　即枸樹。亦稱楮桑。此稱三國已行用。見
該文。

【穀漿樹】

　　即枸樹。此稱行用於現代。見該文。

第三章　蔬類說（上）

第一節　根菜類考

　　除豆薯外，凡是以肉質根爲產品之蔬菜，統稱根菜類蔬菜。這類蔬菜主要包括十字花科之蘿蔔、蕪菁、蕪菁甘藍，傘形花科之胡蘿蔔、根芹菜，菊科之牛蒡、婆羅門參及藜科之根甜菜等。根菜類蔬菜均起源於溫帶，多爲半耐寒性之二年生植物，產品器官之形成需要涼爽氣候和充足光照；一般於秋季冷涼季節形成肥大之肉質根，次年春抽薹開花結實。

　　根菜類蔬菜富含碳水化合物、維生素與礦物鹽等營養成分，能調節生理機能、增進人體健康。根菜除可供炒、煮或生食外，加工製品亦頗受人們青睞。根菜類蔬菜，不但多爲冬春季節之主要蔬菜，且由於類型、品種衆多，可四季栽培，周年供應；亦因其具有適應性強、生長快、產量高、栽培管理較簡易、生產成本低、耐運輸貯藏等優點，所以在中國各地均有較大栽培面積。不少品種在中國有悠久歷史。例如，蕪菁於先秦時期即有文字記載，蘿蔔於秦漢時亦有記述，胡蘿蔔元朝時即已引種栽培。這些蔬菜不僅至今爲中國人民所喜愛，而且亦成爲加工出口商品。如雲南大頭菜、常州五香蘿蔔乾、揚州罐裝蘿蔔頭等，均遠銷東南亞各地。改革開放以來，由於中國人民生活水準之提高及對外交往、貿易之發展擴大，對蔬菜花色品種以及質和量之要求皆有了很大提高，這也有力地促進了中國蔬菜在種植面積、品種引進、加工貯藏與出口數量等方面之迅速增長。如美洲防風、根芹菜、牛蒡、婆羅門參等根菜，現在中國各地皆有較大面積栽培，并且有些地區已發展成爲規模化生産之出口基地。

蘿蔔

蔬名。十字花科，蘿蔔屬。蘿蔔（*Raphanus sativus* L.）爲二年生草本植物，能形成肥大肉質根。葉爲大頭羽裂。總狀花序，粉紅或紫色。長角果圓柱形，種子卵形，紅褐色。原野生於歐亞温暖海岸，中國是蘿蔔栽培種起源地之一，已有二千餘年栽培史。秦漢時稱"葵""蘆萉""蘆菔"，魏晋時稱"雹葵""紫花菘""温菘""土酥"，至宋代始稱"蘿蔔"。蘿蔔，實爲"蘆菔"之音轉。《爾雅·釋草》："葵，蘆萉。"郭璞注："萉，宜爲菔。蘆菔，蕪菁屬。紫華大根，俗呼雹葵。"按，郭氏言蘆菔爲蕪菁屬之説，與今之植物學不同。邢昺疏："紫花菘也，俗呼温菘……今謂之蘿蔔。"按，蘆萉，當爲"蘆菔"。郭注甚是。《後漢書·劉盆子傳》："時掖庭中宫女猶有數百千人，自更始敗後，幽閉殿內，掘庭中蘆菔根，捕池魚而食之。"李賢注："《爾雅》曰：

蘿　蔔
（明盧和《食物本草》）

'葵，蘆菔。'……菔字或作萉。"可證。對"蘆菔"二字之含義，今人夏緯瑛在其《植物名釋札記·蘆菔》中云："蘆有肥厚之義，菔爲根之義，故知'蘆菔'與日本名稱'大根'同義，均謂其主根之豐厚。"蘿蔔之種植方法，至南北朝時已趨成熟。北魏賈思勰《齊民要術·蔓菁》："種菘、蘆菔法，與蕪菁同。"唐時亦稱"萊菔"。宋元時已廣爲栽培，因季節不同，又各有其名。元王禎《農書》卷八："一名萊菔，又名雹突，今俗呼蘿蔔，在在有之。北方者極脆，食之無粗。中原有迭稱者，其質白，其味辛甘，尤宜生啖，能解麵毒，子可入藥，下氣消穀。四時皆可種，然不如末伏秋初爲善。破甲以後，便可供食。老圃云，蘿蔔一種而四名，春曰破土錐，夏曰夏生，秋曰蘿蔔，冬曰土酥。"蘿蔔其肉質根中富含碳水化合物、維生素及磷、鐵、硫等無機鹽類，不僅可以當水果生食，而且可以作爲蔬菜炒食，作餡或加工腌製。吃蘿蔔除可

萊　菔
（清吳其濬《植物名實圖考》）

有幫助消化澱粉之作用外，還有很多藥用價值。明李時珍《本草綱目・菜一・萊菔》云：“〔主治〕散服及炮煮服食，大下氣，消穀和中，去痰癖，肥健人；生搗汁服，止消渴，試大有驗。《唐本》：‘利關節，理顔色，練五臟惡氣，制麵毒，行風氣，去邪熱氣……消痰止欬，治肺痿吐血，溫中補不足。同羊肉、銀魚（按鯽魚）煮食，治勞瘦欬嗽。’”現有驗方云，白蘿蔔與甘蔗、金銀花同煮加白糖有消腫化痰、潤肺、止痛之功能，可治發熱、鼻乾、咽喉腫痛；大白蘿蔔汁有化痰、散瘀、消滯之效力，可治感冒、中暑、中風之寒痛；蘿蔔籽與鷄蛋、綠豆同煮内服，可治慢性咳喘。蘿蔔用途廣泛，能在四季栽培，又耐運輸貯藏，管理簡易，産量高，所以在中國久種不衰，遍植南北，發展至今，品種繁多。通常按栽培季節分爲四種：春夏蘿蔔，如北京“炮竹筒”、南京“五月紅”；夏秋蘿蔔，如廣州“蠟燭薹”及南京農業大學培育“中秋紅”等；秋冬蘿蔔，如北京“心裏美”、澄海“白沙火車頭”；冬春蘿蔔，如成都“春不老”、杭州“筧橋大紅纓”等。參閲宋蘇頌《圖經本草・菜部・萊菔》。

【萊】

即蘿蔔。此稱多行用於秦漢時。見該文。

【蘆菔】

即蘿蔔。實爲“蘿蔔”之本字。此稱始行於漢代。今人夏緯瑛《植物名釋札記・蘆菔》稱，“蘆”有豐厚之義；“菔”爲根義，兩字合釋謂豐厚之根。或是。

【蘆萉】

“蘆菔”之形訛。此稱行於秦漢。見該文。

【雹葖】

即蘿蔔。此稱多行用於魏晋時。見該文。

【紫花菘】

即蘿蔔。古南語。此稱始見於魏晋。見“蘿蔔”“楚菘”文。

【溫菘】

即蘿蔔。古南語。此稱多行用於唐宋時。見“蘿蔔”“楚菘”文。

【土酥】

即蘿蔔。此稱多行用於元時。元時特指冬季生成者。見該文。

【破土錐】

即蘿蔔。元時特指春季生成者。見該文。

【夏生】

即蘿蔔。元時特指夏季生成者。見該文。

【菈薖】

即蘿蔔。《方言》第三：“蕘、蕧，蕪菁也……其紫華者謂之蘆菔，東魯謂之菈薖。”明李時珍《本草綱目・菜一・萊菔》：“〔釋名〕時珍曰：按孫愐《廣韵》言：魯人名菈薖，音拉荅，秦人名蘿蔔。”見該文。

【萊菔】

即蘿蔔。此稱始見於《唐本草》。宋方岳《春盤》詩：“萊菔根鬆縷冰玉，蔞蒿苗肥點寒綠。”明方以智《物理小識》卷六云：“萊菔去其細根，入土壅之，別發新顆，結子，收之再種即大。”見該文。

【楚菘】

即蘿蔔。古吴語。明李時珍《本草綱目・菜一・萊菔》：“〔釋名〕引唐蘇頌曰：‘紫花菘、溫菘，皆南人所呼，吴人呼楚菘，廣南人呼秦菘。’”

【秦菘】

即蘿蔔。古廣南語。見“楚菘”文。

【葵子】

即蘿蔔。宋周密《癸辛雜識前集·葵》：“今成都麵店中呼蘿蔔爲葵子。”見該文。

【蘿菔】

同“蘆菔”。清李斗《揚州畫舫錄·小秦淮錄》：“〔小東門西外〕有星貨鋪，即散酒店、庵酒店之類，賣小八珍，皆不經烟火物……秋冬則毛豆、芹菜、茭瓜、蘿菔、冬筍、腌菜。”

胡蘿蔔

蔬名。傘形科，胡蘿蔔屬。胡蘿蔔（ *Daucus carota* L.var.*sativa* Hoffm.）爲能形成肥大肉質根之二年生草本植物。肉質根有扁圓、圓錐等形狀，根色紅、粉紅、黃、白等。葉柄細長，爲三回羽狀穟葉。肉質根貯藏越冬後抽薹開花，由許多小傘形花序組成。雙懸果，橢圓形，皮革質，縱棱密生刺毛。胡蘿蔔原產於亞洲西部，栽培歷史已有兩千餘年。中國於元代初期經伊朗傳入。元吳瑞《日用本草·菜·胡蘿蔔》云：“味甘辛，無毒。”明李時珍《本草綱目·菜一·胡蘿蔔》：〔釋名〕時珍曰：元時始自胡地來，氣味微似蘿蔔，故名。〔集解〕時珍曰：胡蘿蔔今北土、山東多蒔之，淮、楚亦有種者。八月下種，生苗如邪蒿，肥莖有白毛，辛臭如蒿，不可食。（清吳其濬《植物名實圖考》）

胡蘿蔔

冬月掘根，生、熟皆可啖，兼果、蔬之用。根有黃、赤二種，微帶蒿氣，長五六寸，大者盈握，狀似鮮掘地黃及羊蹄根。三四月莖高二三尺，開碎白花，攢簇如傘狀，似蛇床花。子亦如蛇床子，稍長而有毛，褐色，又如蒔蘿子，亦可調和食料。”清吳其濬《植物名實圖考·蔬類·胡蘿蔔》：“胡蘿蔔，《本草綱目》始收入菜部，南方秋冬方食，北地則終年供茹。或云元時始入中國，元之東也，先得滇，故滇之此蔬，尤富而巨，色有紅、黃二種，然其味與邪蒿爲近，嗜大尾羊者，必合而烹之。其亦元之食憲章歟？”胡蘿蔔因其根有黃色者，清黃宮繡《本草求真》中稱爲“黃蘿蔔”。亦稱“紅蘿蔔”“丁香蘿蔔”“胡蘆菔金”“赤珊瑚”“黃根”等。據現代科學分析，胡蘿蔔營養豐富，維生素類可達 1%，并含有豐富之 β-胡蘿蔔素，故有“植物魚肝油”之稱。胡蘿蔔有多種用途，可當水果生食，亦可煮食代糧，還可乾製、腌製、醬製或做泡菜及胡蘿蔔汁等。胡蘿蔔在醫藥上有强心、消炎、降低血壓、抗過敏等作用，對肺病、貧血、腸胃等疾病亦有療效。此外，胡蘿蔔之根、葉皆是上等飼料。目前，中國南北各地均有栽培，品種與類型繁多。根據肉質根之形狀，一般可分爲三種類型：長圓錐類型，如内蒙古黃胡蘿蔔、汕頭紅胡蘿蔔等；短圓錐型，如烟臺三寸、山西大同二金紅等；長圓柱型，如南京長紅、湖北麻城棒槌、安徽肥東黃胡蘿蔔等。中國從日本引進選育的品種“日本四季胡蘿蔔”，營養豐富，品質優良，畝產可達 5000 公斤，且可幾乎常年供應，爲胡蘿蔔家族之新秀。

【黄蘿蔔】

　　即胡蘿蔔。此稱始於清代。見該文。

【丁香蘿蔔】

　　即胡蘿蔔。此稱行於現代。見該文。

【黄根】

　　即胡蘿蔔。此稱行於現代。見該文。

【赤珊瑚】

　　即胡蘿蔔。此稱行於現代。見該文。

蕪菁

　　蔬名。十字花科，芸薹屬之一種。蕪菁（*Brassica rapa* L.）爲能形成肉質根之二年生草本植物。肉質根扁圓或圓錐形。葉全緣或大頭羽裂，被茸毛。總狀花序，花冠黄色。角果，種子圓形。蕪菁爲中國古老蔬菜之一，先秦典籍即已有記載。當時稱"葑"，至漢代始稱"蕪菁"。《詩・邶風・谷風》："采葑采菲，無以下體。"三國陸機疏："葑，蕪菁也。"據《後漢書・桓帝紀》載，永興二年（154）漢桓帝下詔："蝗災爲害，水變仍至，五穀不登，人無宿儲，其令所傷郡國種蕪菁以助人食。"北魏賈思勰《齊民要術・蔓菁》對蕪菁之種植做了詳細記載："種不求多，唯須良地故墟，新糞、壞垣墻乃佳。耕地欲熟。七月初種之。一畝用子三升。漫散而勞。種不用濕。既生不鋤。九月末收葉，仍留根取子。十月中，犁粗時，拾取耕出者……春

蕪　菁
（宋王繼先《紹興校定
證類備急本草畫圖》）

夏用畦種供食者，與畦葵法同。剪訖更種，從春至秋得三輩，常供好葅。取根者，用大小麥底。六月中種。十月將凍，耕出之。"明李時珍《本草綱目・菜一・蕪菁》："〔釋名〕蔓菁、九英菘、諸葛菜。藏器曰：蕪菁，北

蔓　菁
（明盧和《食物本草》）

人名蔓菁。今并汾、河朔間燒食其根，呼爲蕪根，猶是蕪菁之號。蕪菁，南北之通稱也。塞北、河西種者，名九英蔓菁，亦曰九英菘。根葉長大而味不美，人以爲軍糧。禹錫曰：《爾雅》云：須，蕦蕵……揚雄《方言》云：蘴、蕘，蔓菁也。陳、楚謂之蘴，齊、魯謂之蕘，關西謂之蕪菁，趙、魏謂之大芥。然則葑也，須也，蕪菁也，蔓菁也，蕦蕵也，蕘也，芥也，七者一物也。"清吳其濬《植物名實圖考・蔬類・蕪菁》："蕪菁，《別錄》上品，即蔓菁。昔人謂葑、須、芥、蕦蕵、蕘、蕪菁、蔓菁，七名一物。蜀人謂之諸葛菜，今辰沅有馬王菜，亦即此。袁滋《雲南記》：嶲州界緣山野間，有菜大葉而粗莖，其根若大蘿蔔，土人蒸煮其根葉而食之，可以療飢，

諸葛菜
（清吳其濬《植物名實圖考》）

名之爲諸葛菜。云武侯南征，用此菜蒔於山中，以濟軍食，亦猶廣都縣山櫟木謂之諸葛木也。"蕪菁，現中國北方仍稱蔓菁。亦稱"圓根""盤菜"等名。隨着蔬菜新品種之增多，蕪菁之種植今已顯著減少。蕪菁分食用和飼用兩種，中國主要栽培食用者。據其肉質根形狀，可分爲圓形和圓錐形兩類。圓形者，肉質根扁圓或球形，生長期較短，肉質根較小，如河南"焦作蕪菁"、浙江"温州盤菜"等。圓錐形者，生長期較長，肉質根較大，如"猪尾巴蕪菁""菏澤蕪菁"（亦稱葉籽蕪菁）等。另在雲南、山西等地亦有品質極佳者。

【葑】[1]

即蕪菁。此稱始行於先秦。見該文。

【蔓菁】

即蕪菁。此稱漢代已行用。見該文。

【薹】

即蕪菁。此稱漢代已行用。見該文。

【蕘】

即蕪菁。此稱漢代已行用。見該文。

【大芥】

即蕪菁。此稱漢代已行用。見該文。

【須】[1]

即蕪菁。亦稱須從。此稱漢代已行用。《説文解字·艸部》："葑，須從也。"見該文。

【諸葛菜】

即蕪菁。此稱明代已行用。見該文。

【蕪根】

即蕪菁。此稱唐代已行用。見該文。

【九英蔓菁】

即蕪菁。此稱唐代已行用。見該文。

【九英菘】

即蕪菁。此稱唐代已行用。見該文。

【盤菜】

即蕪菁。此稱多行用於南方。見該文。

蕪菁甘藍

蔬名。十字花科，蕪菁甘藍〔*Brassica napus* var. *napobrassica*（L.）Rchb.〕，芸薹屬中能形成肥大肉質根之栽培種，二年生草本植物。其肉質根呈圓球形或紡錘形，皮白色，出土部分亦帶紫紅色。葉片爲大頭羽狀裂葉，藍緑色且葉肉厚，葉面被白色蠟粉。總狀花序，花冠黄色。長角果，種子爲不規則圓球形，深褐色。蕪菁甘藍之起源有二説，一説源於地中海沿岸；亦有人認爲源於瑞典，故又稱瑞典蕪菁。作爲一種栽培植物，在世界各國栽培時間比蕪菁晚得多。在中國栽培歷史更短，約在公元 19 世紀傳入。蔣先明主編《各種蔬菜·蕪菁甘藍》云："蕪菁甘藍起源於地中海沿岸或瑞典，又稱瑞典蕪菁。一般認爲蕪菁甘藍是蕪菁（2n ＝ 20）與甘藍（2n ＝ 18）的雜交種。18 世紀傳入法國，有黄肉、白肉兩種類型；後傳到英國，18 世紀傳入美國，主要做飼料作物栽培；19 世紀傳入中國、日本。"蕪菁甘藍亦稱"洋蔓菁""洋疙瘩""洋大頭菜"，武漢叫"土苤藍"。其產品中含有蛋白質、碳水化合物、維生素及鈣、磷、鐵等礦物質。可炒食、煮食和腌漬。亦因其具有根系發達，吸收力强，耐瘠耐肥，適應性廣，抗逆性强，易栽培，且可菜、糧兼用或作飼料等優點，故在華北、江浙、雲貴等地區栽培面積有逐步擴大之勢。目前中國栽培之主要品種有"上海蕪菁甘藍""雲南蕪菁甘藍""南京蕪菁甘藍"及河北"壩上狗頭"等。

【瑞典蕪菁】

即蕪菁甘藍。此稱行於現代。見該文。

【洋蔓菁】

即蕪菁甘藍。此稱行於現代。見該文。

【土苤藍】

即蕪菁甘藍。此稱多行於武漢地區。見該文。

根甜菜

蔬名。藜科，甜菜屬。根甜菜（*Beta vulgaris* var. *rosea* Moq.）爲能形成肥大肉質根之二年生草本植物。肉質根有球形、扁圓形、卵形、紡錘形與圓錐形等。莖短縮。葉卵圓形，有光澤，葉柄長而粗。葉片、葉脉、葉柄及肉質根皆爲紫紅色。圓錐花序，完全花，黄色。種子圓形。根甜菜與葉甜菜均屬甜菜之變種。起源於地中海沿岸，約在明代傳入中國。蔣先明主編《各種蔬菜・根甜菜》云：“甜菜（*Beta vulgaris* L.）起源於地中海沿岸，有根甜菜、葉甜菜等變種。公元前 4 世紀古羅馬人已食用葉甜菜。其後在食譜中又增加根甜菜。公元 14 世紀英國已栽培根甜菜，1557 年德國有根甜菜的描述，1800 年傳到美國。中國約在明代傳入。”對於甜菜，中國古代許多典籍中均有記載。明李時珍《本草綱目・菜二・莙薘菜》：“〔釋名〕莙薘菜。時珍曰：莙薘，即莙薘也。莙與甜通，因其味也。莙薘之義未詳。”明徐光啓《農政全書》卷二八：“甜菜，古作

莙 薘
（明盧和《食物本草》）

‘莙’。《釋名》莙菜，即莙薘也。《農桑通訣》曰：莙薘，作畦下種，如蘿蔔法。春二月種之。夏四月移栽，園枯則食。如欲出子，留食不盡者，地凍時，出於暖處收藏，來年春透，可栽收種。或作蔬，或作羹，或作菜乾，無不可也。”因“莙”與“甜”通，故很多地方現仍將“根甜菜”叫作“根莙菜”。又名“紅菜頭”“糖蘿蔔”等。根甜菜肉質根富含糖分和礦物質，可生食、熟食或加工。有治吐瀉和驅腹内寄生蟲之功效。因含有花青素甙，色澤鮮艷，歐美各國多用作西餐肴饌之點綴材料。現中國僅在一些城市郊區有少量栽培。隨着人們食譜之改變，根甜菜在中國栽培面積將會增大。

【莙薘】[1]

即甜菜。此稱明代已行用。見該文。

【莙菜】[1]

同“甜菜”。“莙”與“甜”通。此體明代已行用。見該文。

【糖蘿蔔】

即根甜菜。此稱行於現代。見該文。

牛蒡

蔬名。菊科，牛蒡屬。牛蒡（*Arctium lappa* L.）爲能形成肉質根之二三年生草本植物。葉心臟形，淡綠色，葉背面密生白色茸毛，緣具粗鋸齒形。根圓柱形，外皮粗糙，暗黑色；肉質灰白色，遲收易空心。春天抽生花穗，花穗上密生頭狀花序，花冠筒狀，淡紫色。種子長紡錘形，灰黑色，有刺。牛蒡原產亞洲，中國栽培量很少，現栽培種由日本引入。蔣先明主編《各種蔬菜・牛蒡》云：“原產亞洲，中國的東北到西南均有野生牛蒡分布。公元 940 年前後，由中國傳入日本，經過選育，出現很多

牛蒡

品種，栽培盛行。"中國農業科學院蔬菜研究
所主編《中國蔬菜栽培學·牛蒡》云："牛蒡
（Aretium Lappa L.）別名東洋蘿蔔，原産亞洲。
日本自古栽培，并爲主要根菜之一。中國自東
北至西南各地有野生分布，上海、青島、瀋陽
等城市曾有少量栽培。上海郊區 1937 年自日本
引入，栽培於寶山縣的大場鎮和江灣鎮一帶。"
牛蒡亦稱大力子、蝙蝠刺等名。除根作蔬菜外，
其種子可入藥，主治咳嗽、風疹、咽喉腫痛，
根對牙痛亦有療效。牛蒡春秋兩季均可播種，
收穫期甚長，可周年供應市場。現中國栽培之
牛蒡按其根形狀，可分爲細長根種和短根種兩
大類型。

【東洋蘿蔔】

即牛蒡。此稱行於現代。見該文。

婆羅門參

蔬名。菊科，婆羅門屬。婆羅門參
（Tragopogon pratensis L.）爲二年生草本植物，
能形成肥大肉質根。葉細長，暗綠色，切傷後
流出白色汁液，有似牡蠣之氣味。肉質根長圓
錐形，皮黃白色，平滑。翌春抽生花莖，先端
叢生紫花。種子細長，兩端尖，種皮粗糙，黃
褐色。婆羅門參亦稱西洋牛蒡。原産歐洲中南
部，盛産於法國，約 20 世紀初，由歐洲和日本

引入中國。中國少有栽培，近幾年逐漸增多。
蔣先明主編《各種蔬菜·婆羅門參》云："原産
歐洲南部的希臘、意大利等地，有 200 多年栽
培歷史，歐、美洲的國家栽培較多，中國很少
種植。"婆羅門參適應性强，耐寒，喜沙壤土。
一般春季播種，至十一月葉枯後收穫。其肉質
根可煮食或切成小片裹麵煎食，嫩葉亦可生食。

【西洋牛蒡】

即婆羅門參。此稱行於現代。見該文。

美洲防風

蔬名。傘形科，歐防風屬。美洲防風
（Pastinaca sativa L.）爲二年生草本植物，能形
成肥大肉質根。二回羽狀複穫葉，葉柄較長；
小葉似芹菜葉。肉質根長圓錐形，皮淺黃色、
肉白色。穫傘形花序，花冠白色。果實扁闊卵
形，有翅片，米黃色，每一果實中有兩粒白色
種子。美洲防風亦稱芹菜蘿蔔、蒲芹蘿蔔等名。
蔣先明主編《各種蔬菜·美洲防風》云："原産
歐洲和西亞，古希臘已有栽培。1564 年傳入西
印度，1609 年傳至美國，中國在近百年引入種
植，歐、美洲的國家種植較多。"中國農業科學
院蔬菜研究所主編《中國蔬菜栽培學·美洲防
風》云："別名芹菜蘿蔔。原産歐洲和西北利
亞，作蔬菜栽培已有 2000 餘年的歷史，歐美
等國種植較多，我國栽培極少。上海郊區雖引
入種植近百年，但僅寶山縣大場鎮及彭浦一帶
種植。"美洲防風耐旱、耐寒，亦耐高溫，春秋
兩季均可播種。其肉質根可做湯、煮食或炒食，
嫩葉亦可食用。根還可作罐頭食品之調味品。
根、葉均可作飼料。

【芹菜蘿蔔】

即美洲防風。此稱行於現代。見該文。

第二節　薯芋類考

　　薯芋類蔬菜是以塊莖、根莖、球莖、塊根爲產品之蔬菜總稱。這類蔬菜在全世界之栽培，種類之豐富莫過於中國。中國栽培的這類蔬菜包括10個科12個屬。按對氣候之要求和莖葉之耐霜程度分爲兩類：一類喜冷凉溫和氣候，耐輕微霜凍，如菊芋、馬鈴薯、草石蠶等；另一類喜溫暖氣候，不耐霜凍，如薑、山藥、芋、豆薯、蕉芋、葛、菜用土欒兒等。

　　薯芋類蔬菜中大多數皆原產於中國，且很早即有文獻記載。如山藥在《山海經》中已有記載；芋在戰國時期之《管子・輕重甲》篇中即有記述；薑在《史記》中已有廣泛栽培之記載，且在湖北荆州戰國墓葬、湖南長沙馬王堆漢墓等之陪葬物中發現有薑塊。中國栽培薯芋類蔬菜不僅歷史悠久，而且有些種類種植範圍亦較廣、面積較大。如馬鈴薯栽培已遍及全國各省區，播種面積達七千多萬畝；薑在中國分布亦甚廣，除東北、西北寒冷地區外，大部分省區，如廣東、臺灣、江西、湖南、湖北、四川、雲南、安徽、山東、河南等均有栽培，僅臺灣省就栽培數萬畝。

　　薯芋類蔬菜都具有肥大之地下莖或根供食用。馬鈴薯、芋、山藥、豆薯、葛之地下莖或根含豐富的澱粉，既是優良之蔬菜，亦可作糧食或飼料，又是製作澱粉、糖、酒精等產品之工業原料（因馬鈴薯之主產區是將其作爲糧食栽培，故筆者已將"馬鈴薯"放入《穀類説》一章）。薑含有薑油酮（$C_{11}H_{14}O_3$）、薑酚（$C_{17}H_{20}O_2$）和薑油醇（$C_{15}H_{26}O$），因而具特殊香辣味，可作香辛調料，亦可加工成薑片、薑粉、薑汁、薑酒和糖漬、醋漬、醬漬等多種食品，有健胃、祛寒和發汗等功效。薯芋類蔬菜或耐貯藏運輸，或適於加工，且營養豐富、風味佳美，故在城鄉蔬菜供應中占有重要地位。有些產品還遠銷國外，出口創匯。其中一些種類爲名優特產而享譽中外，如臺灣、廣東、廣西等省區之檳榔芋，山東、河北、河南之長山藥，雲南、貴州、四川等省之豆薯及山東萊蕪之片薑，等等。隨着中國農業高科技之發展，人民生活水準之提高和對外貿易不斷擴大，薯芋類蔬菜之開發前景將會更加廣闊。

芋

　　蔬名。天南星科，芋屬中能形成地下球莖之栽培種。芋〔*Colocasia esculenta*（L.）Schott.〕爲多年生草本植物，作一年生栽培，屬濕生植物。弦狀根白色肉質，根毛少，吸收力較強。莖縮短成地下球莖，近圓或圓筒形，球莖節上有棕色鱗片毛和腋芽。葉互生，葉片闊大，盾狀卵形或略呈箭頭形；葉柄色綠、紅或紫色。野生芋爲佛焰花序，多不結子。芋原產於亞洲南部之熱帶沼澤地區。中國栽培芋已有數千年歷史。中國農業科學院蔬菜研究所主編《中國蔬菜栽培學・芋》云：

芋
（宋王繼先《紹興校定證類備急本草畫圖》）

"別名芋頭、芋艿、毛芋等。原產我國和印度、馬來半島等熱帶沼澤地方，現在世界上廣爲栽培，但以我國、日本及太平洋諸島栽培最盛。我國戰國時（公元前 4 世紀）在《管子・輕重甲》篇中就有了芋的記載，西漢《氾勝之書》（約公元前 32 年至 7 年）更詳細記載了種芋法。"明李時珍《本草綱目・菜二・芋》："〔釋名〕土芝（《別錄》）、蹲鴟。時珍曰：按徐鉉注《說文》云：芋，猶吁也。大葉實根，駭吁人也。籲音芋，疑怪貌。又《史記》卓文君云：岷山之下，野有蹲鴟，至死不飢。注云：芋也，蓋芋魁之狀，若鴟之蹲坐故也。〔集解〕弘景曰：芋，錢塘最多。生則有毒，味發不可食……恭曰：芋有六種：青芋、紫芋、真芋、白芋、連禪芋、野芋也。其類雖多，苗并相似。莖高尺餘，葉大如扇，似荷葉而長，根類薯蕷而圓。其青芋多子，細長而毒多，初煮頭灰汁，更易水煮熟，

乃堪食爾。白芋、真芋、連禪芋、紫芋，并毒少，正可煮啖之，兼肉作羹甚佳。蹲鴟之饒，蓋謂此也。野芋大毒，不可啖之。關陝諸芋遍有，山南、江左惟有青、白、紫三芋而已。頌曰：今處處有之，閩、蜀、淮、楚尤多植之。種類雖多，大抵性效相近。蜀川出者，形圓而大，狀若蹲鴟，謂之芋魁。彼人種以當糧食而度饑年。江西、閩中出者，形長而大。其細者如卵，生於魁旁，食之尤美。凡食芋并須栽蒔者。其野芋有大毒，不可食……時珍曰：芋屬雖多，有水、旱二種：旱芋山地可種，水芋水田蒔之。葉皆相似，但水芋味勝。莖亦可食。"此外，《漢書》《廣雅》《齊民要術》等典籍均有記載。芋之球莖中含有碳水化合物、蛋白質及人體所需要之其他營養成分。所含鈣多以草酸鹽形式存在，故澀味重。球莖可供菜或糧用，亦是澱粉和酒精之生產原料。有些芋之葉柄亦可食用。昆明以芋花作菜。中國芋之栽培歷史悠久、生態條件多種多樣，形成了非常豐富之類型和品種。主要栽培品種有 60 多個。可分葉用芋和莖用芋兩個變種：一、葉柄用芋變種（var.*petiolatus* Chang），以澀味淡之葉柄爲產品。如廣東紅柄水芋、四川武隆葉菜芋。二、球莖用芋變種（var.*cormosus* Chang），以肥大球莖爲產品。依母芋、子芋發達程度及子芋着生習性又分爲魁芋、多子芋和多頭芋三個類型。如四川宜賓串根芋、福建白麵芋、臺灣檳榔芋、宜昌白（紅）荷芋、成都紅嘴芋、廣東紅芽芋、江西新餘狗頭芋等。

【蹲鴟】

即芋。形象說明芋之狀及其大也。此稱漢代已行用。見該文。

【土芝】

　　即芋。此稱漢已行用。見該文。

【青芋】

　　芋之一種。此稱唐代已行用。見該文。

【紫芋】

　　芋之一種。此稱唐代已行用。見該文。

【真芋】

　　芋之一種。此稱唐代已行用。見該文。

【白芋】

　　芋之一種。此稱唐代已行用。見該文。

【連禪芋】

　　芋之一種。此稱唐代已行用。見該文。

【野芋】

　　芋之野生種。澀味極濃，多有毒，不能食用。此稱唐代已行用。見該文。

【芋頭】

　　即芋。此稱行於現代。見該文。

【芋芀】

　　即芋。此稱行於現代。見該文。

【毛芋】

　　即芋。此稱行於現代。見該文。

山藥 [2]

　　蔬名。薯蕷科，薯蕷屬，能形成地下肉質塊莖之栽培種。山藥（*Dioscorea polystachya* Turzaninow）爲一年生或多年生纏繞性藤本植物。鬚根系。莖蔓生右旋，常帶紫色。塊莖圓柱形、掌狀或圓塊狀，薯皮褐色，表面密生鬚根，肉質潔白。葉三角狀卵形，基部戟狀心臟形，多爲互生或對生，葉柄長，葉腋發生側枝或形成氣生塊莖（稱“零餘子”）。花單性，雌雄异株，穗狀花序，花小、白或黃色。蒴果具三翅，扁卵圓形。山藥別名薯蕷、大薯、佛掌薯、白苕、山薯等，古名藷藇、藷等。按起源地分亞洲群、非洲群和美洲群。中國是山藥重要原産地和馴化中心。最早之記載見於《山海經》。明徐光啓《農政全書》卷二七云：“《山海經》曰：‘其草，多藷藇。’

山　藥
（明徐光啓《農政全書》）

音同薯蕷。《本草衍義》曰：薯犯英廟諱，蕷犯唐代宗名，故改爲山藥。吳氏《本草》曰：薯蕷，一名藷薯，齊越名山芋，一名修脆，一名兒草，一名土藷，一名玉延。或生臨朐鍾山。始生，赤莖細蔓。五月華白，七月實青黃，八月熟落。根種，曰皮黃，類芋。”清汪灝等《廣群芳譜·蔬譜四·山藥》云：“山藥一名藷藇、一名山芋、一名藷薯、一名兒草，江閩人單呼爲藷。〔原〕處處有之，南京者最大而美，蜀道尤良，入藥以懷慶者爲佳。春間生苗，蔓延莖紫。葉青，有三尖，似白牽牛葉，更厚而光澤。五六月開細花，成穟淡紅色，大類棗花。秋生實於葉間，青黃，八月熟落根下，外薄皮土黃色，狀似雷丸，大小不一，肉白色，煮食甘滑與根同。冬春采根，皮亦土黃色，薄而有毛，其肉白色者爲上，青黑者不堪用。”歷史上很多文人，如杜甫、韓愈、黃庭堅、王安石等都曾賦詩作詞描述山藥。明劉崧作五言律詩《嘗山藥》云：“誰種山中玉，修圓故自勻。野人尋得慣，帶雨劚來新。味益丹田暖，香凝石髓春。

商芝亦何事，空
負白頭人。"山藥
含有碳水化合物、
蛋白質等營養成
分。可炒食、煮
食、糖餾等，乾
製入藥爲滋補强
壯劑，對虛弱、
慢性腸炎、糖尿
病等皆有輔助療
效。現中國除西
藏、東北及西北

薯 蕷
（清吳其濬《植物名實圖考》）

黃土高原外，其他各地均有栽培。主要有兩個
品種：一、普通山藥，又名家山藥，莖圓而無
棱翼。按其塊莖形態分三個變種：扁塊種，其
塊莖扁狀，形似脚掌，如江西上高脚板薯、四
川重慶脚板苕芋；圓筒種，其塊莖短圓棒形或
圓塊狀，如浙江黃岩薯藥、臺灣圓薯；長柱種，
其塊莖長棒狀，如河南慢山藥、山東濟寧米山
藥等。二、田薯，又名大薯，莖多角形而具棱
翼。塊莖甚大，有的重達 40 公斤以上。主要分
布於粵、桂、閩、臺等省區，北方極少栽培。
田薯按塊莖形態亦分爲扁塊種、圓筒種和長柱
種三個變種。如廣東葵薯、福建銀杏薯、臺灣
白圓薯、廣西蒼梧大薯、江西廣豐千金薯等。

【藷藇】
　　即山藥[2]。藷同"薯"。此稱先秦時已行用。
見該文。

【薯蕷】
　　即山藥[2]。此稱三國時已行用。見該文。

【藷薯】
　　即山藥[2]。此稱三國時已行用。見該文。

【山芋】[2]
　　即山藥[2]。此稱三國已行用。見該文。

【修脆】
　　即山藥[2]。此稱三國時已行用。見該文。

【兒草】
　　即山藥[2]。此稱三國時已行用。見該文。

【土藷】
　　即山藥[2]。此稱三國時已行用。見該文。

【玉延】
　　即山藥[2]。此稱三國時已行用。見該文。

【零餘子】
　　山藥藤蔓上葉腋間生長之球莖，可食，亦
能用之繁殖。明李時珍《本草綱目·菜二·零餘
子》："〔集解〕時珍曰：此即山藥藤上所結子
也。長圓不一，皮黃肉白。煮熟去皮食之，勝
於山藥，美於芋子。霜後收子，墜落在地者，
亦易生根。"

薑

　　蔬名。薑科，薑屬，能形成地下肉質根莖
的栽培種。薑（*Zingiber officinale* Rosc.）爲
多年生草本植物，作一年生栽培。淺根系，根
有纖維根和肉質根兩種。莖分地上和地下兩部
分，地上莖直立，爲葉鞘所包被；地下肉質根
莖黃色塊狀。葉片披針形，互生，有葉鞘。穗
狀花序，淡黃色，開花結果者極少。薑原產於
中國及東南亞等熱帶地區，臺灣省有野生種。
中國自古栽培。《史記》中有"千畦薑韭，此
其人皆與千户侯等"之記述，説明西漢時生薑
已成爲一種重要經濟作物。北魏賈思勰《齊民
要術·種薑》云："薑宜白沙地，少與糞和。熟
耕如麻地，不厭熟，縱橫七遍尤善。三月種之。
先重樓構，尋壟下薑，一尺一科，令上土厚三

寸。數鋤之。六月作葦屋覆之。"明李時珍《本草綱目・菜一・生薑》："〔釋名〕時珍曰：按許慎《説文》，薑作薑，云禦濕之菜也。王安石《字説》云：薑能彊禦百邪，故謂之薑。初生嫩者其尖微紫，名紫薑，或作子薑；宿根謂之母薑也。〔集解〕頌曰：處處有之，以漢、

薑
（明盧和《食物本草》）

温、池州者爲良。苗高二三尺。葉似箭竹葉而長，兩兩相對。苗青根黃。無花實。秋時采根。時珍曰：薑宜原隰沙地。四月取母薑種之。五月生苗如初生嫩蘆，而葉稍闊似竹葉，對生，葉亦辛香。"蔣先明主編《各種蔬菜・薑》云："原産中國及東南亞等熱帶地區，約於公元 1 世紀傳入地中海地區，3 世紀傳入日本，11 世紀傳入英格蘭，1585 年傳到美洲，現廣泛栽培於世界各熱帶、亞熱帶地區，以亞洲和非洲爲主，歐美栽培較少。牙買加、尼日利亞、塞拉利昂、中國、印度和日本是主要生産國。中國自古栽培，湖北江陵戰國墓葬、湖南長沙馬王堆漢墓（公元前 186）等的陪葬物中有薑塊，明代開始向北方擴大，清代北方已普遍栽培，現除東北、西北寒冷地區外，中部、南部諸省均有栽培，廣東、浙江、山東爲主産區。"薑亦稱生薑、黃薑。肉質根莖中含有碳水化合物、蛋白質和具特殊香辣味之薑辣素，可作香辛調料，亦可加工成薑乾、薑粉、薑汁、薑酒和糖製、醬製等

多種食品。有健胃、袪寒及發汗等功效。因薑在中國栽培歷史悠久，分布區域甚廣，故地方品種頗多。主要優良品種有山東萊蕪片薑、廣東疏輪大肉薑、浙江紅爪薑、安徽銅陵白薑等。

紫薑
（清吳其濬《植物名實圖考》）

【薑】

即薑。"薑"字爲"薑"之原義也。此稱漢代已行用。見該文。

【紫薑】

初生嫩薑。此稱宋代已行用。因其色微紫，故謂之"紫薑"。亦稱子薑。見該文。

豆薯

蔬名。豆科，豆薯屬中能形成塊狀根之栽培種。豆薯〔*Pachyrhizus erosus*（L.）Urban〕爲一年或多年生草質藤本植物。直根系，鬚根多。主根上端逐漸膨大成爲扁圓形或紡錘形肉質塊根。莖蔓生，右旋纏繞，被黃褐色茸毛，每節發生側蔓。三出複葉，互生，濃綠色。總狀花序，腋生，蝶形花，花冠紫或白色。莢果扁平條形，嫩莢具刺毛不能食用。種子近方形，扁平，黃褐色間有槽紋。豆薯喜高溫，故中國南方各地栽培較多。中國農業科學院蔬菜研究所主編《中國蔬菜栽培學・豆薯》云："別名地瓜、凉薯、沙葛。原産中國南部、墨西哥、中北美洲。我國長江流域普遍栽培，川黔兩省的

豆薯最負盛名。廣東豆薯除在省内銷售外，還有部分北運或外銷。北方很少栽培，衹有江蘇、浙江及山東等地偶有引種。”蔣先明主編《各種蔬菜・豆薯》云：“美洲栽培歷史久遠，哥倫布發現美洲新大陸後由西班牙人傳入菲律賓，以後傳到世界各地。中國西南、華南地區和臺灣省栽培較多。”豆薯含碳水化合物、礦物質、維生素等營養成分。生食或炒食均可。亦能加工成沙葛粉，有清凉去熱之功效。東南亞各國亦食嫩莢。種子和莖葉中含有對人畜有毒物質，可提取殺蟲劑。豆薯按其成熟期分爲早熟種和晚熟種，按其塊根形狀分爲扁圓、扁球、紡錘形種。中國主要栽培扁圓形和紡錘形兩個品種。如貴州黄平地瓜、四川遂寧地瓜、成都牧馬山地瓜、廣東湛江大葛薯等。

【地瓜】[2]

即豆薯。此稱行於現代。見該文。

【凉薯】

即豆薯。此稱行於現代。見該文。

【沙葛】

即豆薯。此稱行於現代。見該文。

魔芋

蔬名。天南星科，魔芋屬中之栽培種群。魔芋（*Amorphophallus konjac* K. Koch.）爲多年生草本植物。根爲肉質弦狀不定根。球莖扁球形。每株一年衹生一片大型複葉，由圓柱狀葉柄支撑，着生於球莖上，葉柄粗壯，多有暗紫或白色斑紋；葉片通常三裂，青緑色。花單生，肉穗花序，淡黄色，開花時奇臭。能結黄緑色球形漿果。種子實際上是一個小球莖。魔芋亦稱蒟蒻、蒟芋、磨芋、蛇頭草、花秆蓮、麻芋子等，在中國漢代時即有文字記載。蔣先明主編《各種蔬菜・魔芋》云：“原産於東印度及斯里蘭卡。東印度的熱帶森林中尚有原始種。6 世紀經朝鮮傳入日本，中國最早的記載見於《史記》。熱帶及亞熱帶的亞洲國家普遍栽培。中國以雲南和四川兩省及長江中游栽培較多。”明李時珍《本草綱目・草六・蒟蒻》：“〔釋名〕蒻頭、鬼芋、鬼頭。〔集解〕志曰：蒻頭，出吴、蜀。葉似由跋、半夏，根大如碗，生陰地，雨滴葉下生子……頌曰：江南吴中出白蒟蒻，亦曰鬼芋，生平澤極多。人采以爲天南星，了不可辨。市中所收往往是此。但南星肌細膩，而蒟蒻莖斑花紫，南星莖無斑，花黄，爲异爾。時珍曰：蒟蒻出蜀中，施州亦有之，呼爲鬼頭，閩中人亦種之……與南星苗相似，但多斑點，宿根亦自生苗。其滴露之説，蓋不然。經三年者，根大如碗及芋魁，其外理白，味亦麻人。秋後采根，須净擦，或搗成片段，以釅灰汁煮十餘沸，以水淘洗，換水更煮五六遍，即成凍了，切片，以苦酒五味腌食，不以灰汁則不成也。切作細絲，沸湯汋過，五味調食，狀如水母絲。”現代科學業已查明，魔芋含有一種許多植物都没有的特殊成分——葡萄甘露聚糖，并富含蛋白質和澱粉。還含有多種氨基酸和人體需要之微量元素。葡萄甘露聚糖對人體消化道疾病、心血管病、糖尿病及部分腫瘤皆有一定療效，并可用於减肥。目前國内已將魔芋製成“魔芋凉粉”

蒟蒻
（明盧和《食物本草》）

（又名芋糕、魔芋豆腐）、"魔芋挂麵""魔芋飲料""魔芋藥品"等系列產品。常食用此類食品能降血脂、降血壓，治療便秘、糖尿病等，并能降低結腸、直腸毒物致癌之發病率。另外，有關文獻介紹，魔芋乾粉膨脹係數大，且黏着力強，因此在化工方面亦有巨大開發前景。如可用魔芋生產化工管道之裂縫填補劑、漿紗、瓷器黏膠劑、油封固液、建築塗料、鑽井液、隔音材料、高級化妝品、食物果蔬保鮮劑及醫藥原料等。因此，在國內外魔芋均有良好之市場前景。全世界魔芋共有百餘個種，中國亦有十九個種之多。栽培最多者爲"白魔芋"和"花魔芋"兩個品種。

【蒟蒻】

　　即魔芋。此稱宋代已行用。見該文。

【蒻頭】

　　即魔芋。此稱明代已行用。見該文。

【鬼芋】

　　即魔芋。此稱宋代已行用。見該文。

【鬼頭】

　　即魔芋。此稱明代已行用。見該文。

草石蠶

　　蔬名。唇形科，水蘇屬中能形成地下塊莖之栽培種。草石蠶（*Stachys sieboldii* Miq.）爲多年生草本植物。地上莖直立，方形四棱，上有倒生長刺毛，基部發生匍匐莖，頂端膨大形成肉質脆嫩之塊莖。葉對生，卵形，帶紫紅色，兩面具長柔毛。穗狀花序，花冠白或淡紫色。黑色小堅果，含種子一粒，黑色，卵圓形。蔣先明主編《各種蔬菜·草石蠶》云："原產中國北部，《農政全書》（1628）有栽培及利用的記載。全國各地都有零星種植。17世紀末傳入日

草石蠶

本，1882年引入歐洲，1900年後傳到美國。"中國農業科學院蔬菜研究所主編《中國蔬菜栽培學·草石蠶》云："塊莖形似蠶蛹、螺絲，故又名螺絲菜、地蠶。因味甜，又稱甘露兒。原產東亞，我國自古栽培，分布南北各地，江蘇揚州栽培較多。"草石蠶在中國栽培歷史悠久。唐代陳藏器著《本草拾遺》中已有"草石蠶"之名。明代《本草綱目》《農政全書》等古籍中皆有草石蠶之詳細記述。明李時珍《本草綱目·菜二·草石蠶》："〔釋名〕地蠶（《日用》）、土蛹（《餘冬錄》）、甘露子（《食物》）、滴露（《綱目》）、地瓜兒。時珍曰：蠶蛹皆以根形而名。甘露以根味而名，或言葉上滴露則生。珍常蒔之，無此説也。其根長大者，《救荒本草》謂之地瓜兒。〔集解〕……機曰：草石蠶徽州甚多，土人呼爲地蠶。肥白而促節，大如

地蠶
（明盧和《食物本草》）

三眠蠶。生下濕地及沙磧間。秋時耕犁，遍地皆是。收取以醋淹作葅食……時珍曰：草石蠶即今甘露子也。荊湘、江淮以南野中有之，人亦栽蒔。二月生苗，長者近尺，方莖對節，狹葉有齒，并如鷄蘇，但葉皺有毛耳。"草石蠶地下莖含有碳水化合物、蛋白質等營養成分，肉質脆嫩，可製蜜餞、醬製、腌製，爲醬菜中之珍肴。現中國栽培品種主要有地蠶和地藕。地蠶，植株較矮，塊莖緻密多汁，半透明，玉白色，加工品質好。地藕，亦稱銀條，植株較高，地下匍匐枝較長，組織鬆，易空心，有异味，産量較高，加工品質差。

地瓜兒
（清吴其濬《植物名實圖考》）

【地蠶】

即草石蠶。此稱元代已行用。見該文。

【甘露子】

即草石蠶。此稱元代已行用。見該文。

【土蛹】

即草石蠶。此稱明代已行用。見該文。

【滴露】

即草石蠶。此稱明代已行用。見該文。

【地瓜兒】

即草石蠶。此稱明代已行用。見該文。

葛

蔬名。豆科，葛屬中形成塊根之栽培種。葛（*Pueraria* sp.）爲多年生纏繞藤本植物，在中國一般作一年生栽培。根分爲鬚狀吸收根和塊狀貯藏根。塊根肉質，紡錘形或棒形，表皮皺褶，黄白色，肉白色。莖蔓性，圓形，綠色。三出複葉。莖葉密披黄褐茸毛。總狀花序，腋生，有結節，萼鐘形，花冠突出，紫藍色。莢果綫狀，扁平，膜質，密披紅褐色長粗毛。葛屬植物起源於東南亞、日本和中國。中國早在秦漢時即有文字記載。明李時珍《本草綱目·草七·葛》："〔釋名〕鷄齊（《本經》）、鹿藿（《别録》）、黄斤（《别録》）。時珍曰：葛從曷，諧聲也。鹿食九草，此其一種，故曰鹿藿。黄斤未詳。〔集解〕《别録》曰：葛根生汶山山谷，五月采根，曝乾。弘景曰：即今之葛根，人皆蒸食之。當取入土深大者，破而日乾之。南康、廬陵間最勝，多肉而少筋，甘美，但爲藥不及耳。恭曰：葛雖除毒，其根入土五六寸已上者，名葛脰，脰者頸也，服之令人吐，以有微毒也。《本經》葛穀，即是其實也。頌曰：今處處有之，江浙尤多。春生苗，引藤蔓，長一二丈，紫色。葉頗似楸葉而小，色青。七月着花，粉紫色，似豌豆花，不結實。根形大如手臂，紫黑色，五月五日午時采根，曝乾，以入土深者爲佳，今人多作粉食……時珍曰：葛有野生，有家種。其蔓延長，取治可作絺綌。其根外紫内白，長者七八尺。其葉有三尖，如楓葉而長，面青背淡。其花成穗，纍纍相綴，紅紫色。其莢如小黄豆莢，亦有毛。其

葛
（清吴其濬《植物名實圖考》）

子綠色，扁扁如鹽梅子核，生嚼腥氣，八九月采之，《本經》所謂葛穀是也。唐蘇恭亦言葛穀是實，而宋蘇頌謂葛花不結實，誤矣。其花曬乾亦可煠食。"中國農業

鹿藿

（清吳其濬《植物名實圖考》）

科學院蔬菜研究所主編《中國蔬菜栽培學·葛》云："別名粉葛，豆科，在我國主要分布華南地區，廣東、廣西栽培較多，收穫肉質塊根。葛生長期長，栽培比較容易，塊根富含澱粉，營養價值和經濟價值較高，耐貯藏。塊根菜用。加工成粉，稱爲葛粉，可冲調成有益的清凉飲料。切片曬乾，成爲葛片。葛粉和葛片均可藥用，有多種藥效。葛是廣東傳統出口蔬菜之一，歷來遠銷東南亞一帶地區。"現中國栽培品種主要有：一、大葉粉葛，又名大藤葛、牛鼻葛。塊根長棒形，澱粉含量高，適於加工製粉，但纖維較多。二、細葉粉葛，又名細藤葛、雞頸葛。塊根紡錘形，味甘甜，品質優良。三、蒼梧粉葛，主要分布於廣西。塊根長紡錘形，味甜，含澱粉高。四、柴葛，亦稱麻葛。塊根長柴棒狀，故名。纖維多，品質差，多作藥用。

【雞齊】

即葛。此稱漢時已行用。見該文。

【鹿藿】

即葛。此稱漢時已行用。見該文。

【黃斤】

即葛。此稱漢時已行用。見該文。

【粉葛】

即葛。此稱行於現代。見該文。

菊芋

蔬名。菊科，嚮日葵屬中能形成地下塊莖之栽培種，菊芋（*Helianthus tuberosus* L.）爲一年生或多年生草本植物。莖直立，扁圓形，高 2～3 米，分枝多，有剛毛。葉長卵圓形，先端尖，綠色，互生。頭狀花序，花黃色，不能結實。塊莖無周皮，呈梨形或不規則瘤狀，黃白或淡紫紅色，肉白色。菊芋亦稱洋薑、鬼子薑。起源於北美洲，17 世紀傳入歐洲，後傳入中國，但傳入年代無從考據。中國農業科學院蔬菜研究所主編《中國蔬菜栽培學·菊芋》云："又稱洋薑……原產北美，經歐洲傳入我國，各地零星栽培。菊芋適應性強，耐寒耐旱，栽培粗放。塊莖質地細緻、脆嫩，最宜腌漬食用。塊莖含有菊糖，代替一般植物的澱粉，稱爲菊根粉。其中除含果糖外，還有葡萄糖，是酒精的原料。嫩葉是一種營養豐富的青飼料。"菊芋其塊莖除可鹽漬炒食作蔬用外，亦可作食品、飼料，製取澱粉、酒精；地上莖亦能作飼料。自 20 世紀 90 年代以來，國外掀起了菊芋系列保健食品熱。因爲菊芋塊莖中含有大量之果糖和黏性多糖等成分，故它能作爲降血糖、減肥、降血脂之保健食品，對糖尿病亦有輔助療效。另據國外最新報道，菊芋粉食品有促進大腸中雙歧杆菌（一種對人體有益細菌）菌群增加，減少有害腸細菌之特殊保健作用。此外，菊芋中還含有大量膳食纖維，故非常適合加工"富纖維素保健營養食品"。現中國各地均有栽培，但面積極少。隨着人們對其廣泛開發利用，菊芋在中國之種植將有較大幅度增長。

【洋薑】

即菊芋。此稱行於現代。見該文。

菜用土欒兒

蔬名。豆科，土欒屬中的栽培種。菜用土欒兒（*Apios americana* Medic.）爲多年生草本植物，作一年生栽培。莖細，蔓生。葉互生，奇數羽狀複葉。蝶形花，綠白色，龍骨瓣呈紫紅色。一般不結實。地表下生有匍匐莖，在其上着生塊根。塊根近圓球形，皮黃褐色，肉白色，質地緻密。菜用土欒兒亦稱香芋、美洲土欒兒等名。原產於北美洲。歐洲、美洲之國家有栽培。中國栽培土欒兒亦有較悠久歷史，明代已有記載，并視爲珍貴蔬菜。明徐光啓《農政全書》卷二七云：“形如土豆，味甘美。”菜用土欒兒含有碳水化合物、蛋白質及一些礦物質等營養成分。塊根清香，炒食甚佳。用其炖鷄，味道尤美，相當於名菜“栗子鷄”。但是，目前中國栽培量很少，祇在長江下游沿海地區，如上海崇明，江蘇海門、啓東等地有零星栽培。根據塊根外皮之差異，可分爲“細皮”和“粗皮”兩個品種。細皮種塊根表皮較細，品質較好，但產量較低；粗皮種則與之相反。

【香芋】

即菜用土欒兒。此稱明代已行用。見該文。

【美洲土欒兒】

即菜用土欒兒。此稱行於現代。見該文。

蕉芋

蔬名。美人蕉科，美人蕉屬中之栽培種。蕉芋（*Canna edulis* Ker Gawl.）爲多年生草本植物。地上莖直立、粗壯，淡紫紅色。植株高約2米，易分蘖。葉橢圓形，綠色，背部紫色。總狀花序，花紅色。地下塊莖有節，皮黃色，肉白色。蕉芋原產南美洲，是引入中國較晚的一種既可食用又可供觀賞之植物。蔣先明主編《各種蔬菜·蕉芋》云：“別名蕉藕、薑芋……原產南美洲安第斯山脉海拔2800米處，委内瑞拉和智利尚有野生種。公元前2500年在哥倫比亞馴化，1570年歐洲已有栽培，1821年傳入日本，1948年引入中國，福建、江西、浙江等省有零星種植。”蕉芋含有碳水化合物及一些礦物質等營養成分。可炒食、腌製，亦可加工製成澱粉和粉絲。莖葉可作飼料或造紙。蕉芋適應性强，生長勢旺盛，喜高溫，耐乾旱，多用高畦栽培。

【蕉藕】

即蕉芋。此稱行於現代。見該文。

【薑芋】

即蕉芋。此稱行於現代。見該文。

第三節　葱蒜類考

葱蒜類蔬菜屬百合科，葱屬中以嫩葉、假莖、鱗莖或花薹爲食用器官之二年生或多年生草本植物，包括韭菜、葱、蒜、洋葱、韭葱、細香葱、分葱、胡葱、樓葱和薤。可食用部分，大葱和韭菜爲葉和葉鞘組成之假莖，大蒜爲肥厚鱗片包着之幼嫩側芽，洋葱爲鱗片包着之頂芽，短縮莖爲盤狀，又稱鱗莖類蔬菜。韭葱、薤、分葱、細香葱、胡葱、樓葱，皆以嫩假莖或鱗莖爲可食之器官。葱蒜類蔬菜含有豐富之碳水化合物、蛋白質、礦物鹽及多種維生素，還含有白色油脂狀揮發性物質硫化丙烯〔（ CH_3CHCH_2 ）$_2S$ ）〕，具特殊辛香味，有殺菌消炎、增進食欲等功效。此類蔬菜多原産於亞洲西部大陸性氣候區，當地年内温度變化及晝夜温差較大，空氣乾燥，土壤濕度季節變化明顯，在其系統發育過程中，逐步形成了相適應之形態特徵——短縮之莖盤、喜濕之根系、耐旱之葉型，具有儲藏功能之鱗莖或假莖，以及對氣候適應性强（抗寒或耐熱）等生物學特性。

　　韭、葱、薤、分葱，中國自古有之，歷代典籍多有記載，《詩》《爾雅》《禮記》《説文》、北魏賈思勰《齊民要術》、元王禎《農書》、明李時珍《本草綱目》等，對其性狀、異名、用途、栽培方法等分别做過描述、闡釋。薤，早在《山海經》中就有記述。蒜，中國自古有野生種，稱澤蒜、石蒜等。大蒜則原産於歐洲南部和中亞，西漢張騫出使西域後引入中國，栽培亦有二千多年之歷史。北魏賈思勰《齊民要術》已有種蒜之記載。洋葱起源於中亞、西亞，約在 20 世紀初傳入中國。韭葱原産歐洲，20 世紀 30 年代傳入中國。細香葱在北歐、亞洲均有野生種，很早被馴化，今廣泛分蘗於熱帶、亞熱帶地區，中國南方多有種植。胡葱、樓葱，中國很早亦有栽培，元王禎《農書》，明徐光啓《農政全書》、李時珍《本草綱目》，清吳其濬《植物名實圖考》、汪灝等《廣群芳譜》皆有記載，今在各地有廣泛種植。葱蒜類蔬菜之生育週期分營養生長期和生殖生長期兩個階段。營養生長期多具分蘗特性。在低温下通過春化作用後，在長日照和適温下抽薹、開花、結子。胚根壽命短，由短縮莖基部或邊緣發生鬚根，構成淺之鬚根系。葉由葉片和葉鞘組成，居間分生組織位於葉鞘基部，先端收割後可繼續生長。葱蒜類蔬菜以葉和葉之變態器官爲産品，鱗莖和假莖之形成依賴葉之長勢强弱，適於疏鬆肥沃、保水力强之土壤種植。植株葉叢直立，葉面積小，適於密植。這類蔬菜抗寒而適應性强，大葱、韭菜在自然條件下可越冬。大蒜和洋葱在北方稍加覆蓋亦能露地越冬。炎夏地上部枯萎休眠，大葱、韭菜生長緩慢。近年來由於農業科學技術之不斷發展，人工氣候控制能力不斷提高，運用塑料大棚或人工氣候室，韭菜等類蔬菜可長年生長，長年供食。葱蒜類爲中國人民喜食之蔬菜，或充當調味佳蔬，故南北方皆普遍栽培和常年種植。

韭

蔬名。百合科，葱屬。韭（*Allium tuberosum Rottl. ex Spr.*）爲以嫩葉和柔嫩花莖爲主要產品之多年生草本植物。宿根，葉帶狀，細長扁平而柔軟，翠綠色。夏秋抽花莖，頂端集生小白花，傘形花序。蒴果，種子小，黑色，盾形。分蘖力强，春播一年生韭菜，當年便可分蘖，生長勢旺。性喜冷凉氣候。播種或分株繁殖。具辛香味，生熟皆可食，炒食或作餡，可增進食欲，種子可入藥。原產中國及亞洲東部。韭亦稱“草鍾乳”“起陽草”“懶人菜”“豐本”。“韭”字含義有二，一者爲一種而久生之意；另爲韭菜之象形字，其篆字字形爲“韭”，像韭之莖葉破土而出。

韭
（清吳其濬《植物名實圖考》）

《説文·韭部》：“韭，韭菜也。一種而久生者也，故謂之韭。象形，在‘一’之上，‘一’，地也。”可見韭在中國栽培歷史悠久，歷代典籍均有記載。《詩·豳風·七月》：“四之日其蚤，獻羔祭韭。”《夏小正》卷一：“正月……囿有見韭。”此證，先秦時期已將韭作爲祭品，并在園中進行栽培。西漢龔遂爲渤海太守時，勸民務農桑，要農民每人種一株榆，五十本葱和一畦韭。《禮記·曲禮下》：“凡祭宗廟之禮……韭曰豐本。”《漢書補遺·循吏傳》：“自漢世太官園，冬種葱韭菜茹，覆以屋廡，晝夜燃蘊火，得温氣乃生。”西晋時，王愷與石崇争豪，崇每冬得韭，爤齏供客，愷自恨不及，密貨崇帳下，問其所以，答曰：“是搗韭雜以麥苗耳。”南北朝時，南齊文惠太子問名士周顒：“菜食何味最勝？”顒曰：“春初早韭，秋末晚菘。”唐杜甫《贈衛八處士》詩云：“夜雨剪春韭，新炊間黃粱。”可見韭之風味，早已爲衆人所賞識。北魏賈思勰《齊民要術·種韭》載：“治畦，下水，糞覆，悉如葵同。然畦欲極深。韭，一剪一加糞，又根性上跳，故須深也。”元王禎《農書》卷八：“就舊畦内，冬月以馬糞覆陽處，隨畦以蜀黍籬障之，用遮北風。至春，其芽早出；長可二三寸，則割而易之，以爲嘗新韭。城府士庶之家，造爲饌食，互相邀請，以爲嘉味。”明李時珍《本草綱目·菜一·韭》：“〔釋名〕草鍾乳（《拾遺》）、起陽草（《侯氏藥譜》）。頌曰：案許慎《説文》，韭字象葉出地上形。一種而久生，故謂之韭。一歲三四割，其根不傷，至冬壅培之，先春復生，信乎久生者也。藏器曰：俗謂韭菜是草鍾乳，言其温補也。時珍曰：韭之莖名韭白，根名韭黃，花名韭菁。《禮記》謂韭爲豐本，言其美在根也。”清吳其濬《植物名實圖考·蔬類·韭》：“韭，《別録》中品，《本草拾遺》謂之草鍾乳，腌韭汁治吐血極效。北地冬時，培作韭黃味美，即漢時温養之類。陶隱居以其辛臭爲養生所忌，而諸醫以爲温而宜人，有草鍾乳、起陽草諸名。”韭經歷代栽培，發展至今，品種繁多，分布面廣。按供食用部分之不同可分根韭、葉韭、花韭、葉花兼用韭四種類型。一、根韭：主要生長於雲南保山、大理、騰衝等地。當地稱爲披菜，別名山韭菜、寬葉韭菜等，主要食用其根。根系粗壯肉質化，可加工腌製或煮食；花薹肥嫩，可炒食。二、葉韭：葉片寬厚，柔嫩，抽薹率低，以食葉爲主，一般栽培之食用韭菜多屬此種。三、花韭：葉片短小，質地粗硬，分蘗力強，抽薹率高，以采食花薹爲主。四、葉花兼用韭：葉片、花薹發育皆良好，均可食用，栽培普遍。葉韭按葉片寬窄又分爲寬葉韭和窄葉韭。寬葉韭：葉片寬厚，葉鞘粗壯，品質柔軟，香味稍淡。代表品種有北京大白根、天津大黃苗、張家口馬藺韭、漢中冬韭、壽光黃馬藺韭、江蘇馬鞭韭、陝西山綿韭等。窄葉韭：葉片窄長，葉色較深，葉鞘細高，纖維含量稍多。優良品種有北京鐵絲苗、太原黑韭、保定紅根韭、廣州細葉韭、四川二留子等。韭經軟化栽培可成韭黃。中國韭菜栽培歷史不僅源遠流長，且分布極廣，南自閩粵，北至黑龍江，東自濱海地帶，西至青藏高原皆普遍栽培。除栽培種外，還有野韭（*Allium ramosum* L.），產於遼寧、吉林、甘肅、寧夏、青海、新疆等地之嚮陰山坡或草地上，葉亦可供食用。9世紀時，中國韭傳入日本，歐美各國亦有少量栽培。

【豐本】

即韭。此稱漢時已行用。見該文。

【草鍾乳】

即韭。此稱唐代已行用。見該文。

【起陽草】

即韭。此稱唐代已行用。見該文。

【懶人菜】

即韭。元王禎《農書》卷八："諺云：韭者，懶人菜，以其不須歲種也，故名。"見該文。

葱

蔬名。百合科，葱屬。葱（*Allium fistulosum* L.）爲多年生草本植物。白色弦狀根系，根數隨株齡增加，生長旺盛有根百餘條。莖短縮，由葉鞘基部包裹。葉由葉身和葉鞘組成，幼葉藏於葉鞘內，與多層葉鞘同組成假莖。假莖爲棒狀，入土部分爲白色，俗稱"葱白"，地上部分黃綠色。幼葉初長出葉鞘時爲黃綠色，實心。成齡葉翠綠或深綠色，葉片長圓筒形，中空，表皮光滑有蠟質層。花薹（花莖）粗壯，中空，傘形花序，開花前花序藏於膜狀總包內，呈球狀，每個花序有小花400～500朵，多者800朵，淡黃色。種子黑色，盾形，種皮有皺褶。具辛香風味，有殺菌、防風濕、防心血管病等藥效。可炒食、生食、涼拌，又是菜饌常用之調料。葱原產於中國北部和相鄰之東亞地區，由野生葱在中國經馴化選擇而來，是中國最早栽培蔬菜之一。葱亦作"蔥"，亦稱"芤""菜伯""和事草""鹿胎"。《爾雅・釋草》載："葱，或作蔥。"元王禎《農書》卷八："葱，《說文》曰：菫菜也。其色蔥，淺綠色也，故名。"明李時珍《本草綱目・菜一・葱》載："〔釋名〕芤、菜伯、和事草、鹿胎。時珍曰：葱從怱。外直中空，有怱通之象也。芤者，草中有孔也，故字從孔，芤脈象之。葱初生曰葱針，葉曰葱青，衣曰葱袍，莖曰葱白，葉中涕曰葱苒。諸物皆宜，故云菜伯、和事。"今人夏緯瑛《植物名釋札記・葱》："葱爲慣用之蔬菜，其葉中空。《集韻・平聲東》：'蔥，通孔也。'又'粗叢切'，音怱。案：'葱'與'蔥'，俱爲怱聲之字，

葱
（明王圻等《三才圖會》）

義當相通。葱葉作圓筒而中空，自有通孔；其名‘葱’之義，當在於此。”葱在中國有悠久之栽培歷史。《詩·小雅·采芑》：“服其命服，朱芾弗斯皇，有瑲葱珩。”《禮記·内則》：“膾，春用葱，秋用芥。”《山海經·北山經》：“邊春之山，多葱、葵、韭、桃、李。”郭璞注：“山葱，名茖，大葉。”漢崔寔《四民月令》：“三月別小葱，六月別大葱，七月可種大小葱。夏葱曰小，冬葱曰大。”晋潘岳《閑居賦》：“菜則葱韭蒜芋，青笋紫薑。”北魏賈思勰《齊民要術·種葱》：“葱中亦種胡荽，尋手供食，乃至孟冬爲菹，亦無妨。”南朝梁蕭綱《和湘東王首夏》：“竹水俱葱緑，花蝶兩飛翔。”《玉篇·艸部》：“葱，菜菜也。”元王禎《農書》卷八：“凡四種：山葱、胡葱、漢葱、凍葱。《爾雅·釋草》：‘茖，山葱。’宜入藥，胡葱亦然，食惟用漢葱、凍葱耳。”清吴其濬《植物名實圖考·蔬類·葱》：“葱，《本經》中品，有冬葱、漢葱、胡葱、樓葱。野生爲山葱；冬葱即小葱，一曰慈葱。漢葱莖硬，一名木葱；山葱即茖。汁爲葱涕。”今人普遍栽培者謂之大葱。根據假莖高度和形態可分爲長白類型、短白類型和鷄腿類型。一、長白型：假莖高大葱白長，産量高。品種有山東章丘梧桐葱、陝西華州穀葱、遼寧蓋平大葱、北京高脚白大葱、西安矬葱、洛陽笨葱。二、短白型：葉片排列緊凑，葉和假莖均較粗短。品種有山東壽光八葉齊、西安竹節葱等。三、鷄腿型：假莖短，基部顯著膨大，呈鷄腿狀或蒜頭狀。品種有山東萊蕪鷄腿葱，河北大名鷄腿葱等。依分蘖習性之不同可分爲普通大葱和分蘖大葱。普通大葱植株高大，生長期間無分蘖；分蘖大葱生長期間分株，營

養生長條件好者，可形成六至十個分株，經過春化作用後，每個分株可同時抽薹、開花、結實。品種有寧波夏葱、青島分葱等。大葱歷來爲中國重要蔬菜之一，發展至今，分布面更廣，南北均有栽培，而以淮河、秦嶺以北之中原、黄河中下游和北方地區最普遍。山東、河南、陝西、遼寧等省和京津地區是大葱之集中産地。

【蒽】

同“葱”。此體秦漢時期已行用。見該文。

【芤】

即葱。此稱明代已行用。見該文。

【菜伯】

即葱。此稱明代已行用。見該文。

【和事草】

即葱。此稱明代已行用。見該文。

【鹿胎】

即葱。此稱明代已行用。見該文。

洋葱

蔬名。百合科，葱屬。洋葱（*Allium cepa* L.）是以肉質鱗片和鱗芽構成鱗莖之草本植物，二三年生或多年生。淺弦狀根系，根毛少。葉由葉鞘和管狀葉片兩部分組成，葉片肥厚，筒形，中空，濃綠色，表面有蠟質層。葉鞘套合成“假莖”，基部膨大形成扁圓、圓球或長橢圓形之鱗莖，莖短縮，稱“盤狀莖”，俗稱“葱頭”，皮紫紅色、黃或綠、白色。傘形花序，花小，白色，异花授粉。蒴果，種子盾形，黑色。性耐寒。有特殊辛香味，可炒食、煮食或調味，亦可加工成脱水菜，小型品種可腌製。起源於中亞、西亞，伊朗、阿富汗北部及其他中亞地區有野生種分布，近東和地中海沿岸爲第二原産地，古埃及在公元前 3200 年已食用，公元前

430 年至公元前 79 年古希臘及羅馬學者先後有記述。16 世紀傳入美國，1627—1631 年引入日本。約在 20 世紀初傳入中國，各地均有種植。因洋葱源於外國，性味同葱，故中國人謂之"洋葱"。又因"葱頭"呈球形，肉質白色，故亦稱"圓葱""玉葱"。《中國農業百科全書・洋葱》載："按鱗莖形成特性可分爲普通洋葱、分蘗洋葱、頂球洋葱三種類型。"一、普通洋葱，每株形成一個鱗莖，個體大，品質佳，多以種子繁殖，耐寒性一般，栽培廣泛。按鱗莖皮色又分：（一）紅皮洋葱：鱗莖圓球或扁圓球形，紫紅或粉紅色。辛辣味較强。豐産，耐藏性稍低，多爲中、晚熟品種。如北京紫皮葱頭、上海紅皮、西安紅皮洋葱等。（二）黃皮洋葱：鱗莖扁圓、圓球或橢圓形，銅黃或淡黃色。味甜而辛辣，品質佳。耐儲藏，産量稍低，多爲中、晚熟品種。如天津莘薺扁、東北黃玉葱、南京黃皮、熊岳圓葱等。（三）白皮洋葱：鱗莖較小，多扁圓形，白綠至微綠色。肉質柔嫩，品質佳，宜作脱水菜。産量低，多爲早熟品種，如新疆之哈密白皮等。二、分蘗洋葱，每株蘗生多個至 10 餘個鱗莖，大小不規則，銅黃色，品質差，宜作脱水菜，耐儲藏。植株抗寒性極强，適於嚴寒地區栽培。很少開花結實，用分蘗小鱗莖繁殖。三、頂球洋葱，通常不開花結實，僅在花莖上形成七八至十餘個小鱗莖，可供繁殖用，也可腌製。抗寒性較强，適於嚴寒地區栽培。按鱗莖形成對日照長度之要求又可分爲長日型和短日型兩個生態型。早熟品種多屬短日型，晚熟品種多屬長日型。洋葱適應性强，又耐儲藏和運輸，營養豐富，食用價值高。中國種植歷史雖短，但栽培已遍及南北各地，已成爲調劑蔬菜淡季供應之一種重要蔬菜品種。

【圓葱】

即洋葱。此稱 20 世紀初在中國已行用。見該文。

【玉葱】

即洋葱。此稱 20 世紀初在中國已行用。見該文。

【盤狀葱】

洋葱。此稱近代在中國開始行用。見該文。

【葱頭】

即洋葱。此稱 20 世紀初在中國已行用。見該文。

蒜

蔬名。百合科，葱屬。蒜（*Allium sativum* L.）爲多年生草本，作一二年生栽培。弦狀根系，根毛極少，吸收力弱。莖短縮，盤狀。葉由葉片及葉鞘組成，葉片披針形，狹長而扁平，淡綠色，肉厚，表面有蠟粉。葉鞘圓筒狀，多層葉鞘套合着生於短縮莖盤上，形成"假莖"。自莖盤中央抽花薹（蒜薹），圓柱形，長約 60 ～ 70 厘米，花莖頂部有總苞，傘形花序，花與氣生鱗莖混生，花凋萎後，氣生鱗莖成長發育，長成"天蒜"，也可供繁殖用。地下鱗莖由灰白色之膜質外皮包裹，内有五六個至數十個鱗芽，稱蒜瓣，由莖盤上每個葉腋中之腋芽膨大而成。性耐寒，幼苗期和蒜頭生長期喜濕潤。一般用蒜瓣繁殖。味辛。蒜頭、蒜苗、蒜薹均可食，營養價值高。鱗莖用途更廣，既可用以佐餐，亦可做各種腌製品、調料和大蒜粉等。蒜頭中所含大蒜素，有極强之抑菌和殺菌性能，故被廣泛應用於醫學、化工及食品工業。蒜有野生蒜和栽培種。蒜之栽培種亦稱"大蒜"，因其從西域引入，故亦稱"胡蒜"，古名"葫"，亦稱"麝香草"。大蒜原産於歐洲南部和中亞。最早在古埃及、古羅馬和古希臘等地中海沿岸國家栽培，初僅引作藥用。公元前113年，張騫從西域引入中國陝西關中地區，後遍及全國，9世紀初傳入日本，16世紀前半葉，擴展至歐洲、非洲、南美洲，18世紀末葉北美洲開始栽培，現已遍及世界各地，中國栽培大蒜已有2000多年歷史。《説文·艸部》曰："蒜，葷菜也……从艸，祘聲。"北魏賈思勰《齊民要術·種蒜》載："蒜宜良軟地，三遍熟耕，九月初種。"又："崔寔曰：布穀鳴，收小蒜，六月、七月可種小蒜。八月可種大蒜。"崔寔乃東漢人，足證漢代蒜已有多個種類。元王禎《農書》卷八："蒜，《説文》曰：'葷菜也。'又曰：'菜之美者。'張騫使西域，得大蒜種，歸種之……蒜有大小之異。大者曰葫，即今大

蒜

（清吴其濬《植物名實圖考》）

葫

（明王圻等《三才圖會》）

蒜……小者曰蒜，葉似細葱而澀，頭小如薺，即今山蒜。《爾雅》曰：'䔧，山蒜也。'"明李時珍《本草綱目·菜一·蒜》："〔釋名〕小蒜（《別録》）、茆蒜、葷菜。時珍曰：蒜字從祘，音祘，諧聲也。又象蒜根之形。中國初惟有此，後因漢人得葫蒜於西域，遂呼此爲小蒜以別之。故伏侯《古今注》云：蒜，茆蒜也，俗謂之小蒜。胡國有蒜，十子一株，名曰胡蒜，俗謂之大蒜是矣。"又："〔集解〕保昇曰：小蒜野生，處處有之。小者一名䔰，一名䔧……《爾雅》云：䔧，山蒜也……時珍

大　蒜

（明盧和《食物本草》）

小　蒜

（明盧和《食物本草》）

曰：家蒜有二種：根莖俱小而瓣少，辣甚者，蒜也，小蒜也；根莖俱大而瓣多，辛而帶甘者，葫也，大蒜也。按孫炎《爾雅正義》云：帝登䔧山，遭薟芋毒，將死，得蒜嚙食乃解，遂收植之……據此，則小蒜之種，自䔧移栽，從古已有。故《爾雅》以䔧爲山蒜，所以別家蒜也。大蒜之種自胡地移來，至漢始有。故《別録》以葫爲大蒜，所以見中國之小蒜也。"清汪灝等《廣群芳譜·菜譜一·蒜》："蒜，一名葫，以來自蕃中，又稱胡蒜。一名大蒜，一名葷菜，葉

如蘭，莖如蔥，根如水仙，味辛，處處有之……初時中國止有小蒜，一名茆蒜，一名蕏，一名蒚。《爾雅》云：蒚，山蒜。一名澤蒜，爲其生於野澤也，又名山蒜、石蒜，爲其生於山或石邊也。《本草》云：山蒜、澤蒜、石蒜同一物，但分生於山、澤、石間不同。"可見，蒜在中國自古有之，種類頗多，今人普遍栽培者爲大蒜。栽培類型，按蒜瓣大小，分爲大瓣蒜和小瓣蒜；按皮色，分爲紫皮蒜和白皮蒜；按葉形及質地，分爲寬葉蒜、狹葉蒜和硬葉蒜。白皮類型：白皮蒜中之大瓣種每頭五至八瓣，小瓣種每頭十數瓣以上，蒜頭大，辣味淡，成熟晚。東北地區栽培較多。品種有山東蒼山蒜、吉林農安大馬牙（又名白皮馬牙蒜）、河北狗牙蒜、上海無薹蒜、杭州白皮大蒜。紫皮類型：蒜頭因品種不同大小不等，但瓣數皆少，一般每頭四至八瓣，辣味濃，品質佳，多分布於華北、東北、西北各地。品種有陝西岐縣蔡家坡大蒜、黑龍江阿城大蒜、河北定州大蒜、山東嘉祥大蒜。中國栽培大蒜不僅歷史悠久，且是世界上大蒜種植面積最大和產量最多的國家。

天　蒜
（清吳其濬《植物名實圖考》）

【大蒜】

即蒜，蒜之栽培種。此稱始見於漢代，歷代沿用。見該文。

【胡蒜】

即大蒜。此稱漢代已行用。見該文。

【葫】

即大蒜。此稱漢代已行用。見該文。

【麝香草】

即大蒜。見該文。

【葷菜】

即大蒜。此稱漢代已行用。見該文。

【小蒜】[1]

蒜之一種。《本草綱目·菜一·蒜》：〔集解〕時珍曰："小蒜之種自萬移栽，從古已有，故《爾雅》以蒚爲山蒜，所以別家蒜也。"此稱漢代已行用。見該文。

【茆蒜】

蒜之一種。即小蒜。此稱明代已行用。見該文。

【天蒜】

即蒜之花莖頂部總苞處氣生鱗莖發育而成，蒜瓣很小，亦可供繁殖用。此稱行用於現代。見該文。

韭蔥

蔬名。百合科，蔥屬，韭蔥（*Allium porrum* L.）爲二年生草本植物。肉質，弦狀鬚根，短縮莖成鱗莖盤。單葉互生，圓筒狀葉鞘套合成假莖，外皮膜質，白色。葉片長披針形，被蠟粉。頂生花芽，形成花薹，薹實心，斷面圓形。傘形花序，外有總苞，開花時總苞單側開裂脫落，小花800～3000朵，淡紫色或粉紅色，花叢生成球，似大蔥。種子有棱，黑色。韭蔥抗寒，耐熱，生長勢旺。嫩苗、鱗莖、假莖和花薹皆可食。可炒食、做湯或作調料。原產歐洲中南部，在古希臘、古羅馬時已有栽培，中世紀時普遍栽培，近代在歐洲、美洲、俄國等地盛行栽培，并育出假莖長之類型。20世紀30

年代傳入中國。中國
農業科學院蔬菜研究
所主編《中國蔬菜栽
培學·韭蔥》載："我
國在本世紀三十年代
引到江西省，現在北
京、四川等地有少量
栽培。我國因其葉身

韭　蔥

扁平似韭，假莖潔白如蔥，故名'韭蔥'。"又
"別名'扁葉蔥'（北京）、'洋大蒜'（江西）、'洋
蒜苗'（四川）等"。《中國農業百科全書·各種
蔬菜》："別名扁蔥、扁葉蔥、洋蒜苗。"廣西
栽培時間亦較長，多代替蒜苗食用。韭蔥一般
北方春播育苗，夏定植，初冬收假莖，南方春
秋皆可播種。華北、華中、華南還可春末夏初
播種，當年收嫩苗，翌年春收假莖。初夏收薹。
韭蔥周年均可收穫，同大蔥、韭菜。軟化後產
量高，品質好者主要收穫期在冬春季。

【扁蔥】

即韭蔥。此稱 20 世紀 30 年代後始行用於
中國。見該文。

【扁葉蔥】

即韭蔥。此稱 20 世紀 30 年代後在北京地
區行用。見該文。

【洋蒜苗】

即韭蔥。此稱 20 世紀 30 年代始行用於四
川地區。見該文。

【洋大蒜】

即韭蔥。此稱 20 世紀 30 年代始行用於江
西地區。見該文。

薤

蔬名。百合科，蔥屬。薤（*Allium chinense*

G.Don）爲多年生宿根草本，可作二年生栽培。
弦狀根，莖短縮呈盤狀。葉細長，中空，橫切
面呈三角形，深綠色稍帶蠟粉。植株分蘗。葉
鞘基部膨大而成鱗莖，一個鱗莖種植後可分蘗
10 ～ 20 個。成長之鱗莖紡錘形。花薹圓柱狀，
實心，花頂生傘形花序，有花 10 ～ 25 朵，花
淺藍紫色，有雌雄蕊，但不易結子，故多用鱗
莖繁殖。性喜冷凉。味苦辛。其嫩葉、鱗莖可
作蔬菜，炒食香黏可口，鱗莖一般經鹽製、醋
製、蜜製等加工製成醬菜，富脆嫩可口之特殊
風味。乾燥鱗莖稱"薤白"，可入藥，能通陽散
結。薤，亦作"䪥"，俗稱"藠頭"，亦稱"藠
子""鴻薈""莜子""火蔥""菜芝"等。原產
於東亞，中國江蘇、浙江山地亦有野生種。南
方自古栽培。《山海經·北山經》載："曰丹熏
之山，其上多樗柏，其草多韭䪥。"可見先秦
時代已有野生薤之記載。《爾雅·釋草》："䪥，
鴻薈。"徐朝華注："'䪥'，蔬菜名。即薤。野
生的叫䪥。園中種植的又名鴻薈。"又"䪥，山
䪥"。徐朝華注："'䪥'，本或作'薤'，蔬菜
名。葉細長似韭而中空，鱗莖可作蔬菜，稱藠
頭。"可見中國早
在秦漢時代已栽
培薤，歷代不斷，
歷代典籍皆有記
載。《漢書·循吏
傳·龔遂》："乃
躬率以儉約，勸
民務農桑，令口
種一樹榆，百本
薤，五十本蔥，
一畦韭。"北魏賈

薤

（清吳其濬《植物名實圖考》）

思勰《齊民要術・種䪥》："䪥宜白軟良地，三轉乃佳。二月、三月種。八月、九月種亦得。"漢崔寔《四民月令・正月》："正月可種䪥、韭、芥。七月別種䪥矣。"《玉篇・韭部》："䪥，俗作薤。"邢昺疏："䪥，葉似韭之菜也。一名鴻薈。《本草》謂之菜芝是也。"唐白居易《春寒》詩曰："酥暖薤白酒，乳和地黃粥。"宋羅願《爾雅翼・釋草五・䪥》曰："䪥，似韭而無實，亦不甚葷。古禮脂用蔥，膏用薤。脂，羊牛麋鹿之屬；膏，犬豕之屬，蓋物各有所宜。今薤與牛肉同食，令人作癥瘕，是也。"元王禎《農書》卷八載："薤，《爾雅》曰鴻薈，本出魯山平澤，今處處有之……漢渤海太守龔遂勸農家種薤百本，民獲其利，到於今稱之。又一種麥原中自生者，俗呼爲天薤，即野薤也。"薤除栽培種外，山澤之中還遍生野種。明李時珍《本草綱目・菜一・薤》："〔釋名〕藠子、莜子、火蔥（《綱目》）、菜芝（《別錄》）、鴻薈。時珍曰：薤本文作䪥，非類也。故字從韭，從䪥，音械，諧聲也。今人因其根白，呼爲藠子，江南人訛爲莜子。其葉類蔥而根如蒜，收種宜火熏，故俗人稱爲火蔥。羅願云：物莫美於芝，故薤爲菜芝。"又："〔集解〕〔蘇〕頌曰：《爾雅》云：勱，山薤也。生山中，莖葉與家薤相類，而根差長、葉差大，僅若鹿蔥，體性與家薤同。今人少用。"清吳其濬《植物名實圖考・蔬類・薤》："《爾雅》作'䪥'，《禮記》作'薤'，俗皆從薤。薤，《本經》中品。《爾雅》：䪥，鴻薈。李時珍以爲即藠子。"今人夏緯瑛《植物名釋札記・薤》："翁輝東《潮汕方言・釋草木・酪藠》云：薤之爲物，頭白如蔥，三片成束，古制字皛，肖其形也……'藠子'：

《集韵》：胡了切，音皛；《玉篇》：音叫。皛者，皓之音；叫者，皎字之音。皓與皎，都有白義。以字音言之，示其植物之頭白；以字形言之，則示其植物之頭有三個白色之瓣片耳。"

薤，中國自古栽培，至今已發展爲多個品種。一、大葉薤，又稱南薤。薤柄短，葉較大，葉多倒伏於地。分蘖力差，鱗莖大而圓，產量高。二、細葉薤，又稱紫皮薤、黑皮薤。葉細小，倒伏。分蘖力強，鱗莖小，薤柄短，葉、莖均可供食用。三、長柄薤，又稱"白鷄腿"。分蘖力較強，薤柄長，形似鷄腿，白而柔嫩，品質佳，葉直立，產量高。另江蘇、浙江等山地有野生種。中國部分省區有栽培，而湖南、湖北、江西、雲南、廣西、四川、貴州等省區栽培最盛。

【鴻薈】

　　即薤。此稱秦漢時已行用。見該文。

【藠頭】

　　即薤。此稱秦漢時已行用。見該文。

【䪥】

　　同"薤"。此稱秦漢時已行用。見該文。

【菜芝】

　　即薤。此稱南北朝時已行用。見該文。

【天薤】

　　即勱薤、野薤或山薤。此稱行用於元代。見該文。

【藠子】

　　即薤。此稱明代已行用。見該文。

【火蔥】

　　即薤。此稱明代已行用。見該文。

【莜子】

　　即薤。是藠子音之訛轉。此稱明代已行用。

見該文。

【薤白】

薤之乾燥鱗莖。明李時珍《本草綱目·菜一·薤》引宋蘇頌曰："薤宜去青留白，冷而清熱也。"故名。見該文。

【蕎】

薤之野生種，亦稱"野薤""山藠"。《爾雅·釋草》："蕎，山藠。"徐朝華注："'藠'，本或作'薤'，蔬菜名。葉細長似韭而中空，鱗莖可作蔬菜，稱藠頭。蕎，野薤，又名山藠。"此稱始行於秦漢時。見該文。

分葱

蔬名。百合科，葱屬，葱的一個變種。分葱（*Allium fistulosum* L. var. *caespitosum* Makino）爲多年生鬚根草本植物。形態似大葱，但植株短小，叢生，弦狀根。葉細長，管狀，尖端圓錐形，中空，綠色。假莖細短，鱗片黃白色，內部白色。分蘖力强，每個分株長出 3 ～ 4 個葉即行分蘖，一株每年形成 20 ～ 80 個分蘖。不抽薹，或有少數分株抽薹而不結實，靠分蘖繁殖。假莖和綠葉細小柔嫩，辛香味濃，常作菜饌和調料，質地鮮嫩清香。分葱因分蘖性强而得名，又稱"菜葱"，性喜冷凉，冬春生長亦繁茂，終年常綠，故又稱"冬葱""四季葱"。原產於中國，栽培歷史悠久。元王禎《農書》卷八載："凡四種：山葱、胡葱、漢葱、凍葱。"明李時珍《本草

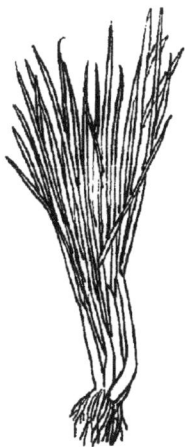

分　葱

綱目·菜一·葱》："〔集解〕〔蘇〕恭曰：……食用入藥凍葱最善，氣味亦佳也。保昇曰：葱凡四種。冬葱即凍葱也。夏衰冬盛，莖葉俱軟美，山南、江左有之。"因凍葱即冬葱，故亦即分葱。清吳其濬《植物名實圖考·蔬類·葱》："葱，《本經》中品，有冬葱、漢葱、胡葱、樓葱。"可見分葱在中國栽培源遠流長，發展至今已形成很多地方品種，如合肥小官印葱、大官印葱，重慶四季葱，杭州冬葱等。

【冬葱】

即分葱。此稱五代十國時已行用。見該文。

【凍葱】

即分葱。此稱唐代已行用。見該文。

【菜葱】

即分葱。此稱行用於現代。見該文。

【四季葱】

即分葱。此稱行用於現代。見該文。

細香葱

蔬名。百合科，葱屬，細香葱（*Allium schoenoprasum* Linne.）爲多年生草本植物，作二年生栽培。葉細，中空，管狀，直立簇生，頂端尖細，長約 30~40 厘米，淡綠色。葉鞘基部稍肥大，成長卵形假莖，皮灰白色，有時帶紅色。根系交叉連接，分蘖力强。生長至翌年抽花薹，花、莖細長，聚傘花序，小花淡紫色。不易結種子，和其他葱類不易雜交，分株繁殖。耐寒、耐肥，適應性强。辣味淡，清香，質地柔嫩。嫩葉和假莖可食，多作調味用。性喜冷涼氣候，全年皆可生長，除酷暑時間外，其他月份隨時可收采，又因葉、花、莖皆細，故稱"細香葱"，亦稱"四季葱"或"香葱"。北美、加拿大、北歐及亞洲均有野生種。很早被馴化，

今廣泛分布於熱帶、亞熱帶地區。中國北方人喜食大葱，南方人則多種分葱、胡葱及細香葱，采其青葉供調味用。中國長江以南之江西、廣西等省區有少量栽培。

胡葱

蔬名。百合科，葱屬。胡葱（*Allium ascalonicum* L.）爲二年生草本植物。鬚根，莖短縮呈盤狀，葉由葉鞘和圓錐管狀葉片構成，着生於莖盤上，葉長 15～25 厘米，綠色。分蘖性強，冬春生長繁茂，夏季高溫前形成鱗莖。鱗莖傾斜，長卵形，外皮赤褐色，不易結子。屬綠體春化型，要求一定時間之低溫纔能抽薹。用鱗莖繁殖。八月、九月間栽植，在植株生長期須培土。冬季不收穫者可進行一次分株栽植。春季抽薹前生長最繁茂，可適時收穫，過期采收，葉質硬化，不堪食用。嫩葉可作調料，鱗莖可腌製。原産中亞。未發現野生種。中國很早有栽培，歷代農書有記載。明徐光啓《農政全書》卷二八："葱，淺綠色。凡四種：山葱、胡葱、漢葱、凍葱……王禎曰：山葱宜入藥，胡葱亦然……《廣志》曰：葱有冬春二種。有胡葱、木葱、山葱。"葱即葱也。清吳其濬《植物名實圖考・蔬類・葱》："葱，《本經》中品，有冬葱、漢葱、胡葱、樓葱……胡葱根似大蒜。"今《中國蔬

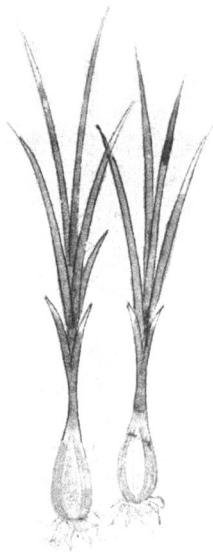

胡 葱

（明盧和《食物本草》）

菜栽培學・葱蒜類・胡葱》："胡葱，其習性與洋葱相通似。"又"我國對葱之嗜好，因地區而不同，北方人喜食大葱，南方人則多種分葱、胡葱及細香葱，采其青葉供調味用"。可見胡葱在中國從古至今皆有栽培，成爲民間重要調味蔬菜之一。

樓葱

蔬名。百合科，葱屬，葱的一個變種，樓葱（*Allium fistulosum* L.var.*viviparum* Makino）爲多年生草本植物。弦狀根。葉長圓錐形，深綠色，中空。假莖較短，入土部分白色。花莖圓柱形，中空。花莖頂部由花器發生若干小氣生鱗莖（或稱珠菜），繼由氣生小鱗莖發育成 3～10 個小葱株。入夏花莖枯死，小葱株始獨立生活。少數健壯小葱株，可再次發育花莖，花莖頂端同樣再發生數個小葱株，有的植株可生長三層花莖，生三層小葱株。有些品種花莖頂端同時發生氣生鱗莖和少量花蕾。但花器不全，無結實能力，以分株或氣生小葱株繁殖。氣生小葱株無生理休眠習性，采收後宜隨時栽植或於乾燥涼爽處放至秋季栽植。一般五月、六月栽植，夏秋收穫。有分株習性者，八月至九月分株繁殖，北方栽培之樓葱品種下部可露地安全越冬，冬季或翌年收穫。植株越冬通過春化，春季抽生花莖。產生氣生小葱株供繁殖用。味辛，辣味淡。假莖、嫩葉可作菜饌調料，花莖上氣生鱗莖肥大者亦可供食。樓葱，亦稱"羊角葱"，又稱"龍爪葱""龍角葱"。明李時珍《本草綱目・菜一・葱》："〔集解〕〔蘇〕頌曰：……又有一種樓葱，亦冬葱類，江南人呼爲龍角葱，荊楚間多種之，其皮赤，每莖上出歧如八角，故云。瑞曰：龍角葱即龍爪葱，又名羊角葱。"

清吳其濬《植物名實圖考·蔬類·葱》："葱，《本經》中品，有冬葱、漢葱、胡葱、樓葱……樓葱即羊角葱，一名龍爪葱。"清汪灝《廣群芳譜·蔬譜一·葱》："有一種樓葱……葱白辛，葉溫，根鬚平，主發散，是處皆有，生熟皆可食。"《中國農業百科全書·樓葱》："樓葱，百合科，葱屬中的一個變種。"中國栽培樓葱歷史悠久，今南北部分地區有栽培。

【龍角葱】

即樓葱。此稱宋代行用於江南地區。見該文。

【羊角葱】

即樓葱。此稱元代已行用。見該文。

【龍爪葱】

即樓葱。此稱元代已行用。見該文。

第四節　白菜類考

　　白菜類蔬菜是十字花科芸薹屬芸薹種中之栽培亞種群。它含有蕪菁亞種、白菜亞種和大白菜亞種。蕪菁亞種有膨大肉質根，屬根菜類蔬菜。白菜亞種有明顯葉柄而無葉翅，葉片開張，植株較矮小。它包含普遍白菜變種、烏塌菜變種、菜薹變種、薹菜變種。大白菜亞種株型較大，有散葉變種、半結球變種、花心變種及結球變種。

　　白菜類蔬菜原產中國，栽培歷史悠久。古稱"菘"，先秦時即有記載。中國古代將十字花科芸薹屬蔬菜統稱"菘"。晋代稽含撰《南方草木狀》中提出"菘"之名稱，漢晋之間"菘"與"菘"同義。南朝時期陶弘景撰《名醫別錄》記述菘菜有蓮花白、箭幹鈴、杵杓白三種，説明菘菜已分出不同之類型。北魏賈思勰《齊民要術》中有"種菘、蘆菔法與蔓菁同"之句，可見菘已區別於蘿蔔和蔓菁。唐蘇恭著《唐本草》中記述了"菘有三種"。明李時珍《本草綱目》中指出，菘即今人呼爲白菜者。至清代之《順天府志》《續菜譜》《膠州志》及吳其濬《植物名實圖考》等著作中皆有類似現今大白菜性狀及栽培方法之記載。正因爲白菜類蔬菜栽培在中國源遠流長，故品種資源非常豐富。大白菜主要分布於我國北方各省區市，多供秋冬及春季食用，現夏季亦能栽培生產。華北地區多栽培結球大白菜，東北、西北、內蒙古等地區也有較大種植面積。南方各省大白菜栽培已有了很大發展，但仍以白菜爲主。菜薹主要分布於長江流域和華南地區，薹菜分布於黃淮流域。白菜類蔬菜均屬於喜冷涼作物，最適宜栽培季節之月均溫爲15℃～18℃。白菜亞種之耐寒性和耐熱性均比大白菜強，其中烏塌菜和薹菜耐寒性最強，可在一年中最寒冷季節栽培，但不耐熱。

白菜類蔬菜種類繁多，産品有綠葉、葉球、花薹、嫩莖，炒、炖、凉拌、作餡或腌製均可，風味佳美，營養豐富。據分析，産品中含有各種維生素、礦物質及蛋白質、脂肪、糖類等。加之産量高、易栽培管理、耐貯耐運、供應期長等優點，故白菜類蔬菜千百年來一直是中國人民所喜愛的主要蔬菜之一，民間有"諸菜唯有白菜美"之説。近些年，隨着栽培技術、生産條件之提高和改革開放對外貿易之發展，以及人民生活水準之改善，我國蔬菜栽培品種也發生了很大變化。尤其北方冬暖大棚菜等保護地栽培之大量增加，其他多種蔬菜均可在四季栽培，致使白菜類蔬菜種植面積在逐漸減少。

大白菜

蔬名。十字花科，芸薹屬，芸薹種之一亞種。大白菜（*Brassica rapa* var. *glabra* Rrgel）爲二年生草本植物。淺根性直根系。葉爲多型性，分子葉、初生葉、蓮座葉和球葉；球葉是大白菜同化産物之貯藏器官，向心抱合形成葉球。穗總狀花序，完全花，黄或淡黄色。長角果，喙先端呈圓錐形。種子球形，紅褐、褐或黄色。大白菜原産中國，爲中國特産蔬菜之一。白菜古稱"菘"，大白菜即菘之一種。其栽培歷史遠晚於蕪菁及白菜。《詩》衹有"葑"（蕪菁、蘿蔔和芥菜之總稱）之記載，晋代已有"菘"之名稱，南北朝之《名醫別錄》《南齊書》《齊民要術》等古籍中皆有菘栽培之記述。唐代始有不結球散葉大白菜之記載，稱爲"牛肚菘"。唐蘇敬等《新修本草·草部·菘》云："菘有三種，牛肚菘葉最大厚，味甘。"經不斷進化和先民長期培育，明代已有半結

大白菜葉花

球大白菜。明代王世懋於《學圃雜疏》中稱之爲"黄芽菜"。至清朝，方有結球大白菜之記載。清《順天府志》《膠州志》《續菜譜》中均有似今大白菜性狀和栽培方法之記述。清吳其濬《植物名實圖考·蔬類·菘》云："菘，《別錄》上品。相承以爲即白菜，北地産者肥大。昔人謂北地種菘變爲蕪菁，殊不然。考《嶺表錄異》：嶺南種蔓菁即變爲芥，今北地種芥多肥大，亦似變爲蔓菁也。按菘菜種類，有蓮花白、箭幹鈴、杵杓白各種，惟黄芽白則肥美無敵。王世懋謂爲蔬中神品，不虛也……又菘以心實爲貴，其覆地者，北人謂之窮漢菜，亦曰帽纓子，誠賤之也。《清異錄》：江右多菘菜，饗笋者惡之，詈曰心子菜，蓋笋虛中而菘實中也。"大白菜葉球品質柔嫩，含有碳水化合物、蛋白質、礦物質及維生素等營養成分。可供炒食、煮食、凉拌、作餡或加工腌製。至今仍爲中國南北方冬春主要蔬菜之一。全國各地普遍種植，但主要産區在長江以北。現在，中國大白菜品種繁多。山東農業大學李家文教授根據其進化過程、葉球形態和生態特性，把大白菜分爲四個變種：一、散葉變種。爲結球白

菜原始類型。葉片披張，不結葉球。如"麵白菜"（擘白菜）、"仙鶴白"等。二、半結球變種。葉球鬆散，球頂開放，呈半結球狀態。如遼寧興城"大矬菜"、山西陽城"大毛邊"。

菘
（清吳其濬《植物名實圖考》）

三、花心變種。球葉以褶襇方式抱合成堅實葉球。但球頂不閉合，葉尖嚮外翻捲。如北京"翻心白"、山東濟南"小白心"。四、結球變種。乃大白菜進化之高級類型。球葉抱合成堅實葉球，球頂閉合。此類型爲現在全國各地栽培最多者。如山東"福山包頭""膠縣白菜"、河南"洛陽包頭"、天津"青麻菜"等。中國於 20 世紀 60 年代中期，開始進行結球白菜雜種優勢利用之研究，70 年代中期用於生產。種植面積較大之雜種一代有"青雜中豐""山東四號""北京一〇六"等。過去大白菜爲秋季種植，經貯藏作爲冬季和來年春季之菜蔬。現已育成春夏栽培之品種，如山東省農業科學院蔬菜研究所育成之春夏大白菜良種"天正夏白 1 號""天正秋白 19 號""天正超白 2 號"等。參見本考"白菜"文。參閱中國農業科學院蔬菜研究所主編《中國蔬菜栽培學》、蔣先明主編《各種蔬菜》。

【菘】

即大白菜。此稱晋代已行用。見該文。

【牛肚菘】

即散葉大白菜。此稱始行於唐代。見該文。

【黄芽菜】

"大白菜"之一個變種。此稱始於明代。見該文。

白菜

蔬名。十字花科，芸薹屬，芸薹種中白菜亞種中之一個變種。白菜〔*Brassica campestris* L. ssp. *chinensis*（L.）Makino var. *communis* Tsen et Lee〕爲二年生草本植物。淺根性，鬚根發達，適於育苗移栽。短縮莖上着生蓮座葉，爲主要食用部分。葉圓或卵圓形，全緣或有鋸齒，綠色。穫總狀花序，完全花，花冠黃色。長角果。種子近圓形，紅褐或黃褐色。白菜原產中國，由芸薹演化而來。先秦時期將十字花科芸薹屬蔬菜（蕪菁、白菜、芥菜等）統稱"葑"。至漢、晋時，"菘"與"葑"同義，均指芸薹屬蔬菜。晋代稽含《南方草木狀》中始專稱白菜爲"菘"。南朝陶弘景《名醫別錄》記述菘有蓮花白、箭幹鈴、杵杓白三種，説明當時菘已分化出不同類型。中國古代典籍中，對菘之記載頗多。北魏賈思勰《齊民要術·蔓菁》："種菘、蘆菔法，與蕪菁同。"明李時珍《本草綱目·菜一·菘》："〔釋名〕白菜。時珍曰：按陸佃《埤雅》云：菘性凌冬晚凋，四時常見，有松之操，故曰菘。今俗謂之白菜，其色青白也。"白菜含有碳水化合物、蛋白質、

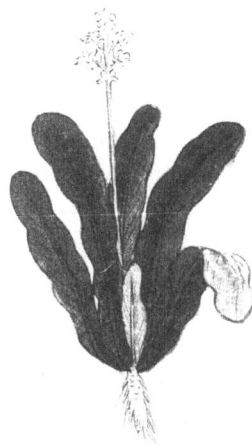

油菜
（明盧和《食物本草》）

維生素及礦物質等營養成分。可炒食、作湯、醃製。因此，不僅在中國普遍種植，也已陸續傳播到世界各地。白菜亦稱“普通白菜”“小白菜”“青菜”“油菜”等名。現代園藝學家，根據白菜之形態特性、生物學特性及栽培特點，將其分爲秋冬白菜、春白菜、夏白菜，并各包括不同類型和品種。一、秋冬白菜，南方普遍種植。依葉柄色澤不同分爲白梗類型和青梗類型。如“南京矮脚黃”“常州長白梗”即屬白梗類型，“上海矮箕”“杭州早油冬”即屬青梗類型。二、春白菜，按抽薹早晚又分早春白菜和晚春白菜。如“南京亮白”“上海三月慢”即屬早春白菜，“杭州蠶白菜”“南京四月白”即屬晚春白菜。三、夏白菜，亦稱“伏菜”，如“上海火白菜”“廣州馬耳白菜”等。

【普通白菜】

即白菜。此稱行於現代。見該文。

【小白菜】

即白菜。此稱多行於北方各地區。見該文。

【青菜】[1]

即白菜。此稱多行於南方地區。見該文。

【油菜】[2]

即白菜。此稱行於現代。見該文。

【伏菜】

即夏白菜。此稱多行於南方各省市。見該文。

烏塌菜

蔬名。十字花科，芸薹屬，芸薹種中白菜亞種中之一個變種。烏塌菜〔*Brassica campestris* L. ssp. *chinensis*（L.）Makino var. *rosularis* Tsen et Lee〕是以葉爲產品之二年生草本植物。分塌地類型和半塌地類型。塌地類型，葉叢塌地，葉片橢圓或倒卵形，墨綠色，葉面微皺，有光澤，全緣，四周嚮外翻捲。半塌地類型，葉叢半直立，葉片圓形，墨綠色，全緣，半結球，葉尖外翻，翻捲部分黃色，有“菊花心”之稱。蔣先明主編《各種蔬菜・烏塌菜》云：“原產中國，主要分佈中國長江流域，能在春節前後收穫，以經霜雪後味甜鮮美而著稱。烏塌菜由芸薹進化而來。宋代、明代的有關文獻中有記載。烏塌菜的生物特性與普通白菜接近。”清吳其濬《植物名實圖考・蔬類・烏金白》云：“烏金白即菘菜之黑葉者。湖南產者，葉圓少皺，色青黑有光，味稍遜，其箭杆白，與他處同。”筆者認爲，吳氏所說“烏金白”即今之烏塌菜。因其所描述之性狀及圖形皆與烏塌菜極相似。烏塌菜亦稱“黑菜”“塌棵菜”等名。其產品鮮嫩，營養豐富，炒食、醃製皆宜，故在長江流域及華北等地皆有種植。代表品種有“常州烏塌菜”“南京瓢兒菜”等。

【菊花心】

“烏塌菜”之一種。見該文。

【黑菜】

即烏塌菜。此稱行於現代。見該文。

【塌棵菜】

即烏塌菜。此稱行於現代。見該文。

紫菜薹

蔬名。十字花科，芸薹屬，芸薹種中白菜亞種中之一個變種。紫菜薹（*Brassica campestris* L.var.*purpuria* L.H.Bailey）是能形成柔嫩花薹之一二年生草本植物。莖短縮，發生多數基葉；葉橢圓形至卵形，綠或紫綠色，葉緣波狀，葉脉明顯，葉柄長，均爲紫紅色。易抽紫紅色花薹。腋芽萌發力強，每株可收幾條至幾十條側花薹。總狀花序，完全花，花冠黃色。長角果，種子褐色。紫菜薹是中國特産蔬菜之一。蔣先明主編《各種蔬菜·紫菜薹》云：“原産中國，由芸薹演化而來。《本草綱目》（1578）有記載。”筆者查閱《本草綱目》未見有“紫菜薹”之記載，僅於“芸薹”一節中有：“此菜易起薹，須采其薹食，則分枝必多，故名芸薹；而淮人謂之薹芥。”爲確定李氏所説“芸薹”是否即今之紫菜薹，筆者又查閱了其他典籍。清吳其濬《植物名實圖考·蔬類·芸薹菜》云：“芸薹菜，《唐本草》始著録。即油菜，冬種冬生，葉薹供茹，子爲油，莖肥田，農圃所亟，菜爲五葷之一，非爲道家所忌，士大夫亦賤之。然有油辣菜、油青菜二種，辣菜味濁而肥，莖有紫皮，多涎，微苦，武昌尤喜種之，每食易厭。”從性狀看，吳氏所説“油辣菜”即今之紫菜薹。因此，紫菜薹明清時即稱爲芸薹。紫菜薹對土壤適應性廣，幼苗適應溫度範圍較寬。目前紫菜薹主要分布於長江流域，以湖北武漢和四川成都栽培較多，北京、臺灣等地亦有種植。根據對氣候之適應性可分爲早熟、中熟和晚熟三個類型。早熟品種不耐寒，適於溫度較高之季節栽培，如武昌“紅葉大股子”“綠葉大股子”及成都“紅油菜薹”等。中熟品種，耐寒性稍強，如“二早子紅油菜”等。晚熟品種，耐寒性較強，腋芽萌發力較弱，如“胭脂紅”“陰花油菜薹”等。

【芸薹】[2]

即紫菜薹。此稱多行用於明清。見該文。

【薹芥】

即紫菜薹。此稱多行用於明代。見該文。

【油菜】[3]

即紫菜薹。此稱清代已行用。見該文。

【油辣菜】

即紫菜薹。此稱多行用於清代。見該文。

菜心

蔬名。十字花科，芸薹屬，芸薹種中白菜亞種中以花薹爲産品之變種。菜心（*Brassica campestris* L. ssp. *chinensis* var. *utilis* Tsen et Lee）是一二年生草本植物。抽薹前莖短縮，綠色。葉寬卵圓形或橢圓形，葉緣波狀，葉片綠或黃綠色。抽生之花莖（葉薹）橫切面圓形，黃或綠色。總狀花序，完全花，黃色。長角果，種子近圓形，褐色，細小。菜心是中國特産蔬菜之一，華南爲主要産區。蔣先明主編《各種蔬菜·菜心》云：“起源於中國南部，由白菜易抽薹材料經長期選擇和栽培馴化而來，并形成了不同類型和品種。主要分布廣東、廣西以及臺灣、香港和澳門等地。上海、北京、南京、成都及廈門等城市郊區有少量栽培。20世紀後葉日本引進試種成功。”菜心亦稱“廣東菜薹”“廣東菜”“菜花”等名。含有碳水化合物、全氮化合物、維生素C等營養成分。菜心柔嫩，風味佳美，可供炒食。現已遠銷歐美，被視爲名貴蔬菜。一般按其生長期長短和栽培季節分爲早熟、中熟和晚熟等類型。早熟類型主要品種有“四九心”“黃葉早心”“油菜早心”及“桂林柳葉早菜心”等。中熟類型主要品種有“大花球中心”“青梗中心”及“青柳葉中心”等。晚熟類型主要品種有“青梗大花球”“青圓葉遲心”及“桂林晚菜花”等。

薹菜

蔬名。十字花科，芸薹屬，芸薹種中白菜

亞種中之一個變種，薹菜（*Brassica campestris* L. ssp. *chinensis* Makino var. *tai-tsai* Hort.）爲一二年生草木植物。直根發達，圓錐形。葉叢直立，葉長卵形或倒卵形，深裂或全裂，被刺毛，具葉柄。總狀花序，花小，黃色。角果莢大，錐形。蔣先明主編《各種蔬菜・薹菜》云："原產中國，主要分布中國黃河、淮河流域。山東、江蘇等省種植較普遍。"據筆者考證，薹菜之最早記載見於唐朝，即《唐本草》所記"芸薹菜"中之油青菜（見本考"紫菜薹"文）。薹菜之嫩葉、葉柄、未開花之嫩薹及肉質根均可炒食。因其耐寒性強且適應性廣，中國華北地區稍加覆蓋即可安全過冬。翌年春暖返青生長，可發生大量新葉以作早春綠葉菜供應。現主要有兩個品種類型：一、圓葉薹菜。根出葉倒卵形，先端圓鈍，故亦稱勺子頭薹菜。此品種生長緩慢，冬性強，春季抽薹遲，產量高，一般作越冬栽培。二、花葉薹菜。葉長卵形，不規則羽裂，黃綠至深綠色，密被刺毛。花葉薹菜又分黃花葉薹菜和油花葉薹菜兩個品系。隨着冬暖大棚等栽培條件之不斷改善和其他蔬菜品種之引進推廣，薹菜在各地之種植面積有所減少。

薹菜葉、花、種莢

第五節　芥菜類考

　　芥菜類蔬菜屬十字花科，芸薹屬，一二年生草本植物。芥菜是由小亞細亞和伊朗起源之黑芥與地中海沿岸起源之芸薹雜交形成的异源四倍體植物。中國栽培芥菜歷史悠久，自先秦以來歷代典籍多有記載。《禮記・內則》有"魚膾、芥醬"之記述。漢代崔寔《四民月令》有種芥和收芥子之說。北魏賈思勰《齊民要術》述及種芥法和芥籽研末腌瓜。北宋蘇頌撰《圖經本草》載："芥，處處有之，有青芥似菘而多毛，味極辣。紫芥，芥葉純紫可愛，作齏最美。"宋代芥菜種植已很普遍，且有青、紫兩種葉用芥菜。明王世懋撰《瓜蔬疏》談到根芥菜。明李時珍《本草綱目・菜一・芥》："〔釋名〕時珍曰：按王安石《字說》云：芥者，界也。發汗散氣，界我者也。王禎《農書》云：其氣味辛烈，菜中之介然者，食之有剛介之象，故字從介。……〔集解〕時珍曰：芥有數種：青芥，又名刺芥，似白菘，有柔毛。有大芥，亦名皺葉芥，大葉皺紋，色尤深綠，味更辛辣。二芥宜入藥用。有馬芥，葉如青芥。有花芥，葉多缺刻，如蘿蔔英。有紫芥，莖、葉皆紫如蘇。有石芥，低小。皆以八九月下種。冬月食者，俗呼臘菜；春月食者，俗呼春菜；四月食者，謂之夏芥。芥心嫩薹，謂之芥藍，瀹食脆美。其花三月開，黃色四出。結莢一二寸，子大如蘇子，而色紫味辛，研末泡過爲芥醬，以侑肉食，辛香可愛。劉恂《嶺南異物志》云：南土芥高五六尺，子大於鷄子，此又芥之異者也。"清吳其濬《植物名實圖考·蔬類·芥》云："芥，《別錄》上品，有青芥、紫芥、白芥，又有南芥、旋芥、花芥、石芥。南土多芥，種類殊夥。"這説明，至明清芥菜在中國已演化出繁多品種。現中國芥菜之類型品種居世界之冠，可分爲六個變種：根芥菜、莖芥菜、葉芥菜、薹芥菜、芽芥菜和子芥菜。這些變種之主要經濟性狀有明顯差異。根芥菜主根形成肥大肉質根；莖芥菜莖部肥大，形成多種形狀；葉芥菜有大葉芥、花葉芥、瘤芥、包心芥、分蘗芥等多種類型；芽芥菜是短縮莖上之腋芽特別發達，肥大之腋芽連同莖部構成產品；薹芥菜則肥大之花莖供食用；子芥菜植株高大，分枝多，種子研末供調味用。

芥菜營養豐富，據分析，含有維生素、蛋白質、糖類和礦物質，并且皆含硫代葡萄糖苷，經水解後，產生揮發性芥子油，具有特殊之香辣味，故古今人們皆喜食之。宋蘇東坡有詩贊美芥菜："芥藍如菌蕈，脆美牙齒響。"

芥菜類蔬菜除可供鮮食外，且宜加工。蛋白質經水解作用產生各種氨基酸，故加工後質地脆嫩，香氣橫溢，滋味鮮美。主要產品有重慶涪陵榨菜，四川宜賓芽菜、南充冬菜，浙江之雪裏蕻、梅乾菜，廣東惠州梅菜及潮州鹹菜，福建之腌菜、糟菜，雲南昆明之大頭菜，貴州獨山鹽酸菜等，均在國內市場久負盛名，在國際市場亦享有很高聲譽。其中南充冬菜即被譽爲"陳年玉酒，十里聞香"。芥菜類蔬菜之加工產品，爲老少皆喜之珍菜佳肴。

根芥菜

蔬名。十字花科，芸薹屬，一二年生草本植物。根芥菜（*Brassica juncea* Cosson. var. *napiformis* Paill.et Bols）爲芥菜之一個變種，是中國一種特產加工蔬菜，栽培歷史悠久，明代已有文字記載。肉質根有圓錐、圓柱、扁圓和荷包等形狀。營養生長期莖短縮，着生蓮座葉。葉橢圓或倒卵圓形，全緣或具有缺刻，綠或紫色。完全花，黃色。長角果，種子紅褐色。根芥菜亦稱大頭菜、辣疙瘩、大頭芥等。中國南北各省均有栽培，而以雲南、四川、貴州、湖北、廣東、浙江、江蘇、山東、遼寧等省栽培較多。根據其葉形不同分爲板葉和花葉兩種類型。根據肉質根形狀不同分爲：一、圓錐根類型，如山東濟南辣疙瘩、四川内江缺葉大頭菜等。二、圓柱根類型，如雲南昆明小花葉、湖北來風大花葉、四川内江馬尾絲等。三、荷包形根類型，肉質根扁圓，形似荷包，如成都荷包大頭菜。四、扁圓根類型，如廣州細苗大頭菜。根芥菜營養豐富，含有硫胺素、核黃素、尼克酸、蛋白質、脂肪、糖類和礦物質等成分。因其辣味較重，不宜鮮食，主要用於加工，可腌可醬。如暢銷國内外之雲南大頭菜、江蘇常州和山東濟南等地之五香大頭菜與玫瑰大頭菜等，均爲根芥菜肉質根之加工品。根芥菜之肉質根雲南稱之爲芥頭，亦即大頭菜。未加工前叫生芥，加工後叫熟芥。并且將熟芥分爲黄芥和黑芥：祇用鹽腌而未加醬漬者爲黄芥，一般爲民間自製自用；黑芥是用鹽腌後，再經老醬和香料浸漬，主要供外銷。好的黑芥，外表墨黑，内心深紅，鹹中帶甜，清脆飄香，頗受人們喜愛。

【大頭菜】

即根芥菜。此稱行於現代。見該文。

【芥頭】

即根芥菜。此稱多行於雲南省。見該文。

葉芥菜

蔬名。十字花科，芸薹屬。葉芥菜〔Brassica juncea（L.）Czern. et Coss.var. foliosa L.H.Bailey〕爲芥菜種中以葉或葉球爲産品之變種，一二年生草本植物。營養生長期莖短縮。葉着生於短縮莖上，有橢圓、倒卵圓或披針等形狀，全緣或缺刻，綠或紫色。穰總狀花序，花冠黄或白色。長角果，種子紅褐色。葉芥菜亦稱青菜、辣菜、春菜等。起源於中國，栽培歷史悠久。分布於南北各地，是芥菜中中國栽培最普遍之一類。主要品種有：一、大葉芥，植株和葉片較大，葉緣波狀或鈍鋸齒狀。各地廣爲栽培。代表品種有浙江早芥、中芥，葉片寬大而柔嫩，品質優良，爲鮮食和加工之良種。湖北"枇杷葉春菜"、福州田菜、廣西南寧"桃榔菜"、貴州獨山大葉菜、四川宜賓"二平椿"、四川南充箭杆青菜等皆爲加工之優良品種。二、花葉芥，葉片具不同形狀之缺裂。代表品種有浙江粗花芥、湖北花葉子芥菜、四川鷄啄葉等，皆適宜加工。三、瘤芥，葉柄發達，扁平寬厚，具突起或瘤狀物。

葉芥菜莖、葉、花

代表品種有江蘇、浙江之"彌陀芥"湖北"耳朵芥"、重慶"南瓜兒"青菜等，均主要用作加工原料。四、包心芥，葉柄和中肋增寬，中心之葉片折叠包合成爲葉球。代表品種有廣東鷄心芥、哥薩大芥菜等。可供鮮菜用，亦可供加工。五、分蘗芥，其中花葉品種葉片缺裂較深，板葉品種葉全緣有鋸齒，不同品種分蘗能力相差很大。代表品種有江蘇、浙江之黄雪裏蕻、黑雪裏蕻，上海"三月慢""四月慢"，成都"一籠鷄"等。皆宜加工。

【青菜】[2]

即葉芥菜。此稱多行於南方地區。見該文。

【辣菜】

即葉芥菜。此稱行於現代。見該文。

【春菜】

即葉芥菜。此稱多行於南方地區。見該文。

莖芥菜

蔬名。十字花科，芸薹屬，一二年生草本植物。莖芥菜（*Brassica juncea* Coss. var. *tumida* Tsen et S.H.Lee）爲芥菜種中以肉質莖爲産品之一個變種。生長中後期莖伸長、膨大，并在節間形成瘤狀突起。葉着生於短縮莖上，有橢圓、倒卵圓等形狀，綠或紫色，葉緣缺刻。種總狀花序，完全花，黄色。長角果，種子紅褐色。莖芥菜亦稱青菜頭、包包菜、羊角菜、菱角菜等，是中國特産蔬菜，由葉芥菜演化而來，演化中心在四川省和重慶市。長江兩岸之涪陵、萬州、紅津、重慶等地爲主要産區，浙江栽培亦較普遍。華北及其他一些地區也已引種成功。莖芥菜中膨大莖上有突起之品種適宜加工，其加工成品稱爲榨菜；膨大莖呈棒狀或羊角狀者，亦可用於鮮食。榨菜除含有豐富之維生素和礦物質外，還含有 16 種氨基酸和硫代葡萄糖苷、异硫氰酸酯、腈類、二甲基三硫、雜環類及酯類等成分，故香氣飄溢，風味獨特，頗受人們喜愛。加工用品種主要有"草腰子""鵝公包""三轉子""碎葉種"等。宜作鮮食用之品種有羊角菜、笋子菜、棒菜、大獅頭、二獅頭等。棒菜莖上無瘤狀突起而似萵笋。芥菜類蔬菜中還有一種名爲"兒菜"者，它屬芽用芥菜類型，有些特性與莖用芥菜類似。除膨大之短莖供食用外，莖上腋芽亦發育膨大，爲供食之

莖芥菜

重要部分。兒菜主要分布於四川省各地。

【青菜頭】

即莖芥菜。此稱多行於南方地區。見該文。

【包包菜】

即莖芥菜。此稱多行於長江沿岸地區。見該文。

【羊角菜】

即莖芥菜。此稱多行於南方地區。見該文。

【菱角菜】

即莖芥菜。此稱多行於南方地區。見該文。

子芥菜

蔬名。十字花科，芸薹屬，芥菜種中以種子爲産品之一個變種。子芥菜（*Brassica juncea* Coss. var. *gracilis* Tsen et Lee）爲一年生草本植物。亦稱蠻油菜、辣油菜、大油菜等。原産於中亞、非洲、東歐及印度。中國爲第二起源中心，全國各地普遍種植。子芥菜株形高大，分枝性强，適應性强，耐寒、耐旱和耐瘠。種子用於榨油、製芥末和咖喱。含硫代葡萄糖苷及水解産物烯丙基异硫氰酸鹽和羥苄基异硫氰酸鹽，具辛辣味。食用芥酸過多有礙人體健康。中國栽培之子芥菜品種有細葉油菜和大葉油菜兩個品種。前者主要分布於西北各地，辛辣味强；後者主要分布於西南高原，辛辣味弱。在栽培中，若肥料中含硫量增加時，芥菜籽辛辣味會增强。

【蠻油菜】

即子芥菜。此稱多行於現代。見該文。

【辣油菜】

即子芥菜。此稱行於現代。見該文。

【大油菜】

即子芥菜。此稱行於現代。見該文。

第六節　甘藍類考

　　甘藍類蔬菜屬十字花科芸薹屬一二年生草本植物。它包括芥藍和甘藍之各個變種：結球甘藍、羽衣甘藍、赤球甘藍、皺葉甘藍、抱子甘藍、球莖甘藍、花椰菜、青花菜。甘藍起源於地中海至北海沿岸，早在公元前2500年—前2000年即爲古希臘人和古羅馬人所栽培，是世界上栽培歷史最長的蔬菜之一。芥藍原産於中國南部，廣東、廣西、福建、臺灣等省區廣爲種植。甘藍之野生種原爲不結球植物，經過自然與人工選擇逐漸形成了不同之種和變種。野生甘藍枝葉繁茂，頂芽和節間之側芽是活動芽，故植株表現爲莖高、枝多之小灌木，不形成小葉球。結球甘藍之莖退化爲短縮莖，頂芽發達而側芽一般不生長，頂芽在生長前期開放生長成所謂蓮座葉，形成兩三個葉環後，心葉開始抱合生長，逐漸儲蓄養分，形成堅實之葉球。抱子甘藍之頂芽和側芽均很發達，頂芽開放生長形成同化葉，養分儲蓄於各個腋芽，因而形成許多小葉球。球莖甘藍之頂芽開放生長，養分儲蓄於肥大之短縮莖内；花椰菜及青花菜，則形成肥嫩之花球或花枝；芥藍則形成花薹。甘藍的這些變種，在形態上雖然差异很大，但它們都同屬於十字花科芸薹屬一個種，染色體數皆爲n=9，而且皆屬同一個染色體組。甘藍類蔬菜均有肥厚而呈藍綠色之葉片，且皆有明顯蠟粉和波狀葉緣。它們皆爲低温長日照作物，但各個變種和品種對温度、光照等條件之要求有所不同。

　　甘藍類蔬菜之食用器官營養豐富，含多種維生素及礦物質，尤其富含維生素C。甘藍類蔬菜還有分解亞硝基胺之作用，它有免癌功能，對人體有重要之保健作用。炒、炖或生食均可，亦可加工腌製。甘藍類蔬菜，不僅世界各地廣泛種植，在中國發展亦很快，特別是結球甘藍，南北各地栽培面積都很大。青花菜等品種，在全國之種植亦有逐漸發展擴大之勢。

結球甘藍

　　蔬名。十字花科，芸薹屬，甘藍種中能形成葉球之一個變種。結球甘藍（*Brassica oleracea* L. var. *capitata* L.）爲二年生草本植物。營養生長期莖短縮。兩片子葉腎形；第一對真葉（初生葉），卵圓或橢圓形，葉緣有鋸齒；初生葉及球葉出現之前之葉片呈蓮座狀，稱"蓮座葉"。蓮座葉之後葉片先端嚮内彎曲，合抱成爲球形，稱爲"球葉"，多爲黄白色。葉球有圓球形、圓錐形、扁圓形。種總狀花序，完全花，黄色。長角果，種子圓球形，紅褐或黑褐色。結球甘藍簡稱"甘藍"，亦稱"洋白菜""包心菜""捲心菜""椰菜""蓮花菜""圓白菜"等名。蔣先明主編《各種蔬菜·結球甘藍》云："起源於地中海至北海沿岸，由不結球野生甘藍演化而來，現今仍有野生型變種（*B. oleracea* var. *syluestris.*）。公元9世紀一些不結球的甘藍類型已成爲歐洲國家廣泛種植的蔬菜。經人工選擇，13世紀歐洲開始出現結球甘藍類型，16世紀傳入北美，18世紀傳入日本。自16世紀開始傳入中國，有以下幾條途徑：通過緬甸傳入中國雲南，通過蘇聯傳入中國黑龍江和新疆，通過海路傳入東南沿海地區。"中國農業科學院蔬菜研究所主編《中國蔬菜栽培學·結球甘藍》云："甘藍的野生種爲不結球的一年生植物。日本星川清親在《栽培植物的起源與傳播》一書中認爲，不結球的甘藍原始種（var. *syluestris*），雖很早就被栽培食用，但到13世紀纔出現結球鬆散的品種，16世紀纔出現皺葉型和紫紅色型的品種，甘藍於17世紀後傳到美國，17至18世紀傳到了亞洲，現已在世界各地普遍栽培。結球甘藍引進我國的時間，據蔣明川考證是1690年前，從俄國通過陸路引入的。《植物名實圖考》（1848）記載：'河東、隴西、羌胡多種食之，漠地少有'，并對結球甘藍的形態特徵作了詳細記述。這説明，到19世紀40年代結球甘藍已在我國西北地方被普遍栽培了。"結球甘藍葉球含有碳水化合物、粗蛋白、維生素C等營養成分，可炒食、涼拌、腌製或製乾菜。經長期栽培，甘藍類型品種很多。按葉片特徵可分爲普通甘藍、皺葉甘藍和紫甘藍。皺葉甘藍葉片綠色，葉面皺縮；紫甘藍之葉球與外葉均爲紫紅色。中國主要栽培普通甘藍。按葉球形狀可分爲尖頭型、圓頭型和平頭型。尖頭型品種適於春季早熟，如"鷄心甘藍""開封牛心甘藍"等；圓頭型品種爲早熟或中熟，如"北京早熟""哥本哈根市場"等；平頭型品種爲中熟或晚熟，較耐貯運，如"黑葉小平頭""黄苗""大同茴子白菜"等。20世紀50年代，利用自交不親和系配製甘藍一代雜種的方法在日本獲得成功後，日本及歐美一些國家廣泛使用甘藍雜交種。70年代以來，中國甘藍雜交優勢育種也得以迅速發展。優良一代雜種有"京豐一號""晚豐""中甘十一號"等。現中國南北各省區市四季均有甘藍栽培，常年供應，并且銷往南亞各地。

【甘藍】

"結球甘藍"之簡稱。見該文。

【洋白菜】

即結球甘藍。此稱行於現代。見該文。

【包心菜】

即結球甘藍。此稱行於現代。見該文。

【捲心菜】

即結球甘藍。此稱行於現代。見該文。

【椰菜】

即結球甘藍。此稱行於南方地區。見該文。

【蓮花菜】

即結球甘藍。此稱行於現代。見該文。

【圓白菜】

即結球甘藍。此稱行於現代。見該文。

花椰菜

蔬名。十字花科，芸薹屬，甘藍種中以花球爲產品之一個變種。花椰菜（*Brassica oieracea* L. var. *botrytis* L.）爲一二年生草本植物。主根基部粗大，根系發達。營養生長期莖稍短縮，階段發育完成後抽生花莖。葉披針形或長卵形，淺藍色，有蠟粉。花球由肥嫩之主軸和 50～60 個肉質花梗組成；正常花球爲半球形，表面呈顆粒狀，質地緻密。穗總狀花序，完全花，花冠黃或乳黃色。長角果，先端喙形。花椰菜亦稱"花菜""菜花"。蔣先明主編《各種蔬菜·花椰菜》云："花椰菜由甘藍（*B. oleracea* L.）演化而來。演化中心在地中海東部沿岸。1490 年熱拉亞人將花椰菜從那凡德（Levant）或塞浦路斯引入意大利，在那不勒斯灣周圍地區繁殖種子；17 世紀傳到德國、法國和英國。1822 年由英國傳至印度，19 世紀中葉傳入中國南方。"花椰菜肥碩之花球含有蛋白質、碳水化合物、多種維生素及礦物質等營養成分。炒食風味鮮美，深受消費者歡迎。現除在中國廣東、福建、廣西、四川、雲南等省區作爲秋冬主要蔬菜之一普遍栽培外，其他地區也在不斷擴大種植。按其生育期可分爲早熟品種、中熟品種和晚熟品種：一、早熟品種，冬性弱，耐熱。如"澄海早花""同安早花""上海四季六十天"等。二、中熟品種，冬性稍強，定植到采收時間較長，花球較大。如"福州八十日""瑞士雪球""福農十號"等。三、晚熟品種，植株較高大，耐寒性較強，生長期長，產量高。如"廣州竹子種""福州一百日""洪都十六"等。

【花菜】

即花椰菜。此稱行於現代。見該文。

【菜花】

即花椰菜。此稱行於現代。見該文。

青花菜

蔬名。十字花科，芸薹屬，甘藍種中以綠花球爲產品之一個變種。青花菜（*Brassica oleracea* L. var. *italica* P.）爲一二年生草本植物。根系、葉形、株型、花等植物學性狀同"花椰菜"。青花菜亦稱"綠菜花""意大利芥藍""木立花椰菜"等名，是甘藍進化爲花椰菜過程中之中間產物。青花菜與花椰菜不同之點不僅僅是花球顏色不同，其主莖頂端產生的并非畸形花枝所組成之花球，而是由分化完全的花蕾組成青綠色扁圓形之花蕾群。同時葉腋芽較花椰菜活躍，主莖頂端之花莖及花蕾群一經摘除，下面腋芽便生出側枝，而側枝頂端又生花蕾群，這些花莖及花蕾群采摘後，再繼續分枝生花蕾群，因此可多次采摘。青花菜之演化中心亦爲地中海東部沿海地區。蔣先明主編《各種蔬菜·青花菜》云："青花菜由甘藍演化而來，演化中心爲地中海東部沿岸地區。據米勒（1724）《園藝學辭典》記載，1660 年有嫩莖花菜和意大利笋菜等名稱，與花椰菜名稱相混淆。林奈（Carl von Linne，1707—1778）將青花菜歸入花椰菜内。1829 年司威兹爾（Switzer）纔將青花菜從花椰菜中分出。青花菜栽培歷史較短，但發展很快，英國、意大利、法國、荷蘭等廣爲種植。19 世紀初傳入美國，後傳到日本。19 世紀末或 20 世紀初傳入中國。臺灣省栽培較爲普遍，雲南、廣東、福建、北京、上海等省市也有種植。"浙江農業大學主編《蔬菜栽培學各論》云："青花菜在歐美栽培盛行。光緒中期，從歐美傳入中國，纔有少量栽培。"青花菜含蛋白質、碳水化合物、維生素及礦物質，營養豐富，風味佳美，且適應性較花椰菜强，栽培容易，供應期長，故發展很快。現中國各地均有栽培。所種品種多爲從日本、美國引進，如"綠彗星青山""意大利青""迪斯科"等。國内自育品種有"細葉青花""大葉青花"等。

【緑菜花】

即青花菜。此稱行於現代。見該文。

【意大利芥藍】

即青花菜。此稱多行於南方地區。見該文。

【木立花椰菜】

即青花菜。此稱多行於南方地區。見該文。

球莖甘藍

蔬名。十字花科，芸薹屬，甘藍種中能形成肉質莖之變種，球莖甘藍（*Brassica oleracea* L. var. *caulorapa* Pasq.）爲二年生草本植物。莖肥大，爲球狀或扁圓狀；球莖外皮一般緑色或緑白色，少數品種紫色。其葉似甘藍，濃緑平滑，有白粉；唯葉柄較結球甘藍細長而着生稀疏。花器官結構及開花授粉習性同結球甘藍。球莖甘藍亦稱"芴藍""擘藍""玉蔓菁""芥藍頭"，福建叫"香爐菜"。蔣先明主編《各種蔬菜·球莖甘藍》

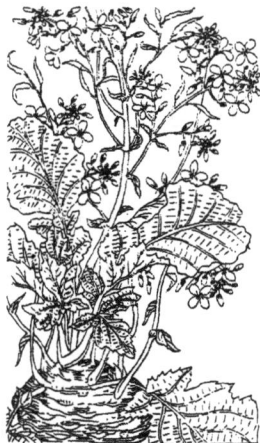

甘　藍
（清吴其濬《植物名實圖考》）

云："原産地中海沿岸，由葉用甘藍變異而來。在德國栽培最爲普遍。16 世紀傳入中國，現全國各地均有栽培。"對球莖甘藍之性狀和栽培，中國古籍中亦有記述。清吴其濬《植物名實圖考·蔬類·甘藍》云："甘藍，《本草拾遺》始著録，云是西土藍。《農政全書》：北人謂之擘藍。按此即今北地撤藍，根大有十數斤者，生食、醬食，不宜烹飪也。《山西志》謂之玉蔓菁，纔以爲絲，皓若爛銀，浸之井華，劑以醯醢，肥美爽喉；一入沸湯，辛軟不任咀嚼矣。葉以爲襪，曰酸黄菜，尤美。《滇本草》沿作芴藍。"吴氏此處所説"甘藍"，顯然即今球莖甘藍。若按此説，中國唐代即已栽培。而蔣先明認爲"16 世紀傳入中國"。筆者未能查到《本草拾遺》中之"西土藍"，蔣氏之説是否有誤，未能定論。球莖甘藍營養價值極高，尤其維生素C含量甚至勝於柑橘類果品。加之它對氣候適應性較强，能在春、秋兩季栽培，運輸、貯藏性較好，現中國北方及西南各省普遍栽培。按球莖皮色分緑、緑白、紫色三個類型，按生長期亦可分爲早熟、中熟和晚熟三個類型。早熟品種，植株矮小，葉片少而小，定植後50 ～ 60天收穫，代表品種有"北京早白""天津小纓子"等。中、晚熟品種，植株生長勢强，葉片多而大，定植後收穫期爲80 ～ 100 天，如"笨芴藍""雲南長擘藍"等。

【擘藍】

即球莖甘藍。此稱明代已行用。見該文。

【芴藍】

即球莖甘藍。此稱明代已行用。見該文。

【玉蔓菁】

即球莖甘藍。此稱清代已行用。見該文。

【撇藍】

即球莖甘藍。此稱清代北方地區已行用。見該文。

【芥藍頭】

即球莖甘藍。此稱行於現代。見該文。

【香爐菜】

即球莖甘藍。此稱多行於福建省。見該文。

芥藍

蔬名。十字花科，芸薹屬。芥藍（*Brassica alboglabra* L.H. Bailey）是以花薹爲產品之一二年生草本植物。根系淺，主根不發達。莖直立，綠色，較短縮。單葉互生，卵形或近圓形，濃綠色，被蠟粉。初生花莖肉質，綠色，稱爲花薹，供食用。穗總狀花序，完全花，花瓣白或黃色。角果，種子近圓形，褐色。芥藍亦稱"白花芥藍"等，是中國特產蔬菜之一。蔣先明主編《各種蔬菜・芥藍》云："芥藍起源於中國南部，主要分布廣東、廣西、福建和臺灣等省（區）。中國的北京、上海、南京、杭州等地有少量栽培，已傳入日本、東南亞各國，以及歐美、大洋洲。"芥藍含維生素C、碳水化合物、蛋白質及礦物質等營養成分。其肥嫩之花薹和嫩葉均可炒食，質脆清甜，風味佳美，深受消費者歡迎。芥藍對栽培條件適應性較強，在華南地區秋冬季節均可種植，除供應當地居民消費外，還運銷香港、澳門特區。芥藍有白花和黃花兩種類型，現各地多栽培白花芥藍。根據其播種季節又分爲早熟、中熟、晚熟三個類型：一、早熟類型，較耐熱，華南地區夏秋播種，產量較高。如"細葉早芥藍""皺葉早芥藍"等。二、中熟類型，耐熱性較差，宜秋季播種。如"荷塘芥藍""登峰芥藍"等。三、晚熟類型，不耐熱，適於冬春栽培。如"鋼殼葉芥藍""遲花芥藍"等。

芥　藍
（清吳其濬《植物名實圖考》）

【白花芥藍】

即芥藍。此稱行於現代。見該文。

第七節　綠葉類考

綠葉類蔬菜主要是以柔嫩之綠葉、葉柄、嫩梢或嫩莖爲食用部分之速生蔬菜。中國栽培綠葉類蔬菜歷史悠久，種類繁多，品種資源豐富。世界各國栽培之綠葉類蔬菜有十五科四十多種，中國有十三科二十一種。其中藜科有菠菜、葉恭菜，傘形科有芹菜、芫荽、小茴香，菊科有萵苣、萵笋、茼蒿，十字花科有小白菜、薺菜，莧科有莧菜，旋花科有蕹菜，錦葵科有冬寒菜，落葵科有落葵，番杏科有番杏等。綠葉類蔬菜富含各種維生素和礦物質，含氮物質也很豐富，營養價值極高。

　　緑葉類蔬菜，有的中國自古有之，有的自國外引進。菠菜 2000 多年前由伊朗傳入中國。唐劉禹錫《嘉話録・蔬》曰：“菠薐，種出自西國，有僧將其子來，云本是頗陵國之種。”伊朗當時稱波斯，故稱“波斯草”“菠薐”等，後演稱爲菠菜。芹菜，中國古代有野生種，二千多年以前，古希臘人最早栽培，約公元 3 世紀由高加索傳入中國。中國栽培歷史悠久，自古爲菜之佳品，今栽培更爲廣泛。萵苣原産地中海沿岸，公元 5 世紀時傳入中國。宋陶穀《清異録・蔬》云：“高國使者來漢，隋人求得菜種……今萵苣也。”中國歷代栽培。蕹菜原産中國，晋稽含《南方草木狀》記述了其形態特徵，稱蕹菜爲“南方之奇蔬”。茴香在中國古代的北方早有栽培，梁代顧野王《玉篇》有記載。莧菜原産中國，先秦《爾雅》已有赤莧之稱。世界各地雖有莧屬植物分布，祇有中國和印度將其作爲蔬菜栽培。芫荽原産地中海沿岸及中亞，漢武帝時張騫出使西域引入，因得名“胡荽”，自此在中國栽培。北魏賈思勰《齊民要術》記述了種胡荽之要訣，《南唐書》“謂種胡荽者，作穢語則茂，今多呼蔿荽”。“蔿”遂以“芫”代之，今人概稱芫荽。葉恭菜即莙薘菜，原産歐洲地中海沿岸，公元 5 世紀從阿拉伯引入中國栽培至今。冬寒菜原産中國青海、西藏等地，自古作爲蔬菜栽培。金花菜原産印度，後傳入中國，自古栽培。北魏賈思勰《齊民要術》記述了種植方法及用途，《西京雜記》記述了其形態特徵。薄荷原産於北温帶，俄羅斯、英國、美國分布較多，中國栽培歷史悠久。梁顧野王《玉篇》稱“薄蔄”，唐代始有“薄荷”之稱。薺菜中國自古有野生種，先秦及秦漢典籍對薺菜之性味及用途皆有記載。《詩》云：“誰謂荼苦，其甘如薺。”紫蘇原産中國，《爾雅》稱其爲“桂荏”，徐朝華、郭璞注中皆言及桂荏即紫蘇。苦苣、茼蒿、紫背天葵、菊花腦均原産中國；蒔蘿原産地中海沿岸地區，中國自古亦有之；菊苣原産地中海、亞洲中部和北非，中國於近代引種。番杏原産澳大利亞、東南亞各地，1946 年始在南京引種栽培。香芹菜原産地中海沿岸，西亞、古希臘及羅馬早在公元前開始利用，15—16 世紀傳至西歐，開始時作藥用，後作菜用，今中國有少量栽培。鴨兒芹中國自古有之，明徐光啓《農政全書》、清吴其濬《植物名實圖考》皆有記述。

　　根據對環境條件要求之不同，緑葉類蔬菜可大體分爲兩大類，一類喜冷涼濕潤，如菠菜、芹菜、萵苣、葉恭菜、冬寒菜、芫荽、茼蒿、茴香、苦菜、菊苣、薺菜、金花菜、榆錢菠菜等。生長適温 15℃～20℃，能耐短期霜凍。尤以菠菜耐寒力最強，在冷涼濕潤條件下栽培，産量高、品質好，在中國北方地區略加保護可以安全越冬，適於春播春收、秋播秋收或冬收，或秋播翌年春收。另一類喜温暖而不耐寒，如莧菜、蕹菜、番杏、落葵、紫蘇、紫背天葵、羅勒等，生長適温 20℃～25℃，10℃以下停止生長，遇霜凍死。較耐高温，尤以蕹菜更喜高温，適於春播夏收或夏播夏收。綠葉類蔬菜包括的科、屬、種多，形態、結構、風味各异，植株矮小，適應性强，除芹菜、萵苣外，多數綠葉類菜根系較淺，生長期短，采收期不嚴格，適於排開播種，可以間、套、混作，不僅可提高種種指數和單位面積産量，且便於品種周年均衡供應。

綠葉類蔬菜均柔嫩多汁，不易運輸及儲藏，故長期以來多在城市近郊發展，便於及時銷售鮮菜。久儲，其抗壞血酸及糖含量降低，温度愈高，降低愈快。由於科學技術之提高，交通運輸業之迅速發展，栽培生産條件之改善，温室和塑料大棚的廣泛利用，綠葉類蔬菜之栽培已不受氣候條件之限制，可經年栽培，供應不斷。特別是隨着科學種植及交通運輸業的迅速發展、現代化生産和運輸能力的提高，合作和集約經營種植區域不斷增多，形成了許多蔬菜生産基地；菜農們根據市場之需要，對各種蔬菜分別作適當加工，裝箱外運，供應全國各大城市或出口國外。

菠菜

蔬名。藜科，菠菜屬。菠菜（*Spinacia oleracea* L.）是以綠葉爲主要産品器官之一二年生草本植物。直根發達似鼠尾，紅色，味甜可食，側根不發達。抽薹前葉片簇生於短縮莖上，橢圓或箭形，葉柄長而多肉。花莖上葉小，花莖柔嫩時亦可食用，稱“筒子菠菜”。單性花，少數有兩性花，雌雄异株，少數同株。花藥黄綠色，花粉多，爲風媒花。種子繁殖。菠菜植株之性型一般有四種：一、絶對雄株，植株較矮，基生葉軟小，莖生葉不發達或呈鱗片狀，後生雄花位於花莖尖端，爲穩總狀花序。有刺種菠菜之絶對雄株較多。二、營養雄株，植株較高大，基生葉較大，花莖頂部之莖生葉發達，爲高産株型。無刺種菠菜之營養成分以雄株爲較多。三、雌株植株高大，生長旺盛，基生葉及莖生葉均較發達。四、雌雄同株，在同一植株上着生雌花和雄花，基生葉和莖生葉均較發達。另外還有在同一朵花内具雌蕊和雄蕊之兩性花。雌雄株之比例多爲 1：1。菠菜營養豐富，富含胡蘿蔔素、維生素 C、蛋白質及鈣、鐵等礦物質。可凉拌、炒食或做湯。歐洲、美洲有些國家用來製罐頭。亦含有草酸，食用過多影響人體對鈣質之吸收。菠菜原産波斯（現亞洲西部之伊朗），已有二千年以上之栽培歷史。印度、尼泊爾東北部有菠菜之兩個二倍體近緣種 *S.tetrandra* 和 *S.turkestanica*，爲菠菜原始型。菠菜因産於波斯故名，亦稱“波斯草”“菠薐”，又稱“赤根菜”“角菜”，公元 7 世紀初傳入中國。《玉篇・艸部》：“菠，菠稜。”唐段公路《北戶錄》卷二：“國初，建達國獻佛土菜……泥婆羅國獻波稜菜。”唐劉禹錫《嘉話錄》：“菠稜，種出自西國，有僧將其子來，云本是頗陵國之種。今呼其名，語訛爲波稜耳。”言菠稜之名乃“頗陵”之訛。菠菜之種自唐太宗貞觀二年（628）由尼泊爾作爲供品傳入中國，歷代栽培。至明代始有“菠菜”之名。明李時珍《本草綱目·菜二·菠稜》：“〔釋名〕菠菜、波斯草、赤根菜……時珍曰：按《唐會要》云：太宗時尼波羅國獻波稜菜，類紅藍……方士隱名爲波斯草。”“泥婆”“頗陵”“尼波羅”國皆係指今之尼泊爾。菠菜適應性強，耐寒，是中國南北各地春、秋、冬三季重要蔬菜之一。在歷代栽培過程中，積纍了豐富之經驗。元王禎《農書》卷八：“菠稜作畦下種，如蘿蔔法。春正月、二月皆可種，逐旋食用。秋社後二十日，種於畦內，以乾馬糞培之，以避霜雪。十月内，以水沃之，以備冬食。”明李時珍《本草綱目·菜二·菠稜》：“〔集解〕時珍曰：波稜八月、九月種者，可備冬食，正月、二月種者，可備春蔬……雌者結實，有刺，狀如蒺藜子。種時須研開，易浸脹。必過月朔乃生，亦一異也。”清汪灝《廣群芳譜·蔬譜一·菠菜》：“一名菠稜，一名波斯草，一名赤根菜，一名鸚鵡菜。出西域頗陵國，今訛爲菠稜，蓋頗陵之轉音也……正二月内將子水浸一二日，候服撈出控乾，盆覆地上俟芽出，擇肥鬆地作畦，於每月下旬下種，勤澆灌可逐旋食用。”菠菜於公元11世紀傳入西班牙，後普及歐洲各國，1568年傳至英國，19世紀引入美國，目前世界各國普遍栽培，中國各地均有種植，并已形成多個品種。根據果實刺之有無，分爲無刺和有刺兩個變種。一、有刺變種。葉片薄而狹小，戟形或箭形，先端銳尖或鈍尖，又稱“尖葉菠菜”。耐寒，多用於秋播。質地柔嫩，澀味少。主要品種有黑龍江雙城尖葉、北京尖葉菠菜、廣州鐵綫梗、山東青島菠菜等。亦有葉片先端較圓之有刺菠菜。二、無刺變種。葉片肥大，多皺褶，卵圓、橢圓或不規則形，先端鈍圓或稍尖，又稱“圓葉菠菜”，耐熱，宜春秋及越冬栽培。主要品種有廣東圓葉、法國菠菜、春不老菠菜、美國大圓葉等。

【菠稜】

即菠菜。此稱始見於梁代《玉篇》。見該文。

【波稜】

即菠菜。此稱始見於唐代。見該文。

【波稜】

即菠菜。此稱唐代已行用。見該文。

【波斯草】

即菠菜。此稱唐代已行用。見該文。

【頗陵】

即菠菜。此稱唐代已行用。見該文。

【赤根菜】

即菠菜。此稱明代已行用。見該文。

【鸚鵡菜】

即菠菜。此稱清代見行用。見該文。

【角菜】

即菠菜。此稱行用於現代。見該文。

芹菜

蔬名。傘形科，芹屬。芹菜（*Apium graveolens* L.）是能形成肥嫩葉柄之二年生草本植物。淺根性根系，直播之芹菜主根較發達。營養生長期莖短縮，葉着生於短縮莖之基部，爲奇數二回羽狀複葉。葉柄較發達，長30~100

厘米，爲主要食用部分。據不同品種，葉柄之顏色有綠、淡綠、白色等。葉柄有由維管束之外層厚角組織構成之縱棱，故能使葉柄直立生長。複傘形花序，花小，黃白色，蟲媒花，异花授粉，亦能自花授粉。雙懸果，圓球形，有兩個心皮，內各含種子一粒，成熟時，沿中縫裂開。種子褐色，粒小，有香味。芹菜富含碳水化合物、蛋白質、礦物質、維生素等多種營養物質，還含芹菜油。具芳香氣味，有降血壓、健腦和清腸利便之功效。可生食、炒食或腌漬。葉和根可提煉香料。原産地中海沿岸之沼澤地帶，瑞典至阿爾及利亞、埃及、西高加索等沼澤地帶皆有野生芹菜分布。中國古代亦有野生種存在。二千多年以前古希臘人最早栽培，開始藥用，後作辛香蔬菜，經馴化成肥大葉柄類型。芹菜亦稱"芹""旱芹""藥芹菜"等。芹菜由高加索傳入中國，并逐漸培育成細長葉柄類型。中國栽培歷史悠久。《説文·艸部》："芹，楚葵也。从艸，斤聲。"《詩·魯頌·泮水》："思樂泮水，薄采其芹。"《周禮·天官·醢人》："加豆之實，芹菹、兔醢。"阮元校勘記："案：《説文》：'菦，从艸，近聲。'《周禮》有'菦菹'。是故書當作菦，今本省作芹。"《吕氏春秋·本味》："菜之美者……雲夢之芹。"《列子·楊朱》："昔人有美戎菽，甘枲莖芹萍子者，對鄉豪稱之。"北魏賈思勰《齊民要術·種蘘荷、芹、蘆》載："芹、蘆，并收根畦種之，常令足水，尤忌

中芹　　　西芹

潘泔及鹹水，澆之則死，性并易繁茂，而甜脆勝野生者。"唐韓愈《陪杜侍御游湘西兩寺因獻楊常侍》詩："澗疏煮蒿芹，水果剥菱芡。"明李時珍《本草綱目·菜一·水靳》："〔釋名〕芹菜（《別録》）、水英（《本經》）、楚葵。弘景曰：靳字俗作芹字……二月、三月作英時，可作菹及熟瀹食，故名水英。時珍曰：靳當作薪，从艸。薪，諧聲也，後省作芹，从斤，亦諧聲也。其性冷滑如葵，故《爾雅》謂之楚葵。《吕氏春秋》：菜之美者，有雲夢之芹。雲夢，楚地也。楚有蘄州、蘄縣，俱音淇。羅願《爾雅翼》云：地多産芹，故字从芹。蘄亦音芹。"又："〔集解〕時珍曰：旱芹生平地，有赤白二種。二月生苗，其葉對節而生，似芎藭。其莖有節棱而中空，其氣芬芳。五月開細白花，如蛇床花。楚人采以濟饑，其利不小……杜甫詩云：飯煮青泥坊底芹。又云：香芹碧澗羹。皆美芹之功。"清汪灝《廣群芳譜·蔬譜一·芹》："芹古作薪。"又："有水芹、旱芹……旱芹生平地，有赤白二種……蘇恭云：白芹取根，赤芹莖葉竝堪作菹，味甘。"又："《四時寶鏡》：東晋李鄂立春日命以蘆菔芹菜爲菜盤相餽貺……魏徵好嗜醋芹，每食之欣然稱快，此見其真態也。"可見芹菜自古爲菜之佳品。當今芹菜主要有兩個品種，即本芹和洋芹。一、本芹。即中國芹菜，葉柄細長，品種繁多，以葉柄顏色又分爲青芹和白芹。青芹：植株高大，葉片較大，綠色，葉柄較粗，香氣濃，産量高，軟化後品質好。葉柄有空心、實心兩種：實心芹菜葉柄髓腔很小，耐儲藏，品種有北京大糙皮、北京鐵棒兒芹菜（鐵杆青）、天津白廟芹菜、山東桓臺芹菜、開封玻璃脆、上海青梗芹等。空心

芹菜葉柄髓腔較大，主要品種有福山芹菜、小花葉、旱青芹等。白芹：植株較矮小，葉色略淺，葉柄白色或淡綠色，多實心，品質好，香味淡。主要品種有北京細皮白、天津白芹、廣州大白梗芹（又名早花香芹、大花芹）、廣州白殼芹、貴陽白芹、昆明白芹。二、西芹。亦稱洋芹，爲芹菜之一變種，從國外引入，葉柄肥厚、寬扁，味淡，脆嫩，亦有青柄、黃柄二類型。世界有名品種有矮白、矮金、倫敦紅，還有康乃爾 619、佛 683 等。芹菜種植簡便，成本低，產量高，栽培方式多，對周年供應、調節市場花色品種有重要作用，故在中國南北方廣泛栽培。

【芹】

即芹菜。此稱先秦時代已行用。見該文。

【蕲】

芹之古名，即芹菜。此稱始見於宋代。見該文。

【旱芹】[1]

即芹菜。此稱明代已行用。見該文。

【藥芹】

即芹菜。此稱行用於現代。見該文。

萵苣

蔬名。菊科，萵苣屬。萵苣（*Lactuca sativa* L.）爲一二年生草本植物。根系淺，鬚根發達。莖短縮，抽薹後形成肉質莖。葉互生，有披針形、橢圓形、側卵形等；色綠、黃綠或紫；葉面平展或皺縮，葉緣波狀或淺裂；外葉開展，心葉鬆散或抱合成葉球。頭狀花序，花黃色，自花授粉。子房單式，瘦果，灰白或黑褐色，成熟時頂端具傘狀冠毛，易隨風飛散。萵苣有葉用和莖用兩種，前者可生食，故名生菜；後者又名萵笋，可熟食、生食、腌製及乾製。萵苣葉還可飼養家畜，萵笋葉富含胡蘿蔔素，莖葉含乳狀液汁，乳液含多種有機化合物，如糖、橡膠、有機酸、樹脂、甘露醇、蛋白質及萵苣素等。萵苣素有苦味，有催眠鎮疼作用，可提煉製藥。原產地中海沿岸，由野生種演化而來，經長期栽培馴化，莖葉上之毛刺消失，萵苣素減少，苦味變淡。萵苣又稱“萵菜”“千金菜”“生菜”“肥菜”“萵笋”等。公元前 4500 年古埃及墓壁上有萵苣葉形之描繪。古希臘、古羅馬文獻上多有萵苣變種之記述，故當時在地中海沿岸栽培普遍。公元 16 世紀在歐洲出現結球萵苣，後傳至南美洲。5 世紀時傳入中國。北魏賈思勰《齊民要術·雜説》：“應空閑地種蔓菁、萵苣、蘿蔔等。”唐杜甫《種萵苣詩序》載：“堂下理小畦，隔種一兩席許萵苣，向二旬矣，而苣不拆甲。”宋陶穀《清異錄·蔬》：“高國使者來漢，隋人求得菜種，酬之甚厚，故因命‘千金菜’，今萵苣也。”元王禎《農書》卷八：“苣數種，有苦苣，有白苣，有紫苣，皆可食……今人家常食之，白苣。江外嶺南吳人無白苣，但種野苣，以供厨饌，生食之，所謂萵苣也。”明李時珍《本草綱目·菜二·萵苣》：“〔釋名〕萵菜、千金菜。時珍曰：按彭乘《墨客揮犀》云：萵菜自咼國來，故名。”胡

萵　苣

（清吳其濬《植物名實圖考》）

樸安《中華風俗志》卷六："肥菜，萵苣也，嶺南謂之生菜，自仲冬至仲夏，以爲常蔬。"清吳其濬《植物名實圖考·蔬類·萵苣》："萵苣：《食療本草》始著錄。《墨客揮犀》謂自呙國來，故名。有紫花、黃花兩種，腌其薹食之，謂之萵筍，亦呼爲薹乾。李時珍謂苦苣、萵苣、白苣，俱不可煮食，通可曰生菜。然苦苣生食固已，萵苣葉薹，爛之、羞之，五味皆宜。唯白苣則北人以葉包飯食之，脆甘無儕，且耐大嚼，故以生菜屬之。而萵苣之美，則在薹，鹽脯禦冬，響牙齎也……萵苣一名千金菜，《清波雜誌》云：紹興中，車駕巡建康新豐鎮，頓物皆備，忽索生菜兩籃，前頓傳報，生菜遂爲珍品。物有時而貴千斤，其適然矣。"萵苣自從傳入中國，歷代栽培，由葉用萵苣又演化出莖用萵苣，發展至今已形成多個品種，按產品所用器官可分爲葉用和莖用兩類。一、葉用萵苣。有三個變種：（一）長葉萵苣：又稱"散葉萵苣"或"直立萵苣"。葉全緣或鋸齒狀，外葉直立，歐美栽培較多。（二）皺葉萵苣：葉片有深裂，葉面皺縮，不結球。（三）結球萵苣：葉全緣，有鋸齒或深裂，葉面平滑或皺縮，外葉開展，心葉形成葉球。主要有四個類型：皺葉結球萵苣，主要品種有美國之大湖等；酪球萵苣，主要品種有美國之大波士頓等；直立結球萵苣；拉丁萵苣。葉用萵苣世界各國栽培普遍，主要分布於歐洲、美洲，中國南北各地則以莖用萵苣栽培爲主。葉用萵苣多分布於華南地區，臺灣省種植尤爲普遍。葉用萵苣品種主要有廣州東山生菜（軟尾生菜）、廣東登峰生菜、北京青白口結球萵苣（團葉生菜）、山東泰安皺葉結球萵苣。二、莖用萵苣（詳"萵筍"文）。

【萵菜】

　　即萵苣。此稱宋代已行用。見該文。

【千金菜】

　　即萵苣。此稱宋代已行用。見該文。

【肥菜】

　　即萵苣。此稱近代已行用。見該文。

萵筍

　　蔬名。菊科，萵苣屬。萵筍（*Lactuca sativa* var.*angustana* Irish.）乃萵苣種能形成肉質嫩莖之變種，一二年生，草本植物。直根系，莖短縮，葉互生，披針形或長卵圓形等，色淡綠、綠、深綠或紫紅，葉面平展或有皺褶，全緣或有缺刻。在花莖伸長之同時莖長粗，形成棒狀肉質嫩莖。肉色淡綠、翠綠或黃綠色。圓錐形頭狀花序，花淺黃色，自花授粉，有時亦會發生异花授粉。瘦果，黑褐色或銀白色，附有冠毛。莖葉中含乳狀汁液，内含萵苣素。主要食用肉質嫩莖，生食、凉拌、炒食、乾製或腌製，嫩葉亦可食用。萵苣原産亞洲西部及地中海沿岸（詳"萵苣"文）。在中國之地理環境條件下，而演變成特有之莖用萵苣——萵筍，亦稱"莖用萵苣""萵苣筍""青筍""萵菜"。萵筍於中國從古栽培，宋代孟元老撰《東京夢華録》便有當時汴京（今河南開封）市井買賣萵苣筍情景之記載。元王禎《農書》卷八："其莖嫩，如指大，高可踰尺，去皮蔬食；又可糟藏，謂之'萵筍'；生食又

萵　筍

謂之‘生菜’，四時不可闕者。”明李時珍《本草綱目·菜二·萵苣》：“〔集解〕時珍曰：萵苣正二月下種……四月抽薹，高三四尺，剥皮生食，味如胡瓜。糟食亦良。江東人鹽曬壓實，以備方物，謂之萵笋也。”清吴其濬《植物名實圖考·蔬類·萵苣》：“萵苣……腌其薹食之，謂之萵笋。”歷代記載之莖用萵苣，皆爲萵笋也。發展至今，萵笋根據葉片形狀可分爲尖葉和圓葉兩個類型，各類型中據色澤又有白笋（外皮緑白）、青笋（外皮淺緑）和紫皮笋（外皮紫緑色）之分。一、尖葉萵笋。葉片披針形，先端尖，葉簇較小，節間較稀，色緑或紫。肉質莖棒狀，下粗上細，較晚熟，苗期較耐熱，可作秋季或越冬栽培。主要品種有柳葉萵笋、北京紫葉萵笋、陝西尖葉白笋、成都尖葉子、重慶萬年椿、上海尖葉、南京白皮香早種等。二、圓葉萵笋。葉片長倒卵形，頂部稍圓，葉簇較大，節間密，莖粗大（中下部較粗，兩端漸細），成熟較早，耐寒性強，多作越冬萵笋栽培。主要品種有北京鯽瓜笋，成都挂絲紅、二白皮、二青皮，濟南白萵笋，陝西圓葉白笋，上海小圓葉、大圓葉，南京紫皮香，湖北孝感萵笋，湖南鑼錘萵笋等。萵笋目前在中國普遍栽培，分布極廣。日本亦有種植。

【萵苣笋】

即萵笋。此稱宋代始行用。見該文。

【生菜】[1]

即萵笋。此稱元代已行用。見該文。

【莖用萵苣】

即萵笋。此稱行用於現代。見該文。

【青笋】

即萵笋。此稱行用於現代。見該文。

苦苣[1]

蔬名。菊科，苦苣菜，苦苣（*Cichorium endivia* L.），一二年生草本植物，是以嫩葉爲食之栽培種。苦苣葉披針形。頭狀花序，花冠紫色，雌蕊柱間雙杈狀，淡藍色，雄蕊五枚，連成筒狀，花藥淡藍色，腹裂。種子短柱狀，灰白色。種子發芽力可保持十年，使用年限二至三年。苦苣葉部發達，有苦味，亦稱之“花葉生菜”，容易誤爲是葉用萵苣，實則兩者爲同科异屬，葉形相似，花果有别。富含蛋白質、鈣、維生素等營養物質。適宜生食、熟食或做湯。原産東印度和歐洲南部。苦苣亦稱“褊苣”“白苣”“石苣”“生菜”。野生種中國自古有之。宋鄭樵《通志·昆蟲草木略一》：“苦苣，野生者曰褊苣，人家常食者曰白苣。”元王禎《農書》卷八：“苣數種，有苦苣，有白苣，有紫苣，皆可食。葉有白毛爲白苣，紫色爲紫苣，苦味爲苦苣，即野苣也，又名褊苣。今人家常食者，白苣。”明李時珍《本草綱目·菜二·白苣》：“〔釋名〕時珍曰：白苣、苦苣、萵苣俱不可煮烹，皆宜生挼去汁，鹽、醋拌食，通可曰生菜。”又“〔集解〕時珍曰：苣有數種：色白者爲白苣，色紫者爲紫苣，味苦者爲苦苣”。苦苣今有皺葉類型和闊葉類型兩種。一、皺葉類型。葉片長倒卵形或

白 苣
（清吴其濬《植物名實圖考》）

長橢圓形，深裂，葉緣鋸齒狀，多皺褶，呈雞冠狀。二、闊葉類型。葉片長卵圓形，羽狀深裂，葉緣細鋸齒狀。外葉綠色，心葉黃色，葉柄淡綠色，有的品種葉柄基部內側爲淡紫紅色。近年由意大利引進之苦苣屬之。在中國栽培僅有數十年歷史。今北京、上海、湖北武漢、貴州遵義、山東青島等大中城市近郊有少量栽培。

【褊苣】[1]

"苦苣[1]"之野生種。中國自古有之。此稱宋代已行用。見該文。

【白苣】

苦苣[1]之一種。此稱宋代已行用。見該文。

【紫苣】

苦苣[1]之一種。此稱元代已行用。見該文。

【生菜】[2]

即苦苣[1]。此稱明代已見行用。見該文。

【石苣】

即苦苣[1]。明李時珍《本草綱目・菜二・白苣》："〔釋名〕石苣（《綱目》）、生菜。"見該文。

蕹菜

蔬名。旋花科，甘薯屬。蕹菜（*Ipomoea aquatica* Forssk.）是以嫩莖葉爲產品之一年或多年生草本植物。鬚根系淺，再生能力強。旱生類型，莖節短，莖扁圓或近圓，中空，匍匐生長，質柔軟，綠色或淡綠色，亦有帶紫紅色品種。水生類型，莖節較長，節上易生不定根，適於扦插繁殖。子葉對生，馬蹄形，真葉互生，長卵形，基部葉心臟形或披針形，全緣，葉面平整。聚散花序，腋生，漏斗狀，白色或淡紫色。蒴果，卵形，皮厚，堅硬，黑褐色。蕹菜以嫩莖、葉供食，品質佳美，營養豐富，可炒食或做湯。原產中國、印度，廣泛分布於亞洲熱帶地區。蕹菜，亦稱"空心菜""藤藤菜""竹葉菜""通菜"。中國自古栽培。晋嵇含《南方草木狀》卷上："蕹菜，葉如落葵而小，性冷，味甘，南方之奇蔬也。"明李時珍《本草綱目・菜二・蕹菜》："〔釋名〕時珍曰：蕹與甕同。此菜惟以甕成，故謂之甕。〔集解〕藏器曰：蕹菜嶺南種之。蔓生，開白花，堪茹。時珍曰：蕹菜今金陵及江夏人多蒔之。性宜濕地，畏霜雪。九月藏入土窖中，三四月取出，壅以糞土，即節節生芽，一本可成一畦也。幹柔如蔓而中空，葉似菠薐及鑿頭形。味短，須同猪肉煮，令肉色紫乃佳。"清吳其濬《植物名實圖考・蔬類・蕹菜》："蕹菜，詳見《南方草木狀》，《嘉祐本草》始著錄：種法如番薯，掐蔓插之即活，一畦足够八口之食。味滑如葵，在嶺南則爲嘉蔬……雩婁農曰：余壯時以盛夏使嶺南，瘴暑如焚，日啜冷齑；抵贛驟茹蕹菜，未細咀而已下咽矣。每食必設，乃與五穀日益親。蓋其性滑能養竅，中空能疏滯寒，能抑熱。"可見蕹菜爲人喜食之蔬。發展至今已形成多個品種，按其能否結子分兩個類型。

一、結子類型：稱子蕹。主要用種子繁殖，亦可扦插繁殖。生長勢旺，蔓粗葉大，夏秋開花結子，是主要栽培類型。子蕹按花之顏色又可分爲白花子蕹、紫花子蕹。（一）白花子蕹。花白色，適應性强，全國

蕹　菜
（清吳其濬《植物名實圖考》）

各地均有栽培，如杭州白花子蕹、廣州大骨青、大鷄白、大鷄黄、白殼、劍葉等品種，多作水生栽培。浙江温州空心菜適淺水栽，龍游空心菜適水面栽培。（二）紫花子蕹。花紫色，莖秆、葉背、葉脉、葉柄等皆帶紫色，廣西宜山、湖南、湖北均有栽培。二、不結子類型：稱藤藤菜。用莖蔓扦插繁殖，旱生或水生，品種有廣東細葉通菜、絲蕹，湖南藤藤，四川大蕹菜等。按對水之適應性又分旱蕹和水蕹。旱蕹適於旱地栽培，味較濃。水蕹適於水中栽培，產量高。目前中國華南、西南栽培最盛，華中、華東次之，在廣東、福建、四川四至十一月不斷采收，爲夏秋重要之綠葉蔬菜。

【空心菜】

即蕹菜。此稱行用於現代。見該文。

【藤藤菜】

即蕹菜。此稱多行於湖南地區。見該文。

【竹葉菜】[1]

即蕹菜。此稱行用於現代。見該文。

【通菜】

即蕹菜。此稱現代多行用於廣東地區。見該文。

茴香

蔬名。傘形科，茴香屬。茴香（*Foeniculum vulgare* Mill.），多年生宿根草本植物，作一二年生栽培。有以果實爲香料或以嫩莖葉食用之兩個栽培種。株高 30 ~ 40 厘米，莖直立，有分枝，表面無茸毛，有蠟粉。莖生葉爲三四羽狀深裂之細裂葉，小葉成絲狀，深綠色。穩傘狀花序，花小金黄色。雙懸果，短圓形，果棱尖鋭，内有種子兩粒，灰白色。莖葉爲食用部分，葉和種子皆含揮發油，主要成分爲茴香醚及茴香酮，全株具強烈特殊芳香味。胡蘿蔔素和鈣之含量高，可作調味品及拼盤裝飾，中國北方主要作餡食。茴香根皮亦可食，作補品。果實種子香味甚濃，可作香料及藥用，有溫肝腎、暖胃氣、散寒結之功效。原産歐洲南部地中海沿岸及西亞。茴香亦稱“蘹香”“香絲菜”，俗稱“小茴香”。中國古代北方早有栽培。《玉篇·艸部》：“茴，茴香。”明李時珍《本草綱目·菜一·蘹香》：“〔釋名〕茴香、八角珠。頌曰：蘹香，北方人呼爲茴香，聲相近也。弘景曰：煮臭肉，下少許，即無臭氣，臭醬入末亦香，故曰回香。時珍曰：俚俗多懷之衿衽咀嚼，恐蘹香之名，或以此也。〔集解〕：時珍曰：茴香宿根，深冬生苗作叢，肥莖絲葉。五六月開花，如蛇床花而色黄。結子大如麥粒，輕而有細棱，俗呼爲大茴香，今惟以寧夏出者第一。在他處小者，謂之小茴香。自番舶來者，實大於柏實，裂成八瓣，一瓣一核，大如豆，黄褐色，有仁，味更甜，俗呼舶茴

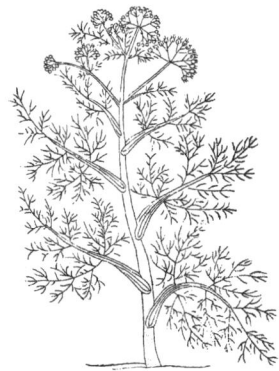

茴 香
（明徐光啓《農政全書》）

蘹 香
（清吴其濬《植物名實圖考》）

香，又曰八角茴香……形色與中國茴香迥别，但氣味同爾。北人得之，咀嚼薦酒。"清吳其濬《植物名實圖考·蔬類·懷香》："懷香，《唐本草》始著録。圃中亦種之，土呼香絲菜。"茴香性喜冷涼氣候，適應性較强，病蟲害少，可周年栽培。中國南方栽培較少，北方栽培普遍，以春秋栽培爲主，冬季可利用保護地生産。茴香品種有大茴香、小茴香之分。大茴香多分布於山西、内蒙古等省區，小茴香多分布於天津、北京等地區。

【懷香】

即茴香，是"茴香"之古名。此稱宋代已行用。見該文。

【八角珠】

即茴香。此稱明代已行用。見該文。

【小茴香】[1]

"茴香"之一種。此稱明代已行用。見該文。

【大茴香】

"茴香"之一種。此稱明代已行用。見該文。

【舶茴香】

從西方引進之茴香，是茴香之一種。此稱明代已行用。見該文。

【八角茴香】

即舶茴香。此稱明代已行用。見該文。

【香絲菜】

即茴香。此稱清代已行用。見該文。

莧菜

蔬名。莧科，莧屬。莧菜（*Amaranthus tricolor*）是以嫩莖葉食用之一年生草本植物。根較發達。莖肥大而質脆，分枝少。葉互生，全緣，先端尖或鈍圓，披針形、長卵圓形或卵圓形；葉面平滑或皺縮，有緑色、黄緑、紫紅色或緑與紫紅鑲嵌呈雜色。花單性或雜性，穗狀花序，花小，頂生或腋生。胞果矩圓形，蓋裂，種子極小，圓形，紫黑色有光澤。莧菜鈣、鐵、胡蘿蔔素、抗壞血酸量極高。可炒食或作湯，亦有取其老莖腌製後蒸食者。全株可入藥。原産中國，世界各地皆有莧屬植物分布，衹有中國和印度作爲蔬菜栽培。莧菜又稱"莧""米莧"等，中國自古有之。《爾雅·釋草》："蕢，赤莧。"郭璞注："今之莧赤莖者。"

莧　菜
（明徐光啓《農政全書》）

紫　莧
（宋王繼先《紹興校定證類備急本草畫圖》）

今人夏緯瑛《植物名釋札記·人莧》謂："《説文》：'莧，視也。'視，必以目。明目之藥而名之曰'莧'，從草作'莧'。這是可以説得通的。'莧菜'爲名之取義，大概都是如此。"元王禎《農書》卷八："莧亦多種。有馬齒莧、鼠齒莧及糠莧，此野莧也。若夫赤莧、白莧、紫莧、紅莧、人莧，又有五色莧，皆可蔬茹。人、白二莧，亦可入藥。"明李時珍《本草綱目·菜二·莧》："〔釋名〕時珍曰：按陸佃《埤雅》

云：莧之莖葉，皆高大而易見，故其字從見，指事也。〔集解〕《別錄》曰：莧實一名莫實，細莧亦同……李當之曰：莧實即莧菜也。弘景曰：莧實當是白莧。所以云細莧亦同，葉如藍也。細莧即是糠莧，食之乃勝，而并冷利。被霜乃熟，故云十一月采。”又：“保昇曰：莧凡六種：赤莧、白莧、人莧、紫莧、五色莧、馬齒莧也。惟人、白二莧，實可入藥用。赤莧味辛，別有功用。頌曰：人莧、白莧俱大寒，亦謂之糠莧，又謂之胡莧，或謂之細莧，其實一也。但大者爲白莧，小者爲人莧耳……赤莧亦謂之花莧，莖葉深赤，根莖亦可糟藏，食之甚美，味辛。五色莧今亦稀有。細莧俗謂之野莧，豬好食之，又名豬莧。”莧除野莧和籽用莧外，發展至今，菜用之栽培莧，品種頗多，一般以葉之顔色可分爲綠莧、紅莧、彩色莧三個類型。一、綠莧。葉片、葉柄綠色或黄綠色，耐熱性强，質地較硬，適於春秋季栽培。品種有上海白米莧、廣州柳葉莧、南京木耳莧。二、紅莧。葉片、葉柄紫紅色，耐熱性中等，質地較軟。品種有重慶大紅袍、廣州紅莧、昆明紅莧菜等。三、彩色莧。葉片邊緣綠色，葉脉附近紫紅色，耐熱性較差，質地軟。耐寒性强，適於早春栽培。品種有上海尖葉紅米莧（亦稱鑲邊米莧）、廣州尖葉花紅等。莧菜耐熱性强，適應性廣，可分期播種，分批采收，能從四月供應至十月，故播種面積較大，中國各地均有栽培，而長江流域以南栽培更盛，成爲主要之緑葉菜。

人　莧
（清吳其濬《植物名實圖考》）

莧　實
（宋王繼先《紹興校定證類備急本草畫圖》）

紅　莧
（宋王繼先《紹興校定證類備急本草畫圖》）

【蕢】[2]

“莧菜”之赤莖者。此稱秦漢代已行用。見該文。

【赤莧】[2]

即蕢。此稱秦漢代已行用。見該文。

【白莧】[2]

“莧菜”之一種。此稱五代時已行用。見該文。

【紫莧】[2]

“莧菜”之一種。此稱五代時已行用。見該文。

【人莧】[2]

“莧菜”之一種。此稱五代時已行用。見該文。

【五色莧】[2]

“莧菜”之一種。此稱五代時已行用。見該文。

【莧實】[2]

"莧菜"之古名。此稱漢時已行用。見該文。

【莫實】

"莧菜"之古名。此稱漢時已行用。見該文。

【細莧】[1]

即莧菜。此稱漢時已行用。見該文。

【糠莧】[1]

野莧之一種。此稱南北朝已行用。見該文。

【花莧】

即赤莧,亦即莧菜。此稱宋代已行用。見該文。

【胡莧】

亦稱人莧或白莧,即莧菜。此稱宋代已行用。見該文。

【猪莧】

"莧菜"之一種,亦稱"野莧""細莧"。此稱宋代已行用。見該文。

【紅莧】

"莧菜"之一種。此稱元代已行用。見該文。

【鼠齒莧】[1]

野莧之一種。此稱元代已行用。見該文。

芫荽

蔬名。傘形科,芫荽屬。芫荽(*Coriandrum sativum* L.)是以葉及嫩莖爲菜饌調料之栽培種,一二年生草本植物。主根較粗壯,白色。莖短呈圓柱狀,中空有縱嚮條紋。葉互生,一至三回羽狀全裂單葉,羽片卵圓形,有缺刻或深裂,裂片狹綫形,全緣,葉柄爲綠色或淡紫色。穗傘形花序,花小,白色。雙懸果球形,果面有棱,內有種子兩枚。芫荽含維生素、鈣及其他營養物質,具香氣。可作調味品,亦可裝飾拼盤。果實可入藥,有祛風、透疹、健胃、祛痰之功效。種子含油量達20%以上,是提煉芳香油之重要原料。原産地中海沿岸及中亞,漢武帝時張騫出使西域引入,因此得名"胡荽",因具香氣,又稱"香荽"。中國自古栽培。北魏賈思勰《齊民要術·胡荽》:"胡荽宜黑青沙良地,三遍熟耕。春種者用秋耕地。開春凍解地起有潤澤時,急接澤種之。"元王禎《農書》卷八:"漢張騫自西域得其種,莖葉紫細,可同邪蒿食及作羹,良。并人呼爲'香荽',即此也。"明李時珍《本草綱目·菜一·胡荽》:"〔釋名〕香荽(《拾遺》)、胡菜、蒝荽。時珍曰:荽,許氏《説文》作葰,云薑屬,可以香口也。其莖柔葉細而根多鬚,綏綏然也。張騫使西域始得種歸,故名胡荽。今俗呼爲蒝荽。蒝乃莖葉布散之貌。俗作芫花之芫,非矣。藏器曰:石勒諱胡,故并、汾人呼胡荽爲香荽。〔集解〕時珍曰:胡荽處處種之。八月下種,晦日尤良。初生柔莖圓葉,葉有花歧,根軟而白。冬春采之,香美可食,亦可作菹……王禎《農書》云:胡荽於蔬菜中,子、葉皆可用,生熟皆可食,甚有益於世者。宜肥地種之。"清吴其濬《植物名實圖考·蔬類·胡荽》載:"胡荽,《嘉祐本草》始著録。《南唐書》謂種胡荽者,作穢語則茂,今多呼蒝荽。《東軒筆録》:吕惠卿語王安石,園荽能去面䵟,蓋皆有所本。"芫荽

胡荽

(清吴其濬《植物名實圖考》)

發展至今，已形成多個品種，按葉之大小分大葉品種和小葉品種。大葉品種植株較高，葉片大，缺刻少而淺，產量較高；小葉品種植株較矮，葉片小，缺刻深，香味濃，耐寒，適應性強，產量稍低。按種子大小亦分兩個類型：大粒類型果實直徑 7～8 毫米，小粒類型果實直徑僅 3 毫米。中國栽培者屬小粒類型。芫荽於 8—12 世紀傳入日本，現全世界皆有栽培，中國南、北方栽培均較普遍。

【胡荽】

即芫荽。此稱北魏時代已行用。見該文。

【香荽】

即芫荽。此稱唐代已行用。見該文。

【胡菜】[2]

即芫荽。此稱明代已行用。見該文。

【蒝荽】

即芫荽。此稱明代已行用。見該文。

【園荽】

即芫荽。此稱宋代見行用。見該文。

葉萘菜

蔬名。藜科，甜菜屬。葉萘菜（*Beta vulgaris* L. var. *cicla* L.）是以嫩葉作菜用之栽培種，二年生草本植物。主根發達，呈細長圓錐狀，其上密生兩列鬚根。葉卵圓形或長卵圓形，葉片肥厚，表面有光澤，淡綠、深綠或紫紅色。葉柄發達，白色、淡綠或紫紅色。莖短縮，抽臺後發生多數長穗狀花序之側花莖，構成穗總狀花序。兩性花，淡綠，略帶紅色。種子腎形，外包木質化果皮，棕紅色富光澤。葉萘菜味甜脆，質柔軟，煮食、涼拌或炒食。又可作飼料，亦可入藥。原產歐洲地中海沿岸。由野生種經人工選擇演變而成。公元前 4 世紀古希臘已有栽培紅葉、淡綠和深綠葉葉萘菜之記載，公元 5 世紀從阿拉伯引入中國。葉萘菜亦稱“葉甜菜”“萘菜”“甜菜”“萘莱”“苔蕩菜”“莙蓬菜”“莙蓬”“牛皮菜”“厚皮菜”“光菜”。中國自古栽培。元王禎《農書》卷八：“莙蓬作畦下種如蘿蔔法。春二月種之，夏四月移栽，園枯則食。如欲出子，留食不盡者，地凍時出，於暖處收藏，來年春透可栽。收種，或作蔬，或作羹，或作菜乾，無不可也。”明李時珍《本草綱目·菜二·萘菜》：“《別錄》中品，〔校正〕併入《嘉祐》莙蓬菜。〔釋名〕莙蓬菜。時珍曰：萘菜，即莙蓬也。萘與甜通，因其味也。莙蓬之義未詳。〔集解〕弘景曰：萘菜，即今以作鮓蒸者。恭曰：萘菜葉似升麻苗，南人蒸炮食之，大香美。保昇曰：苗高三四尺，莖若蒴藋，有細棱，夏盛冬枯。”明徐光啓《農政全書》卷二八：“古作‘萘’。〔釋名〕萘莱，即莙蓬也……《本草》云：莖灰淋汁洗衣，其白如玉。《便民圖纂》曰：莙蓬，八月下種，十月治畦分栽，頻用糞水澆之。”《事物異名錄·蔬穀·萘菜》：“《食物本草》：‘莙蓬，即苔蒿菜，一名萘菜。’”清吳其濬《植物名實圖考·蔬類·萘菜》：“萘菜，《別錄》中品，即莙蓬菜，湖南謂之甜菜；有紅莖者不中噉，人種以爲玩。按莙蓬，《嘉祐本草》始著錄，李時珍以萘、

萘　菜
（清吳其濬《植物名實圖考》）

甜聲近，遂併爲一物，然與諸説葉似升麻及蒴藋皆不類，姑仍其説。"中國農業科學院蔬菜研究所主編《中國蔬菜栽培學·葉恭菜》："葉恭菜別名：莙蓬菜、牛皮菜、厚皮菜、光菜。"葉恭菜發展至今，已形成多個品種，根據葉柄、葉片之特徵可分爲三類。一、普通種。葉柄較窄，淡綠色，又稱青梗種。葉片大，長卵形，綠、淡綠或深紅色，葉緣無缺刻。肉厚，葉面光滑稍有皺褶，中國栽培之葉恭菜多屬此種。優良品種有廣州青梗莙蓬菜、重慶四季牛皮菜。此外，華東綠恭菜、長沙遲恭菜、廣州青梗歪尾等亦是當地優良品種。二、寬柄種。葉柄寬而厚，白色，又稱白梗種。葉片短而大，葉面有波狀皺褶，柔嫩多汁。優良品種有白梗莙蓬菜、浙江披葉恭菜、長沙早恭菜、廣東白梗黃葉莙蓬菜等。三、皺葉種。葉柄稍狹長，葉面密生皺紋。優良品種有重慶白秆二平椿、雲南捲心葉恭菜。葉恭菜適應性廣，栽培管理容易，可多次剝葉采收，產量高，供應期長，可在夏秋缺少綠葉菜時上市，故中國南北方普遍栽培。

【恭菜】[2]

　　即葉恭菜。此稱南北朝已行用。見該文。

莙蓬菜
（明徐光啓《農政全書》）

【莙蓬菜】

　　即葉恭菜。此稱宋代已行用。見該文。

【莙蓬】[2]

　　即葉恭菜。此稱宋代已行用。見該文。

【甜菜】[2]

　　即葉恭菜。此稱明代已行用。見該文。

【恭菜】

　　即葉恭菜。此稱明代已行用。見該文。

【莙蒿菜】

　　即葉恭菜。此稱明代已行用。見該文。

【牛皮菜】

　　即葉恭菜。此稱現代始見行用。見該文。

【厚皮菜】

　　即葉恭菜。此稱現代始見行用。見該文。

【光菜】

　　即葉恭菜。此稱現代始見行用。見該文。

茼蒿

　　蔬名。菊科，菊屬。茼蒿（*Chrysanthemum coronarium* L.）是以嫩莖葉爲食之栽培種。一二年生，草本植物。根淺生，鬚根多。莖直立，葉厚肉多，互生，二回羽狀深裂，裂片呈倒披針形，葉緣鋸齒狀或有深淺不等之缺刻。頭狀花序，單花舌狀，黃色或白色。瘦果，有三個突起之翅肋，無冠毛，褐色。具特殊香味，營養豐富，

茼　蒿
（清吳其濬《植物名實圖考》）

冬春采嫩莖葉菜茹。可入藥，有清血、養心、降壓、潤肺、清痰之功效。歐洲有作花壇花卉者。原産地中海沿岸。茼蒿，亦稱"蓬蒿""春菊""蒿子秆"等。中國已有九百餘年之栽培歷史，古籍多有記載。元王禎《農書》卷八："同蒿，葉綠而細，莖稍白，味甘脆。春二月種，可爲常食。秋社前十日種，可爲秋菜。如欲出種，春菜食不盡者可爲子，俱是畦種。其葉又可湯泡，以配茶茗。實菜中之有异味者。"明李時珍《本草綱目·菜一·茼蒿》："〔釋名〕蓬蒿。時珍曰：形氣同乎蓬蒿，故名。〔集解〕時珍曰：同蒿，八九月下種，冬春采食肥莖。花葉微似白蒿，其味辛甘，作蒿氣。四月起薹，高二尺餘。開深黄色花，狀如單瓣菊花。一花結子近百成毬，如地菘及苦藚子，最易繁茂。此菜自古已有，孫思邈載在《千金方》菜類，至宋嘉祐中始補入《本草》，今人常食者。"清吳其濬《植物名實圖考·蔬類·茼蒿》："茼蒿，《嘉祐本草》始著録。開花如菊，俗呼菊花菜。"茼蒿早爲野生，後馴化栽培，今以葉之大小可分爲大葉茼蒿和小葉茼蒿兩類。大葉茼蒿又稱板葉茼蒿或圓葉茼蒿，品質佳，産量高，栽培比較普遍。小葉茼蒿又稱花葉茼蒿或細葉茼蒿，品質較差，栽培較少。此種類型，北京已培育成嫩莖用品種——蒿子秆。茼

同　蒿
（明徐光啓《農政全書》）

蒿在北方，春、夏、秋皆能在露地栽培，冬季可進行保護地栽培。在南方除炎夏外，秋、冬、春皆可栽培。對周年供應及調劑蔬菜花色品種有一定作用。

【同蒿】

即茼蒿。此稱元代已行用。見該文。

【蓬蒿】

即茼蒿。此稱明代已行用。見該文。

【菊花菜】

即茼蒿。此稱清代已行用。見該文。

【蒿子秆】

即茼蒿。此稱行用於現代北京地區。見該文。

【春菊】

即茼蒿。此稱現代始見行用。見該文。

冬寒菜

蔬名。錦葵科，錦葵屬。冬寒菜（*Malva verticillata* var. *crispa* L.）是以嫩莖葉供食之栽培種，二年生，草本植物。根系發達，莖直立，摘梢後分枝多，生長力強。葉互生，柄長，葉片圓扇形，面微皺褶，緣波狀。莖葉皆被白色茸毛。花簇生於葉腋，淡紅或白色，形小。蒴果，扁圓形，種子細小，黄白色，腎形，扁平，表面粗糙。幼苗、嫩莖葉供食，作湯或炒食，口感滑潤。原産於中國青海、西藏及黑龍江。冬寒菜亦稱"冬葵""葵菜""冬莧菜""葵""滑菜""滑腸菜"等。中國、朝鮮、日本自古將其作爲蔬菜栽培。歷代古籍均有記載。《詩·豳風·七月》："七月烹葵及菽。"《説文·艸部》："葵，菜也。"北魏賈思勰《齊民要術·種葵》："按今世葵有紫莖、白莖二種，種別有大小之殊……崔寔曰：六月六日可種葵，

中伏後可種冬葵。九月，作葵菹，乾葵。”《爾雅翼·釋草四·葵》：“古者葵稱露葵，又終葵，一名繁露，今摘葵必待露解。語曰‘觸露不搖葵，日中不翦韭’，各有宜也。又葵性向日，孔子以比鮑莊子智不如葵，葵猶能衞其足。曹植曰：若葵藿之傾葉，太陽雖不爲回光，然向之者誠也。’《淮南》曰：‘聖人之於道，猶葵之與日也，雖不能以終始哉，其鄉之誠也。’夫天有十日，葵與之終始，故葵從‘癸’。《説文》云：‘揆，葵也。’即所謂揆之以日者。”元王禎《農書》卷八：“《爾雅》所謂‘薃，戎葵是也’，薃音肩。按，葵爲百菜之主，備四時之饌，本豐而耐旱，味甘而無毒，供食之餘，可爲菹臘，枯枿之遺，可爲榜簇，子若根則能療疾，咸無棄材，誠菜茹之上品，民生之資助也。春宜畦種，冬宜撒種，然夏秋皆可種也。”明李時珍《本草綱目·草五·葵》：“〔釋名〕露葵、滑菜。時珍曰：按《爾雅翼》云：葵者，揆也。葵葉傾日，不使照其根，乃智以揆之也。古人采葵必待露解，故曰露葵。今人呼爲滑菜，言其性也。……〔集解〕頌曰：葵處處有之，苗葉作菜茹，更甘美。冬葵子古方入藥最多。葵有蜀葵、錦葵、黃葵、終葵、菟葵，皆有功用。時珍曰：……四五月種者可留子。六七月種者爲秋葵。八九月種者爲冬葵，經

冬　葵
（清吳其濬《植物名實圖考》）

年收采。正月後種者爲春葵，然宿根至春亦生。”明徐光啓《農政全書》卷二八：“《廣雅》曰：鶪，邱葵也。《説文》：葵，菜也。”清吳其濬《植物名實圖考·蔬類·冬寒菜》

秋　葵
（明王圻等《三才圖會》）

載：“冬葵，《本經》上品，爲百菜之主，江西、湖南皆種之，湖南呼葵菜，亦曰冬寒菜。”今人夏緯瑛《植物名釋札記·冬葵》曰：“冬葵，即今之冬寒菜。《神農本草》有‘冬葵子’，《證類本草·菜部上品》載之。陶弘景《本草注》云：‘以秋種葵，覆養經冬，至春作子，謂之冬葵，多入藥用至滑利，能下石，春葵子亦滑，不堪。餘藥用根，故是常葵爾。’說‘冬葵’，即是葵之秋種而經冬者。藥用其子。”冬寒菜今有兩個變種。一、紫梗冬寒菜。莖綠色，節間及主脈均紫褐色，葉面基部之葉片亦呈紫褐色，葉綠色，七角心臟形，面有皺。品種有重慶大棋盤、福州紫梗冬寒菜、長沙圓葉冬寒菜、紅葉冬寒菜。二、白梗冬寒菜。莖綠色，葉較小，葉柄較長，較耐熱。品種有重慶之小棋盤、福州之白梗冬寒菜。冬寒菜廣泛分布於東半球北溫帶及亞熱帶地區，中國東北、華北、長江流域、華南、臺灣皆有栽培。印度、歐洲、埃及等地亦有分布。

【葵】

葵菜之單稱，即冬寒菜。此稱先秦時已行用。見該文。

【冬葵】

即冬寒菜。此稱秦漢時已行用。見該文。

【冬葵子】

即冬葵，亦即冬寒菜。此稱始見於漢時。見該文。

【菺】

即葵菜，“冬寒菜”之古名。此稱始見於秦漢時。見該文。

【戎葵】

即葵菜，“冬寒菜”之古名。此稱始見於秦漢時。見該文。

【蘬】

同“葵”。“冬寒菜”之古名，此體始見於三國時。見該文。

【邱葵】

即葵菜，“冬寒菜”之古名。此稱始見於三國時。見該文。

【露葵】[1]

即葵菜，亦即冬寒菜。此稱宋代已見行用。見該文。

【春葵】

即冬寒菜。此稱明代已見行用。見該文。

【滑菜】

即冬寒菜。此稱明代已行用。見該文。

【秋葵】

即冬寒菜。此稱明代已行用。見該文。

【滑腸菜】

即冬寒菜。此稱現代始見行用。見該文。

落葵

蔬名。落葵科，落葵屬中以嫩莖葉供食之栽培種。落葵（*Basella alba* L.）爲一年生，蔓生，草本植物。根系發達，莖肉質，光滑無毛，具旋性纏繞，分枝性强。近年從日本引進之落葵，莖粗大，無纏繞性。葉互生，近圓形或卵圓形，全緣，綠色或紫紅色，具光澤。穗狀花序，腋生，兩性花，小花無梗，白色或紫紅色。果實圓形或卵圓形，果面平滑，初期綠色，老熟時呈紫色，内含種子一粒，種皮紫黑色。落葵以幼苗或葉片供食，質地滑嫩多汁，可作湯或炒食，是夏季蔬菜之一。全株供藥用，有清熱涼血之功效。原産中國和印度，非洲栽培亦較多。落葵亦稱“木耳菜”“軟漿葉”“軟薑子”“染漿菜”“胭脂豆”“豆腐菜”“藤菜”“燕脂菜”等。中國自古栽培。《爾雅·釋草》云：“蔠葵，蘩露。”徐朝華注：“‘蔠葵’，葵類植物。又名蘩露、承露、落葵。蔓生，莖大葉小，花紫黄色。可作蔬菜，也可入藥。”明李時珍《本草綱目·菜二·落葵》：“〔釋名〕蔠葵（《爾雅》）、藤葵（《食鑒》）、藤菜（《綱目》）、天葵（《別録》）、蘩露（同）、御菜（俗）、燕脂菜。《志》曰：落葵一名藤葵，俗呼爲胡燕脂。時珍曰：落葵葉冷滑如葵，故得葵名。釋家呼爲御菜，亦曰

落　葵

（清吴其濬《植物名實圖考》）

藤兒菜。〔集解〕時珍曰：落葵三月種之，嫩苗可食。五月蔓延，其葉似杏葉而肥厚軟滑，作蔬、和肉皆宜。八九月開細紫花，纍纍結實，大如五味子，熟則紫黑色。揉取汁，紅如胭脂，女人飾面、點唇及染布物，謂之胡胭脂，亦曰染絳子，但久則色易變耳。"明徐光啓《農政全書》卷二八："即紫草子，《爾雅》曰：蔠葵，繁露也。其葉最能承露，其子垂垂如綴露，故名。又一名藤菜，一名天葵，一名御菜，一名胭脂菜，一名落葵。"清吳其濬《植物名實圖考・蔬類・落葵》："落葵，《別錄》下品……大莖小葉。華紫黃色，即胭脂豆也。湖南有白莖綠葉者，謂之木耳菜。"今人夏緯瑛《植物名釋札記・落葵》云："葵，本菜之一種，申引之凡菜亦嘗名'葵'。落者，'籬落'之落，俗曰'籬笆'。落葵之嫩葉供蔬菜食用，蔓生常蔓延於籬笆之間，故名'落葵'。"落葵分兩個品種。

一、青梗落葵：葉綠色，莖綠白色，花白色。

二、紅梗落葵：莖紫紅色，葉綠色，或莖葉皆紫紅色，花紫紅色。落葵品種較少，各地基本主栽一個品種。性喜溫暖，耐高溫高濕，不耐寒，遇霜枯死。在中國南方各省區栽培較多，

天　葵
（清吳其濬《植物名實圖考》）

常單獨撒播或與旱雍菜混播，作爲與其他蔬菜間套作之鋪地菜，以便充分利用土地。

【蔠葵】

　　"落葵"之古名。此稱秦漢時已行用。見該文。

【繁露】

　　"落葵"之古名。此稱秦漢時已行用。見該文。

【天葵】

　　即落葵。此稱漢已行用。見該文。

【藤葵】

　　即落葵。此稱明代已行用。見該文。

【藤菜】

　　即落葵。此稱明代已行用。見該文。

【紫草子】

　　即落葵。此稱明代已行用。見該文。

【胡燕脂】

　　"落葵"之俗名。此稱明代已行用。見該文。

【染絳子】

　　"落葵"之俗稱。此稱明代已行用。見該文。

【御菜】

　　即落葵。此稱明代已行用。見該文。

【燕脂菜】

　　即落葵。此稱明代已行用。見該文。

【藤兒菜】

　　即落葵。此稱明代已行用。見該文。

【胭脂豆】

　　"落葵"之別名。此稱清代已見行用。見該文。

【木耳菜】

　　"落葵"之別名。此稱清代已見行用。見該文。

【軟漿葉】

即落葵。此稱現代見行用。見該文。

【軟薑子】

"落葵"之別名。此稱現代見行用。見該文。

【豆腐菜】

"落葵"之別名。此稱現代見行用。見該文。

【染漿菜】

"落葵"之別名。此稱現代見行用。見該文。

番杏

蔬名。番杏科，番杏屬中以肥厚多汁嫩莖葉爲産品之多年生半蔓性草本植物。番杏（*Tetragonia tetragonioides*（Pall.）Kuntze）作一年生栽培。根系發達，直根深入土中。莖橫切面圓形，綠色，初期直立生長，後期則匍匐地面蔓生。葉片三角形，互生，綠色，肥厚，葉面密布白色細粉，多茸毛。易分枝。花腋生，爲無瓣花，形小色黃，花被鐘狀，四裂。堅果，形似菱角。番杏夏季生長繁茂，嫩梢莖葉柔軟，味淡，清香，可凉拌、炒食或作湯。但在莖葉內含少量單寧，故做菜前，必先經開水浸煮，否則澀味重，不堪食用。原産澳大利亞、東南亞和智利等地，主要在熱帶、温帶栽培。番杏在歐美諸國稱"新西蘭菠薐"或"新西蘭菠菜"，中國則稱爲"洋菠菜""夏菠菜"。中國於1946年始在南京引種栽培，生長良好。番杏喜温暖，耐炎

番　杏

熱，抗乾旱，適於各種土壤栽培。大洋洲、東南亞及智利等地區仍有野生種。亞洲、大洋洲、美洲、歐洲皆有分布，但栽培面積不廣。因烹調不得法，味欠佳，故此高産綠葉菜推廣不開，中國尚無大面積栽培。

金花菜

蔬名。豆科，苜蓿屬，一二年生草本植物。金花菜（*Medicago hispida* Gaertn），莖平卧或傾斜。三出複葉，小葉寬倒卵形，先端鈍圓或稍凹，葉緣上部鋸齒狀，葉表面濃綠色，背稍帶白色，托葉細裂。總狀花序，腋生，黃色小花，蝶形花冠。莢果螺旋形，有鈎狀刺，種子腎形，黃褐色。食用嫩葉，可炒食、腌製及拌麵蒸食，味道鮮美。金花菜亦稱"黃花苜蓿""刺苜蓿""南苜蓿""苜蓿""菜苜蓿""黃花草子""草頭"等。原産印度，據説張騫出使西域時从大宛帶回中國。主要分布在長江中下游的江蘇、浙江、上海一帶。北魏賈思勰《齊民要術·苜蓿》曰："地宜良熟。七月種之……一年三刈。留子者，一刈則止。春初既中生噉，爲羹甚香。"繆啓愉注："苜蓿有紫花和黃花苜蓿二種。《植物名實圖考》卷三'苜蓿'説：'西北種之畦中……夏時紫萼穎堅，映日爭輝，《西京雜記》謂花有光彩，不經目驗，殆未能作斯語。''懷風之名，信非虛矣。'這就是張騫通西域後傳自西域的紫花苜蓿（*Medicago satira* L.）。現在北方栽培作綠肥和牧草。黃花苜蓿（*Medicago hispida* Gaertn.），一名南苜蓿，亦名'金花菜''母薺頭'，南方有大量栽培，現在逐漸向徐淮地區推展。"宋羅願《爾雅翼·釋草八·苜蓿》載："苜蓿，本西域所産。自漢武時始入中國。《史記》曰：'大宛有苜蓿，漢使

取其實來，於是天子始種苜蓿。離宮別觀旁盡種，蒲陶苜蓿極望'。……《博物志》曰：'張騫使西域，得蒲陶、胡葱、苜蓿，蓋以漢使之中，騫最名著，故云然。'而《述異記》亦曰：'張騫苜蓿園，在今洛中。'……今人謂之鶴頂草。"明李時珍《本草綱目・菜二・苜蓿》："〔集解〕時珍曰：《雜記》言苜蓿原出大宛，漢使張騫帶歸中國……二月生苗，一科數十莖，莖頗似灰藋。一枝三葉，葉似決明葉，而小如指頂，綠色碧艷，入夏及秋，開細黃花。結小莢圓扁，旋轉有刺，數莢纍纍，老則黑色。"清吳其濬《植物名實圖考・蔬類・苜蓿》曰："滇南苜蓿，穉生圃園，亦以供蔬，味如豆藿，訛其名爲龍鬚……《山家清供》謂羹茹皆可，風味不惡。

苜蓿（明徐光啓《農政全書》）

金花菜

膏粱劵豢，濟以野蔌，正如敗鼓、韡底，皆可烹飪，豈其本味哉。"金花菜耐寒，對土壤適應性較強，春秋兩季皆可栽培，以秋季栽培爲主。今中國長江流域栽培較多，陝西、甘肅等地亦有栽培。

【苜蓿】[1]

"金花菜"之別名。此稱漢代已行用。見該文。

【鶴頂草】

"苜蓿"名之訛轉，即金花菜。此稱宋代已見行用。見該文。

【龍鬚】

"金花菜"之訛名。此稱清代已行用。見該文。

羅勒

蔬名。脣形科，羅勒屬中以嫩莖葉爲食之栽培種。羅勒（*Ocimum basilicum* L.）爲一年生草本植物。羅勒全株被稀疏柔毛。橫切面圓形，花莖爲四棱形，多分枝。葉對生，卵圓形，葉緣呈疏淺不規則鋸齒狀。花分層輪生，每層有苞葉兩枚，花六朵，形成輪傘花序，花萼筒狀，花冠脣形，白色或淡紫色。堅果，黑褐色，橢圓形。羅勒之嫩莖葉具特殊薄荷香味，可調製凉菜、油炸或作湯，食後

羅勒（清吳其濬《植物名實圖考》）

有消暑解毒之效，葉可提煉芳香油。莖葉可入藥，有健胃功效。原産於中國。羅勒亦稱"蘭香"，俗名"香菜"，又稱"毛羅勒""荊芥"等。中國栽培歷史悠久。晋張華《博物志》卷四："燒馬蹄羊角成灰，春夏散着濕地，生羅勒。"北魏賈思勰《齊民要術·蘭香》（明徐光啓《農政全書》）

香　菜
（明徐光啓《農政全書》）

載："蘭香者，羅勒也，中國爲石勒諱，故改，今人因以名焉。且蘭香之目，美於羅勒之名，故即而用之。韋弘《賦·叙》曰：'羅勒者，生昆侖之丘，出西蠻之俗。'按今世大葉而肥者，名朝蘭香也。"宋高承《事物紀原·草木花果》："蘭香，本名羅勒，後趙石勒以羅勒犯己名，改爲蘭香，至今以爲名也。"明李時珍《本草綱目·菜一·羅勒》："〔釋名〕蘭香（《嘉祐》）、香菜（《綱目》）、翳子草。禹錫曰：北人避石勒諱，呼羅勒爲蘭香。時珍曰：按《鄴中紀》云：石虎諱言勒，改羅勒爲香菜。今俗人呼爲翳子草，以

荊　芥
（明徐光啓《農政全書》）

其子治醫也。〔集解〕禹錫曰：羅勒處處有之。有三種：一種似紫蘇葉；一種葉大，二十步内即聞香；一種堪作生菜。冬月用乾者。子可按入目中去醫，少頃濕脹，與物俱出也……弘景曰：術家取羊角、馬蹄燒作灰，撒濕地遍踏之，即生羅勒。俗呼爲西王母菜，食之益人。"清吳其濬《植物名實圖考·蔬類·羅勒》："羅勒，《嘉祐本草》始著録，即蘭香也……《救荒本草》香菜，伊洛間種之，即此。"羅勒栽培技術簡單，中國華北地區多於四月上旬播種，一般采用平畦撒播。生長莖高 20 厘米後，除種株不能采摘嫩莖葉外，皆可連續采摘嫩莖葉供食。羅勒在亞洲、非洲之温暖地帶有廣泛分布，中國、日本皆有栽培，中國之河南、安徽栽培較多。

【蘭香】

即羅勒。此稱北魏已行用。見該文。

【朝蘭香】

即羅勒。此稱北魏時已行用。見該文。

【西王母菜】

"羅勒"之俗名。此稱南北朝已行用。見該文。

【香菜】

"羅勒"之俗名。此稱明代已行用。見該文。

【醫子草】

即羅勒。此稱至遲行用於明代。見該文。

【毛羅勒】

即羅勒。見該文。

【荊芥】

"羅勒"之別名。見該文。

紫背天葵

蔬名。菊科，菊三七屬中以嫩莖葉作菜之半栽培種，紫背天葵爲宿根，常緑，草本植物。

植物生長勢及分枝性均强。莖綠色，節部紫紅色。葉面綠色，略帶紫色，邊緣有鋸齒，葉背紫紅色，具蠟質，有光澤。白露開花，黃色。很少結子。嫩莖葉供炒食或涼拌，質柔嫩細滑，有特殊風味。紫背

紫背天葵
（清吳其濬《植物名實圖考》）

天葵亦稱"血皮菜""觀音莧"等，原產中國。抗逆性强，極耐瘠薄，石縫中亦能生長；耐熱、耐旱力極强，夏季高溫季節生長亦良好；較耐陰，日照充足生長更旺盛。栽培容易，節易生不定根，故行扦插繁殖，春秋兩季生根快。全年陸續采收嫩梢及嫩葉，冬季可月采摘一次，春後可每半月采摘一次。今四川與重慶栽培較多，爲重慶等地區炎夏之葉菜之一，能在春、夏、秋淡季供應。

【血皮菜】

即紫背天葵。見該文。

【觀音莧】

即紫背天葵。見該文。

榆錢菠菜

蔬名。莧科，濱藜屬中以嫩葉爲食之栽培種。榆錢菠菜（*Atriplex hortensis* L.）爲一年生草本植物。莖具棱角和縱溝，葉在莖基部對生，上部互生，葉片卵狀三角形，基部戟形，先端微鈍，似菠菜葉，綠色，背面有蠟粉，葉緣波狀或全緣。花頂生或腋生，穗狀花序，雌雄異

花同株。雄花有五個花被片及五枚雄蕊。雌花有兩個類型：一、有花被雌花，有五個花被片，無苞片，種子橫生，扁球形，黑色；二、無花被雌花，僅有兩枚苞片，苞片果

榆錢菠菜枝葉及果實

實近圓形，先端尖，全緣，有放射狀脉紋，很像榆樹果實（榆錢），種子直立，扁平，圓形，黃褐色。榆錢菠菜一般作綠葉蔬菜食用，亦是優良之飼料作物，原產中亞，中國青海、新疆有野生種。榆錢菠菜，亦稱"食用濱藜""洋菠菜"，性耐寒、耐鹽碱，同時耐旱澇，亦耐瘠薄。栽培技術簡單，在中國東北、西北及華北等冷涼地區，於無霜期內可隨時播種，采用平畦，條播或撒播。今中國內蒙古、陝西等地有栽培。

【食用濱藜】

即榆錢菠菜。見該文。

【洋菠菜】

即榆錢菠菜。見該文。

薄荷

蔬名。唇形科，薄荷屬中以嫩莖葉爲食之栽培種。薄荷（*Mentha canadensis*）爲多年生，宿根，草本植物。一般匍匐地面而生。莖四棱，地上莖赤色或青色，地下莖爲白色。葉綠色或赤絳色，對生，橢圓形或柳葉形，葉面有核桃紋，邊緣有鋸齒。莖及葉柄倒生茸毛。花淺紫色，唇形，集生於葉腋。種子極小，黃色。菜用之薄荷因常采摘嫩尖，一般不開花結子。其

莖葉富含薄荷油，主要成分是薄荷醇、薄荷酮。此外還含薄荷霜、樟腦萜、檸檬萜等。用途很廣。薄荷具特殊之濃烈清凉香味，嫩莖葉爲清凉調料，除用以凉拌可解熱外，還有除腥去膻作用，故爲食用牛羊肉之必備調料。雲南南部天氣炎熱，故栽培普遍。又是重要藥材，入藥有發汗、祛風、清熱、殺菌、止痛、止嘔吐、化痰之功效。中國自古作藥材，近期製成薄荷鹽和薄荷腦後，醫療作用更廣。工業生産之清凉油、八卦丹、牙膏、香皂、橡皮糖、口香糖以及冰棒、凉粉等以薄荷爲添加劑，能增加香味及清凉味。薄荷亦稱“蕃荷菜”，古名“菝蕑”“菝蘭”，原産於北温帶。俄羅斯、日本、英國、美國分佈較多，朝鮮、法國、德國、巴西亦有栽培。中國栽培歷史悠久。《玉篇·艸部》：“蕑，薄蕑。”明李時珍《本草綱目·草三·薄荷》：“〔釋名〕菝荷、蕃荷菜、吳菝荷（《食性》）、南薄荷（《衍義》）、金錢薄荷。時珍曰：薄荷，俗稱也。陳士良《食性本草》作菝荷，揚雄《甘泉賦》作菝蕑，吕忱《字林》作菝苦，則薄荷之爲訛稱可知矣。孫思邈《千金方》作蕃荷，又方音之訛也。今人藥用，多以蘇州者爲勝，故陳士良謂之吳菝荷，以別胡菝荷也。宗奭曰：世稱此爲南薄荷，

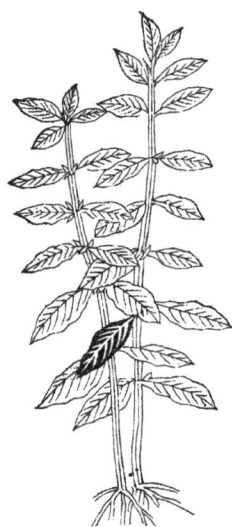

薄　荷
（明徐光啓《農政全書》）

爲有一種龍腦薄荷，所以別之。機曰：小兒方多用金錢薄荷，謂其葉小頗圓如錢也。”又：“〔集解〕頌曰：薄荷處處有之。莖葉似荏而尖長，經冬根不死，夏秋采莖葉曝乾。古方稀用，或與薤作齏食，近世治風寒爲要藥，故人家多蒔之。又有胡薄荷，與此相類，但味少甘爲別。生江浙間，彼人多以作茶飲之，俗呼新羅薄荷。近汴洛僧寺或植一二本，《天寶單方》所謂連錢草者是也。又有石薄荷，生江南山石間……恭曰：薄荷，人家種之，亦堪生食。一種蔓生者，功用相似。時珍曰：薄荷，人多栽蒔，二月宿根生苗，清明前後分之，方莖赤色，其葉對生，初時形長而頭圓，及長則尖。吳、越、川、湖人多以代茶。蘇州所蒔者，莖小而氣芳，江西者稍粗，川蜀者更粗，入藥以蘇産爲勝。”明徐光啓《農政全書》卷五八：“一名雞蘇。舊不著所出州土，今處處有之。”今人夏緯瑛《植物名釋札記·薄荷》：“今案：‘薄’者，‘馞’或‘馝’之音轉；‘荷’者，‘藿’之音轉。‘馞’或‘馝’，意思是‘香’，‘藿’之意思是‘葉’。‘薄荷’，即是‘香葉’之意思。‘薄荷’之葉子有香味，故有其名。”中國自古代就廣泛栽培薄荷。發展至今，薄荷分爲短花梗和長花梗兩個類型。一、短花梗類型：花梗極短，爲輪傘花序。中國大多栽培此類，主要品種有赤莖圓葉、青莖圓葉及青莖柳葉等。二、長花梗類型：花梗很長，常高出全株之上，爲穗狀花序。歐美栽種者多屬此類。主要品種有緑薄荷、姬薄荷、西洋薄荷。以各地所栽培者形成歐洲薄荷、美洲薄荷及荷蘭薄荷。日本栽培種有日本薄荷，某些國家亦有用皺葉薄荷作栽培種。薄荷分佈很廣，世界各國幾乎皆有栽培。中國自北至南

皆有分布，而以江蘇、江西、浙江、雲南等省栽培更盛。雲南開遠、彌勒和宜良等地還有野生種，亦可食用。

【茇葀】

"薄荷"之古名。此稱漢代已行用。見該文。

【菝蘭】

"薄荷"之古名。此稱南唐時已行用。見該文。

【吳菝荷】

即薄荷。此稱南唐時已見行用。見該文。

【茇苦】

"薄荷"之古名。此稱晉代已見行用。見該文。

【蕃荷菜】

即薄荷。此稱唐代已行用。見該文。

【連錢草】

"薄荷"之一種。此稱唐代已見行用。見該文。

【蕃荷】

即薄荷。此稱唐代已行用。見該文。

【南薄荷】

即薄荷。此稱宋代已行用。見該文。

【胡薄荷】

"薄荷"之一種。此稱宋代已行用。見該文。

【新羅薄荷】

即胡薄荷。此稱宋代已行用。見該文。

【石薄荷】

"薄荷"之野生種。此稱宋代已行用。見該文。

【金錢薄荷】

即薄荷。此稱明代已行用。見該文。

【雞蘇】 [1]

"薄荷"之古名。此稱明代已行用。見該文。

菊花腦

蔬名。菊科，菊屬中多年生，宿根性草本植物。菊花腦（*Chrysanthemum indicum* L.）可作多年生或一年生栽培。本種與野菊極相似，僅頭狀花序略小、總苞無毛。莖直立，半木質化，分枝性強，近乎光滑或上部稍有細毛。葉互生，卵圓形或長橢圓狀卵形，葉緣具粗大複鋸齒或二回羽狀深裂，表面綠色，背面淡綠色，先端短尖，柄具窄翼。

菊花腦

頭狀花序生於枝端，各枝花序集成圓錐狀。總苞半球形，外層苞片較内層苞片短。舌狀花黃色。種子為瘦果。其嫩莖葉供食用，營養豐富，具特殊之清涼風味和菊花香氣。可炒食或做湯，亦可作中藥，有清熱、涼血、調中開胃、降血壓及清熱解毒作用。菊花腦亦稱"路邊黄""菊花葉""黄菊仔"等。原産中國，湖南、貴州等省有野生種，江蘇南京地區今作蔬菜栽培。菊花腦性耐寒而怕熱，適宜各種土壤，耐乾旱、耐瘠薄，房前屋後、田邊地頭皆可栽培。在土壤富含有機質、水分充足之條件下栽培，産量高，品質好。按葉片大小可分為：一、小葉菊花腦：葉片較小，葉緣裂刻深，産量低，品質差。二、大葉菊花腦：又稱板葉菊花腦，係自小葉菊花腦中選育而成，葉卵圓形，葉緣裂刻細而較淺，品質好。

薺菜

蔬名。十字花科，薺屬中以嫩葉食用之栽培種。薺菜（*Capsella bursa-pastoris* L.）爲一二年生草本植物。根白色。基生葉塌地叢生，淺綠色，葉被茸毛，葉片特大，羽狀深裂或全裂，葉柄有翼。總狀花序，頂生或腋生。花小，白色，兩性。短角果，扁平呈倒三角形，內含多粒種子。種子細小，卵圓形，金黃色。薺菜富含胡蘿蔔素、核黃素及鈣等礦物質，營養價值很高。氣味清香甘甜，炒食、做湯羹、作菜餡均可，世人十分喜愛食之，是某些地區市場供應之主要葉菜之一。全株可入藥，長期食用有利尿、止血、清熱及明目之功效。薺菜亦稱"護生草""菱角菜"。原產於中國，爲中國之野生蔬菜。遍布世界溫帶地區。中國自古采集野生薺菜食之，先秦典籍中已有記載。《詩·邶風·谷風》曰："誰謂荼苦，其甘如薺。"《楚辭·離騷》有"故荼薺不同畝兮"之句。漢董仲舒《春秋繁露·天地之行》載："薺冬生而夏死，其味甘。"宋羅願《爾雅翼·釋草四·薺》曰："薺之爲菜最甘，故稱'其甘如薺'……唯土以稼穡作甘，而薺又草之甘者，故以爲歲豐之候。"明李明珍《本草綱目·菜二·薺》："〔釋名〕護生草。時珍曰：薺生濟澤，故謂之薺。釋家取其莖作挑燈杖，可辟蚊、蛾，謂之護生草，云能護衆生也。……〔集解〕普曰：薺生野中。弘景曰：薺類甚多，此是今人所食者。葉作菹、羹亦佳。《詩》云'誰謂荼苦，其甘如薺'是也。時珍曰：薺有大、小數種。小薺葉花莖扁，味美。其最細小者，名沙薺也。大薺科、葉皆大，而味不及。其莖硬有毛者，多菥蓂，味不甚佳……結莢如小萍，而有三角。莢內細子，如葶藶子。其子名蒫，音嵯，四月收之。師曠云：歲欲甘，甘草先生，薺是也。菥蓂、葶藶皆是薺類。"清吳其濬《植物名實圖考·蔬類·薺》載："薺，《別錄》上品；《爾雅》：蒫，薺實。湖南候暖，冬初生苗，已供匕筯，春初即結實，其花能消小兒乳積，投之乳中，旋化爲水，肉食者可以蕩滌腸胃，俗亦稱之凈腸草，故燒灰治紅白痢有效。陸放翁詩'目有食薺糝甚美'，蓋蜀人所謂東坡羹也。今燕京歲首亦作之，呼爲翡翠羹，牛乳抨酥，洵無此色味。放翁又有食薺詩云'挑根擇葉無虛日，直到開花如雪時'，真知食菜者矣。《清異錄》：俗呼薺爲百歲羹，言至貧亦可具，雖百歲可常享。然金李獻能詩'曉雪沒寒薺，無物充朝飢'，則苦寒之地，有求之不得

薺　菜
（明徐光啓《農政全書》）

葶　藶
（清吳其濬《植物名實圖考》）

者。《珍珠船》：'池陽上巳日，以薺花點油，祝而灑之，謂之油花蔔。'《物類相感志》：'三月三日收薺菜花，置燈檠上，則蚊蟲飛蛾不敢近。伶仃小草，有益食用如此。'"今人夏緯瑛《植物名釋札記·薺菜》載："《周禮·天官·醢人》：'五齎'，注云：'齎，當爲齏……凡醢醬所和，細切爲齏，全物若腜爲菹。'是齎聲之字有細碎之義。薺菜小草，其苗葉多缺裂，'薺菜'之爲名，大概是取其植物小而細碎之義。"今薺菜栽培種有板葉種和散葉種兩種。一、板葉薺菜：亦稱"大葉薺菜"，又名"粗菜頭"。葉淺綠色，大而厚，葉緣缺刻淺，耐熱，易抽薹，產量高。二、散葉薺菜：亦稱"百脚薺菜"，又名"碎葉頭"，葉深綠，葉緣缺刻深，耐熱，香氣濃，味鮮，產量低，栽培較少。薺菜要求冷凉和晴朗之氣候，對土壤要求不嚴，但以肥沃濕潤之土壤爲好。薺菜雖野生於南北各地，但人們常采掘爲蔬菜。上海郊區作蔬菜栽培，成爲市場供應之主要葉菜之一。20 世紀 50 年代，北京市、南京市亦有引種栽培。

薺 蕢
（清吳其濬《植物名實圖考》）

【葶蘼】

"薺菜"之一種。此稱先秦已見行用。明李時珍《本草綱目·菜二·菥蓂》："〔集解〕時珍曰：……葶蘼與菥蓂同類，但菥蓂味甘花白，葶蘼味苦花黃爲異耳。或言菥蓂即甜葶

蘼，亦通。"

【薺實】

即薺菜。此稱秦漢時已見行用。見該文。

【菥蓂】

野薺菜之一種。此稱漢時已見行用。明李時珍《本草綱目·菜二·菥蓂》載："菥蓂，《本經》上品。〔釋名〕大薺、大蕺、馬辛。"又"〔集解〕《別錄》曰：菥蓂生咸陽山澤及道旁……時珍曰：薺與菥蓂一物也，但分大小二種耳。小者爲薺，大者爲菥蓂，菥蓂有毛。故其子功用相同，而陳士良之《本草》，亦謂薺實，一名菥蓂也"。

【護生草】

即薺菜。此稱明代已行用。見該文。

【沙薺】

"薺菜"之一種。此稱明代已行用。見該文。

【净腸草】

"薺菜"之俗名。此稱清代已行用。見該文。

【東坡羹】

"薺菜"之地方名。四川人多稱之。此稱清代已行用。見該文。

【翡翠羹】

"薺菜"之地方名。此稱清代已行用，時燕京多稱之。見該文。

【油花蔔】

"薺菜"之別名。此稱清代已見行用。見該文。

蒔蘿

蔬名。傘形科，蒔蘿屬中能形成芳香嫩葉之栽培種，一二年生，草本植物。蒔蘿（*Anethum graveolens* L.）爲葉輪生，三回羽狀

全裂，裂片綫狀。傘形花序，花淡黃，無花被。果實棕黃色，無刺毛，橢圓扁平狀，兩側稜綫延伸成翼狀。蒔蘿其芳香綠葉及果實中含蒔蘿精油，主要成分是藏茴香

蒔　蘿
（清吴其濬《植物名實圖考》）

酮、檸檬萜、水芹菜萜等。維生素C含量亦很豐富。嫩葉可炒食或作調味品，果實有健脾開胃消食作用。蒔蘿亦稱"土茴香"。原産地中海沿岸地區，歐、美洲國家栽培較普遍，高加索、小亞細亞亦有栽培，中國古代已有之。明李時珍《本草綱目・菜一・蒔蘿》載："〔釋名〕慈謀勒（宋《開寶》）、小茴香。時珍曰：蒔蘿、慈謀勒，皆番言也。〔集解〕藏器曰：蒔蘿生佛誓國，實如馬芹子，辛香。珣曰：按《廣州記》云：生波斯國。馬芹子色黑而重，蒔蘿子色褐而輕，以此爲别。善滋食味，多食無損。即不可與阿魏同食，奪其味也。頌曰：今嶺南及近道皆有之。三月、四月生苗，花實大類蛇床而簇生，辛香，六七月采實。今人多用和五味，不聞入藥用。時珍曰：其子簇生，狀如蛇床子而短，微黑，氣辛臭，不及茴香。嘉謨曰：俗呼蒔蘿椒。内有黑子，但皮薄色褐不紅耳。"清吴其濬《植物名實圖考・蔬類・蒔蘿》曰："蒔蘿，《開寶本草》始著録，即小茴香子，以爲和治腎氣，方多用之。"今中國華南地區有少量栽培。菜用蒔蘿出苗後三十至四十天采收全株，食其嫩葉；

如作調味香料則在抽薹開花後采收。

【慈謀勒】

"蒔蘿"之古名。此稱宋代已行用。見該文。

【小茴香】[2]

即蒔蘿。此稱明代已行用。見該文。

【蒔蘿椒】

"蒔蘿"之俗名。此稱明代已行用。見該文。

菊苣

蔬名。菊科，菊苣屬中多年生草本植物。菊苣（*Cichorium intybus* L.）是野生菊苣之一個變種。根肉質、短粗。莖直立，有稜，中空，多分枝。根出葉，互生，長倒披針形，先端鋭尖，葉緣齒狀。頭狀花序，花冠舌狀，青藍色，聚藥，雄蕊藍色。瘦果，有稜，頂端戟形。種子小，褐色，

菊　苣

有光澤。菊苣食其嫩葉、葉球或根，宜作涼拌菜。經軟化栽培後，直根可作飼料，含苦味物質馬栗樹皮素、馬栗樹木甙、野萵苣甙、山萵苣素和山萵苣苦素等，有清肝利膽功效。菊苣亦稱"歐洲菊苣""苞菜"。原産地中海、亞洲中部和北非。希臘和古羅馬已有栽培。春季或初夏露地播種。軟化栽培時，秋季連根挖起，切去根先端留 6 ~ 7 厘米長，儲藏在冷凉處，晚秋至春季取出，在温室或地窖中軟化。

紫蘇

蔬名。唇形科，紫蘇屬中以嫩葉爲食之栽培種。紫蘇（*Perilla frutescens* L.）爲一年生草

本植物。莖橫斷面四棱形，密生細柔毛。葉互生，綠紫或紫色，卵圓或廣卵圓形，頂端銳尖，邊緣粗鋸齒狀，密生細毛。總狀花序，頂生及腋生，花萼鐘狀，花冠管狀，紫或淡紅色。堅果，灰褐色，卵形，含一粒種子。紫蘇含揮發油，其成分有紫蘇醛、紫蘇醇、薄荷酮、薄荷醇、丁香油酚及白蘇烯酮等。具特異芳香，有防腐作用。嫩葉生食或做湯，植株可腌製。根、莖、花萼均可入藥，有散寒、理氣及解魚蟹毒之作用。紫蘇亦稱"荏""赤蘇""白蘇""桂荏"等。原產中國，秦漢時已有記載。《爾雅·釋草》："蘇，桂荏。"徐朝華注："蘇，即紫蘇。又名荏、桂荏。"郭璞注："蘇，荏類，故名桂荏。"鄭樵注："今祇謂之蘇，以其香似桂，莖葉似荏，故曰桂荏。"《方言》第三："蘇亦荏也。關之東西或謂之蘇，或謂之荏。"郝懿行義疏引陶弘景《本草注》："蘇，葉下紫而氣甚香，其無紫色不香，似荏者，名野蘇。生池中者爲水蘇，一名鷄蘇，皆荏類也。"漢枚乘《七發》："秋黃之蘇，白露之茹。"《後漢書·馬融傳》："其土毛則摧牧薦草……桂荏、凫葵，格、韮、菹、于。"《廣雅·釋草》："公

紫　蘇
（明徐光啓《農政全書》）

蕡、釀茉……荏、蘇也。"王念孫疏證："今人多種院落中，有青、紫二種，子皆生莖節間。古單呼紫者爲蘇，今則通稱耳。"北魏賈思勰《齊民要術·荏蓼》："三月可種荏、蓼。荏，子白者良，黄者不美。荏性甚易生。"宋羅願《爾雅翼·釋草七·蘇》："今蘇有數種，皆是荏類。白蘇方莖圓葉，不紫，亦甚香，實亦入藥。魚蘇似茵陳，大葉而香，吳人以煮魚者，一名魚蓒。其生山石間者，名山魚蘇。又有水蘇，一名鷄蘇，或言鷄蘇、水蘇是兩種。"元王禎《農書》卷八："《爾雅》云：蘇，桂荏。蘇，荏類，故名桂荏……《本草》云：荏狀如蘇，白色，其子碾之，雜米作糜，甚肥美，下氣補益。東人呼爲'䔃'，以其似蘇字，但除'禾'旁故也。"清吳其濬《植物名實圖考·群芳類·蘇》曰："蘇，《別錄》中品，《爾雅》：蘇，桂荏。《注》：蘇，荏類。《圖經》：紫蘇也。今處處有之，有面背俱紫、面紫背青二種，湖南以爲常茹，謂之紫菜，以烹魚尤美。有戲謂蘇字從魚以此者，亦水骨水皮之謔耳……《野菜贊》云：紫蘇，《本草》曰苴，紫者入藥，白者湯中薄煮之，煠食。荊芥則宜生食。苴曰紫蘇，本入茗品，蕩鬱散寒，性温且緊，湯液得之，薑桂可屏，起懵之功，令人猛省。"今紫蘇有兩個

水蘇（水蘋）
（明王圻等《三才圖會》）

變種，即"皺菜紫蘇"，又稱"回回紫蘇""鷄冠紫蘇"；"尖葉紫蘇"，又稱"野生紫蘇"。主要分布於東南亞，中國華北、華中、華南、西南及臺灣省有野生種或栽培種。

【桂荏】[2]

即紫蘇。此稱秦漢時已見行用。見該文。

【荏】[2]

"紫蘇"之一種。此稱漢代已行用。《爾雅·釋草》："蘇，桂荏。"徐朝華注："蘇，即紫蘇。又名荏、桂荏。"清吴其濬《植物名實圖考·群芳類·荏》云："荏，《別録》中品，白蘇也。南方野生，北地多種之，謂之家蘇子，可作麋、作油。《齊民要術》謂雀嗜食之；《益部方物記略》有荏雀，謂荏熟而雀肥也。李時珍合蘇荏爲一。但紫者入藥、作飲，白者充飢、供用，性雖同而用異。"

【苴】[2]

"紫蘇"之古名。此稱唐代已行用。見該文。

【白蘇】[2]

"紫蘇"之一種。此稱宋代已見行用。見該文。

【蔫】

即白蘇[2]。此稱元代見行用。見該文。

【水蘇】

"紫蘇"之一種。此稱宋代已行用。見該文。

【鷄蘇】[2]

"紫蘇"之一種。此稱宋代已行用。見該文。

【魚蘇】

"紫蘇"之一種。此稱宋代已見行用。見該文。

【魚薺】

同"魚蘇"。此體宋代已行用。見該文。

【山魚蘇】

"紫蘇"之野生種。此稱宋代已見行用。見該文。

【紫菜】[2]

"紫蘇"之地方名，湖南人多稱之。此稱清代已行用。見該文。

香芹菜

蔬名。傘形科，歐芹屬，一二年生，草本植物。香芹菜（*Apium graveolens* L.），根出葉，濃綠色，有香氣，三回羽狀穫葉，葉緣鋸齒狀捲曲。四月至五月抽薹，先端開傘形小花，六月至七月種子成熟。果實小，圓形，褐色。香芹菜一般指葉用香芹，作辛香蔬菜，食嫩葉，宜生食、作湯或菜饌裝飾品。與葉用香芹菜相近者還有根用香芹。香芹菜又稱"洋芫荽""旱芹菜""荷蘭芹"。原產於地中海沿岸，西亞、希臘及羅馬早在公元前已開始利用，15—16世紀傳到西歐。16世紀前專作藥用，以後開始作蔬菜栽培。今中國有少量栽培。

香芹菜

鴨兒芹

蔬名。傘形科，鴨兒芹屬，多年生草本植物。鴨兒芹（*Cryptotaenia japonica* Hassk.），野生種張開，栽培種直立，莖具叉狀分枝，三出穫葉，小葉廣卵形，邊緣爲不規則尖銳深鋸齒狀。穫傘形花序，花白色，雙懸果。柔嫩莖葉可供食，有特殊風味，主要用作湯料或作成"沙拉"菜生食。全株可入藥，對身體虛弱、尿

野蜀葵
（清吳其濬《植物名實圖考》）

卷五○："生荒野中，就地叢生。苗高五寸許。葉似葛勒子秧葉而厚大，又似地牡丹葉。味辣。救飢：采嫩葉煤熟，水浸淘淨，油鹽調食。"清吳其濬《植物名實圖考·隰草類·野蜀葵》："《救荒本草》：野蜀葵生荒野中，就地叢生，苗高五寸許。"鴨兒芹喜冷涼氣候，三至五月可露地栽培。十月至翌年五月，利用塑料大棚和水培，可以周年生產和供應。主要栽培方式有青鴨兒芹和軟化鴨兒芹兩種。朝鮮、日本、中國、北美洲東部地區有廣泛分布。中國除野生種外，亦有少量栽培。

閉及腫毒等症有療效。鴨兒芹亦稱"三葉""野蜀葵"。中國自古有之。明徐光啓《農政全書》

【野蜀葵】

即鴨兒芹。此稱明代已見行用。見該文。

第八節　瓜類考

瓜類蔬菜爲葫蘆科中以果實供食用之栽培種群，一年生或多年生攀緣性草本植物，包括九個屬、十五個種及二個變種。南瓜屬有南瓜（中國南瓜）、笋瓜（印度南瓜）、西葫蘆（美洲南瓜）、黑子南瓜及灰子南瓜，絲瓜屬有普通絲瓜和有棱絲瓜，冬瓜屬有冬瓜和節瓜，西瓜屬有西瓜，甜瓜屬有黃瓜、甜瓜和越瓜，佛手瓜屬有佛手瓜，葫蘆屬有瓠瓜，栝樓屬有蛇瓜，苦瓜屬有苦瓜。

瓜類蔬菜在中國栽培歷史悠久，據文獻記載，秦嶺區域於三千年前已盛產瓜、壺。如《詩·大雅·生民》有"麻麥幪幪，瓜瓞唪唪"，又《小雅·信南山》有"中田有廬，疆埸有瓜；是剝是菹，獻之皇祖"，又《豳風·七月》有"七月食瓜，八月斷壺"等詩句。現在一般認爲《詩》中歌咏之瓜爲菜瓜或薄皮甜瓜，壺爲葫蘆。中國瓜類栽培歷史源遠流長，分布廣泛，而且先民對瓜類之栽培技術、選育良種以及對其種類、經濟價值等方面的不斷研究、總結與記載，給我們留下了豐富之歷史遺產。中國瓜類有大量名特產。例如西北之厚皮甜瓜、華北之黃瓜、華中之大冬瓜、雲南之南瓜、廣東之苦瓜、貴州之佛手瓜以及遍及各地之良種西瓜、甜瓜（薄皮）等名特産，皆是馳名中外之珍品。瓜果中含有糖類、蛋白質、脂肪、維生素及礦物質等多種營養成分。所以，各類瓜果不僅爲中國人民所喜食，而且有大量新鮮産品及其加工品如西瓜子、南瓜子等出口世界各地。

黄瓜

蔬名。葫蘆科，黄瓜屬。黄瓜（*Cucumis sativus* L.）是幼果具刺之栽培種，一年生攀緣性草本植物。根細弱，吸收力差。莖無限生長，分枝多，表皮有刺毛。真葉互生，五角掌狀，深綠色，被茸毛。花雄雌同株，腋生，冠黄色。假果，外果皮具瘤刺。種子披針形，扁平，黄白色。黄瓜原産於喜馬拉雅山南麓印度北部地方，中國西南山區亦是黄瓜原産地之一。黄河流域栽培黄瓜已有二千多年之歷史，據載爲張騫出使西域時帶回瓜種，故稱之爲胡瓜。古籍多有記載。北魏賈思勰《齊民要術·種諸色瓜》云：“種越瓜、胡瓜法：四月中種之……收胡瓜，候色黄則摘。”明李時珍《本草綱目·菜三·胡瓜》：“〔釋名〕黄瓜。藏器曰：北人避石勒諱，改呼黄瓜，至今因之。時珍曰：張騫使西域得種，故名胡瓜。按杜寶《拾遺録》云：隋大業四年避諱，改胡瓜爲黄瓜。與陳氏之説微異……〔集解〕時珍曰：胡瓜處處有之。正二月下種，三月生苗引蔓。葉如冬瓜葉，亦有毛。四五月開黄花，結瓜圍二三寸，長者至尺許，青色，皮上有痦癗如疣子，至老則黄赤色。其子與菜瓜子同。一種五月種者，霜時結瓜，白色而短，并生熟可食，兼蔬菹之用，糟醬不及菜瓜也。”清吳其濬《植物名實圖考·蔬類·胡瓜》云：“胡瓜，嘉祐初《本草》始著録，即黄瓜。杜寶《拾遺録》云：隋避諱，改黄瓜也。陳藏器謂石勒諱胡改名，説少异。瓜可食時色正綠，至老結實則色黄如金，鼎俎中不復見矣。有刺者曰刺瓜。《齊民要術》無藏胡瓜法，蓋不任糟醬。《遵生八牋》蒜瓜法，腌瓜以大蒜搗爛，與瓜拌匀，酒醋浸，北地多如此。近則與辣子同浸，無蒜氣而耐藏。其秋時結者，曝乾與萵笋薹同法作蔬，極甘脆。”黄瓜名稱之來源，夏緯瑛先生亦有論證。夏緯瑛《植物名釋札記·黄瓜》：“胡瓜（*Cucumis sativus* L.），今通謂之黄瓜。《證類本草·菜部上品·白瓜子》載《蜀本圖經》云：‘別有胡瓜，黄赤，無味。’又《瓜蒂》條載蘇頌《圖經本草》云：‘胡瓜，黄色，亦謂之黄瓜。’是黄瓜以其色黄爲名。案：黄瓜，作蔬菜食用，嫩時綠色，或有淡者，黄瓜當非以此取名。此植物之果實，至老熟時，都作深黄之色，即所謂‘黄赤色’也。‘黄瓜’當因此而得名。‘胡瓜’謂其爲外來之瓜種，亦可能爲‘黄’之音轉。”黄瓜之幼果脆嫩，含有碳水化合物、

黄　瓜
（明盧和《食物本草》）

蛋白質，鈣、磷、鐵等礦物質及維生素C等營養成分。適於生食、凉拌、炒食或腌製，是人們主要蔬菜之一。黃瓜亦有藥用。如鮮瓜搗爛加麻油可治高熱口渴，積食肚脹；黃瓜曬乾久陳煮水服，可補脾胃。黃瓜栽培廣泛，歷史悠久，加之現代育種學家的辛勤勞動，故現在種質資源十分豐富。根據品種的分布區域及其生態學性狀主要有：南亞型黃瓜，其莖葉粗大，易分枝，果實大，爲圓筒形，如西雙版納黃瓜及昭通大黃瓜等；華南型黃瓜，植株較繁茂，果實較小且多刺，如昆明早黃瓜、廣州二青、重慶大白等；華北型黃瓜，植株生長勢中等，嫩果棍棒形，綠色，多白刺，如山東新泰密刺、北京大刺瓜、津雜2號、魯春32等；小型黃瓜，植株較矮小，分枝性強，多花多果，果實小，如揚州乳黃瓜等。

胡瓜 （清吳其濬《植物名實圖考》）

【胡瓜】

即黃瓜。此稱多行用於隋朝以前。見該文。

冬瓜

蔬名。葫蘆科，冬瓜屬。冬瓜〔*Benincasa hispida*（Thunb.）Cogn.〕爲一年生攀緣性草本植物。根系強大，鬚根發達。莖蔓生，五棱，綠色，密被茸毛，分枝力強。葉掌狀，綠色，葉面、背具茸毛。花多數爲單性，黃色。果實爲瓠果，自幾公斤至數十公斤重，扁圓或圓柱形，果皮綠色，有的表皮有白色蠟粉，果肉白色。種子近橢圓形，淡黃白色。

冬瓜亦稱白瓜、水芝、地芝、枕瓜和蔬菰等名。中國栽培冬瓜歷史悠久，最早見於秦漢時之《神農本草經》。蔣先明主編《各種蔬菜・冬瓜》云：“冬瓜起源於中國和東印度，廣泛分布於亞洲的熱帶、亞熱帶及溫帶地區。中國很早栽培，《廣雅・釋草》（220—265）有冬瓜的記載。《齊民要術》（533—544）記述了冬瓜的栽培及醃漬方法。”宋鄭安曉《咏冬瓜》詩云：“蔫蔫黃花秋復春，霜皮露葉護長身。生來籠統君休笑，腹裏能容數百人。”詩人雖用的誇張手法，但可見冬瓜之大矣！明李時珍《本草綱目・菜三・冬瓜》：“〔釋名〕白瓜、水芝、地芝。《志》曰：冬瓜經霜後，皮上白如粉塗，其子亦白，故名曰冬瓜，而子云白瓜子也。時珍曰：冬瓜，以其冬熟也。又賈思勰云：冬瓜正二三月種之。若十月種者，結瓜肥好，乃勝春種，則冬瓜之名或又以此也。《別錄》曰：冬瓜原附於《本經》瓜子之下。宋《開寶本草》加作白瓜子，復分白冬瓜爲《別錄》一種。遂致諸注辯說紛紛。今併爲一。〔集解〕頌曰：今處處園圃蒔之。其實生苗蔓下，大者如斗而更長，皮厚而有毛，初生正青綠，經霜則白粉。人家多藏蓄彌年，作菜果。入藥須霜後取，置之經年，破出核洗，

冬瓜 （清吳其濬《植物名實圖考》）

燥乃擂取仁用之。亦堪單作服餌。時珍曰：冬瓜三月生苗引蔓，大葉團而有尖，莖葉皆刺毛。六七月開黃花，結實大者徑尺餘，長三四尺，嫩時綠色有毛，老則蒼

白瓜子
（宋王繼先《紹興校定證類備急本草畫圖》）

色有粉，其皮堅厚，其肉肥白。其瓤謂之瓜練，白虛如絮，可以浣練衣服。其子謂之瓜犀，在瓤中成列。霜後取之，其肉可煮爲茹，可蜜爲果。其子仁亦可食。蓋兼蔬、果之用。”冬瓜含有碳水化合物、維生素等營養成分。其果實供蔬食，嫩莖葉亦有食者。種子及外果皮可入藥。冬瓜子對腸癰、肺癰、淋病有療效，外果皮能治療水腫症。現冬瓜在世界各地均有栽培，但仍以中國、東南亞和印度等地爲主。中國冬瓜品種很多，按果實大小可分爲大果型和小果型品種，按成熟期有早熟和晚熟品種，按果皮有無白蠟粉可分爲粉皮和青皮種等。如小果型早熟品種有北京“一串鈴”、南京“一窩蜂”、臺灣“圓冬瓜”等。大果型中、晚熟品種有廣東“青皮冬瓜”、湖南“粉皮冬瓜”、四川“大冬瓜”和上海“白皮冬瓜”等。四川劍閣特種作物繁育場采用“爬地冬瓜”與“粉皮冬瓜”有性雜交定嚮選育而成之大型冬瓜“劍南1號”，單瓜重達60公斤，一般畝產13000多公斤。

【白瓜】[1]

即冬瓜。此稱始行於秦漢。見該文。

【水芝】[1]

即冬瓜。此稱始行於秦漢。見該文。

【地芝】

即冬瓜。此稱三國時已行用。見該文。

【白瓜子】

即冬瓜子。此稱唐代已行用。見該文。

【枕瓜】

即冬瓜。此稱行於現代。見該文。

【蔬苽】

即冬瓜。此稱行於現代。見該文。

南瓜

蔬名。葫蘆科，南瓜屬。南瓜（*Cucurbita moschata* Duch.）爲葉片具白斑、果柄五棱形之栽培種，一年生蔓性草本植物。根系發達，再生力強。莖蔓生，五棱形有溝，中空。葉掌狀五裂，葉脉分枝處有明顯白斑，被剛毛。分枝力強。雄雌異花同株，黃色。果實有圓筒、扁圓或球形；果皮深綠或綠白相間，成熟果黃色，多蠟粉。種子近橢圓形，白色。南瓜亦稱中國南瓜、番瓜、倭瓜、飯瓜等名。夏緯瑛《植物名釋札記·南瓜》云：“南瓜〔*Cucurbita moschata*（Duch.）Poiret〕原產熱帶，因其爲一年生植物，在溫帶地區亦可栽培。熱帶地方，在我國之南，此一瓜種其所以栽培於我國，起初當是由南方引入，故名爲‘南瓜’。南瓜一種，品型甚多，往往亦有其名稱。今俗凡此種之瓜，不論圓者、扁者、長者，亦不論其色澤花紋，俱稱‘南瓜’。”曾有學者認爲南瓜起源於亞洲南部，後來據考古資料及品種資源分布，確認南瓜起源於中、南美洲。中國栽培南瓜已有近千年歷史。明賈銘撰《飲食須知》中有“南瓜，味甘性溫”之記述。明李時珍《本草綱

目・菜三・南瓜》："〔集解〕時珍曰：南瓜種出南番，轉入閩、浙，今燕京諸處亦有之矣。三月下種，宜沙沃地。四月生苗，引蔓甚繁，一蔓可延十餘丈，節節有根，近地即着。其莖中空。其葉狀如蜀葵而大如荷葉。八九月開黃花，如

南 瓜
（清吳其濬《植物名實圖考》）

西瓜花。結瓜正圓，大如西瓜，皮上有棱如甜瓜。一本可結數十顆，其色或綠或黃或紅。經霜收置暖處，可留至春。其子如冬瓜子。其肉厚色黃，不可生食，惟去皮瓤瀹食，味如山藥。同豬肉煮食更良，亦可蜜煎。按王禎《農書》云：浙中一種陰瓜，宜陰地種之。秋熟色黃如金，皮膚稍厚，可藏至春，食之如新。疑此即南瓜也。"清吳其濬《植物名實圖考・蔬類・南瓜》云："南瓜，《本草綱目》始收入菜部，疑即《農書》陰瓜，處處種之，能發百病。北省志書列東、西、南、北四瓜，東蓋冬瓜之訛，北瓜有水、麵二種，形色各异，南產始無是也。又有番瓜，類南瓜，皮黑無棱。《曹縣志》云：近多種此，宜禁止。瓜何至有禁？番物入中國多矣，有益於民則植之，毋亦白免御史，求旁舍瓜不得而騰言乎？"南瓜中含有碳水化合物、胡蘿蔔素等營養成分。果實可炒食或煮食，亦可作餡。種子富含脂肪，可加工成乾香食品。現世界各地皆有栽培，亞洲栽培面積最大，其

次爲歐洲和南美洲。中國普遍栽培，且品種繁多。按果實形狀可分爲圓南瓜和長南瓜兩個變種：一、圓南瓜，果實扁圓或圓形，果面多有縱溝或瘤狀突起。如湖北"柿餅南瓜"、甘肅"磨盤南瓜"、廣東"盒瓜"、臺灣"木瓜形南瓜"等。二、長南瓜，果實長，頭部膨大。如山東"長南瓜"、浙江"十姐妹"、江蘇"牛腿番瓜"等。

【中國南瓜】

即南瓜。此稱行於現代。見該文。

【番瓜】

即南瓜。此稱行於現代。見該文。

【倭瓜】

即南瓜。此稱行於現代。見該文。

【飯瓜】

即南瓜。此稱行於現代。見該文。

笋瓜

蔬名。葫蘆科，南瓜屬。笋瓜（Cucurbita maxima Duch. ex Lam.）爲一年生蔓性草本植物。根系發達。莖多橫生，有粗毛，葉軟有毛，心臟形。雌雄异花同株，花冠黃色。果實多橢圓形，果面平滑，無蠟粉，嫩果白色，成熟果黃或綠色。種子白或淺褐色。笋瓜亦稱"印度南瓜""玉瓜""北瓜"等名。夏緯瑛《植物名釋札記・北瓜》云："食用之瓜類，有西瓜，來自西方，有南瓜，來自南方，未有來自北方之瓜，而却有北瓜之名……今山東省之西部（如陽谷一帶），有讀'白'爲'北'之上聲者；古人稱酒杯曰'大白'，實是'大杯'之音轉；諸如此類，可見'白'音可轉爲'北'音。笋瓜皮之色白者，多稱之爲'白南瓜'，若省去'南'字即是'白瓜'，由'白瓜'可以因方言

而讀若‘北瓜’。這是瓜類名稱中有‘北瓜’的一個來路。其他之皮色不白者，亦名‘北瓜’，當是勉强欲從東、西、南、北之義。"笋瓜在中國栽培歷史較短。蔣先明主編《各種蔬菜·笋瓜》云："笋瓜起源於南美洲的玻利維亞、智利及阿根廷等國，已傳播到世界各地，中國的笋瓜可能由印度引入。"笋瓜含碳水化合物、蛋白質及各種維生素。果實炒食、作餡均美。種子亦可加工成乾香食品。現中國將笋瓜分爲黃皮笋瓜、白皮笋瓜及花皮笋瓜。品種主要有甘肅笋瓜、金瓜、窩（倭）瓜，安徽白皮笋瓜、黃皮笋瓜、花皮笋瓜，山東臘梅瓜、白玉瓜等。

【北瓜】

即笋瓜。此稱行於現代。見該文。

【印度南瓜】

即笋瓜。此稱行於現代。見該文。

【玉瓜】

即笋瓜。此稱行於現代。見該文。

【白南瓜】

即笋瓜。此稱行於現代。見該文。

【白瓜】[2]

即笋瓜。此稱行於現代。見該文。

西葫蘆

蔬名。葫蘆科，南瓜屬。西葫蘆（*Cucurbita pepo* L.）爲一年生草本植物。莖蔓生或矮生，五棱，多刺。葉寬三角形，掌狀深裂。雌雄异花同株，花冠黃色。果柄五棱形，果實多爲長圓筒形，果面平滑，皮綠或白色，具綠色條紋，成熟果黃色，蠟粉少。種子扁平，灰白或黃褐色。西葫蘆原産北美洲南部，故亦稱美洲南瓜。在中國栽培歷史較短。蔣先明主編《各種蔬菜·西葫蘆》云："西葫蘆原産北美

洲南部，到19世紀中葉中國開始栽培，現世界各地均有分布，歐、美洲最爲普遍。"西葫蘆果實含有多種營養物質，多以嫩果炒食或作餡，種子可加工成乾香食品。現中國栽培之主要品種有：一、麵茭瓜，主要分布於山東、河北等地。蔓性，植株生長勢强。果實橢圓形，成熟後果面濃黃色，肉厚，黃色，組織呈絲狀纖維，煮熟後，用筷子一攪取出，即成麵條狀，用油炒食，鮮美异常。二、小白皮，爲早熟品種，果實長圓柱形，淡白綠色，果肉細嫩質佳。三、站秧，亦稱"一窩猴"，主要在中國東北、河北、山東、安徽等地栽培。矮秧形，節間短，較早熟，結瓜部位多集中在主蔓基部，果實圓筒形，乳白色，嫩果肉白多汁。四、青皮西葫蘆，植株蔓性，果實長圓柱形，果皮青綠色，嫩果肉質佳，炒食甚美。

【美洲南瓜】

即西葫蘆。見該文。

【麵茭瓜】

"西葫蘆"之一種。見該文。

【小白皮】

"西葫蘆"之一種。見該文。

【一窩猴】

"西葫蘆"之一種。見該文。

西瓜

蔬名。葫蘆科，西瓜屬。西瓜〔*Citrullus Lanatus*（Thunb.）Matsum. & Nakai〕爲一年生蔓性草本植物。根深而廣，根系不耐澇，再生力弱。單葉互生，有深裂、淺裂和全緣葉等品種。花單性腋生，雄雌异花同株，花冠黃色。果實有圓、橢圓、圓筒形等，表皮綠白、綠或黑色，間有細網紋或條帶。果肉乳白、淡黃或

紅色。種子扁平，卵圓形。西瓜起源於非洲南部之卡拉哈里沙漠和周圍薩班那地帶。中國西瓜最早栽培地爲新疆，由新疆傳入內地亦有上千年歷史。元王禎《農書》卷八載："種出西域，故名西瓜。一說契丹破回紇，得此種歸。以牛糞覆棚而種，味甘。北方種者甚多，以供歲計。今南方江淮閩浙間亦效種，比北方差小，味頗減爾。"夏緯瑛《植物名釋札記・西瓜》云："五代時自西部傳入內地，故有'西瓜'之名。徐光啓《農政全書・樹藝》說：'西瓜，種出西域，故名。'這是對的。'西瓜'之名，出於《五代史》。徐光啓也說：'五代邰陽令胡嶠，回紇歸，得瓜種，以牛糞種之，結實如斗大，味甚甘美，名曰西瓜。'"中國農業科學院蔬菜研究所主編《中國蔬菜栽培學・西瓜》云："別名：水瓜、寒瓜。西瓜原產非洲。埃及已有4000年栽培歷史。何時傳入我國新疆尚待考證，可能爲唐代後期。但西瓜由新疆傳入內地，則古書早有記載。'西瓜'一名最初見於《新五代史・四夷附錄》所載《胡嶠陷虜（遼）記》（大約於946—953年），他說'契丹破回紇得

西　瓜
（清吳其濬《植物名實圖考》）

此種'。可見西瓜自新疆引入遼已有1000多年了。以後南宋洪皓的《松漠紀聞》說：'予携以歸，今禁圃、鄉囿皆有。'南宋著名詩人范成大的《西瓜園》（1170）詩注云：'西瓜本燕北種，今河南皆種之。'可見南宋西瓜已由北方（今北京、大同等地）引入浙江、河南等地，并廣爲栽培了。1959年2月24日《光明日報》報導杭州水田畈新石器時代晚期（約公元前3000年）遺址中發現有西瓜種子，又據1960年第7期《考古》雜志《山西孝義張家莊漢墓發掘記》報道東漢早期墓葬中也發現有西瓜種子。這些考古發現目前雖有爭議，但說明我國在唐代以前，內地可能已有西瓜種植了。"西瓜成熟果實中，除含有大量糖分外，還有豐富之礦物鹽和多種維生素，爲夏季主要果蔬。到1985年中國西瓜種植面積已達1800多萬畝，居世界第一位。由於瓜農和科技人員之長期選育，中國西瓜優良品種甚多。如早熟品種"早花""鄭雜五號""蘇蜜一號"等，中熟品種"新紅寶""金鐘冠龍""豐收三號""美寶"等，晚熟品種"紅優二號""荊雜一號"等。培育出的無籽西瓜和籽用西瓜也有很多好品種。

【水瓜】

即西瓜。此稱行於現代。見該文。

【寒瓜】

即西瓜。此稱行於現代。見該文。

甜瓜

蔬名。葫蘆科，黃瓜屬。甜瓜（Cucumis melo L.）爲一年生蔓性草本植物。根系發達，具較强之耐旱能力。莖被短刺毛，分枝性强。單葉互生，葉片近圓形，全緣或五裂，被毛。花腋生，花冠黃色。果實爲瓠果，有圓、橢圓

或筒形，皮色有白、黄、緑或花皮等。果實成熟後，常具有芳香味。種子乳白或黄色，長卵形。"甜瓜"之名，係由其味道甘甜而來。明李時珍《本草綱目·果五·甜瓜》："〔釋名〕甘瓜（《唐本》）、果瓜。時珍曰：瓜字篆文，象瓜在鬚蔓間之形。甜瓜之味甜於諸瓜，故獨得甘、甜之稱。"甜瓜原産地尚無定論。根據其近緣野生種和近緣栽培種的分布，一般認爲熱帶非洲之幾内亞是甜瓜之初級起源中心。中國華北是薄皮甜瓜之次起源中心，中近東（包括我國新疆）是厚皮甜瓜之次起源中心。中國栽培甜瓜歷史悠久，許多古籍文獻中都有甜瓜之記載。蔣先明主編《各種蔬菜·甜瓜》云："中國古代稱甜瓜爲'瓜'。關於瓜的記載可追溯到距今3000年左右，如《夏小正》《詩經》《禮記》等已有瓜的記述。"三國魏張揖《廣雅·釋草》云："水芝，瓜也；其子謂之瓝。"《史記·蕭相國世家》云："召平者，故秦東陵侯。秦破，爲布衣，家貧，種瓜於長安城東。瓜美，故世謂之'東陵瓜'，從召平以爲名也。"《漢書·地理志下》曰："炖煌，古瓜州，地生美瓜。"中國農業科學院蔬菜研究所主編《中國蔬菜栽培學·甜瓜》云："據新疆吐魯番縣高昌故城附近的阿斯塔那古墓群中挖掘出的一個晋墓（公元262—420年）中，有半個乾縮的甜瓜，其種子與現在的栽培種相同；又據1972年湖南長沙馬王堆發掘的一號漢墓女尸中，發現她的消化器官内有138粒甜瓜種子。由此可見，中國栽培甜瓜至少已有1500—2100年以上的歷史。在歷代著名古農書《氾勝之書》《齊民要術》《農政全書》《本草綱目》《授時通考》等著作中，都有關於甜瓜栽培的詳細記載。在《氾勝之書》（約公元前32—7年）中提出了有名的'區種瓜法'，對深耕、播種、間作等都有具體説明。《齊民要術》（公元534—514年）詳細總結了我國古代勞動人民有關瓜類作物種子消毒、病蟲害防治、

甜 瓜
（清吴其濬《植物名實圖考》）

輪作間作、施肥等方面的經驗。"甜瓜含有碳水化合物、蛋白質、脂肪、礦物質及各種維生素。以鮮果食用爲主，也可製作果乾、果脯、果汁、果醬及腌製品等。鮮食甜瓜，對腎病、胃病、貧血等病症皆有治療作用。中國瓜農世代勞作，不僅積纍了豐富之栽培經驗，也培育出了衆多優良品種。如"甘肅白蘭瓜""麻醉瓜""新疆哈密瓜""山東銀瓜"、江南之"梨瓜"等。

【東陵瓜】

即甜瓜。此稱始行於漢代。見該文。

【水芝】 [2]

即甜瓜。此稱三國時已行用。見該文。

【甘瓜】

即甜瓜。此稱唐代已行用。見該文。

【果瓜】

即甜瓜。此稱明代已行用。見該文。

越瓜

蔬名。葫蘆科，黄瓜屬。越瓜〔Cucumis melo L.var.conomon（Thunb.）Makino〕是甜瓜種中以嫩果生食之變種，一年生蔓性草本植物。

根系發達。莖蔓性，有棱，分枝性强。葉五角心臟形，深綠色。雌雄异花，花冠黃色，雌花多在側蔓。果實多長圓筒形，果皮光滑，綠色或有斑紋。越瓜亦稱"梢瓜""脆瓜"。主要分布於中國、日本及東南亞地區。中國栽培較普遍。蔣先明主編《各種蔬菜・越瓜》云："一般認爲，越瓜、菜瓜與甜瓜起源於同一物種。甜瓜由非洲經中東傳入印度進一步分化後，經越南傳入中國，故名越瓜。6—7世紀由中國傳入日本。越瓜在中國自古栽培，《齊民要術》（533—544）中已有記載，其後宋代已有梢瓜之稱。"明李時珍《本草綱目・菜三・越瓜》："〔釋名〕梢瓜、菜瓜。時珍曰：越瓜以地名也，俗名梢瓜，南人呼爲菜瓜。〔集解〕藏器曰：越瓜生越中。大者色正白。越人當果食之，亦可糟藏。時珍曰：越瓜南北皆有。二三月下種生苗，就地引蔓，青葉黃花，並如冬瓜花葉而小。夏秋之間結果，有青白二色，大如瓠子。一種長者至二尺許，俗呼羊角瓜。其子狀如胡瓜子，大如麥粒。其瓜生食，可充果、蔬、醬、豉、糖、醋藏浸皆宜，亦可作菹。"清吳其濬《植物名實圖考・蔬類・越瓜》云："越瓜，《開寶本草》始著錄。即菜瓜，形長有直紋，惟汴中産者圓。《詩》'是剝是菹'，《注》：瓜成剝削腌漬爲菹，而獻

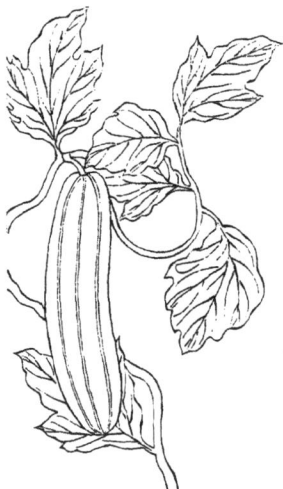

越　瓜
（清吳其濬《植物名實圖考》）

皇祖。《齊民要術》瓜菹法詳矣。"越瓜含有碳水化合物、維生素C、礦物質及其他維生素等營養成分。現越瓜有生食和加工兩個類型：生食類型果皮薄，肉質脆嫩多汁，尤宜生食，亦可凉拌、炒食或加工。如廣東"白瓜"，各地之"酥瓜""梢瓜"等。加工類型果皮較厚，果肉緻密，生食欠佳，略有酸味。可加工成鹽製、醬製、糟腌等製品。代表品種有"老羊瓜"等。

【梢瓜】

即越瓜。此稱宋代已行用。見該文。

【菜瓜】

古籍中所說"菜瓜"，皆指越瓜，即越瓜一別名。但按現代之分類，菜瓜與越瓜并非同一物，而是甜瓜之兩個不同變種。越瓜學名爲 *Cucumis melo* L. var. *conomon* Makino，菜瓜學名爲 *C. melo* L. var. *flexuosus* Naud.。前者含水極多，質脆，多生食；後者含水量稍少，質地不脆，多用於炒食或做醬瓜等之加工原料。因二者生物學特性及栽培技術極相近，故常易被混爲一談。

絲瓜

蔬名。葫蘆科，絲瓜屬。絲瓜（*Luffa aegyptiaca* P.Mill.）爲一年生攀緣性草本植物。根系發達，再生力較强。莖蔓性，五棱，綠色，分枝力强。葉掌狀或心臟形。雌雄异花同株，花冠黃色。果實有棱或無，短圓柱形或長棒狀，綠色。種子橢圓形，扁平，多爲黑色。嫩果可食用，成熟果纖維發達，可入藥，亦可用其洗滌器皿。夏緯瑛《植物名釋札記・絲瓜》云："絲瓜之果實嫩時供食用，老則其果肉中成爲網絡狀之纖維，因以'絲瓜'爲名。《農政全書》卷二十七云：'絲瓜，即縑瓜也，嫩小者可

食，老則成絲，可洗器滌膩。'此已暗釋絲瓜爲名之取義。《説文》：'縑，并絲繒也'。名'縑瓜'者，與'絲瓜'之義不殊，言其瓜之絲交織若繒帛耳。"絲瓜起源於亞洲熱帶。印度已有二千多年之栽培

絲　瓜
（清吳其濬《植物名實圖考》）

歷史。何時傳入中國，説法不一。蔣先明主編《各種蔬菜·絲瓜》載："起源於熱帶亞洲。分布在亞洲、澳洲、非洲和美洲的熱帶和亞熱帶地區。2000 年前印度已有栽培。6 世紀初傳入中國。約 16 世紀初普通絲瓜從中國傳入日本，19 世紀傳入有棱絲瓜。17 世紀 40 年代普通絲瓜傳入歐洲，至 17 世紀末傳入有棱絲瓜。"中國農業科學院蔬菜研究所主編《中國蔬菜栽培學·絲瓜》云："絲瓜原産印度，我國元朝時傳入。"經查閲古籍文獻考證，筆者認爲"元朝時傳入"之説較確切。明李時珍《本草綱目·菜三·絲瓜》："〔釋名〕天絲瓜、天羅、布瓜、蠻瓜、魚鰦。時珍曰：此瓜老則筋絲羅織，故有絲羅之名。昔人謂之魚鰦，或云虞刺。始自南方來，故曰蠻瓜。〔集解〕時珍曰：絲瓜，唐宋以前無聞，今南北均有之，以爲常蔬。二月下種，生苗引蔓，延樹竹，或作棚架。其葉大於蜀葵而多丫尖，有細毛刺，取汁可染緑。其莖有棱。六七月開黃花，五出，微似胡瓜花，

蕊瓣俱黃。其瓜大寸許，長一二尺，甚則三四尺，深緑色，有皺點，瓜頭如油鬟首。嫩時去皮，可烹可曝，點茶充蔬。老則大如杵，筋絡纏紐如織成，經霜乃枯，惟可藉靴履，滌釜器，故村人呼爲洗鍋羅瓜。內有隔，子在隔中，狀如栝樓子，黑色而扁。其花苞及嫩葉、卷鬚，皆可食也。"李時珍對絲瓜之描述可謂詳盡確切。絲瓜含有蛋白質、碳水化合物及多種礦物質等營養成分，爲中國華東、西南、華中諸省夏季主要蔬菜之一。絲瓜亦能藥用，如絲瓜絡煮水服，治腸風下血及全身疼痛；絲瓜皮煮水溫洗疥癬；其根、莖搗汁內服，能治肺疼，外洗可治潰瘍等。現有普通絲瓜和有棱絲瓜兩個栽培種：一、普通絲瓜，亦稱"圓筒絲瓜""蠻瓜""水瓜"等名。果實圓柱形，無棱，以長江流域和長江以北各省區栽培較多。主要品種有南京長絲瓜、綫絲瓜，湖南肉絲瓜，臺灣米管種及華南水瓜等。二、有棱絲瓜，亦稱"棱角絲瓜""勝瓜"等名。果實圓柱形，具多棱。主要分布於廣西、福建、臺灣等省區。如廣東青皮絲瓜、棠東絲瓜等。

【縑瓜】
　　即絲瓜。此稱明代已行用。見該文。

【天絲瓜】
　　即絲瓜。此稱明代已行用。見該文。

【天羅】
　　即絲瓜。此稱明代已行用。見該文。

【布瓜】
　　即絲瓜。此稱明代已行用。見該文。

【蠻瓜】
　　即絲瓜。此稱明代已行用。見該文。

【魚鰦】

即絲瓜。此稱明代已行用。見該文。

【虞刺】

即絲瓜。此稱明代已行用。見該文。

【絲羅】

即絲瓜。此稱明代已行用。見該文。

苦瓜

蔬名。葫蘆科，苦瓜屬。苦瓜（*Momordica charantia* L.）爲一年生攀緣性草本植物。根系較發達，側根多。莖蔓性，五棱，被茸毛。莖節發生側蔓、捲鬚和花芽。初生葉對生；以後真葉互生，掌狀深裂，綠色，具葉柄。花單生，雌雄异花同株，黃色，長花柄。果實爲紡錘形或圓錐形漿果，表面有多數瘤狀突起，嫩果濃綠至綠白色，成熟時果肉開裂，橙黃色。種子盾形，扁，淡黃色，表面有花紋。因果實中含有一種糖甙，具有特殊苦味，故名。中國栽培苦瓜已有數百年歷史。蔣先明主編《各種蔬菜·苦瓜》云：“原産亞洲熱帶地區，廣泛分布熱帶、亞熱帶和温帶地區。印度、日本和東南亞栽培歷史很久。17世紀傳入歐洲，多作觀賞用。中國在明代朱橚撰《救荒本草》（1406）中已有苦瓜的記載。明代徐光啓撰《農政全書》（1639）提到南方人甚食苦瓜。説明當時在中國南方普遍栽培苦瓜，現分布全國。”明李時珍《本草綱目·菜三·苦瓜》：“〔釋名〕錦荔枝、癩葡萄。時珍曰：苦以味名。瓜及荔枝、葡萄，皆以實及莖、葉相似得名。〔集解〕周憲王曰：錦荔枝即癩葡萄，蔓延草木。莖長七八尺，莖有毛澀。葉似野葡萄而花又開黃花。實大如鷄子，有皺紋，似荔枝。時珍曰：苦瓜原出南番，今閩、廣皆種之。五月下子，生苗引蔓，莖葉捲鬚，并如葡萄而小。七八月開小黃花，五瓣如碗形。結瓜長者四五寸，短者二三寸，青色，皮上疿瘟如癩及荔枝殼狀，熟則黃色自裂，内有紅瓢裹子。瓢味甘可食。其子形扁如瓜子，亦有疿瘟。南人以青皮煮肉及鹽醬充蔬，苦澀有青氣。”清吴其濬《植物名實圖考·蔬類·苦瓜》云：“苦瓜，《救荒本草》謂之錦荔枝，一曰癩葡萄，南方有長數尺者，瓢紅如血，味甜，食之多衄血。徐元扈云：閩、粤嗜之。余所至江右、兩湖、雲南，皆爲圃架時蔬，京師亦賣於肆，豈南烹北徙耶？肥甘之中，揸以苦薏，俗呼解暑之羞，苦口藥石，固當友諫果而兄破睡侯矣。”苦瓜含蛋白質、碳水化合物及維生素C等營養成分。

苦 瓜
（清吴其濬《植物名實圖考》）

錦荔枝
（明徐光啓《農政全書》）

嫩果炒食，味苦而清香，很多人愛食。印度及東南亞一些地區亦食用嫩梢、葉和花。苦瓜亦可藥用，如瓜和莖葉煮水服，能清熱除濕，治眼紅腫熱疼，并療紅白痢疾；莖葉外敷，可散疔瘡。現中國栽培之主要品種有：一、大頂苦瓜，亦稱雷公鑿，是廣東農家品種。莖蔓長勢強，果肉厚，味甘，品質優良。二、滑身苦瓜，廣東農家品種。果實苦味較濃，品質良好，耐貯存。三、白苦瓜，果實長紡錘形，肉質脆嫩，苦味中等，品質好，分布於北京、四川、湖南、湖北、雲南等地。

【錦荔枝】

即苦瓜。此稱始行於明代。見該文。

【癩葡萄】

即苦瓜。此稱始行於明代。見該文。

瓠瓜

蔬名。葫蘆科，葫蘆屬。瓠瓜〔*Lagenaria siceraria*（Molina）Standl.〕爲一年生攀緣性草本植物。淺根系，側根發達。莖蔓生，中空，上被白茸毛，分枝力強，莖節易生不定根。單葉互生，心臟形或腎臟形，淺裂，葉柄長，被茸毛。雌雄异花同株，單花腋生，花冠白色。瓠果爲扁圓、長圓等狀，嫩果綠色，果肉白色、肉質。種子卵形，扁平，白色。瓠瓜亦

瓠

（明王圻等《三才圖會》）

稱"扁蒲""蒲瓜"等，在世界上已有數千年歷史。蔣先明主編《各種蔬菜·瓠瓜》云："瓠瓜原産赤道非洲南部低地，7000年前西半球已有瓠瓜。瓠瓜主要分布在印度、斯里蘭卡、印尼、馬來西亞、菲律賓、熱帶非洲、哥倫比亞和巴西等國。中國關於瓠瓜的最早記載，見於新石器時代的陶壺器形及甲骨文中的'壺''㐭'字，似依葫蘆形狀而來。《詩經》（公元前1066—前541）有瓠瓜的記載。"明李時珍《本草綱目·菜三·壺盧》："〔釋名〕瓠瓜、匏瓜。時珍曰：壺，酒器也。盧，飲器也。此物各象其形，又可以爲酒飯之器，因以名之。俗作葫蘆者，非矣。葫乃蒜名，蘆乃葦屬也。其圓者曰匏，亦曰瓢，因其可以浮水如泡、如漂也。凡瓜屬皆得稱瓜，故曰瓠瓜、匏瓜。古人壺、瓠、匏三名皆可通稱，初無分別。故孫愐《唐韵》云：瓠音壺，又音護。瓠，瓤瓢也。陶隱居《本草》作瓠瓤，云是瓠類也。許慎《説文》云：瓠，匏也。又云：瓠，瓢也。匏，大腹瓠也。陸璣《詩疏》云：壺，瓠也。又云：匏，瓠也。《莊子》云：有五石之瓠。諸書所言，其字皆當與壺同音。而後世以長如越瓜首尾如一者爲瓠，音護，瓠之一頭有腹長柄者爲懸瓠，無柄而圓大形扁者爲匏，匏之有短柄大腹者爲壺，壺之細腰者爲蒲蘆，各分名色，迥异於古。以今參詳，其形狀雖各不同，而苗、葉、皮、子性味則一，故玆不復分條焉。懸瓠，今人所謂茶酒瓢者是也。蒲蘆，今之藥壺蘆是也。郭義恭《廣志》謂之約腹壺，以其腹有約束也。亦有大、小二種也。"明徐光啓《農政全書》卷二七云："《爾雅》曰：'瓠棲瓣。'《衛詩》曰：'匏有苦葉。'《幽風》曰：'九月斷壺。'《小雅》

曰：‘幡幡瓠葉。’《詩義疏》云：瓠葉，少時可以爲羹；又可淹煮極美。故云：‘采之烹之。’八月中，堅强不可食；故云苦葉。《說文》曰：瓠，一名曰壺，皆匏屬也。陸農師曰：頭短、大腹曰匏，細而合上，曰瓠；似匏而肥圓者壺。然有甘苦二種：甘者供食，苦者充器。”清吳其濬《植物名實圖考・蔬類・瓠子》云：“《唐本草》注：瓠味皆甘，時有苦者，面似越瓜，長者尺餘，頭尾相似，與甜瓠瓤體性相類，但味甘冷。通利水道，止渴，消熱，無毒，多食令人吐。”瓠瓜含有碳水化合物、蛋白質、脂肪、礦物質及維生素等營養成分。嫩果可炒食、煮食或作餡，成熟果可做容器，西非等地區亦有食嫩苗、嫩葉者。現瓠瓜品種繁多，根據果實形狀可分爲五個變種：一、瓠子，果實長，嫩果緑白色，果肉白色。中國普遍栽培。如南京麵條瓠子、湖北孝感瓠子等。二、長頸葫蘆，果實圓柱形，蒂部圓大，近果柄處較細長，嫩果食用，老熟後可成容器。三、大葫蘆，果實扁圓形，嫩果食用，老熟可成容器。四、細腰葫蘆，果實蒂部大，近果柄部較小，中間縊細，嫩時可食，老熟成器。五、觀賞腰葫蘆，果實小，中部縊細，下部大於上部，可供觀賞。如小葫蘆。

【匏瓜】

“瓠瓜”之一種。大腹瓠也。此稱先秦已行用。見該文。

【瓠瓤】

即瓠瓜。此稱南北朝已行用。見該文。

【懸瓠】

“瓠瓜”之一種。此稱明代已行用。見該文。

【蒲蘆】

“瓠瓜”之一種。現亦稱爲蒲瓜。“瓠瓜”之細腰者。此稱明代已行用。見該文。

節瓜

蔬名。葫蘆科，冬瓜屬。節瓜〔*Benincasa hispida*（Thunb.）Cogn.〕爲一年生攀緣性草本植物。根系較發達。莖蔓生，五棱，被茸毛，分枝性强。葉掌狀，緑色，被茸毛。花單生，雌雄异花同株，黄色。瓠果，短或長橢圓形，被茸毛，果肉白色。種子扁平，近橢圓形，淡黄白色。中國農業科學院蔬菜研究所主編《中國蔬菜栽培學・節瓜》云：“別名：毛瓜。節瓜是冬瓜的變種。據記載，在廣州已有三百多年歷史。目前廣東、廣西普遍栽培，春、夏、秋均有種植，是瓜類栽培面積最大的一種。近年來福建、上海、南京、北京、成都等地，也有少量栽培。節瓜比較耐熱，産量高，嫩瓜和老瓜均可食用。老瓜耐貯藏。節瓜肉柔滑，清淡，在廣東除就地供應外，還遠銷香港、澳門，是夏秋季蔬菜不可缺少的品種。”蔣先明主編《各種蔬菜・節瓜》亦云：“中國廣州有300年以上的栽培歷史。廣東、廣西、臺灣種植較多。美洲有華僑聚居的地方也有栽培。”節瓜含有蛋白質、碳水化合物、維生素C等營養成分。嫩果及成熟果均可炒食、煮食或作餡。經長期栽培，節瓜現已有很多優良品種。按形狀可分爲短圓柱形和長圓柱形，按栽培季節可分爲春節瓜、夏節瓜、秋節瓜。如“鳳梨種”“黑毛種”“七星仔”等品種，較耐稍低温度；“大藤”“孖鯉魚”“黄毛”等品種，適應性較廣。

【毛瓜】

即節瓜。此稱行於現代。見該文。

佛手瓜

蔬名。葫蘆科，佛手瓜屬，佛手瓜〔*Sechium edule*（Jacq.）Swartz〕爲多年生攀緣性草本植物。根肥大，能形成數個塊根。莖蔓生，橫切面圓形，具縱溝，近節處被茸毛，分枝性强。捲鬚大，葉掌狀，濃綠色，被茸毛。雌雄异花同株，雄花總狀花序，雌花單生，冠緣淡黄色。果梨形，具五縱溝，表皮綠或白色；果肉白色，纖維少，具香味；含大種子一顆，紡錘形，扁平。"佛手瓜"得名於其實狀似佛手。起源地説法不一。蔣先明主編《各種蔬菜·佛手瓜》云："別名瓦瓜、拳頭瓜（四川、雲南）、萬年瓜（臺灣）、隼人瓜等……佛手瓜起源於墨西哥和中美洲。18世紀傳入美國，後傳到歐洲，再傳入非洲。同世紀傳入東南亞各國，日本在1917年從美國引入。約19世紀初傳入中國。現華南、廣東和廣西都有栽培。"中國農業科學院蔬菜研究所主編《中國蔬菜栽培學·佛手瓜》云："別名：洋絲瓜、合掌瓜、菜肴梨、豐收瓜。佛手瓜原產於墨西哥和西印度群島一帶。我國華南與西南各省均有分布。"佛手瓜含有蛋白質、碳水化合物和維生素C等營養成分。可炒食、煮食或凉拌，嫩莖、葉亦可作蔬菜。近些年在中國發展較快，北方各地亦有栽培。中國栽培的佛手瓜，迄今祇發現兩個品種：一、綠皮（飯性）品種，生長勢强，結果多，瓜形較長且大，上有剛刺，皮色深綠，飯性，味稍次。二、白皮（糯性）品種，生長較弱，產量較低，瓜形較團而小，光滑無刺，皮色白綠，腥味淡，可供生食。

瓦　瓜

（清吴其濬《植物名實圖考》）

【瓦瓜】

即佛手瓜。此稱多行用於雲南、四川等地。見該文。

【拳頭瓜】

即佛手瓜。此稱多行用於雲南、四川等地。見該文。

【萬年瓜】

即佛手瓜。此稱多行用於臺灣省。見該文。

【隼人瓜】

即佛手瓜。此稱行於現代。見該文。

【洋絲瓜】

即佛手瓜。此稱行於現代。見該文。

【合掌瓜】

即佛手瓜。此稱行於現代。見該文。

第九節　茄果類考

　　茄果類蔬菜是指以漿果供食用之蔬菜。主要包括番茄屬之番茄，茄屬之茄子，辣椒屬之辣椒和甜椒，在個別地區還有酸漿屬之酸漿等。茄果類蔬菜在中國之栽培歷史以茄子爲最早，晋代嵇含撰《南方草木狀》中已有記載；辣椒於四百多年前傳入中國，始見於高濂著《遵生八箋》；番茄被中國城鄉普遍栽培是近幾十年之事，雖在清人汪灝等《廣群芳譜》中已見記述，但直到 20 世紀 50 年代後纔在全國發展成爲主要果菜之一。

　　茄果類蔬菜含有豐富之維生素、礦物鹽、碳水化合物及少量蛋白質。番茄、辣椒和甜椒中維生素 C 含量較高，并且番茄還含有較多有機酸，可供熟食、生食或加工，是中國主要蔬菜之一。茄果類蔬菜性喜溫暖，不耐霜寒，以夏季露地栽培爲主。其中番茄不耐高溫，長江流域及江北地區以春夏栽培爲主，秋季亦可栽培。但在廣東、廣西、臺灣等地，則以冬春栽培爲主。茄果類爲中光性植物，其發育受光周期之影響較少。如果溫度適宜，一年四季均可開花結果。故除茄子生長發育要求較高溫度而較少做保護地栽培外，番茄、甜椒，尤其是番茄，是保護地栽培的主要蔬菜之一。特別近些年來，用塑料冬暖大棚生產蔬菜不僅已成爲華北、東北、内蒙古等地區普遍使用之技術，而且已推廣至新疆、西藏等地區。因此，茄果類蔬菜爲豐富中國廣大城鄉居民冬季菜籃子作出了大貢獻。

番茄

　　蔬名。茄科，茄屬。番茄（*Solanum lycopersicum* L.）是以成熟多汁漿果爲產品之草本植物。莖半蔓性或半直立性，基部木質化。葉互生，不規則羽狀複葉。莖、葉上密被短腺毛，分泌汁液，散發特殊氣味。總狀或穗總狀花序，完全花，花冠黄色。果實爲多汁漿果，有圓球、扁圓等形狀；成熟果實呈紅、粉紅或黄色。種子扁平、腎形，表面生銀灰色茸毛。番茄亦稱"西紅柿""洋柿子""番柿"等，起源中心爲南美洲之安第斯山地帶。中國農業科

學院蔬菜研究所主編《中國蔬菜栽培學·番茄》云："番茄原産於南美洲的秘魯、厄瓜多爾、玻利維亞。在安第斯山脉還有番茄的野生種。其栽培種如普通番茄（*L.esculentum* Mill.），在哥倫布發現新大陸以前就已在墨西哥及中美洲發展起來了。到 16 世紀，纔從墨西哥傳入歐洲，初在意大利、西班牙、英國、法國及中歐作庭園觀賞，到 17 世紀逐漸爲人們食用，美國直到 1781 年，纔有番茄的記録，到 19 世紀把番茄作爲食用。番茄傳入中國的時間不算長，大約在 17、18 世紀，由西方的傳教士、商人，或

由華僑從東南亞引進我國南方沿海城市，稱爲番茄，其後由南方傳到北方稱爲西紅柿。清人汪灝增修明人王象晋的《群芳譜》爲《廣群芳譜》時（1708），在果譜

番 茄

中附録有'蕃柿'一條。謂其'莖似蒿，葉似艾，花似榴，一枝結五實或三、四實……草本也，來自西蕃，故名'。這是我國早期的文字記載。但由於番茄果實有特殊味道，因而當時没有大量栽培，直到20世紀初期，纔逐漸爲中國人民習慣食用。"蔣先明主編《各種蔬菜·番茄》云："中國栽培的番茄從歐洲或東南亞傳入……到20世紀初，城市郊區始有栽培食用。中國栽培番茄是從50年代初迅速發展，成爲主要果菜之一。"番茄亦曾被稱爲"狼桃"。番茄果實營養豐富，除含有碳水化合物、蛋白質、胡蘿蔔素、礦物質、有機酸等成分外，還含有大量維生素C。可生食、煮食、作湯、凉拌，加工製成番茄醬、汁或整果罐頭。中國在原來栽培北美或歐洲品種之基礎上，經過多年培育，已有一批適於中國氣候和栽培要求之品種，如北京早紅、早粉二號、蘇杭四號、長箕大紅、强豐及浙粉雜二號等。由於栽培條件和栽培技術之改進，番茄在中國之種植面積不斷擴大，并且一年四季都有産品供應市場。

【西紅柿】

即番茄。此稱多行於北方地區。見該文。

【洋柿子】

即番茄。此稱行於現代。見該文。

【番柿】

即番茄。此稱多行於南方地區。見該文。

【狼桃】

即番茄。此稱在中國極少有人知之。見該文。

茄子

蔬名。茄科，茄屬，茄子（*Solanum melongena* L.）是以漿果爲産品之一年生草本植物，熱帶多年生。莖直立而粗壯，木質化程度强，易分枝，向四周開張。葉單生而大，莖及葉顔色有綠有紫。果實爲紫色者，其嫩莖及葉柄呈紫色；果實爲白色或青色者，其嫩莖及葉柄呈綠色。花白色或紫色。漿果卵圓、圓或長筒形，皮爲紫、綠或白色。種子近似腎形，扁平。茄子亦稱"伽""落蘇""酪酥""昆侖瓜""小菰""紫膨亨"等。起源於亞洲東南熱帶地區，古印度爲最早馴化地，至今仍有茄子野生種和近緣種。中國栽培茄子歷史悠久，一般認爲中國是茄子第二發源地。最早記載見於晋嵆含《南方草木狀》卷上（4世紀初）："茄樹，交廣草木，經冬不衰……五年後樹老子稀。"北魏賈思勰《齊民要術·種諸色瓜》云："種茄子法：茄子，九月熟時摘取，擘破，水淘子，取沉者，速曝乾裏置。至二月畦種。着四、五葉，雨時，合泥移栽之。"并記有可生食品種："大小如彈丸，中生食，味如小豆角。"至宋代，茄子在中國栽培已甚廣。蘇頌撰《本草圖經》載："茄子處處有之。其類有數種：紫茄、黄茄，南北通有；白茄、青水茄，惟北土有之。入藥多用黄茄，其餘惟可作菜茄爾。江南一種藤茄，作蔓

生，皮薄似壺蘆。"明李時珍《本草綱目·菜三·茄》："〔釋名〕落蘇（《拾遺》）、昆侖瓜（《御覽》）、草鱉甲。頌曰：按段成式云：茄音加，乃蓮莖之名。今呼茄菜，其音若伽，未知所自也。時珍曰：陳藏器《本草》云：茄一名落蘇，名義未詳。按五代《貽子錄》作酪酥，蓋以其味如酥酪也，於義似通。杜寶《拾遺錄》云：隋煬帝改茄曰昆侖紫瓜。又王隱君《養生主》論治瘰方用乾茄，諱名草鱉甲。蓋以鱉甲能治寒熱，茄亦能治寒熱故爾。〔集解〕時珍曰：茄種宜於九月黃熟時收取，洗净曝乾，至二月下種移栽。株高二三尺，葉大如掌。自夏至秋，開紫花，五瓣相連，五棱如縷，黃蕊綠蒂，蒂包其茄。茄中有瓤，瓤中有子，子如脂麻。其茄有團如栝樓者，長四五寸者。有青茄、紫茄、白茄。白茄亦名銀茄，更勝青者。諸茄至老皆黃，蘇頌以黃茄爲一種，似未深究也。"清吳其濬《植物名實圖考·蔬類·茄》云："茄，《開寶本草》始著錄。《本草拾遺》：一名落蘇，有紫、白、黃、青各種，長圓大小亦異。《嶺表錄異》：茄樹，其實如瓜，余親見之。茄蒂根燒灰，治靼瘃；莖灰入火藥用。茄種既繁，鼎俎惟宜。《遵生八牋》有糟蒸、醋糟、淡乾、鵪鶉各法，然未盡也。水茄甘者可以爲果，山谷有《謝銀茄》詩云：'君家水茄白銀色，絕勝壩裏紫彭亨。'白固勝於紫，然唐以前但云昆侖紫瓜，白茄曰渤海、曰番茄，蓋後出也。"筆者認爲吳氏"《開寶本草》始著錄"之說有誤，因爲晋朝已有記載。茄子至今仍是中國南北各地栽培最廣泛的蔬菜之一。植物學家將茄子分爲三個變種：一、圓茄，植株高大，果實大，圓球、扁球或橢圓形，中國北方栽培較多。主要品種有北京大紅袍、六葉茄、山東大紅袍、天津二敏茄等。二、長茄，植株長勢中等，果實細長棒狀，中國南方栽培較多。如南京紫綫茄、成都墨茄等。三、矮茄，植株較矮，果實小，卵或長卵形，品質較差。原北方有栽培，現已少見。

【草鱉甲】

即茄子。此稱始見於唐代。《事物異名錄·蔬穀·茄》引唐丁用晦《芝田錄》："茄子，方家之譴，謂之'草鱉甲'。"

【落蘇】

即茄子。此稱唐代已行用。見該文。

【昆侖瓜】

即茄子。此稱宋代已行用。亦稱昆侖紫瓜，隋煬帝命之。見該文。

【紫彭亨】

即茄子。此稱宋代多行用。見該文。

【黃茄】

宋代蘇頌稱黃茄爲茄之一種，并言"南北通有"。明李時珍云："諸茄至老皆黃，蘇頌以黃茄爲一種，似未深究也。"參閱古今有關資料和現所栽培茄子品種，明人李時珍所言極是。

辣椒

蔬名。茄科，辣椒屬。辣椒（*Capsicum annuum* L.）爲能結辣味漿果之一年生或多年生草本植物。在中國雲南亦有多年生木本"辣椒樹"。辣椒莖直立，基部木質化，較堅韌。單葉，互生，全緣，卵圓型，葉面光滑。花小，白或綠白色，單生或簇生。果實形狀與大小因品種不同而差异很大，有圓球、羊角、綫形、圓錐等多種形狀。種子短腎形，淡黃色。辣椒亦稱"番椒""海椒""秦椒""辣子""辣茄"等。原產中、南美洲熱帶地區，1493 年傳到歐洲，目前已遍及世界各國。中國栽培辣椒始於明朝。中國農業科學院蔬菜研究所主編《中國蔬菜栽培學·辣椒》云："我國明代李時珍著的《本草綱目》尚無辣椒的記載，始見於明末《花鏡》草花譜，有'番椒叢生白花，果儼似禿筆頭，味辣色紅，甚可觀，子種'。傳入我國，一經'絲綢之路'，在甘肅、陝西等地栽培，故有'秦椒'之稱，一經東南亞海道，在廣東、廣西和雲南栽培，現西雙版納原始森林裏尚有半野生型的'小米椒'。"至清代，中國栽培辣椒已很普遍。清吳其濬《植物名實圖考·蔬類·辣椒》："辣椒處處有之，江西、湖南、黔、蜀，種以爲蔬。其種尖圓，大小不一，有柿子、筆管、朝天諸名，《蔬譜》《本草》皆未晰，惟《花鏡》有番椒，即此。《遵義府志》：番椒通呼海椒，一名辣角，每味不離，長者曰牛角，仰者曰纂椒，味尤辣，柿椒或紅或黃，中盆玩，味之辣至此極矣。或研爲末，每味必偕，或以鹽醋浸爲蔬，甚至熬爲油、煿諸火而齏之者，其胸膈寒滯，乃至是哉。"辣椒中含有辣椒素、維生素A、維生素C等營養成分，并有芬芳之辛辣味。辣椒有促進食欲、幫助消化及醫藥等效用。嫩果或成熟果可生食、炒食或乾製、腌製和醬製。辣椒是中國人民喜愛之鮮菜和調味品。尤其甘肅、陝西、四川、貴州、雲

辣椒
（清吳其濬《植物名實圖考》）

南、江西、湖南等地，幾乎每餐必備。中國産的乾辣椒和辣椒粉還遠銷新加坡、菲律賓、日本等國家。中國栽培之優良品種有很多，如四方頭甜椒、燈籠椒、長沙牛角、雲南大辣椒、陝西綫椒、成都二金條、四川七星椒及雲南櫻桃辣等。

【番椒】

　　即辣椒。此稱始於明代。見該文。

【海椒】

　　即辣椒。此稱清代已行用。見該文。

【辣角】

　　即辣椒。此稱清代已行用。見該文。

【牛角】

　　"辣椒"之一種。此稱清代已行用。見該文。

【纂椒】

　　"辣椒"之一種。此稱清代已行用。見該文。

【秦椒】

　　即辣椒。此稱行於西部地區。見該文。

【辣子】

　　即辣椒。此稱多行於南方一些地區。見該文。

【辣茄】

　　即辣椒。此稱多行於南方部分地區。見該文。

甜椒

　　蔬名。茄科，辣椒屬。甜椒（*Capsicum annuum*）原被列爲辣椒能結出甜味漿果之一個變種，20世紀50年代將其作爲辣椒之一個亞種。其植物學特性與辣椒基本相同。甜椒之特點是葉片較長；果實碩大，表面光滑，常有縱溝，果肉厚，果腔多。成熟果多爲紅色，少數品種有黃色。甜椒亦稱"青椒""菜椒"。蔣

先明主編《各種蔬菜·甜椒》云：“甜椒由原產中、南美洲熱帶地區的辣椒在北美演化而來，經長期栽培馴化和人工選擇，使果實發生體積增大，果肉變厚，辣味消失和心皮及子房腔數增多等性狀變化。傳到歐洲的時間比辣椒晚。18 世紀後半葉從保加利亞引入當時的俄國，20 世紀遍及蘇聯南部，因製罐工業需要，栽培面積迅速擴大。中國於 100 多年前引入，現全國各地普遍栽培。”甜椒果肉厚而脆嫩，維生素 C 含量豐富，可涼拌、炒食、作餡、腌製或加工製罐頭，頗受城鄉居民青睞。甜椒按其果形可分爲五個變種：扁圓形甜椒，亦稱番茄形甜椒；圓錐形甜椒；鈍圓形甜椒；長筒形甜椒；圓筒形甜椒。中國栽培最多者爲圓筒形種，代表品種有“世界冠軍”“巴彥甜椒”“茄門甜椒”等。

【青椒】

　　即甜椒。見該文。

【菜椒】

　　即甜椒。見該文。

第十節　豆類考

　　豆類蔬菜是指豆科中以嫩豆莢或嫩豆粒作蔬菜食用之栽培種群，爲一年生或二年生草本植物。包括菜豆屬之菜豆、萊豆，豇豆屬之豇豆，大豆屬之菜用大豆，豌豆屬之豌豆，野豌豆屬之蠶豆，刀豆屬之蔓生刀豆，扁豆屬之扁豆，四棱豆屬之四棱豆及藜豆屬之藜豆等共 9 個屬 10 餘個種。

　　豆類蔬菜在世界上栽培歷史悠久。考古證明公元前 4000 多年（亦有書記爲公元前 7000 多年）墨西哥人和秘魯人已馴化菜豆，并已廣泛栽培；在中東和希臘新石器時代（公元前 7000）即有類似現今栽培類型之小粒豌豆；秘魯的出土文物證明，公元前 6000—前 5000 年已有萊豆。中國記載最早之豆類蔬菜應屬菜用大豆，因大豆原產中國，約有五千年栽培歷史。豌豆、蠶豆在漢代亦均已有記載。

　　豆類蔬菜皆爲蝶形花冠，自花授粉。直根系，具根瘤。除豌豆、蠶豆屬長日照植物外，其他均屬短日照植物，喜溫暖，不耐寒。豆類蔬菜營養價值高，富含蛋白質及較多之碳水化合物、脂肪、鈣、磷和多種維生素。嫩豆莢和嫩豆粒味道鮮美，除供鮮食外，可供製罐頭和脫水產品。有些豆類種子是健身補品，如四棱豆經濟價值亦很高，開發前景廣闊。豆類蔬菜可做到周年供應市場。長江流域各省春末、夏初有豌豆、蠶豆上市；無論南北夏秋皆有菜豆、豇豆、毛豆、扁豆生產；在冬季溫暖之南方，扁豆、刀豆、藜豆、萊豆、四棱豆可從秋季供應至初冬；冬春季節，清香質脆之豌豆莖尖又成爲家庭餐桌上之鮮美佳肴。用大豆、綠豆培育出的豆芽菜，更可隨時供應，深得人們喜愛。豆類蔬菜在人民生活中，有着非常重要之意義。

菜豆

蔬名。豆科，菜豆屬。菜豆（*Phaseolus vulgaris* L.）爲主要以鮮莢供菜用之一年生草本植物。菜豆根系發達，有根瘤。莖矮生、半蔓生和蔓生。葉片近心臟形，全緣，葉面和葉柄具茸毛。總狀花序，腋生，具長花序柄，花冠蝶形，有白、紫及黄色。龍骨瓣呈螺旋狀捲曲，是菜豆屬之重要特徵。莢果條形，嫩莢綠、紫紅等色，成熟時黄白至黄褐色。種子腎形或卵形，紅、白、褐黑和花斑等色。菜豆亦稱“四季豆”“芸豆”“豆角”“玉豆”“京豆”等，起源於中、南美洲。蔣先明主編《各種蔬菜·菜豆》云：“菜豆起源於美洲中部和南部。據考古證實公元前 7000 多年墨西哥和秘魯人已馴化菜豆，并廣泛栽培。16 世紀初傳入歐洲，16 世紀由西班牙人和葡萄牙人把它帶到非洲、印度和中國。李時珍撰《本草綱目》（1551—1578）對此豆已有記載。1654 年中國隱元禪師歸化日本時，把菜豆帶到日本，稱爲‘隱元豆’。”至清代，亦稱之爲“芸藊豆”。清吳其濬《植物名實圖考·穀類·芸藊豆》：“芸藊豆，白花，莢亦雙生，似藊豆而細長，似豇豆而短扁。嫩時并莢爲蔬，脆美，老則煮豆食之；色紫，小兒所嗜。河南呼四季豆，或亦呼龍爪豆。”菜豆嫩莢含有碳水化合物、多種礦物質、維生素和氨基酸。作菜炒食，味道鮮美，也是製罐頭和脱水菜之好原料。其老熟種子營養豐富，亦爲菜、糧佳品。菜豆現已分布世界各地，栽培面積僅次於大豆。中國南北均普遍種植。按食用要求不同，分爲莢用類型和粒用類型；按生長習性可分爲蔓生、半蔓生和矮生類型。我國栽培之優良品種有“白子四季豆”“黑子四季豆”“豐收一號”“矮生棍豆”“施美娜”等。

【芸藊豆】

即菜豆。此稱清代已行用。見該文。

【四季豆】

即菜豆。此稱清代已行用。見該文。

【龍爪豆】

即菜豆。此稱清代已行用。見該文。

【隱元豆】

即菜豆。此稱多行用於日本。見該文。

【芸豆】

即菜豆。此稱多行於北方地區。見該文。

【豆角】

即菜豆。此稱多行於現代。見該文。

【玉豆】 [2]

即菜豆。此稱多行於現代。見該文。

【京豆】

即菜豆。此稱多行於現代。見該文。

豇豆

蔬名。豆科，豇豆屬。豇豆（*Vigna unguiculata* Walp.）爲能形成長形豆莢之栽培種，一年生纏繞草本植物。根系發達。有根瘤。莖分矮生、半蔓生和蔓生。葉卵狀菱形，全緣，葉面光滑。總狀花序，腋生，具長花序柄，每序有花四至八朵；花蝶形，多爲紫紅至紫藍色或淺黃至乳白色。每花序一般結果莢二至四個，果莢綫型，有綠、紫紅或白等色。種子腎形，呈紅、黑或黑白相間等色。豇豆亦稱"豆角""帶豆""裙帶豆""筷豆"等。起源地有二説。一説非洲東北部和印度爲第一起源中心，中國爲第二起源中心；另説原產亞洲中南部，包括中國、東南亞和印度等地。三國魏張揖撰《廣雅・釋草》中有"胡豆，䜧䜪也"之記載。明李時珍《本草綱目・穀三・豇豆》："〔釋名〕䜧䜪。時珍曰：此豆紅色居多，莢必雙生，故有豇、䜧䜪之名。《廣雅》指爲胡豆，誤矣。〔集解〕時珍曰：豇豆處處三四月種之。一種蔓長丈餘，一種蔓短。其葉俱本大末尖，嫩時可茹。其花有紅、白二色。莢有白、紅、紫、赤、斑駁數色，長者至二尺，嫩時充菜，老則收子。此豆可菜、可果、可穀，備用最多，乃豆中之上品，而《本草》失收，何哉？"明徐光啓《農政全書》卷二六亦云："穀雨後種，六月收子。收來便種，再生，八月又收子。一年兩熟。"清吳其濬《植物名實圖考・穀類・豇豆》云："豇豆，《本草綱目》始收入穀部。此豆莢必

豇　豆

（清吳其濬《植物名實圖考》）

雙生，故有䜧䜪之名。種有紅、白、紫、赤、斑駁數色，可茹、可穀，亦能解鼠莽毒。"豇豆含有蛋白質、碳水化合物、多種維生素和礦物質，營養豐富。果莢可炒食、煮食、凉拌或腌泡；老熟豆粒可充糧或製作糕點、豆沙餡用。豇豆較耐熱，對解決晚夏淡季缺菜具有重要作用。因此，中國各地普遍栽培，且品種資源豐富。按果莢長短、質地和食用部分之不同，分爲豇豆、飯豇豆和長豇豆三個栽培種。長豇豆爲軟莢種，莢長肉厚，主要供菜用栽培。優良品種有紅嘴燕、羅裙帶、鐵綫豆、青豐豇豆、細花猪腸豆等。按，三國魏張揖稱胡豆即䜧䜪，明李時珍則認爲此稱"誤矣"。對李氏之説亦有異議。今人夏緯瑛《植物名釋札記・豇豆》云："案豇豆是自外引入的栽培植物……《廣雅・釋草》説：'胡豆，䜧䜪也。'大概是豇豆先有'胡豆'之名，而後又因其豆紅莢雙而名'䜧䜪'，後更由'䜧䜪'而簡稱'豇豆'。李時珍解釋'豇豆'的名稱爲是，而説《廣雅》誤指䜧䜪爲胡豆，則非。張揖所説的'胡豆'與李時珍所説的'胡豆'不是一種。漢時之人，嘗稱異族、異地爲'胡'，凡引入的植物嘗予以'胡'名；豆之以'胡'爲名者不一，如豌豆也有'胡豆'之名。李時珍以蠶豆爲胡豆（見《綱目・蠶豆》），故以《廣雅》爲誤。"

【䜧䜪】

即豇豆。此稱三國時已行用。見該文。

【胡豆】[1]

即紅豆。此稱三圖時已行用。見該文。

扁豆

蔬名。豆科，扁豆屬。扁豆（*Dolichos lablab* L.）爲一年生或多年生纏繞藤本植物。

根系發達，耐旱力强。莖蔓生，分長、短蔓兩類。短蔓生種多分枝，中國普遍栽培者爲長蔓生種。三出稷葉，柄長，葉面光滑無毛。自葉腋抽生總狀花序，花紫色或白色。豆莢扁平肥大，有綠、綠白、粉紅、深紫等色，老熟時革質，黄褐色。種子爲扁橢圓形，黑、褐或白色。種臍白色，大而明顯。扁豆原産印度及印尼，已有三千多年的栽培歷史。後傳到埃及、蘇丹等非洲熱帶地區。中國於漢晋時傳入。南朝人陶弘景撰《名醫別録》中有“藊豆，人家種之於籬垣，其莢蒸食甚美”之記載。明李時珍《本草綱目・穀三・藊豆》：“〔釋名〕沿籬豆、蛾眉豆。時珍曰：藊本作扁，莢形扁也。沿籬，蔓延也。蛾眉，象豆脊白路之形也。〔集解〕弘景曰：藊豆，人家種之於籬垣，其莢蒸食甚美。頌曰：蔓延而上，大葉細花，花有紫白二色，莢生花下。其實有黑白二種，白者温而黑者小冷，入藥用白者。黑者名鵲豆，蓋以其黑間有白道，如鵲羽也。時珍曰：扁豆二月下種，蔓生延纏。葉大如盃，團而有尖。其花狀如小蛾，有翅尾形。其莢凡十餘樣，或長或團，或如龍爪、虎爪，或如猪耳、刀鐮，種種不同，皆纍纍成枝。白露後實更繁衍，嫩時可充蔬食茶料，老則收子煮食。子有黑、白、赤、斑四色。一種

藊　豆
（明王圻等《三才圖會》）

莢硬不堪食。惟豆子粗圓而色白者可入藥，《本草》不分別，亦缺文也。”清吴其濬《植物名實圖考・穀類・藊豆》云：“藊豆，《別録》中品，即蛾眉豆。白藊豆入藥用，餘皆供蔬……雩婁農曰：藊豆供蔬、供餌，佳矣。”夏緯瑛《植物名釋札記・眉豆》云：“藊豆（*Dolichos lablab* L.）今俗有‘眉豆’之名，朱橚《救荒本草》作‘眉兒豆’，并爲這一名稱作了解釋。《救荒本草・米穀部・葉及實皆可食》載有‘眉兒豆苗’，圖與今之藊豆無異。其説云：‘結區角，每角有豆止三四顆；其豆色黑、區，而皆白眉，故名。’案《救荒》之所謂‘白眉’者，指此豆之種臍而言。藊豆之種臍長形、白色，猶如眉毛之狀，因有‘眉兒豆’或‘眉豆’之名。”現在中國農村很多地方仍稱扁豆爲“眉豆”。扁豆肥嫩豆莢可以炒食、煮食、腌漬或製乾菜；老熟豆粒亦可煮食、作豆沙餡或扁豆泥。白扁豆營養豐富，其花、種均有消暑、解毒等藥效。如用白扁豆與生石膏煮水服，可清熱解暑；白扁豆花與車前草煮服，可治紅白痢疾。但因扁豆中含有毒蛋白、凝集素及能引發溶血症之皂素，故在食用前應用冷水浸泡或用熱水稍燙爲好。扁豆栽培發展至今品種繁多，中國主要品

扁　豆

種有紫色小白扁、猪血扁、紅筋扁、白花大白扁、大鉶刀扁豆等。

【藊豆】

即扁豆。此稱南朝已行用。見該文。

【鵲豆】

即扁豆。此稱宋代已行用。見該文。

【沿籬豆】

即扁豆。此稱明代已行用。見該文。

【蛾眉豆】

即扁豆。此稱明代已行用。見該文。

【眉兒豆】

即扁豆。此稱始行於明代。見該文。

萊豆

蔬名。豆科,萊豆屬。萊豆(*Phaseolus Coccineus* L.)是以豆粒或嫩莢爲食用之栽培種,一年生纏繞性草本植物。萊豆分爲小萊豆和大萊豆兩種,每種萊豆中都有矮生類型和蔓生類型。根系發達。三出穉葉,菱形,葉面光滑。總狀花序,腋生,花小,白或淡綠色。果莢扁平,成彎月形,熟時開裂。種子扁平,近腎形,有白、褐、花斑等色。萊豆亦稱"棉豆",上海稱"白豆",雲南等地稱"荷包豆"。蔣先明主編《各種蔬菜・萊豆》云:"萊豆起源於美洲熱帶,公元前

白 豆
(明盧和《食物本草》)

6000—前5000年秘魯的出土文物中已有萊豆,小萊豆則在公元前500—前300年墨西哥已有記載。16世紀傳到歐洲,又從法國傳到非洲,由西班牙傳入美國後橫跨太平洋傳到菲律賓,繼而傳到亞洲,20世紀30—40年代傳入中國。"萊豆嫩豆莢含維生素C、澱粉、蛋白質等營養成分,炒食清香可口。鮮食豆粒柔嫩味甜,亦可乾製或油炸,別有風味。國外多用其製作罐頭,爲貴重蔬食。但種子内含有産生氰化物之糖苷,食用或加工前需用水浸泡等處理。萊豆生長喜較高溫度,故在中國主要分布於長江以南廣東、福建、廣西、雲南、臺灣及上海等省區市,北方很少栽培。

【棉豆】

即萊豆。此稱多行於南方地區。見該文。

【白豆】

即萊豆。此稱多行於上海地區。見該文。

【荷包豆】[2]

即萊豆。此稱多行於雲南等地區。見該文。

蠶豆

蔬名。豆科,野豌豆屬。蠶豆(*Vicia faba* L.)爲一二年生草本植物。根系發達,有根瘤。莖方形而中空,能直立生長,有些品種結莢時倒伏,分枝力强。第三個葉片以上均爲羽狀穉葉。短總狀花序,腋生,花蝶形,紫白色,翼瓣中央有一個大黑斑。幼莢綠色,成熟時變爲褐色或黑色。種子扁平,種臍黑色。種皮內含單寧,略具澀味。蠶豆亦稱"胡豆""佛豆""羅漢豆""寒豆"等。原産亞洲西南至非洲北部一帶,是古老的栽培植物之一。新石器時代瑞士湖居人遺址中,考古學家發現了炭化蠶豆籽粒。2000多年前西漢時傳入中國。明李時珍《本草

綱目·穀三·蠶豆》：“〔釋名〕胡豆。時珍曰：豆莢狀如老蠶，故名。王禎《農書》謂其蠶時始熟，故名，亦通。吳瑞《本草》以此爲豌豆，誤矣。此豆種亦自西胡來，雖與豌豆同名、同時種，而形性迥別。《太平御覽》云：張騫使外國，得胡豆種歸。指此也。今蜀人呼此爲胡豆，而豌豆不復名胡豆矣。〔集解〕時珍曰：蠶豆南土種之，蜀中尤多。八月下種，冬生嫩苗可茹。方莖中空。葉狀如匙頭，本圓末尖，面綠背白，柔厚，一枝三葉。二月開花如蛾狀，紫白色，又如豇豆花。結角連綴如大豆，頗似蠶形。蜀人收其子以備荒歉。”蠶豆粒中含有蛋白質、碳水化合物及多種維生素，營養豐富。嫩、老豆粒及嫩莢均可供蔬菜用，亦可作粉、醬、油等之原料，莖、葉能作飼料。中國除在長江流域和西南地區有傳統栽培外，現廣東、廣西、新疆、甘肅、華北等地亦有種植。主要品種有成都大白胡豆、二板青，上海白皮，杭州大白蠶、大青扁、牛踏扁等。

蠶　豆
（清吳其濬《植物名實圖考》）

【胡豆】[2]

即蠶豆。此稱宋代已行用。見該文。

【佛豆】

即蠶豆。此稱行於現代。見該文。

【羅漢豆】

即蠶豆。此稱行於現代。見該文。

【寒豆】[1]

即蠶豆。此稱行於現代。見該文。

豌豆

蔬名。豆科，豌豆屬。豌豆（*Pisum sativum* L.）爲一年生或二年生攀緣草本植物。直根系，有根瘤。莖一般爲圓形，中空而脆嫩。偶數羽狀複葉，葉面略有蠟質或白粉。花單生或對生於葉腋處，蝶形，白或紫色。果莢綠色，扁平或圓棍形。種子球形，依品種有表面光滑和皺縮兩種，有白、黃、綠、紫、黑各種顏色。豌豆亦稱“荷蘭豆”“青斑豆”“麻豆”“麥豆”“回回豆”“青小豆”“淮豆”“留豆”“金豆”等，是古老作物之一。蔣先明主編《各種蔬菜·豌豆》云：“Н.И.瓦維洛夫認爲豌豆起源中心爲埃塞俄比亞、地中海和中亞，演化次中心爲近東；也有人認爲起源於高加索南部至伊朗。豌豆由原產地向東首先傳入印度北部，經中亞細亞到中國，16 世紀傳入日本，新大陸發現後引入美國。豌豆是古老作物之一，在近東新石器時代（前 7000 年）和瑞士湖居人遺址中發掘出炭化小粒豌豆種子，表面光滑，近似現今的栽培類型。最早的豌豆有近東的耐乾燥型和地中海沿岸的濕潤型二類，前者可能是栽培品種的祖先。古希臘和羅馬人公元前就栽培褐色小粒豌豆，雅利安人將豌豆傳到歐洲和南亞，16 世紀歐洲開始分化出粒用、蔓生和矮生等品種并較早普及菜用豌豆。中國最遲在漢朝引入小粒豌豆。《爾雅》（前 300—前 200 年）有‘戎菽’的記載，菽豆即豌豆。《四民月令》（166）中有栽培豌豆（豍）的記載。16 世紀後期的《遵生八箋》中有'寒豆芽'的製作方法和作菜用的記述（寒豆即豌豆）。"明李時珍《本草綱目·穀三·豌豆》："〔釋名〕胡豆（《拾遺》）、戎菽（《爾雅》）、回鶻豆（《遼志》）。《飲膳正要》作回回豆。回回即回鶻國也）、畢豆（《唐史》。崔寔《月令》作䜰豆）、青小豆（《千金》）、青斑豆（《別錄》）、麻累。時珍曰：胡豆，豌豆也。其苗柔弱宛宛，故得豌名。種出胡戎，嫩時青色，老則斑麻，故有胡、戎、青斑、麻累諸名。陳藏器《拾遺》雖有胡豆，但云苗似豆，生田野間，米中往往有之。然豌豆、䜰豆皆有胡豆之名。陳氏所云，蓋豌豆也。豌豆之粒小，故米中有之。《爾雅》：戎菽謂之荏菽。《管子》：山戎出荏菽，布之天下。并注云：即胡豆也。《唐史》：畢豆出自西戎回鶻地面。張揖《廣雅》：畢豆、豌豆，留豆也。《別錄·序例》云：丸藥如胡豆大者，即青斑豆也。孫思邈《千金方》云：青小豆一名胡豆，一名麻累。《鄴中記》云：石虎諱胡，改胡豆爲國豆。此數說，皆指豌豆也。蓋古昔呼豌豆爲胡豆，今則蜀人專呼䜰豆爲胡豆，而豌豆名胡豆，人不知矣。又鄉人亦呼豌豆大者爲淮豆，蓋回鶻音相近也。〔集解〕時珍曰：豌豆種出西胡，今北土甚多。八九月下種，苗生柔弱如蔓，有鬚。葉似蒺藜葉，兩兩對生，嫩時可食。三四月開小花如蛾形，淡紫色。結莢長寸許，子圓如藥丸，亦似甘草子。生胡地者大如杏仁。煮、炒皆佳，磨粉麪甚白細膩。百穀之中，最爲先登。又有野豌豆，粒小不堪，惟苗可茹，名翹搖，見菜部。"清吳其濬《植物名實圖考·穀類·豌豆》云："豌豆，李時珍以爲即胡豆，然《本草拾遺》所云胡豆，非此豆也。古音義胡多訓大，後世輒以種出胡地附會其說，皆無稽也。豌豆葉皆爲佳蔬，南方多以豆飼馬，與麥齊種齊收。《廣雅》：畢豆、豌豆、留豆也，《本草》中皆未著錄。"筆者認爲吳氏對李氏之說有誤解。因爲李時珍在"䜰豆"篇中已明示："此豆種亦自西胡來，雖與豌豆同名、同時種，而形性迥別。《太平御覽》云：張騫使外國，得胡豆種歸。指此也。今蜀人呼此爲胡豆，而豌豆不復名胡豆矣。"豌豆之嫩梢、嫩莢和籽粒均爲佳蔬，做菜質嫩清香，營養豐富，爲人們所喜食。如上海之"豌豆苗"、廣州之"龍鬚菜"、四川之"豌豆尖"，皆爲冬春主要鮮菜。乾豆粒亦可油炸、煮食、加工成醬食或作主糧。豌豆品種頗多，中國即有上百個。現南北栽培之主要品種有大莢豌豆、福州軟莢、大菜豌一號、小青莢、麻豌豆、哈爾濱早熟、晉硬一號等。

豌　豆
（清吳其濬《植物名實圖考》）

【戎菽】[2]

即豌豆。此稱漢代已行用。見該文。

【𥶡】

即豌豆。亦稱𥶡豆。此稱漢代已行用。後《唐史》等多處有"畢豆""䜰豆"之稱，與"𥶡"字實爲异字同音，同一名也。見該文。

【留豆】

即豌豆。此稱三國時已行用。見該文。

【青斑豆】

即豌豆。此稱晉代已行用。見該文。

【國豆】[2]

即豌豆。此稱始行於東晉。見該文。

【青小豆】

即豌豆。此稱唐代已行用。見該文。

【麻累】

即豌豆。此稱唐代已行用。見該文。

【回鶻豆】

即豌豆。此稱宋、遼時已行用。見該文。

【寒豆】[2]

即豌豆。此稱明代已行用。蠶豆亦有"寒豆"之稱。參見"蠶豆"文。

【胡豆】[3]

明代前，豌豆與蠶豆皆呼此稱。至明代，"胡豆"一稱即專指蠶豆。見該文。

刀豆

蔬名。豆科，刀豆屬。刀豆〔*Canavalia gladiata*（Jacq.）DC.〕為一年生纏繞性草本植物。刀豆有蔓性和矮性兩個栽培種，現多栽培蔓性刀豆。其蔓粗壯，長達數米。三出複葉，互生，小葉寬卵形，無毛。總狀花序，腋生，蝶形花，淡紅或淡紫色。莢果綠色，窄長方形，略彎曲，長約20厘米。種子橢圓形，白、紅或褐色。刀豆亦

刀　豆
（清吳其濬《植物名實圖考》）

稱"大刀豆""關刀豆""刀鞘豆"等，原產印度和中、南美洲，一千五百年前傳入中國。唐段成式《酉陽雜俎·草篇》對刀豆已有記載："挾劍豆，樂浪東有融澤，澤中生豆莢，形似人挾劍，橫斜而生。"明李時珍《本草綱目·穀三·刀豆》："〔釋名〕挾劍豆。時珍曰：以莢形命名也。案段成式《酉陽雜俎》云：樂浪有挾劍豆，莢生橫斜，如人挾劍。即此豆也。〔集解〕穎曰：刀豆長尺許，可入醬用。時珍曰：刀豆人多種。三月下種，蔓生引一二丈，葉如豇豆葉而稍長大，五六七月開紫花如蛾形。結莢，長者近尺，微似皂莢，扁而劍脊，三棱宛然。嫩時煮食、醬食、蜜煎皆佳。老則收子，子大如拇指頭，淡紅色。同猪肉、雞肉煮食，尤美。"對其栽培方法，明人徐光啓《農政全書》卷二六有較詳細描述云："清明時，鋤地作穴。每穴下種一粒，以灰蓋之。祇用水澆，待芽出則澆以糞水。蔓長，搭棚引上。"清吳其濬《植物名實圖考·穀類·刀豆》曰："刀豆，《本草綱目》始收入穀部，謂即《酉陽雜俎》之挾劍豆。其莢腌以為茹，不任烹煮。雩婁農曰：刀豆祇供菜食，《救荒本草》所謂煮飯作麪者，亦饑歲始為之耳。味短形長，非為珍羞，《本草綱目》乃以為即挾劍豆，樂浪澤物，何時西來？且諸皋之記，亦摭子年誕詞耳。"刀豆嫩莢肉厚味鮮，炒食、腌漬皆宜。乾豆富含蛋白質，亦可煮食或磨粉。種子入藥，有活血、補腎、散淤之功效。因刀豆喜溫怕冷，故中國華南與西南地區栽培較多。

【挾劍豆】

即刀豆。亦稱挾刀豆。此稱唐代已行用。見該文。

【大刀豆】

即刀豆。見該文。

【關刀豆】

即刀豆。見該文。

【刀鞘豆】

即刀豆。見該文。

四棱豆

蔬名。豆科，四棱豆屬。四棱豆〔*Psophocarpus tetragonolobus*（L.）DC.〕爲一年生或多年生纏繞性草本植物。根系發達，易形成根瘤，能産生塊根。莖蔓生，可攀緣長達數米，無毛，緑色或紫色。三出穫葉，光潤卵圓形。總狀花序，腋生，花白或紫藍色，龍骨瓣内彎。嫩莢果緑或紫色，有四個棱角，且棱角上有鋸齒狀翼，背綫兩側略高，好似一雙翅膀，故有“翼豆”之稱，是豆類植物中少有之特徵。種子呈扁圓形，褐、黄、黑等多種顔色。四棱豆亦稱“四角豆”“翼豆”“四稜豆”“楊桃豆”“熱帶大豆”等。四棱豆之原産地，一説印度，一説馬達加斯加和非洲東海岸，現祇有非洲還有四棱豆屬之野生種。早在 17 世紀新幾内亞即開始栽培。在一百多年前傳入中國。四棱豆是一種營養極豐富之蔬菜，嫩豆莢可鮮炒、腌漬和做醬菜；嫩葉可以做湯；塊根可鮮炒或製作乾片與澱粉。尤爲突出者是它的種子含蛋白質、脂肪可與大豆相媲美。因此，有“熱帶大豆”之稱。其塊根所含蛋白質量也很高，是目前很受重視之高蛋白質糧食新資源。現在世界上很多國家在研究、引進和擴大種植這一珍貴作物。中國廣東、廣西、臺灣、雲南等省區皆有分布，且以雲南種植較多。參閱蔣先明主編《各種蔬菜·四棱豆》（1989 年版）和中國農業科學院蔬菜研究所主編《中國蔬菜栽培學·四棱豆》（1987 年版）。

【四角豆】

即四棱豆。此稱多行於南方地區。見該文。

【翼豆】

即四棱豆。此稱多行於南方地區。見該文。

【四稜豆】

即四棱豆。此稱行於南方地區。見該文。

【楊桃豆】

即四棱豆。此稱行於南方地區。見該文。

【熱帶大豆】

即四棱豆。此稱行於現代。見該文。

毛豆 [2]

蔬名。豆科，大豆屬。毛豆〔*Glycine max*（L.）Merr.〕爲一年生草本植物，即籽粒已飽滿而尚未老熟，摘取豆莢剥出豆粒供菜用之大豆。一般選用大粒，青、黄種皮之品種。根系發達，有根瘤。莖堅韌直立或略呈蔓生，被灰白至黄褐色茸毛。初生單葉一對，互生；以後爲三出穫葉，面被茸毛或無。短總狀花序，腋生或頂生，花小，白或紫色。莢果矩形、扁平，密布茸毛，黄緑色。種子橢圓形，嫩種緑色，老熟後呈黄、青、紫、黑等色。毛豆亦稱“菜用大豆”“枝豆”。蔣先明主編《各種蔬菜·菜用大豆》云：“大豆原産中國，約有 5000 年的栽培歷史，《詩經》（公元前 1066—前 541）中有‘中原有菽，庶民采之’的記載。自西漢（公元前 2 世紀）始改名爲大豆。《氾勝之書》（公元前 37—前 32）有收穫豆粒和以嫩葉（藿）作菜的記載。中國大豆在公元前開始向世界各國傳播。公元前 2 世紀，華北的大豆傳到朝鮮，以後由朝鮮傳到日本。日本南部的大豆可能直接從中國華東地區引入。16—17 世紀傳入印度、印尼和越南，向西北擴展到歐洲和蘇聯。18 世紀初傳入美國。1873 年在維也納萬國博覽會上首次展出中國大豆後，更加速了向世界各地的傳播，現在一些外國大豆名字的發音都由中國大豆古名‘菽’的譯音而來。”關於大豆的種植，中國古籍中多有記述。北魏賈思勰《齊民要術·大豆》云：“春大豆，次植穀之後。二月中旬爲上時……種茇者，用麥底。一畝用子三升。先漫散訖，犁細淺㼆而勞之。”明李時珍《本草綱目·穀三·大豆》：“〔釋名〕尗俗作菽。時珍曰：豆、尗皆莢穀之總稱也。篆文尗，象莢生附莖下垂之形。豆象子在莢中之形。《廣雅》云：大豆，菽也。小豆，荅也。角曰莢，葉曰藿，莖曰其。〔集解〕頌曰：今處處種之。有黑白二種，入藥用黑者……時珍曰：大豆有黑、白、黄、褐、青、斑數色：黑者名烏豆，可入藥及充食、作豉；黄者可作腐，榨油，造醬；餘但可作腐及炒食而已。皆以夏至前後下種，苗高三四尺，葉團有尖，秋開小白花成叢，結莢長寸餘，經霜乃枯。”毛豆之綠色嫩豆粒含有蛋白質、脂肪、胡蘿蔔素及多種維生素和氨基酸等，營養豐富，滋味鮮美，是一種極受歡迎之蔬菜。可炒食、凉拌，加工製罐頭或速凍。現中國除在長江流域普遍栽培外，其他地區亦有種植。

【菽】[2]

即毛豆[2]。亦寫作“尗”。此稱先秦時已行用。見該文。

【菜用大豆】

即毛豆[2]。此稱行於現代。見該文。

【枝豆】

即毛豆[2]。此稱行於現代。見該文。

藜豆

蔬名。豆科，黧豆屬。藜豆〔*Mucuna pruriens var. utilis*（Wall. ex Wight）Baker ex Burck〕是以嫩莢及種子供食用之栽培種群，一年生纏繞性草本植物。此屬中可作蔬菜食用者有毛黄藜豆、苴毛藜豆、藜豆、白毛藜豆等四個種。直根系，莖蔓生，三出穰葉，寬卵形。總狀花序，花大，唇形，常三個一束，花生在有節之花梗上，白或暗紫色。莢果寬厚，長約 10 厘米，老熟後莢殼乾硬短縮，黑色。種子近橢圓形，灰白色，上有黑斑點或條紋。藜豆亦稱“狸豆”“虎豆”“狗爪豆”“龍爪豆”“毛胡豆”等。原產亞洲南部，多分布於熱帶和亞熱帶地區。中國秦漢時就已栽培。《爾雅·釋木》謂之“櫰”“虎櫐”。明李時珍《本草綱目·穀三·藜豆》：“〔釋名〕狸豆、虎豆。藏器曰：豆子作狸首文，故名。時珍曰：藜亦黑色也。此豆莢老則黑色，有毛露筋，如虎、狸指爪，其子亦有點，如虎、狸之斑，煮之汁黑，故有諸名。〔集解〕藏器曰：藜豆生江南，蔓如葛，子如皂莢子，作狸首文。人炒食之，別無功用。陶氏注蚺蛇膽云如藜豆者，即此也。《爾雅》云：諸慮一名虎涉。又注櫐根云：苗如豆。《爾雅》：櫰、虎櫐。郭璞注云：江東呼櫐爲藤，似葛而粗大。纏蔓林樹，莢有毛刺。一名豆蒐，今虎豆也，千歲櫐是矣。時珍曰：《爾雅》虎櫐，即狸豆也。古人謂藤爲櫐，後人訛櫐爲狸矣。《爾雅》山櫐、

藜 豆

虎虆，原是二種。陳氏合而爲一，謂諸慮一名虎涉，又以爲千歲虆，并誤矣。千歲虆見草部。狸豆野生，山人亦有種之者。三月下種生蔓。其葉如豇豆葉，但文理偏斜。六七月開花成簇，紫色，狀如扁豆花。一枝結莢十餘，長三四寸，大如拇指，有白茸毛。老則黑而露筋，宛如乾熊指爪之狀。"明徐光啓《農政全書》卷二六云："古名狸豆，又名虎豆。其子有點，如虎狸之斑，故名。《爾雅》所謂'櫐''虎虆'。三月下種，蔓生。江南多炒食之。"藜豆果實中含有藜豆酸，爲一種特殊氨基酸，果莢肉厚，經煮熟去皮後切成塊、絲與辣椒混炒，酸香可口。但種子有微毒，人食後有頭暈嘔吐現象，需浸漂後方可食用。藜豆老熟種子中含有豐富蛋白質，除供菜用外，亦是一種很好之飼料作物。藜豆喜高溫，中國四川、雲南等地區栽培較普遍。

【櫐】

即藜豆。此稱秦漢時已行用。見該文。

【虎虆】

即藜豆。亦省作"虆"。此稱秦漢時已行用。見該文。

【狸豆】

即藜豆。此稱明代已行用。見該文。

【虎豆】

即藜豆。此稱明代已行用。見該文。

第四章　蔬類説（下）

第十一節　水生蔬菜考

　　水生蔬菜（aquatic vegetables）是適於淡水或海水環境生長之蔬菜種群。在淡水中栽培者有蓮藕、茭白、慈姑、荸薺、菱、芡、豆瓣菜、蓴菜、水芹、蒲菜等，在海水中栽培者有海帶、紫菜等。因海帶、紫菜亦屬海藻類蔬菜，故將海帶、紫菜等放在"海藻類考"中另作考論。本考論及水生之蔬菜，屬於種子植物門，分屬8個科10個屬。其中"菱"和"芡"以種子供食，菱之果實"菱角"和芡之果實"芡實"，皆有堅硬果皮，種仁白色。"菱肉"和"芡米"營養豐富，味道鮮美。新鮮果仁可作爲果品生食、熟食，亦可加工成粉製糕點，充當糧食。菱肉和芡種仁均可入藥，能健脾、生津，且具有一定抗癌作用。蓮藕之"根狀莖"即藕，是供食之器官，藕肉厚肥、味甘、質脆，既可炒食、作湯，亦可生食作水果，亦可製成藕粉作粥等，藕節、蓮蓬、荷葉皆可入藥。茭白可供食者爲變態、肥大、地上之肉質嫩莖，營養價值極高，可炒食或做湯。慈姑、荸薺皆以"地下球莖"供食，皆可生食作水果，炒食、煮食，亦可加工成罐頭，提取之澱粉，有健胃、止渴、解熱之功效。水芹、豆瓣菜、蓴菜、蒲菜是以柔嫩莖葉或葉柄爲食用器官，可炒食、做湯，亦可凉拌。可入藥，有退熱、解毒、降低血壓之功效。

多數水生蔬菜，中國自古有之，有的從國外引種，最早多野生，後馴化栽培。如“蓮藕”“茭白”“荸薺”“菱”“水芹”“蒓菜”“蒲菜”等早在先秦時代就發現野生種群和人工栽培。先秦、秦漢時代典籍均有記載。《詩・陳風・澤陂》：“彼澤之陂，有蒲與荷。”《爾雅・釋草》記載：“荷，芙渠……其實蓮。”又“出隧，蘧蔬”（著者注：茭白）。又“芍，鳧茈”。徐朝華注：“芍，即荸薺。”又“薢，蕨攈”。徐朝華注：“‘薢’同‘菱’，即菱角。”又“芹，楚葵”。徐朝華注：“楚葵，水芹。”《呂氏春秋・恃君覽》：“夏日則食菱芡，冬日則食橡栗。”《詩・魯頌・泮水》載：“思樂泮水，薄采其茆。”《中國農業百科全書・各種蔬菜》曰：“蒓菜，古名茆。”《詩・大雅・韓奕》：“其蔌維何？維筍及蒲。”此幾種蔬菜，原產於中國，先秦、秦漢之後之典籍記述更多，可見其源遠流長。“慈姑”梁代典籍已見記載。豆瓣菜原產於歐洲，1780 年前後纔傳入亞洲日本，後傳入中國。中國各地有野生種，今廣東、臺灣、福建、上海等省市皆有栽培。此類蔬菜具有適應水生環境之形態結構及生理功能，它們在分類學上雖很不相同，但在生態上要求在淺水中生長，適於溫暖、潮濕、陽光充足及土壤肥沃之栽培條件。按對環境之要求，可分爲性喜溫暖怕冷凉和性喜冷凉怕炎熱兩類。前者包括蓮藕、慈姑、荸薺、菱、芡、茭白、蒓菜、蒲菜等，性喜溫熱，生長適溫 25℃～30℃，10℃以下生長緩慢，遇霜凍枯死，多在春夏栽培，秋冬采收。後者包括水芹、豆瓣菜等，適於在 15℃～25℃條件下生長，30℃以上生長停滯或枯萎，多在立秋後栽培。故水生蔬菜在溫熱帶地區種植較多，中國南方各省區，特別江南之長江三角洲、珠江三角洲、太湖、洞庭湖一帶種植繁盛。茭白以江南水澤地區種植面積較大，太湖地區最豐富。長江以北之山東、河北也有栽培，成爲人們常食之佳蔬。

蓮藕

蔬名。蓮科，蓮屬。蓮藕（*Nelumbo nucifera* Gaertn.）爲多年生水生，草本植物。蓮藕地下莖各節上環生鬚根，較短，新萌發之根爲白色，老熟後爲深褐色。地下莖分匍匐莖和根狀莖，匍匐莖條形似鞭，故稱“藕鞭”或“蓮鞭”。藕鞭各節有葉芽和花芽，先端幾節開始膨大形成短縮肥大根狀莖，即新藕，稱“母藕”。在“母藕”節上又常生“子藕”。“子藕”節上還可分生“孫藕”。藕又分藕頭、藕身、後把三部分。藕頭是肥大根狀莖之頂芽；藕身是靠近藕頭第二至第三節肥大根狀莖，是產品器官之主要部分；最後一節最長而細之根狀莖是後把。葉，又稱"荷葉"，葉片圓盤形或盾形，全緣，頂生於葉柄上，直徑20～100厘米，灰青色或綠色，有蠟質。初生

蓮藕
（清吳其濬《植物名實圖考》）

荷葉小而捲合，沉入水中，稱"錢葉"；主藕鞭上第二至第三片葉，比初生葉大，已露出浮於水面，稱"浮葉"；葉片隨植株生長，後挺出水面，稱"立葉"。"立葉"面積逐漸變大，葉柄亦伸長，形成上升階梯之葉群。其後所生立葉之葉片又逐漸變小，葉柄變短，形成下降階梯之葉群。結藕前一片葉最高大，因其下是藕之後把，故稱爲"後把葉"。後把葉出現，是地下莖開始結藕之標志，亦是采藕時之主要依據。後把葉前方，即最後一片葉，葉小而厚，葉色濃綠，葉柄短而細，稱"終止葉"。終止葉着生於新藕上，挖藕時將"後把葉"和"終止葉"連成一

荷
（明王圻等《三才圖會》）

直綫便可判斷藕之方嚮和位置。側藕鞭與主藕鞭同。花單生，兩性花，白色或粉紅色，花絲較長，黃色。花柱極短，柱頭頂生，子房上位，心皮多數。早熟品種無花。中晚熟品種，品質優良之食用藕，亦很少開花。花凋謝後，留下倒圓錐形之大花托，即"蓮蓬"。每個蓮蓬有15～25個完全硬化、無胚孔之橢圓堅果，內含種子，即蓮子。蓮藕單稱"藕"。舊説根莖偶生，藕，偶之諧音，故稱。蓮藕亦稱"光旁""雨草""玉節""玉玲瓏""玲瓏腕""蓮""荷""水芙蓉""芙蕖"。藕，肉肥厚，微甘而質脆，斷之有絲相連，用途廣泛，可炒食做菜，煮食做湯，生食作水果，切片糖漬做蜜餞，或加工製成藕粉。早藕可在夏淡上市，老藕能在寒春供應。蓮子爲滋補品，可煮食或製成糖蓮心。荷葉可作包裝材料，藕節、蓮蓬與荷葉均可入藥。花、葉具觀賞價值。原産印度和中國，在中國有三千多年之栽培歷史，歷代典籍有記載。《詩·陳風·澤陂》："彼澤之陂，有蒲與荷。"《爾雅·釋草》："荷，芙渠……其實蓮。"郭璞注："蓮，謂房也。"《説文·艸部》："蓮，芙蕖之實也。"徐灝注箋："蓮之言連，其房如蜂窠相連屬也，因謂其實曰蓮實。省言之但曰蓮。"孔穎達疏："今江東人呼荷華爲芙蓉；北方人便以藕爲荷，亦以蓮爲荷。"三國吳陸璣《毛詩草木鳥獸蟲魚蔬·有蒲與荷》："荷，芙蕖……其根爲藕，幽州謂之光旁，光如牛角。"晋崔豹《古今注·草木》："一名水芝，一名澤芝，一名水花。"北魏賈思勰《齊民要術·雜説》："黃帝問曰：'吾欲知歲苦樂善一心，可知不？'對曰：'……歲欲雨，雨草先生，藕。"《事物異名録·果蓏·藕》："陶弼

詩：'萬頃金沙裏，誰將玉節裁？'按：玉節，謂藕也。"又："《樹萱録》：白蘋州白衣女子吟曰：'藕隱玲瓏玉，花藏縹緲容。'故藕爲玉玲瓏。又吳梅村詩：'千絲碧藕玲瓏腕。'"《樂府詩集·相和歌辭一·江南一首》："江南可采蓮，蓮葉何田田。"唐

藕
（明盧和《食物本草》）

韓愈《鄆州谿堂詩》："淺有蒲蓮，深有葭葦。"元王禎《農書》卷八："蓮，荷實也，藕，荷根也。《爾雅》云：其實，蓮；其根，藕。蓮子八月九月中收……蓮子可磨爲飯，輕身益氣，令人裏健。藕止渴、散血，服食之不可闕者。"明李時珍《本草綱目·果六·蓮藕》："〔釋名〕其根藕，其實蓮。其莖葉荷。韓保昇曰：……按《爾雅》云：'荷，芙蕖。其莖茄，其葉蕸，其本蔤，其華菡萏，其實蓮，其根藕，其中的，的中薏。'邢昺注云：'芙蕖，總名也，別名芙蓉，江東人呼爲荷。菡萏，蓮花也。的，蓮實也。薏，的中青心也……'陸機《詩疏》云：'其莖爲荷，其花未發爲菡萏，已發芙蕖。其實蓮，蓮之皮青裏白。其子的，的之殼青肉白。的內青心二三分，爲苦薏也。'時珍曰：《爾雅》以荷爲根名。韓氏以荷爲葉名，陸機以荷爲莖名。按莖乃負葉者也，有負荷之義，當從陸説。蔤乃嫩蒻，如竹之行鞭者。節生二莖，一爲葉，一爲花，盡處乃生藕，爲花、葉、根、實之本。顯仁藏用，功成不居，可謂退藏於密矣，故謂

之蔤。花葉當偶生，不偶不生，故根曰藕。或云藕善耕泥，故字從耦，耦者耕也。茄音加，加於蔤上也。蕸音遐，遠於蔤也。菡萏，函合未發之意。芙蓉，敷布容艷之意。蓮者連也，花實相連而出也。

蓮
（明王圻等《三才圖會》）

的者的也。子在房中點點如的也。的乃凡物點注之名。薏猶意也，含苦在內也。古詩云：'食子心無棄，苦心生意存'是矣。"又〔集解〕："時珍曰：蓮藕，荊、揚、豫、益諸處湖澤陂池皆有之。以蓮子種者生遲，藕芽種者最易發。"《中國蔬菜栽培學·蓮藕》云："別名藕、蓮、荷、水芙蓉。"蓮子壽命很長，在温度10℃以下可存活2000多年。《植物雜志》1995年第6期《古代蓮》載："1951年，我國曾在遼寧省新金縣泡子屯之泥炭土層中，發掘出大量古蓮子，經碳14同位素測定，這些古蓮子壽命爲915±80年。1952年，北京植物園科技人員采取多種技術措施，終於將古蓮子'喚醒'——育苗獲得成功。培育出的古代蓮（*Nelumbo nucifera* cv. 'Cninese Antique lotus'）的形態與現代蓮品種'粉川臺'基本相似。"古代蓮再生，成爲當時植物界重大新聞。蓮藕經歷代栽培繁育，至今已種類繁多，按產品器官利用價值可分爲藕蓮、子蓮、花蓮三類。一、藕蓮：食用蓮群，根狀莖肥大，外皮白色，肉質脆嫩，

味甜。葉脉突起，少開花或不開花，開花後少結果或不結果。按對水層深淺適應性，藕蓮又可分爲淺水藕和深水藕：（一）淺水藕多在窪塘、水田或稻田裏栽培，多屬早熟品種，如蘇州花藕、杭州白花藕、湖北六月報、江西無花藕、重慶反背肘、廣州海南州等。（二）深水藕適於水深之池塘、湖泊栽培，多屬中晚熟品種，如江蘇美人紅、小暗紅、湖南泡子、廣東絲苗。還有武漢市蔬菜研究所選出了武清 1 號、武清 2 號品種。二、子蓮：以采收蓮子爲主。耐深水，成熟晚，花多，結實多，蓮子大，藕細小而硬，肉稍帶灰色，品質差。優良品種有湖南湘蓮，江西鄱陽紅花、白花子蓮，江蘇吳江青蓮子等。三、花蓮：供觀賞及藥用。很少結子，藕細質劣。蓮藕不僅栽培歷史悠久，且很普遍，中國南北均有種植。長江流域以南較多，長江三角洲、珠江三角洲、洞庭湖、太湖爲主產區，臺灣省每年栽培面積 2000 多畝。印度栽培歷史亦很悠久，日本、東南亞各國、俄羅斯南部及非洲各國均有分布，歐洲、美洲作觀賞植物。原産地美洲巴西亞馬孫河流域有一種世界著名之觀賞蓮——王蓮（*Victoria amarzonica*），葉圓盤狀，直經達 1.5 ～ 2 米，葉面深緑色，葉背棕紅色，葉柄圓柱狀，長達 2 米。單花生於花梗頂部，花朵碩大，與蓮花是姊妹花卉。由於葉片巨大，素有“蓮中之王”美稱。它的葉面能負荷 40 ～ 70 公斤重量，小孩在其上面宛如乘坐小舟。1959 年北京植物園首次引入中國，今各地植物園多有栽培。

【荷】

　　“蓮藕”之單稱。此稱先秦時已行用。見該文。

【藕】

　　“蓮藕”之單稱。此稱秦漢時已行用。見該文。

【蓮】

　　“蓮藕”之單稱。此稱秦漢時已行用。見該文。

【芙渠】

　　“蓮藕”之別名。此稱秦漢時已行用。見該文。

【芙蕖】

　　“蓮藕”之別名。此稱秦漢時已行用。見該文。

【水花】

　　“蓮藕”之別名。此稱晋時已行用。見該文。

【水芝】[3]

　　“蓮藕”之別名。此稱晋時已行用。見該文。

【澤芝】

　　“蓮藕”之別名。此稱晋時已見行用。見該文。

【光旁】

　　“蓮藕”之別名。此稱三國時已見行用。見該文。

【雨草】

　　“蓮藕”之別名。此稱北魏時已見行用。見該文。

【玉玲瓏】

　　“蓮藕”之別稱。此稱見於《樹萱録》。見該文。

【芙蓉】

　　“蓮藕”之別稱。此稱唐代已見行用。見該文。

【玉節】

"蓮藕"之別稱。此稱宋代已行用。見該文。

【水芙蓉】

"蓮藕"之別稱。此稱明代已見行用。見該文。

【玲瓏腕】

"蓮藕"之別稱。此稱見於清人吳梅村詩。見該文。

茭白

　　蔬名。禾本科，菰屬。茭白〔*Zizania aquatica*（Griseb.）Turcz. ex Stapf〕爲多年生宿根水生草本植物。鬚根發達。莖分爲地上莖和地下根狀莖。地上莖呈短縮狀，多節，節上發生多數分蘗，形成株叢，稱"茭墩"。地下莖爲匍匐狀，橫生土中，其先端數節之芽，嚮地上抽生分株，稱"游茭"。主莖和早期分蘗常自短縮莖上拔節伸長，抽生花莖，而花莖因受菰黑粉菌之寄生與刺激，其先端數節畸形膨大，形成肥大之肉質莖，即食之茭白。葉片長披針形，互相合抱，形成假莖，肉質莖在假莖内膨大。將葉鞘剝去，所剩食用部分，稱"茭肉"或"玉子"。茭白産品器官爲變態肉質嫩莖，未老熟前，有機氮以氨基酸狀態存在，故味鮮美，是營養價值極高之蔬菜，可炒食或作湯。"茭白"，亦稱"茭瓜""茭笋"。因是由同種植物菰演變而來，故又稱"菰首""菰手""菰菜""菰根"。蔣先明主編《各種蔬菜・茭白》："肉質莖在假莖内膨大，始終保持潔白，故名'茭白'。"夏緯瑛《植物名釋札記・茭白》："栽培的菰，一名茭白……當是一初複義的名詞，茭即皎，意思也是白。菰莖中生有肥大而作白色之物，故名'茭白'耳。"菰在古代中國作爲穀

物利用，公元前 3 至 2 世紀開始向茭白演變，秦漢時已有茭白之記載。《爾雅・釋草》有"出隧，蘧蔬"之記述。郭璞注："蘧蔬似土菌，生菰草中。今江東人啖之，甜滑。"《説文・艸部》："菰，蔣也。"《西京雜記》卷一載，西漢皇宫太液池邊生長着"菰之有首者，謂之緑節"，此皆原型茭白。唐温庭筠《酬友人》："坐久芰荷發，釣闌茭葦深。"宋羅願《爾雅翼・釋草六・蘧蔬》："蘧蔬，出隧………菰，蔣草也。生菰草中，甜滑，江南呼爲茭草。根久盤厚，則夏月生菌。菌即謂菰菜，利五臟，雜鯉爲羹。"宋吳自牧《夢粱録・菜之品》亦曾記述，杭州菜市有茭白出售。陸游《幽居》詩："芋魁加糝香出屋，菰首芼羹甘若飴。"自注："菰首，茭白也。"明李時珍《本草綱目・草八・菰》載："菰（《別録》下品）。〔釋名〕茭草（《説文》）、蔣草。時珍曰：按許氏《説文》菰本作苽，從瓜諧音也。有米謂之彫菰，已見穀部苽米下。江南人呼菰爲茭，以其根交結也。蔣，義未詳。〔集解〕保昇曰：菰根生水中，葉如蔗、荻，久則根盤而厚。夏月生菌堪啖，名菰菜。三年者，中心生白薹如藕狀，似小兒臂而白軟，中有黑脉，堪啖者，名菰首也。藏器曰：菰首小者，臂之内有黑灰如墨者，名烏鬱，人亦食之。晋張翰思：吴中蓴菰，即此也。頌曰：菰根，江湖陂澤中皆有

菰　根
（明王圻等《三才圖會》）

之。生水中，葉如蒲葦輩，刈以秣馬甚肥。春末生白茅如笋，即菰菜也，又謂之菱白，生熟皆可啖，甜美。其中心如小兒臂者，名菰手。作菰首者，非矣。《爾雅》云：出隧，蘧蔬。

菰
（清吴其濬《植物名實圖考》）

注云：生菰草中，狀似土菌，江東人啖之，甜滑。即此也。故南方人至今謂菌爲菰，亦緣此義。其根亦如蘆根，冷利更甚。二浙下澤處，菰草最多。其根相結而生，久則并生浮於水上，彼人謂之菰葑。刈去其葉，便可耕蒔，又名葑田。其苗有莖梗者，謂之菰蔣草。"明徐光啓《農政全書》卷五三："《本草》有菰根，又名菰蔣草，江南人呼爲菱草，俗又呼爲菱白。生江東池澤水中及岸際，今在處水澤旁皆有之……根肥，剥取嫩白笋可啖，久根盤厚，生菌細嫩，葉可啖，名菰葉，三年以上，心中生葶如藕白軟，中有黑脉，甚堪啖，名菰首。"清吴其濬《植物名實圖考·水草類·菰》曰："菰，《別録》下品。或謂之菱，亦謂之蔣。中心薹謂之菰首，俗呼菱白，亦曰菱瓜。宋《圖經》調《爾雅》：'出隧，蘧蔬。'即此。秋時結實謂之彫胡米。《救荒本草》：'菰根謂之菱笋，今京師所謂菱耳菜也。'《湘陰志》：'菱草吐穗，開小黄花，實結莖端，細子相膠，大如指，色黑。小兒剥出，煨熟食之，味亦香美，謂之菱粑，即菰米也。'"菱白經歷代栽培發展至今，已有

多個品種。按采收季節分爲一熟菱和兩熟菱。

一、一熟菱：又稱單季菱，春季栽培，當年秋收長穫，以後每年秋采收一次，因采收時正值農曆八月，故又稱"八月菱"。主要品種有杭州一點紅、象牙菱，常州寒頭菱、廣州苗菱和軟尾菱。二、兩熟菱：又稱雙季菱，一般在春季或夏季栽植，栽植後可連收兩季，故稱。栽植後當年秋采收一次，稱秋菱；翌年初夏再收一次，稱夏菱。主要品種有無錫劉潭菱、廣益菱、中芥菱、蘇州小蠟臺、中秋菱，杭州梭子菱。作爲蔬菜栽培者有中國和越南。中國栽培較廣，南至廣東、臺灣，北至哈爾濱均有分布，而以長江以南各水澤地區較多，北方則在湖邊、溝邊及水田有少量種植。品種資源及栽培經驗，屬太湖地區最爲豐富。

【出隧】

"菱白"之古稱。此稱秦漢時已行用。見該文。

【蘧蔬】

"菱白"之古名。此稱秦漢時已行用。見該文。

【菰根】

指菰首，亦即菱白。此稱秦漢時已行用。見該文。

【菰】

"菱白"古名之單稱。此稱秦漢時已行用。見該文。

【葑】[2]

"菱白"古名之單稱。此稱秦漢時已行用。見該文。

【菰首】

亦稱"菰手""菱首""菰根"，即菱白。宋

黃庭堅《次韵子瞻春菜》詩：“蓴絲色紫菰首白，蔞蒿芽甜蕹頭辣。”明王世懋《學圃雜疏·蔬菜》：“菰首者，即今之茭白也。”

【茭草】

“茭白”之別名。此稱漢代已行用。見該文。

【綠節】

“茭白”之別名。此稱漢代已行用。見該文。

【菰草】

“茭白”之別名。此稱晋已行用。見該文。

【菰葑】

“茭白”之古名。此稱晋代已見行用。見該文。

【菰蔣草】

“茭白”之別名。亦稱茭草。此稱晋代已行用。見該文。

【烏鬱】

“茭白”之別名。此稱唐代已見行用。見該文。

【菰菜】

“茭白”之別名。此稱宋代已行用。見該文。

【蔣草】

“茭白”之別名。此稱宋代已行用。見該文。

【菰手】

“茭白”之別名。此稱宋代已見行用。見該文。

【茭笋】

“茭白”之別名。此稱明代已行用。見該文。

【茭瓜】

“茭白”之別名。此稱清代已行用。見該文。

【茭耳菜】

“茭白”之別名。此稱明代已行用。見該文。

慈姑

蔬名。澤瀉科，慈姑屬中能形成球莖之栽培種。慈姑〔*Sagittaria trifolia* subsp. *leucopetala*（Miq.）Q. F. Wang〕爲多年生水生，草本植物。植株直立，鬚根系，肉質，無根毛。莖分爲短縮莖、匍匐莖和球莖三種。匍匐莖入土向深處生長，末端積纍養分形成球莖，呈圓形、扁圓形或卵形，肉白色或淡藍色，葉箭形，柄長。總狀花序，雌雄异花，白色。瘦果，扁平，斜倒卵形，呈羽狀。用種子繁殖當年祇結細小球莖，大田生産多用球莖頂芽進行無性繁殖。慈姑富含營養成分，菜用風味亦佳，可煮食、炒食、製造澱粉以供食用，又具觀賞價值，亦可入藥。慈姑亦作“茨菰”“慈菰”“芘姑”“藉姑”，又稱“水萍”“河鳧茈”“白地栗”，俗名“剪刀草”“箭搭草”“槎丫草”“燕尾草”。原産於中國，有悠久之栽培歷史。唐白居易《履道池上作》詩：“樹暗小巢藏巧婦，渠荒新葉長慈姑。”宋陸游《東村》詩：“掘得芘姑炊正熟，一杯苦勸護寒歸。”宋羅願《爾雅翼·釋草六·鳧茈》：“鳧茈，生下田中，苗似龍鬚而細，根似指頭，黑色，可食。名爲鳧茈，當是鳧好食之爾。又一種根苗似鳧茈而白，亦生下田中，葉有兩歧如燕尾，又如剪刀，開白花三出名爲芘菰。《本草》云‘藉姑’，今人亦

慈　姑
（清吳其濬《植物名實圖考》）

謂之剪刀草。其生陂池中者，高大比於荷蒲，然其味稍苦，不及鳧茨之美。茈菰種水中，一莖收十二實，歲有閏，則十三實。”明徐光啓《農政全書》卷二七：“苗名剪刀草，又名箭搭草、槎丫草。”明李時珍《本草綱目·果六·慈姑》：

水　萍
（宋王繼先《紹興校定證類備急本草畫圖》）

“〔釋名〕藉姑（《別錄》）、水萍（《別錄》）、河鳧茈（《圖經》）、白地栗（《圖經》），苗名剪刀草（《圖經》）、箭搭草（《救荒》）、槎丫草（蘇恭）、燕尾草（《大明》）。時珍曰：慈姑，一根歲生十二子，如慈姑之乳諸子，故以名之。作茨菰者非矣。河鳧茈、白地栗，所以別烏芋之鳧茈，地栗也。剪刀、箭搭、槎丫、燕尾，并象葉形也。〔集解〕……弘景曰：藉姑生水田中，葉有椏，狀如澤瀉。其根黃，似芋子而小，煮之可啖。恭曰：慈姑生水中，葉似鉀箭之鏃，澤瀉之類也。頌曰：剪刀草，生江湖及汴洛近水河溝沙磧中……根大者如杏，小者如栗，色白而瑩滑。五六七月采葉，正二月采根，

茨　菰
（明盧和《食物本草》）

即慈姑也。煮熟味甘甜，時人以作果子……時珍曰：慈姑生淺水中，人亦種之……葉如燕尾……掘以爲果。”《中國農業百科全書·慈姑》載：“慈姑，又稱茨菰、慈菰，俗名剪刀草、燕尾草，古名藉姑、河茈、白地

慈　菰
（明王圻等《三才圖會》）

栗。”慈姑栽培至今已形成多個品種，主要有：一、刮老烏：又名紫圓。原產江蘇寶應，廣泛分布江蘇各地，球莖圓形，皮色青帶紫，品質粗，或早熟，產量高。二、白慈姑：球莖扁圓，皮白色，品質優，中晚熟。三、沙姑：球莖卵圓，皮色黃白，品質優，早熟。四、沈蕩慈姑：球莖扁圓，皮色淡黃，品質一般，中晚熟。五、蘇州黃：球莖卵圓，皮黃色，品質優，晚熟。現慈姑在世界栽培面積較廣，亞洲、歐洲、非洲之温帶和熱帶均有分布。中國、日本、印度和朝鮮用於蔬菜，歐洲多用於觀賞。中國長江流域及其以南各省、太湖沿岸及珠江三角洲爲主產區，北方亦有少量栽培。

【藉姑】

“慈姑”之古名。此稱梁代已行用。見該文。

【水萍】

“慈姑”之別名。此稱梁代已行用。見該文。

【槎丫草】

“慈姑”之苗，即剪刀草，“慈姑”之俗名。此稱唐代已行用。見該文。

【燕尾草】

　　俗名"剪刀草"，慈姑之苗，即慈姑之俗名。此稱唐代已行用。見該文。

【茈姑】

　　同"慈姑"。此稱宋代已行用。見該文。

【河鳧茈】

　　"慈姑"古名之一。此稱宋代已行用。見該文。

【白地栗】

　　"慈姑"古名之一。此稱宋代已行用。見該文。

【鳧茨】[1]

　　"慈姑"之一種。此體宋代已行用。見該文。

【茈菰】

　　同"慈姑"。此體宋代已行用。見該文。

【剪刀草】

　　"慈姑"之苗，亦"慈姑"之俗名。此稱宋代已行用。見該文。

【箭搭草】

　　俗名"剪刀草"，"慈姑"之俗名。此稱明代已行用。見該文。

【茨菰】

　　同"慈姑"。此稱明代已行用。見該文。

【慈菰】

　　同"慈姑"。見該文。

荸薺

　　蔬名。莎草科，荸薺屬能形成地下球莖之栽培種。荸薺〔*Eleocharis dulcis*（Burm. f.）Trin. ex Hensch.〕爲多年生，淺水性草本植物。以球莖繁殖。莖有肉質主莖、葉狀莖及匍匐莖三種。鬚根，根細長，白色，無根毛。穗狀花序，小花呈螺旋狀貼生，外包萼片，具雄蕊三個，雌蕊一個，子房上位，柱頭三裂。種子形如稗草子，殼革質，灰褐色，不易發芽，生產上用球莖繁殖。荸薺，又稱"芍""茈""茨""鳧茈""黑三棱""地栗""馬蹄""烏芋""荸臍"等。地下球莖營養豐富，可生食作水果，炒食、煮食，亦可加工罐藏和提取澱粉，有健胃、祛痰、止渴、消食、解熱之功效，爲國內外暢銷之物美價廉食品。原產中國南部和印度。中國栽培歷史悠久，秦漢時已見記載。《爾雅・釋草》："芍，鳧茈。"徐朝華注："芍，即荸薺。古代又名鳧茈。俗名馬蹄、地栗。"按，"地栗"非現代俗稱，古早有其名。郝懿行義疏："《説文》：'芍，鳧茈也。'《齊民要術》引樊光曰：'澤草，可食也。'……《本草衍義》作荸臍，今呼蒲薺，亦呼必齊，并語聲之轉也。"《後漢書・劉玄傳》："王莽末，南方饑饉，人庶群入野澤，掘鳧茈而食之。"宋華岳《翠微南征録・呈陳平仲》："薦公地栗三杯酒，分我天香一味羹。"明李時珍《本草綱目・果六・烏芋》："〔釋名〕鳧茈、鳧茨、荸薺（《衍義》）、黑三棱（《博濟方》）、

烏 芋
（宋王繼先《紹興校定證類備急本草畫圖》）

芍、地栗（鄭樵《通志》）。時珍曰：烏芋，其根如芋而色烏也。鳧喜食之，故《爾雅》名鳧茈，後遂訛爲鳧茨，又訛爲荸薺。蓋切韵鳧、荸同一字母，音相近也。三棱、地栗，皆形似也。瑞曰：小者名鳧茈，大者名地栗。〔集解〕頌曰：烏芋，今鳧茨也。苗似龍鬚而細，色正青，根如指頭大，黑色，皮厚有毛。又有一種皮薄無毛者亦同。田中人并食之。宗奭曰：皮厚色黑，肉硬而白者，謂之猪荸薺。皮薄澤，色淡紫，肉軟而脆者，謂之羊荸薺……〔正誤〕《別録》曰：烏芋一名藉姑，二月生葉如芋，三月三日采根，暴乾。弘景曰：藉姑生水田中，葉有椏，狀如澤瀉，不正似芋。其根黃，似芋子而小，疑有烏者，根極相似，細而美。葉狀如莧草，呼爲鳧茨，恐即此也。恭曰：烏芋一名槎丫，一名茨菰。時珍曰：烏芋、慈姑原是二物。慈姑有葉，其根散生。烏芋有莖無葉，其根下生。氣味不同，主治亦異，而《別録》誤以藉姑爲烏芋，謂其葉如芋，陶、蘇二氏因鳧茨、慈姑字音相近，遂致混注，而諸家説者因之不明。今正其誤。”明徐光啓《農政全書》卷二七：“即俗名荸薺也。《爾雅》曰：鳧茈。鳧喜食之，故曰：以人訛爲荸薺，音相似也。鄭樵《通志》以爲地栗。一名黑三棱，一名芍。舊名烏芋者，以其形似芋，而鳧燕食之也。”清吳其濬《植物名實圖考·果類·葧臍》：“葧臍，《爾雅》：芍，鳧茨，即此，諸家多誤以爲烏芋。宋《圖經》所述形狀，正是今葧臍。”荸薺當代亦稱馬蹄，經歷代栽培至今，已形成多個類型和品種，按球莖澱粉含量分爲兩種類型。一是水馬蹄類型：含澱粉多，適於熟食或加工成澱粉，主要品種有江蘇蘇州一帶之蘇薺，高郵、鹽城一帶之高郵荸薺，廣州水馬蹄。二是紅馬蹄類型：含澱粉少，水分多，肉質甜嫩、渣少，適於生食及加工罐頭，良種有杭州餘杭一帶之杭薺、桂林馬蹄等。

黑三棱　（清吳其濬《植物名實圖考》）

按臍窪深淺分平臍和凹臍兩種。中國長江以南各省均有栽培，廣西桂林，浙江餘杭，江蘇高郵、蘇州，福建福州等地爲著名產區；長江以北之山東、河北有少量栽培。朝鮮、日本、越南、印度、美國亦有栽培。

【芍】

“荸薺”之古名。此稱秦漢時已行用。見該文。

【鳧茈】

“荸薺”之古名。此稱秦漢時已行用。見該文。

【蒲薺】

“荸薺”之別名。此稱清朝已行用。見該文。

【必齊】

“荸薺”之別名。此稱清朝已見行用。見該文。

【鳧茨】[2]

“鳧茈”名之訛轉，“荸薺”之古名。此稱宋代時已行用。見該文。

【烏芋】

“荸薺”之別名。此稱宋代已行用。見該文。

【黑三棱】

"荸薺"之古名。此稱宋代已行用。見該文。

【地栗】

"荸薺"之古名。此稱宋代已行用。見該文。

【荸臍】

即荸薺。此稱宋代已行用。見該文。

【猪荸薺】

"荸薺"之一種。此稱宋代已行用。見該文。

【羊荸薺】

"荸薺"之一種。此稱宋代已行用。見該文。

菱

蔬名。菱科，菱屬中之栽培種。菱（*Trapa natans* L.）爲一年生，蔓性水生，草本植物。根有兩種，伸入土中之根，爲綫狀鬚根，是主要之吸收根系；生於莖中部各節上之根，每節兩條，左右對稱，爲鬆散形水中根，内含葉緑素，可吸收水中養分兼進行光合作用，稱"葉狀根"。莖蔓生。葉兩種，水中葉狹長，互生，無葉柄，又稱"菊狀葉"。出水葉菱形或近三角形，具長柄，葉近柄頂部膨大爲海綿質氣囊，被柔毛，托葉片浮出水面，通稱"浮器"。出水葉輪生，形成葉盤，稱"菱盤"。花單生，乳白色或淡紅色。果實稱"菱角"，果皮堅硬，緑或紫紅色，内含種子，即"菱米"或"菱肉"。菱肉美味可口，營養豐富，既可生食、熟食作果、菜，亦可補充糧食，亦可加工成菱粉或製酒。菱粉又是製糕點之原料，又可作冰激凌粟粉之代用品，還可作織物及棉紗之漿料。菱肉可入藥，能生津、健脾、和胃益氣，具有一定抗癌作用。莖葉又可作青飼料或漚製緑肥。菱又稱"菱角""龍角""水栗"，古名"蔆""芰""蕨攗""薢茩"。原產亞洲和歐洲之温帶地區，後分布極廣，從熱帶到温帶河湖地帶皆有天然野生菱，祇有中國和印度進行了馴化栽培和利用。中國三千年前已有菱，人工栽培菱亦有二千多年歷史。《爾雅·釋草》："蔆，蕨攗。"徐朝華注："'蔆'同'菱'，即菱角。又名芰，蕨攗。《周禮·天官·籩人》：'加籩之實，蔆芡栗脯。'"《吕氏春秋·恃君覽》："夏日則食菱芡，冬日則食橡栗。"高誘注："菱，芰也。"《說文·艸部》："芰，蔆也。"《漢書·司馬相如傳上》："唼喋菁藻，嘴嚼菱藕。"北魏賈思勰《齊民要術·芰》："《說文》曰：'蔆，芰也。'《廣志》曰：'鉅野大蔆，大於常蔆。淮漢之南，凶年以芰爲蔬，猶以預爲資也。'"繆啓愉注："《說文》作：'蔆，芰也……楚謂之芰，秦謂之薢茩。'又：'芰，蔆也。'均從水作蔆。《藝文類聚》卷八十二'芰'引《說文》則作：'菱，芰也。'按'蔆'，或作'芰'。《廣雅·釋草》：'蔆、芰，薢茩也。'"梁沈約《鼓吹曲辭·釣竿》："輕絲動弱芰，微楫起單鳧。"北周庾信《奉和夏日應令》："早菱生軟角，初

菱
（明王圻等《三才圖會》）

蓮開細房。"唐白居易《觀采蓮》詩："蓤池如鏡净無波，白點花稀青角多。"唐王勃《益州善寂寺碑》："秋水銀塘，影數軒中之芰。"宋梅堯臣《邵郎中姑蘇園亭》："折腰大蓤不直錢，鶂鶄鸂鶒。"元王禎《農書》卷八："一名蓤。蓤，芰也，世俗謂之蓤角，葉浮水上，花開背日，實有二種，一種四角，一種兩角。"明徐光啓《農政全書》卷二七："《説文》曰：楚謂之芰，秦謂之薢茩。一名水栗，一名沙角。《武陵記》三角四角者爲芰，兩角者爲蓤，俗呼蓤角。"明李時珍《本草綱目·果五·芰實》："〔釋名〕蓤（《别録》）、水栗（《風俗通》）、沙角。時珍曰：其葉支散，故字從支。其角棱峭，故謂之蓤，而俗呼爲蓤角也。"清吳其濬《植物名實圖考·果類·芰》曰："芰，《别録》上品，三角、四角爲芰，兩角爲蓤。《爾

芰
（清吳其濬《植物名實圖考》）

菱　角
（明徐光啓《農政全書》）

雅》：蓤，蕨攗，又薢茩。注：或曰芰也。"菱栽培至今已發展形成多個類型和品種，按果實外形角數分爲四角菱、兩角菱、圓角菱三類。一、四角菱，果實四角，肩角左右平伸，腰角前後下彎，果皮軟薄，品質好。優良品種有蘇杭一帶之水紅菱、餛飩菱，江蘇小白菱、邵泊菱。二、兩角菱，果實具兩角，肩角平伸或下彎，腰角退化，果皮厚。品種有産於江蘇、浙江之扒菱（又名烏菱、風菱），産於廣州之紅菱（又名五月菱、七月菱）、扁擔菱等。三、無角菱，果角退化，祇留痕迹，有浙江嘉興南湖菱，因果呈半圓形，故又稱圓菱。另者，還有非栽培之野生菱，葉小，齒尖，果實形小，角硬刺人，亦可食。中國栽培菱不僅歷史悠久，且分布面廣，北至山東、河北，南至廣東、臺灣均有栽培。在南方湖沼之地，特别是太湖流域之蘇州、無錫、杭州、嘉興，安徽之巢湖地區成爲菱之主要産區。

【蓤】

同"菱"，菱之古名。此稱秦漢時代已行用。見該文。

【芰】

"菱"之别名。此稱秦漢時已行用。見該文。

【蕨攗】

"菱"之古名。此稱秦漢時已行用。見該文。

【薢茩】

亦作"薢茩"。"菱"之别名，即菱。此體秦漢時已行用。見該文。

【蓤芰】

即菱。此稱秦漢時代已行用。見該文。

【菱角】

即菱。此稱南朝時已行用。見該文。

【水栗】

"菱"之別名。此稱東漢時已行用。見該文。

【沙角】

"菱"之別名。此稱明代已行用。見該文。

芡

蔬名。睡蓮科，芡屬，多年生水生，草本植物，作一年生栽培。芡（*Euryale ferox* Salisb. ex K. D. Koenig & Sims）爲鬚狀根，白色，中空。短縮莖，組織成海綿狀。葉柄細長，不能直立，漂於水面。芡分無刺種和有刺種，前者爲栽培種，稱"南芡"，葉面綠色，光滑無刺，有紅色鑲邊，葉背紫紅色，網狀脉突起，着生尖硬之刺；後者爲野生種，稱"北芡"，葉反正面、葉柄均有刺，花紫或白色，果實圓球形或長圓形，頂端有宿存突出之花尊，形似鷄頭。北芡果實着生密刺，南芡無刺而被絨毛，果實比北芡大。種子圓形，外有薄膜狀之假種皮，有紅色斑紋，種殼厚而硬，成熟時棕紅至黑褐色，堅硬難碎。種仁白色，稱"芡米"。芡，別名"鷄頭""鷄雍""雁頭""烏頭""水底黃蜂"等，古亦稱"卵菱"。以種子内之仁（芡米）供食用，新鮮仁可生食或加糖煮食。葉柄、花莖可作菜和湯料，根莖肥大，富含澱粉，可作飼料、綠肥。乾種仁、莖、根均可入藥，有健脾等功效。原産東南亞，中國自古栽培。《莊子·徐

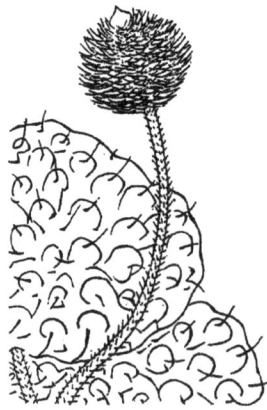

芡
（清吳其濬《植物名實圖考》）

無鬼》載："藥也，其實堇也，桔梗也，鷄雍也，豕零也，是時爲帝者也，何可勝言。"王先謙集解引司馬云："〔鷄雍〕即鷄頭，一名芡。"《呂氏春秋·恃君覽》："夏日則食菱芡，冬日則食橡栗。"宋蘇頌《圖經本草》云："葉大如荷，皺而有刺，俗謂之鷄頭。盤花下結實，其形類鷄頭，故以名之。"宋羅願《爾雅翼·釋草六·芡》云："此物水草陂澤多有。陶隱居乃云：'此即今蔿子，形上花似鷄冠，故名鷄頭。'……《莊子》'鷄壅'，疏云：'鷄頭草也，服之延年。'韓文公詩：'鴻頭排刺芡。'陳士良云：'有軟根，名葰菜。'"元王禎《農書》卷八："一名鷄頭，一名雁頭，山谷詩云：剖蚌煮鴻頭，是也……龔遂守渤海，勸民秋冬益蓄菱芡，蓋謂其能充飢也。"明李時珍《本草綱目·果五·芡實》："〔釋名〕鷄頭（《本經》）、雁喙（同）、雁頭（《古今注》）、鴻頭（韓退之）、鷄雍（《莊子》）、卵菱（《管子》）、蔿子、水流黃。弘景曰：此即今蔿子也。莖上花似鷄冠，故名鷄頭。頌曰：其苞形類鷄、雁頭，故有諸名。時珍曰：芡可濟儉歉，故謂之芡。鷄雍見《莊子·徐無鬼》篇。卵菱見《管子·五行篇》。揚雄《方言》云：南楚謂之鷄頭，幽燕謂之雁頭，徐、青、淮、泗謂之芡子。其莖謂之蔿，亦曰菱。"芡之品種，按果實可

鷄 頭
（明王圻等《三才圖會》）

分有刺種和無刺種。無刺種爲栽培種，稱“南
芡”，品質好。南芡優良品種有白花芡，爲晚
熟品種；紫花芡，爲早熟品種。有刺芡，又稱
“北芡”，爲野生種。芡，現在中國各地均有栽
培，多分布於湖泊、池塘、灘地。以江蘇、浙
江、湖南、廣東等省栽培面積較大。

【卯菱】

　　“芡”之別名。此稱先秦已行用。見該文。

【鷄廱】

　　亦作“鷄雝”或“鷄雍”，“芡”之別名。
此稱先秦時已行用。見該文。

【鷄頭】

　　即芡。此稱南朝時已行用。見該文。

【雁喙】

　　“芡”之別名。此稱秦漢時已行用。見該文。

【鷄頭草】

　　“芡”之別名。此稱秦漢時已行用。見該文。

【雁頭】

　　“芡”之別名。此稱晋代已見行用。見該文。

【蒍子】

　　“芡”之別名。此稱南北朝時已行用。見
該文。

【茷】

　　“芡”之別名。此稱唐代已行用。見該文。

【鴻頭】

　　“芡”之別名。此稱唐代已行用。見該文。

水芹

　　蔬名。傘形科，水芹屬。水芹〔*Oenanthe javanica*（Blume.）D C.〕爲多年生，水生，草
本植物。地上莖及匍匐莖各節環生鬚根，根白
而細。奇數二回羽狀複葉，互生，小葉對生，
卵圓形或菱狀橢圓形，先端細而尖，葉緣粗鋸
齒狀，葉柄細長，
綠色。花小，白色
略紅，爲複傘形花
序，結雙懸果，果
實褐色，橢圓形。
水芹亦作“水靳”，
亦稱“楚葵”“蜀
芹”“紫菫”“水
英”“水菜”“水葡
菜”“苔菜”“赤
芹”“刀芹”。爲

水　英
（清吳其濬《植物名實圖考》）

高產之水生蔬菜，以嫩莖和葉柄供食，可炒食，
其味鮮美，還可入藥，有退熱解毒、降血壓之
功效。原產亞洲東部之中國、印度和印尼，中
國自古食用。《爾雅·釋草》載：“芹，楚葵。”
徐朝華注：“楚葵，水芹。”《吕氏春秋·本味》
曰：“菜之美者……雲夢之芹。”高誘注：“雲
夢，楚澤。芹生水涯。”元王禎《農書》卷八：
“芹，《爾雅》曰：楚葵也。《本草》曰水靳，一
名水英。又曰，芹有兩種，秋芹取根，白色，
赤芹取莖。葉并堪作葅及生菜，味甘。杜子美
詩所謂‘香芹碧澗羹’是也。”明李時珍《本
草綱目·菜一·紫菫》：“〔釋名〕赤芹、蜀芹、
楚葵、苔菜、水葡菜。時珍曰：菫、蘄、芹、

水　菜
（明徐光啟《農政全書》）

莽四字一義也。

〔集解〕頌曰：紫堇生江南吳興郡。淮南名楚葵，宜春郡名蜀芹，豫章郡名苔菜，鬱陵郡名水蕰菜也。"清汪灝《廣群芳譜·蔬譜三·芹》載："芹，古作蘄，一名水英，一名楚葵，有水芹旱芹。水芹生江湖陂澤之涯。"水芹由古代野生引種栽培，發展至今，已形成多個栽培種。水芹分尖葉水芹和圓葉水芹兩類，尖葉芹小葉近卵形，葉緣鈍鋸齒狀，纖維多，香味淡，品質較差；圓葉芹小葉廣卵圓，葉緣鈍鋸齒狀，纖維少，香味濃，品種有無錫圓葉芹、常熟白芹等。分布於中國長江流域、日本北海道、印度南部、緬甸、越南、馬來西亞、爪哇及菲律賓等地。現中國以江西、浙江、廣東、雲南和貴州栽培面積較廣。

水 蘄
（明王圻等《三才圖會》）

紫 堇
（明王圻等《三才圖會》）

【楚葵】

"水芹"之別名。此稱秦漢已行用。見該文。

【水英】

"水芹"之別名。此稱唐代已行用。見該文。

【水菜】

即水芹。見該文。

【水蘄】

同"水芹"。此稱唐代已行用。見該文。

【赤芹】

"水芹"之別名。此稱唐代已見行用。見該文。

【紫堇】

"水芹"之別名。此稱宋代已行用。見該文。

【蜀芹】

"水芹"之別名。此稱宋代已行用。見該文。

【水蕰菜】

"水芹"之別名。此稱宋代已行用。見該文。

【苔菜】

"水芹"之別名。此稱宋代已行用。見該文。

【刀芹】

"水芹"之別名。此稱現代見行用。

豆瓣菜

蔬名。十字花科，豆瓣菜屬中之栽培種。豆瓣菜（*Nasturtium officinale* R. Br. ex W. T. Aiton）爲一二年生，水生，草本植物。淺根系，鬚根多，再生力强，莖節易發生不定根。莖匍匐生長，分枝多，青綠色。葉爲奇數羽狀複葉，卵圓或近圓形，深綠色。氣溫低時變爲暗紫綠色。總狀花序，完全花，花冠白色。莢果含多數種子，扁圓形，黃褐色。豆瓣菜亦稱"西洋菜""水蔊菜""水田芥"。適於水生，生長迅速，栽培管理簡單，產量高。食用其嫩莖葉，素食或伴肉炒食，作沙拉、盤菜配料或湯料，亦可

豆瓣菜

製工業用油。原産歐洲之地中海中部，中國各地及印度、南洋等地有野生種。公元77年左右，羅馬人和波斯人首先利用。14世紀初英國和法國有栽培，以後傳到美國、南非、澳大利亞和新西蘭，1780年前後傳到日本。現已分布於熱帶地區許多國家。中國之廣東、廣西、臺灣、上海、福建、四川、雲南等地皆有栽培，其中以廣東栽培歷史最久，廣東、廣西栽培面積最大。目前歐美主要栽培種有綠色豆瓣菜、褐色豆瓣菜兩種。中國栽培種分開花和不開花兩種類型，兩者形態特徵無甚差異。能結子之品種因采種量少，亦采用嫩莖營養繁殖。

【西洋菜】

即豆瓣菜。此稱行於現代。見該文。

【水薕菜】

即豆瓣菜。此稱行於現代。見該文。

【水田芥】

即豆瓣菜。此稱行於現代。見該文。

蒓菜

蔬名。蒓菜科，蒓菜屬中之栽培種。蒓菜（*Brasenia schreberi* J.F.Gmel.）爲多年生水生，宿根，草本植物。鬚根系，莖橢圓形，有發達之通氣組織，分地下匍匐莖和水中莖兩種。葉互生，初發葉片捲曲，葉展開後成盾形，全緣，大部浮於水面。葉面綠色，光滑，背面暗紅色或僅葉緣及葉脉處爲暗紅色。完全花，暗紅或淡綠色，萼片、花瓣各三，

蒓　菜
（明王圻等《三才圖會》）

子房上位，種子卵圓形，淡黃色。蒓菜，古名"蕁""茆""鳧葵""錦帶"，又稱"蕁菜""馬蹄草""水荷葉""水葵""露葵""湖菜"。嫩莖和嫩葉可供食，地下莖富含澱粉，可製餡，作湯鮮美潤滑，別有風味。老時采作飼料。亦可入藥，有清熱、解毒、利尿、消腫、防癌之功效。中國自古將其視爲珍貴蔬菜之一。《詩·魯頌·泮水》記載："思樂泮水，薄采其茆。"毛傳："茆，鳧葵也。"《晋書·文苑傳·張翰》中亦有"蕁羹鱸魚膾"之記載，將蕁菜和松江之鱸魚并提。唐杜甫《江閣卧病走筆寄呈崔、盧兩侍御》詩："滑憶彫胡飯，香聞錦帶羹。"仇兆鼇注引朱鶴齡："錦帶，即蓴絲。《本草》作蒓，或謂之錦帶，生湖南者最美。"宋蘇軾《揚州以土物寄少游》詩："後春蓴茁活如酥，先社薑芽肥勝肉。"蓴，即蒓菜是也。宋羅願《爾雅翼·釋草五·茆》："茆，杜子春讀爲卯。《説文》作力久切，以泮宮詩讀之：'思樂泮水，薄采其茆。魯侯戾止，在泮飲酒。'陸機云：'茆與荇菜相似，葉大於手，赤圓……江南人謂之蓴菜，或謂之水葵，諸陂澤水中皆有。'"明徐光啓《農政全書》卷四〇："《詩》義疏云：茆，與葵相似。葉大如手，赤圓而肥。斷着手中，滑不得停也。莖大如箸，皆可生食。又可約滑羹。江南人謂之蓴菜，或謂之水葵。"《中國農業百科全書·各種蔬菜》："蒓菜，古名茆，別名蓴

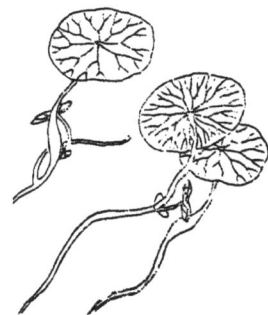

蓴
（清吳其濬《植物名實圖考》）

菜、馬蹄草、水荷葉、水葵、露葵、湖菜。"原產中國,分布於亞洲東部和南部、非洲、大洋洲及北美洲。今中國江蘇、江西、浙江、湖南、四川、雲南等省均有栽培。浙江杭州西湖、蕭山湘湖、江蘇太湖東山爲主產區,以西湖蓴菜爲佳。各地亦有野生蓴菜蕩。其品種按花及嫩莖色澤可分爲紅花品種和綠花品種(或分爲紅梗品種和黃梗品種)。紅花品種,花冠、葉背、嫩梢和捲葉皆爲暗紅色;綠花品種,花冠淡綠色,葉背僅葉緣暗紅色,嫩梢和捲葉綠色。

【茆】

　　"蓴菜"之古名。此稱先秦已行用。見該文。

【水葵】

　　即蓴菜。此稱三國已行用。見該文。

【蓴菜】

　　同"蓴菜"。此稱三國已行用。見該文。

【蓴】

　　"蓴菜"之古名。此稱晉代已行用。見該文。

【露葵】[2]

　　即蓴菜。北齊顏之推《顏氏家訓·勉學》:"梁世有蔡朗,諱純,既不涉學,遂呼蓴爲露葵菜。"見該文。

【錦帶】

　　"蓴菜"之古名。此稱唐已行用。見該文。

【滑碧髯】

　　"蓴菜"之別名。《事物異名録·蔬穀·蓴》:"楊誠齊詩:'割得龍公滑碧髯。'"按謂蓴也。見該文。

蒲菜

　　蔬名。香蒲科,香蒲屬中之栽培種。蒲菜(*Typha orientalis* L. Presl)爲多年生水生,宿根草本植物。莖分短縮莖和匍匐莖兩種,春自埋入土中之短縮莖葉腋抽生匍匐莖,在土中水平生長,頂芽向上生成短縮莖并從莖上生葉發根,形成新株,新株仍可發生匍匐莖向四周延伸,再形成新株。葉扁平帶狀,深綠色,質輕而柔韌,葉鞘相互抱合成假莖,白色。頂生

香 蒲

(清吳其濬《植物名實圖考》)

圓管狀肉質穗狀花序,單性花,雌雄同株。花序如棍棒,又像蠟燭,故稱"蒲棒"或"水蠟燭"。雄花開綻後,飛散出大量黃色花粉,俗稱"蒲黃"。種子細小,可用以繁殖。蒲菜,亦稱"蒲",別名"香蒲""甘蒲""蒲草"。蒲菜有三個食用部位:一是由葉鞘抱合成之假莖,主產於山東濟南大明湖之蒲菜(又稱"蒲兒菜")是也;二是白長肥嫩之地下匍匐莖,即主產於雲南建水之草芽(又稱"象牙菜");三是白嫩如茭白之短縮莖,即主產於雲南元謀之"席草笋"(又稱"麵疙瘩""野茭白")。此三種莖,俱有鮮嫩、味淡、爽口之特點,煮食、炒食、做湯均可。蒲葉是編織蒲蓆、蒲包之原料。花序絨毛用以絮枕,花粉(即蒲黃)可入藥,有止血功效。蒲菜原產中國,自古爲菜中之珍品。《詩·大雅·韓奕》:"其蔌維何?維笋及蒲。"宋蘇軾《游泰山》詩:"腥羶及魚鱉,瑣細或蒲菜。"明徐光啓《農政全書》卷四〇:"《爾雅》曰:'莞,苻蘺。其上,蒚。'郭璞注曰:今西方人呼蒲爲莞蒲。蒚,謂其頭臺首也。今江東

人謂之苻籬；西方亦名蒲中莖爲蒻，用之爲蓆。又名甘蒲，又名醮石。花上黄粉，名蒲黄……玄扈先生曰：春初生嫩葉，出水時，取其中心入地白蒻，大如匕柄者，生啖之，甘脆。以醋浸食，如食筍法，亦美。《周禮》所謂‘蒲菹’也。亦可煤食蒸食及曬乾磨粉作餅食……八九月收菜，可作扇，又可作包裹。”蒲在世界各地均有分布，多野生於沼澤地帶，美國間有作觀賞植物栽培。祇有中國用作蔬菜，現全國均有零星栽培，以黄河流域沼澤地爲主産區，山東和雲南較多，品質最佳。野生者極廣，北到黑龍江省亦有分布。

【蒲】

即蒲菜。此稱先秦時期已見行用。見該文。

【蒲菹】

“蒲”之古名，即蒲菜。此稱先秦時代已行用。見該文。

【莞】[2]

“蒲”之古名，即蒲菜。此稱秦漢時已行用。見該文。

【苻蘺】[2]

“蒲”之別名，即蒲菜。此稱秦漢時已行用。見該文。

【莞蒲】

“蒲”之別名，即蒲菜。此稱晋代已行用。見該文。

【甘蒲】[2]

“蒲菜”之別名。此稱晋代已行用。見該文。

【醮石】[2]

“蒲”之古名，即蒲菜。此稱晋代已行用。見該文。

【香蒲】[2]

“蒲菜”之別名。見該文。

【蒲草】[2]

“蒲菜”之別名。見該文。

第十二節　芽類蔬菜考

芽類蔬菜，是中國傳統味美優質蔬菜之一。培育芽類蔬菜，主要選用優質種子，在適宜條件下催其發芽。市場上常見之芽菜有用大豆（包括黄大豆和黑大豆等）、綠豆培育的“黄豆芽”（或“黑豆芽”）、“綠豆芽”，亦有用蠶豆、豌豆、小豆（赤豆）及蘿蔔種子培育的“蠶豆芽”“豌豆芽”“小豆芽”“蘿蔔芽”等。

因爲供人們食用之芽類蔬菜是鮮嫩、潔白之幼芽，所以培育芽類蔬菜所需時間很短，多者約十到十四天，少者祇需四至六天。芽類蔬菜之生長，係用種子本身貯藏之營養物質，不需要施肥或耕耘，也不需要光合作用，祇要有簡單之設備條件和滿足種子發芽所需之温度、水分和空氣，就可進行培育。這樣可以就地取材，不受地理環境、時間、季節之限制，根據食者或市場需求，隨時可進行芽類蔬菜之培育。

芽類蔬菜營養豐富，芽菜爲人體提供之營養成分，在諸多方面是其乾種子無法比擬的。例如豆粒含維生素極微或無，但當育成豆芽時，維生素C含量大大提高，含量最多者是其子葉部分，其次是幼芽。經研究表明，每100克鮮黃豆芽、綠豆芽中維生素C之含量分別爲180毫克和634毫克；胡蘿蔔素、維生素B2、維生素B6等均增加二倍以上；在豆類發芽時，酶之作用促使種子內植酸降解，磷、鋅等礦物質被釋放出來，使其能够被人體更充分吸收利用；氨基酸、纖維素等有益物質亦顯著增加；而豆粒中存在之妨礙人體吸收之凝血素和一些不能被人體吸收之糖類物質，在種子發芽中消失。故芽類蔬菜不僅鮮嫩爽口，而且是一種營養豐富之蔬中佳品。

芽類蔬菜在中國已有悠久歷史。早在秦漢典籍《神農本草經》中對黃豆芽已有記載，稱之爲“黄卷”。在後來歷代之古籍中亦多有記載，如三國魏吳普撰《吳氏本草》、南北朝齊梁人陶弘景《名醫別録》、南宋林洪《山家清供》、明代高濂《遵生八箋》、清代吳其濬《植物名實圖考》等典籍中皆有關於大豆芽之記述，北宋時亦已有綠豆芽之記載。

正如前面所説，芽菜具有生產簡易方便、味道鮮美、營養豐富等諸多優點，故深受民衆喜愛，在大豆芽、綠豆芽千百年來經久不衰之同時，豌豆芽、蘿蔔芽等芽類菜亦越來越受到青睞，其培育區域和消費量皆不斷擴大。

黄豆芽

蔬名。豆科，大豆屬，大豆〔*Glycine max* （L.）Merr.〕。黄豆芽是大豆種子在無光無土和適宜之溫度、濕度條件下培育之芽菜。黄豆種皮顏色有黄、白黄、淡黄、金黄、暗黄等。經過精選、清洗、浸泡之黄豆種子，平鋪於容器中，不斷灑水，在最佳溫度爲21℃～23℃之情況下形成豆芽。首先胚根突破種皮，露出幼根，後下胚軸迅速生長，子葉及幼芽雖亦有生長，但速度緩慢，當黄豆胚軸長至10厘米左右，真葉尚未伸出，即可作菜茹。豆芽菜營養豐富，

乾豆種子含維生素極微或無，當培育成豆芽時，維生素C之含量大大提高，胡蘿蔔素、維生素B2、維生素B6等增加二倍以上。豆類發芽時，由於酶之作用，促使植酸降解，磷、鋅等礦物質被釋放出來，使豆中之礦物質得以充分利用。而豆中存在妨礙人體對食物吸收之凝血素和不能被人體吸收之棉子糖、鼠李糖、毛類花糖等三種寡糖，在豆種子發芽過程中消失，故豆芽菜是廣爲人們所喜愛之一種營養豐富、味美、增進食欲之新鮮蔬菜。豆芽在中國有悠久之培育歷史，早在秦漢典籍《神農本草經》中

記載："大豆黃卷，味甘平。主濕痺、筋攣、膝痛。"三國魏吳普撰《吳氏本草》亦有大豆黃卷"采無時。去面黯……大豆初出土黃芽是也"之記述。南北朝梁人陶弘景《名醫別録》："黑大豆爲蘖，芽生五寸，便乾之，名爲黃卷。用之熬過。服時所須。"南宋林洪《山家清供》對豆芽培育及食用之法有詳細記述。明代高濂《遵生八箋》卷一二中更有培養方法及製作拼盤配料之記載。清吳其濬《植物名實圖考·穀類·大豆》載："若浸沐生蘖，未原其始，大豆黃卷，或權輿焉。明陳嶷《豆芽賦》曰：有彼物兮，冰肌玉質，子不入於污泥，根不資於扶植。金芽寸長，珠蕤雙粒；匪綠匪青，不丹不赤；白龍之鬚，春蠶之蟄。信哉斯言，無慙其實。"今豆芽菜之生産方法已由中國傳入新加坡、菲律賓、印尼、泰國、緬甸等國。20世紀40年代，美國亦開始大量生産。黃豆芽培育在中國歷代不斷，發展至今，全國各地一年四季均有生産，在緑葉類蔬菜淡季之冬天，黃豆芽生産量則更大。

【黄卷】

即黄豆芽。此稱始見於秦漢典籍《神農本草經》。多行於中國古代。見該文。

緑豆芽

蔬名。豆科，豇豆屬，緑豆〔*Vigna radiata*（L.）Wilczek〕。緑豆芽是由緑豆種子在無光無土和適宜之溫、濕度條件下培育之芽菜。緑豆種子無胚乳，具兩片子葉與胚。胚由胚根、胚軸、胚芽組成，子葉着生點以下爲下胚軸。緑豆芽食用之主要部分爲下胚軸和子葉。緑豆發芽時，胚根首先伸出亮殼，隨胚軸長出，胚根伸長，胚根胚軸生長期所需養料由胚葉供給。緑豆在萌芽時之水分、脂肪、蛋白質、澱粉在逐漸減少，還原糖、維生素C、氨基酸不斷增加，纖維質也增加。在溫度、濕度適宜條件下培育出之緑豆芽，粗壯、白嫩、甜脆、營養豐富。中國早在北宋已有培育緑豆芽之記載，南宋孟元老撰《東京夢華録》中有將緑豆置於瓷皿內以水浸生芽食用之記載。現緑豆芽仍爲中國城鄉居民所喜愛之蔬菜。中國各地一年四季均有緑豆芽生産，在緑葉蔬菜淡季之冬天，緑豆芽生産量更大。

蘿蔔芽

蔬名。十字花科，蘿蔔屬，蘿蔔（*Raphanus sativus* L.）種子萌發形成之肥嫩幼苗。莖白或淡緑色，葉色濃緑或淡緑，胚軸粗而有光澤。品質鮮嫩、風味獨特，富含維生素A、維生素C和鈣、磷等。可作湯料或沙拉等。芽菜品質柔嫩，需及時采收。中國湖南長沙撒播種子後，一次蓋土厚10厘米，出土後即收穫，黃化嫩芽，品質更加鮮嫩。蘿蔔芽又稱"娃娃蘿蔔菜"。一般蘿蔔品種種子皆可使用。但以緑肥蘿蔔品種種子爲好。日本有供高溫期使用之福葉40日蘿蔔，供中、低溫期使用之大阪4010蘿蔔，理想40日蘿蔔等專用品種。蘿蔔芽菜原多産於長江流域，現在全國各地均有生産。

【娃娃蘿蔔菜】

即蘿蔔芽。此稱行於現代。見該文。

第十三節　海藻類蔬菜考

海藻類蔬菜，屬藻類低等植物。此節，祇介紹海帶和紫菜。海帶爲褐藻門海帶科、海帶屬中形成肥厚帶片之栽培種，紫菜爲紅藻門紫菜科、紫菜屬中葉狀藻體可食之種群。

海帶和紫菜被中國先民所認識已有悠久之歷史。早在中國先秦典籍中即有記載。《爾雅·釋草》云：“綸似綸，組似組，東海有之。”徐朝華注：“海中之綸和組即今紫菜、海帶之類海菜。”中國諸多古籍對紫菜、海帶亦有記述。如北魏賈思勰著《齊民要術》、明代李時珍著《本草綱目》、清代吳其濬著《植物名實圖考》等典籍中皆有關於紫菜之記載，清代吳其濬《植物名實圖考》中亦有海帶之描述。

海藻類蔬菜中含有豐富之營養成分，經常食用，對人體健康大有益處。如海帶中富含甘露醇、褐藻膠、碘等物質，能治療和預防缺碘性甲狀腺疾病；紫菜亦有軟化血管，降低血壓等功能。海帶可以用於炒食、製作果醬、煮湯，尤以與猪排、藕塊、大白菜或鯽魚等做成酥菜，最具特殊風味。紫菜做成多種口味之湯菜，老幼皆喜食。

對海帶、紫菜之大量人工養殖，中國始於 20 世紀 50 年代初，現中國北起遼寧，南至福建連江之淺海區域皆有海帶栽培；福建、浙江沿海爲紫菜主要產地。近幾十年來，由於各級政府之重視，中國海洋開發已取得了顯著成績，海帶、紫菜等海產品之養殖亦有很大發展，已培育出了多個優質高產之海帶新品種和十多個紫菜優良品種。

海帶

蔬名。海帶（*Laminaria japonica* Aresch.）屬低等植物，褐藻門，海帶科，海帶屬中形成肥厚帶片之栽培種。一二年生（海底自然繁殖時爲二年生，人工筏式栽培時爲一年生），海帶具配子體（微型）和孢子體（大型）兩個世代。食用之海帶爲孢子體，它由海帶帶片、柄和固着器三部分組成。帶片帶狀，無分枝，長 1 ～ 6 米，寬 10 ～ 50 厘米，褐色有光澤。帶片邊緣波褶狀，薄而軟。固着器由尖端雙分枝之假根組成。假根頂端有吸着盤，固着於基質，帶片居間生長。海帶成熟時，在帶片表面產生形狀不規則隆起之孢子囊群。由孢子囊放出梨形、側生兩條不等長鞭毛之游動孢子，可附着於各種基質（如貝殼、石礫、磚塊、木材、

海　帶
（清吳其濬《植物名實圖考》）

竹材、繩索甚至船底或鐵錨等），長成雌雄配子體，在適宜環境條件下結合受精形成小海帶。海帶亦稱“江白菜”“昆布”。富含甘露醇、褐藻膠和碘。帶片可煮湯、炒食、醋酥或果醬等。能治療和預防缺碘性甲狀腺疾病，又是重要之化工原料，亦可作飼料添加劑，增加家禽蛋品之碘含量。海帶自然分布於太平洋沿岸。起源於白令海峽和鄂霍次克海之千島群島，日本北海道和本州北部太平洋沿岸。在第四紀日本海形成後，又發展至北海道西岸和薩哈林島（庫葉島）及日本海西部、朝鮮元山以北沿海地區。中國古代亦發現自然繁殖之海帶。早在先秦典籍中已有記載。《爾雅·釋草》云：“綸似綸，組似組，東海有之。”徐朝華注：“海中之綸和組即今紫菜、海帶之類海菜。”明李時珍《本草綱目·草八·昆布》：“〔釋名〕綸布。時珍曰：按吳普《本草》：綸布，一名昆布，則《爾雅》所謂綸似綸，東海有之者，即昆布也。綸音關，青絲綬也，訛而爲昆耳。陶弘景以綸爲青苔紫菜輩，謂組爲昆布。孫陳器又謂綸組是二種藻。不同如此。”清吳其濬《植物名實圖考·水草類·海帶》載：“海帶，《嘉祐本草》始著錄，今以爲海錯。俗云食之能消痰、去痔。”中國食用海帶已有一千多年之歷史。而養殖海帶於1927年纔由日本傳入中國大連海區，1930年後開始綁苗投石進行海底繁殖，1946年由大連移植至山東半島北岸烟臺沿

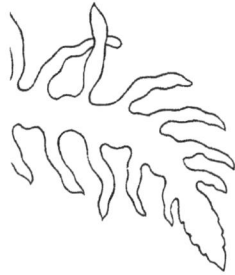

昆 布
（清吳其濬《植物名實圖考》）

海，繼而於1951年引至青島沿海。自1952年起開始大量人工栽培，并迅速擴大到浙江、福建沿海。現中國北起遼寧、南至福建連江之沿海地區皆有海帶人工栽培。至1984年止，除日本外世界其他國家均未進行大規模栽培。海帶在長期栽培過程中，形成三個變種，即模式變種真海帶、楔基變種利尻海帶、碎緣變種鬼海帶。中國培育出多個品種，如高産富碘海帶品種“860號”“1170號”和優質高産品種“海雜一號”“單海一號”等已成爲中國北方沿海主要栽培種。

【昆布】

　　即海帶。此稱三國已行用。見該文。

【江白菜】

　　即海帶。此稱行於現代。見該文。

紫菜 [2]

　　蔬名。紫菜（*porphyra* sp.），紅藻門，紅毛藻科，紫菜屬中葉狀藻體可食之種群。紫菜生長發育分絲狀體和葉狀體兩個階段。絲狀體生長在貝殼或含碳酸鈣之基質內，爲微觀絲狀分枝體。絲狀體秋季成熟，形成并放散殼孢子，殼孢子附着後萌發形成葉狀體，即紫菜。葉狀體薄膜狀，由單層細胞組成，以基部細胞嚮下延伸之假根絲所組成之盤狀固着器固着於基質。藻體爲長卵形、披針形或圓形，葉緣整齊或有褶皺；基部楔形、

紫 菜
（明盧和《食物本草》）

石花菜
（清吳其濬《植物名實圖考》）

半圓形、心臟形或臍形；色紫紅、紫褐或綠藍。紫菜春季至夏初成熟，形成并放散果孢子，果孢子隨海水運動漂流，遇到貝殼即附着萌發，并鑽進貝殼內蔓延生長成絲狀體。紫菜多作湯料，味道鮮美。亦作藥膳，經常食用，能軟化血管，降低血壓。中國紫菜自古有之，先秦時代典籍中亦有記載，《爾雅‧釋草》云：“綸似綸，組似組，東海有之。”徐朝華注：“‘綸’，音lún。後一個‘綸’字指古代官吏繫印用之青絲帶；前一個‘綸’字，指海中形狀似綸之海草。後一個‘組’字，指用絲織成之寬帶子；前一個‘組’字，指海中形狀似組之海草。海中之綸和組即今紫菜、海帶之類海菜。這類海菜生於海中，這裏是以東海爲代表。”北魏賈思勰《齊民要術‧紫菜》曰：“《吳郡緣海記》：‘吳都海邊諸山，悉生紫菜。’又《吳都賦》云

‘綸組紫菜’也。《爾雅》注云：‘綸，今有秩嗇夫所帶糾青絲綸。組，綬也。海中草，生彩理有象之者，因以名焉。’”明李時珍《本草綱目‧菜四‧紫菜》：“〔釋名〕紫英。〔集解〕詵曰：紫菜生南海中，附石。正青色。取而乾之則紫色。時珍曰：閩、越海邊悉有之。大葉而薄。被人捼成餅狀，曬乾貨之，其色正紫，亦石衣之屬也。”清吳其濬《植物名實圖考‧水草類‧紫菜》載：“紫菜，《本草拾遺》始著錄，諸家皆以附石。正青色，乾之即紫，然自有一種青者，滇南謂之石花菜，深山石上多有之。或生海中者色紫。”紫菜發展至今，已大量人工栽培，且品種繁多，紫菜屬有三十多種，中國亦有十餘種，栽培利用之主要品種有圓紫菜、皺紫菜、長紫菜、壇紫菜、甘紫菜、條斑紫菜、邊紫菜等。中國北方多以條斑紫菜爲主，南方則以壇紫菜爲主。福建省沿海爲主要產地，其次是浙江省沿海。

【紫英】

即紫菜[2]。此稱明代已行用。見該文。

【石花菜】

“紫菜[2]”之地方名。雲南南部人們多稱之。此稱唐代已見行用。

第十四節　食用菌類考

食用菌是一種能供人類食用之大型真菌，通稱食用蘑菇。在分類學上屬真菌門，多屬擔子菌綱，少數屬於子囊菌綱。食用菌由菌絲體和子實體兩部分組成，菌絲體爲生長於土壤、木材或其他基質內之無數菌絲所組成之絲狀物，是食用菌之營養體；子實體是由菌

絲體發育分化所形成之伸展至基質以上之部分，爲繁殖體。子實體由菌柄和菌蓋兩部分構成。菌蓋，亦稱“菌帽”，爲主要食用部分。有白、灰、紅、橙、褐、綠等不同顏色。表面大多光滑，亦有覆被鱗片者。菌蓋之實體部分爲菌肉，其風味因食用菌之種類而异。

食用菌是營養豐富、味道鮮美之餐桌佳肴，并具食療價值之食品，子實體蛋白質含量極高，介於肉類和蔬菜類之間。富含各類氨基酸、核酸、各種維生素等。礦物質含量亦較豐富，尤其含磷質較多，屬無澱粉、低糖、低脂肪、低熱量之優質保健食品，對人體各生理機能之調節極爲有益。此外，銀耳、木耳、猴頭菌等還兼有多種特定之滋補、醫療用途。

食用菌，中國自古有之，數千年前人們就早已采食，至今更盛。人工栽培亦始於中國等古老國家。據考古發現，蕈菌在一億三千萬年前已經存在，比人類在地球上出現早得多。古希臘、古羅馬都有關於蘑菇之傳説。中國始見於先秦典籍，其後歷代多有記載。《列子·湯問篇》有“菌芝”、《禮記》有“雲栭”之記載。《爾雅·釋草》曰：“菌，菌類植物。大菌又稱中馗，小菌稱菌。”北魏賈思勰《齊民要術·作菹并藏生菜法》云：“木耳菹：取棗、桑、榆、柳樹邊生猶軟濕者，煮五沸，去腥汁，出置冷水中，净洮……下豉汁、醬清及酢，調和適口，下薑、椒末。甚滑美。”唐馮贄《雲仙雜記》卷四：“齊文宣帝凌虚宴，取香菌以供品味。”宋代陳仁玉采其鄉里所産之菌，撰爲《菌譜》一卷，爲中國最早之菌類專著。元王禎《農書》亦記載了山區農人栽培香菇之經驗。明潘之恒撰《廣菌譜》、清吳林撰《吳蕈譜》皆爲菌類專著，且内容愈益豐富。菌類之采集、栽培利用亦愈益廣泛。發展至今，全世界有可食蕈菌約二千種，中國已知有七百二十餘種，八十餘種在實驗室裏進行了栽培；在四十種有經濟意義之菌類品種中，對二十餘種進行了大面積人工栽培，進行了商品生産。

食用菌生長不能自製養分，故皆爲异養型植物，依生活方式之不同，可分爲寄生、共生、腐生三種類型。隨着真菌學、遺傳學和生理、生化學科之發展，德國、法國、英國等國家在工業革命之後，已將食用菌之栽培、加工推進到科學化階段。20 世紀初，法國在雙孢蘑菇純菌種之分離培養方面首告成功，其後栽培技術亦有較大突破，且逐漸成熟。目前全世界有八十多個國家和地區栽培雙孢蘑菇，産量居食用菌之首。20 世紀 70 年代以前，西方國家栽培之食用菌幾乎全部是雙孢蘑菇，品種非常單一，之後纔發展爲多品種之食用菌生産。日本於 20 世紀 20 年代末，首先製成香菇之純培養菌種。其後，各國開始用糞草、秸秆、木屑等大規模栽培。第二次世界大戰以後，某些發達國家之食用菌生産趨於專業化、工廠化、機械化和集約化。20 世紀 70 年代，東亞一些國家和地區，如中國和韓國等食用菌生產發展速度超過歐洲國家和美國。中國 20 世紀 30 年代開始種雙孢蘑菇，70 年代末各種食用菌之栽培迅速發展，并首先馴化栽培成功了竹蓀、銀耳、灰樹花等食用菌。1983 年中國食用菌產量躍居世界前列，成爲世界蘑菇罐頭之最大出口國。目前中國平菇、香菇、草菇、金針菇、木耳、銀耳、竹蓀、雙孢蘑菇產量均爲世界第一位，滑菇、靈芝形成了一定之生產規模。中國的食用菌產業在東北、華北、華東等地區非常發達，種植技術也相當成熟。中國出口雙孢蘑菇罐頭居世界第一，在出口鹽漬平菇、乾香菇、草菇、木耳、銀耳、滑菇及金針菇罐頭之基礎上，還外銷鮮香菇、香菇菌袋和鹽漬金針菇。本節僅對生產規模較大，人們常食用之食用菌種類作撰述。

雙孢蘑菇

蔬名。蘑菇科，蘑菇屬。雙孢蘑菇〔*Agaricus bisporus*（Lange）Sing〕爲喜生長於糞草發酵料上之一種傘菌。菌蓋 5 ~ 12 厘米，初半球形，後平展，白色，光滑，略乾則變淡黃色，邊沿初期內捲。菌肉白色，厚，具蘑菇特有之氣味。菌褶初粉紅色，後變褐色或黑褐色，密、窄、離生，不等長。菌柄白色，光滑，具絲光，近圓柱形。菌環單層，白色，膜質，生菌柄中，易脫落。孢子褐色，橢圓形，光滑，一個擔孢子萌發生成之雙核菌絲自身具有結實能力。雙孢蘑菇營養豐富，高蛋白、低脂肪，蛋白質含量居各種食用菌之首，含有豐富之人體必需氨基酸和磷、鉀、鈣、鐵等礦物質，還含多種稀有氨基酸、核苷酸及多種維生素（如VB1、VB2、VPP和VD等），

雙孢蘑菇

所含之酪氨酸酶有明顯降低血壓作用，多糖之醌類化合物與巰基結合，可抑制脫氧核糖核酸合成，有抵抗腫瘤細胞活性之作用。蘑菇可炒肉、作湯，除鮮食外，亦可鹽漬、製罐頭或製乾蘑菇片。經常食用蘑菇能增強機體抵抗力，調節人體代謝機能，能溶解膽固醇，預防和治療高血壓、冠心病等多種心血管疾病。雙孢蘑菇亦稱 “蘑菰”“蘑菰蕈”“洋蘑菇”“白蘑菇”等。野生蘑菇中國自古有之。明李時珍《本草綱目・菜三・蘑菰蕈》記載：“〔集解〕時珍曰：蘑菰出山東、淮北諸處。埋桑、楮諸木於土中，澆以米泔，待菰生采之。長二三寸，本小末大，白色柔軟。”雙孢蘑菇之栽培始於法國，1605 年，法國農學家坎坦西在草堆上栽培出白蘑菇；1707 年，在法國巴黎郊區，開始在野生蘑菇生長處取土作種進行栽培；19 世紀初葉，又有人在地窖和洞穴種菇成功。1902 年杜格用組織培養法製作純菌種獲成功，雙孢蘑菇之生產即進入了人工栽培新階段。中國栽培雙孢蘑菇 1935

年始於上海，後推廣至江蘇、浙江、福建等地。臺灣省在20世紀50年代初開始試驗性栽培，60年代發展成爲世界主要產地之一。第二次世界大戰後，生產發展十分迅速，雙孢蘑菇栽培區域逐漸擴大至世界各地，目前許多國家走上了工廠化、專業化、集約化大規模生產道路，主要生產國有美國、中國、法國、英國、荷蘭等。中國發展尤快，80年代中期年產量已逾15萬噸（未含臺灣省數據）。中國蘑菇罐頭之國際貿易量已躍居世界之首。雙孢蘑菇依菌蓋顔色不同可分爲三個品系：法國品系，如白蘑菇，即白色種（亦稱夏威夷種）；哥倫比亞品系，如奶油蘑菇，即奶油種（又稱哥倫比亞種）；英國品系，如棕蘑菇，即棕色種（又稱波希米亞種），其中白色種栽培最爲廣泛。中國栽培之白蘑菇有法國、美國、日本三種類型。法國種菇體大，柄粗蓋扁，菇"根"多，氣生菌絲旺盛，出菇慢，產量稍低，但品質好；日本種，菇體較小，柄細蓋圓，菇"根"細，氣生菌絲較少，出菇快，產量高，但品質稍差；美國種則居於上述兩種之間。雙孢蘑菇廣泛分布於歐洲、北美洲、亞洲之温帶地區，中國之華南、華東、華中、東北、西北等地均有栽培。

【蘑菰】

"蘑菇"之古名，即蘑菇或雙孢蘑菇。此稱明代已見行用。見該文。

【蘑菇蕈】

"雙孢蘑菇"之古名。此稱明代已見行用。見該文。

【蘑菇】

各類蘑菇之總稱，"雙孢蘑菇"亦稱蘑菇，此稱行用於20世紀30年代後。見該文。

【洋蘑菇】

"雙孢蘑菇"之別名。此稱行用於20世紀30年代後。見該文。

【白蘑菇】

"雙孢蘑菇"之別名。此稱行用於20世紀30年代後。見該文。

大肥菇

蔬名。蘑菇科，蘑菇屬。大肥菇〔*Agaricus bitorquis*（Ouél）Sacc.〕和雙孢蘑菇爲蘑菇屬中已商品化栽培之兩個品種，亦稱"雙環蘑菇"。大肥菇之生物學特性、發展及分布等與"雙孢蘑菇"相似。參見"雙孢蘑菇"文。

姬松茸菇

蔬名。蘑菇科，蘑菇屬。姬松茸菇（*Agaricus blazei* Berk. & M.A.Curtis）和雙孢蘑菇同屬於蘑菇屬中不同之品種。姬松茸菇子實體圓形至半球形，菌蓋直徑5～11厘米，表面被有纖維狀鱗片，蓋緣有菌幕殘餘碎片。菌肉白色，受傷後變橙黃色。菌褶離生，乳白色。菌柄圓柱狀，中實，長4～14厘米，粗2～3厘米，白色。菌環着生在柄之上部。菌環下部之柄有栗褐色纖毛狀鱗片，孢子印黑褐色。姬松茸菇蛋白質含量高，粗脂肪含量低，多糖含量位食用菌中其他元素成分含量之首。粗纖維、礦物質元素含量豐富。氨基酸不僅含量豐富，人體必需氨基酸含量爲9.6465%，占氨基酸總量之50.18%，高於一般食用菌，故姬松茸菇有極高之藥用價值，價格昂貴。姬松茸菇亦稱"小松菇""巴西蘑菇"，原產於巴西、秘魯等地，日本人采集、分離栽培成功。因子實體脆嫩爽口，具有杏仁香味，又有防癌、降血脂及改善動脉硬化症等功效，近年來在日本形成姬松茸熱。1992 年福建省引種栽培成功并逐步發展起來。

【小松菇】

"姬松茸菇"之別名。見該文。

【巴西蘑菇】

"姬松茸菇"之別名。因原產巴西,故名。見該文。

香菇

蔬名。光茸菌科,香菇屬。香菇〔*Lentinus edodes*(Berk.)Pegler〕爲多在春秋季節發生之一種典型木腐性傘菌,菌蓋半肉質,直徑 5 ~ 12 厘米,扁半球形,後漸展平,黃褐色至深肉桂色,上有鱗片。菌肉厚,白色,菌褶白色,稠密,彎生。柄白色,內實,常彎曲,菌環以下部分多覆有鱗片。菌環窄而易消失。孢子無色,光滑,橢圓形。香菇含蛋白質、脂肪、碳水化合物、粗纖維及多種維生素。含較多之維生素 D 和腺嘌呤,對佝僂病及肝硬化之發生有預防作用。香菇含香菇多糖,能抑制小白鼠肉瘤 S-180 之增殖,在天然抗癌藥物開發上有一定前景。香菇營養豐富,可製飲料、調味品、罐頭,鮮菇和乾菇皆可作爲商品出口,參與國際市場。在自然條件下,野生香菇生長於殼斗科、樺木科、金縷梅科等闊葉樹之倒木上,中國自古有之,人工栽培亦始於中國,有悠久栽培歷史。香菇亦稱"香菌""香蕈""冬菇""花菇""厚菇""香信""薄菇"等。中國古籍早有記述。唐馮贄《雲仙雜記》卷四載:"齊文宣帝凌虛

香　菇

宴,取香菌以供品味。"宋陳仁玉《菌譜》一書中對香菇之出菇季節、色、香、味亦有詳細描述:"寒極雪收,春氣欲動,土鬆芽活,此菌候也。其質外褐色,肌理玉潔,芳香韵味,一發釜鬲,聞於百步。"元王禎《農書》卷八曰:"今江南山中松下生者名爲'松滑'……又有紫蕈、白蕈二種,尤佳。朱文公詩云:'誰將紫芝苗,種此槎上土? 便學商山翁,風餐謝肥羜。'言紫蕈之美也。又詩云:'聞説閬風苑,瓊田産玉芝;不收雲露表,烹瀹詎相宜? '此言白蕈之美也。深山中多有之。菌之種不一,名亦如之。"香菇由野生發展至人工栽培,元王禎《農書》卷八詳細記載了其栽培方法:"種菌法:《四時類要》云,三月種菌子,取爛楮木及葉,於地埋之,常以泔澆灌之,三兩日即生……今山中種香蕈,亦如此法。但取向陰地,擇其所宜木,楓、楮、栲等樹。伐倒,用斧碎斫成坎,以土覆壓之。經年樹朽,以蕈碎剉,勻布坎內,以蒿菜及土覆之,時用泔澆灌,越數時,則以槌棒擊樹,謂之'驚蕈'。雨雪之餘,天氣蒸暖,則蕈生矣。雖逾年而獲利,利則甚博。采訖,遺種在內,來歲仍發復。相地之宜,易歲代種。"明代香菇亦多有栽培。明朝初年,劉伯温曾奏請朱元璋指定浙江之龍泉、慶元、景寧三縣之農民專栽香菇,并逐漸擴展到鄰近省、縣栽培生產。明李時珍《本草綱目·菜三·香蕈》載:"〔集解〕瑞曰:蕈生桐、柳、枳、椇木上。紫色者名香蕈,白色者名肉蕈,皆因濕氣薰蒸而成。"胡樸安《中華風物志》卷八:"即深山無人處,亦燒糞種藍,伐木種香蕈。"天然孢子接種栽培香菇法,在中國、日本等國一直沿用至近代。1928 年,日本森本

彦三郎用分離培養基培養香菇純種成功。其後，日本將純菌種人工接種栽培法加以推廣，此技術於 20 世紀 30 年代傳入中國，60 年代中期開始普遍采用。中國香菇之大發展是在 1979 年以後，上海食用菌研究所大面積木屑壓塊栽培香菇獲得成功，爲發展香菇生産開闢了一條新途徑。進入 80 年代後逐漸開始了木屑袋栽香菇，亦稱人造菇木栽培，此法比木屑壓塊栽培不僅簡化了生産工藝，且縮短了生産周期，使香菇生産進一步提高了産量和品質，使袋料栽培成爲具有中國特色之栽培方式。香菇依菌蓋大小可分爲大型種、中型種、小型種。依菌肉厚度分爲厚肉種、中肉種、薄肉種。依出菇温度可分爲高温型、中温型、低温型。自然分布於中國、日本、朝鮮、越南。中國主産地爲浙江、福建、江西、廣東、廣西、臺灣、安徽、湖南、湖北、雲南、四川、貴州等省區。中國栽培香菇發展很快，并已打入國際市場。隨着人們生活水準之提高，國内市場潜力亦很大，故中國香菇生産有着大的發展前景。

【香菌】

　　“香菇”之别名。此稱唐代已行用。見該文。

【香蕈】

　　“香菇”之别名。此稱元代已行用。見該文。

【紫蕈】

　　“香菇”之一種。此稱元代已行用。見該文。

【白蕈】

　　白色之香蕈，“香菇”之一種。此稱元代已行用。見該文。

【肉蕈】

　　即白蕈。此稱明代已行用。見該文。

草菇

　　蔬名。光柄菇科，小包脚菇屬。草菇（*Volvariella volvacea* Sing.）爲同宗結合之食用菌。一個擔孢子萌發生成之初生菌絲即具有結實能力。菌絲生長發育至生理成熟階段，經過紐結，形成瘤狀之子實體原基，最後發育成子實體。子實體分爲菌蓋、菌柄、菌托等幾部分。菌蓋灰色或黑灰色，中心較深，邊緣較淺，并有褐色條紋，直徑約 5~19 厘米。菌柄白色。菌托在菌蕾期包裹菌蓋和菌柄，當被菌蓋頂端突破後，殘留於基部。上部灰黑色，下部色淺，甚至白色。菌蓋裏面有數百片菌褶，初期白色，後成水紅色或褐色。菌褶兩側生棒狀之擔子，擔子頂端有兩個或四個子梗，每個子梗上着生孢子一粒，擔孢子成堆時紅褐色，橢圓形。草菇肉質肥嫩脆滑，味道鮮美，子實體含有豐富之蛋白質，其中人體必需之氨基酸含量占總氨基酸含量之 38.2%，比牛肉、牛奶和大豆之含量都高，其中賴氨酸之含量約爲平菇之二倍和香菇之三倍，蛋白質含量與雙孢蘑菇含量相似。富含維生素 C、維生素 B1、維生素 B2、維生素 PP 及礦物質元素。亦含糖、脂肪等，營養價值極高。草菇且有食療功效，常食用草菇可增强肌體對傳染病之抵抗力，加速創傷愈合，防治“壞血病”，深受人們喜愛。草菇亦是中國傳統名貴出口商品，在國際市場享有較高聲譽，乾鮮草菇、草菇罐頭供不應求。草菇生産周期短，見效快，所用稻草、麥秸、棉籽殼等原料儲量豐富、價格低廉，生産潜力大，故大力發展草菇生産，對提高經濟效益、改善人民生活有重要意義。草菇亦稱“蘭花菇”“包脚菇”“麻菇”“稈菇”等。栽培始於中國廣東、福建、湖南等省，在廣東韶關和福建寧德地區二百多年前之地方志中，已有種植草菇之記載，其栽培技術由中國逐漸傳至日本、韓國、泰國、菲律賓、新加坡、印尼、馬來西亞、印度和緬甸以及非洲之尼日利亞和馬達加斯加。近年在歐美大陸有些地區亦開始栽培草菇。故國外把草菇稱之爲"中國蘑菇"。草菇經長期自然和人工選擇，至今已形成一百多個品種和變種，已發現可食者有：一、草菇：菌蓋灰白色，帶有灰黑色條紋，邊沿翹起，栽培於熱帶與亞熱帶。二、草菇馬氏變種：菌蓋淺白色，有暗灰色纖毛，主要栽培於中國及東南亞各國。三、草菇海氏變種：菌蓋中央褐色，有銀灰色纖毛，菌托有紫黑色、褐色斑點，栽培於馬達加斯加及非洲其他地區。四、草菇黑色變種：菌蓋淺白色，有緊貼暗灰色之纖毛，產於日本。另外還有美味草菇，菌蓋灰色；白草菇，菌蓋白色，栽培於印度；銀絲草菇，菌蓋白色或淺鴨黃色，有絲狀之絨毛，生於腐朽之木頭上，分布於中國、日本。草菇依其個體大小可分爲三種類型：一、大型種（23號種）：個體大，鼠灰色。包被厚而韌，不易開傘，圓菇（未開傘之菇蕾）率高，最適合烤製乾菇、製罐頭或鮮食。產量亦高，品質幼嫩味好。二、中型種（37號種）：個體中等，淡灰色。包被較薄，易開傘。抗性較強，適於製罐頭、烤製乾菇或鮮食。圓菇率較低，菌肉幼嫩味稍淡。菌種易退化。三、小

草　菇

型種（20號種）：個體較小，鼠灰色。包被最薄，開傘最易。較耐寒，菌肉最幼嫩，味最好。易開傘，不適宜製乾菇。今中國南方各省多有栽培，廣東、廣西、福建多用稻草於室外栽培，其他各省常在室內地上或床架式栽培。有些地區利用當地紡織廠之廢棉，在室內用稻草、廢棉菇床栽培草菇，產量較高，後遍傳泰國、印尼、菲律賓、印度諸國。中國廣東、廣西、福建、湖北、湖南、四川、江蘇、浙江、上海、安徽等省區市均有栽培。近年來北方地區之河北、北京、山東、河南、山西等省區市亦有栽培，產量一直居世界第一。

【中國蘑菇】

即草菇。此稱多行於國外。見該文。

平菇

蔬名。擔子菌綱，傘菌目，側耳科，側耳屬。平菇〔*pleurotus ostreatus*（Jacq.）P.Kumm.〕子實體叢生，疊生。菌蓋直徑5~21厘米。貝殼形，近半圓形至長形，後扁平，有後沿。表面濕潤，幼時青灰色至幾乎黑色。漸變爲淺褐黃色，老時變黃色。無毛或被細鱗片。蓋緣薄，平坦，內屈，有時開裂；菌肉白色，皮下帶灰色，柔軟；菌褶延生。菌柄側生披軟毛。孢子無色透明，圓柱形或橢圓形，光滑。孢子爲印白色或淡紫色。平菇蛋白質含量高，含脂肪、碳水化合物、纖維素等，含鈣、磷、鐵等礦物質元素及氨基酸，多種維生素含量亦很豐富。能抗腫瘤，降低血壓，防治腦血管障礙、心血管病、糖尿病、中年肥胖病等疾病。故平菇是一種營養豐富、具有一定醫療價值之保健食品。一般以鮮食爲佳，乾製之平菇可用塑料袋保藏，以防受潮變質，亦可鹽漬罐裝。平菇亦稱"側

耳”“糙皮側耳”“蠔菌”“凍菌”“元菇”“北風
菌”等，是一種廣泛發生於闊葉樹枯幹上之食
用菌，爲世界上主要人工栽培食用菌之一，分
布於中國、日本、韓國以及歐洲之德國、意大
利、法國、匈牙利和北美一些國家。人工栽培
始於 20 世紀初之歐洲，20 世紀 30 年代傳入日
本。中國將平菇作爲食品已有 700 多年歷史。
1936 年中國開始在長白山林區用段木栽培，同
期在南方開展瓶栽試驗。60 年代進入商業性栽
培。1972 年河南省劉純業用生料棉籽殼栽培平
菇成功後，袋料栽培發展很快。平菇發展至今
已形成多個品種，側耳屬大有四十餘種，中國
有二十五種，大多品種可食用。目前中國栽培
之主要品種有：側耳，又稱“糙皮側耳”“平
菇”“北風菌”“蠔耳”等；紫孢側耳，又稱“美
味側耳”；佛羅里達側耳，從美國引進；鳳尾
菇，分離於喜馬拉雅山南麓，後引進國內；鮑
魚側耳，又稱“鮑魚菇”；金頂側耳，又稱“榆
黃蘑”；阿魏側耳，又稱“阿魏菇”；紅平菇；
白黃側耳，日本人稱“姬茸”，中國大連稱“姬
菇”，山西稱“小平菇”，從日本引進我國遼寧、
山西栽培，產品出口日本。人們習慣將側耳屬
諸品種皆稱作平菇。平菇在中國分布廣泛，幾

乎全國皆有。多在深秋至早春，簇生於楊、柳、
楓、榆、槭、構、槐、櫟等多種闊葉樹之朽木
或朽椿上，且大多數地區有人工栽培。隨着生
料栽培技術之推廣及其生產成本之降低、產量
之提高、管理容易、外貿出口之需，平菇之生
產得到很大發展。

【側耳】
即平菇。此稱行於現代。見該文。

【糙皮側耳】
即平菇。此稱行於現代。見該文。

【蠔菌】
即平菇。此稱行於現代。見該文。

【凍菌】
即平菇。此稱行於現代。見該文。

【元菇】
即平菇。此稱行於現代。見該文。

【北風菌】
即平菇。此稱行於現代。見該文。

滑菇

蔬名。球蓋菇科，鱗傘屬。滑菇〔*pholiota nameko*（T.ltô）S.lto ex S.lmai.〕爲子實體叢生，菌蓋表面有一層極黏滑之膠質，表面黃褐色，中部紅褐色，無鱗片。直徑 2.5～8.5 厘米，初扁半球形，開傘後平展或中部軟凹，菌肉淺黃色。柄中生，圓柱形，有時基部稍膨大，黃色，內部鬆軟。菌環黃色，生於柄之上部，易消失。菌褶直生，初白色，後變黃色至灰褐色，菌褶寬、密，常呈波狀，有緣囊體。孢子橢圓形，表面光滑，外被黏性物質，孢子印深棕色。滑菇含粗蛋白質、脂肪、碳水化合物、纖維素。其營養豐富，菇體圓整、光滑、嫩脆、色澤好，風味特殊，商品性好。子實體含豐富之多糖，

平　菇

能提高機體之免疫力，對腫瘤有强烈之抑制作用，菌蓋表面黏性物質是一種核酸，有益精、健腦作用，屬一種高級營養保健食品。滑菇亦稱“光帽鱗傘”“光帽黄傘”“珍珠菇”，中國東北地區稱爲“滑子蘑”。在自然界多生長於殼斗科等闊葉樹之倒木或樹樁上，松木或未完全死亡之闊葉樹幹上亦有生長。中國自古即有野生種。人工栽培起源於日本。1921 年，日本始試用砍花法栽培滑菇。20 世紀 50 年代，人工接種段木栽培在日本盛行。60 年代初始用木屑栽培。70 年代中國開始商業性栽培。木屑栽培爲各生產國之主要栽培方式。鱗傘屬亦稱環銹傘屬，已有記載者三十多種，其中可食種類有十二種之多。光帽鱗傘原產日本，亦產於中國廣西、臺灣；多脂鱗傘亦稱“黄傘”，別名“柳菇”，味道較好，蘇延友栽培成功；毛柄鱗傘又名“毛腿環銹傘”，已能人工栽培。世界上滑菇主要生產國有中國、日本、菲律賓等，而主要生產、消費國是日本。分布面積較廣，如中國、日本、韓國、俄羅斯之西伯利亞以及北歐、北美等地均有。中國之黑龍江、吉林、遼寧、臺灣、雲南、西藏等省（區）皆有分布。

【光帽黄傘】

即滑菇。此稱行於現代。見該文。

【珍珠菇】

即滑菇。此稱行於現代。見該文。

【滑子蘑】

即滑菇。此稱多行於東北地區。見該文。

鳳尾菇

蔬名。側耳科，側耳屬。鳳尾菇〔*Pleurotus sajor-caju*（Fr.）Sing.〕爲子實體單生或叢生。菌蓋扇形、腎形、半球形、圓形，成熟時波曲，

蓋緣薄，初内捲，後反捲，有或無後沿，直徑 5 ～ 15 厘米或更大，色灰白或灰褐，表面平滑。菌肉厚度中等，白色。菌褶短，延生，白色，狹窄，

鳳尾菇

密集，不等長，髓部近纏繞形。菌柄白色，大多數側生，亦有中央生，基部無茸毛，孢子印久置後呈淡紅色至淡紫色。擔子長柱形。含蛋白質、脂肪、還原糖、木質素、纖維素、果膠及多種維生素。營養豐富，味道鮮美可口。鳳尾菇亦稱“環柄斗菇”“環柄側耳”“喜馬拉雅山平菇”，是熱帶、亞熱帶雨林地區之一種普遍生長之食用菌，野生種中國自古有之。1974 年印度首先馴化培養出栽培種。1980 年前後引入中國，由於適應性、抗逆性强，產量高，成本低，很快遍及全國。鳳尾菇主要采用代料栽培。以稻草、麥秆、玉米芯、甘蔗渣、棉籽殼、廢棉、香蕉杆爲主要原料，可加少量藜豆、木豆、扁豆粉、高粱粉或麥麩、適量石灰粉等輔料，進行袋栽、箱栽或床栽。栽培方法與平菇同。

【環柄斗菇】

即鳳尾菇。此稱行於現代。見該文。

【環柄側耳】

即鳳尾菇。此稱行於現代。見該文。

【喜馬拉雅山平菇】

即鳳尾菇。此稱行於現代。見該文。

金針菇

蔬名。泡頭科，火菇屬。金針菇〔*Flammulina velutipes*（Curt. ex Fr.）Sing.〕爲子實體多叢生。菌蓋直徑 2 ～ 10 厘米，幼時球形，開發

以後成扁球形至笠形，最後反捲成波狀，中央厚，黃褐色，邊緣薄，淡黃色。表面光滑，有層黏稠物質，濕時滑黏，乾燥時有光澤。菌褶彎生，白色或淡黃色。菌柄幼時呈棉絮狀，後期中空，上部肉質，白色，下部革質，具暗褐色絨毛。孢子無色，圓柱狀，平滑，孢子印白色。雙核菌絲有鎖狀聯合。金針菇柄脆嫩，風味醇厚鮮美，營養極其豐富，含有十八種氨基酸，氨基酸種類齊全，其中賴氨酸、精氨酸、亮氨酸尤多，有助於兒童智力發育，被稱爲"智力菇"；所含之金針菇素與多糖蛋白對小白鼠艾氏腹水癌和肉瘤 S-180 皆有抑制作用。金針菇含有大量之中性植物纖維和酸性植物纖維，能與膽汁酸鹽結合，吸收無機質，有降低人體血液中膽固醇含量之作用，并對某些重金屬鹽類有解毒之作用。維生素和礦物元素如維生素B1、維生素B2、維生素C、維生素PP及鐵、磷、鈉、鎂、鉀等含量豐富。經常食用可以預防和治療肝臟系統及胃腸道潰瘍。金針菇，古稱"構菌"，又稱"毛柄金錢菌""冬菇""樸菇"等，中國臺灣今稱"金菇"。中國自古有之，常叢生於構、榆、槭、桑、柳等樹之枯枝、樹椿上，秋、冬、春皆可發生。早在唐代，中國就栽培金針菇。唐代韓鄂編撰之《四時纂要》載："取爛構木及葉，於地埋之，常以泔澆令濕，三兩日即生。"1923 年，日本人瓶栽金針菇成功，1928 年開始用木屑人工栽培，1956 年後逐步用半機械化生產，1960 年後用空調控制之工廠化生產。金針菇代料栽培法 20 世紀 30 年代傳入中國。用段木雖可栽培，因產量低，品質差，已漸淘汰。用木屑、玉米秆粉另加米糠、麩皮等營養物質進行瓶栽、袋栽成爲主要栽培方式，

亦有少量床栽。此法生產周期短且能得優質產品。80 年代前半期，中國各地開始試栽金針菇，福建三明真菌研究所首先選用了三明一號。目前栽培金針菇已遍及全國各地，形成了一定規模。亞洲、歐洲、北美洲、澳大利亞等地皆有分布。中國之河北、山西、内蒙古、黑龍江、吉林、江蘇、浙江、廣西、四川、雲南、新疆、廣東等地均有栽培。世界栽培金針菇之國家主要是中國、日本。金針菇已成爲世界上主要食用菌之一。

【智力菇】

即金針菇。見該文。

【構菌】

即金針菇。見該文。

【毛柄金錢菌】

即金針菇。此稱行於現代。見該文。

【冬菇】

即金針菇。此稱行於現代。見該文。

【樸菇】

即金針菇。此稱行於現代。見該文。

【金菇】

即金針菇。此稱多行於中國臺灣省。見該文。

木耳

蔬名。木耳科，木耳屬。木耳〔*Auricularia auricula*（L. ex Hook.）Underw.〕是一種擔子菌，屬於膠質菌類。因其多生於朽木之上，如木之耳朵，故稱。其顏色灰白，有吸收和輸送養分之功能。新鮮木耳子實體爲膠質狀、半透明，初生時小杯狀，單生或群生。長大後呈淺圓盤形、耳形或不規則片狀，邊沿有皺褶，耳片富有彈性，直徑約爲 5 ～ 6 厘米，背面（貼近木

頭之一面）凸起，暗灰色，有短絨毛，不長擔孢子。腹面向下凹，老熟後，邊沿朝上捲起，多皺曲，紅褐色、棕褐色或漆黑色。木耳質地細嫩，清脆爽口，蛋白質含量比一般蔬菜高許多，維生素含量是米、麵、大白菜之 10 倍，猪、牛、羊肉之 4 ~ 6 倍，鐵比肉類高 100 倍，鈣爲肉類之 30 ~ 50 倍，還含有脂肪、碳水化合物、纖維素等。木耳營養豐富，既可食用，亦可藥用，不僅是食譜中之佐料，且是一種富含營養、低熱量、具藥效之健康食品。子實體性平、味甘，補氣血、潤肺、止血、活血，有滋潤、强壯、通便之功效，并能治痔瘡疾。木耳含有極其豐富之膠質，不僅對人之消化系統有良好之潤滑作用，亦可清滌胃腸中之積敗食物，還可吸收至循環系統中去，有清肺潤肺之功效。木耳有降低人體血液中膽固醇含量、降低血液凝塊、緩和冠狀動脉粥狀硬化作用，所含之多糖是酸性異葡聚糖，具抗腫瘤活性。木耳亦稱“黑木耳”“光木耳”“雲耳”“川耳”“耳子”“黑菜”“木蛾”等。中國人民對於木耳之認識、利用很早，生產歷史悠久。北魏賈思勰《齊民要術·作菹并藏生菜法》記載了木耳羹湯之製作方法：“木耳菹：取棗、桑、榆、柳樹邊生猶軟濕者，煮五沸，去腥汁，出置冷水中，净洮。又着酢漿水中，洗出，細縷切。訖，胡荽、葱白少着，取香而已。下豉汁、醬清及酢，調和適口，下薑、椒末。甚滑美。”唐朝亦有黑木耳栽培方法之記述。明李時珍《本草綱目·菜三·木耳》亦載：“木耳，《本經》中品。〔釋名〕木檽、木菌、木樅、樹鷄、木蛾。時珍曰：木耳生於朽木之上，無枝葉，乃濕熱餘氣所生。曰耳曰蛾，象形也。曰檽，以軟濕者佳

也。曰鷄曰樅，因味似也。南楚人謂鷄爲樅。曰菌，猶蜠也，亦象形也。蜠乃貝子之名。或曰：地生爲菌，木生爲蛾。北人曰蛾，南人曰蕈。〔集解〕《别録》曰：五木耳生犍爲山谷。六月多雨時，采即暴乾。弘景曰：此云五木耳，而不顯言是何木。惟老桑樹生桑

木　耳
（明盧和《食物本草》）

耳，有青、黃、赤、白者。軟濕者人采以作葅，無復藥用。恭曰：桑、槐、楮、榆、柳，此爲五木耳。軟者並堪噉。楮耳人常食，槐耳療痔。煮漿粥安諸木上，以草覆之，即生蕈爾。時珍曰：木耳各木皆生，其良毒亦必隨木性，不可不審。然今貨者，亦多雜木，惟桑、柳、楮、榆之耳爲多云。”人工栽培木耳之早期，藉助木耳孢子之自然傳播或借助老木耳菌絲之蔓延。20 世紀 50 年代，中國成功培育出純菌種，開始了新技術之段木栽培。70 年代以來，開始了木耳之代料栽培，栽培方法亦逐漸多樣化。木耳之分類專家們從不同之角度，產生不同分法。按洛伊之分類法，此屬可分爲 10 個種，即光木耳、毛木耳、皺格（網絡）木耳、氈蓋木耳、角質木耳、盾形木耳、琥珀褐木耳、美飾木耳、薄肉木耳、凸毛木耳。目前以内部結構爲主、以外部形態爲輔之分類法，中國業已報道過有 14 種之多，其中主要有光木耳、毛木耳、大木耳、琥珀木耳、角質木耳、皺格木耳、褐木耳、

氈蓋木耳等。另外還有銀白木耳（未在 14 種之列），以白色性狀引人關注，栽培性狀穩定；雪白木耳（未在 14 種之列）。木耳在世界上主要分布於温帶或亞熱帶之山地。在中國分布很廣，主要産區在華中、東北、西南及長江以南各省區。國際上栽培木耳很少，主要有日本、菲律賓、泰國等，這些國家多栽培毛木耳。

【木檽】

"木耳"之古名。按，栭、栵、檽、橀及檽，均爲"耳"之異體字。此體多行用於明代。見該文。

【木菌】

"木耳"之古名。此稱明代已行用。見該文。

【木㙂】

"木耳"之古名。此稱明代已行用。見該文。

【樹鷄】

"木耳"之古名。此稱多行用於明代。見該文。

【木蛾】

"木耳"之古名。此稱明代已行用。見該文。

毛木耳

蔬名。木耳科，木耳屬。毛木耳〔*Auricularia polytricha*（ Mont.）Sacc.〕子實體爲盤狀或耳狀，幼時呈杯狀，成熟時耳片直徑 12 ～ 15 厘米。子實體有背腹二面，腹面紫灰色至黑褐色。成熟時産生擔孢子。擔孢子腎形，背面有長絨毛，毛頂端鈍形，這是毛木耳之最大特點。子實體叢生，無柄或稍有柄，含蛋白質、脂肪、碳水化合物，還含有多種微量元素和維生素，有一定食療價值，具有益氣、強身、活血、止血、止痛等功能。毛木耳質地比木耳稍硬，適於凉拌，風味如海蜇皮。毛木耳亦稱"構耳""粗木耳"。其商業性栽培始於 20 世紀 60 年代。代料栽培多於段木栽培，塑料袋擺放之形式有床架式、懸吊式、墻式等。段木栽培之生産過程同木耳栽培。毛木耳之生活力、抗逆性均比木耳強，其發展歷史及分布與木耳同。

【構耳】

即毛木耳。此稱行於現代。見該文。

【粗木耳】

即毛木耳。此稱行於現代。見該文。

銀耳

蔬名。銀耳科，銀耳屬。銀耳（*Tremella fuciformis* Berk.）由菌絲體和子實體兩大部分組成，菌絲體是營養器官，由無數管狀具有隔膜之分枝繁茂之菌絲組成。子實體乳白色，膠質，由多數叢生瓣片組成，狀如鷄冠、菊花，寬 4~10 厘米，鮮時柔軟，半透明，乾燥後成米黃色，體積強烈收縮，硬而脆。擔子球形，縱分割。孢子無色，光滑，卵形。銀耳蛋白質含量高，含 17 種氨基酸；維生素C、維生素PP、維生素B1、維生素B2 及某些礦物質元素含量亦較高；還含有脂肪、碳水化合物、纖維素等，營養豐富。銀耳是一種傳統之滋補品，還是一種良藥，中國傳統醫學認爲有潤肺、補腎、生津、止咳、清痰、強身、補氣等功能。銀耳所含酸性异多糖，能提高人體免疫能力，對老年慢性支氣管炎、肺源性心臟病有顯著療效，能提高肝臟解毒能力，對小白鼠肉瘤 180 之增殖有抑制作用，故銀耳有抗腫瘤作用。銀耳亦稱"白木耳"。中國是世界上最早栽培銀耳之國家。早在 1894 年，四川即開始栽培，後傳至貴州、湖北、陝西、福建等省。中國之商品銀耳早已載譽全球，四川通江和福建漳州之雪耳尤爲著名。通江銀耳發現於 1832 年，而人工栽培始於清末光緒年間。最早之生產方法是砍伐樹木（砍花法），後靠空氣中孢子自然接種之半人工栽培。20 世紀 40 年代，華中農學院采用孢子彈射技術獲得銀耳純芽孢種，并進行人工接種試驗。60 年代，上海食用菌研究所、福建三明真菌研究所研製出銀耳混合純種，開始了人工接種段木栽培。1965 年，徐碧如等完成了在人工培養基上銀耳生活史之研究。1974 年姚淑先進行木屑瓶栽銀耳，隨後用棉籽殼、米糠等培養料培養銀耳獲得成功。由於瓶栽、代栽銀耳能在室內進行，受外界環境影響小，適於個體小量栽培和工廠化大量生產，經濟效益高，故得到大面積推廣。銀耳生長於溫帶、亞熱帶地區，亦分布於熱帶和寒帶。在自然條件下野生銀耳生長在殼斗科、金縷梅科等闊葉樹之枯木上。今人張炳燧《食用菌栽培原理與技術》載：“世界記述銀耳屬約 40 餘種，據國內學者估計有 60 餘種。絕大多數種類生於各種闊葉樹或針葉樹的原木上。”今用於栽培之樹種很多，常用者有麻櫟、栓皮櫟、楓香、懸鈴木等。一般闊葉樹之段木均可生產銀耳。另一種栽培方法是代料栽培，利用自然氣溫，春秋各種一次。銀耳之近緣種有：一、金耳，亦稱“黃金銀耳”“金木耳”“黃耳”，已能人工栽培。子實體不規則形，似腦狀，整體金黃色，從樹皮之裂縫中生出，寬 6 ～ 14 厘米，高 3 ～ 4 厘米，膠質。子實層生於腦狀突起表面。擔子梨形，縱分隔。孢子球形或卵圓形、無色、光滑。二、橙耳，亦稱“黃木耳”“磚砂色木耳”。擔子果橙色，寬 6 ～ 7 厘米，由中空之瓣片組成，子實層生於子實體表面。擔子卵形，淺黃色。孢子球形，具小尖，直徑 6 ～ 7 厘米，生於闊葉樹倒木之樹皮上，可食。中國銀耳分布於四川、貴州、湖北、湖南、陝西、浙江、福建、臺灣等地。“通江銀耳”“漳州雪耳”馳名世界。中國銀耳產量居世界首位。

【白木耳】

即銀耳。此稱行於現代。見該文。

猴頭

蔬名。齒菌科，猴頭菌屬。猴頭〔*Hericium erinaceus*（Bullet Fr.）Pers.〕是一種子實體覆有菌刺，狀如猴頭之低溫型木材腐生菌，以不規則之群體生長於林間樹上。猴頭菌外形呈頭狀或倒卵形，直徑 5~20 厘米，上面長有下垂如髮狀之肉刺，懸掛於枯幹樹枝之上，狀如猴頭或刺猬，故名。子實體肉質，扁半球形或頭狀；新鮮時白色，乾後呈淺黃色或淺褐色；基部狹窄或略有短柄。菌肉有肥厚粗短之分枝，分枝相互融合，僅中間有小空隙。有密集下垂之長刺，刺針形，長 1 ～ 3 厘米，子實層周圍生刺。孢子無色光滑，球形或近球形，有微小油滴。猴頭富含蛋白質、脂肪、碳水化合物，十六種氨基酸，其中有七種是人體必需之氨基酸，是中國著名“山珍”之一。作菜不僅味美可口，營養豐富，且可藥用，對消化不良、胃潰瘍、胃竇炎、十二指腸潰瘍、神經衰弱等症均有較好療效，對消化道腫瘤亦有一定之輔助藥效。所含猴頭多糖可提高肌體免疫力。采收之

猴頭

鮮子實體可市銷或加工罐頭，亦可曬乾、製藥。猴頭亦稱"猴頭菌""猴頭菇""刺猬菌""陰陽蘑""對臉蘑""花菜蘑"等，主要發生於北溫帶之闊葉林和混交林中。其着生樹種有柞樹、胡桃等，少數生於松樹和樺樹上。猴頭菌屬還有兩個種："玉髯"，別名珊瑚狀猴頭菌，子實體分枝，刺成叢生，也能助消化，治胃潰瘍，有滋補作用，治神經衰弱、身體虛弱等症；"假猴頭菌"，子實體分支，均勻懸於小枝下側。人工栽培，祇限猴頭菇一種。20 世紀 60 年代初，上海食用菌研究所首先馴化栽培猴頭菌成功。70 年代中期上海科研所、生產單位以猴頭菌絲體爲原料製成猴菇菌片，經藥理及臨床試驗，對某些消化道疾病有療效。80 年代，浙江等地始進行猴頭子實體較大規模之商業性栽培。猴頭菇分布極廣，中國、歐美均有分布。中國黑龍江、吉林、內蒙古等省區是猴頭之盛産地，雲南、貴州、四川、廣西、山西、河南、河北、浙江、甘肅、西藏等地亦有出産。

【猴頭菇】

即猴頭。此稱行於現代。見該文。

【刺猬菌】

即猴頭。此稱行於現代。見該文。

口蘑

蔬名。口蘑科，口蘑屬。口蘑（*Tricholoma mongolicum* S. lmai）是一種生長於平緩或開闊之草地，叢生於禾本科、蓼科或沙草科植物間之野生食用菌。菌蕾幼時呈圓球形或圓珠形，全

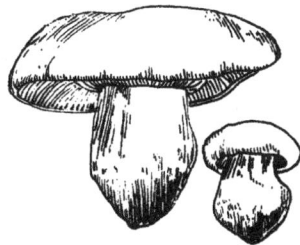

口蘑

菌白色，大小不等，狀如珍珠，故又名"珍珠蘑"。菌蓋肉質，初出土時小於菌柄，後展平，光滑。菌肉白色，肉厚。味微甘，菌褶白色，稠密，長短不一，中部寬，彎生。菌柄粗壯，肉實，基部膨大或成臼形。孢子印白色，孢子無色透明，光滑，橢圓形或杏仁形。該菌常生於馬糞堆附近，雨季，在環境未受干擾之地方能形成直徑不等之蘑菇圈。口蘑香味濃，含有口蘑氨酸、鵝膏氨酸和 5'-鳥苷酸等增鮮劑；富含碳水化合物、蛋白質及人體必需之八種氨基酸，有降血壓和膽固醇之作用。口蘑亦稱"白蘑""蒙古口蘑"等。商品口蘑有數種，其中菌蓋呈杏黃色之香杏口蘑〔*Tricholoma gambosum*（Fr.）Gill.〕具香氣，味道鮮美，係口蘑中品質較優之種類。口蘑分布於河北、內蒙古、黑龍江、吉林、遼寧等地，尤以河北張家口及內蒙古草原一帶地區所産之口蘑最爲聞名。每年七至八月間，逢雨後，口蘑在有些地方大量出現。

【珍珠蘑】

即口蘑。此稱行於現代。見該文。

松蕈

蔬名。口蘑科，口蘑屬。松蕈〔*Tricholoma matsutake*（lto et lmai）Sing〕菌蓋 8 ~ 10 厘米，大者 30 厘米，初爲球形，後饅頭形至平展形。菌蓋表面有纖維狀鱗片，淡黃褐色至栗褐色，老熟時呈黑褐色。菇體幼小時菌蓋與柄間有膜狀之被膜包裹，出土後菌蓋展開，被膜破裂，部分殘留在菌柄上部，成爲菌環。菌柄長 10 ~ 30 厘米，上下等粗，中央充實。菌褶片狀，白色，彎曲。孢子廣橢圓形，成堆時印白色。松蕈菌肉肥厚，肉質緻密，鮮嫩，香氣甚

濃，含蛋白質、脂肪、可溶性無氮化合物、粗纖維素及一定量維生素B1、維生素B2、維生素C等。中國傳統醫學認爲，松蕈有健胃理氣、化痰和醫治糖尿病等功能，是世界上著名之食用菌之一，歷來被認爲是菇蕈中之珍寶，日本稱之爲“食菌之王”。中國自古有之。宋陳仁玉《菌譜・松蕈》：“〔松蕈〕生松陰……人有病，溲濁不禁者，偶掇松下菌，病良已。此其效也。”明李時珍《本草綱目・菜三・香蕈》載：“〔集解〕時珍曰：松蕈，生松陰，采無時。凡物松出，無不可愛者。”又“〔主治〕松蕈，治溲濁不禁，食之有效”。明徐光啓《農政全書》卷二八：“今江南山中，松下生者，名爲松滑。菌之種不一，名亦如之。野蕈如赤菰、黃耳，皆可食。”松滑，即松蕈也。松蕈亦稱“松口蘑”“松蘑”“松茸”“鷄絲菌”（西藏）、“芋蘑羅”（納西族語）、“山鷄塲”（雲南）。其基部地下菌絲體與樹木共生形成菌根。多生於赤松、蒙古櫟、雲南松和黃櫟等混交林坡地上，八九月爲盛產季節。中國、日本、朝鮮和西伯利亞等地皆有分布。中國以黑龍江、吉林、臺灣、雲南、貴州、四川、西藏等地出產較多。

【松滑】

“松蕈”之別名。此稱明代已見行用。見該文。

【松口蘑】

即松蕈。見該文。

【鷄絲菌】

“松蕈”之地方名，西藏地區稱“松蕈”爲鷄絲菌。見該文。

【松蘑】

即松蕈。見該文。

【芋蘑羅】

“松蕈”之地方名，納西族人稱松蕈爲芋蘑羅。見該文。

【松茸】

即松蕈。見該文。

【山鷄塲】

“松蕈”之地方名，雲南地區稱“松蕈”爲山鷄塲。見該文。

鷄塲

蔬名。離褶傘科，蟻巢傘屬。鷄塲〔*Termitomyces albuminosus*（Berk.）R.Heim〕爲一種夏秋季生於白蟻巢真菌圃上之珍貴野生食用菌。鷄塲地上部分高達20厘米以上，菌蓋剛出土時呈圓錐狀，深褐色，邊緣爲灰白色。菌蓋肉質，表面光滑，黏。常呈輻射狀開裂。菌蓋中央生菌柄，粗細不等，纖維質，具脆滑質表層，常扭曲。一條長假根與白蟻巢相連，地下部分呈褐色至黑色。菌褶離生，乳白色或淡粉紅色，具囊狀體。孢子無色，光滑，橢圓形，孢子印粉紅色。鷄塲含蛋白質、脂肪、可溶性糖和多種氨基酸，味道鮮美。中國傳統醫學認爲其有助消化、提神、療痔等作用。鷄塲古稱“塲”“鷄宗”“鷄菌”，亦稱“傘把菇”（四川）、“鷄肉絲菇”（臺灣、福建）、“白蟻菇”等。中國自古有之。鷄塲單稱“塲”。《玉篇・土部》載：“塲，土菌也。”明楊慎《升庵全集》卷七九載：“雲南名佳菌曰鷄塲，鳥飛而斂足，菌形如之，故以鷄名。”明李時珍《本草綱目・菜三・鷄塲》：“〔釋名〕鷄菌。時珍曰：南人謂爲鷄塲，皆言其味似之也。〔集解〕時珍曰：鷄塲出雲南，生沙地間，丁蕈也。高脚繖頭。土人采烘寄遠，以充方物。點茶、烹肉皆宜。”明徐光啓《農政全書》卷二六："他如天花、麻菇、鷄㙉、猴頭之屬，皆草木根腐壞而成者。"鷄㙉分布於非洲、南太平洋群島之熱帶地區和亞洲之亞熱帶地區。中國江蘇、福建、臺灣、廣東、廣西、四川、貴州、雲南等省區均有分布。現已知離褶傘科蟻巢傘屬真菌二十六個種，各種均可食用。

【㙉】

即鷄㙉。此稱南朝梁代已行用。見該文。

【土菌】

即鷄㙉。此稱南朝梁代已見行用。見該文。

【鷄㚇】

同"鷄㙉"。此稱明代已行用。明郎瑛《七修類稿·事物七·羊溝鷄㚇》："雲南土產地蕈，志書本菌子也，而方言謂之鷄㚇，以其同鷄烹食至美之故。"

【鷄菌】

即鷄㙉。此稱明代已行用。見該文。

【傘把菇】

即鷄㙉。"鷄㙉"之地方名，四川稱鷄㙉爲傘把菇。見該文。

【鷄肉絲菇】

即鷄㙉。"鷄㙉"之地方名。臺灣、福建稱鷄㙉爲鷄肉絲菇。見該文。

【白蟻菇】

即鷄㙉。見該文。

鷄油菌

蔬名。鷄油菌科，鷄油菌屬。鷄油菌（Cantharellus cibarius Fr.）是中國著名食用菌之一。菌體呈銘黃色，高5～10厘米。菌蓋3～10厘米，肉質頗厚，初時內捲，後展平，由於邊緣高舉而中央下凹，邊緣常呈波狀或淺波狀。菌褶狹窄，稍呈彎曲，分叉或不規則網絡狀，延生。菌柄短而粗，肉質，中實。孢子卵圓形或橢圓形，孢子印白色。鷄油菌亦稱"杏菌"，因其顏色爲鷄蛋黃色故名。具水果清香氣味，肉質鮮美，被譽爲"山珍"之一種。是在國際市場上占有重要地位之傳統出口商品，還不能大面積生產。在中國西南地區和東北地區均有分布。多於秋季發生在混交林內之地上。

【杏菌】

即鷄油菌。見該文。

青頭菌

蔬名。紅菇科，紅菇屬。青頭菌〔Russula virescens（Schaeff.）Fr.〕，子實體高7～15厘米。菌蓋直徑5～12厘米，剛出土時呈球形，後漸展開呈扁圓形，老熟時中央稍凹，質地堅固，乾燥，青綠色，表面有許多青褐色或青綠色之鱗片斑點。菌褶白色，與菌柄離生或近於貼生。菌柄較短，中實。孢子印白色，孢子無色，近球形，是雲南、貴州等省最受歡迎之食用菌之一。青頭菌亦稱"綠豆菇""變綠紅菇"，分布於中國雲南、貴州、湖南、湖北、吉林、遼寧等省，秋季多發生於各種類型林間地上。

【綠豆菇】

即青頭菌。見該文。

【變綠紅菇】

即青頭菌。見該文。

羊肚菌

蔬名。羊肚菌科，羊肚菌屬。羊肚菌〔Morchella esculenta（L.）Pers.〕子囊果有明顯之柄和菌蓋，蓋膨大呈圓球形，下端與柄相連，頂端鈍圓，表面有網狀棱紋，凹陷部分近圓形或多角形，成不規則蜂窩狀，白色、褐色或古銅色。柄白色，中空，幼時上部表面有顆粒狀突起，後期平滑，基部膨大并有不規則凹槽，子囊孢子八枚單列，無色，橢圓形。羊肚菌含蛋白質、脂肪、碳水化合物、纖維素等。菌絲體中含有豐富之賴氨酸、苯基丙氨酸等。工業發酵生産之菌絲體可作調味食品和蛋白質、維生素之補充來源。羊肚菌古稱"羊肚菜"，亦稱"羊肚子"。子實體單生或群生，大多生長在林下有薔薇科小灌木、地面有腐殖質層覆蓋、灰色沙壤、中性或偏鹼性陰濕環境闊葉林地上。分布於歐洲、美洲、大洋洲、亞洲。中國主要産於雲南、山西、青海、四川、河北、甘肅、新疆等地。該屬有數種，其中小頂羊肚菌、小羊肚菌、尖頂羊肚菌、圓錐羊肚菌、皺柄羊肚菌等均可爲食用菌。因羊肚菌營養豐富，故國外從 1963 年開始，采用深層發酵之方法進行工業生産，用該菌菌絲體製成調味品。

【羊肚菜】

"羊肚菌"之古名。見該文。

【羊肚子】

即羊肚菌。見該文。

牛肝菌

蔬名。牛肝菌科，牛肝菌屬。牛肝菌（*Boletus edalis* Bull. ex Fr.）爲常見於松屬和櫟屬林地上，子實體呈管狀之大型食用菌。其基部地下菌絲體與樹木共生形成菌根。子實體單生或群生，多生於雲南松、麻櫟、高山松和栓皮櫟等朝陽山坡林下。牛肝菌肉厚，美味可口，其中"美味牛肝菌"是著名牛肝菌之一。美味牛肝菌初期球狀或半球狀，菌蓋表面平滑，不黏，灰白色、淡褐色、黃褐色或栗褐色，菌肉白色，無特殊氣味，味道平淡。柄近圓柱形，

外表具凸出之網紋。孢子淡黃色，近透明，長橢圓形，内含一至三個油滴。含蛋白質、脂肪、碳水化合物、多種氨基酸，爲國際市場尤爲歐洲所歡迎。牛肝菌亦稱"白牛肝""大脚菇"等。牛肝菌分布於亞洲、歐洲、美洲等地。中國各地均有生長，其中以西藏之東南部、雲貴高原、川西高原出産較多，黑龍江、臺灣亦有較多分布。在濕潤多雨季節，種類繁多，形態多樣，形成一個豐富之牛肝菌類寶庫。

【白牛肝】

即牛肝菌。見該文。

【大脚菇】

即牛肝菌。見該文。

竹蓀

蔬名。鬼筆科，竹蓀屬，分長裙竹蓀〔*Dictyophora indusiata*（Vent. ex Pers.）Fischer〕和短裙竹蓀〔*D. duplicata*（Basc）Fischer〕等，是秋季生長於潮濕竹林之色彩艷麗、具有菌裙之大型食用菌。竹蓀子實體由菌蓋、菌裙、菌柄及菌托組成。菌蓋鐘形。表面爲多角或橢圓之格孔，孔裏充滿濃綠色之孢子膠體。菌裙緊接菌蓋内側頂部下垂，網孔橢圓形或多角形。菌柄白色，由菌絲束交織成海綿狀之格孔組成，中空，形似管狀之圓柱體或下粗上細之紡錘體。菌托由内外膜和膜間膠體組成。外殼粉紅、紫紅或紅褐色。當菌裙達最大張度時，孢子

竹　蓀

膠體即始潮解，且産生特異香味。孢子光滑，透明，橢圓形。竹蓀含蛋白質、脂肪、碳水化合物和人體必需之多種氨基酸及維生素等。菌體脆嫩爽口，味道鮮美，與其他食物共煮有防腐作用。竹蓀古稱“竹肉”“竹菰”“竹蓐”“竹蕈”，亦稱“竹笙”“僧竹蕈”“竹參”“竹菌”等。中國自古有之，多野生於西南地區之楠竹、平竹、苦竹、慈竹等竹林地或宅前、屋側之竹林，偶爾亦有生長於闊葉樹之腐樹根上者。唐段成式《酉陽雜俎·草篇》：“江淮有竹肉，生竹節上，如彈丸，味如白樹鷄，即此物也。惟苦竹生者有毒耳。”宋陳仁玉《菌譜·竹蕈》：“竹蕈，生竹根，味極甘，當與笋通譜，而菌爲北阮矣。”明李時珍《本草綱目·菜三·竹蓐》：“〔釋名〕竹肉、竹菰、竹蕈。時珍曰：草更生曰蓐，得溽濕之氣而成也。陳藏器《本草》作竹肉，因其味也。〔集解〕詵曰：慈竹林夏月逢雨，滴汁着地生蓐，似鹿角，白色，可食。藏器曰：竹肉生苦竹枝上，如鷄子，似肉臠，有大毒。以灰汁煮三度煉訖，然後依常菜菇食之。煉不熟者，戟人喉出血，手爪盡脱，應别有功，人未盡識之。時珍曰：此即竹菰也，生朽竹根節上，狀如木耳，紅色。”竹蓀主要分布於中國之雲南、四川、貴州、湖北、安徽、江蘇、浙江、廣西、廣東、海南島等地，其中以雲南昭通地區最爲聞名。竹蓀於 20 世紀 80 年代由中國首先馴化成功，人工栽培使用之原料有竹類、段木、甘蔗渣、木屑等。有箱栽、床栽和露天竹林地栽等栽培形式。采收後洗净孢子，剔除菌托和泥土，曬乾或烘乾便成商品，色白、個大、無蟲蛀者爲上品。

【竹肉】

“竹蓀”之古名。此稱唐代已行用。見該文。

【竹蕈】

“竹蓀”之古名。此稱宋代已行用。見該文。

【竹蓐】

“竹蓀”之古名。此稱明代已行用。見該文。

【竹菰】

“竹蓀”之古名。此稱明代已行用。見該文。

【僧竹蕈】

即竹蓀。見該文。

【竹笙】

即竹蓀。見該文。

【竹參】

即竹蓀。見該文。

【竹菌】

即竹蓀。見該文。

茯苓

蔬名。多孔菌科，茯苓屬。茯苓（*Poria cocos* F.A.Wolf.）是寄生在松樹根上之菌類，是一種以菌核爲主要利用部分之食用菌和藥用菌。茯苓由菌絲體、菌核、子實體三部分組成。菌絲體是營養器官，幼嫩時白色，棉絨狀，衰老時呈棕褐色。菌核是休眠器官和儲藏器官，形態不一，可爲球圓形、橢圓形、卵圓形、扁圓形、長圓形、不規則形或板狀。重量亦不一致，小者 500 克左右，最大者可達數十公斤。表面稍皺或多皺，黄褐色、棕褐色至黑褐色。内部白色或淡粉紅色，有紅筋。粉質物非糊性。子實體是繁殖器官，無柄，大小不等，平鋪於菌核表面，初白色，老或乾後變爲淡黄白色，菌管管口多角形，大小不等，蜂巢狀；擔子細棒狀，擔孢子無色，透明，表面光滑，近圓柱形或棱形或倒圓柱形，有一彎曲嘴尖。中國傳統醫學認爲茯苓性平、味甘、利尿。其聚糖經人工轉化，形成羧甲基茯苓多糖，對治療慢性肝炎有效，且能益脾、鎮静、安神。菌核外皮稱"茯苓皮"，利水、消腫較菌核爲佳。以茯苓粉爲主要原料製成茯苓糕點是美味之滋補品和傳統食品。茯苓亦稱"茯靈""伏神""茯神""茯菟""不死麪""松腴""金翁""更生"等，原産於中國、朝鮮和日本。茯苓之栽培亦始於中國。《淮南子・説山訓》："千年之松，下有茯苓。"高秀注："茯苓，千歲松脂也。"唐賈島《贈牛山人》詩："二十年中餌茯苓，致書半是老君經。"又《贈丘先生》詩："常言喫藥全勝飯，華嶽松邊采茯神。"明李時珍《本草綱目・木四・茯苓》："茯苓，《本經》上品。〔釋名〕伏靈（《綱目》）、伏菟（《本經》）、松腴、不死麪（《記事珠》）。抱根者名伏神（《別録》）。宗奭曰：多年樵斫之松根之氣味，抑鬱未絶，精英未淪。其精氣盛者，發泄於外，結爲茯苓，故不抱根，離其本體，有零之義也。津氣不盛，止能附結本根，既不離本，故曰伏神。時珍曰：茯苓，《史記・龜策列傳》作伏靈（注：有者稱茯靈）……茯神也。仙經言茯靈大如拳者，佩之令百鬼消滅，則神靈之氣，亦可徵矣。俗作苓者，傳寫之訛爾。下有茯靈，上有兔絲，故又名伏兔。"又"〔集解〕《別録》曰：茯苓、茯神生太山山谷大松下"。清陳維崧《洞仙歌・題〈采芝圖〉爲顧卓侯賦》詞："戲茯苓歸，封寄軒轅。"此足見茯苓在中國已有悠久之歷史，且早有人工栽培。南宋周密撰《癸辛雜識》中記載了當時茯苓栽培技術，選天然幼小茯苓爲苓種，將其夾於劈開之松根中，扎緊，

將松根埋入土中，三年即可收穫。今人種植茯苓主要有段木栽培法和樹蔸栽培法兩種。栽培茯苓需用乾松木，苓場環境亦要求乾燥，還需要選用品質較高之茯苓菌種。需深挖苓場土壤。中國安徽金寨、霍山、岳西，湖北之羅田、英山，河南之商城，雲南之楚雄，廣西之蒙山等地是中國茯苓之著名産區。雲南、貴州、安徽、湖北、浙江、福建、四川、河南等地山區均有野生。

【伏靈】

　　"茯苓"古名。此稱漢代已行用。見該文。

【茯靈】

　　"茯苓"之古名。此稱漢代已行用。見該文。

【茯神】

　　"茯苓"之古名。此稱漢代已行用。見該文。

【伏菟】

　　"茯苓"之古名。此稱秦漢已行用。見該文。

【伏神】

　　"茯苓"之古名。此稱南北朝已行用。見該文。

【伏兔】

　　"茯苓"之古名。即茯苓。此稱明代已行用。見該文。

【不死麪】

　　"茯苓"之古名。此稱明代已行用。見該文。

【松腴】

　　"茯苓"之古名。此稱明代已行用。見該文。

【松柏芋】

　　即茯苓。見該文。

【金翁】

　　"茯苓"之別名。見該文。

【更生】

　　"茯苓"之別名。見該文。

蜜環菌

蔬名。泡頭科，蜜環菌屬。蜜環菌〔*Armillaria mellea*（Vahl）P.Kumm.〕是一種在夏秋季節發生，能寄生於多種木本、草本植物之野生食用菌。菌絲體爲具橫隔膜之絲狀體，初爲白色，後漸漸加深爲黑褐色。人工培養或自然生長者皆產生大量菌索，幼時白色，後漸變爲紅褐色，老時爲黑褐色。菌蓋寬 4～14 厘米，淡土黄色，蜂蜜色至淡黄褐色，後變爲棕色；中部有平伏或直立之小鱗片，有時近光滑，邊緣具條紋。菌肉白色，菌柄細長，圓柱形，稍彎曲，同菌蓋色，有縱條紋和毛狀小鱗片，纖維質内部鬆軟，最後變爲空心，基部稍膨大。菌環白或乳白色，生於柄之上部，幼時常呈雙層，鬆軟。孢子印白色，孢子無色或略帶黄色，光滑，橢圓形或近卵圓形。蜜環菌含蛋白質、脂肪、可溶性無氮浸出物、纖維素等。菌絲體同與它共生之蘭科植物——天麻之藥效類似，對中樞神經有鎮静作用。蜜環菌亦稱“榛蘑”，分布於亞洲、北美洲等地之温帶地區。中國之河北、廣西、山西、黑龍江、吉林、浙江、福建、陝西、四川、雲南、西藏、青海等省區均有分布。雲南西北部高海拔天麻産區和青海省祁連山南麓之針葉、闊葉混交林地，蜜環菌索生長旺盛，但不形成子實體。在氣候炎熱、氣温年變幅不大之地方，蜜環菌不形成菌索。通過菌絲分裂延續後代。

【榛蘑】

“蜜環菌”之别名。此稱行於現代。見該文。

松乳菇

蔬名。紅菇科，乳菇屬。松乳菇〔*Lactarius deliciosus*（L.）Gray〕是春末夏初、秋末冬初丘陵或山地松林中常見之一種野生食用菌。松乳菇菌蓋寬 4～15 厘米，初扁半球形，邊沿内捲，後平展中凹呈漏斗狀，表面濕時黏，無毛，淺橙黄色，蝦仁色或近於紫銅色，往往有顔色較深之同心環紋。蓋肉較厚，受傷很快變綠色。菌褶近於紫銅色，近柄處分叉，褶間有橫脉，直生或稍延生，菌柄圓柱形，基部漸變細。孢子印米黄色。孢子無色，橢圓形至近圓形。松乳菇肉質脆嫩，味道鮮美，營養豐富，含 16 種氨基酸，以穀氨酸含量爲多，松乳菇還含乳菇紫素、乳菇菌素等抗生素。其子實體提取物對肉瘤 S-180 和艾氏腹水癌有抑制作用。松乳菇一般單生、散生、群生於馬尾松、落葉松、紅松（海松）或針葉混交林地上。松乳菇亦稱“松菌”“奶漿菌”“雁鵝菌”“松蕈”“香蕈”“乳蕈”等，俗名謂“松傘”。中國食用松乳菇歷史悠久。南宋周密《武林舊事》中即已提及可用乳蕈作粥。清代袁枚《隨園食單》中亦有民間將清醬與乳蕈并燒熟，加麻油拌食之記載。在湖南等地，用植物油將鮮乳菇炸熟油漬，製成之“菌油”（油漬菌），是一種特殊之調味品，炒菜、作湯、煮麵，放進少許菌油，其味更鮮美清香。松乳菇多野生，分布於亞洲、歐洲、北美，中國各地均有分布。

松乳菇

【松菌】

　　"松乳菇"之別名。見該文。

【奶漿菌】

　　"松乳菇"之別名。見該文。

【雁鵝菌】

　　"松乳菇"之別名。見該文。

【松傘】

　　"松乳菇"之俗名。此稱多行於北方地區。見該文。

塊菌

　　蔬名。塊菌科，塊菌屬。塊菌（*Tuber melanosporum* Vitt.）是一種在地下形成子實體之子囊菌。塊菌子實體淡黑色、栗黑色，表面之疣爲多角形、球形、橢圓形、腎形、圓形到不規則形、裂片狀或瘤狀，内部近白色，後變暗淡紅色，成熟時淡紫色至黑色。孢子橢圓形、橢圓狀圓柱形，褐色，不太透明，表面有小刺；子囊狀，近球形，無或有一點小梗，透明無色，有四至六個或六至八個子囊孢子。塊菌味道鮮美，香氣濃鬱，爲世界聞名之食用菌之一。塊菌亦稱"黑孢塊菌""黑蘑菇"。塊菌原爲野生，生於橡樹林中地下，在其根部形成菌根。塊菌大多與幼齡之橡樹共生，多生長在深 30 厘米之土壤中，可利用經過特殊訓練之猪、狗或山羊尋找地下塊菌之位置。當種植之橡樹株齡約二十年時，塊菌產量最高。塊菌尚處於半野生半人工栽培之狀態。因產品生態環境之破壞日益嚴重，20 世紀以來，塊菌之產量大幅度下降。1900 年年產量曾達 1500～2000 噸，到 1970 年年產量僅 40 噸。主要分布於西班牙、意大利、法國、德國、捷克斯洛伐克、瑞士等國，中國亦有分布。

【黑孢塊菌】

　　"塊菌"之別名。見該文。

【黑蘑菇】

　　"塊菌"之別名。見該文。

玉蕈

　　蔬名。白蘑科，玉蕈屬。野生玉蕈〔*Hypsizygus marmoreus*（Peck）H.E.Bigelow〕在秋季群生於山毛櫸等闊葉樹之枯木或活立木上之一種木腐菌。子實體叢生或單生，菌蓋扁球形，淺黄褐色，幼時内捲，逐漸展平，表面光滑，直徑 5～15 厘米。菌肉較厚，白色，菌褶白色，離生。菌柄圓柱形，中央生，白色，長 4～9 厘米，粗 0.2～2 厘米。孢子近球形，白色光滑，大小爲（5～7）×（4.6～6.5）微米。玉蕈營養豐富，質優味美，略帶苦味，在日本很受歡迎。玉蕈商品名稱"真姬菇"，是日本人工栽培之第五大食用菌，1973 年開始栽培。1986 年我國引進至遼寧、山西、福建。由於原料、栽培條件不同，加上未能掌握真姬菇之生物學特點和關鍵栽培技術，開始幾年品質差，產量低。經過幾年之研究和栽培實踐，改變原品種在日本之全人工調控爲人工自然條件下栽培，栽培原料由木屑改爲棉籽殼，由瓶栽改爲袋栽，馴化出抗逆性强、出菇早、產量高、品質好、商品率高之新品種，鮮菇生物效率高達 90%，出口商品率最高可達 80%。中國產品大部外銷，出口玉蕈成爲菇農之一項重要收入來源。

【真姬菇】

　　"玉蕈"之商品名。見該文。

灰樹花

　　蔬名。多孔菌科，多孔菌屬。野生灰樹

花（*Polyporus frondosus* Fr.）主要生長在老栗樹之根際、活樹之枯根或樹樁周圍之一種名貴之食用、藥用菌。子實體肉質，菌柄多分枝，末端生扇形或匙形菌蓋，重叠成叢，最寬可達40～60厘米，重5千克以上。菌蓋寬2～7厘米，灰色至淡褐色，表面有細毛，乾後變堅硬，老後光滑，有放射狀條紋，邊緣內捲。菌肉白色，厚1～3毫米，管孔延生，孔面白色至淡黃色，管口多角形，平均每平方毫米一至五個，孢子無色，光滑，卵圓形，大小爲（5～7.5）×（3～3.5）微米。該菌口感清香脆嫩、味道鮮美、營養豐富。其子實體內含灰樹花多糖，具有抗癌作用，經常食用該菌可預防和治療肝臟系統疾病及胃腸道潰瘍；用子實體泡水，對於咽喉炎有顯著療效。灰樹花亦稱"蓮花菌""具葉多孔菌""天花"。灰樹花中國自古有之，多野生於栗樹根部或活樹根之周圍。灰樹花是好氣性真菌，在菌絲體生長和子實體培育階段，氧氣皆需充足。人工培育時，闊葉木屑、棉籽殼、栗果殼、作物秸稈、酒糟等均能達到營養條件之要求。添加一定之麩皮、豆餅粉、壤土等，則能促進菌絲之生長和子實體產量之提高。灰樹花子實體原基形成之適宜溫度爲16℃～24℃，故在自然條件下栽培時，可合理安排生產。在中國北方地區，適於子實體形成之季節一般爲每年之四至六月和九至十一月。采摘後之灰樹花子實體除鮮銷外，還可進行鹽漬處理，乾製加工成保健飲料、保健茶等。中國人工栽培之灰樹花已批量出口。

【蓮花菌】

　　"灰樹花"之別名。見該文。

【具葉多孔菌】

　　"灰樹花"之別名。見該文。

【天花】

　　"灰樹花"之別名。見該文。

第十五節　多年生及雜類蔬菜考

　　多年生蔬菜，是指一次播種或栽植而連續生長和采收在兩年以上之蔬菜，包括多年生草本和木本植物。多年生草本蔬菜有黃花、百合、蘆笋、石刁柏、草莓、朝鮮薊、襄荷、霸王花、食用大黃、辣根、款冬、菊花等；木本蔬菜有竹笋、香椿、枸杞等。除蘆笋、朝鮮薊、草莓等爲從外域引進外，大多數均是中國原產，有悠久栽培歷史。如竹笋在《吕氏春秋》《爾雅》《説文》等古籍中已有記載，香椿在《禹貢》《莊子》中亦有記述，《詩·衛風·伯兮》中記有黃花菜，枸杞、百合等亦均見於先秦或秦漢時代之古籍。多年生草本蔬菜之地上部每年冬季枯死，地下部之根、根狀莖或鱗莖等器官宿存於土壤中，以休眠狀態度過不利生長之時期（寒冬、低溫、乾旱、酷暑等），等待氣候環境適宜時重新發芽、生長、發育，如此多年生長。木本蔬菜之地上部有常綠之竹笋和秋冬落葉之香椿、枸杞。它們之根系較發達，分蘖力強，對環境適應性廣泛。

多年生類蔬菜營養豐富，多數含有較高量之蛋白質、碳水化合物、礦物質及維生素，堪稱蔬中之佳品。如竹笋、百合、枸杞等還對人體有滋補作用。多年生蔬菜除供鮮食外，亦可脱水、腌漬和罐藏。如黃花乾、百合乾、笋乾、腌漬笋、罐頭笋和罐藏蘆笋等，不僅爲中國人民所喜愛，而且出口外銷。蘆笋、朝鮮薊等罐藏產品在國際市場之暢銷，亦有力地推動了中國種植業之發展。香椿爲中國之特產，世界上僅有中國用作蔬菜。它是以嫩莖、葉供食，富含蛋白質、礦物質及多種維生素，并具芳香氣味。可炒食、涼拌、油炸、乾製和腌漬，風味獨特，備受人們青睞。尤其用温室和冬暖大棚在冬季培育出之鮮香椿上市，使香椿成爲餐桌上一道佳肴。醫學研究表明，香椿不僅營養豐富，而且藥用價值亦極高。如用香椿芽製作煎劑，可抑制和殺滅金黃色葡萄球菌、綠膿杆菌、肺炎球菌、大腸杆菌、傷寒杆菌和痢疾杆菌等。用香椿硫浸膏可治療痢疾。在中國民間，常用香椿炖肉治療風濕性關節炎，也有用香椿莢果煎水以治療疝氣疼痛等。"香椿"一節已放在本書《木果卷》，在此不再詳述。

竹笋

蔬名。爲竹初生嫩肥短壯之芽或鞭。竹屬，禾本科（Gramineae）中竹亞科（Bambusoideae）多年生長綠木本植物，類型衆多，適應性強，分布極廣。全世界共有三十個屬五百五十種。中國是世界上產竹最多的國家之一，有二十六屬二百餘種。任何竹都能產笋，但可作蔬菜食用之竹笋，必須具組織柔嫩、加工後無苦味或其他惡味等條件。竹笋縱切面中部有許多緊密重叠之横隔，爲以後竹竿之節隔；包在横隔周圍是肥厚之笋肉，爲以後竹竿之竿壁；包裹在笋肉周邊之笋籜是一種變態葉。笋肉、横隔和笋籜之柔嫩部分，均可食用。竹原產中國，自先秦即有竹笋之文字記載。如《禹貢》稱之爲"苞"，《吕氏春秋》稱之爲"箘"，《爾雅》稱之爲"竹萌"，《竹譜》稱之爲"竹芽"，《説文》稱之爲"竹胎"。《周禮·冬官·考工記下》："梓人爲筍虡。"鄭玄注引漢鄭司農云："筍，讀爲竹笋。"《南齊書·劉懷珍傳》："夢見黃衣老公曰：'可取南山竹笋食之，疾可愈。'"宋曾慥《類説》卷四四："二三月食淡竹笋，四五月食苦竹笋。"明李時珍《本草綱目·菜二·竹筍》："〔釋名〕竹萌（《爾雅》）、竹芽（《竹譜》）、竹胎（《説文》）、竹子（《神異經》）。時珍曰：筍，從竹、旬，諧聲也。陸佃云：旬内爲笋，旬外爲竹，故字從旬。今謂竹爲妬母草，謂筍生旬有六日而齊母也。僧贊寧《筍譜》云：筍一名萌，一名箈，一名蕍，一名苗，一名初篁，皆會意也。俗作笋者，非。〔集解〕弘景曰：竹類甚多。笋以實中竹、篁竹者爲佳。於藥無用。頌曰：竹筍，諸家惟以苦竹筍爲最貴。然苦竹有二種：一種出江西者，本榦粗大，筍味殊苦，不可啖；一種出江浙及近道者，肉厚而葉長闊，筍味微苦，俗呼甜苦筍，食品所宜，亦不聞入藥用也。時珍曰：晋武昌戴凱之、宋僧贊寧皆著《竹譜》，凡六十餘種。其所産之地，發筍之時，各各不同。詳見《木部·竹》下。其筍亦有可食、不可食者。大抵北土鮮竹，惟秦、蜀、吴、楚以南則多有之。竹有雌雄，但看根上第一枝雙生者，必雌也，乃有筍。土人於竹根行鞭時掘取嫩者，謂之鞭笋。江南、湖南人冬月掘大竹根下未出土者爲冬笋，《東觀漢記》謂之苞筍。並可鮮食，爲珍品。其他則南人淡乾者爲玉版筍、明筍、火筍，鹽曝者爲鹽筍，並可爲蔬食也。按贊寧云：凡食筍者，譬如治藥，得法則益人，反是則有損。采之宜避風日，見風則本堅，入水則肉硬，脱殼煮則失味，生着刃則失柔。煮之宜久，生必損人。

苦筍宜久煮，乾筍宜取汁爲羹茹。蒸之最美，煨之亦佳。味蔽者戟人咽，先以灰湯煮過，再煮乃良。或以薄荷數片同煮，亦去蔽味。《詩》云：其蔌伊何，惟筍及蒲。《禮》云：加豆之

竹　笋
（明徐光啓《農政全書》）

實，筍菹魚醢。則筍之爲蔬，尚之久矣。"竹筍含有蛋白質、碳水化合物、脂肪、礦物質及天冬素，作蔬食炒、炖皆佳美，且對人體有滋補作用。中國可食笋用竹主要有分布於長江中下游之剛竹屬之毛竹、早竹和哺鶏竹等，分布於珠江流域、福建及臺灣等省的慈竹屬之麻竹和緑竹等。籬竹屬之魚肚腩竹、苦竹屬之慧竹等亦是優良可食笋用竹。

【竹筍】

同"竹笋"。此稱南北朝已行用。見該文。

【苞】

即竹笋。此稱先秦已行用。見該文。

【箘】

即竹笋。此稱多行於先秦。見該文。

【竹萌】

即竹笋。此稱秦漢時已行用。見該文。

【竹胎】

即竹笋。此稱漢代已行用。見該文。

【竹芽】

即竹笋。此稱晋代已行用。見該文。

【箬】

即竹笋。此稱宋代已行用。見該文。

【茁】

即竹笋。此稱宋代已行用。見該文。

【初篁】

即竹笋。此稱宋代已行用。見該文。

黄花菜 [1]

蔬名。百合科，萱草屬。黄花菜（*Hemerocallis citrina* Baroni）爲宿根多年生草本植物，以肥嫩花蕾供食用。根系發達，叢生。葉狹長，對生於短縮莖節上，葉片抱合成扁闊之假莖。花臺由葉叢中抽出，頂端生

總狀或假二歧狀圓錐花序，有花枝多個，花蕾表面能分泌蜜汁，花蕾黃色或黃綠色。蒴果，成熟後暗褐色。種子堅硬，黑色，有光澤。黃花菜亦稱萱草，乾製品名金針菜。中國是黃花菜起源地之一，栽培歷史悠久，先秦即有文字記載。蔣先明主編《各種蔬菜·黃花菜》云："原產亞洲和歐洲。中國山地有野生種。中國自古栽培，最早見於《詩經·衛風·伯兮》篇（公元前1066—前541）記有'焉得諼草，言樹之背'。"明李時珍《本草綱目·草五·萱草》："〔釋名〕忘憂（《說文》）、療愁（《綱目》）、丹棘（《古今注》）、鹿葱（《嘉祐》）、鹿劍（《土宿》）、妓女（《吳譜》）、宜男。時珍曰：萱本作諼。諼，忘也。《詩》云：焉得諼草？言樹之背。謂憂思不能自遣，故欲樹此草，玩味以忘憂也。吳人謂之療愁。董子云：欲忘人之憂，則贈之丹棘，一名忘憂故也。其苗烹食，氣味如葱，而鹿食九種解毒之草，萱乃其一，故又名鹿葱。周處《風土記》

黃花菜

鹿葱
（明盧和《食物本草》）

云：懷妊婦人佩其花，則生男。故名宜男。李九華《延壽書》云：嫩苗爲蔬，食之動風，令人昏然如醉，因名忘憂。此亦一說也。嵇康《養生論》：《神農經》言中藥養性，故合歡蠲忿，萱草忘憂。亦謂食之也。鄭樵《通志》乃言萱草一名合歡者，誤矣。合歡見木部。〔集解〕頌曰：萱草處處田野有之，俗名鹿葱。五月采花，八月采根。今人多采其嫩苗及花跗作葅食。時珍曰：萱宜下濕地，冬月叢生……今東人采其花跗乾而貨之，名爲黃花菜。"黃花菜含有蛋白質、碳水化合物、抗壞血酸、礦物質及胡蘿蔔素等營養成分。炒食、炖食或做湯皆佳。現中國南北二十餘個省區市均有栽培。主要產地有甘肅慶陽、湖南邵陽、河南淮陽、陝西大荔、江蘇宿遷、雲南下關和山西大同等。品種五十多個，如湖南邵東四月花爲早熟品種；江蘇大馬嘴，陝西大荔沙苑金針菜，四川渠縣黃花菜，浙江仙居花、蟠龍花，湖南祁東猛子花等爲中熟品種；荆州花、長嘴子花及茄子花等爲晚熟品種。

萱草
（宋王繼先《紹興校定證類備急本草畫圖》）

【忘憂】[1]

即黃花菜[1]。此稱漢代已行用。見該文。

【妓女】

即黃花菜[1]。此稱三國時已行用。見該文。

【丹棘】

即黃花菜[1]。此稱晋代已行用。見該文。

【鹿葱】[1]

即黃花菜[1]。此稱宋代已行用。見該文。

【萱草】

即黃花菜[1]。此稱宋代已行用。見該文。

【療愁】

即黃花菜[1]。此稱明代已行用。見該文。

【宜男】[1]

即黃花菜[1]。此稱明代已行用。見該文。

【金針菜】

即黃花菜[1]。此稱行於現代。見該文。

百合

蔬名。百合科，百合屬中能形成鱗莖之栽培種群。百合（*Lilium brownii* var. *viridulum* Baker）爲多年生宿根草本植物。根爲鬚根，根毛少。莖分地上莖和鱗莖，地上莖不分枝，直立，皮部綠或紫褐色；鱗莖埋入地下，呈扁圓球形或圓球形，由鱗片層層抱合而成，爲百合主要產品部分。葉帶形或披針形，綠色，互生，無柄。總狀或傘形花序，花爲鐘形或漏斗狀，大而美，有紅、黃、白或綠色。很少結實，蒴果近球形。種子多，扁平形。百合原產於亞洲東部溫帶地區，中國、日本、朝鮮野生百合甚多。中國采食野生百合者，遍及南北多個省區。中國栽培百合，歷史悠久，秦漢已有文字記載。宋羅願《爾雅翼·釋草五·䪥》：“《字書》曰‘䪥，百合蒜也’。《説文》則曰‘䪥，小蒜也’。小蒜已見蒚説中，不與百合蒜類。百合蒜近道處有，根小者如大蒜，大者如碗，數十片相纍，狀如白蓮花，故名百合，言百片合成也。人亦蒸煮食之，味極甘，非葷辛類也。但以根似大蒜，故名蒜爾。根上一幹特起，葉皆環列幹上，至杪則結花。花有兩種，其一如萱草花，紅斑而小，故一名連珠；其一種白花者，極芳香，花重常傾側，連莖如玉手爐狀，亦搗爲麵。百合一名强瞿，今俗人亦呼爲强仇，聲之訛爾。説者云是蚯蚓相纏結變作之。《南都賦》：‘薯蔗薑䪥。’”明李時珍《本草綱目·菜二·百合》：“〔釋名〕䪥、强瞿（《別録》）、蒜腦薯。《別録》曰：一名摩羅，一名重箱，一名中逢花。吳普曰：一名重邁，一名中庭。弘景曰：百合，俗人呼爲强仇，仇即瞿也，聲之訛耳。時珍曰：百合之根，以衆瓣合成也。或云專治百合病故名，亦通。其根如大蒜，其味如山薯，故俗稱蒜腦薯。顧野王《玉篇》亦云，䪥乃百合蒜也。此物花、葉、根皆四嚮，故曰强瞿。凡物旁生謂之瞿，義出《韓詩外傳》。〔集解〕《別録》曰：百合生荆州山谷。二月、八月采根，陰乾。弘景曰：近道處處有之。根如葫蒜，數十片（原文中爲“斤”，筆者認爲屬板誤，故改作‘片’）相纍。人亦蒸煮食之，乃云是蚯蚓相纏結變作之。亦堪服食……時珍曰：百合一莖直上，四嚮生葉。葉似短竹葉，不似柳葉。五六月莖端開大白花，長五寸，六出，紅蕊四垂嚮下，色亦不紅。紅者葉似柳，乃山丹也。百合結實略似馬兜鈴，其內子亦似之。其瓣種之，如種蒜法。山中者，宿根年年自生。未必盡是蚯蚓化成也。蚯蚓多

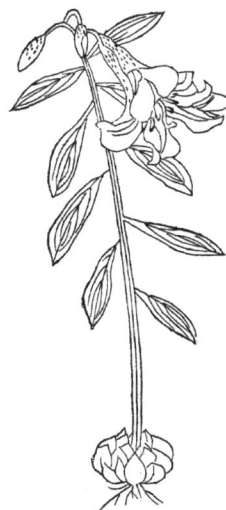

百　合

（明徐光啓《農政全書》）

處，不聞盡有百合，其説恐亦浪傳耳。"百合鱗莖肉質肥厚，含有蛋白質、碳水化合物、脂肪、礦物質及多種維生素，營養豐富。鮮食味道佳美，亦可製作澱粉。花供觀賞。鱗莖入藥具補中益氣、養陰潤肺、止咳平喘等功效。百合屬在世界上有一百餘種，中國有六十多種，但大多數爲野生百合。以食用栽培者，爲數甚少，常稱作"家百合"。甘肅蘭州、平凉，太湖流域宜興和吳興，山東萊陽以及湖南邵陽地區等，均爲百合之著名產地。主要品種有：一、宜興百合，亦稱捲丹。鱗莖扁圓形，鱗片白色微黃，略有苦味。葉條形，花被橙紅色反捲，有紫黑色斑點。中國多地有此野生種或栽培種，太湖流域爲本種主要產區。二、蘭州百合，亦稱川百合。鱗莖球形或扁圓形，鱗片白色，味甜質優。葉帶形，總狀花序，花下垂，花被火紅色，開放時反捲，芳香美觀，花蕾亦可食用。三、龍牙百合，亦稱白花百合。鱗莖球形，鱗片披針形，白色，味淡不苦。葉大，倒披針形。花漏斗形，乳白色。湖南邵陽等地爲龍牙百合主產區。

【䪥】

即百合。此稱秦漢時已行用。見該文。

【重邁】

即百合。此稱三國時已行用。見該文。

【中庭】

即百合。此稱三國時已行用。見該文。

【強瞿】

即百合。此稱漢時已行用。見該文。

【摩羅】

即百合。此稱漢時已行用。見該文。

【重箱】

即百合。此稱漢時已行用。見該文。

【中逢花】

即百合。此稱漢時已行用。見該文。

【強仇】

即百合。此稱南朝齊、梁時已行用。見該文。

【蒜腦薯】

即百合。此稱明代已行用。見該文。

草莓

蔬名。薔薇科，草莓屬中能結漿果之栽培種。草莓（*Fragaria × ananassa* Duch.）爲多年生草本植物。根發生於短縮莖，老化變褐。莖節間甚短，葉腋抽出匍匐莖，可形成分株。多爲鋸齒狀三出複葉。花白色，有限二出聚傘形花序。果實之食用部分爲紅色漿果，有圓、紡錘、心臟等形狀。草莓亦稱"鳳梨莓""地莓"，原產於亞洲、美洲和歐洲，有十餘個種。公元前 200 多年，羅馬人栽培二倍體野生莓。中國有野生種七八個，分布於東北、華北、西北、西南、華中及臺灣等地區。中國栽培草莓亦有悠久歷史。蔣先明主編《各種蔬菜·草莓》云：

蛇 莓
（清吳其濬《植物名實圖考》）

"據《本草綱目》（1551—1578）記載，中國 15
世紀前已開始栽培野生莓。"明李時珍《本草綱
目·草七·蛇莓》："〔釋名〕蛇藨、地莓、蠶
莓。機曰：近地而生，故曰地莓。瑞曰：蠶老
時熟紅於地，其中空者爲蠶莓；中實極紅者爲
蛇殘莓，人不噉之，恐有蛇殘也。〔集解〕時珍
曰：此物就地引細蔓，節節生根。每枝三葉，
葉有齒刻。四五月開小黃花，五出。結實鮮紅，
狀似覆盆，而面與蒂則不同也。"近一二百年
來，中國從國外不斷引進新品種，使草莓栽培
面積逐漸擴大。中國農業科學院蔬菜研究所主
編《中國蔬菜栽培學·草莓》云："19 世紀初
先後從英、法、德、荷及美、日等國引進大果
型品種，分布於京、津、粵、桂、滇、黔、江、
浙、魯和冀、遼等省市的城鎮近郊栽培，50 年
代以來從波蘭等東歐諸國和日、法、比等國又
引進部分品種。隨着我國果醬加工、冷藏、旅
游和外貿事業的發展，栽培面積略有擴大。"草
莓果實有特殊之芳香味道，甜酸適度，鮮美可
口，含維生素 C 較多，可鮮食、冷藏或製果醬、
果汁，且可利用溫室等多種栽培形式做到周年
供應。草莓在中國各地栽培面積均有較大發展。
中國現在栽培之草莓品種，除四季莓源於野生
草莓演變而來外，其餘均爲外來品種經多年栽
培而形成之地方品種。主要有：一、雞心草莓，
分布於遼寧、河北等省。植株生長勢强，匍匐
蔓多，耐寒，成熟果濃紅色。肉質緻密，富香
味，質優豐産。二、雞冠草莓，河北栽培多。
耐寒，果大，成熟後濃紅色。肉質微白而粗，
香味較濃，産量高。三、北京雞心，成熟果淺
紅色，果肉紅色，質地緊密，有香味，北京地
區五月中下旬采收。四、丹東雞冠，爲 20 世紀

30 年代前從日本引入，東北南部和山東半島多
有栽培。耐寒，複合果扁圓楔形，紅或淺紅色，
香味濃。五、四季草莓，由長白山野生草莓演
變而來。耐寒、耐陰，果實長橢圓形，深紅色，
有香味。多分布於吉林、丹東等地。喜溫型品
種有"福羽""春香"等。

【蛇莓】

　　即草莓。此稱明代已行用。見該文。

【蛇藨】

　　即草莓。此稱明代已行用。見該文。

【地莓】

　　即草莓。此稱明代已行用。見該文。

【蠶莓】

　　即草莓。此稱明代已行用。見該文。

枸杞

　　蔬名。茄科，枸杞屬。枸杞（*Lycium
chinense* Mill.）爲多年生灌木或栽培作一年生
綠葉蔬菜。水平根發達，直根弱。枝條披散，
有棘刺。葉互生或數葉叢生於短枝上，長橢圓
狀披針形或卵狀矩
形，全緣。花朵簇
生於短枝葉腋，花
冠漏斗狀，粉紅或
紫紅色。果實爲漿
果，成熟時多爲鮮
紅色，果肉味甘甜。
種子黃白或黃褐色，
扁腎形。枸杞原産
中國，亦分布於溫
帶和亞熱帶地區之
東南亞、朝鮮、日
本和歐洲各國。中

1.花果枝
2.花冠枝開示雄蕊
3.雄蕊着生情況
4.雌蕊

枸　杞

國自古栽培，先秦即有文字記載。《詩·小雅·南山有臺》云："南山有杞，北山有李。"明李時珍《本草綱目·木三·枸杞》云："〔釋名〕枸杞（《爾雅》，《本經》作枸忌）、枸棘（《衍義》）、苦杞（《詩疏》）、甜菜（《圖經》）、天精（《抱朴》）、地骨（《本經》）、地節（《本經》）、地仙（《日華》）、却老（《別錄》）、羊乳（《別錄》）、仙人仗（《別錄》）、西王母仗。〔集解〕頌曰：今處處有之。春生苗，葉如石榴葉而軟薄堪食，俗呼爲甜菜……《詩經·小雅》云：集於苞杞。陸璣《詩疏》云：一名苦杞。"明徐光啓《農政全書》卷四○云："《爾雅》曰：'杞，枸檵。'郭璞注曰：'今枸杞也。'一名枸棘，一名天精，一名地仙，一名却老，一名苦杞，一名甜菜，一名地節，一名羊乳。枸、杞，二木名；此木，棘如枸之刺，莖如杞之條，故兼稱之。處處有之。春生苗葉軟薄，堪食。其莖幹高三五尺，叢生。六七月開花，紅紫色，隨結實：微長，生青熟紅，味甘美。根皮，名地骨皮。古以韋山爲上，近以甘州者爲絶品。今陝之蘭州靈州以西，並是大樹。子圓如櫻桃，乾時可作果食。《種樹書》曰：收子及掘根，種於肥壤中。待苗生，剪爲蔬食，甚佳……《務本新書》曰：枸杞，宜故區畦種。葉

枸　杞
（明徐光啓《農政全書》）

作菜食，子根入藥。秋時收好子，至春畦種，如種菜法。又三月中，苗出時，移栽如常法。伏內壓條，特爲滋茂。一法：截條長四五指許，掩於濕土地中亦生。"清吳其濬《植物名實圖考·木類·枸杞》云："枸杞，《本經》上品，根名地骨皮。陸機《詩疏》：苞杞一名地骨是也。嫩葉作蔬，根實入服食家用，故有仙人杖之名。"枸杞可謂全身是寶。其果實（枸杞子）含甜菜鹼，是一種強壯劑，有補腎益精、養肝明目之功效；其根皮名地骨皮，亦可入藥；其嫩葉、嫩芽含蛋白質、碳水化合物、維生素、氨基酸等營養成分，作湯鮮美，常食有明目、解熱等功能。枸杞有兩個栽培種：一、寧夏枸杞（*L. barbarum* L.），亦稱中寧枸杞、山枸杞等。該品種雖亦可采收嫩葉、莖作蔬用，但主要用於采收果實。甘肅、寧夏栽培歷史悠久，近數十年來，河北、山東、青海、山西、內蒙古、新疆等地區皆有引種。二、蔬用枸杞（*L. chinense* Miller），亦稱枸杞菜、枸牙子。有細葉和大葉兩個品種，多用插條繁殖，一般不開花結果，用於采收嫩莖、葉作蔬菜栽培。主要產區在廣東、臺灣、廣西等地。

【杞】

即枸杞。此稱先秦已行用。見該文。

【苞杞】

即枸杞。此稱先秦已行用。見該文。

【地節】[1]

即枸杞。此稱漢代已行用。明李時珍《本草綱目》中將"節"改爲"輔"。見該文。

【地骨】

即枸杞。此稱漢已行用。見該文。

【苦杞】

　　即枸杞。此稱晉代已行用。見該文。

【天精】

　　即枸杞。此稱晉代已行用。見該文。

【却老】

　　即枸杞。此稱晉代已行用。明李時珍《本草綱目》中將"老"改爲"暑"。見該文。

【羊乳】[1]

　　即枸杞。此稱南北朝已行用。見該文。

【甜菜】[3]

　　即枸杞。此稱宋代已行用。見該文。

【枸棘】

　　即枸杞。此稱宋代已行用。見該文。

【地仙】

　　即枸杞。此稱宋代已行用。見該文。

蘆筍

　　蔬名。百合科，天門冬屬。蘆筍（*Asparagus officinalis* L.）爲能形成嫩莖供食用之多年生宿根草本植物。鬚根系，不定根由根狀莖節發生，形成肉質根。根狀莖短縮，莖節上鱗芽萌發形成地上莖，分枝多，爲變態枝，簇生，針狀，稱"擬葉"；真葉退化爲膜狀鱗片。花小，鐘形，多爲雄雌异株，雌花綠白色，雄花淡黄色。漿果球形，幼果綠色，成熟果赤色。種子黑色堅硬，略爲半球形。蘆筍亦稱"石刁柏""龍鬚菜"等。西方栽培歷史

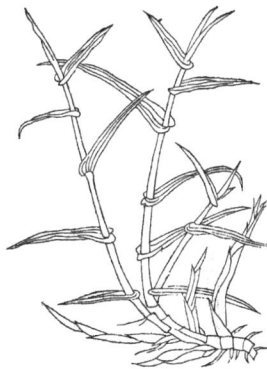

蘆 筍
（明徐光啓《農政全書》）

悠久，傳入中國僅在近百年。蔣先明主編《各種蔬菜·石刁柏》云："原産於地中海東岸及小亞細亞。至今歐洲、亞洲大陸及北非草原和河谷地帶仍有野生種。已有 2000 年以上的栽培歷史。公元前 234—前 149 年古羅馬文獻中有記載，17 世紀傳入美洲，18 世紀末傳入日本。在 20 世紀初傳入中國。今世界各國都有栽培，以美國最多。中國臺灣省栽培較多，罐頭出口量占世界貿易量的 70% 左右。"蘆筍以嫩莖供食用，既可鮮食，亦可製罐頭。味芳香鮮美，能增進食欲，幫助消化，并富含多種維生素和氨基酸，對心臟病、高血壓等多種疾病均有療效。歐美人民視其爲優良之保健食品。蘆筍既耐寒，又耐熱，中國南北均有栽培。在中國北方，是露地栽培中最早上市之蔬菜，土地解凍後即可供應市場。在南方，四五月份蔬菜淡季時采收上市。若輔之以促成栽培，可周年供應。蘆筍之優良品種，嫩莖抽生早，數量多，肥大，粗細均匀，先端圓鈍而鱗片包裹緊密。中國之蘆筍品種皆引自歐美，早年曾引進"百美""荷蘭紫""晚阿祥臺"等；目前中國栽培之品種多來自美國加州，如"瑪麗華盛頓""加州 309"等。

【石刁柏】

　　即蘆筍。此稱行於現代。見該文。

【龍鬚菜】

　　即蘆筍。此稱行於現代。見該文。

朝鮮薊

　　蔬名。菊科，菜薊屬中以花蕾供食之栽培種。朝鮮薊（*Cynara scolymus* L.）爲多年生草本植物。易分蘖，植株高 1 米左右。葉披針形，大而肥厚，羽狀深裂，綠色，密生白毛。

四月下旬開始抽花莖，六月前後陸續出現肥嫩花蕾，以主莖花蕾最大，稱王蕾。種子粒大，扁橢圓形，褐或白色。朝鮮薊引自國外，中國栽培歷史較短。中國農業科學院蔬菜研究所主編《中國蔬菜栽培學·朝鮮薊》云："別名：洋百合、洋薊。原產地中海沿岸，歐美各國栽培較多。由法國引入我國，上海市七寶鎮栽培已有近百年歷史。"蔣先明主編《各種蔬菜·朝鮮薊》云："別名法國百合、荷花百合……原產地中海沿岸，係由菜薊（*C. cardunculus* L.）演變而成。南歐及中亞細亞尚有野生種，2000 年前羅馬人已食用。法國栽培最多。19 世紀由法國傳入中國上海，雲南有栽培。"朝鮮薊之食用部分爲花蕾中之總苞及花托，含苞未放時采其花蕾煮食，有特殊清香味。經開水處理後，用橄欖油、檸檬汁、大蒜、辣椒、鹽等調味品拌食，風味獨特，亦可製成罐頭。葉柄經軟化栽培後可煮食，味清淡，富含多種維生素、鐵及澱粉等。葉片中含有菜薊素，有治療慢性肝炎和降低膽固醇之功效。優良朝鮮薊之花蕾球形，肉質鱗片大而緊，色澤鮮綠，有香味。收花蕾後，去除花莖，促生新莖。每株可連續收穫四年。朝鮮薊喜温暖氣候，耐熱和耐寒力均不强。可用種子或分株法繁殖。

【洋百合】

即朝鮮薊。見該文。

【洋薊】

即朝鮮薊。見該文。

【法國百合】

即朝鮮薊。見該文。

【荷花百合】

即朝鮮薊。見該文。

蘘荷

蔬名。薑科，薑屬中以嫩莖供食用之栽培種。蘘荷（*Zingiber mioga* Rosc.）爲多年生草本植物。鬚根系，莖高約 1 米。葉互生，狹橢圓形或綫狀披針形，葉面光滑。地下莖匍匐生長，向下抽生肉質根；向上抽生紫紅色嫩芽，見光呈綠色，葉鞘紫色，緊裹嫩芽（俗稱蘘荷笋）。穗狀花序，花蕾稱蘘荷子，由紫紅色之鱗片包被。花分大小三瓣，淡黃色。蒴果，倒卵形，成熟時三裂，果皮鮮紅色。種子黑色，圓球形，被白色假種皮。蘘荷亦稱"葅蓴""陽藿""蘘草""嘉草""覆葅"等，原產中國南部。安徽、江蘇、浙江、湖南、江西、廣東、廣西和貴州等省區山谷陰濕處仍有野生種。日本亦有分布。中國栽培蘘荷歷史悠久，自先秦即有文字記載。戰國時《楚辭·大招》有"醢豚若狗膾苴蓴"，王逸注："苴蓴，蘘荷也。"西漢司馬相如《上林賦》云："茈薑蘘荷。"東漢張衡《南都賦》云："蓼蕺蘘荷。"至晉、南北朝時，對蘘荷之栽培技術已有詳細記載。晉潘岳《閑居賦》有"蘘荷依陰"之說。北魏賈思勰《齊民要術·種蘘荷、芹、蘆》云："蘘荷宜在樹陰下。二月種之。一種永生，亦不須鋤。微須加糞，以土覆其上。八月初，踏其苗令死。九月中，取旁生根爲葅，亦可醬中藏

蘘荷
（清吳其濬《植物名實圖考》）

之。十月中，以穀麥糠覆之。二月，掃去之。"
明徐光啓《農政全書》卷二八曰："《説文》：
菖苴也。《搜神記》作嘉草；一名覆苴，一名
蘘草，一名猼苴，與芭蕉音相近。潘岳《閑居
賦》云：'蘘荷依陰。'蘇頌曰：荊襄江湖間多
種之，北方亦有。春初生。葉似芭蕉，根似薑
芽而肥。其葉冬枯，根堪爲菹，性好陰；在木
下生者尤美……《食經》：藏蘘荷法：蘘荷一
石，洗漬以苦酒六斗，盛銅盆中，着火上，使
小沸。以蘘荷稍稍投之，小萎，便出着蓆上令
冷。下苦酒三斗，以二升鹽着中，乾梅三升。
使蘘荷一行，鹽酢澆上，綿覆罌口，二十日便
可食矣。"蘘荷有黃花和白花兩個類型。黃花
類型食用葉鞘未散開之嫩芽、花蕾未開放前之
花穗及嫩莖。味芳香、微甘，可凉拌或炒食，
亦可醬藏、鹽漬。白花類型根、莖、花序均可
入藥。蘘荷作爲蔬菜，中國除南方少數地區農
民房前屋後有零星種植外，已罕有作商品菜栽
培者。

【苴蓴】

　　即蘘荷。此稱先秦時已行用。見該文。

【菖苴】

　　即蘘荷。此稱漢代已行用。見該文。

【嘉草】

　　即蘘荷。此稱晉代已行用。見該文。

【覆苴】

　　即蘘荷。此稱明代已行用。見該文。

【蘘草】

　　即蘘荷。此稱明代已行用。見該文。

【猼苴】

　　即蘘荷。亦同"猼且"或"蓴苴"，此稱漢
代已行用。《史記·司馬相如列傳》："諸蔗猼
且。"裴駰集解引《漢書音義》："猼且，蘘荷
也。"

甜玉米

　　蔬名。禾本科，玉蜀黍屬之栽培亞種。甜
玉米（ *Zea mays* var. *rugosa* Bonaf.）是以未熟
果穗胚乳甜質子粒爲産品之一年生草本植物。
鬚根系，基部莖節處易發生不定根。植株較矮
小，分蘖力强。雌雄同株异花，雄花序自莖軸
頂端抽生；雌花序（果穗）側生於葉腋間，花
序外裹有綠色苞葉。因甜玉米主要用作蔬食，
故亦稱菜玉米。中國僅有數十年栽培歷史。蔣
先明主編《各種蔬菜·甜玉米》云："原産非洲
的熱帶地區，在墨西哥南部考古發現玉米穗軸，
距今已有 5400—7200 年，化石花粉粒經鑒定
約有 8 萬年。但直到 18 世紀纔被發現和重視，
中國於 20 世紀 40 年代中期從美國引入。主要
分布在歐洲、美洲各國及蘇聯，中國僅在少數
城市附近小量栽培。"甜玉米富含可溶性碳水
化合物、脂肪、蛋白質和維生素A。除可鮮食
外，亦可製罐頭。中國各地均有零星栽培，現
主要集中在大中城市郊區。籽粒有黃白兩色。
栽培品種主要有北方之"黃甜""白甜"，南方
之"楚雄甜包穀""永善甜包穀"等。玉米屬
中作爲蔬菜栽培之變種除甜玉米外，還有糯玉
米和御麥。糯玉米是中國人民在長期玉米栽培
中選育出來的一個新變種，有"中國玉米"之
稱，在中國分布較廣，特別是西南地區栽培普
遍。主要品種有北方之"半仙糯""多穗白"和
"歷城黏"等，南方之"巧家白糯""保山糯包
穀"等。御麥，在雲南是一種專用蔬菜。其果
穗圓柱形或圓錐形；籽粒大小不一，相互鑲
嵌不成行，致使果穗凹凸不平，是區別於一

段玉米類型之明顯標志。嫩果可炒食或煮食，甜味濃，鮮美可口。

【菜玉米】

即甜玉米。見該文。

【中國玉米】

即糯玉米。玉米屬中作爲蔬菜栽培之一個變種。爲中國選育，故名。

食用菊

蔬名。菊科，茼蒿屬中以花器供食之栽培種。食用菊（*Chrysanthemum Sinense* Sab.）是多年生宿根草本植物。直根系。莖直立，基部半木質化。葉互生，卵形至披針形，葉緣鋸齒甚深，依品種不同葉形差异亦很大。頭狀花序單生或數個集生於莖枝頂端，周圍舌狀花爲雌性花，具各種鮮艷顔色；中央筒狀花爲兩性花，多爲黃綠色。瘦果常不育，故多用分根或插條法繁殖。菊花起源於中國，已有3000多年之栽培歷史。相傳唐朝末年，菊花由高麗（今朝鮮）傳入東瀛（今日本），宋代傳入英國，金代從東南亞傳至荷蘭。清末，一法國商人從中國帶走三種菊花，至此，菊花在歐洲大陸安家落户。19世紀初，菊花又從英國傳入美國，成爲東西方人普遍喜愛之名花。菊花之文字記載最早見於先秦。《禮記・月令》云：“〔季秋之月〕鞠有黃華。”鞠爲古字，即菊。古代之菊花僅爲黃色，故黃花又成了菊花之別名。夏緯瑛《植物名釋札記・菊》曰：“菊字本作‘蘜’，或假借‘鞠’字爲之。《夏小正》：‘九月……榮鞠’，《禮記・月令》：‘季秋之月……鞠有黃華’，即謂菊花於夏曆九月開花，而其花爲黃色者也。解釋菊的名稱，當從‘九月’開‘黃華’的野菊設想。《周禮・天官冢宰・内司服》：‘鞠衣’，鄭玄注：‘鄭司農云：……鞠衣，黃衣也’……玄謂：‘……鞠衣，黃桑服也。色如鞠（麴）塵，象桑葉始生。’案‘麴塵’，即酒麴上所生之黃黴，乾時輕揚若塵。麴，亦或假借‘鞠’字爲之。麴有黃塵，故狀黃色曰‘鞠’。謂黃色之衣服爲‘鞠衣’，謂黃色之花亦可曰‘鞠華’。單名‘鞠’者，‘鞠華’之省，謂其花色猶麴塵之黃也。‘鞠’加草頭爲‘蘜’，後又省作‘菊’耳。”菊花名滿天下，源自愛菊成癖之晋代詩人陶淵明，他“采菊東籬下，悠然見南山”之詩句芬芳千古。菊花千姿百態、五彩繽紛、傲霜鬥寒，引得無數文人墨客爲之吟哦潑墨。唐元稹在《菊花》一詩中贊道：“不是花中偏愛菊，此花開後更無花。”宋代詩人鄭思肖在《塞菊》詩中，把菊花之節操贊揚之極：“寧肯枝頭抱香死，何曾吹落北風中。”菊花不僅供人觀賞，又是佳食良藥。明李時珍《本草綱目・草四・菊》云：“〔發明〕時珍曰……其苗可蔬，葉可啜，花可餌，根實可藥，囊之可枕，釀之可飲，自本至末，罔不有功。”可見菊不僅可食，而且全身是寶。古人栽菊之目的多在於食菊。春秋楚國愛國詩人屈原在《離騷》中，有“朝飲木蘭之墜露兮，夕餐秋菊之落英”之句。春采嫩菊，烹炒食之，清爽可口；秋摘白菊，煨炖母鷄，滋補强身；吃火鍋時，放入花瓣，半熟撈食，滿口芳菲。廣東名菜“菊花龍虎鳳”是粵菜蛇饌之代表。“菊花腦”是江

食用菊

浙一帶一道名菜。菊花茶能除疾延年。《後漢書·郡國志》劉昭注引《荊州記》講述了一則古代南陽郡酈縣甘谷人飲菊花水世代長壽的故事："縣北八里有菊水，其源旁悉芳菊，水極甘馨。中有三十家，不復穿井，仰飲此水，上壽百二十三十，中壽百餘，七十者猶以爲夭。"後來蘇東坡爲此賦詩："南陽白菊有奇功，潭上居人多老翁。"菊花酒則有清熱解毒、平肝明目、利氣延年等功能。自魏以來，菊花被用來與雜粟相配，釀成既有豐富營養又有醫療保健作用之菊花酒。陶淵明留詩一首，吟誦菊花酒："酒能祛百慮，菊解制頹齡。"現代醫學證明，菊花中含有菊花甙、腺嘌呤、氨基酸、膽碱、水蘇碱、黃酮類及微量元素等，對大腸杆菌、金黃色葡萄球菌以及甲、乙型鏈球菌有殺滅作用，還可用於治療感冒發燒、頭痛目赤等症。菊花對補虛抗老、治療冠心病、高血壓、動脉硬化、高血脂等症，皆有一定功效。菊花品種繁多，當今世界上有菊花萬餘種，中國有三千多種。中國各地均有栽培，江蘇、浙江、四川等省爲主要產區，浙江省之杭菊馳名中外。現中國供菜用之主要栽培種有：一、普通種，花黃色，小型，具香氣，味甘淡，品質中等。二、晴嵐，晚熟，花黃中帶紫色，花形大，味甘且濃，宜醋漬食用。三、阿房宮，早熟，花黃色，花形大，味甘，宜煮食和製乾菊。四、高砂，花純白色，管瓣，香氣濃，品質優良。

【鞠】

即菊。"鞠"爲"菊"之古字，先秦《禮記》已見，亦寫爲"蘜"。見該文。

【鞠華】

即菊花。"鞠華"爲"菊花"之古字。見該文。

辣根

蔬名。十字花科，辣根屬中以肉質根爲食用部分之栽培種。辣根〔*Armoracia rusticana*（Lam.）G.Gaertn., B.Mey. & Scherb〕爲多年生草本植物。植株高約半米。根長圓柱形，外皮較厚，黃白色；根肉外部白色，中心淡黃色，具辣味。葉深綠色，葉柄細長；温暖時生出之葉爲披針形，葉緣有缺刻；冷凉期間生出之葉片缺刻增深而變形。翌年四至五月抽花薹，小花白色，不育，圓莢，但種子不易成熟。一般用根部不定芽進行無性繁殖。辣根原產歐洲。作爲蔬菜栽培，中國引種時間較短，且種植面積很小。中國農業科學院蔬菜研究所主編《中國蔬菜栽培學·辣根》云："別名西洋山蒟菜。原產歐洲南部，我國種植極少。上海八十餘年前由英國引入，種植於寶山縣大場鎮附近。"蔣先明主編《各種蔬菜·辣根》云："原產歐洲東部和土耳其，已有2000多年的栽培歷史。中國的青島、上海郊區栽培較早，其他城郊或蔬菜加工基地有少量栽培。"辣根之根中含有一種强烈的揮發性油質黑芥甙，故有特殊辛辣味，有增進食欲，刺激腸胃及利尿，興奮神經之功效。辣根主要供罐頭食品之調味品，亦可作辣醬油之原料。

【西洋山蒟菜】

即辣根。此稱行於現代。見該文。

黃秋葵

蔬名。錦葵科，秋葵屬中能形成嫩莢之栽培種。黃秋葵〔*Abelmoschus esculentus*（L.）Moench〕爲一年生草本植物。直根系。莖赤綠色，圓柱形。葉掌狀五裂，互生，有硬毛，葉柄長。花大而黃，似蜀葵，雌雄同體，單花，腋生。蒴果倒圓錐形，宛如羊角，有棱五至六條。種子藍黑色，球形，外皮粗，上被細毛。黃秋葵在世界上栽培歷史悠久。在中國作爲蔬菜栽培，近數十年内從國外引入，且種植面積很小。中國農業科學院蔬菜研究所主編《中國蔬菜栽培學·黃秋葵》云："別名：羊角豆。原產非洲，埃及栽培較多。我國種植較少，上海於六十餘年前由印度引入，種植於寶山縣大場鎮附近。"蔣先明主編《各種蔬菜·黃秋葵》云："原産非洲，2000年前埃及首先栽培。《本草綱目》（1551—1578）中有記載。20世紀初由印度引入新的栽培品種。現世界各地均有分布，以美國最多。"黃秋葵嫩莢肉質柔嫩，黏質，用於炒食、煮食，具特殊風味；亦可醬漬、醋漬、罐藏等。葉、芽、花皆可供食。種子内含多種礦物質元素，營養豐富，乾種子能提供油脂和蛋白質，亦可作咖啡之添加劑或代用品。花、根及種子均可入藥。黃秋葵現有矮株和高株兩個品種，前者莖高1米以上，後者2米以上。

【羊角豆】

即黃秋葵。此稱行於現代。見該文。

款冬

蔬名。菊科，款冬屬。款冬（*Tussilago farfara* Linn.）爲多年生宿根草本植物。早春從地下抽出淡紫褐色花莖，披白茸毛，有鱗片狀互生葉多片。莖伸長後頂端生多數頭狀花，雌雄异株，雄花黃色，雌花白色，通常不結實。葉大而柔軟，密生短毛，葉柄多肉，大者可達1米以上。蔣先明主編《各種蔬菜·款冬》云："原産亞洲北部。中國、朝鮮及日本山谷間多野生。日本栽培面積最大，印度、伊朗、蘇聯、美國及西歐、北非各國有栽培。"款冬亦稱"冬花""顆凍""鑽凍""虎鬚""金石草""水斗葉"等。中國自古以花薹、葉柄作菜用和藥用，花蕾未破時稱蔣薹，作香辛料。最早記載見於秦漢，後世諸多典籍中亦有記述。《爾雅·釋草》："菟，苑葵。"徐朝華注："菟，即款冬。又稱苑葵、顆凍。生在水中，花和葉可供藥用。"明徐光啓《農政全書》卷四六云："一名橐吾，一名顆東，一名虎鬚，一名菟奚，一名氐冬。生常山山谷及上薰水傍，關中、蜀北、宕昌、秦州、雄州皆有，今鈞州、密縣山谷間亦有之。莖青，微帶紫色。葉似葵葉，甚大而叢生；又似石葫蘆葉頗團。開黃花。根紫色。《圖經》云：葉如荷而斗直。大者，容一升；小者，容數合。俗呼爲蜂斗葉，又名水斗葉。此物不避冰雪，最先春前生，雪中出花，世謂之鑽凍。又云：有葉似草薢。開黃花，青紫蕚，去土一二寸；初出如菊花，蕚通直而肥實無子……救飢：采嫩葉煠熟，水浸淘去苦味，油鹽調食。"夏緯瑛《植物名釋札記·款冬》曰："款冬，藥草，藥用今款冬（*Tussilago farfara* L.）植物冬時初生之花莖。據《本草》所記款冬之産地，頗不一

款冬花
（明徐光啓《農政全書》）

致，恐藥用者非即衹此一種，蓋亦爲同名植物之冬生花莖。《急就篇》：'款東、貝母、薑、狼牙'，顔師古注云：'款東，即款冬也，亦曰款凍，以其凌寒叩冰而生，故爲此名也。生水（當是冰字）中，華紫赤色，一名兔奚，亦名顆東。'此爲解釋款冬名稱較早之文獻，以'款'義爲'叩'，謂款冬或款凍取叩冰而生之義。然此解釋，尚未妥善，清時王念孫曾有駁議……《廣雅·釋詁》：'款，愛也。'王念孫《疏證》云：'款者，《説文》：款，意有所欲也。款與款同。'又《釋訓》：'款款，愛也。'王念孫《疏證》云：'卷一云：款，愛也。款與款同。重言之則曰款款。《大雅·板篇》老夫灌灌，毛傳云：誠欲效其款款之愚。'以上釋'款'字或重言'款款'，皆有喜悦、歡愛之義。款冬，爲冬日著花之草，其爲名之取義，必與此有關。款冬之義，蓋謂其植物歡愛於冬日也。"夏氏於此較詳盡地引證論述了"款冬"之含義。筆者認爲夏氏所説之藥用款冬，僅爲款冬之一種。款冬葉柄、嫩花穗多肉味微苦，經腌漬或燙漂去苦味後可食，且有止咳、潤肺、消炎之功效。現在中國部分城市郊區有栽培，以關中、四川、浙江等地産品品質較好。常見品種有：白款冬，葉柄綠色，葉片不大，葉肉肥厚，植株矮，以采葉爲主；紅款冬，葉柄粗大，微紅，花薹肥嫩，發芽最早，以薹用爲主；大款冬，生長勢强，葉柄粗長，品質較差，可嫩時采食。

【紫】

即款冬。此稱秦漢時已行用。見該文。

【菟奚】

即款冬。亦作"菟奚""兔奚"。此稱秦漢時已行用。見該文。

【款東】

即款冬。此稱唐代已行用。見該文。

【款凍】

即款冬。此稱唐代已行用。見該文。

【顆東】

即款冬。此稱唐代已行用。見該文。

【蜂斗葉】

即款冬。此稱宋代已引用。見該文。

【水斗葉】

即款冬。此稱宋代已行用。見該文。

【鑽凍】

即款冬。此稱宋代已行用。見該文。

【橐吾】

即款冬。此稱明代已行用。見該文。

【顆凍】

即款冬。此稱明代已行有。見該文。

【虎鬚】[1]

即款冬。此稱明代已行用。見該文。

【氐冬】

即款冬。此稱明代已行用。見該文。

【欵冬花】

即款冬。"欵"即"款"。此稱明代已行用。見該文。

【金石草】

即款冬。見該文。

食用大黄

蔬名。蓼科，大黄屬中以葉柄供食之栽培種。食用大黄（*Rheum officinale* Baill.）爲多年生草本植物。葉大，淡紅色，掌狀淺裂，心臟形，葉肉厚，葉面皺縮。葉柄長約半米，淡綠色，密布紅色細綫，柔嫩葉柄呈鮮紅色。自葉腋生花梗，高 1 米左右。花綠色，無花冠。

三角形有翼瘦果。食用大黃原產於中國內蒙古，但古籍中未見有專門記載，對大黃記述甚多。明李時珍《本草綱目·草六·大黃》云：〝〔釋名〕黃良（《本經》）、將軍（《當之》）、火參（《吳普》）、膚如（《吳普》）。弘景曰：大黃，其色也。將軍之號，當取其駿快也。杲曰：推陳致新，如戡定禍亂，以致太平，所以有將軍之號。〔集解〕《別錄》曰：大黃生河西山谷及隴西……頌曰：今蜀川、河東、陝西州郡皆有之，以蜀川錦文者佳。其次秦隴來者，謂之土番大黃。正月內生青葉，似蓖麻，大者如扇。〞夏緯瑛《植物名釋札記·大黃》云：〝大黃，藥用者不祇一種，要爲大黃屬（Rheum L.）植物之根……大黃取名之義，當是因其能染黃色之故，猶如地黃之能染黃色而名之曰‘黃’也。名‘大黃’者，蓋植物中能染黃色者不一，加‘大’字以與它種區別耳。〞食用大黃亦稱圓葉大黃。葉柄中含琥珀酸，味酸清口。歐、美洲常以葉柄煮熟濾渣加糖製醬，亦可做糕點餡。食用軟化栽培之葉柄有利便功效。按葉柄顏色，大黃分爲紅色和綠色兩個類型。

【黃良】

即大黃。此稱漢時已行用。見該文。

【火參】

即大黃。此稱三國時已行用。見該文。

【膚如】

即大黃。此稱三國時已行用。見該文。

【將軍】

即大黃。此稱三國時已行用。見該文。

霸王花

蔬名。仙人掌科，量天尺屬中以花器供食之栽培種。霸王花。〔Hylocereus undatus(Haw.) Britt. et Rose〕爲多年生肉質草本植物。直根系。莖粗壯肉質，深綠色，棱柱形，上具窩孔，有灰褐色小刺。花極大，漏斗形，花萼管狀，黃綠色或淡紅紫色，上有嚮外翻捲之裂片，花瓣白色，多輪排列。雄蕊多數，二列，柱頭分枝狀，乳白色。果實長圓形，成熟時紅色，果肉白色，可食用。蔣先明主編《各種蔬菜·霸王花》云：〝別名劍花、量天尺、霸王鞭等……原產墨西哥至巴西一帶，現在全世界的熱帶、亞熱帶地區栽培。中國主要分布在廣東和廣西，以廣州、佛山、肇慶等爲主產區。〞霸王花鮮花器乾製品是蔬菜佳品，作湯味美，入藥有清肺熱和滋補功效。產品在國內外市場頗受歡迎。

【劍花】

即霸王花。見該文。

【量天尺】

即霸王花。見該文。

【霸王鞭】

即霸王花。見該文。

第十六節　野生類蔬菜考

野生類蔬菜係指自然分布的、未經人工栽培而被食用之一類蔬菜。中國野生蔬菜有一百餘種，分屬三十餘科。中國人民在漫長之繁衍生息發展過程中，認識了野菜，并采摘供食。古代"神農嘗百草"，實際上是記述我們祖先謀食求生，認識大自然之經歷。早在三千年前，《詩》中即有"采藍""采綠""采菲""采薇""采艾"等詩句描述先民采集野菜之情形。野菜在古代，是人們采食充飢之主要食物來源之一；後來在灾荒年份或戰亂時期，栽培之蔬菜和糧食缺乏時，野菜仍是人們糊口之必需品。因此，歷代對野菜之記述頗多。如《千金食治》《食療本草》《救荒本草》《本草綱目》《神農本草》《本草拾遺》《植物名實圖考》等古籍，均有記述野菜之篇章。同一事物，在不同之時代和場所，具有不同之含義和價值。隨着中國人民生活水準的提高和食品結構的改善，吃野菜已不再是受貧窮和苦難之逼迫，而是特意追求之享受。野菜大多現在已躋身於名貴菜肴之行列。不論在高檔飯店，還是在家庭餐桌，若是呈上一盤野菜小豆腐或是生野菜蘸調料，肯定會備受歡迎，争而食之。蕨菜、發菜等野菜更是早已成爲聞名遐邇之菜中珍品。

野生蔬菜含有豐富之蛋白質、碳水化合物、胡蘿蔔素、多種維生素、礦物質及纖維素等營養物質，有些比栽培種含量還高。如龍牙草所含胡蘿蔔素是北京紅胡蘿蔔的近十倍，崩大碗、假野香豌豆及紫花地丁等野菜所含維生素C皆比甘肅長辣椒高得多。營養素分析結果和許多研究資料表明，野菜中對人體特別有益之礦物質有鈣、磷、鎂、鉀、鈉、鐵、鋅、銅、錳等。這些元素在野菜中之分布比例基本一致，含量由多到少大致排序：鉀、鈣、鎂、磷、鈉、鐵、錳、鋅、銅，這種自然分布形勢恰恰符合人體需要量之分配。因此，采食野菜不會産生某種元素攝入過量，反而可以彌補家常蔬菜中缺少之維生素和礦物質。此外，如車前草、馬齒莧、桔梗、薺菜、蔞蒿及黄精、苦菜等野菜，有提神、解熱、殺菌、消炎、滋補之作用，對糖尿病、冠心病、膽結石等很多疾病有防治功效。野菜謡中有云："苣蕒菜裹三兩糧，馬齒莧養胃潤大腸。掃帚苗清心又敗火，老鴰筋滋陰亦壯陽。"野生蔬菜生長於荒灘野坡，很少受污染，可謂真正之"綠色食品"。

野菜之吃法，亦很有講究和學問。可按常規腌漬或乾製，更多用於鮮食。比如，苣蕒菜蘸醬生食，苦中生香，適口味足，故有"苣蕒菜蘸醬，越吃越壯"之俚謡；有"三月靈丹"之稱的薺菜，最妙的是將其剁碎調以豆腐或鷄蛋，做成素餡，包水餃、蒸包子、烙餡餅或做湯，清香味美，樣樣可口，若再加上點野蒜苗，就更别有風味，鮮美無比；馬齒莧、海乳草、水芹菜、馬蘭頭等，宜於水焯後凉拌。但有些野菜含有毒物質，采摘時需嚴格選擇，食用前亦應注意進行浸泡、水煮或用其他辦法適當處理。

蕨菜

野蔬名。碗蕨科，蕨屬中以幼嫩葉芽供食用之野生種。蕨菜〔*Pteridium aquilinum*（L.）Kuhn〕爲多年生草本植物。根狀莖匍匐生長於地下。葉由地下莖長出，新生葉未展開時上部捲起如手掌握物，外生絨毛；葉片展開後成三回羽狀複葉，全葉略呈三角形，成長葉片近革質。葉柄長，無毛。以後葉片葉緣向內捲曲。初夏，葉裏面着生赭褐色子囊群（繁殖器官）。蕨菜亦稱"蕨薹""龍頭菜""鹿蕨菜""蕨兒菜"等名，廣泛分布於熱帶、亞熱帶及溫帶地區之山坡林旁。中國各地皆有分布，且自古即有記載。《詩・召南・草蟲》："陟彼南山，言采其蕨。"《釋文》："《草木蔬》云：周秦曰蕨，齊魯曰虌……俗云其初生似虌脚，故名焉。"《爾雅・釋草》："蕨，虌。"徐朝華注："蕨，野菜名。又稱蘩。'蘩'，或作'虌'。生在山中。初生時可食用，其根莖可供藥用。郭注：'江西謂之虌。'"明李時珍《本草綱目・菜二・蕨》："〔釋名〕虌，時珍曰：《爾雅》云：蕨，虌也。菜名。陸佃《埤雅》云：蕨初生無葉，狀如雀足之拳，又如人足之蹶，故謂之蕨。周秦曰蕨，

齊魯曰虌，初生亦類虌脚故也。其苗謂之蕨其。〔集解〕藏器曰：蕨生山間，根如紫草。人采茹食之。時珍曰：蕨，處處山中有之。二三月生芽，拳曲狀如小兒拳。長則展開如鳳尾，高三四尺。其莖嫩時采取，以灰湯煮去涎滑，曬乾作蔬，味甘滑，亦可醋食。其根紫色，皮內有白粉，擣爛再三洗澄，取粉作粔籹，盪皮作縷食之，色淡紫，而甚滑美也。埜人饑年掘取，治造不精，聊以救荒，味即不佳耳。《詩》云：陟彼南山，言采其蕨。陸機謂其可以供祭，故采之。然則蕨之爲用，不獨救荒而已。"現在蕨菜已成爲人們喜食之山珍佳肴。蕨菜中含有維生素C、胡蘿蔔素及多種礦物質等營養成分。蕨菜除嫩莖、葉可食用外，地下莖亦可製蕨粉，作工業原料，全株入藥有祛風利尿之功效。

【虌】

即蕨菜。此稱始見於先秦。見該文。

【蘩】

即蕨菜。蘩、虌爲"虌"之異體。此體始見於秦漢。見該文。

【蕨其】

即蕨菜苗。此稱宋代已行用。見該文。

薇菜

野蔬名。豆科，野豌豆屬以嫩莖、葉供食用之野生種。薇菜（*Vicia gigantea* Bge.）爲一年生或二年生草本植物。莖細弱，平鋪地上或略傾斜臥地面；多分枝，被黃色短柔毛。羽狀複葉，托葉短而寬，深裂；小葉長圓形或倒卵形，先端有捲鬚。花腋生，萼鐘狀，花冠蝶形，紅紫色或玫瑰色。莢果長條形，扁平，含種子數粒，種子棕褐色，圓球形。中國自先秦即有薇菜記載。蔣先明主編《各種蔬菜・薇菜》云：

蕨　菜

"別名大巢菜、掃帚菜、野緑豆、野召子……原産亞洲、歐洲及北美洲。中國各省均有分布，中國采食薇菜有悠久歷史。"《詩·召南·草蟲》："陟彼南山，言采其薇。"《爾雅·釋草》："薇，垂水。"明李時珍《本草綱目·菜二·薇》："〔釋名〕垂水（《爾雅》）、野豌豆（《綱目》）、大巢菜。時珍曰：案許慎《説文》云：薇，似藿。乃菜之微者也。王安石《字説》云：微賤所食，因謂之薇。故《詩》以采薇賦戍役。孫炎注《爾雅》云：薇草生水旁而枝葉垂於水，故名垂水也。巢菜見翹摇下。〔集解〕藏器曰：薇生水旁，葉似萍，蒸食利人……時珍曰：薇生麥田中，原澤亦有，故《詩》云'山有蕨、薇'，非水草也。即今野豌豆，蜀人謂之巢菜。蔓生，莖葉氣味皆似豌豆，其藿作蔬、入羹皆宜。《詩》云：采薇采薇，薇亦柔止。《禮記》云：芼羹以薇。皆此物也。"薇菜多生於麥田、地邊及灌木林間。春季采嫩莖、葉作湯菜或炒食。種子亦可炒熟食用。全株入藥，有活血平胃、明耳目之功效，搗爛外敷可治瘡，亦可作飼料。

野豌豆

（清吳其濬《植物名實圖考》）

【垂水】

即薇菜。此稱秦漢已行用。見該文。

【大巢菜】

即薇菜。此稱明代已行用。見該文。

【野豌豆】[1]

即薇菜。此稱明代已行用。見該文。

【掃帚菜】

即薇菜。此稱多行於現代。見該文。

發菜

野蔬名。爲藻類植物，是藍藻門念珠藻科念珠藻屬中能食用之野生種。發菜（*Nostoc flagelliforme* Born. et Flah.），裸絲體扭曲，被堅固膠質層，近黑褐色，常形成堅硬之群體塊。發菜産於中國，是一種名貴菜蔬。可能由於稀少之故，在中國歷代典籍中均未見記載，現代書籍中亦很少有介紹。蒋先明主編《各種蔬菜·發菜》云："別名仙菜、净池菜……是中國名貴蔬菜。分布於高原潮濕地帶。以黃河上游的青海省爲主要産區。"發菜含有蛋白質、碳水化合物及鈣、鐵等礦物質，營養豐富。冬春采收整塊，乾燥後存放。食用時先用熱水泡開，炒食或作湯均極鮮美。

【仙菜】

即發菜。此稱多行於現代。見該文。

【净池菜】

即發菜。此稱多行於現代。見該文。

馬齒莧

野蔬名。馬齒莧科，馬齒莧屬中之野生種。馬齒莧（*Portulaca oleracea* L.）爲一年生草本植物，莖帶赤色，常偃卧地面。葉倒卵形或匙形。莖、葉呈肉質，光滑無茸毛。花簇生於枝梢，黄色。蒴果，種子甚小，黑色。馬齒莧廣泛生長於世界温帶和熱帶地區。中國除高寒地帶外均有分布，且自古即有記載。北齊顔之推《顔氏家訓》書證云："馬莧堪食，亦名豚耳，俗曰馬齒。"明李時珍《本草綱目·菜二·馬齒莧》："〔釋名〕馬莧（《別錄》）、五行草（《圖經》）、五方草（《綱目》）、長命菜（《綱目》）、九頭獅子草。時珍曰：其葉比並如馬齒，而性滑利似莧，故名。俗呼大葉者爲狶耳草，小葉者爲鼠齒莧，又名九頭獅子草。其性耐久難燥，故有長命之稱。《寶藏論》及《八草靈變篇》並名馬齒龍芽，又名五方草，亦五行之義。頌曰：馬齒莧雖名莧類，而苗、葉與莧都不相似。一名五行草，以其葉青、梗赤、花黃、根白、子黑也。〔集解〕弘景曰：馬莧與莧別是一種，布地生，實至微細，俗呼馬齒莧，亦可食，小酸。"明徐光啓《農政全書》卷六〇："馬齒莧，馬齒莧，風俗相傳食元旦。何事年來采更頻，終朝賴爾供餐飯。救飢：入夏采，沸湯瀹過，曝乾，冬用。旋食亦可。楚俗，元旦食之。"夏緯瑛《植物名釋札記・馬齒莧》云："馬齒莧（*Portulaca oleracea* L.）是一種野生的蔬菜，莖葉及種子又供藥用。《證類本草・菜部下品》載《開寶本草》曰：'馬齒莧，主目盲、白，利大小便，去寒熱，殺諸蟲，止渴，破癥結癰瘡；服之長年、不白……子明目。'其主治與《神農本草》之'莧實'相近，也是治眼、明目之藥。治眼、明目之藥而謂之曰'莧'，其義與莧菜相同。其曰'馬齒'者，以其葉形似馬之齒牙

馬齒莧
（明徐光啓《農政全書》）

耳。"馬齒莧至今仍爲中國城鄉居民所喜愛之野菜，多以嫩莖葉作湯、炒食或燙後凉拌。全株入藥有解毒、消炎、利尿等功效，治細菌性赤痢甚靈。

【馬齒】

即馬齒莧。此稱南北朝已行用。見該文。

【豚耳】

指馬齒莧。此稱南北朝已行用。見該文。

【馬莧】[2]

即馬齒莧。此稱南北朝時已行用。見該文。

【五行草】

即馬齒莧。此稱宋代已行用。見該文。

【五方草】

即馬齒莧。此稱明代已行用。見該文。

【長命菜】

即馬齒莧。此稱明代已行用。見該文。

【九頭獅子草】

即馬齒莧。此稱明代已行用。見該文。

【狶耳草】

指大葉馬齒莧。狶，同"豚"。此稱多行於明代。見該文。

【鼠齒莧】[2]

指小葉馬齒莧。此稱多行於明代。見該文。

蕂菜

野蔬名。十字花科豆瓣菜屬中以嫩莖葉供食用之野生種。蕂菜〔*Rorippaindica*（L.）Hiein〕爲一年生草本植物。莖直立柔弱，基部分枝。莖下部葉有柄，羽狀淺裂；莖上部葉無柄，卵形或寬披針形。總狀花序，花瓣淡黃色，倒披針形。條形長角果。種子細小，卵形，褐色。蕂菜亦稱野油菜，分布於東南亞各國。在中國主要生長於長江流域以南水濕之

地，已有悠久歷史。北魏賈思勰《齊民要術·蔊菜》：“蔊菜：音罕，味辛。”宋陸游《醉中歌》有“吾州之蔊尤嘉蔬，珍盤餖飣百味俱”之詩句描述蔊菜。明李時珍《本草綱目·菜一·蔊菜》：“〔釋名〕蕇菜、辣米菜。時珍曰：蔊味辛辣，如火焊人，故名。亦作蕇。陳藏器《本草》有蕇菜，云辛菜也，南人食之。不著形狀。今考《唐韵》《玉篇》並無蕇字，止有蔊字，云辛菜也。則蕇乃蔊字之訛爾。〔集解〕時珍曰：蔊菜生南地……柔梗細葉。二月開細花，黄色。結細角長一二分，角内有細子。野人連根、葉拔而食之，味極辛辣，呼爲辣米菜。”蔊菜莖、葉營養豐富，以其供蔬別有風味。種子含油，可提煉工業用潤滑劑。全株入藥，有解表止咳、健胃、利尿等功效。

蕇菜
（清吴其濬《植物名實圖考》）

【蕇菜】

即蔊菜。“蕇”實爲“蔊”字之訛。此稱唐代已行用。見該文。

【辣米菜】

即蔊菜。此稱明代已行用。見該文。

車前草

野蔬名。車前科，車前屬中以嫩葉、芽供食用之野生種。車前草（*Plantago asiatica* L.）爲一年生草本植物。根莖肥短。葉叢生，具長葉柄，葉片廣卵形至心狀卵形，全緣或具鋸齒缺刻。花莖數條，自葉叢中央抽出。穗狀花序，柱形，花緑白色。蒴果，橢圓形，内含黑棕色種子數粒。車前草主要分布於亞洲東部，中國各地均有，且自古即有文字記載。《詩·周南·芣苢》：“采采芣苢，薄言采之。”毛傳注：“芣苢，芣馬舃。馬舃，車前也。”三國吳陸璣疏云：“芣苢，一名馬舃，一名車前，一名當道；喜在牛迹中生，故曰車前、當道也。今藥中車前子是也。幽州人謂之牛舌草。”《爾雅·釋草》：“芣苢，馬舃。”徐朝華注：“芣苢，草名。又名馬舃、車前草、蝦蟆衣等。常長在路旁，葉長卵形，有長穗如鼠尾。葉和種子可供藥用。”明李時珍《本草綱目·草五·車前》：“〔釋名〕當道（《本經》）、芣苢、馬舃、牛遺（并《別録》）、牛舌（《詩疏》）、車輪菜（《救荒》）、地衣（《綱目》）、蝦蟆衣（《別録》）。時珍曰：按《爾雅》云：芣苢，馬舃。馬舃，車前。陸璣《詩疏》云：此草好生道邊及牛馬迹中，故有車前、當道、馬舃、牛遺之名。舃，足履也。幽州人謂之牛舌。蝦蟆喜藏伏於下，故江東稱爲蝦蟆衣。”明徐光啓《農政全書》卷四六：“本草名車前子，一名當道，一名芣苢，一名蝦蟆衣，一名牛衣，一名勝舃菜……救飢：采嫩苗葉煠熟，水浸去涎沫，淘净，油鹽調食。”車前草嫩葉芽中含有人體需要之碳水

車前子
（明王圻等《三才圖會》）

化合物、蛋白質、脂肪、鈣、磷、鐵、胡蘿蔔素、維生素C及其他多種礦物質和維生素，還含有多種藥物成分，種子及全株皆可入藥，主治淋病尿血等。因之，車前草至今仍被人們采食和入藥。車前草有"當道""馬舄""牛遺"諸名，古人認爲是因其"好生道邊"或"喜在牛迹中生"，其實并不盡然。車前草除見於道旁及牛迹中外，更多者生長於水溝、田埂、河湖沿邊等濕潤地方，故稱之爲"蛤蟆衣"似更爲確切。

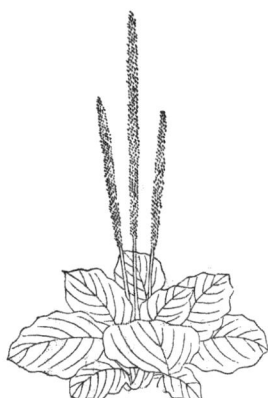

車輪菜
（明徐光啓《農政全書》）

【芣苢】

即車前草。此稱先秦時已行用。見該文。

【馬舄】

即車前草。此稱秦漢時已行用。見該文。

【當道】

即車前草。此稱漢時已行用。見該文。

【芣苡】

即車前草。"苡"即"苢"。"苡"字最初見於三國吳陸璣對《詩》之注疏中。見該文。

【車前子】

即車前草。此稱三國時已行用。見該文。

【牛舌草】

即車前草。此稱三國時已行用。見該文。

【蝦蟆衣】

即車前草。此稱漢時已行用。見該文。

【牛遺】

即車前草。此稱三國時已行用。見該文。

【車輪菜】

即車前草。此稱明代已行用。見該文。

【牛衣】

即車前草。此稱見於明代。見該文。

【勝舄菜】

即車前草。此稱明代已行用。見該文。

【地衣】

即車前草。此稱明代已行用。見該文。

馬蘭

野蔬名。菊科，馬蘭屬中以嫩葉供食用之野生種。馬蘭（Aster indicus L.）爲多年生草本植物。葉互生，倒披針形，無葉柄，全緣。頭狀花序，筒狀花多數。瘦果倒卵形，極扁，褐色。馬蘭亦稱"馬蘭頭""鷄兒腸"等名。原産亞洲南部及東部。中國古籍即有記述。明李時珍《本草綱目・草三・馬蘭》："〔釋名〕紫菊。時珍曰：其葉似蘭而大，其花似菊而紫，故名。俗稱物之大者爲馬也。〔集解〕藏器曰：馬蘭生澤旁，如澤蘭而氣臭，《楚詞》以惡草喻惡人，北人見其花呼爲紫菊，以其似單瓣菊花而紫也……時珍曰：馬蘭，湖澤卑濕處甚多，二月生苗，赤莖白根，長葉有刻齒，狀似澤蘭，但不香爾。南人多采汋曬乾爲蔬及饅餡。

馬蘭頭
（明徐光啓《農政全書》）

入夏高二三尺，開紫花，花罷有細子。《楚辭》無馬蘭之名，陳氏指爲惡草，何據？”明徐光啓《農政全書》卷四七：“《本草》名馬蘭。舊不著所出州土，但云生澤傍，如澤蘭。北人見其花，呼爲紫菊，以其花似菊而紫也。苗高一二尺，莖亦紫色。葉似薄荷葉，邊皆鋸齒；又似地瓜兒葉，微大。味辛，性平無毒……救飢：采嫩苗葉煠熟，新汲水浸去辛味，淘洗净，油鹽調食。”馬蘭嫩莖、葉清香，多凉拌或作湯。全株入藥，有消食除濕之功效。今中國以安徽、江蘇等省采食者最多。

【紫菊】

即馬蘭。此稱唐代已行用。見該文。

【馬蘭頭】

即馬蘭。此稱明末已行用。見該文。

蕺菜

野蔬名。三白草科，蕺草屬中以嫩莖、葉供食之野生種。蕺菜（*Houttuynia cordata* Thunb.）爲多年生草本植物。地下莖細長，匍匐蔓延；地上莖直立，常顯紫色。葉近似甘薯葉形，全緣。穗狀花序，頂生。花小而密，淡綠或白色。蒴果，頂端開裂。種子卵形，有條紋。蕺菜亦稱“蕺兒根”“葅菜”“側耳根”“臭菜”“魚腥草”等名，分布於中國和日本。中國自古即有記載。《説文·艸部》：“葅，菜也。”《廣雅·釋草》：“葅，蕺

蕺菜
（清吴其濬《植物名實圖考》）

也。”晋崔豹《古今注·草本》：“荆揚人謂葅爲蕺。”《唐本草》注：“此物葉似喬麥，肥地亦能蔓生。莖紫赤色……關中謂之菹菜。”北魏賈思勰《齊民要術·菹菜》：“菹菜，紫色，有藤。”繆啓愉校釋：“菹菜，即三白草科的蕺菜。”明李時珍《本草綱目·菜二·蕺》：“〔釋名〕菹菜（恭）、魚腥草。時珍曰：蕺字，段公路《北户録》作蒩，音戢。秦人謂之蒩子。蒩、蕺音相近也。其葉腥氣，故俗呼爲魚腥草。〔集解〕恭曰：蕺菜生濕地山谷陰處，亦能蔓生。葉似蕎麥而肥，莖紫赤色。山南、江左人好生食之。關中謂之菹菜。”蕺可周年挖掘地下莖食用，但多以當年生嫩莖、葉炒食、生拌或做湯，亦可腌漬。全株入藥，性微寒，味辛，有清熱解毒排膿之功效，主治肺熱咳嗽、瘡癰腫毒等症。中國長江以南各省區原野濕地均有野生蕺菜，西南地區現已開始栽培。

【葅】

即蕺菜。此稱漢代已行用。見該文。

【蕺】

即蕺菜。此稱三國魏時已行用。見該文。

【菹菜】

即蕺菜。此稱唐代已行用。見該文。

【魚腥草】

即蕺菜。此稱明代已行用。見該文。

苦菜

野蔬名。菊科，苦苣菜屬中以嫩葉供食之野生種。苦菜（*Sonchus oleraceus* L.）爲一二年生草本植物。莖中空，外有棱。葉互生，羽狀深裂。莖、葉斷裂時滲出白色漿汁。頭狀花序，舌狀花黄色。瘦果長橢圓形，冠毛白色。苦菜今亦稱“苦蕒菜”“拒馬菜”等名。原産歐

洲或中亞、西亞，在世界上分布很廣。中國南北各地均有，且食用歷史悠久。《詩·邶風·谷風》：“誰謂荼苦，其甘如薺。”《爾雅·釋草》：“荼，苦菜。”徐朝華注：“荼，野菜名。又稱苦菜、苦苣、苦蕒。莖中空，莖葉有白汁。嫩莖葉可作蔬菜，味苦。”北魏賈思勰《齊民要術·荼》：“《詩義疏》曰：‘山田苦菜甜，所謂堇、荼如飴。’”明李時珍《本草綱目·菜二·苦菜》：“〔釋名〕荼（《本經》）、苦苣（《嘉祐》）、苦蕒（《綱目》）、游冬（《別錄》）、褊苣（《日用》）、老鸛菜（《救荒》）、天香菜。時珍曰：苦荼以味名也。經歷冬春，故曰游冬。許氏《説文》苣作蘆。吳人呼爲苦蕒，其義未詳。《嘉祐本草》言嶺南、吳人植苣供饌，名苦苣，而又重出苦苣及苦蕒條。今並併之。〔集解〕《別錄》曰：苦菜生益州川谷、山陵、道旁。凌冬不死。三月三日采，陰乾。《桐君藥錄》曰：苦菜三月生，扶疎。六月花從葉出，莖直花黄。八月實黑，實落根復生，冬不枯。恭曰：《爾雅》云：荼，苦菜也。《易通卦驗玄圖》云：苦菜生於寒秋，經冬歷春，得夏乃成，一名游冬。葉似苦苣而細，斷之有白汁，花黄似菊，所在有之。”清吳其濬《植物名實圖考·蔬類·苦菜》：“苦菜，《本經》上品。《釋草小記》考述極詳。鋪地生葉，數十爲簇，開黄花甚小，花罷爲絮，

苦 菜

（清吳其濬《植物名實圖考》）

所謂荼也。根細有鬚，味極苦，北地野菜中之先苗者，亦采食之，至苣蕒生而此菜不復入筠籃矣。《救荒本草》謂苦苣有花葉、光葉二種，驗之信

苦 蕒

（明王圻等《三才圖會》）

然，今併圖之。但《嘉祐本草》分苦苣、苦蕒二種，《救荒本草》所云苦苣，似即苦蕒，其所圖苦蕒，梢葉如鴉嘴形，俗名老鸛菜，自別一種。大抵苦蕒花小而繁；苦苣俗呼苣蕒，花稀而大，正同蒲公英花，園圃所種皆苣蕒。《嘉祐本草》之家苦蕒，恐以葉之花、光分別，未見人家有種苦蕒者。野菜相似極多，而稱名以地而異，僅見一二種強爲附麗，終無當於古所云爾。”中國古籍中記述苦菜之説甚多，其名稱亦紛雜不一。筆者認爲，清人吳其濬之説更爲確切。《嘉祐本草》將“苦苣”“苦蕒”分開極是。今家種“苦苣”雖亦呼“苦菜”，但通常所謂之“苦菜”者，是指野生種，即“苦蕒”也。苦菜嫩葉作湯、炒食或生拌，爽口鮮美、別有風味，且有清熱解毒之功效。今不僅鄉村仍多有采食者，亦成爲高檔飯店餐桌之美味佳肴。

【荼】

即苦菜。此稱始行於先秦。見該文。

【蘆】

即苦菜。漢許慎《説文》苣作“蘆”。見該文。

【游冬】

即苦菜。此稱漢時已行用。見該文。

【苦苣】[2]

即苦菜。此稱宋代已行用。"苦菜"文所引古籍中對"苦苣"定義有异。李時珍、徐朝華等没有區分"野生苦菜"與"家種苦菜"，認爲"苦苣"即野生苦菜。筆者則認爲苦苣爲家種苦菜之稱，亦稱苣蕒。

【蘠苣】[2]

即苦菜。此稱元代已行用。見該文。

【苦蕒】

即苦菜。此稱明代已行用。見該文。

【老鸛菜】

即苦菜。明代已行用。見該文。

【天香菜】

即苦菜。明代已行用。見該文。

東風菜

野蔬名。菊科，白頭菀屬。東風菜〔Doellingeria scaber（Thunb.）Nees.〕爲多年生直立草本植物。葉互生，心臟形，狹葉柄，邊沿具有小尖頭鋸齒，葉兩面有粗毛。頭狀花序。瘦果倒卵或橢圓形。東風菜亦稱"山蛤蘆"等名，主要分布於中國東北、河北、山西、陝西、長江兩岸及廣東等地。中國古籍中多有記載。北魏賈思勰《齊民要術·東風》："《廣州記》曰：'東風，華葉似落娠婦，莖紫。宜肥肉作羹，味如酪，香氣似馬蘭。'"明李時珍《本草綱目·菜二·東風菜》："〔釋名〕冬風。志曰：此菜先春而生，故有東風之號。一作冬風，言則冬氣也。〔集解〕志曰：東風菜生嶺南平澤。莖高二三尺，葉似杏葉而長，極厚軟，上有細毛，煮食甚美。"清吳其濬《植物名實圖考·蔬類·東風菜》云："東風菜，《開寶本草》始著録。嶺南多有之，與菘菜相類。"夏緯瑛《植物名釋札記·東風菜》云："其名見於《嘉祐本草》……'東風菜'或作'冬風菜'。案：作'冬'合理，而'冬風'則無所取義，'風'當也是訛字。疑其名當作'冬葑'或'冬蔠'，因音近而皆可訛爲'東風'。葑者，菜名，可申引爲菜義。蔠者，一義爲水草與荶同，一義爲菜，如冬食之菜曰'雪裏蔠'，即用其後一義。'東風'爲冬生之菜，而始於春生，嶺南之氣候亦不當從《月令》之義以爲菜名，故所疑云爾。"筆者認爲夏氏"所疑"有理，其名曰"東風"者，似有誤訛。東風菜之嫩莖、葉經清水浸泡後炒食或做湯，甚美。

東風菜
（清吳其濬《植物名實圖考》）

【東風】

即東風菜。此稱南北朝已行用。見該文。

【冬風】

即東風菜。此稱明代已行用。見該文。

邪蒿

野蔬名。傘形科，葛縷子屬。邪蒿（Carum carui L.）爲多年生草本植物。莖直立。二回羽狀複葉，小葉甚細。嫩莖、葉可食。古籍多有記載。明李時珍《本草綱目·菜一·邪蒿》："〔釋名〕時珍曰：此蒿葉紋皆邪，故名。〔集解〕藏器曰：邪蒿根、莖似青蒿而細軟。時珍曰：三四月生苗，葉似青蒿，色淺不臭。根、葉皆可茹。"明徐光啓《農政全書》卷五八："生田園中，今處處有之。苗高尺餘，似青蒿細軟。葉又似胡蘿蔔葉，微細而多花叉。莖葉稠密。梢間開小碎瓣黃花。苗葉味辛，性溫平、無毒。救飢：采苗葉煤熟，水浸淘净，油鹽調食。生食微動風氣。作羹食良。"夏緯瑛《植物名釋札記·邪蒿》云："孔憲武《渭河流域之雜草》傘形科中載有'莔蒿——Carum carvi L.'一種，謂'莔蒿'爲陝西俗名。吳其濬《植物名實圖考》蔬類中載有'邪蒿'一種，其所繪之圖與孔氏所記'莔蒿'相似。蓋這'莔蒿'即'邪蒿'。字作'莔'者，想是記其土音若此。'莔''邪'二字的音讀，該是相近的……《證類本草·菜部上品》載《嘉祐本草》說：'邪蒿：味辛、溫、無毒；似青蒿細軟；主治胃膈中臭爛惡邪氣。'又引《食醫心鏡》說：'治五藏邪氣。'疑是因其主治邪氣而名'邪蒿'。"從上述部分引證中可見，邪蒿在歷史上爲中國先民作蔬、藥采食。現代有關"蔬菜"之論著中已極少叙及。

邪　蒿
（清吳其濬《植物名實圖考》）

【莔蒿】

即邪蒿。此稱爲陝西地方俗名或地方土音。見該文。

青蒿

蒿類植物之一種，可食。古時蒿類作蔬者甚多，《齊民要術》等古籍中均有記載。繆啓愉《齊民要術校釋》云："古時以青蒿與白蒿爲食物，記載頗多。《詩·小雅·鹿鳴》：'食野之蒿。'據孔穎達疏引陸璣《疏》即是青蒿，并說：'荆豫之間汝南、汝陰，皆云蔽也。'至南北朝時，還作爲菜吃，《神農本草經·草蒿》陶弘景注：'即今青蒿，人亦取雜香菜食之。'這裏郭璞所稱'中炙啖'的吃法，宋蘇頌《圖經本草》記載有一種炙飲法：'乾者炙作飲，香尤佳。'宋寇宗奭《本草衍義》：'青蒿……人剔以爲蔬。'可見一直到宋代還在吃。至於白蒿，很早就用作祭品和腌作菹菜吃。《大戴禮記·夏小正》：'繁，旁勃也……豆實也。'《詩經·召南·采蘩》：'於以采蘩。'鄭玄箋：'以豆薦蘩菹。'《爾雅》：'蘩，皤蒿。'邢昺疏引陸璣《疏》：'今白蒿，春始生，及秋香美，可生食，又可蒸。一名游胡，北海人謂之旁勃。'至唐還在作菹菜吃，唐孟詵《食療本草》：'白蒿……其葉生挼，醋腌之爲菹，甚益人。'《要術》中關於蒿的利用，也有煮青蒿汁澆在菹菜中的（如《食經》）。其他如用蒿葉揩拭猪肉，雜和在紅米中春米，用青蒿罨女麴（《食次》）等，雖然不是直接吃

青　蒿
（清吳其濬《植物名實圖考》）

蒿，至少也還不嫌蒿的特殊氣味。此外則用爲盛器、調色劑等。"繆啓愉所引諸論，説明蒿類植物曾爲中國先民所喜食。現采收多爲藥物，作菜蔬食者已極罕見。

酸模

野蔬名。蓼科，酸模屬。酸模（*Rumex acetosa* L.）爲多年生草本植物。莖緑帶紫紅色，常不分枝。基部葉有長柄，葉片矩圓形，全緣。莖上部葉披針形，無柄。圓錐花序，花小。瘦果橢圓形，有三棱，暗褐色。酸模分布於中國吉林、遼寧、河北、陝西、新疆、江蘇、浙江、湖北、江西、四川和雲南等省區，生於山林肥沃潮濕地帶。中國作蔬采食歷史悠久，古籍中多有記載。《爾雅·釋草》："須，薚蕍。"徐朝華注："薚蕍，草名。又稱須、酸模，生於山野。嫩莖葉味酸，可供食用或作飼料，全草可供藥用。"北魏賈思勰《齊民要術·薚蕍》："《爾雅》曰：'須，薚蕍。'郭璞注云：'薚蕍，似羊蹄，葉細，味酢，可食。'"明李時珍《本草綱目·草八·酸模》："〔釋名〕山羊蹄（《綱目》）、山大黄（《拾遺》）、薚蕍（《爾雅》）、酸母（《綱目》）、蓨（同）、當藥。時珍曰：薚蕍乃酸模之音轉，酸模又酸母之轉。皆以味而名，與三葉酸母草同名。掌禹錫以薚蕍爲蔓菁菜，誤矣。〔集解〕弘景曰：一種極似羊蹄而味酸，呼爲酸模，亦療疥也。大明曰：所在有之，生山岡上。狀似羊蹄葉而小黄……藏器曰：

酸　模

即是山大黄，一名當藥。其葉酸美，人亦采食其英。"夏緯瑛《植物名釋札記·酸模》云："《方言》卷十：'茓、芧，草也。東越揚州之間曰茓，南楚曰芧。''芧'字，郭璞音爲'嬔母'。是'芧'與'嬔'及'母'皆是一聲之轉，故'母'字亦有草義，如'貝母'即爲具有貝狀鱗莖之草；酢漿草亦名曰'酸母'，亦是酸草之義。'酸模'之'模'與'芧'亦是一聲之轉，其義當亦爲草。蓋因其植物有酸味之故。"酸模中含有蛋白質、脂肪、碳水化合物、鈣、磷、胡蘿蔔素、硫胺素、抗壞血酸等營養成分。因酸模莖、葉味酸，春天采嫩莖、葉用開水燙後，再加入少量草木灰淘浄酸味黏液，調以油鹽即可食。果實可曬乾脱粒磨細和入麵粉蒸食。

【須】[2]

即酸模。此稱始行於秦漢。見該文。

【薚蕍】

即酸模。此稱始行於秦漢。見該文。

【山大黄】

即酸模。此稱唐代已行用。見該文。

【當藥】

即酸模。此稱唐代已行用。見該文。

【山羊蹄】

即酸模。此稱明代已行用。見該文。

【酸母】

即酸模。此稱明代已行用。見該文。

地瓜兒苗

野蔬名。脣形科，地笋屬。地瓜兒苗（*Lycopus lucidus* Turcz.ex Benth.）爲多年生草本植物。地上莖直立，横斷面方形，中空，罕有分枝，高約1米。地下莖膨大呈圓柱形，肥厚多肉，白色。葉片長橢圓狀披針形，對生，葉緣具粗鋸齒。夏季葉腋簇生小唇形花，白色。小堅果扁平，倒卵圓狀三棱形。地瓜兒苗亦稱"地笋""地參"。中國南北各地潮濕處常有，且自明代即有記載。明徐光啓《農政全書》卷五九："生田野中。苗高二尺餘。莖方，四楞。葉似薄荷葉，微長大；又似澤蘭葉，拃莖而生。根名地瓜，形類甘露兒，更長。味甘。救飢：掘根洗净，煠熟，油鹽調食。生腌食亦可。"清吳其濬《植物名實圖考》蔬類地瓜兒苗："地瓜兒苗詳《救荒本草》。方莖，葉似薄荷微長，根如甘露兒更長，味甘。江西田野中亦有之。"地瓜兒苗含有蛋白質、脂肪、碳水化合物、鈣、磷、鐵、胡蘿蔔素、核黃素、抗壞血酸等營養成分。春天采嫩莖、葉，做湯及炒食；秋季掘收地下莖，可鮮食或腌泡菜均佳。

地瓜兒苗
（明徐光啓《農政全書》）

地　參
（清吳其濬《植物名實圖考》）

【地瓜】[3]

"地瓜兒苗"之地下莖。此稱始見於明代《農政全書》。見該文。

【地參】

即地瓜兒苗。此稱行於現代。見該文。

酸漿草

野蔬名。酢漿草科，酢漿草屬，酸漿草。亦稱"酢漿草"（*Oxalis corniculata* L.），葉如水萍，叢生，莖端有三葉。葉間生細黃花，實黑。酸漿草生於中國南北各地潮濕之處，古籍多有記載。明徐光啓《農政全書》卷四六："《本草》名酢漿草，一名醋母草，一名鳩酸草，俗爲小酸茅。舊不著所出州土，今處處有之。生道傍下濕地。葉如初生小水萍，每莖端，皆叢生三葉。開黃花，結黑子。南人用苗揩鍮石器，令白如銀色光艷。味酸，性寒，無毒。救飢：采嫩苗葉生食。"夏緯瑛《植物名釋札記·酢漿草》云："酢漿草之名見於《唐本草》。《證類本草·草部下品之下》載《唐本草》曰：'酢漿，草味酸……生道傍。'《唐本草注》云：'葉如細莕，叢生，莖頭有三葉。'又載蘇頌《圖經本草》云：'酢漿草，俗呼爲酸漿。舊不

酢漿草
（清吳其濬《植物名實圖考》）

載所出州土……今南中下濕地及人家園圃中多有之，北地亦或有生者。"又："酢漿草，朱橚《救荒本草·草部·葉可食》稱爲'酸漿草'。他所繪'酸漿草'的圖，甚爲清晰，正是如今的酢漿草。朱橚也説'酸漿草'，《本草》名'酢漿草'。他在'酢'字下有小字証云：'與醋字同。'他的意思是，酢即酸字，故從俗作'酸漿草'而不用《本草》之名。"酸漿草現已極少有人作菜蔬采食，更已無人用以充飢。全株各部分皆可入藥。

【酢漿草】

即酸漿草。"酢"同"醋"字。此稱唐代已行用。見該文。

【酢漿】

即酸漿草。此稱始見於唐代。見該文。

【酸漿】

即酸漿草。此稱始見於宋代。此處應指出，"酸漿草"文中之"酸漿"與今茄科植物之"酸漿"并非一物。茄科植物"酸漿"（*Oxalis corniculata* L.）之名，見於《神農本草》《證類本草·草部中品之上》。《神農本草》曰："酸漿，味酸……一名醋漿。"陶弘景注云："處處人家多有，葉亦可食。子作房，房中有子如梅李大，皆黃赤色，小兒食之。"《爾雅·釋草》："葴，寒漿。"郭璞注云："今酸漿草，江東

酸漿　（清吳其濬《植物名實圖考》）

呼曰苦蔵。"宋寇宗奭《本草衍義》云："酸漿，今天下皆有之。苗如天茄子，開小白花；結青殼，熟則深紅；殼中子大如櫻，亦紅色，櫻中腹有細子，如落蘇之子，食之有青草氣。此即苦耽也。《證類本草·菜部上品》載有《嘉祐本草》之'苦耽'，曰：'生故墟垣塹間。高二三尺，子作角如撮口袋，中有子如珠，熟則赤色……關中人謂之洛神珠，一名王母珠，一名皮弁草，又一種小者名苦蘵。'"由以上所引書證可清楚看出，酸漿草雖亦稱酸漿，但它與今茄科之酸漿確屬兩種不同植物。

【醋母草】

即酸漿草。此稱明代已行用。見該文。

【鳩酸草】

即酸漿草。此稱明代已行用。見該文。

【小酸茅】

即酸漿草。此稱明代已行用。見該文。

黃瓜菜

野蔬名。菊科，多肋稻槎菜屬。黃瓜菜（*Lapsana apogonoides* Maxim.），形似油菜，二三月生，開黃花，嫩時可食。中國各地田澤均有。古今論著中亦有記載。明李時珍《本草綱目·菜二·黃瓜菜》："〔釋名〕黃花菜。時珍曰：其花黃，其氣如瓜，故名。〔集解〕穎曰：黃瓜菜野生田澤，形似油菜，但味少苦。取爲羹茹，甚香美。時珍曰：

黃瓜菜　（清吳其濬《植物名實圖考》）

此菜二月生苗，田野薺有，小科如薺。三、四、五月開黃花，花與莖、葉並同地丁，但差小耳。一科數花，結細子，不似地丁之花成絮也。野人茹之，亦采以飼鵝兒。"清吳其濬《植物名實圖考·蔬類·黃瓜菜》："黃瓜菜，《食物本草》始著錄。似苦蕒而花甚細，《救荒本草》黃鵪菜即此。此草與薺、苣齊生，而味肥俱不如，彼爲膏粱，此爲草芥矣。蓺以飼鵝，蓋雞鶩不與爭也。"夏緯瑛《植物名釋札記·黃瓜菜》云："今菊科植物，有黃瓜菜（*Lapsana apogonoides* Maxim.）者，不知其爲名因何取於'黃瓜'。此種植物開黃花，嫩時可食。疑'黃瓜菜'即'黃花菜'之說。"黃瓜菜現已很少有人采食。

【黃花菜】[2]

即黃瓜菜。此稱始於明代。見該文。

【黃鵪菜】

即黃瓜菜。此稱始於明代。見該文。

蒲公英

野蔬名。菊科，蒲公英屬。蒲公英（*Taraxacum mongolicum* Hand.Mazz.）爲多年生草本植物。根垂直；葉倒披針形，叢生蓮座狀，葉緣具缺刻，羽狀深裂；花萼數個，頭狀花序，花瓣黃色；瘦果褐色，有冠毛，白色，成熟時隨風飄移。蒲公英亦稱"婆婆叮""黃花苗"等名，分布於中國東北、華北、西北、西南、華中等地之山野田間。且自古作蔬采食，典籍多有記載。明李時珍《本草綱目·菜二·蒲公英》："〔釋名〕耩耨草、金簪草、黃花地

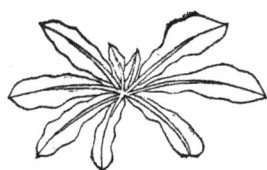

黃鵪菜
（明徐光啓《農政全書》）

丁。時珍曰：名義未詳。孫思邈《千金方》作鳧公英，蘇頌《圖經》作僕公罌，《庚辛玉冊》作鵓鴣英。俗呼蒲公丁，又呼黃花地丁。淮人謂之白鼓釘，蜀人謂之耳瘢草，關中謂之狗乳草。案《土宿本草》云：金簪草一名地丁，花如金簪頭，獨腳如丁，故以名之。〔集解〕保昇曰：蒲公英草生平澤田園中。莖、葉似苦苣，斷之有白汁，堪生啖。花如單菊而大。四月、五月采之。頌曰：處處有之。春初生苗，葉如苦苣，有細刺。中心抽一莖，莖端出一花，色黃如金錢。俗訛爲僕公罌是也。宗奭曰：即今地丁也。四時常有花，花罷飛絮，絮中有子，落處即生。所以庭院間皆有者，因風而來。"明徐光啓《農政全書》卷五九："又名黃花苗，生田野中。苗初塌地生。葉似苦苣葉，微短小；葉叢中間攛葶。梢頭開黃花。莖葉折之皆有白汁，味微苦。救飢：采苗葉煠熟，油鹽調食。玄扈先生曰：南俗名黃花郎，《本草》蒲公英。"清吳其濬《植物名實圖考·隰草類·蒲公草》云："蒲公草，《唐本草》始著錄，即蒲公英也。《野菜

孛孛丁菜
（明徐光啓《農政全書》）

白鼓釘
（明徐光啓《農政全書》）

譜》謂之白鼓釘。又有孛孛丁、黃花郎、黃狗頭諸名，俚醫以爲治腫毒要藥。淮江以南，四時皆有，取采良便。"蒲公英含有胡蘿蔔素、多種礦物質及維生素等成分，營養豐富。故仍爲今人所喜食。采嫩葉洗净，生食或用熱水浸泡後，炒食或作小豆腐，均鮮美清口，别有風味。

【鳧公英】

即蒲公英。此稱唐代已行用。見該文。

【僕公罌】

即蒲公英。此稱始見於宋代。見該文。

【耩耨草】

即蒲公英。此稱明代已引用。見該文。

【金簪草】

即蒲公英。此稱明代已行用。見該文。

【黃花地丁】

即蒲公英。此稱明代已行用。見該文。

【鵓鴣英】

即蒲公英。見載於《庚辛玉册》。見該文。

【蒲公丁】

即蒲公英。此稱明代已行用。見該文。

【白鼓釘】

即蒲公英。此稱明代已行用。見該文。

【耳瘢草】

即蒲公英。此稱明代已行用。見該文。

【狗乳草】

即蒲公英。此稱明代已行用。見該文。

【地丁】

即蒲公英。《土宿本草》已載。見該文。

【孛孛丁菜】

即蒲公英。此稱明代已行用。見該文。

【黃花苗】

即蒲公英。亦名黃花郎。此稱明代已行用。

見該文。

野莧菜

野蔬名。莧科，千針莧屬。野莧菜〔*Acroglochin persicarioides*（Poir.）Moq.〕爲一年生草本植物。葉互生，葉片卵形，先端漸尖，葉緣有不規則粗齒；莖節上，葉柄基部有一對小托葉；短聚傘花序，花微小，綠色；子細小，扁而光黑。野莧菜主要分布於中國雲南省各地，菜地、路邊均有生長。古籍中多有記載。明李時珍《本草綱目·菜二·莧》："〔集解〕《別録》曰：莧實一名莫實，細莧亦同。生淮陽川澤及田中。葉如藍……時珍曰：……細莧即野莧也，北人呼爲糠莧，柔莖細葉，生即結子，味比家莧更勝。"明徐光啓《農政全書·野菜譜·野莧菜》卷六〇："野莧菜，生何少！盡日采來充一飽。城中赤莧美且肥，一錢一束賤如草。救飢：夏采，熟食。類家莧。"清吴其濬《植物名實圖考·蔬類·莧》："今江西土醫書野莧爲野蕢，蕢、蒯同部，當可通。《説文》不以蕢爲莧名，而厠蘿於茜，殆以其汁赤如茜也。或謂野莧炒食，比家莧更美，南方雨多，菜科速長味薄，野莧但含土膏，無灌溉催促，固當雋永。"野莧菜含有抗壞血酸、蛋白質、胡蘿蔔素、多種礦物質等營養成分。夏秋季可采摘嫩莖葉，經水

野莧菜
（明徐光啓《農政全書》）

煮淘洗後再炒食，味佳。

【細莧】 [2]

即野莧菜。此稱漢時已行用。見該文。

【糠莧】 [2]

即野莧菜。此稱明代已行用。見該文。

【野蒒】

即野莧菜。此稱清代江西多行用。見該文。

蓼

野蔬名。蓼科，萹蓄屬（*Polygonum* L.）植物，有紫蓼、水蓼、馬蓼、青蓼、香蓼、辣蓼等多種，開淡紅或白色花，其葉具有辛香味。古人用以調味，爲辛菜之一種。歷代典籍多有記載。《説文・艸部》："蓼，辛菜，薔虞也。"段玉裁注："蓼爲辛菜，故《内則》用以和。用其莖葉，非用實也。"《爾雅・釋草》"薔，虞蓼。"郭璞注："虞蓼，澤蓼。"《禮記・内則》："豚，春用韭，秋用蓼。"《急就篇》卷三："葵、韭、葱、薤、蓼、蘇、薑。"顏師古注："蓼有數種：葉長鋭而薄，生於水中者，曰水蓼；葉圓而厚，生於澤中者，曰澤蓼，一名虞蓼，亦謂之薔。"蓼之吃法及種法，古籍亦有記述。北魏賈思勰《齊民要術・荏蓼》："蓼作葅者，長二寸則剪，絹袋盛，沈於醬甕中……崔寔曰：'正月，可種蓼。'《家政法》曰：'三月可種蓼。'"繆啓愉注："蓼有多種。《圖經本草》

蓼
（清吳其濬《植物名實圖考》）

記載有紫蓼、赤蓼、青蓼、香蓼、馬蓼、水蓼、木蓼七種，除木蓼是獼猴桃科的木天蓼（*Actinidia polygama* Mixim.）外，其餘六種均屬蓼科。古時常食者三種，《神農本草經》'蓼實'，陶弘景注：'人所食，有三種：一是紫蓼，相似而紫色；一是香蓼，亦相似而香，並不甚辛而好食；一是青蓼，人家常有……所用（按指《本經》的蓼）即是此。'吳其濬《植物名實圖考》卷十一'蓼'：'古以爲味，即今之家蓼也，葉背白，有紅、白二種。俗以其葉裹肉，煨食之，香烈……《齊民要術》有種蓼法，故云家蓼矣。魏晋前皆爲茹……今皆野生，而俗稱猶有家蓼，古語尚未堙也。'據其所繪的圖，很像香蓼（*Polygonum viscosum* Buch.-Ham. ex D.Don），是吳其濬指《要術》所種的蓼爲香蓼。又《要術》引《爾雅》注的'澤蓼'，當是水蓼（*Polygonum hydropiper* L.）。"對於"蓼"之名稱，亦有諸多解釋。明李時珍《本草綱

馬蓼
（清吳其濬《植物名實圖考》）

水蓼
（清吳其濬《植物名實圖考》）

目·草五·蓼》：“〔釋名〕時珍曰：蓼類皆高揚，故字從翏，音料，高飛貌。”對李氏之説，亦有异議。夏緯瑛《植物名釋札記·蓼》云：“這樣解説（按指《本草》‘釋名’），不對。誰又見過蓼類植物都是飛揚的呢？”夏氏則認爲：“此類植物之所以名‘蓼’者，即是因爲它們具有辛辣氣味的緣故。”筆者認爲夏氏之説爲是。蓼雖爲古人所喜食，但現在已無人種植，亦很少有采作蔬菜或調料者。

【薔】

“蓼”之一種。指澤蓼。此稱秦漢時已行用。見該文。

【虞蓼】

“蓼”之一種。即澤蓼。此稱秦漢時已行用。見該文。

【紫蓼】

“蓼”之一種。此稱南北朝時已行用。見該文。

【青蓼】

“蓼”之一種。此稱南北朝時已行用。見該文。

【香蓼】

“蓼”之一種。此稱南北朝時已行用。見該文。

【赤蓼】

“蓼”之一種。宋《圖經本草》已有記載。見該文。

【馬蓼】

“蓼”之一種。此稱於宋《圖經本草》中已有著録。見該文。

【水蓼】

“蓼”之一種。此稱於宋《圖經本草》中已有著録。見該文。

【木蓼】

亦稱木天蓼。屬獼猴桃科植物。見該文。

菫

野蔬名。菫菜科，菫菜屬。菫（*Viola arcuata* Blume.），其植株甚小，高二三寸，葉似蕺，花紫色，多年生草本植物。采食菫菜在中國歷史悠久，先秦即有記載。《詩·大雅·緜》：“周原膴膴，菫荼如飴。”毛傳：“菫，菜也。”《爾雅·釋草》：“齧，苦菫。”郭璞注：“今菫葵也，葉似柳，子如米，汋食之，滑。”邢昺疏：“此菜野生，非人所種，俗謂之菫菜。葉似蕺，花紫色者，《内則》云‘菫、荁、枌、榆’是也。”郝懿行《義疏》：“牟應震曰：‘野菜也。葉如車前，莖端作紫華，子房微棱，葉長者甘，葉圓者苦。’余按：生下濕者葉厚而光，細於柳葉，高尺許，莖紫色，味苦，瀹之則甘。”《説文·艸部》：“菫，艸也，根如薺，葉如細柳，蒸食之甘。”明李時珍《本草綱目·菜一·菫》：“〔釋名〕苦菫（《爾雅》）、菫葵（《唐本》）、旱芹（《綱目》）。禹錫曰：《爾雅》云：齧，苦菫也。郭璞云：即菫葵。《本草》言味甘，而此云苦菫，古人語倒，猶甘草謂之大苦也。時珍曰：其性滑如葵，故得葵名。〔集解〕恭曰：菫菜野生，非人所種。葉似蕺菜，花紫色……時珍曰：此旱芹也。其性滑利。故洪舜俞賦云：烈有椒、桂，滑

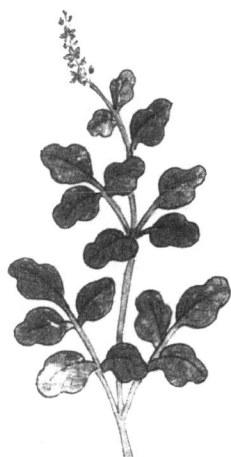

菫（菫菜）
（明盧和《食物本草》）

有堇、榆。一種黃花者，有毒殺人，即毛芹也。見草部毛茛。又烏頭苗亦名堇，有毒。"清吳其濬《植物名實圖考·蔬類·堇》："蕲，同芹。堇，音謹。《爾雅》：芹，楚葵；注：今水中芹菜，而《唐本草》別出堇菜，云野生，非人所種。葉似蕺菜，花紫色，李時珍以爲即旱芹。按《爾雅》：齧，苦堇；注：今堇葵也。葉似柳，子如米，汋食之滑，與蕲菜殊不類，近時亦無蒸芹而食之者，唯《疏》引《唐本草》堇菜釋之。余疑《本草》堇別一種，唯諸家皆以爲水蕲，當有所據。"以上所引諸論，對堇之描述存有異處，筆者疑并非一種。堇菜亦稱堇堇菜，現已很少有人采食。

【齧】

即堇。此稱始行於秦漢。見該文。

【苦堇】

即堇。此稱始行於秦漢。見該文。

【菫】

同"堇"。爲"堇"之古字。始見於漢代許慎《說文·艸部》。見該文。

【堇葵】

即堇。此稱晉代已行用。見該文。

【荲菜】

即堇。此稱宋代已行用。見該文。

【旱芹】[2]

即堇。此稱始行於明李時珍《本草綱目》。清吳其濬對李氏謂堇爲旱芹有疑。筆者認爲李氏所稱旱芹，爲堇之別名，亦無可非議。見該文。

【烏頭苗】

即烏頭（*Aconitum carmichaeli* Debx.）。烏頭亦名"堇"。但它與堇菜并非一物。堇菜爲甘美可食之植物，而烏頭有毒。

乾薹

野蔬名。爲真正綠藻類，綠藻族，石蒓科，滸薹屬。乾薹〔*Enteromorpha linza*（Linne.）J.Agardh〕是着生於木石等物之細長管狀體植物。潮濕時即膨脹，乾旱時則收縮成髮狀鋪於地面。故乾薹亦稱"石髮""頭髮菜"等名。乾薹產於淺海及高原潮濕地。中國青海省甚多，爲該省特產。乾薹含有碳水化合物、蛋白質及鈣、鐵等礦物質，營養豐富。冬春采收整株，乾燥後供食。乾製品在食用前，需用熱水泡開。用以炒、煮或做湯，味極鮮美，爲宴席佳品。

石 髮
（清吳其濬《植物名實圖考》）

【石髮】

即乾薹。此稱行用於現代。見該文。

【頭髮菜】

即乾薹。此稱多行於青海省一帶。見該文。

野苕子

野蔬名。豆科，巢菜屬，野豌豆屬。野苕子〔*Vicia tetrasperma*（L.）Moench〕爲一年或二年生草本植物。莖略傾斜臥地面。羽狀複葉，先端有捲鬚。葉腋生花，萼鐘狀，花冠蝶形，紅紫色。莢果長條形，種子棕褐色，圓球形。野苕子亦稱"大巢菜""野豌豆"等名，中國各地田間、草地、路旁、灌木林下均有生長。自先秦即有記載。《詩·陳風·防有鵲巢》曰："邛有旨苕。"《詩義疏》云："苕饒也，幽州謂之'翹饒'。蔓生，莖如勞豆而細，葉似蒺而青。其莖葉綠色，可生啖，味如小豆藿。"《廣志》云："苕草，色青黃，紫華。十二月稻下種之，蔓延殷盛，可以美田。葉可食。"明徐光啓《農政全書》卷五七："生田野中。苗初就地拖秧而生，後分生莖叉。苗長二尺餘。葉似胡豆葉稍大，又似苜蓿葉亦大。開淡粉紫花。結角，似家豌豆角，但秕小。味苦。救飢：采角煮食，或收取豆煮食，或磨麵製造食用，與家豆同。"清吳其濬《植物名實圖考·蔬類·野豌豆》云："野豌豆生園圃中，田隴陂澤尤肥。結角長半寸許，豆可爲粉，與薇一類而分大小。《野菜譜》謂之野菉豆。"夏緯瑛《植物名釋札記·翹搖車》云："據此可知：這一甘旨可食之'苕'，是一種豆類植物；豆類植物中之細蔓、紫花，葉似蒺藜，而又可供爲食菜者，當即今之巢菜

野豌豆
（清吳其濬《植物名實圖考》）

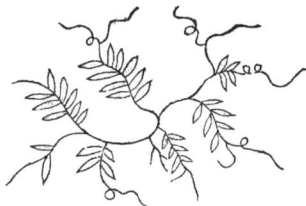

野菉豆
（明徐光啓《農政全書》）

（ *Vicia* sp.），俗即呼爲'苕子'者是也。其別名'苕饒'者，'苕'之連綿語；又曰'翹搖'者，即'苕饒'之音轉；巢菜之'巢'，亦'苕'之音轉，故今俗尚呼爲'苕子'。以名稱而論'苕''苕饒''翹搖'都是一物，亦即今之'巢菜'。"野苕子含蛋白質、碳水化合物、鈣、磷等營養成分。春季采其嫩莖葉作湯菜或炒食。種子亦可食用，且有活血平胃之藥效。現四川、陝西、甘肅等省栽培作綠肥和飼料。

翹搖
（清吳其濬《植物名實圖考》）

【苕草】

即野苕子。晉代《廣志》已載。見該文。

【苕饒】

即野苕子。唐劉濤《詩義疏》已載。見該文。

【翹饒】

即野苕子。唐劉濤《詩義疏》謂之爲幽州地方名。見該文。

【野豌豆】[2]

即野苕子。此稱明代已行用。見該文。

【野菉豆】

即野苕子。此稱明代已行用。見該文。

【苕子】

即野苕子。此稱行於現代。見該文。

【翹搖】

即野苕子。此稱行於現代。見該文。

【巢菜】

即野苕子。亦稱大巢菜。巢菜應分爲"大

巢菜"和"小巢菜"兩種。陸游《詩序》云："蜀蔬有兩巢，大巢即豌豆之不實者，小巢生稻田中。吴地亦多，一名漂摇草，一名野蠶豆。"筆者於"野苕子"文中所引古今典籍中，有將"兩巢"混爲一談之處。因篇幅所限，未做一一釋明。

紫苜蓿

野蔬名。豆科，苜蓿屬。紫苜蓿（*Medicago sativa* L.）爲一年生或多年生草本植物。分枝多，主根發達。葉具三小葉，倒卵形，互生，有披針形托葉，具柔毛。總狀花序腋生，花爲蝶形花冠，紫色。莢果螺旋形，暗褐色。種子腎形，黄褐色。紫苜蓿亦稱"紫花苜蓿""蓿草""苜蓿"等名。原産西域，漢時傳入中國。《史記·大宛列傳》："〔大宛〕俗嗜酒，馬嗜苜蓿，漢使取其實來，於是天子始種苜蓿、蒲萄肥饒地。"《漢書·西域傳上》曰："罽賓地平，温和，有目宿"，"漢使采蒲陶、目宿種歸，天子以天馬多，又外國使來衆，益種蒲陶、目宿離宮館旁"。晋陸機《與弟書》云："張騫使外國十八年，得苜蓿歸。"至南北朝時，已有較成熟的種植方法。北魏賈思勰《齊民要術·種苜蓿》："地宜良熟。七月種之。畦種水澆，一如韭法……春初既中生噉，爲羹甚香。長宜飼馬，馬尤嗜。此物長生，種者一勞永逸。都邑負郭，所宜種之。"明李時珍《本草綱目·菜二·苜蓿》："〔釋名〕木粟（《綱目》）、光風草。時珍曰：苜蓿，郭璞作牧宿。謂其宿根自生，可飼牧牛馬也。又羅願《爾雅翼》作木粟，言其米可炊飯也。葛洪《西京雜記》云：樂游苑多苜蓿。風在其間，常蕭蕭然。日照其花有光彩。故名懷風，又名光風。茂陵人謂之連枝草。《金光明經》謂之塞鼻力迦。〔集解〕宗奭曰：陝西甚多，用飼牛馬，嫩時人兼食之。有宿根，刈訖復生。時珍曰：《雜記》言苜蓿原出大宛，漢使張騫帶歸中國。然今處處田野有之，陝、隴人亦有種者，年年自生。刈苗作蔬，一年可三刈。"明徐光啓《農政全書》卷五八："出陝西，今處處有之。苗高尺餘，細莖分叉而生。葉似綿鷄兒花葉，微長；又似豌豆葉，頗小，每三葉攢生一處。梢間開紫花，結彎角兒，中有子如黍米大，腰子樣。味苦，性平，無毒；一云微甘，淡；一云性凉。根寒。救饑：苗葉嫩時，采取煠食。江南人不甚食，多食利大小腸。玄扈先生曰：嘗過。嫩葉恒蔬。"清吴其濬《植物名實圖考·隰草類·苜蓿》："苜蓿，《別録》上品。西北種之畦中，宿根肥雪，綠葉早春，與麥齊浪，被隴如雲，懷風之名，信非虚矣。夏時紫萼穎竪，映日争輝。《西京雜記》謂花有光彩，不經目驗，殆未能作斯語。《釋草小記》藝根審實，叙述無遺；斥李說之誤，褒群芳之核，可謂的矣。但李說黄花者，亦自是南方一種野苜蓿，未必即水木犀耳，亦別圖之。"紫苜蓿分布於中國西北、内蒙古、東北、華東等地。生於堤邊、路邊潮濕處。全嫩草可食，春夏間采嫩苗用開水燙後，炒食或做湯。亦可切碎拌米粉

苜蓿
（清吴其濬《植物名實圖考》）

蒸食。現北方一些地區有栽培作綠肥和牧草者。

【苜蓿】[2]

應分爲“紫花苜蓿”和“黄花苜蓿”兩種。紫花苜蓿，即“紫苜蓿”文中之紫苜蓿（*Medicago sativa* L.），主要分布於中國北方。黄花苜蓿（*Medicago falcata* L.），多爲南方栽培，故一名“南苜蓿”，亦名“金花菜”“母薺頭”。“紫苜蓿”文所引諸典籍中之“苜蓿”，皆指紫花苜蓿。

【光風草】

即紫苜蓿。亦名光風。此稱始見於東晋。見該文。

【牧宿】

即紫苜蓿。此稱始行於東晋。見該文。

【懷風】

即紫苜蓿。此稱始行於東晋。見該文。

【木粟】

即紫苜蓿。此稱宋代已行用。見該文。

【連枝草】

即紫苜蓿。此稱東晋已行用。見該文。

鴨跖草

野蔬名。鴨跖草科，鴨跖草屬。鴨跖草（*Commelina communis* L.）爲一年生草本植物。莖横斷面近圓形，基部横卧地面，節上生根。葉互生，葉片廣披針形，與竹葉相似，較厚而柔軟，葉柄呈梢狀。夏季，

鴨蹠草（鴨跖草）
（清吴其濬《植物名實圖考》）

莖梢着花，深藍色，早晨開放，午後萎縮。蒴果橢圓形。種子有不規則窩孔。鴨跖草亦稱“竹葉菜”“淡竹葉”“翠蝴蝶”“耳環草”等名。除西北以外，中國各地均有分布。常生長於路旁、田邊及原野之潮濕地帶。古籍中即有記載。明李時珍《本草綱目·草五·鴨跖草》：“〔釋名〕鷄舌草（《拾遺》）、碧竹子（同上）、竹鷄草（《綱目》）、竹葉菜（同上）、淡竹葉（同上）、耳環草（同上）、碧蟬花（同上）、藍姑草。藏器曰：鴨跖生江東、淮南平地。葉如竹，高一二尺，花深碧，好爲色，有角如鳥喙。時珍曰：竹葉菜處處平地有之。三四月出苗，紫莖竹葉，嫩時可食。四五月開花，如蛾形，兩葉如翅，碧色可愛。結角尖曲如鳥喙，實在角中，大如小豆。豆中有細子，灰黑而皺，狀如蠶屎。巧匠采其花，取汁作畫色及彩羊皮燈，青碧如黛也。”清吴其濬《植物名實圖考·隰草類·鴨跖草》：“鴨跖草，《本草拾遺》始著録。

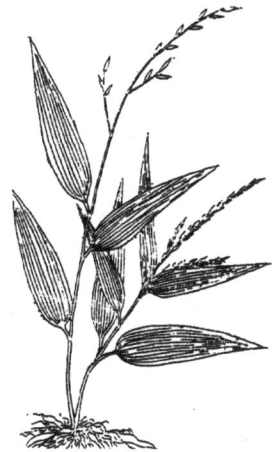

淡竹葉
（清吴其濬《植物名實圖考》）

淡竹
（宋王繼先《紹興校定證類備急本草畫圖》）

《救荒本草》謂之竹葉菜，一名翠蝴蝶，又名笪竹，葉可食。今皆呼爲淡竹，無竹處亦同之。"鴨跖草含有蛋白質、碳水化合物、胡蘿蔔素、抗壞血酸及鈣、磷、鐵等多種營養成分。春季采嫩莖葉作湯菜或炒食。中醫用莖葉作清凉解毒藥劑。

【鷄舌草】

即鴨跖草。此稱始見於唐代。見該文。

【碧竹子】

即鴨跖草。此稱始行於唐代。見該文。

【竹鷄草】

即鴨跖草。此稱始行於明代。見該文。

【竹葉菜】[2]

即鴨跖草。亦稱竹節菜。此稱始行於明代。見該文。

【淡竹葉】

即鴨跖草。此稱始行於明代。見該文。

【耳環草】

即鴨跖草。此稱始行於明代。見該文。

【碧蟬花】

即鴨跖草。此稱始行於明代。見該文。

【藍姑草】

即鴨跖草。此稱行於明代。見該文。

【翠蝴蝶】

即鴨跖草。此稱始行於明代。見該文。

【笪竹】

即鴨跖草。此稱始行於明代。見該文。

【淡竹】

即鴨跖草。此稱多行於清代。見該文。

地膚

野蔬名。莧科，地膚屬。地膚〔*Kochia scoparia*（L.）Schrad.〕爲一年生高大草本植物。分枝甚多，樹冠呈球形。葉互生，綫狀披針形。夏秋季開花，花小，簇生於葉腋。胞果扁球形。種子倒卵形，扁平。地膚亦稱"掃帚菜""落帚"等名，中國各地原野、路邊、山脚均有生長。蒙古、朝鮮、日本、印度、歐洲及西伯利亞亦有分布。中國古籍中早有記載。《爾雅·釋草》："葥，王蔧。"郭璞注："王帚也。似藜，其樹可以爲埽蔧。江東呼之曰落帚。"徐朝華注："'葥'，草名。初生時可供食用，長老以後可作掃帚。'王'，大。'蔧（huì）'，通'彗'，掃帚。葥長大後像小樹，可以作掃帚，所以又稱王蔧。"明李時珍《本草綱目·草五·地膚》："〔釋名〕地葵（《本經》）、地麥（《別録》）、落帚（《日華》）、獨帚（《圖經》）、王蔧（《爾雅》）、王帚（郭璞）、掃帚（弘景）、益明（《藥性》）、涎衣草（《唐本》）、白地草（《綱目》）、鴨舌草（《圖經》）、千心妓女（《土宿本草》）。時珍曰：地膚、地麥，因其子形似也。地葵，因其苗味似也。鴨舌，因其形似也。妓女，因其枝繁而頭多也。益明，因其子功能明目也。子落則老，莖可爲帚，故有帚、蔧諸名。〔集解〕時珍曰：地膚嫩苗，可作蔬茹，一科數十枝，攢簇團團直上，性最柔弱，故將老時可爲帚，耐用。蘇恭云不可帚，止言其嫩苗而已。其子最繁。《爾雅》云：葥，王蔧。郭璞注云：王帚也。似藜，

地 膚
（清吳其濬《植物名實圖考》）

可以爲掃帚，江東呼爲落帚。此說得之。"清吳其濬《植物名實圖考·隰草類·地膚》："地膚，《本經》上品。《爾雅》：葥，王蔧。注：王帚也，江東呼之曰落帚。今河南、北通呼掃帚菜。《救荒本草》謂之獨帚，可爲恒蔬，莖老則以爲掃帚。"對地膚之別名，亦有不同注釋。夏緯瑛《植物名釋札記·地膚》云："《爾雅·釋草》：'荓，馬帚。'鄭樵《注》說：'地帚也。似蒿蓍可爲帚。''帚'與'膚'一音之轉。'地膚'應當就是'地帚'。植物名中，謂'天'或'地'者，常有自然的意思。'地帚'，謂其爲自然的掃帚。後別寫作'地膚'耳。"地膚含有蛋白質、碳水化合物、胡蘿蔔素、抗壞血酸等營養成分。春季及初夏采摘嫩莖葉作湯菜或炒食。種子亦可作治膀胱炎、尿道炎之藥物。

【葥】

即地膚。此稱多行用於秦漢。見該文。

【王蔧】

即地膚。此稱多行用於秦漢。見該文。

【地葵】

即地膚。此稱漢時已行用。見該文。

【王帚】

即王蔧。此稱晉朝已行用。見該文。

【落帚】

即地膚。此稱晉朝已行用。見該文。

【地麥】

即地膚。此稱漢時已行用。見該文。

【掃帚】

即地膚。此稱南北朝已行用。見該文。

【涎衣草】

即地膚。此稱唐代時已行用。見該文。

【獨帚】

即地膚。此稱宋代時已行用。見該文。

【鴨舌草】

即地膚。此稱宋代已行用。見該文。

【白地草】

即地膚。此稱明代已行用。見該文。

桔梗

野蔬名。桔梗科，桔梗屬，多年生草本植物。桔梗〔*Platycodon grandiflorus*（Jacq.）A.DC.〕莖直立，光滑無毛，常單生。根肉質，圓錐形。葉卵形至卵狀披針形，通常每節輪生三或四枚。秋季在枝端開花，花藍紫色，鐘狀。蒴果卵圓形，內藏種子多數。桔梗亦稱"綠花根""鈴鐺花""梗草"等名。中國各地山坡、草地、林邊均生長。俄羅斯、日本亦有分布。桔梗在中國古籍中多有記載。其最早出於《戰國策·齊三》："今求柴葫、桔梗於沮澤，則累世不得一焉；及之睪黍、梁父之陰，則郤車而載耳。"宋蘇頌《圖經本草》中"和州桔梗"圖中物，與今桔梗無异。明李時珍《本草綱目·草一·桔梗》："〔釋名〕白藥（《別錄》）、梗草（《別錄》）、薺苨（《本經》）。時珍曰：此草之根結實而梗直，故名。《吳普本草》一名利如，一名符扈，一名房圖，方書並無見，蓋亦誤詞爾。桔梗、薺苨乃一類，有甜、苦二種，故《本經》桔梗一名薺苨，而今俗呼薺苨爲甜桔梗也。至《別錄》始出'薺苨'條，分爲二物，然其性味功用皆不同，當以《別錄》爲是。〔集解〕《別錄》曰：桔梗生嵩高山谷及冤句，二八月采根暴乾。弘景曰：近道處處有，二三月生苗，可煮食。桔梗療蠱毒甚驗，俗方用此，乃名薺苨。今別有薺苨，能解藥毒，可亂人參，葉甚相似。但薺苨葉下光明滑澤無毛爲異，葉生又不如人參相對耳。"明徐光啓《農政全書》卷四七："一名利如，一名房圖，一名白藥，一名梗草，一名薺苨。生嵩高山

桔　梗
（清吳其濬《植物名實圖考》）

谷及冤句、和州、解州，今鈞州、密縣山野亦有之。根如手指大，黃白色。春生苗，莖高尺餘。葉似杏葉而長橢，四葉相對而生，嫩時亦可煮食。開花紫碧色，頗似牽牛花，秋後結子。葉名隱忍。其根有心，無心者乃薺苨也。根葉味辛苦，性微温，有小毒。一云味苦，性平無毒。節皮爲之使，得牡蠣、遠志，療恚怒……救飢：采葉煠熟，換水浸去苦味，淘净，油鹽調食。"清吳其濬《植物名實圖考·山草類·桔梗》云："桔梗，《本經》下品，處處有之。三四葉攢生一處，花未開時如僧帽，開時有尖瓣，不純，似牽牛花。"對"桔梗"名稱之取義，古今學者皆有不同注釋。夏緯瑛《植物名釋札記·桔梗》云："'桔梗'名稱的取義何在？這，却不易爲解……今桔梗之莖直立，即是所謂'一莖直上'。'桔梗'之得名，當是以其莖秆直立之故。"桔梗葉及根中含有蛋白質、胡蘿蔔素、抗壞血酸等營養成分。春夏季采摘嫩葉炒食或作湯，亦可在秋季采收鮮根微煮後，放入清水浸去苦味，作蔬炒食或作腌菜。根亦有鎮咳平喘之功效。

【薺苨】

"桔梗"之別名。此稱漢時已行用。對"薺苨"是否與"桔梗"爲一物，古籍中衆説不一。李時珍《本草綱目》引《本經》云：薺苨即桔梗。明徐光啓《農政全書》亦云："桔梗……一名薺苨。"李時珍注釋："桔

薺　苨
（清吳其濬《植物名實圖考》）

梗、薺苨乃一類，有甜、苦二種，故《本經》桔梗一名薺苨，而今俗呼薺苨爲甜桔梗也。至《別録》始出'薺苨'條，分爲二物，然其性味功用皆不同，當以《別録》爲是。"唐蘇恭、宋蘇頌皆明示：薺苨、桔梗非一物，除藥用差異外，根有心者爲桔梗，無心者爲薺苨。

【利如】

即桔梗。此稱三國時已行用。見該文。

【符蔰】

即桔梗。此稱三國時已行用。見該文。

【房圖】

即桔梗。此稱三國時已行用。見該文。

【白藥】

即桔梗。此稱漢時已行用。見該文。

【梗草】

即桔梗。此稱漢時已行用。見該文。

沙參

野蔬名。桔梗科，沙參屬。沙參

（*Adenophora stricta* Miq.）爲多年生草本植物。莖單一。根多肉肥厚，似胡蘿蔔根。葉互生，卵形或橢圓形。秋季開花，總狀花序，花柄短；萼鐘形，花冠紫藍色。蒴果近球形，内含多數種子。沙參亦稱"白參""南沙參""杏葉沙參"等名。産於中國華東、華中及西南各地山野。中國古今典籍中記載沙參處頗多。《神農本草》云："沙參，一名知母，味苦。"《廣雅·釋草》："苦心，沙參也。"《吳普本草》云："沙參，一名苦心，一名識美，一名虎鬚，一名白參，一名志取，一名文希，生河内川谷或般陽續山，三月生，如葵葉青，實白，如芥，根大，白如蕪菁。"明李時珍《本草綱目·草一·沙參》："〔釋名〕白參（《吳普》）、知母（《別録》）、羊乳（《別録》）、羊婆嬭（《綱目》）、鈴兒草（《別録》）、虎鬚（《別録》）、苦心（《別録》）。又名文希，一名識美，一名志取。弘景曰：此與人參、玄參、丹參、苦參是爲五參，其形不盡相類，而主療頗同，故皆有參名。又有紫參，乃牡蒙也。時珍曰：沙參白色，宜於沙地，故名。其根多白汁，俚人呼爲羊婆嬭，《別録》有名未用羊乳，即此也。此物無心味淡，而《別録》一名苦心，又與知母同名，不知所謂也。鈴兒草，象花形也。"明徐光啓《農政全書》卷五一："一名知母，一名苦心，一名志取，一名

沙　參
（清吳其濬《植物名實圖考》）

虎鬚，一名白參，一名識美，一名文希。生河内川谷，及冤句、般陽、續山，并淄、齊、潞、隨、歸州，而江、淮、荆、湖州郡皆有，今輝縣、太行山邊亦有之。苗長一二尺，叢生崖坡間。葉似枸杞葉，微長，而有叉芽鋸齒。開紫花。根如葵根，赤黄色，中正白實者佳。味微苦，性微寒，無毒。惡防己及藜蘆。又有杏葉沙參，及細葉沙參，氣味與此相類，但《圖經》内，不曾該載此二種葉苗形容，未敢併入本條。今皆另條開載。救飢：掘根浸洗極净，换水煮去苦味，再以火煮極熟，食之。"對"沙參"之名稱注釋，古今學者皆有异議。清王念孫疏證云："《詩經·小雅·瓠葉》箋云：'斯，白也。'今俗語斯白字作'鮮'，齊魯之聲近斯。'斯''沙'古音相近。實與根皆白，故謂之'白參'，又謂之'沙參'。《周官·内饔》'鳥皫色而沙鳴'，鄭注云：'沙，嘶也。'斯之爲沙，猶嘶之爲沙矣。"夏緯瑛《植物名釋札記·沙參》云："《本草綱目》李時珍曰：'沙參色白，宜於沙地故名。'此乃望文生義而又臆説其地宜者也……然沙參，究爲山地所生之植物，古今一致。曾未見有沙參之生於沙地者。李氏亦於《綱目》中列爲山草類，而不入於隰草類，即亦可作其真實之地宜矣。沙參取名之義，當是因其具有白色之錐形根之故。"沙參含有蛋白質、脂肪、碳水化合物、鈣、磷、胡蘿蔔素、

知　母
（清吳其濬《植物名實圖考》）

抗壞血酸等營養成分。春夏采嫩葉煮湯或炒食；秋季采收肉質根，煮熟後在清水中浸除苦味，亦可做菜。沙參同桔梗，亦有鎮咳平喘之功效。

【知母】

　　即沙參。此稱始於漢。見該文。

【苦心】

　　即沙參。此稱始見於三國。見該文。

【識美】

　　即沙參。此稱三國時已行用。見該文。

【虎鬚】[2]

　　即沙參。此稱漢時已行用。見該文。

【白參】

　　即沙參。此稱三國時已行用。見該文。

【志取】

　　即沙參。此稱三國時已行用。見該文。

【文希】

　　即沙參。此稱三國時已行用。見該文。

【羊乳】[2]

　　即沙參。此稱始行於漢。見該文。

【鈴兒草】

　　即沙參。此稱始行於漢。見該文。

【羊婆嬭】

　　即沙參。此稱明朝已行用。見該文。

野胡蘿蔔

　　野蔬名。傘形科，野胡蘿蔔屬。野胡蘿蔔（*Daucus carota* L.）爲二年生草本植物。表面有粗硬毛。根肉質，圓錐形。葉簇生，羽狀分裂，小裂片綫形至披針形。花碎小白色，複傘形花序。懸果卵圓形，多刺毛。野胡蘿蔔亦稱"紅胡蘿蔔"。中國華東、華中及西南各省之原野、田間、路旁均有生長。古籍中亦有記載。

明徐光啓《農政全書》卷五一："野胡蘿蔔，生荒野中。苗葉似家胡蘿蔔，俱細小。葉間攛生莖叉，梢頭開小白花，衆花攢開如傘蓋狀，比蛇床子花頭又大，結子比蛇床子亦

野胡蘿蔔
（清吳其濬《植物名實圖考》）

大。其根比家胡蘿蔔尤細小，味甘。救飢：采根洗净去皮，生食亦可。"野胡蘿蔔根及葉中均含有蛋白質、脂肪、纖維素、糖等營養成分。秋冬季采取肉質根做菜，嫩莖葉亦可食用。但現在已很少有人采食。

崩大碗

　　野蔬名。傘形科，積雪草屬。崩大碗〔*Centella asiatica*（L.）Urban.〕爲多年生草本植物，具匍匐莖。葉互生，葉片圓腎形，草綠色，葉緣有波狀鋸齒，具長葉柄。傘形花序，單生或幾個腋生，花冠紫紅色。雙懸果，扁圓形，有明顯主棱和次棱，主棱之間有隆起網紋。崩大碗亦稱"積雪草""雷公根""燈盞菜""馬蹄草"等名，中國江蘇、浙江、廣東、廣西、四川、雲南等省區之河邊荒地均有成片生長。筆者查閱古籍，未見有"崩大碗"之記載。明

崩大碗

李時珍《本草綱目》有"積雪草"一節，其記述内容與"崩大碗"并非一物。李氏所言積雪草"葉圓莖細，有蔓延地"及"南方多有，生陰濕地"等性狀極似"崩大碗"。然"亦生臨淄郡、濟陽郡池澤中，甚香"等特點又皆非崩大碗所有。故《本草綱目》中之"積雪草"應非今之"崩大碗"。崩大碗莖葉中含有胡蘿蔔素、硫胺素、核黄素、抗壞血酸等營養成分。嫩葉全年均可采收。將其放入水中煮開幾分鐘，取出在清水内漂洗兩次，擠去汁液後炒食。味微苦，不宜多食。

小根蒜

野蔬名。百合科。小根蒜（*Allium macrostemon* Bunge）爲多年生草本植物。地下長白色鱗莖，外皮灰黑色。葉細長呈管狀，微有棱。夏季抽花莖，傘形花序爲半球形或球形，密生紫黑色小珠芽，花小，淡紫色。小根蒜亦稱"山蒜""苦蒜""澤蒜""野葱"等名。中國華北、華東、華中及西南等地區山坡、原野均有生長。中國古籍多有記載。《爾雅·釋草》："蒚，山蒜。"徐朝華注："蒚，山中生長的野蒜，又名山蒜、石蒜。可入藥。"南北朝時，已被引種。北魏賈思勰《齊民要術·種蒜》云："種澤蒜法：預耕地，熟時采取子，漫散勞之……種者地熟，美於野生。"明李時珍《本草

山　蒜
（清吴其濬《植物名實圖考》）

綱目·菜一·山蒜》："〔釋名〕蒚、澤蒜。〔集解〕藏器曰：澤蒜根如小蒜，葉如韭。又生石間者名石蒜，與蒜無異。時珍曰：山蒜、澤蒜、石蒜，同一物也，但分生於山、澤、石間不同耳。人間栽蒔小蒜，始自三種移成，故猶有澤蒜之稱。"明徐光啓《農政全書》卷五九："又名小蒜。生田野中，今處處有之。生山中者，名蒚。苗似細韭。葉中心攛葶，開淡粉紫花。根似蒜而甚小。味辛，性温，有小毒；又云熱，有毒。救飢：采苗根作羹，或生腌，或煠熟，油鹽調，皆可食。"小根蒜含有蛋白質、脂肪、碳水化合物、鈣、磷、鐵、胡蘿蔔素、抗壞血酸等營養成分。除根外，整株俱可食用。同葱、蒜作調味品，或直接作蔬菜食用。

小　蒜
（明盧和《食物本草》）

澤　蒜
（明徐光啓《農政全書》）

【蒚】

即小根蒜。此稱秦漢已行用。見該文。

【山蒜】

即小根蒜。此稱秦漢已行用。見該文。

【澤蒜】

即小根蒜。此稱南北朝已行用。見該文。

【石蒜】

　　即小根蒜。此稱唐代已行用。見該文。

【小蒜】[2]

　　即小根蒜。此稱唐代已行用。見該文。

野韭菜

　　野蔬名。石蒜科，葱屬。野韭菜（*Allium ramosum* L.）爲多年生草本植物。成株鬚根粗壯，有根狀莖。葉基生，條形，有明顯中脈。夏季葉間抽花薹，頂生傘形花序，花被白色，披針形。子房倒卵狀球形。野韭菜亦稱"山韭菜""寬葉韭"等名。中國華中、華南及西南等地區之濕潤山坡、原野均有生長。中國自古即有記載。《爾雅・釋草》："藿，山韭。"邢昺疏："〔韭〕生山中者名藿。"徐朝華注："藿，山中生長的野韭菜，又稱山韭。"《說文・韭部》："韱，山韭也。"段玉裁注："山韭謂山中自生者。"明李時珍《本草綱目・菜一・山韭》："〔釋名〕藿、韱。〔集解〕頌曰：藿，山韭也。山中往往有之，而人多不識。形性亦與家韭相類，但根白，葉如燈心苗耳。《韓詩》云：六月食鬱及薁，謂此也。時珍曰：案《爾雅》云：藿，山韭也；許慎《說文》云：韱，山韭也。金幼孜《北征錄》云：北邊雲臺戍地，多野韭、沙葱，人皆采而食

山韭
（清吳其濬《植物名實圖考》）

之。即此也。蘇氏以詩之鬱即此，未知是否。又呂忱《字林》云：薤，水韭也。野生水涯，葉如韭而細長，可食。觀此，則知野韭又有山、水二種，氣味或不相遠也。"明徐光啓《農政全書》卷五九："生荒野中。形狀如韭。苗葉極細弱。葉圓，比柴韭又細小；葉中攛葶。開小粉紫花，似韭花狀。苗葉味辛。救飢：采苗葉煤熟，油鹽調食。生醃食亦可。"野韭菜含蛋白質、脂肪、碳水化合物、鈣、磷、鐵、胡蘿蔔素、抗壞血酸等營養成分。除冬季外，周年皆可采葉食用。嫩花莖品質尤佳。食法同栽培韭菜。

【藿】

　　即野韭菜。此稱秦漢已行用。見該文。

【山韭】

　　即野韭。此稱秦漢時已行用。見該文。

【韱】

　　即野韭菜。此稱漢代已行用。見該文。

野萱草

　　野蔬名。阿福花科，萱草屬。野萱草（*Hemerocallis* nana Forrest et W.W.Sm.）爲多年生草本植物。具短根狀莖和肥大紡錘狀塊莖。葉基生，條形，光滑無毛。夏季植株基部抽出花莖，每莖有花數朵。花橙黃色，有芳香，花盛開時花被上部裂片反捲，雄蕊及花柱伸出。蒴果橢圓形。野萱草亦稱"紅萱""野金針菜""野黃花"等名。中國南北各地山坡、原野均有分布。萱草於中國古籍中很早即有記載。《說文》謂之爲"忘憂"，宋《嘉祐本草》謂之爲"鹿葱"。明李時珍《本草綱目・草五・萱草》："〔集解〕頌曰：萱草處處田野有之，俗名鹿葱。"可見李氏所說"萱草"仍指"野萱草"。明徐光啓《農政全書》卷四六："俗名川

草花，《本草》一名鹿葱，謂生山野，花名宜男。《風土記》云：'懷妊婦人佩其花，生男'故也。人家園圃中多種。"這説明萱草在明代已引種到園圃中。但在名稱上并沒有"野萱草"和"家萱草"之分，皆統稱"萱草"。萱草之花含有蛋白質、脂肪、碳水化合物、鈣、磷、鐵、胡蘿蔔素、抗壞血酸等營養成分。夏季及初秋採摘花蕾做菜，鮮食或製乾，均可做湯，亦可炒食。根有利尿、鎮痛、消腫之功效。

【忘憂】[2]

即野萱草。此稱漢代已行用。見該文。

【鹿葱】[2]

即野萱草。此稱宋代已行用。見該文。

【川草花】

即野萱草。此稱明代已行用。見該文。

【宜男】[2]

即野萱草。此稱明代已行用。見該文。

【野黃花】

即野萱草。此稱行於現代。見該文。

【紅萱】

即野萱草。此稱行於現代。見該文。

【野金針菜】

即野萱草。此稱行於現代。見該文。

萎蕤

野蔬名。天門冬科，黃精屬。萎蕤〔Polygonatum odoratum（Mill.）Pruce〕爲多年生草本植物。地上莖斜立，地下有根狀莖橫生，黃白色。葉橢圓形，互生。葉腋抽花梗，梗端開花，花被筒狀，白色，先端有裂片。漿果球形，成熟時呈藍黑色。萎蕤亦稱"玉竹""女萎""竹葉三七"等名。分布於歐、亞兩洲温帶地區，中國幾乎各省皆有。中國古籍很早即有

記載。《爾雅·釋草》："熒，委萎。"郭璞注："藥草也。葉似竹，大者如箭竿，有節，葉狹而長，表白裏青，根大如指，長一二尺，可啖。"徐朝華注："委萎，草名。

萎蕤
（清吳其濬《植物名實圖考》）

又稱熒、萎蕤、地節、玉竹。"明李時珍《本草綱目·草一·萎蕤》："〔釋名〕女萎（《本經》）、葳蕤（《吳普》）、萎莎、委萎（《爾雅》）、萎香（《綱目》）、熒（《爾雅》）、玉竹（《別錄》）、地節（《別錄》）。時珍曰：按黃公紹《古今韻會》云：葳蕤，草木葉垂之貌。此草根長多鬚，如冠纓下垂之緌而有威儀，故以名之。凡羽蓋旌旗之緌緌，皆象葳蕤，是矣。張氏《瑞應圖》云：王者禮備，則葳蕤生於殿前。一名萎香。則威儀之義，於此可見。《別錄》作萎蕤，省文也。《説文》作萎莎，音相近也。《爾雅》作委萎，字相近也。其葉光瑩而象竹，其根多節，故有熒及玉竹、地節諸名。《吳普本草》又有烏女、蟲蟬之名。宋本一名馬薰，即烏萎之訛者也。"明徐光啟《農政全

女萎
（清吳其濬《植物名實圖考》）

書》卷五一："《本草》一名女萎，一名熒，一名玉竹，一名馬薰。生太山山谷，及舒州、滁州、均州。今南陽府馬鞍山亦有。苗高一二尺，莖斑。葉似竹葉，闊短而肥厚，葉尖處有黃點；又似百合葉，却頗窄小。葉下結青子，如椒粒大。其根似黃精而小異，節上有鬚。味甘，性平，無毒。救飢：采根，換水煮極熟，食之。"萎蕤地下莖含有蛋白質、纖維素、尼克酸等營養成分。春秋兩季皆可挖取，洗净泥土後，切成薄片放入清水中浸泡，除去异味。煮湯、炒煎均可。中藥作爲滋補品。

【熒】

即萎蕤。此稱始行於秦漢。見該文。

【委萎】

即萎蕤。此稱始行於秦漢。見該文。

【女萎】

即萎蕤。此稱始行於漢。見該文。

【萎移】

即萎蕤。此稱漢代已行用。見該文。

【地節】[2]

即萎蕤。此稱始行於漢代。見該文。

【玉竹】

即萎蕤。此稱始行於漢代。見該文。

【葳蕤】

即萎蕤。此稱始行於三國。見該文。

【烏女】

即萎蕤。此稱始行於三國。見該文。

【萎香】

即萎蕤。此稱明代已行用。見該文。

黃精

野蔬名。百合科，黃精屬。黃精（ *Polygonatum sibiricum* Delar. ex Redoute）爲多年生草本植物，根狀莖匍匐匐地下，呈連珠狀或結節成塊狀。葉互生，長橢圓形，無柄，正背面均光滑無毛。葉腋抽生花梗，梗端着生風鈴狀花。漿果，球形，大如黃豆，成熟時呈暗藍色。黃精亦稱"老虎薑"，中國長江流域及華南各省山野、林下之陰濕處皆有生長。筆者查閱中國典籍，自三國時《廣雅》即有"黃精"（龍銜）之記載。但古籍中對"黃精"之描述，與今之"黃精"，性狀、特徵并不盡同。明李時珍《本草綱目·草一·黃精》："〔釋名〕黃芝、戊己芝、菟竹、鹿竹、仙人餘糧、救窮草、米餔、野生薑、重樓、雞格、龍銜、垂珠。頌曰：隋時羊公《服黃精法》云：黃精是芝草之精也，一名葳蕤，一名白及，一名仙人餘糧，一名苟格，一名馬箭，一名垂珠，一名菟竹。時珍曰：黃精爲服食要藥，故《別錄》列於草部之首，仙家以爲芝草之類，以其得坤土之精粹，故謂之黃精。《五符經》云：黃精獲天地之淳精，故名爲戊己芝，是此義也。餘糧、救窮，以功名也。鹿竹、菟竹，因葉似竹，而鹿兔食之也。垂珠，以子形也。陳氏《拾遺救荒草》即此也，今併爲一。嘉謨曰：根如嫩薑，俗名野生薑。九蒸九曝，可以代糧，又名米餔。〔集解〕頌曰：黃精南北皆有，以嵩山、茅山者爲佳。三月生苗，高一二尺以來。葉如竹葉

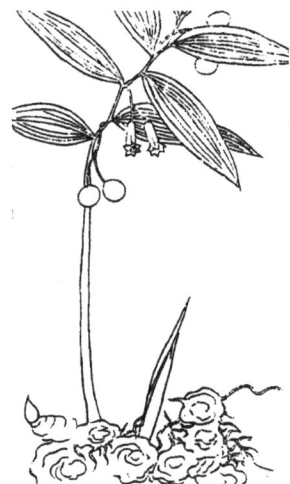

黃精

（清吳其濬《植物名實圖考》）

而短，兩兩相對。莖梗柔脆，頗似桃枝，本黄末赤。四月開青白花，狀如小豆花。結子白如黍粒。亦有無子者。根如嫩生薑而黄色，二月采根，蒸過曝乾用。今過八月采，山中人九蒸九暴作果實，黄黑色而甚甘美。其苗初生時，人多采爲菜茹，謂之筆菜，味極美。”又“〔集解〕藏器曰：黄精葉偏生不對者名偏精，功用不如正精。正精葉對生”。陳氏所説之“偏精”似即今之黄精。黄精含有蛋白質、澱粉等營養成分。秋季采收地下莖，切成薄片，煎、煮、炒食均可。中藥作爲滋補品，有潤肺、補脾之功能。亦可提取澱粉。

【黄芝】

　　即黄精。此稱始行於晋代。見該文。

【戊己芝】

　　即黄精。此稱始行於南朝。見該文。

【菟竹】

　　即黄精。此稱始行於漢代。見該文。

【鹿竹】

　　即黄精。此稱始行於漢代。見該文。

【仙人餘糧】

　　即黄精。此稱始行於南朝。見該文。

【救窮草】

　　即黄精。此稱始行於漢代。見該文。

【米餔】

　　即黄精。此稱始行於明代。見該文。

【野生薑】

　　即黄精。此稱始行於明代。見該文。

【重樓】

　　即黄精。此稱始行於漢代。見該文。

【鷄格】

　　即黄精。此稱始行於漢代。見該文。

【龍銜】

　　即黄精。此稱始行於三國。見該文。

天門冬

　　野蔬名。百合科，天門冬屬。天門冬〔*Asparagus lochinchinensis*（L.）Merr.〕爲多年生草本植物。莖纖細，常纏繞他物。根肥大多肉，成紡錘狀簇生。葉細小，呈鱗片狀，葉腋生小枝，細長而尖，緑色，形似葉。夏季腋生小花，淡緑色。漿果球形，老熟轉紅，具種子一粒。天門冬亦稱“天冬”“萬歲藤”等名。中國華中、華東、華南、西南及華北之部分地區山坡、林下均有生長。中國古籍多有記載。《爾雅·釋草》：“髦，顛棘。”徐朝華注：“顛棘，或作‘顚棘’，即藥草天門冬。又稱天棘、顚勒。蔓生，根塊可供藥用。葉細如髦，有細刺，又稱爲髦。”明李時珍《本草綱目·草七·天門冬》：“〔釋名〕虋冬、顚勒（《本經》）、顚刺（《爾雅》）、天棘（《綱目》）、萬歲藤。禹錫曰：按《爾雅》云：蘠蘼，虋冬。注云：門冬也。一名滿冬。《抱朴子》云：一名顚棘，或名地門冬，或名筵門冬。在東嶽名淫羊藿，在中嶽名天門冬，在西嶽名菅松，在北嶽名無不愈，在南嶽名百部，在京陸山阜名顚棘，在越人名浣草。雖處處有之，其名不同，其實一也……時珍曰：草之茂者爲虋，俗作門。此

天門冬

（清吴其濬《植物名實圖考》）

草蔓茂，而功同麥門冬，故曰天門冬，或曰天棘。《爾雅》云：髦，顛棘也。因其細葉如髦，有細棘也。顛、天，音相近也。按《救荒本草》云：俗名萬歲藤，又名娑蘿樹。其形與治肺之功頗同百部，故亦名百部也。蘠蘼乃營實苗，而《爾雅》指爲虋冬，蓋古書錯簡也。"然而，古今皆有認爲"蘠蘼"即"天門冬"者。如今人夏緯瑛《植物名釋札記・天門冬》云："《爾雅・釋草》：'蘠蘼，虋冬。'郭璞注云：'虋冬，一名滿冬，《本草》云。'是門冬，亦可作滿冬或虋冬，其音略同，即所謂一聲之轉，而其義無別。天字在植物名稱中，往往爲自然之義。謂之'天門冬'者，即言其爲天然所生之門冬也。"天門冬含澱粉、蔗糖、天冬素等營養成分。其根、葉皆可食用。嫩葉用開水燙後放入清水浸漂做菜。肉質根食法近似馬鈴薯，煎、炒、煮食均可。中藥作滋補劑，并有清熱化痰、醫治便秘等功效。

【髦】

即天門冬。此稱秦漢已行用。見該文。

【顛棘】

即天門冬。此稱秦漢已行用。見該文。

【虋冬】

"天門冬"之別名。此稱漢時已行用。見該文。

【顛勒】

即天門冬。此稱漢時已行用。見該文。

【顛刺】

即天門冬。此稱秦漢時已行用。見該文。

【蘠蘼】

即天門冬。此稱秦漢時已行用。見該文。

【顛棘】

同"顛棘"。棘即"棘"。此體晋代已行用。見該文。

【滿冬】

即天門冬。此稱晋代已行用。見該文。

【地門冬】

即天門冬。此稱晋代已行用。見該文。

【筵門冬】

即天門冬。此稱晋代已行用。見該文。

【淫羊藿】

即天門冬。此稱晋代已行用。見該文。

【菅松】

即天門冬。此稱晋代已行用。見該文。

【無不愈】

即天門冬。此稱晋代已行用。見該文。

【百部】

即天門冬。此稱晋代已行用。見該文。

【浣草】

即天門冬。此稱晋代已行用。見該文。

【天棘】

即天門冬。此稱明代已行用。見該文。

【萬歲藤】

即天門冬。此稱明代已行用。見該文。

【娑蘿樹】

即天門冬。此稱明代已行用。見該文。

清明菜

野蔬名。菊科，鼠曲草屬。清明菜（*Gnaphalium affine* D.Don）爲二年生草本植物。莖成簇直生，表面布滿白色綿毛，很少有分枝。葉互生，正背面均布滿白色綿毛，葉片倒披針形或匙形。花細小，頭狀，密集成傘房狀花序，花冠黃色。瘦果矩圓形，表面有乳頭狀突起，冠毛黄白色。清明菜亦稱"鼠麴草""佛耳草"
等。中國華中、華東、華南及西南各省之原野、
路旁均有生長，陝西、河北、河南及臺灣等省
亦有分布。中國古籍中很早即有清明菜之記載。
南朝已有於清明節用其莖葉之漿汁和米粉做食
品之風俗。南朝梁宗懍《荆楚歲時記》："是
日（指農曆三月三），取鼠麴汁蜜和粉，謂之
龍舌料，以壓時氣。"明李時珍《本草綱目·草
五·鼠麴草》："〔釋名〕米麴（《綱目》）、鼠耳
（《別錄》）、佛耳草（《法象》）、無心草（《別
錄》）、香茅（《拾遺》）、黄蒿（《會編》）、茸母。
時珍曰：麴言其花黄如麴色，又可和米粉食也。
鼠耳言其葉形如鼠耳，又有白毛蒙茸似之，故
北人呼爲茸母。佛耳，則鼠耳之訛也。今淮人
呼爲毛耳朵，則香茅之茅，似當作毛。按段成
式《雜俎》云：蚍蜉酒草，鼠耳也，一名無心
草。豈蚍蜉食此，故有是名耶？〔集解〕藏器
曰：鼠麴草，生平崗熟地，高尺餘，葉有白毛，
黄花。《荆楚歲時記》云：三月三日，取鼠麴
汁，蜜和爲粉，謂之龍舌料，以壓時氣。料音
板，米餅也。山南人呼爲香茅，取花雜欅皮染
褐，至破猶鮮。江西人呼爲鼠耳草也。汪機曰：
佛耳草，徽人謂之黄蒿。二三月苗長尺許，葉似
馬齒莧而細，有微白
毛，花黄。土人采莖
葉和米粉，搗作粑果
食。"清明菜含有蛋
白質、脂肪、碳水化
合物、胡蘿蔔素、硫
胺素及多種礦物質等
營養成分。春季采摘
嫩莖葉洗，切碎拌入

無心草
（明王圻等《三才圖會》）

糯米麵中，蒸熟或油炸食用。西南各省稱其爲
"清明粑"（"清明菜"之名，可能即由此而來），
爲春夏季市場上較常見的食品之一。清明菜莖葉
亦有醫治支氣管炎之功效。

【鼠耳】

　　即清明菜。此稱漢時已行用。見該文。

【無心草】

　　即清明菜。此稱漢時已行用。見該文。

【鼠麴】

　　即清明菜。此稱南北朝已行用。見該文。

【香茅】

　　即清明菜。此稱唐代已行用。見該文。

【蚍蜉酒草】

　　即清明菜。此稱唐代已行用。見該文。

【佛耳草】

　　即清明菜。此稱金元間已行用。見該文。

【黄蒿】

　　清明菜之別名。此稱明代已行用。見該文。

【米麴】

　　即清明菜。此稱明代已行用。見該文。

【茸母】

　　即清明菜。此稱明代已行用。見該文。

【毛耳朵】

　　即清明菜。此稱明代已行用。見該文。

飛廉

　　野蔬名。菊科，飛廉屬。飛廉（*Carduus
crispus* L.）爲二年生草本植物。莖直立，有條
棱并有薄翼，棱與薄翼上密生小刺。葉互生，
葉片羽狀深裂，裂片邊緣有刺，葉片正背面綠
色，微有毛。夏季開頭狀花，紅紫色。瘦果長
橢圓形，頂端平截，基部收縮，冠毛白色。飛
廉亦稱"大刺菜""仙鵝抱蛋""大刺苟"等名。

中國各地原野、路邊、田坎均有生長。中國漢代即已有"飛廉"之記載，明李時珍撰《本草綱目》中亦有"飛廉"一條。但《別錄》云："飛廉生河內川澤，正月采根，七八月采花，陰乾。"南朝梁陶弘景云："處處有之，極似苦芺，惟葉多刻缺，葉下附莖，莖有皮起似箭羽，其花紫色。俗方殆無用，而道家服其枝莖，可得長生，又入神枕方。"李時珍云："飛廉亦蒿類也。"可見，古籍中記述之"飛廉"，除"其花紫色"似今之飛廉外，其他如生長環境、性狀、用途等諸方面皆不像該條所說之"飛廉"。故筆者認爲，古籍中之"飛廉"與今之"飛廉"乃爲同名異物。飛廉莖葉中含有蛋白質、脂肪、碳水化合物、胡蘿蔔素、抗壞血酸等營養成分。春季采其嫩莖葉煮湯或炒食均可。山東等省部分地區常用其作"小豆腐"，別有風味。

飛　廉

山萵苣

野蔬名。菊科，萵苣屬。山萵苣（*Lactuca indica* L.）爲二年生草本植物。莖上部有分枝。葉無柄，一般呈橢圓狀條形或條狀披針形，嚮下羽狀分裂，裂片邊緣缺刻狀或成鋸齒狀。上部葉變小，光滑無毛。莖葉斷裂時有白色乳汁。秋季，梢頭分枝着生淡黃色頭狀花，且排成圓錐形花序。瘦果黑色，上有白色冠毛。山萵苣亦稱"苦芥菜""啓明菜"等名。中國除西北外，其他各地原野均有分布。中國古籍亦有記載。明徐光啓《農政全書》卷五九："生輝縣山野間。苗葉塌地生。葉似萵苣葉而小，又似苦苣葉而却寬大；葉脚花又頗少，葉頭微尖，邊有細鋸齒；葉間攛葶。開淡黃花。苗葉味微苦。救飢：采苗葉煠熟，水浸淘去苦味，油鹽調食。生揉亦可食。"山萵苣嫩葉含有蛋白質、脂肪、碳水化合物、胡蘿蔔素、核黃素、抗壞血酸及鈣、磷、鐵等營養成分。冬春季采摘嫩葉，炒食或煮食。有些地區用此野菜煮火鍋，備受青睞。莖葉亦有解熱消炎之功效。

山萵苣

【苦芥菜】

即山萵苣。此稱行於現代。見該文。

【啓明菜】

即山萵苣。此稱行於現代。見該文。

筆管草

野蔬名。菊科，蛇鴉葱屬。筆管草（*Scorzonera albicaulis* Bunge）爲多年生草本植物。莖直立，中空，有溝紋。葉長條形，無毛或微被蛛絲狀毛，抱莖，上部葉較小。頭狀花序又排成傘房狀花序，總苞圓柱狀，苞片多層，全部花舌狀，黃色。瘦果，有多數縱肋，冠毛羽狀，暗黃色。筆管草亦稱"華北鴉葱""白莖鴉葱"等名。主要分布於東北及黃河流域各省之山坡、林下。朝鮮、俄羅斯西伯利亞東部及遠東地區亦有生長。筆者查閱中國古籍，未見有筆管草之記載。中國現代不少典籍（《中國高等植物圖鑒》《中國蔬菜栽培學》等）中有筆管草之記述。筆管草含有蛋白質、胡蘿蔔素、維生素C等營養成分。春夏采摘嫩莖葉用開水燙後再用清水浸泡，然後炒食或和麵粉蒸食均美。部分地區用其嫩莖葉及根作成“小豆腐”，亦爲佳饌。

【華北鴉葱】

即筆管草。此稱行於現代。見該文。

【白莖鴉葱】

即筆管草。此稱行於現代。見該文。

蔞蒿 [1]

野蔬名。菊科，蒿屬。蔞蒿（*Artemisia selengensis* Turcz. ex Besser）爲多年生草本植物。地下有根狀莖；地上莖直立或略匍匐生長，淺綠色或紫紅色，表面有白色短茸毛。葉互生，葉片羽狀深裂，裂片披針形或條形，邊緣有粗鈍齒，葉片正面綠色，背面有白色短茸毛。頭狀花序，有短梗，多數密集成狹長的複總狀花序，有條形苞葉，花黃色。瘦果微小，無毛。蔞蒿亦稱“購”“蘼蔞”“野藜蒿”“水蒿”等名，廣布於中國東北、華北等地區，雲南、江西亦有生長。蔞蒿在中國先秦時即有記載。《詩·周南·漢廣》：“翹翹錯薪，言刈其蔞。”《爾雅·釋草》：“購，蘼蔞。”徐朝華注云：“蘼蔞，蒿類植物。又名購，蔞蒿……孔疏：‘舍人曰：購，一名蘼蔞。郭云：蘼蔞，蔞蒿也。生下田，初出可啖，江東用羹魚。’陸璣《疏》

云：‘其葉似艾，白色，長數寸。高丈餘，好生水邊及澤中。正月根芽生旁莖，正白，生食之，香而脆美。其葉又蒸爲茹’是也。”《中國高等植物圖鑒》《中國蔬菜栽培學》等現代典籍中亦均有蔞蒿之記述。蔞蒿含有蛋白質、鈣、磷、鐵、胡蘿蔔素、抗壞血酸等營養成分。春秋季節采摘其嫩莖葉，洗净後涼拌或熟食，具有清涼可口之特殊風味。

蔞蒿

（清吴其濬《植物名實圖考》）

【購】

即蔞蒿 [1]。此稱秦漢已行用。見該文。

【蘼蔞】

即蔞蒿 [1]。此稱秦漢已行用。見該文。

辣子草

野蔬名。菊科，中膝菊屬。辣子草（*Galinsoga parviflora* Cav.）爲一年生草本植物。莖直立，有分枝。葉對生，卵圓形或披針形，葉緣有淺圓齒。莖端開花，頭狀花序小，梗細長，花異形，舌狀花白色，筒狀花黃色。瘦果有棱角，頂端具有睫毛狀鱗片。辣子草亦稱“嚮陽花”“珍珠草”“銅錘草”“桃胡菜”等名，分布於中國雲南、貴州、四川、西藏、浙江、江西等省區之田邊、路旁或潮濕荒坡。印度、熱帶美洲亦有生長。筆者查閲中國有關古籍，未見有辣子草之記載。《中國蔬菜栽培學》《中國高等植物圖鑒》等現代書籍中均有辣子草之記述。辣子草含有蛋白質、磷、鈣、鐵、硫胺素、胡蘿蔔素、抗壞血酸等營養成分。採摘其嫩莖葉炒食或煮食，略有草腥味，可加調料除腥。至今產地仍有很多采食者。辣子草亦爲止血、消炎藥，加水煎服，有清肝明目之功效。

【嚮陽花】[2]

"辣子草"之別名。此稱行於現代。見該文。

【珍珠草】

"辣子草"之別名。此稱行於現代。見該文。

【銅錘草】

"辣子草"之別名。此稱行於現代。見該文。

【桃胡菜】

"辣子草"之別名。此稱行於現代。見該文。

野菊花

野蔬名。菊科，菊屬。野菊花（*Chrysanthemum indicum* L.）爲多年生草本植物。莖直立，分枝多，有絨毛。葉互生，卵圓形，羽狀深裂，邊緣有缺刻狀鋸齒，有絨毛。頭狀花序，黃色，略作傘房狀排列。瘦果頂端截形，基部收縮。野菊花亦稱"苦薏"等名，中國各地原野、山坡均有生長。中國古籍中亦有記載。唐代陳藏器於《本草拾遺》中記述野菊云："苦薏生澤畔，莖如馬蘭，花如菊。菊甘而薏苦，語曰苦如薏是也。"明李時珍《本草綱目・草四・野菊》："〔釋名〕苦薏。時珍曰：薏乃蓮子之心，此物味苦似之，故與之同名。〔集解〕時珍曰：苦薏處處原野極多，與菊無異，但葉薄小而多尖，花小而蕊多，如蜂窠狀，氣味苦辛慘烈。"明徐光啓《農政全書》卷五三："救飢：取莖紫氣香而味甘者，采葉煠食，或作虀皆可。青莖而大，氣味作蒿苦者，不堪食，名苦薏。其花亦可煠食，或炒茶食。"

據徐氏所説，苦薏僅爲野菊花之一種。野菊花嫩莖葉中含有蛋白質、脂肪、碳水化合物、鈣、磷等營養成分。春夏采嫩莖葉，秋季采花食用。因莖、葉、花均有苦味，可在沸水中微焯後，放入清水中浸泡片刻，再煮、炒或凉拌。花亦可代茶葉作飲料。中醫用其花治癰腫疔毒、霍亂腹疼等病；花及莖葉煮水飲用，可治高血壓、流行性腦膜炎，外用亦可消炎。

【苦薏】

"野菊花"之一種。此稱唐代已行用。見該文。

委陵菜

野蔬名。薔薇科，委陵菜屬。委陵菜（*Potentilla chinensis* Ser.）爲多年生草本。莖直立，全株均有白色柔毛。葉爲羽狀複葉，小葉片葉緣又有羽狀分裂，背面密被白色綿毛。花黃色，爲聚傘花序。瘦果卵圓形，種子細小，多數，褐色。委陵菜亦稱"天青地白""虎爪菜""龍芽菜"等名。中國南北各省山坡、草地均有生長。中國古籍亦有記載。明徐光啓《農政全書》卷四九："一名翻白菜，生田野中。苗初塌地生，後分莖叉；莖節稠密，上有白毛。葉彷彿類柏葉而極闊大，邊如鋸齒形，面青背

委陵菜
（清吳其濬《植物名實圖考》）

白；又似鷄腿兒葉而却窄；又類鹿蕨菜，亦窄。莖葉梢間開五瓣黄花。其葉味苦，微辣。救飢：采苗葉煠熟，水浸淘净，油鹽調食。”委陵菜含有蛋白質、脂肪、磷、鞣質及糖等營養成分。春夏采嫩莖葉煮湯或炒食，山東、西南等地常用嫩莖葉作“小豆腐”。委陵菜亦可作中藥治阿米巴痢疾及瘧疾。

【翻白菜】

即委陵菜。此稱明代已行用。見該文。

龍芽草

野蔬名。薔薇科，龍芽草屬。龍芽草（*Agrimonia pilosa* Ledeb.）爲多年生草本植物。全株密生柔毛。葉爲單數羽狀複葉，有小葉多片，小葉無柄，邊緣有鋸齒。花頂生，黄色，成總狀花序。瘦果倒圓錐形。龍芽草亦稱“仙鶴草”等名。中國各地山坡、路旁、原野均有分布。中國古籍中多處見有“龍芽草”之記載，但似均非今薔薇科之龍芽草。如明李時珍《本草綱目・草五・馬鞭草》：“〔釋名〕龍牙草（《圖經》）、鳳頸草。恭曰：穗類鞭鞘，故名馬鞭。藏器曰：此説未近，乃其節生紫花如馬鞭節耳。時珍曰：龍牙鳳頸，皆因穗取名。蘇頌《圖經・外類》重出龍牙，今併爲一。又今方士謬立諸草爲各色龍牙之名，甚爲淆亂，不足憑信。”明徐光啓《農政全書》卷五二：“一名瓜香草。生輝縣鴨子口山野間。

龍芽草
（清吴其濬《植物名實圖考》）

苗高一尺餘。莖多澀毛。葉形如地棠葉而寬大，葉頭齊團。”顯然李、徐二氏所説之龍芽草，皆非本文所述者。夏緯瑛《植物名釋札記・龍牙草》云：“今薔薇科植物有龍牙草（*Agrimonia pilosa* Ledeb.），《證類本草・經外草類》載蘇頌《圖經本草》之‘龍牙草’，其所繪之圖與今者不同，又有‘紫背龍牙’，亦非今薔薇科之龍牙草，可見藥用之龍牙草，非祇一種。”龍牙草含胡蘿蔔素、抗壞血酸等營養成分。春夏間采嫩莖葉，用開水浸燙後再用清水浸泡做菜供食。

【仙鶴草】

即龍芽草。此稱行於現代。見該文。

紫花地丁

野蔬名。堇菜科，堇菜屬。紫花地丁（*Viola philippica* Cav.）爲多年生草本植物。植株矮小。葉基生，矩圓狀披針形，葉柄長。花梗自葉叢中抽出，花瓣五片，淡紫色。果小，橢圓形。紫花地丁亦稱堇菜。中國東北、華北、山東、陝西、甘肅、西藏東部和長江流域等地均有分布，多生於山坡、路旁嚮陽之處。中國古籍亦有記載。明李時珍《本草綱目・草五・紫花地丁》：“〔釋名〕箭頭草（《綱目》）、獨行虎（《綱目》）、羊角子（《秘韞》）、米布袋。〔集解〕時珍曰：處處有之。其葉似柳而微細，夏開紫花結角。平地生者起莖，溝壑邊生者起蔓。《普濟方》云：鄉村籬

紫花地丁
（清吴其濬《植物名實圖考》）

落生者，夏秋開小白花，如鈴兒倒垂，葉微似木香花之葉。此與紫花者相戾，恐別一種也。”紫花地丁含有蛋白質、抗壞血酸、尼克酸等營養成分。春夏季采嫩

米布袋
（清吳其濬《植物名實圖考》）

莖葉用開水燙熟，再在清水浸泡後，炒食、作湯或“小豆腐”均可。

【箭頭草】

即紫花地丁。此稱明代已行用。見該文。

【獨行虎】

即紫花地丁。此稱明代已行用。見該文。

【米布袋】

即紫花地丁。此稱明代已行用。見該文。

青葙

野蔬名。莧科，青葙屬。青葙（Celosia argentea L.）爲一年生草本植物。莖直立，分枝。莖下部葉有柄，上部葉無柄；葉卵狀披針形，全緣，光滑。頂生短穗狀花序，花紅色或白色。胞果卵形蓋裂。種子腎狀圓形，黑色有光澤。青葙亦稱“野鷄冠花”等名，中國各地路旁、田邊、原野均有生長。中國古籍亦有記載。北魏賈思勰《齊民要術·葙》：“葙：《廣志》曰：‘葙，根以爲菹，香辛。’”繆啓愉校釋：“葙，音襄，《玉篇》解釋是‘青葙子’。青葙子是莧科的青葙（Celosia argentea L.），種子供藥用。但和本條所説不像。‘蘘’，《集韵》：‘同葙。’《名醫別錄》有‘蘘草’，祇説‘生

淮南山谷’，無形態描述，但説‘味甘苦’，亦非本條所指。‘葙’‘蘘’即同字，本條所記，以根莖爲菹，有辛香味，疑係蘘荷科植物。”明李時珍《本草綱目·草四·青葙》：“〔釋名〕草蒿（《本經》）、蘘蒿（《本經》）、昆侖草（《唐本》）、野鷄冠（《綱目》）、鷄冠莧（《綱目》）、子名草決明（《本經》）。時珍曰：青葙名義未詳。胡麻葉亦名青蘘，此草又多生於胡麻地中，與之同名，豈以其相似而然耶？青蒿亦名草蒿，其功相似，而名亦相同，何哉？其子明目，與決明子同功，故有草決明之名。其花葉似鷄冠，嫩苗似莧，故謂之鷄冠莧。鄭樵《通志》言，俗名牛尾蒿者，誤。〔集解〕《別錄》曰：青葙生平谷道旁。三月采莖葉，陰乾。五月、六月采子……時珍曰：青葙生田野間，嫩苗似莧可食，長則高三四尺。苗、葉、花、實與鷄冠花一樣無別。但鷄冠花穗或有大而扁或團者。此則梢間出花穗，尖長四五寸，狀如兔

草蒿
（明王圻等《三才圖會》）

蔓蒿
（清吳其濬《植物名實圖考》）

尾，水紅色，亦有黄白色者。子在穗中，與雞冠子及莧子一樣難辨。蘇恭言其結角，誤矣。蕭炳言黄花者名陶朱術，與陳藏器所説不同。又有天靈草，亦此類也，並附於下。"清吳其濬《植物名實圖考·隰草類·青葙子》："青葙子，《本經》下品，即野雞冠，有赤、白各種。葉可作茹，勝於家雞冠葉。一名草決明，鄉人皆知以治目疾。"青葙含核黄素、抗壞血酸等營養成分，種子富含脂肪。春夏采嫩莖葉，經燙洗去其苦味後炒食。成熟種子可代芝麻用，亦可作中藥。

草決明（決明菜）
（明盧和《食物本草》）

【草蒿】

　　即青葙。此稱漢時已行用。見該文。

【蔓蒿】[2]

　　即青葙。此稱漢時已行用。見該文。

【昆侖草】

　　即青葙。此稱唐代已行用。見該文。

【野雞冠】

　　即青葙。此稱明代已行用。見該文。

【雞冠莧】

　　即青葙。此稱明代已行用。見該文。

【草決明】

　　青葙籽。此稱漢已行用。清吳其濬將"青葙"與"青葙子（籽）"混爲一談。筆者認爲吳氏之説欠妥。明李時珍言："其子明目，與決明子同功，故有草決明之名。"此説確切。

牛膝

　　野蔬名。莧科，牛膝屬。牛膝（*Achyranthes bidentata* Bl.）爲多年生草本植物。莖直立，節膨大。葉對生，橢圓形，先端鋭尖，全緣。夏季莖頂和葉腋抽出細長花軸，着生緑色小花，排列成穗狀花序。花後，萼閉合而宿存，内生果實，含種子一粒。牛膝亦稱"對節草""牛莖""莧菜"等名。中國各地原野、山坡、路旁、林下均有生長。中國古籍亦有載述。《新唐書·地理志三》："四年，世充平，還舊治。土貢：平紗、平紬、枳殻、茶、牛膝。"宋沈括《夢溪筆談·藥議》："至如鳶尾、牛膝之類，皆謂莖葉有所似，則用根耳，何足疑哉！"明李時珍《本草綱目·草五·牛膝》："〔釋名〕牛莖（《廣雅》）、百倍（《本經》）、山莧菜（《救荒》）、對節菜。弘景曰：其莖有節，似牛膝，故以爲名。時珍曰：《本經》又名百倍，隱語也，言其滋補之功，如牛之多力也。其葉似莧，其節對生，故俗有山莧、對節之稱。〔集解〕《別録》曰：牛膝生河内川谷及臨朐，二月、八月、十月采根，陰乾。普曰：葉如夏藍，莖本赤。弘景曰：今出近道蔡州者，最長大柔潤。其莖有節，莖紫節大者爲雄，青細者爲雌，以雄爲勝……時珍曰：牛膝處處有之，

牛　膝
（清吳其濬《植物名實圖考》）

謂之土牛膝，不堪服食。惟北土及川中人家栽蒔者爲良。秋間收子，至春種之。其苗方莖暴節，葉皆對生，頗似莧葉而長且尖艄。秋月開花，作穗結子，狀如小鼠負蟲，有澀毛，皆貼莖倒生。九月末取根，

山莧菜
（明徐光啓《農政全書》）

水中浸兩宿，扎去皮，裹扎暴乾，雖白直可貴，而挼去白汁入藥，不如留皮者力大也。嫩苗可作菜茹。"清吳其濬《植物名實圖考・隰草類・牛膝》："牛膝，《本經》上品，處處有之，以產懷慶四川者入湯劑，餘皆謂之杜牛膝。《救荒本草》謂之山莧菜，苗葉可煤食，有紅白二種。擣汁和鹽治喉蛾，嚼爛罨竹木刺，俱神效。江西俚醫有用以打胎者，孕婦立斃，其下行猛峻如此。《廣西通志》謂之接骨草，治跌傷有速效云。"牛膝莖葉中含有蛋白質、脂肪等營養成分，根部還含有牛膝皂苷、鉀等成分。春夏采嫩莖葉，經煮泡去其酸味後炒食或做湯均可。根亦可入藥。

【百倍】

　　即牛膝。此稱漢時已行用。見該文。

【牛莖】

　　即牛膝。此稱三國時已行用。見該文。

【山莧菜】

　　即牛膝。此稱明代已行用。見該文。

【對節菜】

　　即牛膝。此稱明代已行用。見該文。

眼子菜

　　蔬名。眼子菜科，眼子菜屬。眼子菜（*Potamogeton distinctus* A.Benn.），生水澤中。青葉，背紫色。莖細而柔滑，長可數尺。眼子菜亦稱"鴨子草"等名，中國古籍有記述。始

眼子菜
（明徐光啓《農政全書》）

見於明王盤《野菜譜》："眼子菜，如張目。年年盼春懷布穀，猶向秋來望時熟。何事頻年倦不開，愁看四野波漂屋。"對"眼子菜"名稱之來源考究不一。夏緯瑛撰《植物名釋札記・眼子菜》云："名爲'鴨子草'者，以其可以飼鴨之故。'眼子菜'之名，則頗難索解……窺王氏（指明王盤——筆者注）之意，蓋謂眼子菜形如眼目而得名也。然觀眼子菜，不見有何處似眼目之形。王氏或以其長橢圓形之葉當之，則未免勉強。且'眼子'一詞，俗用爲孔穴之義，亦不呼眼目爲眼子也。'眼子菜'之名，自當別有其故。疑'眼子菜'爲'鴨子菜'之寫訛。'眼子菜'與其俗名'鴨子草'同義，謂鴨所食之草或菜也。"對於眼子菜之取名，筆者雖亦未考究出其真實緣由，但認爲夏緯瑛"疑'眼子菜'爲'鴨子菜'之寫訛"之說頗爲牽強。眼子菜可醬拌作凉菜，亦可作湯或炒食。

【鴨子草】

　　即眼子菜。此稱行於現代。見該文。

索　引

索引凡例

一、本索引爲詞條索引，凡正文詞條欄目出現的主詞條均用"＊"標示，副詞條則無特殊標識。

二、本索引諸詞條收録順序以漢語拼音音序爲基礎，兼顧古音、方言等差异，然爲方便檢索，又與音序排列法則有异，原則如下：

首先，以詞條首字所對應的拼音字母爲序排列，詞條首字相同（讀音亦同）者爲同一單元；詞條首字不同但讀音相同的各個單元，一般按照各單元詞條首字的筆畫，由簡至繁依次排列。例如以 huáng 爲首字的詞條，則按首字筆畫依次分作"皇""黄"等不同單元；又如以 diāo 爲首字的詞條，則按首字筆畫依次分作"虭""蛁""貂"等不同單元。此外，爲方便查閱和比較，在對幾個同音且各衹有一個詞條的單元排序時，一般將兩個或幾個含義相同或相近的單元鄰近排列。如"埋頭蛇""貍蟲""蘱頭蛇"都屬於 mái 爲首字的單元，且"埋頭蛇"與"蘱頭蛇"含義相同，因此這三個單元的排列順序是"貍蟲""埋頭蛇""蘱頭蛇"。

其次，同一單元内按各詞條第二字讀音之音序排列，第二字讀音相同者則按第三字讀音之音序排列，以此類推。例如以"皇"爲首字的單元各詞條的排列依次爲"皇成、皇帝鹵簿金節……皇貴妃儀仗金節……皇史宬……皇太后儀駕卧瓜……皇庭"。

三、本索引中詞條右側的數字爲該詞條在正文位置的起始頁碼。

四、本索引所收詞條僅限於正文、附録中明確按主、副詞條格式撰寫的詞條，而在其他行文中涉及的詞條不收録。

五、多音字、古音字或方言字詞條按其讀音分屬相應的序列或單元，如"大常"古音爲 tàicháng，因此歸入音序 T 序列；又如"葛上亭長"，"葛"是多音字，此處讀 gé，因此歸入音序 G 序列之 ge 的二聲單元；等等。

六、某些詞條多次出現，在正文中以詞條右上標記數字爲標志，如"朝[1]""朝[2]""百足[1]""百足[2]"等，索引中亦按照其右上標記數字的順序排列。詞條相同但讀音不同的則按照其讀音分屬相應的音序序列和單元。如"蟒[1]"（měng）、"蟒[2]"（mǎng），"蟒[1]"歸入音序 M 序列之 meng 的三聲單元，"蟒[2]"則歸入音序 M 序列之 mang 的三聲單元。

七、某些特殊詞條，如數字詞條、外文字母詞條等，則收入《索引附録》。

B

八角茴香 178

八角珠 178

巴西蘑菇 254

茇葀 192

茇苦 192

菝蕳 192

霸王鞭 286

霸王花 * 286

白菜 * 157

白大豆 55

白地草 309

白地栗 236

白豆 220

白鼓釘 301

白瓜 [1] 201

白瓜 [2] 203

白瓜子 201

白花芥藍 168

白莖鴉葱 321

白苣 176

白蘑菇 253

白木耳 262

白南瓜 203

白牛肝 266

白參 312

白薯 67

白蘇 [1] 92

白蘇 [2] 197

白莧 [1] 79

白莧 [2] 179

白蕈 255

白藥 310

白葉苧蔴 116

白蟻菇 265

白芋 136

百倍 326

百部 318

百合 * 275

百年蘭 121

稗 49

棒子 39

包包菜 163

包心菜 165

苞 273

苞穀 39

苞蘆 39

苞米 39

苞杞 278

雹葵 128

北風菌 257

北瓜 203

崩大碗 * 312

鵯 222

螕蔴 91

荸臍 238

荸薺 * 236

筆管草 * 320

必齊 237

蓖蔴 * 90

萞蔴 91

碧蟬花 308

碧竹子 308

扁葱 151

扁豆 * 218

扁葉葱 151

稨苣 [1] 176

稨苣 [2] 295

稨豆 220

變綠紅菇 265

蘴 288

薞 288

濱豆 63

濱海甜菜 101

波稜 171

波薐 171

波斯草 171

菠菜 * 170

菠薐 171

菠蘿蔴 120

孛孛丁菜 301

舶茴香 178

鵓鴣英 301

薄荷 * 190

擘藍 167

不死麵 268

布瓜 207

C

菜伯 147

菜葱 153

菜豆 * 217

菜瓜 206

菜花 166

菜椒 216

菜心 * 159

菜用大豆 225

菜用土欒兒 * 143

菜玉米 282

菜芝 152

蠶豆 * 220

蠶莓 277

穇子 * 46

糙皮側耳 257

草鼈甲 214

草菇 * 255

草蒿 325

草紅花 90

草決明 325

草莓 * 276

草棉 110

草石蠶 * 140

草鍾乳 146

草珠兒 50

側耳 257

茶槑子 119

茶葉花 119

槎丫草 235

長命菜 290

長生果 82

巢菜 305

朝蘭香 189

朝鮮薊 * 279

車輪菜 292

車前草 * 291

車前子 292

赤豆 59

赤根菜 171

赤蓼 303

赤芹 242

赤珊瑚 130

赤菽 59

赤莧 [1] 79

赤莧 [2] 179

赤小豆 59

重樓 317

重邁 276

重箱 276

出隧 233

初篁 273

楮 125

楚葵 242

楚菘 128

川草花 315

垂水 289

春菜 162

春菊 183

春葵 185

蒓菜 * 243

蒪 244

蒪菜 244

茈姑 236

茈菰 236

茨菰 236

慈姑 * 234

慈菰 236

慈謀勒 195

刺紅花 90

刺猬菌 263

葱 * 146

葱頭 148

蔥 147

粗麥 37

粗木耳 261

酢漿 299

酢漿草 299

醋母草 299

翠蝴蝶 308

D

苔 59

筥竹 308

大白菜 * 156

大白芸豆 60

大巢菜 289

大刀豆 223

大豆 * 52

大肥菇 * 253

大黑豆 60

大花豆 60

大茴香 178

大戟 76

大脚菇 266

大芥 131

大麻 * 110

大麻子 91

大麥 * 32

大粟 46

大蒜 150

大頭菜 162

大葉麻 113

大油菜 163

丹棘 274

淡竹 308

淡竹葉 308

當道 292

當藥 297

刀豆 * 223

刀鞘豆 224

刀芹 242

稻 * 26

燈草 124

燈芯草 * 124

滴露 141

荻 * 122

荻粱 41

氐冬 285

地蠶 141

地蛋 70

地丁 301

地膚 * 308

地骨 278

地瓜 [1] 67

地瓜 [2] 139

地瓜 [3] 298

地瓜兒 141

地瓜兒苗 * 297

地節 [1] 278

地節 [2] 316

地葵 309

地栗 238

地麥 309

地莓 277

地門冬 318

地參 298

地仙 279

地衣 292

地芝 201

顛刺 318

顛棘 318

顛棘 318

顛勒 318

丁香蘿蔔 130

冬蔥 153

冬風 295

冬菇 259

冬瓜 * 200

冬寒菜 * 183

冬葵 185

冬葵子 185

東風 295

東風菜* 295

東陵瓜 205

東坡羹 194

東洋蘿蔔 133

東一號麻 121

凍葱 153

凍菌 257

都蔗 100

豆瓣菜* 242

豆腐菜 187

豆角 217

豆薯* 138

獨行虎 324

獨帚 309

杜姥草 36

短葉龍舌蘭 121

對節菜 326

蹲鴟 135

多花菜豆* 60

E

蛾眉豆 220

額 76

兒草 137

耳瘢草 301

耳環草 308

F

發菜* 289

法國百合 280

番豆 82

番瓜 202

番鬼子茄 70

番椒 215

番麻* 120

番茄* 212

番柿 213

番薯 67

番杏* 187

蕃荷 192

蕃荷菜 192

翻白菜 323

齹 276

繁 285

繁露 186

飯豆* 59

飯瓜 202

房圖 310

飛廉* 319

肥菜 174

翡翠羹 194

穬 29

分葱* 153

粉葛 142

葑 [1] 131

葑 [2] 233

蜂斗葉 285

豐本 146

葑 131

鳳尾菇* 258

佛豆 221

佛耳草 319

佛手瓜* 211

膚如 286

伏菜 158

伏靈 268

伏神 268

伏兔 268

伏菟 268

芙渠 231

芙蕖 231

芙蓉 231

苤苡 292

苤苢 292

苻蘺 [1] 124

苻蘺 [2] 245

茯苓 * 267

茯靈 268

茯神 268

符扈 310

蒪苴 281

梟芘 237

梟茨 [1] 236

梟茨 [2] 237

梟公英 301

覆苴 281

G

甘瓜 205

甘藍 165

甘露子 141

甘蒲 [1] 124

甘蒲 [2] 245

甘薯 * 65

甘藷 67

甘蔗 * 97

干蔗 100

竿蔗 100

乾薑 * 304

藁米 50

崗柴 123

高粱 * 39

鴿豆 62

葛 * 141

根芥菜 * 161

根甜菜 * 132

更生 268

梗草 310

狗乳草 301

狗尾粟 44

枸棘 279

枸杞 * 277

枸樹 * 124

構耳 261

構菌 259

購 321

菰 233

菰菜 234

菰草 234

菰封 234

菰根 233

菰蔣草 234

菰手 234

菰首 233

古終藤 110

穀 125

穀漿樹 125

穀桑 125

穀子 44

莞 [1] 123

莞 [2] 245

莞蒲 245

關刀豆 224

觀音莧 190

光菜 182

光風草 307

光帽黃傘 258

光旁 231

鬼頭 140

鬼芋 140

桂荏 [1] 92

桂荏 [2] 197

國豆 [1] 55

國豆 [2] 223

果瓜 205

果蔗 100

H

蝦蟆衣 …………………………… 292

海帶 * …………………………… 248

海島棉 …………………………… 110

海椒 …………………………… 215

海棗 …………………………… 104

邯䗬 …………………………… 100

寒豆 [1] …………………………… 221

寒豆 [2] …………………………… 223

寒瓜 …………………………… 204

旱芹 [1] …………………………… 173

旱芹 [2] …………………………… 304

薃菜 * …………………………… 290

蒿子秆 …………………………… 183

蠔菌 …………………………… 257

合掌瓜 …………………………… 211

和事草 …………………………… 147

河㒼茈 …………………………… 236

荷 …………………………… 231

荷包豆 [1] …………………………… 61

荷包豆 [2] …………………………… 220

荷花百合 …………………………… 280

荷蘭薯 …………………………… 70

鶴頂草 …………………………… 188

黑孢塊菌 …………………………… 270

黑菜 …………………………… 158

黑大豆 …………………………… 55

黑麥 * …………………………… 36

黑蘑菇 …………………………… 270

黑三棱 …………………………… 238

紅花 * …………………………… 89

紅花菜豆 …………………………… 60

紅花草 …………………………… 90

紅藍 …………………………… 90

紅藍花 …………………………… 90

紅麻 * …………………………… 116

紅苕 …………………………… 67

紅薯 …………………………… 67

紅莧 …………………………… 180

紅萱 …………………………… 315

鴻薈 …………………………… 152

鴻頭 …………………………… 241

猴頭 * …………………………… 262

猴頭菇 …………………………… 263

厚皮菜 …………………………… 182

胡薄荷 …………………………… 192

胡菜 [1] …………………………… 85

胡菜 [2] …………………………… 181

胡葱 * …………………………… 154

胡豆 [1] …………………………… 218

胡豆 [2] …………………………… 221

胡豆 [3] …………………………… 223

胡瓜 …………………………… 200

胡蘿蔔 * …………………………… 129

胡麻 [1] …………………………… 87

胡麻 [2] …………………………… 114

胡蒜 …………………………… 150

胡荽 …………………………… 181

胡莧 …………………………… 180

胡燕脂 …………………………… 186

湖南稷子 …………………………… 49

葫 …………………………… 150

虎豆 …………………………… 226

虎櫐 …………………………… 226

虎鬚 [1] …………………………… 285

虎鬚 [2] …………………………… 312

瓠瓜 * …………………………… 209

瓠瓝 …………………………… 210

護生草 …………………………… 194

花菜 …………………………… 166

花麥 …………………………… 76

花生 * …………………………… 80

花莧 …………………………… 180

花椰菜 * …………………………… 166

華北鴉葱 …………………………… 321

滑碧髯 …………………………… 244

滑菜 …………………………… 185

滑腸菜 …………………………… 185

滑菇 * …………………………… 257

滑子蘑 …………………………… 258

懷風 …………………………… 307

懷香 …………………………… 178

環柄側耳 258
環柄斗菇 258
浣草 318
黃鵪菜 300
黃豆 55
黃豆芽 * 246
黃根 130
黃瓜 * 199
黃瓜菜 * 299
黃蒿 319
黃花菜 [1]* 273
黃花菜 [2] 300

黃花地丁 301
黃花苗 301
黃斤 142
黃精 * 316
黃卷 247
黃藍 90
黃良 286
黃蘿蔔 130
黃麻 * 117
黃茄 214
黃秋葵 * 283
黃粟 [1] 44

黃粟 [2] 46
黃芽菜 157
黃芝 317
灰樹花 * 270
灰葉劍麻 * 120
回鶻豆 223
回回米 50
茴香 * 177
葷菜 150
火葱 152
火參 286

J

姬松茸菇 * 253
鷄格 317
鷄冠莧 325
鷄菌 265
鷄齊 142
鷄肉絲菇 265
鷄舌草 308
鷄絲菌 264
鷄蘇 [1] 192
鷄蘇 [2] 197
鷄頭 241
鷄頭草 241
鷄豌豆 63
鷄眼豆 63

鷄腰果 77
鷄廱 241
鷄油菌 * 265
鷄爪穀 47
鷄宗 265
鷄堫 * 264
吉貝 110
吉豆 57
蕺 293
蕺菜 * 293
芨 239
妓女 274
稷 [1] 44
稷 [2] 46

穄 46
薺菜 * 193
薺苨 310
薺實 194
嘉草 281
假鳳梨麻 * 121
檟如樹 77
菅松 318
菁 185
縑瓜 207
剪刀草 236
葥 309
劍花 286
劍麻 * 119

箭搭草 236

箭頭草 324

江白菜 249

江荻 123

豇豆* 217

將軍 286

薑* 137

薑芋 143

薑 138

蔣草 234

糡穤草 301

茭白* 232

茭草 234

茭耳菜 234

茭瓜 234

茭笋 234

蕉麻* 121

蕉藕 143

蕉芋* 143

角菜 171

藠頭 152

藠子 152

醮石¹ 124

醮石² 245

結球甘藍* 164

節瓜* 210

解蠱 50

芥藍* 168

芥藍頭 168

芥頭 162

藉姑 235

金菇 259

金花菜* 187

金甲豆 61

金錢薄荷 192

金石草 285

金薯 67

金翁 268

金簪草 301

金針菜 275

金針菇* 258

菫* 303

菫葵 304

菫 304

槿麻 117

錦帶 244

錦荔枝 209

京豆 217

荆芥 189

莖菜 304

莖芥菜* 163

莖用萵苣 175

粳稻 29

精米豆 60

净腸草 194

净池菜 289

稯 113

穎 113

鳩酸草 299

九頭獅子草 290

九英蔓菁 131

九英菘 131

韭* 145

韭葱* 150

救窮草 317

苴¹ 112

苴² 197

苴蕁 281

鞠 283

鞠華 283

桔梗* 309

菊花菜 183

菊花腦* 192

菊花心 158

菊苣* 195

菊芋* 142

蒟蒻 140

巨勝 87

具葉多孔菌 271

秬 45

捲心菜 165

蕨菜* 288

蕨攗 239

蕨萁 288

莙蓬 [1] .... 132　　莙蓬 [2] .... 182　　莙蓬菜 182

箘 273

K

看花豆 .... 60　　苦苣 [1]* .... 175　　穬麥 34

糠莧 [1] .... 180　　苦苣 [2] .... 295　　歸 185

糠莧 [2] .... 302　　苦蕒 .... 295　　葵 185

顆東 .... 285　　苦杞 .... 279　　葵花 89

顆凍 .... 285　　苦心 .... 312　　蕢 [1] 78

空心菜 .... 177　　苦薏 .... 322　　蕢 [2] 179

扎 .... 147　　塊菌* .... 270　　昆布 249

口蘑* .... 263　　寬葉龍舌蘭 .... 121　　昆侖草 325

苦菜* .... 293　　欵冬花 .... 285　　昆侖瓜 214

苦瓜* .... 208　　款冬* .... 284　　昆諾阿藜 76

苦芥菜 .... 320　　款東 285

苦菫 .... 304　　款凍 285

L

菈蘧 .... 128　　蠟燭稗 .... 48　　老鸛菜 295

辣菜 .... 162　　來 .... 32　　蕾麥 37

辣根* .... 283　　秾 .... 32　　狸豆 226

辣椒* .... 214　　萊豆* .... 220　　藜豆* 225

辣角 .... 215　　萊菔 .... 128　　藜穀* 76

辣米菜 .... 291　　癩葡萄 .... 209　　利馬豆* 60

辣茄 .... 215　　藍姑草 .... 308　　利如 310

辣油菜 .... 163　　蘭香 .... 189　　蔄 313

辣子 .... 215　　懶人菜 .... 146　　連襌芋 136

辣子草* .... 321　　狼桃 .... 213　　連錢草 192

連枝草 307

蓮 231

蓮花菜 165

蓮花菌 271

蓮藕 * 228

凉薯 139

粱 44

量天尺 286

療愁 275

蓼 * 302

藺草 124

玲瓏腕 232

菱 * 238

菱角 239

菱角菜 163

鈴鐺麥 36

鈴兒草 312

零餘子 137

菱 239

菱芡 239

留豆 222

柳豆 62

龍角葱 155

龍舌蘭雜種第 11648 號 * .. 121

龍銜 317

龍鬚 188

龍鬚菜 279

龍芽草 * 323

龍爪葱 155

龍爪豆 217

龍爪稷 47

龍爪粟 47

蔞蒿 ¹* 321

蔞蒿 ² 325

樓葱 * 154

露葵 ¹ 185

露葵 ² 244

蘆萉 128

蘆菔 128

蘆穄 ¹ 41

蘆穄 ² 103

蘆粟 ¹ 41

蘆粟 ² 103

蘆笋 * 279

蘆葦 * 122

陸稻 29

陸地棉 110

菉豆 57

鹿葱 ¹ 275

鹿葱 ² 315

鹿藿 142

鹿胎 147

鹿竹 317

綠菜花 167

綠豆 * 55

綠豆菇 265

綠豆芽 * 247

綠節 234

綠麻 118

羅布麻 * 118

羅漢豆 221

羅勒 * 188

蘿蔔 * 127

蘿蔔芽 * 247

蘿菔 129

裸大麥 34

裸麥 34

絡麻 118

落地松 82

落花生 82

落葵 * 185

落蘇 214

落帚 309

M

麻䕆 223

馬齒 290

馬齒莧 * 289

馬蓋麻 * 120	茆 244	蘑菇蕈 253
馬蘭 * 292	茆蒜 150	魔芋 * 139
馬蘭頭 293	麋 46	莫實 180
馬蓼 303	玫瑰麻 * 118	牟 34
馬鈴薯 * 67	眉兒豆 220	木豆 * 61
馬尼拉麻 122	美洲防風 * 133	木蛾 261
馬舄 292	美洲南瓜 203	木檽 261
馬莧 ¹ 79	美洲土欒兒 143	木耳 * 259
馬莧 ² 290	蘴 46	木耳菜 186
蔓菁 131	蘴冬 318	木番薯 71
蠻瓜 207	米舖 317	木稷 41
蠻油菜 163	米布袋 324	木菌 261
滿冬 318	米豆 60	木立花椰菜 167
毛柄金錢菌 259	米麥 34	木蓼 303
毛豆 ¹ 55	米麴 319	木棉 110
毛豆 ²* 224	蜜環菌 * 269	木綿 110
毛耳朵 319	棉豆 220	木薯 * 70
毛瓜 210	棉花 * 107	木粟 307
毛羅勒 189	麵豆 61	木堫 261
毛木耳 * 261	麵茭瓜 203	牧宿 307
毛芋 136	摩羅 276	苜蓿 ¹ 188
髦 318	蘑菰 253	苜蓿 ² 307
卯薐 241	蘑菇 253	

N

奶漿菌 270	秜 29	罶 304
南薄荷 192	粘稻 29	牛蒡 * 132
南瓜 * 201	黏穄子 46	牛肚菌 157

牛肝菌 *.................................266

牛角.....................................215

牛莖.....................................326

牛皮菜.................................182

牛舌草.................................292

牛蹄果...................................93

牛膝 *.................................325

牛星草...................................36

牛衣.....................................292

牛遺.....................................292

女萎.....................................316

糯稻.......................................29

O

藕...231

P

爬山豆...................................60

盤菜.....................................131

盤狀葱.................................148

匏瓜.....................................210

泡蘆.....................................122

蓬蒿.....................................183

秠...46

皮大麥...................................34

蚍蜉酒草.............................319

苤藍.....................................167

撇藍.....................................168

平菇 *.................................256

頗陵.....................................171

婆羅門參 *.........................133

破土錐.................................128

獮苴.....................................281

蒲...245

蒲菜 *.................................244

蒲草 ¹.................................123

蒲草 ².................................245

蒲公丁.................................301

蒲公英 *.............................300

蒲黃.....................................123

蒲蘆.....................................210

蒲薺.....................................237

蒲蒩.....................................245

僕公罌.................................301

樸菇.....................................259

普通白菜.............................158

Q

漆麻.....................................119

芑...46

杞...278

起實.......................................50

起陽草.................................146

啓明菜.................................320

千金菜.................................174

芡 *.................................240

強仇.....................................276

強瞿.....................................276

薔...303

蘠蘼.....................................318

茋...75

蕎麥 *...................................72

翹饒.....................................305

翹搖.....................................305

茄子 *.................................213

芹...173

芹菜 *.................................171

芹菜蘿蔔.............................133

秦椒.....................................215

秦菘 129

蕲 173

青斑豆 222

青菜 [1] 158

青菜 [2] 162

青菜頭 163

青豆 55

青蒿 * 296

青花菜 * 166

青椒 216

青稞 34

青蓼 303

青麻 113

青笋 175

青頭菌 * 265

青梢 * 324

青小豆 223

青芋 136

清明菜 * 318

葝 153

檾 113

檾麻 * 112

蕑麻 113

邱葵 185

秋葵 185

球莖甘藍 * 167

蘧 294

瞿麥 75

蘧蔬 233

拳頭瓜 * 211

却老 279

雀麥 36

鵲豆 220

R

染漿菜 187

染絳子 186

蘘草 281

蘘荷 * 280

蕘 131

熱帶大豆 224

人莧 [1] 79

人莧 [2] 179

荏 [1] * 91

荏 [2] 197

戎葵 185

戎菽 [1] 55

戎菽 [2] 222

茸母 319

肉蕈 255

軟漿葉 187

軟薑子 187

軟糜子 46

瑞典蕪菁 132

薤頭 140

箬 273

S

三角麥 76

傘把菇 265

掃帚 309

掃帚菜 289

僧竹蕈 267

沙葛 139

沙角 240

沙薺 194

沙參 * 310

山大黃 297

山鷄堫 264

山韭 314

山蒜 313

山萵苣 * 320

山莧菜 326

山羊蹄 297

山藥 [1] 67

山藥 [2] * 136

山藥蛋 70
山魚蘇 197
山芋 [1] 67
山芋 [2] 137
蕎蕒 321
梢瓜 206
芍 237
蛇藨 277
蛇莓 277
麝香草 150
欓 226
深水稻 29
神秘果 * 103
生菜 [1] 175
生菜 [2] 176
勝舄菜 292
石薄荷 192
石刁柏 279
石髮 304
石花菜 250
石苣 176
石蒜 314
食用稗 * 48
食用濱藜 190
食用大黃 * 285
食用菊 * 282
蒔蘿 * 194
蒔蘿椒 195

識美 312
世紀樹 121
朮 55
菽 [1] 55
菽 [2] 225
蔬麻 201
黍 * 44
鼠齒莧 [1] 180
鼠齒莧 [2] 290
鼠耳 319
鼠麯 319
蜀芹 242
蜀秫 41
蜀黍 41
薯蕷 137
薯蔗 100
藷薯 137
藷蕷 137
樹豆 62
樹黃豆 62
樹雞 261
樹薯 71
雙孢蘑菇 * 252
水葍菜 242
水菜 242
水稻 * 26
水斗葉 285
水芙蓉 232

水瓜 204
水蕐菜 243
水花 231
水葵 244
水栗 240
水蓼 303
水萍 235
水芹 * 241
水靳 242
水蘇 197
水田芥 243
水英 242
水芝 [1] 201
水芝 [2] 205
水芝 [3] 231
絲瓜 * 206
絲羅 208
蕲 36
四季葱 153
四季豆 217
四角豆 224
四棱豆 * 224
四稜豆 224
松柏芋 268
松滑 264
松菌 270
松口蘑 264
松蕈 264

松茸.................264
松乳菇*.............269
松傘................270
松蕈*...............263
松腴................268
菘..................157
宿麥................32

粟*.................41
粟穀................44
粟米................44
酸漿...............299
酸漿草*............298
酸模*..............297
酸母...............297

蒜*.................148
蒜腦薯.............276
蓧蓀...............297
笋瓜*..............202
隼人瓜.............211
娑蘿樹.............318

T

塌棵菜.............158
苔菜...............242
薹菜*..............159
薹芥...............159
糖高粱*............102
糖蘿蔔.............132
糖蔗...............100
糖椶*..............103
桃豆................63
桃胡菜.............322
藤菜...............186
藤兒菜.............186
藤荄................87
藤葵...............186
藤藤菜.............177
天花...............271
天棘...............318
天精...............279
天葵...............186

天羅...............207
天門冬*............317
天絲瓜.............207
天蒜...............150
天香菜.............295
天蔬...............152
甜菜 1*............100
甜菜 2.............182
甜菜 3.............279
甜高粱.............103
甜瓜*..............204
甜椒*..............215
甜秫秆.............103
甜葉菊*............101
甜玉米*............281
菾菜 1.............132
菾菜 2.............182
菾萊...............182
苕草...............305

苕蒿菜.............182
苕饒...............305
苕子...............305
葶藶...............194
通菜...............177
同蒿...............183
茼蒿*..............182
銅錘草.............322
頭髮菜.............304
葵..................128
葵子...............129
茶..................294
稌..................28
土豆 1..............70
土豆 2..............82
土菌...............265
土芰藍.............132
土藷...............137
土酥...............128

土蛹 141

土芋 70

土芝 136

莵葵 285

莵竹 317

豚耳 290

狆耳草 290

橐吾 285

W

娃娃蘿蔔菜 247

瓦瓜 211

豌豆 * 221

蔓豆 60

萬年瓜 211

萬壽果 82

萬歲藤 318

王彗 309

王帚 309

忘憂 [1] 274

忘憂 [2] 315

葳蕤 316

薇菜 * 288

委陵菜 * 322

委萎 316

萎蕤 * 315

萎香 316

葳蕤 316

葦 122

葦子 122

蔿子 241

温菘 128

文希 312

蕹菜 * 176

倭瓜 202

萵菜 174

萵苣 * 173

萵苣笋 175

萵笋 * 174

屋菼 50

烏麥 76

烏女 316

烏塌菜 * 158

烏頭苗 304

烏芋 237

烏鬱 234

吳菝荷 192

梧桐木 110

無不愈 318

無花果 82

無心草 319

蕪根 131

蕪菁 * 130

蕪菁甘藍 * 131

五方草 290

五色莧 [1] 79

五色莧 [2] 179

五行草 290

戊己芝 317

X

西番穀 79

西番菊 88

西番蜀秫 50

西非山欖 103

西瓜 * 203

西紅柿 213

西葫蘆 * 203

西黏穀 79

西沙爾麻 120

西王母菜 189

西洋菜 243

西洋牛蒡 133

西洋山萵菜 283

蕲蓂 194

蓆草 124

梟 112

喜馬拉雅山平菇 258

細莧 [1] 180

細莧 [2] 302

細香葱 * 153

狹葉龍舌蘭麻 120

夏生 128

夏小米 46

仙菜 289

仙鶴草 323

仙人餘糧 317

秈稻 29

鑯 314

涎衣草 309

莧 * 77

莧菜 * 178

莧蒿 296

莧實 [1] 79

莧實 [2] 180

香菜 189

香菇 * 254

香菌 255

香蓼 303

香爐菜 168

香茅 319

香蒲 [1]* 123

香蒲 [2] 245

香芹菜 * 197

香絲菜 178

香荽 181

香蕈 255

香芋 143

蹳躞 218

向日葵 * 87

向陽花 [1] 89

向陽花 [2] 322

小白菜 158

小白皮 203

小扁豆 * 62

小豆 * 57

小根蒜 * 313

小茴香 [1] 178

小茴香 [2] 195

小葵子 * 91

小麥 * 29

小米 44

小菽 59

小松菇 254

小酸茅 299

小蒜 [1] 150

小蒜 [2] 314

邪蒿 * 295

挾劍豆 223

薤苴 239

薤 * 151

薤白 153

䪥 152

新羅薄荷 192

杏菌 265

修脆 137

胥耶 95

胥餘 95

須 [1] 131

須 [2] 297

萱草 275

旋麥 32

懸瓜 210

雪豆 61

血皮菜 190

Y

鴨兒芹 * 197

鴨舌草 309

鴨跖草 * 307

鴨子草 326

鴨足稗 47

鵝麻 114

亞麻 * 113

亞洲馬蓋麻 120

亞洲棉 110

胭脂豆 186

芫荽 * 180

沿籬豆 220

筵門冬 318

眼子菜 * 326

雁鵝菌 270

雁喙 241

雁頭 241

燕麥 * 34

燕尾草 236

燕脂菜 186

羊荸薺 238

羊肚菜 266

羊肚菌 * 265

羊肚子 266

羊角菜 163

羊角葱 155

羊角豆 284

羊婆嬭 312

羊乳 [1] 279

羊乳 [2] 312

洋白菜 165

洋百合 280

洋扁豆 61

洋菠菜 190

洋葱 * 147

洋大蒜 151

洋地粟 93

洋番芋 70

洋薊 280

洋薑 142

洋麻 117

洋蔓菁 132

洋蘑菇 253

洋苔 70

洋柿子 213

洋絲瓜 211

洋蒜苗 151

洋芋 70

陽芋 70

楊桃豆 224

腰果 * 76

藥芹 173

椰菜 165

椰木 95

椰棗 * 104

椰子 * 94

野薊 302

野茶 119

野胡蘿蔔 * 312

野黃花 315

野鷄冠 325

野金針菜 315

野韭菜 * 314

野菊花 * 322

野菉豆 305

野麻 119

野苕子 * 304

野生薑 317

野蜀葵 198

野豌豆 [1] 289

野豌豆 [2] 305

野莧菜 * 301

野萱草 * 314

野芋 136

葉芥菜 * 162

葉蒜菜 * 181

一窩猴 203

醫子草 189

宜男 [1] 275

宜男 [2] 315

苡米 50

莢 241

意大利芥藍 167

薏苡 * 49

薏珠子 50

翼豆 224

淫羊藿 318

銀耳 * 261

隱元豆 217

印度南瓜 203

鷹嘴豆* 63
鸚鵡菜 171
迎陽花 88
熒 316
油菜¹* 82
油菜² 158
油菜³ 159
油瓜 93
油花蕎 194
油辣菜 159
油麻 87
油莎草* 92
油莎豆 93
油渣果* 93
油棕* 93
莜麥 36
䕎麥 36
莜子 152
游冬 295
魚蓒 197
魚蘇 197
魚腥草 293

魚鱶 208
榆錢菠菜* 190
虞刺 208
虞蓼 303
萮 197
雨草 231
玉葱 148
玉豆¹ 61
玉豆² 217
玉高粱 39
玉瓜 203
玉節 232
玉玲瓏 231
玉麥 36
玉蔓莖 167
玉米* 37
玉蜀黍 38
玉薥* 270
玉延 137
玉枕薯 67
玉竹 316
芋* 134

芋蘑羅 264
芋艿 136
芋頭 136
芋蔗 100
御菜 186
御穀 48
雚 314
元菇 257
元麥 34
園荽 181
圓白菜 165
圓葱 148
蒝荽 181
越瓜* 205
越王頭 95
薥 36
芸薹豆 217
芸豆 217
芸薹¹ 85
芸薹² 159

Z

棗椰子 104
澤蒜 314
澤芝 231
戰捷術 104

丈菊 88
蘋菜 291
柘 100
珍珠草 322

珍珠菇 258
珍珠蘑 263
珍珠粟* 47
真姬菇 270

真芋……………………… 136

榛蘑……………………… 269

枕瓜……………………… 201

絺………………………… 116

芝麻 *……………………… 85

枝豆……………………… 225

知母……………………… 312

脂麻……………………… 87

志取……………………… 312

智力菇…………………… 259

稙豆……………………… 57

中逢花…………………… 276

中國蘑菇………………… 256

中國南瓜………………… 202

中國玉米………………… 282

中庭……………………… 276

蔠葵……………………… 186

鐘麻……………………… 117

朱薯……………………… 67

豬荸薺…………………… 238

豬莧……………………… 180

豬油果…………………… 93

諸葛菜…………………… 131

竹豆……………………… 60

竹菰……………………… 267

竹鷄草…………………… 308

竹菌……………………… 267

竹萌……………………… 273

竹肉……………………… 267

竹蓐……………………… 267

竹參……………………… 267

竹笙……………………… 267

竹蓀 *……………………… 266

竹笋 *……………………… 272

竹筍……………………… 273

竹胎……………………… 273

竹蕈……………………… 267

竹芽……………………… 273

竹葉菜 ¹………………… 177

竹葉菜 ²………………… 308

苧麻 *……………………… 114

爪哇薯…………………… 70

轉日蓮…………………… 89

茁………………………… 273

粢………………………… 44

子芥菜 *………………… 163

紫背天葵 *……………… 189

紫菜 ¹…………………… 197

紫菜 ²*…………………… 249

紫菜薹 *………………… 158

紫草子…………………… 186

紫花地丁 *……………… 323

紫花菘…………………… 128

紫薑……………………… 138

紫菊……………………… 293

紫苣……………………… 176

紫蓼……………………… 303

紫苜蓿 *………………… 306

紫彭亨…………………… 214

紫菫……………………… 242

紫葵……………………… 250

紫蘇 *……………………… 195

紫莧 ¹…………………… 79

紫莧 ²…………………… 179

紫蕈……………………… 255

紫芋……………………… 136

紫蕷……………………… 67

埈………………………… 265

蓻菜……………………… 293

稙………………………… 293

鑽凍……………………… 285

纂椒……………………… 215